Sommaire

Avant-propos

● Le rapport du Haut Conseil de la Francophonie est élaboré à partir de quatre sources principales :
- l'exploitation des réponses des postes diplomatiques français dans le monde ;
- la collecte d'informations auprès des partenaires, des experts et des acteurs de la Francophonie ; et, bien sûr, des membres du Haut Conseil ;
- l'exploitation de rapports, comptes rendus de colloques etc. ;
- le dépouillement de la presse, les dépêches AFP et le réseau internet.

Le questionnaire aux postes diplomatiques est façonné et adressé de façon modulée en fonction des thèmes traités aux pays francophones et aux pays non francophones. Pour certains thèmes, seuls les pays francophones ont été interrogés, voire seuls les pays francophones en développement et en transition ; pour d'autres thèmes les pays non francophones reçoivent un questionnaire « allégé ». Il faut, enfin, noter que l'acception « pays francophones » est prise au sens large et dépasse les seuls pays adhérant au Sommet des chefs d'État et de Gouvernement ayant le français en partage. En effet, nous avons adressé le questionnaire « pays francophones » à des pays ou régions du monde, dont la Francophonie est indéniable comme l'Algérie (traitée comme pays francophone dans tous les chapitres) ou importante comme Israël (traité comme pays francophone dans le chapitre « Culture »), mais qui ne font pas partie de l'espace francophone institutionnel.

La rédaction du rapport repose essentiellement sur l'équipe du secrétariat général du Haut Conseil : Monique Pontault (langue, pédagogie), Josiane Gonthier (communication, presse), Alexandre Wolff (sciences, Nouvelles Technologies de l'Information et de la Communication, économie, social-santé, syndicalisme et Francophonie, le financement de la Francophonie), Pierre Cassan (sport, droit), Nelly Damonneville (bibliographie) et Françoise Carle pour la documentation et Florence Morgiensztern (culture, dénombrement des francophones, migrants passeurs de Francophonie) qui a coordonné l'ensemble sous la responsabilité directe du secrétaire général, Stélio Farandjis.

Il faut tout particulièrement mentionner les experts qui ont apporté leur collaboration à cet ouvrage :

Pierre Alexandre, ancien secrétaire général de la Fédération Internationale des Professeurs de Français, membre du bureau de l'association francophone d'études comparées, qui a réalisé la partie « Espace pédagogique » et contribué à l'étude sur « La formation professionnelle et technique dans les pays en développement ».

Marie-Laetitia Helluy, assistante de recherche au Centre d'Études et de Recherches sur les Populations Africaines et Asiatiques à l'université Paris V, et Nicolas van Schendel, chercheur à l'INRS (Institut National de la Recherche Scientifique) Culture et Société à Montréal, qui ont rédigé des synthèses de leurs rapports pour l'étude « Migrants, passeurs de Francophonie ».

Thierry Watine, directeur, et Christian Deleu, service des études et de la recherche, de l'École Supérieure de Journalisme de Lille qui ont réalisé l'étude sur « La couverture médiatique du Sommet de Hanoï ».

Les stagiaires du Haut Conseil qui, par la qualité de leur travail, ont fortement contribué à ce rapport : Hervé Barraquand (Espace économique francophone, Financement de la Francophonie), Sébastien Demaret (Espace culture, Dénombrement des francophones, Syndicalisme et Francophonie), Yves Madre (Espace droit), Aurélia Mignon (Espace langue, Espace pédagogique, Syndicalisme et Francophonie), Fanély Raoul et Marième Sarr (Espace communication).

Un certain nombre de personnalités, d'experts et d'organismes nous ont fourni des notes, des documents ou des contributions ; leurs noms ou intitulés figurent sous la rubrique « Remerciements ».

Il faut, bien sûr, également remercier l'ensemble des postes diplomatiques français ainsi que les services du ministère des Affaires étrangères, Coopération et Francophonie.

158 questionnaires ont été transmis, par les soins du service des affaires francophones du ministère des Affaires étrangères, aux postes diplomatiques français dans le monde. La satisfaction que l'on peut légitimement tirer du taux de retour (près de 90 %, soit plus de 140 questionnaires) doit être, en partie, modulée par deux constats :
- quelques manques importants en pays francophones et non francophones (Tunisie et Mexique, par exemple) ;
- un taux de remplissage parfois inégal suivant les parties du questionnaire ; c'est pourquoi vous pourrez trouver des décalages entre le nombre de questionnaires reçus par chapitre et le nombre global.

Le rapport du Haut Conseil de la Francophonie se décline en trois parties.

L'actualité francophone : attention, il ne s'agit là que d'une « mise en bouche ». En effet, on trouvera, plus loin, à l'intérieur de chaque chapitre des « Données nouvelles », les événements phares de la vie francophone culturelle, éducative, linguistique, médiatique, économique etc., de même que des développements sur l'activité des principaux opérateurs et acteurs de la Francophonie.

Ne sont donc traités, par exemple, dans cette première partie, que quelques événements de premier plan comme, bien sûr, le Sommet de Hanoï ou, *« à tout seigneur tout honneur »*, l'actualité du Haut Conseil de la Francophonie.

Par ailleurs, il faut tout particulièrement saluer les quelques pages sur l'Hispanophonie de Francisco Moreno Fernandez, que nous a transmises l'ambassade d'Espagne en France. Il est, en effet, essentiel pour la Francophonie de débattre avec d'autres espaces linguistiques et nous comptons poursuivre ce dialogue dans nos prochains rapports.

Les données nouvelles : cette seconde partie se divise en chapitres, comme des quartiers d'orange, de pamplemousse ou de mandarine, suivant leur taille.

Ces données nouvelles ont pour fonction, dans des domaines familiers aux lecteurs du rapport du HCF - puisque nous en sommes, depuis 1985, à notre neuvième édition - de saisir les évolutions pertinentes et perceptibles au cours des années 1997-1998.

Ainsi nous sommes-nous efforcés, dans le chapitre « Langue », de rendre compte de la vie associative autour de la langue française, des activités terminologiques et lexicographiques, du suivi des réglementations sur la langue ainsi que des débats, en France notamment, sur les langues régionales et la féminisation des noms de métier.

Vous trouverez dans le chapitre « Pédagogie » le détail de l'évolution de l'enseignement du et en français dans le monde ; dans le chapitre « Culture » une analyse géographique de la vie culturelle francophone ainsi qu'une entrée thématique sur les activités francophones littéraires, théâtrales, musicales, cinématographiques et muséographiques.

Le chapitre « Communication » vous donnera un aperçu des activités des principaux opérateurs médiatiques francophones, une analyse géographique et un point sur les questions de régulation ; le chapitre « Sciences » une idée de la vitalité du secteur scientifique francophone dans les pays francophones et dans le reste du monde, avec un point sur les questions linguistiques, et de la coopération dans ce domaine ainsi qu'un balayage sur l'état de la « société de l'information » dans les pays francophones.

Vous trouverez dans le chapitre « Économie » des informations détaillées sur les accords d'entreprises et les échanges économiques et financiers en Francophonie ; et dans le chapitre « Social-santé » un descriptif, plus approfondi que dans le précédent rapport, sur l'état sanitaire des pays francophones en développement et en transition et leur niveau de coopération internationale.

En plus de ces rubriques habituelles, nous avons ouvert deux nouveaux chapitres : « Droit » et « Sport ». Le sport, comme l'a montré de manière éclatante le Mondial de football en France en juin et juillet 1998, est un espace de dialogue entre les peuples et les cultures et de mobilisation de la jeunesse. Nous avons voulu, au-delà des jeux de la Francophonie et de l'usage du français langue olympique, regarder de plus près quels étaient les terrains de rencontre sur ce thème dans et entre les pays francophones. La création d'un chapitre « Droit » nous a permis de faire le point sur les coopérations bi et multilatérales et de prendre ainsi conscience de l'importance de la coopération juridique comme vecteur d'une éthique francophone et d'un modèle organisationnel.

Les études : cette troisième et dernière partie vise à éclairer fortement des thèmes dont les enjeux paraissent majeurs pour la Francophonie et son développement.

Il peut s'agir d'études exploratoires sur des questions peu traitées jusqu'à présent, mais tout à fait porteuses d'avenir, comme les deux études sur « Migrants, passeurs de Francophonie » et « Syndicalisme et Francophonie ».

Les quatre autres études nous paraissent relever d'un autre exercice, celui du bilan qui, sans prétendre à l'exhaustivité, peut aider à penser l'avenir sur des sujets fondamentaux.

Ainsi avons-nous tenté : un gros plan sur « Le financement de la Francophonie » ; un plan d'ensemble sur « La formation professionnelle et technique dans les pays en développement » ; un *travelling* sur « La couverture médiatique du Sommet de Hanoï » ; enfin un fondu-enchaîné sur ce serpent ou ce vieux loup de mer, au choix, qu'est « Le dénombrement des francophones ».

7

Enfin, vous verrez dans la « Conclusion » de notre secrétaire général, Stélio Farandjis, que, s'il reste à faire pour lever les contradictions et les ambiguïtés du projet francophone, beaucoup a été fait pour mieux partager la richesse et la diversité de ce même projet.

En vous souhaitant bonne lecture et bon voyage à travers la Francophonie, nous pensons aux frères Reclus, tous grands voyageurs, et en premier lieu, bien sûr, à Onésime qui, peut-être parce qu'il se nommait Reclus, a ouvert l'espace en créant ce beau mot de Francophonie.

Florence MORGIENSZTERN

Remerciements

Le secrétaire général du Haut Conseil de la Francophonie tient à exprimer sa gratitude aux personnalités et experts suivants :

Pour la partie « Actualités »

José M. Iparraguirre, conseiller culturel de l'ambassade d'Espagne à Paris ; Francisco Moreno Fernandez, professeur titulaire de l'université d'Alcala de Henares et directeur de l'Instituto Cervantes à São Paulo.

Pour la partie « Données nouvelles »

Espace langue : Robert Chaudenson, président de l'Institut d'Études Créoles, de l'université de Provence (Aix-en-Provence).

Espace pédagogie : Pierre Alexandre ; Francis Lecompte de l'Alliance française, Direction de l'Action à l'Étranger ; Jean René Bourrel et Cécile Derien du CNED, Direction des Affaires Internationales ; Yves Dayez, du CIEP, Commission Nationale du DELF et du DALF, responsable adjoint, service des certifications en français langue étrangère ; Denis Lopez, de l'Agence de la Francophonie, directeur de la Formation à Distance ; Michèle Jacobs de TV5.

Espace communication : tous les responsables des médias, organismes institutionnels, regroupements professionnels et associations, pour avoir aimablement fourni la documentation qui a servi à l'élaboration du premier chapitre consacré aux principaux opérateurs de la Francophonie médiatique.

Sciences : Joël Frelat, de l'Agence Universitaire de la Francophonie.

Société de l'information : Didier Oillo, de l'Agence Universitaire de la Francophonie.

Espace économique : Jean Bonvin de l'OCDE ; Taoufiq Boudchiche, de l'Agence de la Francophonie ; Philippe de Fontaine Vive, du ministère de l'Économie de la Direction Internationale du Trésor ; Laurence Dubois-Destrizais, à l'OMC, déléguée permanente de la France ; Stève Gentili et Patrick Neveu, du Forum Francophone des Affaires ; M. Oniszcuzk, de l'ambassade de Pologne ; Olivier Paquier, du service des affaires internationales à la Direction du Trésor ; Albert Salon, du ministère des Affaires étrangères, Coopération et Francophonie.

Espace droit : Monsieur le bâtonnier Mario Stasi de la Conférence Internationale des Barreaux de Tradition Juridique Commune ; Monsieur Zalinski de l'Agence de la Francophonie, délégation générale à la coopération juridique et judiciaire ; Jean-Dominique Assié de l'Agence Universitaire de la Francophonie ; Pierre Decheix, secrétaire général de l'IDEF ; Camille Grousselas, Marie Thérèse Jarnouin et Tristan de Lafond du ministère des Affaires étrangères, Coopération et Francophonie, bureau de l'État de droit et des libertés publiques de la sous-direction du développement institutionnel.

Espace sport : J.-C. Sorge, du ministère des Affaires étrangères, Coopération et Francophonie, chef du bureau sectoriel d'analyse et d'appui de la Direction du Développement ; Bernard Pascal, du ministère de la Jeunesse et des Sports, chef du bureau des relations internationales ; Sylvie Lagarrigue, du ministère de la Jeunesse et des Sports, adjointe au chef du bureau des relations internationales ; Albert Salon, directeur adjoint au ministère des Affaires étrangères, Coopération et Francophonie.

Pour la partie « Études »

Migrants, passeur de Francophonie : Marie-Laetitia Helluy, Yves Charbit, Centre d'Études et de Recherches sur les Populations Africaines et Asiatiques, université Paris V ; Nicolas van Schendel, chercheur à l'INRS, Montréal, Québec ; Gérard Pinsonneault, Gouvernement du Québec, ministère des Relations avec les Citoyens et de l'Immigration ; André Lebon, Direction de la Population et des Migrations, ministère français de l'Emploi et de la Solidarité.

La couverture médiatique du Sommet de Hanoï : Thierry Watine et Christophe Deleu de l'École Supérieure de Journalisme de Lille .

La formation professionnelle et technique dans les pays en développement : Pierre Alexandre.

Dénombrement des francophones : Gil Bellis et Joëlle Gaymu de l'Association Internationale des Démographes de Langue Française ; Carole Reverte, informaticienne.

Le financement de la Francophonie : le secrétariat général de la Francophonie, pour ses conseils autorisés. L'Agence de la Francophonie, l'Agence Universitaire de la Francophonie, l'Assemblée Parlementaire de la Francophonie, l'Association Francophone d'Amitié et de Liaison, l'Association Internationale des Maires et Responsables des Capitales et des Métropoles Partiellement ou Entièrement Francophones, le Forum Francophone des Affaires, le ministère français des Affaires étrangères, Coopération et Francophonie, le ministère français de la Jeunesse et des Sports, TV5-Europe, l'université Senghor d'Alexandrie, pour les informations fournies.

Syndicalisme et Francophonie : Élisabeth Caron, juriste et Remi Feredj, directeur à la Régie Autonome des Transports Parisiens, pour leurs précieux conseils ; Jean Saint Denis, Centrale de l'Enseignement du Québec et Roger Ferrari , Syndicat National des Enseignants du Second Degré-Fédération Syndicale Unitaire, du Comité Syndical Francophone de l'Éducation et de la Formation ; Christophe Jussac, de la Confédération Française des Travailleurs Chrétiens ; Jean Oulatar de la Confédération Internationale des Syndicats Libres ; Jean-Pierre Page, de la Confédération Générale du Travail, Jacques Pé, de la Confédération Générale du Travail Force Ouvrière ; Yannick Simbron, du Bureau International du Travail, pour leurs informations.

À cette liste, il convient bien sûr d'ajouter le personnel du secrétariat général, les appelés du contingent et les stagiaires sans lesquels ce travail n'aurait pu être réalisé.

Il faut mentionner tout spécialement.

Pour le secrétariat, Sylvie de Fommervault ; Yveline Bargoin-Lapouge ; Blandine Longuemaux.

Pour les appelés du contingent, Sébastien Marivain ; Patrick Mériaux.

Pour les stagiaires, Hervé Barraquand ; Sebastien Demaret ; Yves Madre : Aurélia Mignon ; Fanély Raoul ; Marième Sarr ; Clara Vidal Soler.

Actualité francophone

Le Sommet de Hanoï

Les 14, 15 et 16 novembre 1997, les chefs d'État et de Gouvernement ayant le français en partage se réunissent au Vietnam à Hanoï dans le cadre du septième Sommet de la Francophonie avec pour thème principal : le renforcement de la coopération et de la solidarité francophones pour la paix et le développement économique et social. Cette préoccupation s'inscrit dans la continuité du projet francophone, alliant étroitement les dimensions économique et politique, et explicitant d'une manière nouvelle le lien entre les dimensions économique et sociale.

Les chefs d'État et de Gouvernement ont, lors du Sommet de Hanoï, adopté la charte, amendée, de l'Agence de la Francophonie en tant que charte de la Francophonie. Ils ont également arrêté la déclaration de Hanoï et engagé un plan d'action. Ce dernier définit cinq programmes mobilisateurs :
- l'espace de liberté, de démocratie et de développement ;
- l'espace de culture et de communication ;
- l'espace de savoir et de progrès ;
- francophonie, économie et développement ;
- francophonie dans le monde.

Il convient de saluer la tenue, pour la première fois, d'un Sommet francophone en Asie ; la déclaration de Hanoï « *souligne* [...] *la dimension universelle de la Francophonie et sa présence dans une région connue pour son dynamisme »*, comme par la richesse et l'ancienneté de ses traditions culturelles.

À l'issue de ce Sommet, la Communauté francophone s'est élargie à l'Albanie, la Macédoine et la Pologne, entrées, en tant qu'observateurs, dans la famille francophone.

Le Sommet de Hanoï constitue un tournant dans l'histoire de la Francophonie, à plus d'un titre.

Après avoir clairement défini les instances de la Francophonie, la charte modernise le dispositif institutionnel avec la création du poste de secrétaire général de l'organisation internationale de la Francophonie (article 6 de la charte). Le secrétaire général est « *le porte-parole politique et le représentant officiel de la Francophonie au niveau international. Il exerce ses prérogatives dans le respect de celles du président en exercice du Sommet et du président de la Conférence ministérielle* ». Comme l'a précisé le Premier ministre canadien Jean Chrétien, dans son exposé liminaire sur la Francophonie politique, l'action du secrétaire général de la Francophonie contribuera « *à donner à la communauté la visibilité et la crédibilité dont elle a besoin* ». Boutros Boutros-Ghali a été élu secrétaire général de la Francophonie, son ancien titre de secrétaire général des Nations unies contribuant à confier à ce nouveau titre un lustre exceptionnel.

Par ailleurs, l'Agence de Coopération Culturelle et Technique devient l'Agence de la Francophonie. L'Agence est placée sous l'autorité d'un administrateur général, nommé par la conférence ministérielle, agissant comme conférence générale, sur proposition du secrétaire général. Roger Dehaybe, de la Communauté française de Belgique, a été nommé administrateur général de l'Agence de la Francophonie.

L'AIPLF (Assemblée Internationale des Parlementaires de Langue Française) a été reconnue lors du Sommet comme constituant l'Assemblée consultative de la Francophonie.

Enfin, l'AUPELF-UREF (Association des Universités Partiellement ou Entièrement de Langue Française-Université des Réseaux d'Expression Française) devient l'Agence Universitaire de la Francophonie.

Ces mesures témoignent de la forte volonté de renforcer la stature internationale de la Francophonie. Cet engagement se manifestera notamment par la négociation et la conclusion d'accords avec diverses communautés linguistiques, *« afin de promouvoir avec celles-ci, sur une base de réciprocité, le rôle de leurs langues dans les relations et les organisations internationales »*. En outre, un document-cadre de coopération avec l'Union européenne, ainsi qu'avec d'autres organisations « régionales », doit être négocié.

Le secrétaire général de la Francophonie, dans le cadre de ses attributions, aura pour mandat de renforcer la concertation des États et Gouvernements francophones en vue de la préparation et du suivi des grandes conférences mondiales.

Ainsi que l'annonçait Arthur Bodson lorsqu'il parlait de *« civisme gigogne »*, le monde francophone a vocation, à travers un déploiement multidirectionnel de ses coopérations, y compris sur le plan multilatéral-multilatéral, à affirmer la richesse de ses réalités comme de ses connivences, pluralité qui fait toute sa singularité au sein d'une mondialisation souvent tentée par l'uniformisation comme par le laissez-faire ou l'individualisme. La Francophonie se veut une force de proposition dans la civilisation universelle en construction et une force d'avenir, elle le montrera en mettant l'accent sur le thème de la jeunesse, lors du prochain Sommet, celui de Moncton, au Canada, en septembre 1999.

Les assises de l'enseignement du et en Français : une stratégie du multilinguisme

Organisées par l'Agence Universitaire de la Francophonie à Huê (Vietnam), du 19 au 21 octobre 1997, ces assises avaient pour objectif l'élaboration d'une charte proposée à la CONFEMER (Conférence des Ministres de l'Enseignement Supérieur et de la Recherche des États et des Gouvernements ayant le Français en Partage), réunie lors du Sommet de Hanoï. Huit séminaires régionaux avaient préparé durant un an cette réflexion organisée autour de six tables rondes. Les axes fondamentaux des propositions émises dans la charte sont, en matière de stratégie d'enseignement :
1) le multilinguisme ;
2) l'apprentissage précoce des langues ;
3) le développement des filières francophones ;
4) l'encouragement à un environnement francophone ;
5) l'adaptation des outils pédagogiques au contexte linguistique.

Ces recommandations ont été approuvées par le plan d'action du Sommet de Hanoï.

La réforme du dispositif français de coopération

Le décret du 4 février 1998 modifie le ministère délégué à la Coopération et à la Francophonie ainsi que le dispositif français de coopération et, de ce fait, impose une cohérence plus forte de la diplomatie française.

La France entend maintenir les flux substantiels d'aide publique au développement, en s'attachant à leur plus grande cohérence et à leur efficacité accrue dans un contexte de meilleure maîtrise des dépenses publiques.

Ainsi, l'aide bilatérale sera sélective et concentrée sur une zone de solidarité prioritaire, qui comprendra les pays les moins développées en termes de revenus et n'ayant pas accès aux marchés des capitaux. Hors de celle-ci, la coopération française a vocation à poursuivre essentiellement un objectif de présence politique et économique et sera confortée par un recours accru à l'aide multilatérale, notamment européenne. La vocation à l'universalité de la coopération culturelle, scientifique et technique sera réaffirmée.

Pour atteindre ces objectifs, qui impliquent une coordination inter-ministérielle renforcée, une rationalisation des structures administratives et une meilleure articulation entre action des pouvoirs publics et interventions de la société civile, les décisions suivantes ont été prises :

- La création d'un Comité Interministériel de la Coopération Internationale et du Développement (CICID) chargé des orientations et du suivi de la politique de coopération internationale. Il détermine, entre autres, la zone d'aide prioritaire, avec primauté aux trente-sept pays bénéficiant du Fonds d'Aide et de Coopération (FAC) et aux pays ACP (Afrique, Caraïbes, Pacifique).

- Le regroupement des services du ministère des Affaires étrangères et du secrétariat d'État à la Coopération et à la Francophonie et la rationalisation autour de deux grands pôles : les Affaires étrangères et la Coopération d'une part, l'Économie, les Finances et l'Industrie d'autre part, qui concentreront les fonctions de définition, de gestion ou de contrôle de la gestion, et du suivi de la coopération bilatérale française.

- La définition d'un opérateur pivot, l'Agence Française de Développement (AFD).

Dans le cadre des orientations définies par le CICID, l'essentiel des projets et des programmes d'aide au développement est désormais confié à l'AFD (créée par le décret du 17 avril 1998 en remplacement de la Caisse Française de Développement), qui conserve le statut d'établissement public et d'institution financière. Sa zone de compétence normale est la zone de solidarité prioritaire.

- La contractualisation des relations avec les pays concernés. Ces projets et programmes seront mis en œuvre dans le cadre d'un accord de partenariat pour le développement, d'une durée de trois à cinq ans, conclu avec chaque pays de la zone de solidarité prioritaire, précisant dans un cadre pluriannuel les différents types de coopération définis d'un commun accord et organisant leur suivi.

- La création d'un Haut Conseil de la Coopération Internationale. Il participe à la réflexion sur la coopération et l'aide au développement. Il permet aux représentants de la société civile de donner un avis afin de faciliter la convergence de leur action avec celle de l'État.

Le décès de Maurice Schumann

Le 10 février 1998, nous avons déploré la mort du vice-président du Haut Conseil de la Francophonie : Maurice Schumann. Cet ancien porte parole de la France libre à Londres, membre de l'Académie française, plusieurs fois député et ministre, était sénateur du Nord depuis vingt-quatre ans.

Il avait appris à douter avec le philosophe Alain, à croire avec Simone Weil, à aimer avec Marc Sangnier, à combattre avec le général de Gaulle. Journaliste, écrivain, philosophe aussi, sa culture était immense.

Nous conserverons de lui l'image d'un homme dont la curiosité d'esprit n'avait d'égal que son humour et dont la capacité de travail n'avait d'égale qu'une délicate attention à autrui.

Il avait parfaitement compris les enjeux culturels et sociaux de la Francophonie à l'échelle internationale ; il demandait au Président Jacques Chirac de bien vouloir mentionner ou faire mentionner l'appartenance de la France à la Communauté francophone dans la constitution française. Il aimait la diversité et la richesse humaine que symbolisait le Haut Conseil de la Francophonie et il se battait avec acharnement pour obtenir des moyens budgétaires dignes d'une grande politique francophone.

Cet homme qui avait rencontré Gandhi et Mao et tant d'autres personnalités historiques était résolument tourné vers l'avenir. Il déclarait notamment que les défis des temps modernes devaient nous détourner de toutes les *« frilosités et de toutes les nostalgies »* et il déclarait aussi que les *« nouvelles technologies pouvaient donner des ailes à l'esprit »*.

Actualités du Haut Conseil

XIIIe session « Asie et Francophonie » 25, 26 et 27 avril 1997

Cinq nouveaux membres nommés par le Président de la République ont siégé à cette session : Fatoumata Siré Diakité (Mali), Bronislaw Geremek (Pologne), Werewere Liking (Cameroun), Amin Maalouf et Basile Yared (Liban).

À l'approche du VIIe Sommet francophone, le premier à se tenir en Asie, les membres du Haut Conseil ont auditionné une trentaine d'experts au cours de trois ateliers ; plus de 350 spécialistes avaient été au préalable consultés par le secrétariat général pour nourrir le rapport introductif et les *Dossiers et Documents* préparatoires à la session ; le HCF a ainsi pu dresser un état des lieux réaliste de la Francophonie en Asie et de l'Asie en Francophonie, et dégager des stratégies prioritaires en faveur d'une véritable alliance entre les deux univers.

La Francophonie en Asie reste une réalité faible, mais connaît une hausse récente spectaculaire qui ne concerne pas seulement les pays membres des Sommets (Cambodge, Laos, Vietnam), mais aussi des pays non francophones comme le Japon, la Corée du sud, Taiwan, la Thaïlande... qui méritent donc une attention particulière. Enfin, si les élites sont largement

« anglophonisées », l'attachement des peuples d'Asie à leurs langues et leurs cultures permet cependant des complicités avec la Francophonie pour fortifier la pluralité contre l'uniformisation.

Comme l'ont fait ressortir ces travaux, cette alliance suppose que la Francophonie se remette en question, et se montre plus ouverte, plus moderne, plus pratique, plus partageuse :
- en étudiant mieux les langues et les réalités humaines et culturelles de ces pays ;
- en s'adaptant, et en « apprivoisant » au français dans un contexte où elle n'est pas en position de force ;
- en renouvelant son image de marque et en s'imposant de façon plus dynamique sur le terrain économique ;
- en développant des industries de masse notamment dans l'espace culturel et du multimédia ;
- en jouant systématiquement la carte du multilinguisme ;
- en affirmant plus nettement la coopération multilatérale francophone ;
- enfin, et surtout, en se montrant plus accueillante à l'Asie en Francophonie ; le Président Jacques Chirac a vigoureusement affirmé, à ce propos, lors de la séance d'ouverture, son engagement à améliorer les conditions d'attribution de visas aux étudiants, commerçants, artistes, intellectuels qui circulent dans le monde francophone.

Les membres du Haut Conseil, dans leur ensemble, ont tenu à rappeler que le projet francophone est porteur de valeurs humanistes, et qu'il serait donc heureux que la nouvelle alliance entre Asie et Francophonie puisse contribuer à forger des règles éthiques communes afin de « civiliser » la mondialisation dominante.

Outre les *Dossiers et Documents* et les *Actes* de la session, le Haut Conseil a consacré un numéro spécial de ses *Cahiers de la Francophonie* au thème « Asie et Francophonie ».

XIVᵉ session « Rayonnement international de la Francophonie - accueil, formation, ouverture » 4, 5 et 6 juin 1998

La séance inaugurale s'est tenue, conformément à la tradition, au Palais de l'Élysée, sous la présidence de Jacques Chirac, et en présence de Boutros Boutros-Ghali, secrétaire général de la Francophonie, nommé membre du Haut Conseil à l'occasion de cette session. Le Président Jacques Chirac et le Président Émile Derlin Zinsou ont rendu un hommage émouvant au vice-président du Haut Conseil récemment disparu, Maurice Schumann. Les travaux se sont ensuite déroulés au conseil régional d'Île-de-France dans le cadre de trois ateliers :
- l'offre francophone de formation : une situation contrastée et évolutive ;
- stratégies pour les formations francophones : l'impératif de l'ouverture internationale ;
- la Francophonie hors les murs : vers de nouvelles connivences.

Dix-neuf experts ont été auditionnés par les membres du Haut Conseil qui ont été, au cours de cette session, accueillis par Charles Josselin, ministre délégué à la Coopération et à la Francophonie, par Catherine

Trautmann, ministre de la Culture et de la Communication, par Jean-Paul Huchon, président du conseil régional d'Île-de-France, et par Michel Franck, président de la Chambre de Commerce et d'Industrie de Paris.

À l'issue de ces travaux, c'est à une véritable mutation des esprits et des pratiques qu'ont été invités les établissements francophones de formation, afin de développer une stratégie internationale organisée face à la concurrence de pays comme les États-Unis ou l'Australie : association plus forte des entreprises et des instituts de formation, meilleur accueil des étudiants (politique des visas assouplie, tutorat sur place et suivi au retour, accompagnements linguistiques, politique de bourses plus ambitieuse pour les plus défavorisés et réponse à la demande solvable de formation), harmonisation et adaptation des cursus aux normes internationales, multiplication des co-diplomations et partenariats avec les universités étrangères, participation complémentaire et rassemblée des pays francophones aux programmes des bailleurs de fonds internationaux, synergie entre pays francophones pour mettre en place de grands pôles attractifs régionaux d'excellence, utilisation des Nouvelles Technologies de l'Information et de la Communication pour construire l'université virtuelle francophone...

L'accent a été mis par ailleurs sur le fait que, si les Sommets francophones ne peuvent indéfiniment intégrer de nouveaux membres sans risquer la confusion, il est néanmoins nécessaire de répondre de façon plus généreuse au désir de Francophonie qui s'exprime dans l'espace non francophone, ou encore de s'efforcer de le susciter sans le considérer comme un dû : par exemple en modernisant et multilatéralisant les réseaux culturels à l'étranger, ou en soutenant la création d'associations qui, à l'occasion des Sommets, pourraient être rassemblées en forum et apporter – au titre de la « Francophonie hors les murs » - leur pierre à l'édifice francophone.

Les membres du HCF ont également réaffirmé que, face à la mondialisation, la défense de la Francophonie engageait clairement un choix éthique de société (diversité culturelle contre uniformisation, ouverture contre multiplication des ghettos, modernité au service du développement partagé contre ultra-libéralisme subi) et ont appelé à la relance de la convention culturelle intergouvernementale francophone destinée à favoriser la libre circulation des créateurs et de leurs œuvres dans l'espace international francophone (aussi bien du Sud au Nord qu'entre pays du Sud).

Ils se sont également réjoui de l'intérêt marqué par le chef de l'État et son ministre délégué à la Coopération et à la Francophonie pour la proposition d'introduire, dans la Constitution française, un ajout mentionnant la participation de la France à la construction de la Communauté francophone. Ils ont enfin demandé aux autorités françaises une réaction politique forte face aux pratiques des instances européennes dont la plupart des appels d'offre concernant les pays tiers continuent d'être rédigées uniquement en anglais, usage contraire au traité de Rome.

En dehors des sessions et de la publication des *Cahiers de la Francophonie* et du rapport, l'activité du Haut Conseil de la Francophonie est de plus en plus marquée par des tâches de documentation, d'information et d'expertise-conseil. Enfin, avec sa lettre-circulaire bi-annuelle, le Haut Conseil de la Francophonie informe un vaste réseau dans le monde.

El estado de la hispanofonia

Francisco Moreno Fernández

Instituto Cervantes

La langue espagnole offre des caractéristiques linguistiques et sociolinguistiques qui configurent sa personnalité et déterminent sa présence dans le monde. Il s'agit, en premier lieu, d'une langue relativement homogène et qui offre un risque de fragmentation faible ou modéré : les variétés géolectales et sociolectales de l'espagnol présentent des niveaux de divergences moderés aussi bien sur le plan phonético-phonologique que sur celui de la grammaire ou du lexique. D'autre part l'espagnol se parle dans un espace géographique important (9,1 % de la superficie mondiale) et constitue un domaine considérablement compact, étant donné que la plupart des pays hispanophones occupe des territoires contigus dans le continent américain. À cela, on doit ajouter que la langue espagnole est véhiculaire d'une littérature importante sur le plan international, et qu'elle est également l'expression d'une communauté caractérisée par une forte conscience linguistique et culturelle.

L'espagnol est la langue officielle – dans certains cas co-officielle – dans les pays et territoires suivants : Argentine, Bolivie, Chili, Colombie, Costa Rica, Cuba, Équateur, El Salvador, Espagne, Guatemala, Guinée-Équatoriale, Honduras, Mexique, Nicaragua, Panama, Paraguay, Pérou, Puerto Rico, République Dominicaine, Uruguay et Venezuela, ainsi que dans les implantations sahraouis en territoire algérien. Dans l'ensemble, le nombre des hispanophones – aussi bien dans le groupe de langue maternelle que chez les groupes bilingues – dépasse les 350 millions de personnes (autour de 6 % de la population mondiale), un chiffre qui inclut les hispanophones de langue maternelle dans des pays où l'espagnol n'est pas la langue officielle : Philippines, États-Unis, Belize, parmi d'autres. Dans les territoires où l'espagnol est langue officielle, les hispanophones de langue maternelle représentent un pourcentage approchant les 95 %, face au presque 30 % d'anglophones dans l'ensemble des territoires possédent l'anglais comme langue officielle, et à 35 % dans le cas du français.

Le nombre des hispanophones a augmenté au cours de l'histoire, surtout à partir du XVIe siècle, quoique le plus grand développement ait eu lieu durant le siècle dernier. Il convient cependant de remarquer que cette tendance de la démographie linguistique pourrait se ralentir au cours des premières années du XXIe siècle, étant donné la réduction du taux de natalité dans le continent américain ainsi que la marge assez étroite qui s'offre à la diffusion de l'espagnol dans les territoires où il est déjà langue officielle puisque le pourcentage des hispanophones se situe déjà, dans ces mêmes territoires, très près de 100 %.

La langue espagnole est officielle à l'ONU et dans tous les organismes qui en dépendent. Elle l'est également dans beaucoup d'autres organisations internationales, telles que l'Union européenne, l'OEA (Organisation des Marchés Américains), le Mercosur, ainsi que dans des forums internationaux tels que les conférences Ibéroaméricaines des chefs d'États et de gouvernements. En fait, l'espagnol est aujourd'hui une des trois langues principales pour la communication internationale, avec l'anglais et le français. Ces trois langues sont officielles dans plus de cent États qui représentent 40 % de la population mondiale.

La situation présente de l'espagnol dans le monde s'inscrit dans un processus de croissance constatable, non seulement du fait de l'augmentation du nombre des hispanophones ou de sa diffusion dans l'usage international, mais aussi du fait de l'intérêt que suscite son étude.

L'enseignement officiel de l'espagnol en tant que langue étrangère (laissant de côté ce qui a trait à l'enseignement privé) se développe en réalité sur trois axes :
– l'inclusion dans les cursus scolaires d'un grand nombre de pays, en général au niveau de l'enseignement secondaire et/ou de l'université ;
– l'espagnol est employé comme instrument d'action éducative à l'étranger par certains pays, dont l'Espagne ;
– l'enseignement de l'espagnol est promu et diffusé à travers une institution spécifique qui est l'Institut Cervantès.

À ces actions, on pourrait ajouter l'enseignement de l'espagnol pour étrangers qui est offert dans les centres officiels en Espagne et dans d'autres pays hispanophones, par exemple dans le cadre des écoles officielles de langues, ou dans les cours d'Espagnol pour étrangers au niveau universitaire.

L'Institut Cervantès fut créé par le Gouvernement espagnol en 1991 avec l'objectif précis de diffuser la langue et la culture des pays hispaniques. Il s'agit d'une entité de droit public sous la tutelle de deux ministères : les Affaires étrangères et l'Éducation et la Culture. Actuellement, il dispose de trente-six centres culturels dans une vingtaine de pays. Malgré sa création récente, il a atteint un niveau supérieur à 19 000 élèves avec une augmentation de 14 % par rapport à l'année précédente ; dans les dernières années, l'augmentation annuelle se situe autour de 27 % jusqu'à atteindre en 1997 un chiffre d'inscription d'élèves supérieur à 40 000.

Parallèlement, l'Institut Cervantès soutient un réseau de bibliothèques disposant de plus d'un demi-million de volumes ; et organise plus de 2 000 programmes culturels spécifiques par an. Il gère également l'attribution de diplômes d'Espagnol langue étrangère, octroyés par le ministère de l'Éducation et de la Culture d'Espagne. Plus de 15 000 candidats s'y sont présentés pendant la période 1997-1998.

En ce qui concerne l'enseignement de l'espagnol, dans les secteurs éducatifs des pays où il ne figure pas comme langue officielle, il peut être utile de souligner quelques traits significatifs dans certaines régions du monde. Les informations disponibles reflètent dans la décennie 90 une tendance ascendante claire dans l'enseignement de cette langue, aussi bien quant au nombre des élèves que dans la formalisation de cet enseignement dans le curriculum des systèmes éducatifs. Pendant les dix dernières années, l'enseignement de l'espagnol en tant que deuxième langue étrangère a été multiplié globalement par deux : ainsi plus d'un demi-million d'étudiants sont inscrits dans les cours d'espagnol des universités américaines (un chiffre double, pour le moins, par rapport aux élèves inscrits dans les cours de toute autre langue étrangère) ; au Japon, le nombre d'étudiants universitaires d'espagnol a augmenté de plus de 150 % ; enfin, dans les pays de l'Union européenne, au seul niveau de l'enseignement secondaire, on enregistre quelques deux millions d'étudiants de langue espagnole.

L'importance de l'espagnol dans le monde actuel se manifeste surtout dans le continent américain. C'est en Amérique que réside la plupart des hispanophones du monde ; l'espagnol est langue officielle dans la plupart des pays du continent, et fait l'objet d'un apprentissage croissant aux États-Unis et au Canada ; le Brésil serait prêt à introduire l'enseignement obligatoire de l'espagnol au niveau secondaire dans tous les États de la Fédération ; enfin il est, évidemment, la première langue des pays membres d'un certain nombre de structures importantes dans le commerce et l'économie internationale de la région tels que le traité de libre échange ou Mercosur. À son tour, le poids de la langue espagnole en Amérique exerce une influence croissante sur le choix linguistique dans des régions ou des pays (Chine, Japon, l'ensemble européen) diversement intéressés dans les affaires du nouveau continent.

Paris, septembre 1998 (traduction non officielle)

Données nouvelles

CHAPITRE 1

Espace langue

Introduction

À l'intérieur de l'espace officiel francophone, la situation de la langue française est si diversifiée qu'il faut bien opérer une distinction entre les pays où le français est langue première, dans un contexte de monolinguisme (comme en France), de bi, voire de multilinguisme, officiel ou non, (comme en Belgique, en Suisse ou au Québec), ceux où il est langue seconde (comme au Gabon) et, enfin, ceux où il n'est en fait qu'une langue étrangère plus ou moins privilégiée (comme en Roumanie ou au Vietnam).

En France, où la langue semble peu menacée, la nécessité de défendre et de promouvoir le français a encore du mal à s'imposer, tandis que, dans les régions du monde où il est fortement concurrencé par la présence d'une autre langue, le bilinguisme est perçu comme une menace. C'est notamment le cas au Québec. À l'inverse, le bi et le multilinguisme dans les pays du Maghreb et d'Afrique ne s'avèrent pas forcément, comme certains le craignaient, négatifs pour le français. Il en est ainsi dans les pays arabo-francophones où l'attachement au français s'est ancré dans les populations et dans ceux, comme le Cameroun, où, parmi la profusion des langues locales, le français apparaît comme langue de communication et de cohésion. En revanche, lorsqu'une des langues nationales s'est imposée (c'est le cas au Sénégal), le français perd fortement du terrain. Est significative en tout cas, la demande d'enseignement du français qui se manifeste dans les pays du Maghreb et en Asie, où cette langue est perçue, non seulement (et ce n'est pas nouveau), comme la langue de la culture et de l'ouverture au monde, mais, de plus en plus, comme celle de domaines plus spécialisés : tourisme, droit, affaires, et même sciences.

L'image positive que conserve la langue française se traduit par un développement sensible du nombre des associations. Non seulement les associations de professeurs de français, en plus de leur rôle pédagogique, fonctionnent comme des groupes de pression militant en faveur de la langue française, mais se multiplient les associations de femmes francophones (essentiellement associations professionnelles d'enseignantes de français, de journalistes, de médecins...), les clubs francophones... Tous ces groupements organisent des colloques, des rencontres auxquels participent des intervenants venus de différents pays.

Une autre évolution à souligner : l'intense activité terminologique. Le développement des nouvelles technologies dans les pays industrialisés contribue à élargir l'audience des différents réseaux spécialisés (même si celle-ci mériterait de l'être davantage), et, un peu partout en même temps, sont diffusés lexiques professionnels et guides spécialisés – souvent dans un contexte de multilinguisme (lexique anglo/franco/khmer au Cambodge, par exemple).

Un point noir cependant : la place du français dans les organisations internationales et, en France, dans les colloques internationaux. L'anglais devient de plus en plus la langue de communication, pour les fonctionnaires internationaux comme pour les scientifiques et les hommes d'affaires. Les coûts de traduction et d'interprétation sont souvent jugés trop onéreux et les efforts de sensibilisation entrepris doivent être renforcés pour vaincre les résistances en tirant parti des ressources qu'offrent, pour le plurilinguisme, les nouvelles technologies.

Enfin, il faut garder à l'esprit que, si la langue est intimement liée à l'enseignement traditionnel, elle touche aussi, en dehors de ce système, un grand nombre d'individus : combien de jeunes Vietnamiens, de jeunes Marocains apprennent à se « débrouiller » en français au contact des touristes ! Le français s'apprend également, de plus en plus, par le biais des écoles (privées) de langue qui surgissent un peu partout. En Afrique, l'apprentissage du français par les adultes se fait parfois par l'intermédiaire des langues nationales (Burkina Faso). À l'inverse, la formation continue passe souvent par le français. Celui-ci peut d'ailleurs espérer jouer, dans les années qui viennent, un rôle de communication interafricaine, d'où l'intérêt que lui manifestent à présent des pays anglophones comme le Nigeria, l'Ouganda et l'Afrique du Sud.

Situation du français par pays

Situation du français en Europe, hors France

La situation du français est fonction principalement de son statut (officiel ou non) et du contexte linguistique (mono, bi ou multilinguisme). Si, en Belgique, la cohabitation entre francophones et Flamands est souvent délicate, en Suisse – où l'on compte quatre langues officielles – la tendance à recourir à l'anglais comme cinquième langue (de compromis) est grande... Quant aux pays francophones où le français est employé par des minorités, on pourrait parfois davantage parler de francophilie... Cependant, le français reste une langue phare du continent européen ; il est reconnu partout comme vecteur d'une culture qui continue de séduire. Même si la concurrence de l'anglais est forte auprès des jeunes, ceux-ci considèrent le choix d'apprendre le français comme une marque d'adhésion à la Communauté européenne.

En **Belgique**, Flandre et Wallonie disposent chacune d'organismes linguistiques différents. En Communauté française de Belgique, un séminaire international, consacré à la rédaction technique, a été organisé en 1997 par le service et le Conseil Supérieur de la Langue Française, en collaboration avec les organismes de gestion linguistique de France, du Québec et de la Suisse romande. Le Conseil supérieur a également émis plusieurs propositions concernant la défense et la promotion de la langue (cf. « Terminologie »). L'une d'ell a pour but d'améliorer la lisibilité des textes administratifs. S'inscrivant dans une politique de lutte contre l'exclusion sociale, cette proposition s'est concrétisée, en 1998, par la publication d'une brochure, à destination des fonctionnaires, intitulée *Écrire pour être lu*, éditée par le service de la langue française du ministère de la Communauté française.

La réforme de l'orthographe se répand progressivement en Belgique francophone par le biais des dictionnaires et de certaines publications utilisant la nouvelle orthographe. Dans l'enseignement, son utilisation est laissée à la libre appréciation de chacun. Par ailleurs, la Maison de la Francité, à Bruxelles, a réorganisé son service d'assistance linguistique gratuit par téléphone, « SVP Langage ».

Le conflit latent entre les deux communautés a été exacerbé par la circulaire Peteers en décembre 1997, concernant l'usage des langues dans la périphérie bruxelloise. Six communes, situées sur le territoire flamand mais peuplées majoritairement de francophones, et qui bénéficiaient jusque-là d'un régime dérogatoire reconnu dans la Constitution du royaume, sont concernées par ce nouveau règlement stipulant que, désormais, toute correspondance administrative devrait être adressée en flamand et ne serait fournie en français que sur demande.

En septembre 1998, le rapport d'un expert du Conseil de l'Europe prône l'abandon de cette politique linguistique, en périphérie bruxelloise, provoquant la colère de l'exécutif de Flandre. Au même moment, l'adoption, par le Gouvernement, d'un projet de loi entérinant le vote des Européens aux élections communales (droit inscrit dans le traité de Maastricht mais que la Belgique n'avait pas encore transposé dans sa législation) a renforcé le contentieux Flamands/Francophones. Certains Flamands craignent que ce vote favorise, surtout à Bruxelles, les partis francophones.

Au **Luxembourg**, l'usage des langues est régi par la loi de 1984. Celle-ci statue sur l'emploi des deux langues officielles, allemande et française et de la langue nationale, le luxembourgeois. La politique linguistique relève directement du ministère de l'Éducation nationale et a pour objet essentiel la place des langues dans l'enseignement.

En **Suisse**, la responsabilité de la politique linguistique incombe aux vingt-six cantons et semi-cantons. En ce qui concerne plus particulièrement le domaine scolaire, cette politique est organisée autour de quatre conférences régionales (Suisse romande et Tessin, Suisse orientale, Suisse centrale, Suisse du nord), sous le contrôle de la Conférence Suisse des Directeurs Cantonaux de l'Instruction Publique (CDIP). La réforme de l'orthographe, conduite par la Délégation à la langue française de Suisse romande et du Tessin, se poursuit mais elle n'est pas imposée. *Babylonia,* une revue trilingue, didactique et pédagogique, l'applique. Par ailleurs, on constate que les jeunes Suisses italophones, germanophones et francophones, utilisent fréquemment l'anglais pour communiquer.

Au **Val d'Aoste**, la perception de la langue française évolue. Dans cette région, où la parité linguistique italien/français est instituée par la loi constitutionnelle de 1948, l'utilisation de la langue française continue de progresser, notamment dans l'enseignement, entièrement bilingue, et les médias. Un projet de réforme du bac italien est à l'étude : il s'agirait d'introduire une quatrième épreuve en français.

Le Français est la seule langue officielle de la principauté de **Monaco**. 40 % de la population est française et si beaucoup de nouveaux résidants ne sont pas francophones, leurs enfants peuvent le devenir en suivant l'enseignement monégasque.

En **Roumanie**, l'intérêt pour la langue française ne cesse de s'accroître, grâce notamment au renouvellement des relations économiques, politiques et culturelles avec la France et d'autres pays francophones. La XIIᵉ session de la Conférence ministérielle de la Francophonie aura lieu à Bucarest les 3 et 4 décembre 1998. C'est la première manifestation de cette envergure accueillie par la Roumanie.

En **Bulgarie**, la présence du français reste importante à la radio mais la faible implantation des investisseurs francophones, le manque d'activités des ambassades francophones, sont autant de freins à la Francophonie qui n'a pas de véritables bases sociales dans ce pays et ne bénéficie guère du concours des institutions.

En **Macédoine**, la place du français connaît actuellement une période de stabilité. C'est le ministère de l'Enseignement, de la Jeunesse et des Sports qui détermine la politique linguistique du pays. Actuellement, une loi sur l'usage de la langue macédonienne est en discussion au parlement, sur le modèle de la loi française. Des associations comme l'Association Culturelle Macédoine-France, l'Association pour la Langue et la Culture Françaises de la ville de Bitola, exercent une influence certaine en faveur de la langue française. Par ailleurs, la langue macédonienne fait l'objet d'une controverse avec la Bulgarie qui estime que la langue de la Macédoine est le bulgare, le risque étant que l'anglais apparaisse comme langue de négociation entre les deux pays.

Situation du français en Amérique du Nord

La situation du français diffère largement de l'un à l'autre des espaces francophones. Bénéficiant d'un statut particulier en Louisiane, le français est la seule langue officielle de la province de Québec tandis que le Canada est officiellement bilingue. Cette diversité engendre des différences de situation notables. Cependant, la solidarité des francophones nord-américains est très forte. Peu nombreux, en pourcentage, à parler et défendre la langue française, ils se démarquent par une intense activité associative et une forte présence autant régionale qu'internationale. Une évolution est apparue ces dernières années, notamment au Québec : les allophones sont de plus en plus nombreux et les immigrants ont tendance à choisir la langue française comme moyen de communication.

En **Louisiane**, Au dernier recensement de 1990, seulement 263 000 louisianais se sont révélés parler français à la maison, soit environ 1/4 de la population. Aujourd'hui, les enfants parlent français avec leurs grands-parents bilingues et apprennent cette langue à leurs parents. Organisme majeur chargé de la politique linguistique, le Codofil (Conseil pour le Développement du Français) mène un programme d'alphabétisation des adultes, ABC 2000, qui remporte un succès croissant. Enfin, un grand nombre de micro-actions ont été mises en place afin de préparer la célébration du tricentenaire de la Louisiane française : la Francofête'99 (*cf.* « Dynamique sociale »). Il existe aussi un tissu associatif qui concourt à promouvoir une renaissance du français, comme par exemple Les Amis de l'Immersion, l'Action Canadienne, qui œuvrent à démultiplier les classes d'immersion ou l'ALCFES, Association des Clubs de Français du Secondaire, qui organise un concours annuel rassemblant 250 à 300 élèves. Parmi les prix : dix à douze bourses d'études pour la France, la Belgique ou le Nouveau-Brunswick. Pour sa part, la France consacre environ 1,4 millions de francs par an au développement du français en Louisiane.

Le **Canada**, est officiellement bilingue au niveau fédéral. Les provinces ont l'anglais comme langue officielle, sauf le Québec, où le français est langue officielle et le Nouveau-Brunswick bilingue anglo-français. Le caractère multilingue de la population continue de se développer en raison de l'accroissement de l'immigration. Le recensement de 1996 permet de dégager des tendances : pour une population ayant augmenté de 5,7 % par rapport au dernier recensement (1991), on compte : près de 60 % d'anglophones, (4,7 % d'augmentation) ; moins de 24 % de francophones (2,3 % d'augmentation mais leur proportion par rapport à la population totale a diminué de 29 % à 24 %) ; 17 % d'allophones (ayant une langue maternelle autre que le français ou l'anglais), soit 15,1 % d'augmentation, c'est-à-dire 4,7 millions de personnes (environ une sur 10). Près de 90 % des immigrants récents se sont établis en Ontario, en Colombie-Britannique et au Québec.

Le bilinguisme au Canada

Le bilinguisme progresse : 17 % des Canadiens sont bilingues. Ils se situent essentiellement au Québec (38 % alors qu'ils étaient 28 % en 1971), au Nouveau-Brunswick (33 %) et en Ontario (12 %). Mais il est surtout le fait des populations qui se trouvent en position minoritaire (francophones hors Québec, anglophones au Québec). Le bilinguisme est surtout le fait des francophones, qui le sont à 41 %. Un taux presque cinq fois plus élevé que celui des anglophones : 9 %.

Répartition des canadiens bilingues :

	Hors Québec	Québec
Anglophones	7 %	62 %
Francophones	84 %	34 %
Allophones	9 %	4 %

Hors Québec, les francophones vivent en majorité au Nouveau-Brunswick (242 000, soit 33,2 %) et en Ontario (500 000, soit 4,7 % de la population) ce qui n'empêche pas le **Nouveau-Brunswick** d'enregistrer un accroissement de la proportion des anglophones, tout comme le Manitoba, la Saskatchewan, l'Alberta et les Territoires du Nord-Ouest. Le nombre de francophones a d'ailleurs diminué de 0,6 %, pour se chiffrer à 970 000 et la proportion d'entre eux utilisant la plupart du temps à la maison une langue autre que le français (d'ordinaire l'anglais) est passée de 35 à 37 %.

Le choix de la ville de Moncton (Nouveau-Brunswick) comme ville hôtesse du VIIIe Sommet de la Francophonie en 1999 montre que le Canada a joué la carte de la reconnaissance francophone hors-Québec. L'enjeu de la Francophonie devient d'ailleurs pour le Gouvernement fédéral le moyen de se démarquer du voisin américain.

La situation des francophones au Québec est paradoxale. La province n'a jamais été aussi forte pour affirmer le fait français au Canada : 5,7 millions de francophones. On constate cependant une légère baisse de leur pourcentage (0,5 %), en dépit d'une croissance de 2,8 % de cette population, en raison d'une très faible natalité des francophones et d'un nombre croissant d'immigrants de langue maternelle autre que le français. La proportion des anglophones a diminué, elle, de 0,7 %, pour s'abaisser à 622 000, soit 8,8 %. Les allophones, avec 9,7 %, les dépassent, atteignant 682 000. Par ailleurs, les transferts linguistiques favorisent davantage le français que par le passé. En 1996, 39 % de ces gains allaient au français, pour 33 % en 1991. Un nombre croissant de nouveaux arrivants semble adopter le français comme langue d'usage et les anglophones sont à présent 10,2 % à parler à la maison une langue autre que l'anglais, habituellement le français, (ce qui constitue une hausse de 9,9 % par rapport à 1991). Cette évolution est attribuée à l'application de la charte de la langue française dont l'objectif est de « faire du français la langue de la vie publique ». De plus, le Québec fait de gros efforts pour franciser et intégrer, dès leur plus jeune âge, les immigrants allophones. Notamment par l'obligation faite à la majorité d'entre eux d'être scolarisés en français dans l'enseignement primaire et secondaire. En 1997, 85 % des jeunes allophones fréquentaient des établissements publics francophones, contre 20 % il y a vingt ans.

Le point noir reste Montréal et sa grande banlieue où, selon une étude préparée par l'Agence Universitaire Francophone en vue du Sommet de Hanoï, les francophones devraient être minoritaires d'ici une dizaine d'années. Selon Marc Termote, auteur du rapport, entre 2006 et 2011, leur nombre descendrait au-dessous de 50 %, les anglophones resteraient à 25 % et le groupe des allophones dépasserait celui des anglophones.

À la lumière de ce bilan, le Gouvernement québécois a donné une impulsion nouvelle à sa politique linguistique, notamment celle relative à l'emploi et à la qualité du français dans l'administration publique. En juin 1997, l'Assemblée nationale a modifié la charte de la langue française, dite loi 101, datant de 1977, par le vote de la loi 40. En ce qui concerne le monde du travail, les entreprises de plus de cinquante salariés doivent s'inscrire auprès de l'Office de la Langue Française (OLF) pour que soit dressé l'état de leur situation linguistique. L'Office délivre alors un certificat de francisation ou prescrit un programme de francisation. Cette loi veille également à la commercialisation des produits en français.

Dans le cadre de la réforme en cours du système éducatif au Québec, le Gouvernement a décidé de rendre obligatoire l'apprentissage d'une troisième langue, autre que l'anglais ou le français[1].

Situation du français dans les Caraïbes

Le français reste, avec le créole, un des fondements de la culture de cette région. Il est perçu comme la langue de l'ouverture au monde et son utilité est reconnue dans le domaine du tourisme.

En **Haïti**, le français est confronté à un double phénomène. D'une part, le créole, « langue du peuple », a progressivement gagné sa place dans l'administration et dans l'ensemble de la vie économique et sociale ; d'autre part, l'influence grandis-

NOTE

[1] Sources : *Le Quotidien*, 2 décembre 1997 ; *La Presse*, 4 décembre 1997 ; *Francophonies* n° 1 juin 1997 ; Marc Termote, AUF.

sante de l'anglo-américain (proximité géographique, domination économique des États-Unis) s'observe dans les secteurs d'activité économique et chez les jeunes. Toutefois, pour une grande majorité de la population non scolarisée, le français reste la langue de l'ascension sociale, ce qui se traduit par une très forte demande d'enseignement du français.

À **Sainte-Lucie** et en **Dominique**, la langue française continue sa progression dans l'enseignement secondaire. L'enseignement du français est même introduit dans les écoles primaires. Les alliances françaises organisent de plus en plus de cours de français de spécialité (hôtellerie, entreprise, administration) et le nombre de touristes francophones s'accroît chaque année.

Situation du français dans les pays du Maghreb

« Il n'y a pas de zones géographiques dans le monde où le français ne soit si répandu, en dehors de la langue maternelle, que le Maghreb », a écrit Stélio Farandjis (*Arabies*, n° 132, décembre 1997). Tant il est vrai que l'arabisation en vigueur dans ces pays n'empêche pas une forte demande de français, si bien qu'on peut parler d'« arabofrancophonie », non seulement au niveau des élites, mais également des milieux plus populaires. Le français, associé au monde des sciences, du droit et du tourisme est au cœur du débat qui s'est instauré sur l'avenir des langues.

Au **Maroc**, on assiste à une double évolution : d'un côté l'accroissement démographique et les progrès de la scolarisation font qu'un nombre grandissant de jeunes Marocains étudient le français ; de l'autre, l'arabisation de l'enseignement a un effet négatif sur la compétence linguistique réelle en français de ces mêmes élèves, même si la demande de français est forte. La place du français dans le système éducatif et dans la société fait d'ailleurs l'objet d'un débat politique, les uns prônant un maintien et un renforcement du français, les autres appelant à une arabisation exclusive de l'administration et du système universitaire. Cette préoccupation se traduit par de nombreux colloques sur le thème des langues (« Langue et enseignement scientifique au Maghreb », à la faculté des lettres de Rabat, novembre 1997, « Place et rôle de l'arabe dans l'administration marocaine », à l'Institut d'Études et de Recherches pour L'arabisation, février 1998...).

Second pays francophone, par le nombre, après la France, l'Algérie n'adhère cependant pas à la Francophonie des Sommets. La loi du 17 décembre 1996, sur la généralisation de l'arabe littéral dans le pays, est entrée en vigueur le 5 juillet 1998, engendrant un débat passionné. Cette réforme, en effet, touche aux racines même de l'identité algérienne, pays où se côtoient la langue berbère, l'arabe dialectal et le français (qui s'est généralisé dans le pays après l'indépendance alors qu'il était l'apanage des élites durant la colonisation). C'est la langue majoritaire, dans la vie économique et professionnelle ainsi qu'à l'université. Pour le courant moderniste et la mouvance berbériste, elle représente l'ouverture vers le monde extérieur, la lutte contre l'intégrisme ayant allégé la pression idéologique sur le français. C'est également la langue d'usage pour environ 30 % de la population. 1,2 million d'Algériens lisent chaque jour la presse francophone ; beaucoup regardent les programmes francophones tels TF1, France 2 et Arte. C'est pourquoi, le statut du français reste privilégié. L'anglais, souvent brandi comme alternative au français, n'arrive pas à percer, malgré le discours officiel qui le déclare *« langage du savoir scientifique »*.

En **Tunisie**, la langue arabe prédomine pour près de 75 % des publications, suivie du français 22,23 % et de l'anglais 2,66 %.

En **Mauritanie**, après l'abandon de la politique d'arabisation forcée il y a trois ans, des efforts importants sont officiellement déployés pour réintroduire cette langue dans les structures d'enseignement. La forte demande de français peut désormais s'affirmer librement. Un débat national s'est ouvert autour des langues secondes, arabe et français. Évoqué surtout dans les discours officiels et les déclarations politiques, ce débat pourrait bien conduire, dans l'avenir, à une série de mesures officielles. Il semble que les transformations en cours constituent un tournant réel et durable pour la Mauritanie, pouvant aller jusqu'à un bilinguisme généralisé dans lequel le français serait enseigné comme langue seconde.

Situation du français au Proche et Moyen-Orient

Le français reste encore pour beaucoup la langue de l'élite mais l'anglais gagne du terrain, perçu comme la langue utilitaire.

En **Égypte**, des éléments assez contradictoires peuvent être relevés : d'une part, l'usage de l'anglais couvre à présent presque tous les domaines professionnels, y compris les sociétés françaises implantées localement ; d'autre part, la demande des familles pour une scolarité en français demeure stable, voire progresse. Plus que jamais, les écoles de langues, privées ou publiques, restent le meilleur garant d'une présence francophone.

Au **Liban**, si le français est depuis longtemps considéré comme la première langue étrangère, la concurrence de l'anglais, observée depuis quelques années, se fait plus importante, notamment dans les affichages publicitaires, la signalisation et les médias. L'adoption, en mai 1997, par le Conseil des ministres, de nouveaux programmes scolaires permettant l'apprentissage simultané de deux langues favorisera certainement le choix du français en plus de l'anglais, comme peut y contribuer la création d'une médiathèque Louis Hachette à Beyrouth en novembre 1997 (plus de 10 000 ouvrages).

Situation du français en Afrique subsaharienne

En Afrique, le français s'inscrit de plus en plus dans un contexte de multilinguisme et le rang qu'il occupe est lié à la prédominance ou non d'une langue nationale. C'est ainsi qu'au Sénégal, le wolof contrarie l'usage du français comme langue de communication, alors qu'au Cameroun il s'est imposé. Ailleurs, l'évolution du statut officiel de la langue française – comme en Guinée-Équatoriale où elle est devenue deuxième langue officielle à côté de l'espagnol – suscite une demande de français au niveau de l'enseignement. Dans les pays où le français est la langue de l'enseignement (comme au Gabon), il faut parler de langue seconde. Il reste pour l'avenir à affirmer le français comme langue de communication interafricaine.

Afrique occidentale

Au **Sénégal**, où il est toujours la seule langue officielle, le français n'est compris que par environ 30 % de la population. La seule vraie langue de communication est le wolof, compris par 80 % des Sénégalais. Le taux officiel de scolarisation étant de 50 %, le français apparaît comme langue de l'élite et de l'administration. Un débat est en cours sur l'introduction des langues nationales dans l'enseignement.

La **Guinée-Bissau**, en mars 1998, a signé avec la France une convention de financement pour un Fonds Social de Développement destiné notamment à soutenir la diffusion de la langue française.

Au **Cap-Vert**, la réforme de l'enseignement, qui a suscité une vive controverse, est en place depuis deux ans avec, pour conséquence immédiate, la suppression du français dans le primaire et la mise en place du système optionnel (anglais/français) dans le secondaire. La coopération française a renforcé son dispositif auprès du ministère de l'Éducation et de l'Institut pédagogique pour aider à la réflexion sur la réintroduction du français dans les deux dernières années du primaire et son obligation au niveau supérieur.

La **Côte-d'Ivoire** demeure un pays réellement francophone. Langue officielle et langue effective de grande communication, le français est naturellement employé dans l'administration.

Il n'y a pas d'évolution sensible de la situation du français au **Togo**. Le village du Bénin, qui dépend de l'université de Lomé, est doté d'une large autonomie. Ce centre didactique de français langue étrangère accueille des étudiants mais aussi des stagiaires de toutes origines professionnelles et de toutes nationalités (Ghana, Nigeria, Angola). Soutenu par la coopération française, il tente de se positionner dans la formation des professeurs de français nigérians.

Pas d'évolution sensible non plus au **Bénin** où le français demeure la seule langue officielle.

Afrique sahélienne

Au **Mali**, on assiste à l'introduction progressive du multilinguisme fonctionnel dans l'enseignement primaire (alphabétisation en langues maternelles prévue dans le cadre d'un projet de refondation du système éducatif malien). En février 1998, un Programme Décennal de Réforme et de Développement de L'éducation a été adopté (PRODEC).

Au **Burkina Faso**, où le français est langue officielle et où il existe une Commission nationale de la Francophonie, l'Institut National d'Alphabétisation (INA) a expérimenté une méthode d'apprentissage du français à partir des langues nationales. Cette méthode a permis à au moins deux cents paysans adultes, initialement alphabétisés en moore, d'apprendre à s'exprimer oralement et par écrit en français fondamental. De plus, le développement de la presse écrite, radiophonique et télévisuelle francophone a pour conséquence le développement de la langue française dans l'ensemble du pays.

Au **Niger**, on constate une progression du nombre de francophones due au développement démographique : 452 000 élèves

scolarisés en 1992 contre 20 000 en 1960. Mais, qualitativement, il semble qu'il y ait une baisse du niveau en français des élèves. Il existe parallèlement une volonté – non suivie d'effet – de donner une place plus importante aux langues nationales.

Le **Tchad**, est officiellement bilingue. L'arabe et le français coexistent mais la situation sociolinguistique du pays est très complexe. L'arabe officiel est l'arabe « littéraire », connu d'une minorité, tandis que plus de la moitié de la population parle l'arabe dialectal. La langue française est la langue de l'enseignement, des élites et des médias, l'arabe celle de la communication courante et de l'administration. De plus, on compte environ 108 langues nationales. Quelques chiffres concernant le nombre de locuteurs respectifs : arabe véhiculaire : 2 400 000 (40 % de la population), français : 1 800 000 (30 %) ; « sara commun » : 1 200 000 (20 %). Il faut signaler d'ailleurs le codage en alphabet latin qui a été fait de l'arabe parlé tchadien et celui, en alphabet phonétique de la langue « sara ».

Afrique centrale

Au **Cameroun**, les deux langues officielles sont le français (75 %) et l'anglais (25 %) mais on compte plus de 220 langues. Le français est de plus en plus parlé et enseigné. Dans beaucoup de familles, il est en passe de devenir la seule langue parlée. À cause de la multiplicité des langues locales, c'est un instrument de grande communication voire de cohésion sociale. Le département de linguistique de l'université de Yaoundé I, en collaboration avec la République Démocratique du Congo et un groupe de chercheurs du département de lettres de cette université, l'IFACAM (Inventaire des Associations des Français du Cameroun), travaille dans le cadre du réseau « Français en Francophonie » de l'Agence Universitaire de la Francophonie.

En **Centrafrique**, il existe une Direction de la Francophonie au ministère des Affaires étrangères et un Centre de Recherches et de Documentation en Langue Française (CREDEF) à la faculté des lettres de Bangui. L'action linguistique et culturelle de l'Alliance française de la capitale, ouverte en 1997, est en plein développement. Parallèlement,

un décret promulgué le 10 décembre 1997 prévoit l'introduction du sango dans les premiers cycles du primaire en l'an 2000. De portée plus limitée à ce jour, s'est créée une Association pour la Défense de la Culture en Langue Française (ADCLF).

En **Guinée-Équatoriale**, la situation a considérablement évolué. En septembre 1997, tout d'abord, le français a été officiellement reconnu comme deuxième langue étrangère après l'espagnol, puis, le 23 février 1998, par modification de la constitution, il est devenu langue officielle avec l'espagnol. Cette décision a pour conséquences majeures une forte demande d'enseignement en français tant au niveau du système éducatif qu'au niveau des adultes, à titre privé ou administratif, et l'introduction de programmes en français à la radio et à la télévision nationales.

Au **Gabon**, la situation évolue favorablement. Cette évolution est liée en grande partie à la généralisation de l'enseignement en langue française et à la qualité de la formation continue des professeurs. Dans les familles, le français devient, plus ou moins officieusement, la langue première (à l'exception de l'ethnie Fang plus attentive à parler sa langue dans le milieu familial).

En République Démocratique du **Congo**, il est actuellement très difficile de dégager des tendances nettes. D'une part, le délabrement du système éducatif entraînera inévitablement à terme une diminution de l'usage du français, en particulier dans les populations les plus démunies ; d'autre part, les nouvelles autorités qui dirigent le pays depuis 1997, ont, à plusieurs reprises, marqué leur distance vis-à-vis de l'usage de la langue française. Par exemple, le projet de constitution actuellement en chantier prévoit trois langues officielles : le français, l'anglais et le swahili. Mais cette attitude a provoqué

une prise de conscience dans la population, bien au-delà de l'élite intellectuelle. Une multitude d'associations culturelles s'activent, sans réels moyens ma-tériels et financiers, à promouvoir la langue française. À l'Institut Universitaire des Sciences Sociales, Économiques, Philosophie et Lettres-Université Chrétienne (ISPL-UC) de Kinshasa, s'est tenu un colloque – du 8 au 10 septembre 1998 – au terme duquel est né l'Espace Congolais de la Francophonie (ECF). Ce projet fait suite à un voyage effectué en France, en juillet, par Emmanuel Gomanu Biangany, directeur général (recteur) de l'institut, au cours duquel il avait notamment rencontré le secrétaire général du Haut Conseil de la Francophonie.

Afrique de l'Est

À **Djibouti**, le français connaît une évolution importante. Avec la mise en place, dans les collèges, d'une « rénovation pédagogique » pluridisciplinaire, la tendance va vers un renforcement de la présence des textes et documents écrits francophones centrés sur la Corne de l'Afrique et le milieu djiboutien en particulier. La mise en place, en 1997, de l'Alliance franco-djiboutienne semble prometteuse mais on regrette la disparition des émissions de langue française à la radio et l'inertie de la radio scolaire.

Au **Rwanda**, le bilinguisme français/anglais s'accentue. L'anglais est désormais langue officielle, au même titre que le français et le kinyarwanda. Le Gouvernement a mis en

place des cours accélérés de français et d'anglais afin de rendre bilingues tous les élèves du primaire. Il est vrai que de nombreux Rwandais réfugiés, ayant grandi en pays anglophones (Ouganda, Tanzanie, Kenya), ne parlent pas français et que 90 % des échanges commerciaux se font avec ces mêmes pays ainsi qu'avec l'Afrique du Sud et les Émirats Arabes Unis. Une part importante de l'élite politique reste tout de même francophone.

Face au Rwanda, le **Burundi** apparaît, d'après le poste diplomatique, « *comme le dernier bastion de la Francophonie dans la région des grands lacs* ».

Situation du français dans l'océan Indien

Hormis les Seychelles, où le français est la langue de plus d'un tiers de la population, la situation de la langue française dans les autres pays francophones de la région n'est guère favorable, même si elle jouit d'une certaine sympathie.

Dans l'archipel des **Seychelles**, le français, langue maternelle de plus d'un tiers de la population, est confronté à des forces contradictoires. Dans le système éducatif, son introduction dans l'enseignement primaire se généralise mais il a tendance à régresser dans les écoles professionnelles. Dans les médias, la presse écrite et la radio, plus de 30 % des émissions et articles sont en langue française. Suite à la politique de créolisation menée depuis des années, le Gouvernement a pris conscience de la nécessité, pour les jeunes générations, de maîtriser les langues véhiculaires mondiales. Aussi a-t-il pris des initiatives importan-

tes concernant le français : construction, à Victoria, d'une nouvelle Alliance française (le terrain a été offert), en mars 1998, et autorisation pour RFO d'émettre 24h/24h.

À **Madagascar**, beaucoup reste à faire dans un pays où le français a été banni pendant plus de quinze ans. Cette politique a eu un impact négatif sur les populations et a provoqué un retard considérable du développement du français parmi la génération des 15/30 ans, soit la population active aujourd'hui.

À **Maurice**, la réduction de l'offre francophone de programmes audiovisuels ainsi qu'une conjoncture sociopolitique défavorable risque, à terme, de diminuer la part du français dans l'île. En ce qui concerne l'enseignement, les langues – et la place du français – dans les programmes du préprimaire sont au centre des débats. Si la bonne société mauricienne reste attachée au modèle anglais, la langue française, en revanche, exerce un attrait sur une grande partie de la population.

Situation du français en Extrême-Orient

Si, en Inde, la Francophonie n'est guère présente, en Extrême-Orient, le Sommet de Hanoï a eu une influence notable en sensibilisant populations et gouvernements à l'intérêt d'appartenir à la Communauté francophone. La progression du français se remarque dans la signalisation urbaine et muséale, notamment au Vietnam, comme dans les médias et dans la demande d'un enseignement de spécialité, en priorité dans le domaine du tourisme.

À **Pondichéry**, 7 000 Français d'origine indienne sont recensés, dont 200 tout au plus utilisent le français dans les échanges quotidiens et un tiers possède une maîtrise courante de la langue. Le tamoul est la langue maternelle des Franco-Pondichériens et la Francophonie « maternelle » est avant tout l'affaire des 500 Français de métropole qui travaillent dans les différentes institutions françaises, soit 0,1 % au total de la population.

Au **Laos**, le français est en régression, tant sur le plan social que professionnel. Il se maintient cependant dans les filières francophones spécialisées. Ceux qui, il y a une quarantaine d'années, ont été scolarisés en français constituent aujourd'hui une Francophonie vieillissante. La nouvelle génération de cadres de l'administration et les nouveaux professeurs n'ont appris ni le français ni l'anglais. D'autre part, l'ouverture du pays vers l'extérieur, son entrée prochaine dans l'ASEAN (Association des Nations du Sud-Est Asiatique) ont entraîné une politique du « tout anglais ». Il n'existe actuellement aucune formation de professeurs de français ni d'enseignement du français au Centre de formation aux relations internationales. Les francophiles prônent l'idée d'une seconde langue étrangère, exclue pour l'instant. Un objectif réaliste serait que 10 à 15 % des cadres connaissent le français. Le domaine de la santé demeure en revanche très francophone et le centre de la langue française de Vientiane, seul lieu d'enseignement et de rayonnement de la langue et de la culture françaises, joue un rôle important. Le projet de l'Agence Universitaire de la Francophonie d'aider au lancement d'un hebdomadaire francophone et au développement d'une signalétique urbaine bilingue laofrançaise est à encourager. Une Francophonie a sa place au Laos dans des domaines économiques comme l'électricité, le bois, le textile, le tourisme, et dans le domaine du droit, de l'administration, des finances, et des communications.

Au **Cambodge**, l'apprentissage du français dit de spécialité, dans une perspective d'utilisation professionnelle, se confirme. Il se développe en liaison avec la politique de coopération universitaire et de reconstitution des élites cambodgiennes : français médical, juridique, économique, mathématique, en chimie, physique et biologie.

Au **Vietnam**, la tenue du VIIe Sommet de la Francophonie a sensiblement amélioré la place du français. En témoignent l'augmentation significative du nombre de guides spécialisés, de brochures touristiques, de traductions francophones, d'éditions bilingues, la demande d'émissions en français à la télévision, le volume des reportages en français dans la presse. Les Vietnamiens affichent désormais une forte volonté de s'intégrer dans la communauté francophone. Un effort a été porté à la signalétique en français, notamment dans les grandes villes. Le Gouvernement, par l'intermédiaire du ministère de l'Éducation nationale, a évoqué la nécessité de rendre obligatoire l'enseignement d'une seconde langue vivante dans le secteur secondaire, en accompagnement de l'ouverture économique du pays. Après l'anglais, le français devance largement les autres langues (chinois, japonais, coréen, russe). En collaboration avec l'université Paris VIII et l'Agence Universitaire de la Francophonie, il existe un programme de recherche pour normaliser l'écriture vietnamienne selon les critères techniques requis pour le réseau internet. Il importe de noter l'im-portance d'une cinquantaine de cercles francophones, dont la moitié, outre les actions de promotion de la Francophonie, dispense des cours de français.

Situation du français dans le Pacifique Sud

Au **Vanuatu**, le français demeure, constitutionnellement, l'une des deux langues officielles d'enseignement (avec l'anglais) et l'une des trois langues officielles administratives (avec l'anglais et le bichlamar).

Créée fin 1997, l'Association de Professeurs de Français et Enseignants Francophones, LIDENDA, a surtout pour rôle de diffuser l'information.

ituation en France [2]

Beaucoup d'observateurs étrangers ont fait part au Haut Conseil de la Francophonie de leur étonnement quant à l'américanisation des espaces publics français (surfaces commerciales ou transports). Surtout avec la tendance à diffuser sur ces lieux de la musique préenregistrée ou émanant de certaines radios privées connues pour leur taux très faible de musique francophone. En règle générale, cependant, la loi sur les quotas de chanson française qui, en son temps, avait suscité de vifs débats, semble être appliquée.

Application de la loi du 4 août 1994

Les domaines d'application de la loi sont : l'information du consommateur, la protection du salarié, l'audiovisuel, le monde scientifique, économique et technique, les services publics, l'enseignement et la formation, le développement du plurilinguisme.

L'article 2 de la loi fait obligation d'employer le français pour la commercialisation des produits, précisant notamment que toute traduction doit, pour la protection du consommateur, être « *aussi lisible, audible ou intelligible* » que la présentation en langue étrangère. Les dispositions relatives à la protection du consommateur font l'objet d'un suivi particulier, veillant, d'une part à garantir l'égalité d'accès à l'information de tous les citoyens, d'autre part, à assurer la transparence des transactions et à ne pas restreindre la libre circulation des marchandises.

La Délégation Générale à la Langue Française (DGLF) joue, au quotidien, sous la responsabilité d'Anne Magnant, un rôle de conseil auprès des entreprises, des administrations et des associations mais l'organisme principal de contrôle est la Direction Générale de la Concurrence, de la Consommation et de la Répression des Fraudes (DGCCRF). Cette direction a augmenté ses contrôles de 326 % depuis 1994. Plus de 15 000 entreprises

NOTE

[2] Sources : Le *Rapport au parlement 1997* de la DGLF ; *Rapport d'activités 1997* de la DGLF ; *Lettre d'information* du ministère de la Culture et de la Communication ; *Bilan 1996/1997* du ministère de l'Économie, des Finances et de l'Industrie : « Consommation et langue française » ; *Usages linguistiques dans les colloques et congrès internationaux qui se tiennent en France,* rapport d'étude, mars 1998, ministère de la Culture et de la Communication (DGLF) et Agence Française de l'Ingénierie Touristique (AFIT).

ont été contrôlées d'août 1994 à avril 1997 et plusieurs dizaines de milliers de produits ont été passés au crible de la loi. De façon générale, les entreprises françaises fortement impliquées dans l'international tendent à utiliser l'anglais comme langue de communication interne et externe. La langue la plus impliquée dans une procédure contentieuse est d'ailleurs l'anglais (71,6 %), suivi de l'italien et de l'espagnol.

Les contrôles portent tout spécialement sur l'industrie alimentaire, les produits industriels (appareils électriques, articles de sports), les jeux vidéos et les logiciels informatiques qui ont suscité de nombreuses plaintes, tant de la part du public que des professionnels, la restauration et l'hôtellerie (dans certaines stations de sports d'hiver, où les touristes anglophones sont nombreux, certains commerçants proposent désormais les produits et services en anglais sans traduction). Toutefois une prise de conscience linguistique semble se dessiner chez certains professionnels. Surtout dans les domaines juridique, économique et sanitaire, où les procédures d'autocontrôle ne sont plus exceptionnelles.

La Cour de Paris a, par ailleurs, rendu un arrêt le 27 janvier 1997 soulignant que « *l'emploi de termes étrangers dans le domaine informatique s'avère générateur de contresens ou de malentendus qui peuvent conduire l'utilisateur à commettre des erreurs d'installation ou d'utilisation et que la prédominance de la langue anglaise ne dispense aucunement* [...] *de respecter les dispositions de la loi* ».

Concernant la protection du salarié, le bilan est plutôt positif quant à l'obligation de rédiger en français les offres d'emploi en France. Il en est de même quant à l'information. On observe cependant que, si les entreprises commencent à être sensibilisées aux enjeux linguistiques liés à la protection du consommateur, elles montrent, en revanche, une certaine indifférence aux relations entre langue et monde du travail. Qu'il s'agisse de la communication interne ou externe, certaines entreprises tendent à abandonner, partiellement ou totalement, l'utilisation de la langue française au profit de l'anglais.

Le Conseil Supérieur de l'Audiovisuel n'a constaté aucune infraction à l'obligation de l'emploi du français, ni dans les messages publicitaires ni dans les programmes eux-mêmes. Plusieurs annonceurs profitent du droit de diffuser un message oral en langue étrangère, à condition qu'il soit accompagné de la version française en incrustation. Les accompagnements chantés utilisent à part égale le français (54 %) et les autres langues (anglais 26 %, autres 19 %).

Au niveau des programmes sportifs, le conseil reçoit un abondant courrier de téléspectateurs qui dénoncent les incrustations en langue anglaise de certaines émissions. Il s'agit notamment d'émissions de formule 1, retransmises par la FOAC (Formula One Constructors Association), dont la langue de diffusion est l'anglais. La traduction écrite de ces incrustations impliquant un coût très élevé et une diffusion en différé, le Conseil recommande de laisser le soin aux commentateurs de traduire systématiquement les incrustations qui apparaissent à l'écran.

Par ailleurs, un questionnaire élaboré, à la demande du Conseil Supérieur de la Langue Française, par des représentants et journalistes du CSA, de RFI et de France télévision montre que les journalistes et animateurs des médias audiovisuels reconnaissent, en grande majorité, leur responsabilité dans le domaine linguistique.

Le monde scientifique, économique et technique reste un domaine très sensible. La particularité de ce secteur est qu'il ne dispose d'aucun organisme de contrôle et les résistances sont encore importantes. La loi demande la traduction de tous les colloques et conférences organisés en France ou par des français afin que le français demeure une langue de diffusion des connaissances scientifiques. Or, la pratique traditionnelle fait de l'anglais la langue de communication écrite et orale dans les colloques internationaux, surtout quand il s'agit de sciences chimiques, physiques et biologiques. La traduction simultanée est encore perçue comme trop onéreuse. L'Institut Pasteur reconnaît, par exemple, que sur cinquante conférences, vingt-neuf seulement ont pu être traduites en simultané. La même raison est invoquée par l'INRA (Institut National de la Recherche Agronomique) pour expliquer que seule la traduction des sessions d'ouverture et de clôture est assurée.

Selon un rapport d'études commandé par la DGLF et l'AFIT (Agence Française de l'Ingénierie Touristique), paru en mars 1998, il se tient environ 750 manifestations internationales annuelles en France, dont 150 se déroulent uniquement en français, 300 exclusivement en anglais, et 300 associent le français et l'anglais. La traduction simultanée concerne un congrès sur six (c'est dans le domaine des sciences et de l'informatique qu'elle est la moins utilisée).

Pourtant, le Gouvernement ayant mis en place, en 1996, un mécanisme d'aide à la traduction simultanée, vingt-sept colloques ont pu être aidés durant les neuf premiers mois de 1997 pour un total de 532 000 francs. Les critères d'octroi de cette aide sont : la qualité et l'intérêt de la manifestation, son caractère international, l'impact sur le rayonnement économique. Cette initiative a contribué à modifier positivement l'attitude des organisateurs de colloques et congrès.

La dynamique de la « loi Toubon » s'étend désormais au secteur privé grâce à l'action du ministère chargé du Tourisme. En 1997, 25 000 professionnels (syndicats d'initiative, établissements d'hébergement, commerces, entreprises d'autocars, taxis...) ont signé un contrat définissant des critères de qualité quant à l'accueil touristique en France. L'engagement a été pris notamment d'avoir recours à la double traduction (français/autre langue) pour les documents mis à la disposition du public, dans les offices du tourisme par exemple.

Bien évidemment, les services publics se doivent d'être exemplaires quant à l'emploi de la langue française tout en contribuant à promouvoir le plurilinguisme. Le Premier ministre, par le biais de nombreuses circulaires ministérielles, rappelle régulièrement aux services publics leurs obligations dans le domaine linguistique. Signalons, par exemple, la circulaire du 29 janvier 1997 relative aux conditions de fonctionnement des sites internet des ministères et celle du 6 mars 1997 portant sur l'emploi du français dans les systèmes d'information et de communication des administrations. En effet, l'année 1996-1997 a été marquée par l'ouverture de nombreux sites de ministères et services publics sur internet. Le Gouvernement souhaite marquer sa volonté de contribuer à la promotion et à la présence du français sur les nouveaux supports de communication.

Dans l'enseignement, la promotion du plurilinguisme reste la préoccupation principale. L'obligation d'apprendre une seconde langue étrangère en classe de quatrième, toutes sections confondues, est effective depuis la rentrée 1998 mais la diversification de ces langues reste nettement insuffisante. De nombreuses actions sont menées dans les universités pour que davantage d'étudiants bénéficient de formation à une ou deux langues étrangères.

Les langues régionales et les langues créoles

Le Premier ministre, Lionel Jospin, a successivement confié à Nicole Péry, députée des Pyrénées-Atlantiques, puis à Bernard Poignant, maire de Quimper, le soin de dresser le bilan de l'enseignement des langues régionales. Lionel Jospin soulignait d'ailleurs que : « *le temps est, en effet, révolu où l'État pouvait considérer que l'enseignement de ces langues était de nature à menacer l'unité nationale* ». Remis le 1er juillet 1998, le rapport Poignant préconise un développement de l'enseignement bilingue et de la presse en langues régionales et l'introduction de quotas d'émissions. Il suggère également que la région devienne la collectivité reconnue compétente en matière de langues et de cultures et s'engage pour la signature et la ratification de la charte européenne des langues régionales ou minoritaires. Or, l'article 2 de la Constitution française précise que « *la langue de la République est le français* ». La ratification impliquerait donc la révision de la Constitution. D'autre part, la signature de la Convention européenne pourrait entraîner l'application de certaines mesures relatives aux langues régionales, notamment l'utilisation de ces langues dans l'administration et les services publics. Encore que les États signataires ne soient tenus qu'à l'acceptation de 35 des 94 articles de la charte. Le Premier ministre charge le constitutionnaliste, Guy Carcassonne, d'étudier la question et, le 29 septembre, annonce : « *le Gouvernement fera en sorte que la charte du Conseil de l'Europe sur les langues régionales et les cultures minoritaires puisse être signée et ratifiée* ».

Si l'on prend l'exemple de l'Alsace, trois alsaciens sur quatre se déclarent favorables à une telle ratification. 51 % des personnes interrogées dans le Haut et le Bas-Rhin affirment parler couramment l'alsacien, 21 % ne le parlent ou ne le comprennent pas. Par ailleurs, on estime à 320 000 élèves, soit 2 % de la population scolaire en France, le nombre d'enfants qui suivent un enseignement de ou en langue régionale, dans le public ou le privé.

Sur les quarante pays membres du Conseil de l'Europe, dix-huit ont signé la charte mais seulement sept l'ont ratifiée.

Les langues créoles continuent à susciter un intérêt considérable dans le domaine des sciences du langage ; aussi bien au plan de leurs descriptions propres qu'à celui de leur relation avec les investigations sur le langage lui-même (voir S. Pinker, *The language instinct*). D'importants colloques ont eu lieu (Londres 1997, Regensbury 1998) et, est déjà en préparation le grand congrès qui se tiendra à Aix-en-Provence du 24 au 29 juin 1999. Ce IXe congrès international des études créoles réunira près de deux cents spécialistes venus du monde entier. Site internet : www.lpl.univ-aix.fr/iecf

e français dans les organisations nternationales [3]

Les grandes organisations internationales

Lors du VIIe Sommet de la Francophonie, à Hanoï, les chefs d'État et de Gouvernement ont adopté un plan d'action visant à assurer, protéger et développer l'usage de la langue française dans les organisations internationales (30 millions sur le biennum). Ils en ont fait une de leurs priorités : soutien à la diffusion des documents en langue française qui doit être assurée, de façon simultanée et en temps utile, dans les enceintes internationales ; soutien à la participation d'experts francophones aux instances de réglementation et de normalisation dans des secteurs prioritaires pour la Francophonie ; soutien à l'usage du français comme langue olympique.

L'Organisation des Nations unies (ONU)

L'anglais reste la langue dominante de travail et de communication aux Nations unies, à New York. Sur 185 États représentés, on compte cinquante-six délégations francophones. Depuis 1995, l'Agence de la Francophonie dispose d'un bureau permanent d'observation auprès des Nations unies.

La quasi-totalité des pays francophones a demandé au secrétariat de communiquer en français, à l'exception des missions de Bulgarie, d'Égypte et du Vietnam qui ont choisi l'anglais. Certaines missions de pays francophones (Liban, Bulgarie) ont d'ailleurs peu de diplomates francophones (à l'inverse, en Amérique latine, l'Argentine et le Brésil ont fait le choix du français).

La représentativité certaine du groupe francophone aux Nations unies ne doit cependant pas masquer une réelle dégradation de l'emploi du français dans l'Organisation. Les nouveaux venus sont anglophones ou choisissent l'anglais comme langue de travail ; ainsi en est-il de la Corée du nord, de la Corée du sud, de l'Estonie, des Îles Marshall, de la Lettonie, du Liechtenstein, de la Lituanie ou de la Micronésie. Il apparaît également que la durée et le nombre des débats officiels depuis quelques années ont tendance à se réduire. En fait, la réunion officielle ne fait souvent qu'entériner des décisions négociées au cours des réunions officieuses. C'est ainsi, qu'à plusieurs reprises, des décisions du Conseil de sécurité ont été adoptées, en quelques minutes, alors qu'elles avaient été âprement négociées en coulisses, en anglais.

NOTE

[3] Sources :
- *Rapport Dejammet*, représentant permanent de la France auprès des Nations unies, destiné au Parlement sur le français dans les organisations internationales (mai 1998) ;
- *Rapport de la conférence inaugurale du Conseil européen des langues.*
- *Rapport Delaneau*, la situation du français dans les OI, avril 1998, AIPLF.
- *Rapport au Parlement et Rapport d'activités*, 1997, de la DGLF.

Traduction : environ 90 % des documents sont soumis en anglais, viennent ensuite le français et l'espagnol puis l'arabe et le russe. Finalement, la langue française apparaît surtout comme une langue de traduction.

Interprétation : Si les réunions officielles sont généralement bien couvertes par les services d'interprétation, ce n'est pas le cas, on l'a vu, des réunions informelles, très nombreuses et importantes.

Lors de la 52e session, un rapport du secrétaire général, en date du 6 novembre 1997, établit un constat sur l'application de la résolution 50/11, du 2 novembre 1995, concernant le multilinguisme, résolution d'ailleurs rappelée par la résolution de procédure 52/23 du 17 décembre 1997. Le secrétariat reste fidèle à sa politique de promotion de l'enseignement des langues officielles et des langues de travail de l'Organisation.

L'usage du français se heurte surtout aux conditions de recrutement des fonctionnaires (une bonne connaissance du français n'est jamais exigée), à un environnement généralement anglophone et aux mesures de restrictions budgétaires qui portent en priorité sur les services d'interprétation et de traduction. Ainsi, trente postes de linguistes doivent être supprimés et il sera plus souvent fait appel à la traduction contractuelle à domicile. Les experts extérieurs sont souvent anglophones, même si, pour travailler avec certains pays africains, l'Organisation a néanmoins recours à des consultants francophones. Dans la plupart des organisations internationales, le nombre de fonctionnaires francophones est très largement inférieur à celui des fonctionnaires anglophones aux postes de haut niveau. Leur nombre avoisine les quatre cents et ils rencontrent plus de difficultés que les anglophones dans le développement de leur carrière (les résolutions sur la promotion des agents qui connaissent deux langues ne sont pas appliquées). Les fonctionnaires dont la langue principale n'est ni l'anglais ni le français ont tendance à préférer l'anglais au français. À New York, les Français eux-mêmes, notamment les experts, s'expriment en anglais !

L'absence du français sur les sites internet des Nations unies est également à déplorer. Même si certains sites se donnent les moyens d'être multilingues, dans de nombreux autres, la communication se fait uniquement en anglais. Les sites de l'OMS (Organisation Mondiale de la Santé) et du PNUD (Programme des Nations unies pour le Développement), notamment, utilisent largement l'anglais.

Enfin, en matière de documentation, aucun quota linguistique n'est prévu pour l'acquisition des ouvrages. À Genève, le fonds francophone de la bibliothèque ne représente que 30 % ; à New York, sur un total de 400 000 ouvrages, 10 % sont en français ; 12 % des quotidiens et 6 à 9 % seulement des hebdomadaires sont en français. Les banques de données de références bibliographiques sont à 95 % en anglais et 5 % des cédéroms sont multilingues.

Le Conseil de l'Europe et l'Union européenne

Le français est langue officielle et langue de travail des institutions de l'Union européenne. D'ailleurs, la quasi-totalité des diplomates de l'Union européenne comprennent le français et une majorité est capable de s'exprimer dans cette langue. Mais l'élargissement du Conseil de l'Europe aux pays de l'Est risque d'accroître le recrutement de fonctionnaires utilisant l'anglais comme langue de travail. Si la parité anglais/français est respectée dans le

cadre des débats publics et de la documentation pour les organismes déci-
sionnels (Comité des ministres ou Comité des délégués) l'importance des
rapports officiels réalisés à l'origine en français dépend de la bonne volonté
des parlementaires francophones de se porter candidats et de leur présence
en Commission ou en séance publique. C'est ainsi que 70 % des rapports
sont présentés en anglais et que, dans les commissions, 80 % des travaux
sont effectués en anglais.

Le Conseil de l'Europe prend en charge l'interprétation de quatre
langues. L'interprétation d'autres langues, dont l'espagnol, le turc et le
néerlandais, est financée par les Parlements nationaux. Cependant, par
mesure d'économie, l'habitude a été prise de communiquer en anglais.
Aucune protestation n'a jamais été émise. Pourtant, 56 % des agents sont
francophones...

Le fonds documentaire du Conseil de l'Europe est majoritairement
francophone mais l'acquisition d'ouvrages anglophones tend à augmenter et
représente 60 % des nouvelles acquisitions. Ce phénomène est accentué par
l'informatisation et le recours au réseau internet.

Autre problème important à l'heure des inforoutes : l'absence du
français sur les sites des directions générales de la Commission européenne,
par manque de personnel et de moyens financiers.

Organisation de l'Unité Africaine (OUA)

À l'OUA, implantée sur un continent majoritairement francophone, une
volonté existe de maintenir la parité français/anglais. Le bilinguisme est un
facteur déterminant dans le recrutement et l'avancement des fonctionnaires
de haut niveau mais la situation est moins favorable dans les autres catégories, du fait d'un recrutement essentiellement local auprès d'une population anglophone.

Par ailleurs, la plupart des documents sont conçus en anglais pour
favoriser leur audience, même si 30 à 40 % d'entre eux sont diffusés en
français.

L'UNESCO

À l'UNESCO, le groupe francophone (présidé par Dan Haulica, ambassadeur
de Roumanie), seul groupe linguistique constitué, dispose d'un poids politique et d'une influence non négligeables dus à la combativité de ses membres. Il essaie de faire prévaloir l'emploi du français dans les réunions.

L'Organisation pour la Coopération et le Développement Économique (OCDE)

Le statut juridique des langues officielles n'est pas toujours respecté. Ce fut
le cas par exemple, souligné par le rapport au Parlement 1997 de la DGLF,
des travaux sur les crédits à l'exportation.

La défense du français et du multilinguisme [4]

L'Agence de la Francophonie

Le 20 mars 1998, jour de la Fête de la Francophonie, le secrétaire général, Boutros Boutros-Ghali, a réuni à Paris des représentants de seize organisations régionales et internationales qui ont manifesté l'intention de se concerter régulièrement et de développer des projets communs en Francophonie. Étaient présents notamment : les secrétaires généraux du Commonwealth, Emeka Anyaoku ; de la Communauté des Pays Lusophones, Marcelino Moco, de la Communauté des États indépendants (regroupant douze des quinze anciennes républiques fédérées de l'URSS), Ivan Korotchenia, de la Ligue des États Arabes, Ahmad Abdel-Meguid, de l'Organisation de la Conférence Islamique, Azeddin Laraki, le secrétaire général de l'Organisation pour la Sécurité et la Coopération en Europe (OSCE), Giancarlo Aragona, le secrétaire exécutif de la Communauté Économique des États de l'Afrique de L'Ouest (CEDEAO), Lansana Kouyate, le directeur adjoint de l'UNESCO, Henri Lopès, la présidente de l'Assemblée parlementaire européenne, Leni Fischer, le représentant de l'Organisation des États Américains (OEA), Thomas Bruce et le président de l'ASEAN (Association des Nations Du Sud-Est Asiatique), Khamphan Simmalavong.

Pour faciliter l'ouverture de la fonction publique internationale aux francophones, l'Agence a mis sur pied un programme de formation, destiné aux ressortissants des pays du Sud et de l'Est, dont la première session s'est déroulée, du 6 janvier au 26 juin 1998, successivement, à l'Institut des Relations Internationales du Cameroun (IRIC), à Yaoundé, à l'Institut International d'Administration Publique (IIAP), à Paris, à l'Institut des Nations unies pour la Formation et la Recherche (UNITAR), à Genève.

Enfin, du 3 au 5 novembre 1998, à l'initiative de l'Agence, une réunion de travail s'est tenue à Genève sur le thème du plurilinguisme dans les institutions internationales.

L'Assemblée Parlementaire de la Francophonie (APF)

En février 1997, le bureau de la Commission internationale de l'APF s'est rendu au siège au siège de l'Organisation de l'Unité Africaine (OUA) et à celui de la Commission Économique pour l'Afrique (CEA), à Addis Abeba. Au terme de chacune de ces rencontres, la Commission des affaires culturelles a élaboré un rapport sur la situation réelle du français dans l'organisation internationale visitée. La situation du français dans les organisations internationales a également fait l'objet d'un rapport du sénateur Jean Delaneau, à Québec, en avril 1998.

L'Union Internationale des Journalistes et de la Presse de Langue Française (UIJPLF)

Il faut signaler les « Deux journées européennes » organisées en avril 1998, à Bruxelles par la section belge de l'UIJPLF, sous le titre « Le français, langue

NOTE

[4] En ce qui concerne le plurilinguisme, se reporter notamment à la revue *Éducation et sociétés plurilingues/ Educazione e societa plurilingue*, du Centre Mondial d'Information sur l'Éducation Bilingue et Plurilingue (CMIEBP), sous la direction d'Andrée Tabouret-Keller.

européenne ». Quatre exposés ont été proposés aux participants belges, suisses et français : le français au Parlement européen ; le français langue de la diplomatie ; le multilinguisme comme garantie de la présence du français dans les organismes européens ; le français langue des affaires. Ces journées s'inscrivent dans une logique de refus de l'uniformisation et de réaction à l'absence de décisions politiques qui risque d'entraîner les États membres dans la situation d'avoir, *de facto*, une seule langue de travail, l'anglais.

Les organismes français

La France a une responsabilité particulière dans la préservation du plurilinguisme au niveau mondial où la tendance au monolinguisme anglophone se précise.

La Délégation Générale à la Langue Française s'est donné comme priorités : en 1997, le maintien du plurilinguisme dans les organisations internationales et son développement dans la société de l'information ; en 1998, la place du français dans l'Union européenne et son élargissement à l'Europe centrale et orientale.

Le ministère des Affaires étrangères et la DGLF ont mis en place, en 1997, une formation à la langue et à la culture française destinée aux fonctionnaires internationaux des pays d'Europe centrale et orientale en poste au Conseil de l'Europe. Cette initiative prend place parmi les actions menées pour développer les connaissances que les fonctionnaires internationaux ont de la langue française. Les principales actions menées en 1997 ont trait à la présence du plurilinguisme sur les sites internet, à une sensibilisation des pays d'Europe centrale et orientale, futurs adhérents, et à la place du français dans les appels d'offres européens.

L'Observatoire de la Langue Française, créé en mars 1996 au sein de la DGLF, sous la présidence de Yves Berger, écrivain et membre du Conseil Supérieur de la Langue Française, a pour première tâche d'évaluer la présence du français lors des grandes manifestations internationales.

Le français à Nagano

L'utilisation du français aux Jeux olympiques de Nagano (du 7 au 22 février 1998) a donné lieu à la signature d'un accord de coopération linguistique entre l'ambassadeur de France au Japon et le président du Comité d'organisation des Jeux (NAOC) dont l'objectif était le respect de l'article 27 de la charte olympique sur l'usage des langues officielles : le français et l'anglais. Cet accord comportait plusieurs mesures : l'élaboration et la distribution d'un lexique trilingue français/anglais/japonais aux volontaires japonais, la mise à disposition d'élèves traducteurs-interprètes pour renforcer la section française du NAOC, l'aide au recrutement d'annonceurs francophones.

Après le désastre linguistique de Lillehamer, où le français fut quasiment absent, la situation au Japon s'avéra plus que satisfaisante. Le français est resté très présent aux côtés de l'anglais et du japonais pendant toute la durée des Jeux et sur tous les sites. 300 panneaux signalétiques rédigés en français et d'innombrables brochures publiées dans cette langue en furent les aspects les plus visibles. La même procédure se met d'ores et déjà en place pour les Jeux olympiques de Sydney, en Australie, en l'an 2000.

OING et ONG

- L'Union des Organisations Internationales Non Gouvernementales Établies en France (UOIF) a organisé un séminaire sur les enjeux de la présence du français dans les réunions internationales des OING, les 20 et 21 mai 1997. Un appel pressant a été lancé aux chefs d'État et de Gouvernement à l'occasion du Sommet de Hanoï afin qu'ils relaient, par des mesures concrètes, leur démarche pour le maintien du plurilinguisme.

- L'Association Francophone d'Amitié et de Liaison (AFAL) joue un rôle de trait d'union entre toutes ses associations membres (quelque cent trente), les représentant dans les organisations internationales où elle intervient en leur nom. Elle était présente notamment au Sommet de Hanoï.

- Avenir de la Langue Française (ALF) a envoyé, en 1996-1997, à plus de deux cents personnalités, un dossier sur les problèmes linguistiques et culturels posés au sein de l'Union européenne. Ce dossier a été saisi par les négociateurs de la Conférence Intergouvernementale (CIG) ; un texte d'appel est paru dans la presse en mars 1997.

- Le Conseil Européen pour les Langues : la conférence inaugurale du CEL s'est déroulée les 3 et 4 juillet 1997 à l'université Charles de Gaulle de Lille. Cette association a pour objectif principal l'amélioration quantitative et qualitative de la connaissance des langues et civilisations européennes. Pour 1998-1999, elle a prévu plusieurs activités autour de groupes de travail sur la formation des professeurs de langues et l'enseignement bilingue, le multilinguisme, la communication interculturelle, etc.

- L'Association pour la Sauvegarde et l'Expansion de la Langue Française (ASSELAF) par son bulletin, *Lettres*, contribue à informer, sensibiliser et alerter l'opinion française sur les atteintes à la langue, notamment dans l'affaire des brevets européens.

La réglementation des brevets en Europe : brevet communautaire et brevet européen

Le problème de la traduction des brevets fait actuellement l'objet d'un débat au niveau européen.

Pour qu'un brevet étranger puisse produire des effets en France, il doit être traduit et publié en français. En effet, l'article 2 de la Constitution stipule que créer des droits en France ne peut se faire que dans la langue de la République. Les frais de traduction, s'ajoutant au coût de dépôt et de maintenance des brevets en Europe, risquent de nuire à la compétitivité européenne par rapport aux États-Unis ou au Japon. D'où certains projets de modification de la législation.

L'Office Européen des Brevets (OEB), après avoir multiplié les pressions pour imposer l'usage d'une seule langue – l'anglais – dans la rédaction des brevets, semblait avoir renoncé à ce projet au printemps 1997. Cependant, en 1998, le commissaire européen chargé du marché intérieur, des douanes et des services financiers, présentait, à Bruxelles, un « Livre vert » reprenant les propositions de l'OEB.

Pourtant, le plan d'action, adopté en novembre 1997 à Hanoï, mentionne expressément l'OEB lorsqu'il recommande le soutien et la participation d'experts francophones aux instances de réglementation et de normalisation dans les secteurs prioritaires de la Francophonie (parmi lesquels l'économie).

Cette question des brevets européens, qui devraient faire place à des brevets communautaires, sera sans doute à l'ordre du jour de la Conférence des Ministres Francophones de l'Économie et des Finances, décidée lors du Sommet de Hanoï et qui se tiendra à Monaco, en avril 1999. Cinq pays européens, membres de l'OEB, y participeront.

Terminologie, lexicographie et industries de la langue

Activités terminologiques en France

L'année 1997 a été marquée par la mise en place du dispositif d'enrichissement de la langue française, suite au décret du 3 juillet 1996 limitant le rôle de l'État dans la procédure et associant plus étroitement l'Académie française. Seuls les mots approuvés par cette dernière peuvent désormais être publiés au *Journal officiel*.

Le rôle de la Délégation Générale à la Langue Française (DGLF)

• La Commission générale de terminologie et de néologie

La Commission, créée par le décret de 1996, a été officiellement installée le 11 février 1997 par le Premier ministre Lionel Jospin. Au programme de travail de la Commission : l'examen de toutes les listes terminologiques établies par les précédentes commissions entre juillet 1994 et juillet 1996, et l'examen de l'ensemble des termes (environ 4 000) publiés dans le *Journal officiel* avant la mise en œuvre du décret. Une première liste de termes et d'expressions approuvés par l'Académie française a été publiée au *Journal officiel* du 2 décembre 1997.

• Les commissions spécialisées

La Commission générale a suivi la mise en place progressive, dans quatre ministères ou secrétariats d'État (Économie et Finances, Industrie, Défense, Emploi et Solidarité) de neuf commissions spécialisées depuis le 31 décembre 1997. Ces commissions s'attachent particulièrement à la clarification du vocabulaire propre à leur administration. Cinq études concernant l'impact des décisions prises en France par les commissions de terminologie ont été réunies et publiées sous le titre : *La mesure des mots* (*cf.* bibliographie).

• Diffusion des ressources terminologiques

La DGLF a créé, sous forme de liste de diffusion sur courrier électronique, un outil d'assistance terminologique et néologique pour les

43

professionnels de la langue (traducteurs, interprètes, terminologues...) : France langue assistance. Elle a aidé à la publication de 1 000 cédéroms de terminologie en 1997 (120 000 termes en cinq langues).

- Lexicographie

Dans le cadre de la semaine de la Francophonie, une journée d'étude organisée par la DGLF et l'INALCO (Institut national des Langues et Civilisations Orientales) s'est tenue à Paris au mois de mars 1998. Elle avait pour objet d'étudier la lexicographie bilingue.

- Toponymie

En liaison avec la Commission nationale de toponymie, dont elle est membre, la DGLF a soutenu, auprès du ministère des Affaires étrangères, le projet de création d'une division francophone au sein du Groupe d'Experts des Nations unies pour les Noms Géographiques (GENUNG), afin de favoriser le travail sur la toponymie à partir du français.

Le rôle de l'association : Conseil Supérieur de la Langue Française (CSLF)

Le CSLF a réuni plusieurs groupes de travail durant l'année 1997. Il a également préparé un séminaire sur la « rédaction technique » qui a eu lieu à Bruxelles, en novembre 1997, en association avec les Conseils Supérieurs de la Langue Française et les organismes linguistiques de France, du Québec, de la Communauté française de Belgique et de Suisse romande.

Le rôle du Conseil international de la Langue Française (CILF)

Soutenu par la DGLF, le CILF a mis en service, en 1997, une base de terminologie sur internet permettant la consultation en ligne de l'ensemble de ses dictionnaires et lexiques. Ce site héberge également le service « Orthonet », permettant les interrogations en ligne sur l'orthographe.

Féminisation des noms

L'émergence politique et parlementaire des femmes en France a donné de l'acuité au débat sur la féminisation des titres. Une circulaire, parue au *Journal officiel* du 11 mars 1986, signée du Premier ministre de l'époque, Laurent Fabius, prescrivait cette féminisation. En janvier 1998, cependant, l'Académie française lance une adresse solennelle au Président de la République concernant l'expression « *Madame la ministre* ». Pour les académiciens, il s'agit d'une atteinte à la langue française. Lionel Jospin, répond par une circulaire du 6 mars 1998, rappelant celle de son prédécesseur et regrettant qu'elle n'ait guère été appliquée. Il est soutenu notamment par les associations féministes qui réclament la parité linguistique. Le 14 mai 1998, l'Assemblée nationale utilise à l'article 19 de l'instruction générale du bureau, le terme de « *députées* ». Rappelons que le Québec, la Suisse et la Belgique ont déjà entrepris cette féminisation des titres et noms de métiers.

Activités terminologiques en Belgique

En février 1997, le ministre en charge de la politique de la langue française a approuvé un avis du Conseil Supérieur de la Langue Française pour mener, en Communauté française de Belgique, une réelle politique terminologique. Cet avis propose, notamment, l'utilisation des termes des commissions spécialisées françaises après s'être assuré de l'utilisation de ces termes en Communauté française. Un important travail de révision et d'adaptation des termes élaborés en France depuis vingt ans par les commissions spécialisées de terminologie a été confié à deux centres terminologiques de la Communauté française. Le Conseil Supérieur de la Langue Française recommande également que soit confirmée, voire renforcée, la participation de la Communauté française de Belgique au sein du RINT (Réseau International de Néologie et de Terminologie) et que cette Communauté soit également représentée dans d'autres réseaux de terminologie, en particulier ceux institués dans le cadre de l'Union européenne. C'est également le Conseil Supérieur de la Langue Française qui travaille sur la féminisation des noms de métiers.

Il existe par ailleurs, en Belgique, une association : CQFD (Cercle de Qualité du Français Dynamique), centrée sur la création de néologismes français pour remplacer les termes anglais correspondants.

Activités terminologiques en Suisse

L'administration fédérale a mis sur pied, en 1988, sa propre banque terminologique « TERMDAT » après avoir conclu un accord de coopération avec la banque de données « EURODICAUTOM » de l'Union européenne (Luxembourg). La Suisse est membre fondateur du RINT et le module Suisse a organisé une réunion du réseau en juin 1997. Le Centre de dialectologie de l'université de Neufchâtel participe à cette banque terminologique.

Activités terminologiques au Québec

Le Conseil de la Langue Française, qui a fêté, en 1998, ses vingt ans d'existence, a pour mandat, au Québec, de veiller à la qualité de la langue française et de faciliter la francisation dans les secteurs clés. (Pour les publications du Conseil, voir la bibliographie).

La coopération linguistique et terminologique francophone est importante au Québec, notamment avec la contribution du Québec au RIOFIL (Réseau International des Observatoires Francophones des Industries de la Langue). L'Office de la Langue Française participe au Comité 37 de l'ISO, chargé d'établir des documents normatifs sur les principes et les méthodes de la terminologie, au sous-comité de terminologie et au sous-comité conjoint ISO/CEI chargé d'établir un *Vocabulaire des technologies de l'information*. 1998, année du XXXe anniversaire de la coopération franco-québécoise, a vu les liens se resserrer entre la France et le Québec : l'Office est en étroite relation avec les commissions françaises et la DGLF.

Coopération dans le cadre de l'Union européenne en matière de terminologie

Le Centre International d'Information pour la Terminologie (INFOTERM)

Dans le cadre du programme européen pour le Multilinguisme dans la Société de l'Information (MLIS), le Centre International d'Information pour la Terminologie (INFOTERM) coordonne l'élaboration d'un répertoire électronique européen des ressources terminologiques, avec la participation du Centre de Terminologie et de Néologie (CTN) de l'Institut National de la Langue Française (INALF-CNRS), et le soutien de la DGLF.

L'Association Européenne de Terminologie (AET)

L'AET, créée au Danemark le 3 octobre 1996, à la suite du projet Pointer de la Commission européenne – dans le cadre de son plan d'action multilingue (MLAP) – a pour mission de développer le multilinguisme à travers la terminologie.

Coopération internationale en matière de terminologie

L'Organisation Internationale de Normalisation (ISO)

Située à Vienne, l'ISO est chargée de normaliser les méthodes et les outils de travail en terminologie. L'Association Française de Normalisation (AFNOR) assure le secrétariat et le fonctionnement des comités nationaux de l'ISO. La banque de données terminologiques réalisée par l'AFNOR, disponible sur minitel, comporte 100 000 termes provenant des normes terminologiques françaises.

Le Réseau International de Néologie et de Terminologie (RINT) [5]

Organisation intergouvernementale francophone, le RINT, dont le secrétariat général se trouve à l'Office de la Langue Française à Québec, compte aujourd'hui vingt pays membres (Bénin, Burundi, Cameroun, Canada, Communauté française de Belgique, Congo, Centrafrique, France, Guinée, Haïti, Madagascar, Mali, Maroc, Mauritanie, Niger, Québec, République Démocratique du Congo, Rwanda, Sénégal, Tunisie) regroupés en treize modules et un membre associé, l'Union latine.

Exemples d'activités du RINT depuis 1996 :

– publication de dictionnaires terminologiques et des n° 15, 16 et 17 de la revue *Terminologies nouvelles* entre décembre 1996 et l'été 1998 (*cf.* bibliographie) ;

NOTE

[5] Source : Le Réseau International de Néologie et de Terminologie, document d'information, Québec, janvier 1998.

– mise en place, en 1996 du système Adepte-Nomino (dépouillement terminologique automatisé des banques de texte) et du système BALNÉO (Banque d'Attestation Néologique) pour assurer l'échange des données terminologiques sur internet, en collaboration avec l'université Rennes II ;

– en collaboration avec le RIOFIL, le RINT a mis au point un programme conjoint de formation continue visant à favoriser la création et le partage des ressources linguistiques, le traitement informatique des langues nationales, l'accès à l'autoroute électronique. Ce programme, qui s'adresse à des professionnels, privilégie la formation pratique et le désenclavement informatique de l'espace francophone du Sud.

Le Réseau International des Observatoires Francophones des Industries de la Langue (RIOFIL)

L'Agence de la Francophonie soutient les activités du RIOFIL. Constitué d'experts du Nord et du Sud et dont les bureaux se trouvent en France, au Québec (Hull), en Tunisie, en Suisse et en Belgique, le RIOFIL s'attache tout particulièrement au traitement informatique des langues pour l'utilisation des réseaux. À l'occasion de la réunion ministérielle de Montréal, le 21 mars 1997, il a inauguré son site sur internet, consacré à la diffusion d'informations sur les produits et services francophones en ingénierie linguistique.

L'Union latine

Avec pour secrétaire général, à Paris, Geraldo Cavalcanti, cette organisation intergouvernementale rassemble trente-quatre États de langue officielle ou nationale romane et dispose d'une Direction Terminologie et Industries de la Langue (DTIL). Celle-ci a pour objectif d'enrichir les terminologies scientifiques et techniques des langues latines et de contribuer au développement de la coopération dans ce domaine entre les pays latins. La DTIL dirige les réseaux ibéro-américain (RITERM) et panlatin (REALITER) de terminologie, ainsi que le Serveur Européen de Terminologie (ETIS).

Activités spécifiques en 1997-1998 : IVes Journées Internationales de Terminologie, « Les besoins terminologiques face à la société de l'information » (Barcelone, 1997) ; Journée de la « Coopération entre la Roumanie et la République de Moldova pour le développement de la terminologie et l'intégration européenne », le 16 mars 1998, à Bucarest ; appui permanent à l'Association TermRom-Bucarest ; séminaire de traduction scientifique et technique, à Lisbonne, en novembre 1998.

L'Agence Universitaire de la Francophonie (AUF)

• Le réseau FRANCIL de l'ingénierie de la langue

Les 1res Journées Scientifiques et Techniques du Réseau Francophone de l'Ingénierie de la Langue de l'Agence Universitaire de la Francophonie se sont tenues les 15 et 16 avril 1997 au Centre d'Enseignement et de Recherche en Informatique de l'université d'Avignon et des pays de Vaucluse.

• Le réseau LTT : lexicologie, terminologie, traduction

Organisées par l'Agence Universitaire de la Francophonie en collaboration avec l'université de Tunis I, l'Association Tunisienne de

47

Linguistique, l'Institut Supérieur de l'Éducation et de la Formation Continue et l'Amicale des anciens de cet institut, les Vᵉ Journées Scientifiques du réseau LTT ont eu lieu du 25 au 27 septembre 1997 à Tunis. Le thème retenu était « La mémoire des mots » pour quatre-vingt-seize intervenants, venus de treize pays d'Afrique (dont la Tunisie, le Maroc, l'Algérie, le Sénégal, La Mauritanie, le Burkina Faso, Madagascar), d'Amérique du Nord (Canada) et d'Europe (Belgique, Italie, Portugal, France), sans oublier le Liban, la Corée du sud et l'Inde. Outre le français, deux groupes de langues ont fait l'objet d'une attention particulière : l'arabe (standard et dialectal), les langues africaines (le wolof, le hawsa, le kirundi et le malgache). Le traitement automatique de la langue a occupé une place importante dans ces journées.

• Le serveur SILFIDE : serveur interactif pour la langue française.

Ce serveur interactif pour la langue française a commencé à fonctionner en janvier 1996 sous l'égide de l'Agence Universitaire de la Francophonie et du CNRS. Son objectif : définir une plate-forme d'échanges et de diffusion de ressources linguistiques destinées aux enseignants de français, aux étudiants, aux chercheurs de la communauté francophone s'intéressant à l'étude ou au traitement automatique de la langue.

Dictionnaires, cédéroms, logiciels et publications (*cf.* bibliographie)

Québec

L'Office de la Langue Française au Québec a publié la version 1998 sur cédérom du *Grand dictionnaire terminologique de la langue française*, banque de terminologie regroupant plus de 3 millions de termes et 800 000 fiches techniques.

Le Conseil de la Langue Française a relancé la publication de son *Bulletin*.

France

- Hachette, en collaboration avec l'Agence Universitaire de la Francophonie, a publié le *Dictionnaire universel francophone*, tout le français du monde en 1554 pages. À l'occasion du Sommet de Hanoï, une mise en accès libre sur le réseau internet de la partie langue de ce dictionnaire a été effectuée, rencontrant un vif succès.

- Le *Bescherelle* s'est modernisé et enrichi de l'apport de la Francophonie en intégrant des verbes québécois et africains dans sa nouvelle édition (Hatier).

- Le *Littré* est disponible sur cédérom aux éditions Redon. Il propose des recherches par auteur, par siècle et par classification.

- L'édition 1998 du *Robert junior* comprend, en additif et pour la première fois, un atlas de la Francophonie.

- Parution d'un *Dictionnaire franco/cap-verdien* aux éditions l'Harmattan.

- Enfin, les « Journées des Dictionnaires » qui se tiennent annuellement à l'université de Cergy-Pontoise avaient pour thème, en mars 1997 : « Les dictionnaires de langue française, de l'école à l'université, au sein de la Francophonie » et, en mars 1998, « Les dictionnaires et l'histoire de la langue française au sein de la Francophonie ».

Suisse

- Le *Dictionnaire Suisse-romand* (éditions Zoé, Genève) constitue l'un des plus grands succès de la librairie Suisse française. Ce dictionnaire est le premier résultat concret d'un projet de coopération internationale. Il s'agit de dresser un inventaire exhaustif des usages du français dans le monde.

Belgique

- La Communauté française de Belgique (service de la langue française) et les éditions Duculot ont édité, en 1997 : *Le français en Belgique, une langue, une communauté,* exposé complet sur la langue française en Belgique ; abordée sous ses multiples aspects.

- Un groupe flamand travaille à l'élaboration du logiciel *Paradise* (étude de textes – de spécialité, journalistiques... – tirés directement d'internet).

Afrique

En Afrique, se développe, dans certains pays, une activité lexicographique en coopération avec d'autres pays francophones. Citons par exemple : le **Burkina Faso** où le doyen de la faculté des lettres de Ouagadougou participe à l'écriture d'un dictionnaire, en collaboration avec les universités françaises de Toulouse-Le Mirail, Poitiers, Limoges... ; au Mali, une recherche sur les particularités lexicales du français au Mali est conduite par le DER de Lettres de l'École Normale Supérieure de Bamako, dans le cadre d'un projet AUPELF (mise à jour du dictionnaire des particularités du français en Afrique, constitution de fiches lexicographiques informatisées).

Asie

En Asie, un projet de lexique médical est à l'étude au **Laos** ; au **Cambodge**, avec l'appui de l'ambassade de France, divers lexiques franco/anglo/Khmer ont été élaborés ou sont en cours d'élaboration dans les domaines juridique, militaire, économique et pédagogique.

Dynamique sociale

La semaine de la Francophonie

La Fête de la Francophonie célébrée depuis onze ans le 20 mars, dans les cinquante-deux pays de la Communauté francophone et au-delà, ne se limite plus à cette seule journée, tant en France qu'à l'étranger.

En 1998, la France, le Québec, la Suisse et la Belgique ont organisé simultanément une semaine de la Francophonie « à thèmes », du 14 au 22 mars.

En **France**, la semaine du « Français comme on l'aime », coordonnée par la DGLF a donné lieu à quelques manifestations originales. Citons par exemple : les « Parcours de la langue française » dans Paris ; le café littéraire de la fondation La Poste, à la Sorbonne, en présence d'Henri Lopès, vice-président de l'UNESCO et membre du HCF ; la deuxième édition des « Couleurs de la Francophonie », à Laval ; la visioconférence entre Montpellier d'une part, où des élèves, professeurs et personnalités étaient invités au Centre Régional de Documentation Pédagogique (CRDP) par l'Association ADaLY (Les amis de Dalat sur les traces de Yersin) et Sceaux, d'autre part, où le lycée Marie Curie accueillait des représentants scolaires venus du Québec, de Roumanie, du Vietnam, de Madagascar et du Mali et le secrétaire général du HCF ; la deuxième édition de la « Nuit du Web et de la Francophonie » organisée par la Mutuelle Nationale des Étudiants de France, dans le cadre de la Fête de l'Internet (20 et 21 mars) ; la semaine de la Presse dans l'École, à l'initiative du Centre de Liaison de l'Enseignement et des Moyens d'Information (CLEMI) qui a proposé également son « Programme fax » à de jeunes rédacteurs de journaux scolaires et lycéens de France ou hors de France ; les opérations menées dans les établissements d'enseignement par des associations comme l'AFAL, l'ADIFLOR, Jeune Francophonie... Pour la dixième année consécutive, s'est déroulé le concours du « Mot d'Or », organisé par l'Association Actions pour Promouvoir le Français des Affaires (APFA). Ce fut l'occasion aussi de colloques comme celui du « Français en Belgique. Une langue, une communauté » à l'Académie française.

En **Belgique**, l'opération « La Langue Française en Fête » prend de plus en plus d'ampleur. Après Mons, c'était le tour de Huy en 1997 d'être la ville des mots en fête, et de Braine-l'Alleud en 1998. Le concept d'une « ville des mots » repose sur deux volets : d'une part, une animation visuelle : jeux de mots ou phrases poétiques s'affichent sur des banderoles géantes et, d'autre part, des animations culturelles autour de la langue sont créées par les associations locales. Cette année, plus de soixante projets ont été proposés : concours, jeux, spectacles, animations de rue, etc.

La **Suisse**, a également organisé, pour la première fois, une semaine « Vivre le français » avec entretiens, conférences, tables rondes animés par des écrivains, des chercheurs et des linguistes. Des concours ont eu lieu dans les libraires et les écoles.

Enfin, le **Québec** a dignement honoré la langue française lors de la « FrancoFête'98 ». Des centaines d'activités étaient organisées dans toute la province autour des thèmes de la jeunesse, de la maîtrise du français comme condition de l'expression individuelle et de la place du français à l'aube du XXIe siècle. Un grand spectacle de chanteurs francophones, *Venez voir comme ça nous chante !*, a clôturé la semaine à Montréal. Soulignons que, pour la première fois, la FrancoFête était jumelée avec les organisations française, belge et suisse romande de la semaine de la Francophonie.

Cette manifestation dépasse aujourd'hui largement les bastions traditionnels de la Francophonie que sont la France, le Québec, la Belgique et la Suisse. Dans plus de quatre-vingts pays la langue française a été fêtée cette année dans « *toute sa diversité, sa richesse et sa vitalité* ». Même quand le français est minoritaire. En témoignent : le Congrès de la culture française à Orlando (**États-Unis**), la semaine du cinéma Francophone au **Kenya**, le grand Festival Francophone, durant un mois, en **Afrique du Sud**, et toute une semaine d'événements organisée, pour la première fois, en **Jordanie**.

Activités associatives en faveur de la langue française

Une conférence extraordinaire rassemblant quelque deux cents ONG s'est tenue le 23 avril 1997, au siège du Conseil de l'Europe à Strasbourg. Cette conférence doit marquer le début d'une ère nouvelle dans les relations de coopération entre l'UNESCO et les ONG affiliées. Les associations francophones seront de plus en plus appelées à diffuser le français au niveau international.

En **France**, parmi les associations affiliées à l'UNESCO, l'Association Francophone d'Amitié et de Liaison (AFAL), a organisé, les 2 et 3 octobre 1997, un forum réunissant les représentant de cent trente associations francophones dans la perspective du Sommet de Hanoï. À l'issue de ces journées une suite de propositions a été adoptée, destinée aux chefs d'État et de Gouvernement ayant en commun l'usage du français participant au Sommet de Hanoï. L'une de ces propositions « *demande que la coopération multilatérale francophone soit renforcée dans les systèmes d'enseignement, les médias, l'ingénierie linguistique, l'édition, la néologie et la terminologie, les sites et les contenus sur internet* ».

Lors de sa XVIIIe session, à Neuchâtel, du 25 au 27 août 1997, la Biennale de la langue française, qui avait pour thème « Multimédia et enseignement du français » a, elle aussi, adopté un certain nombre de vœux et attiré l'attention, après l'intervention de Jean-Marie Vodoz, membre du HCF, déplorant l'utilisation grandissante de l'anglo-américain comme langue de la vie courante en Suisse, sur ce phénomène qui tend à se répandre dans d'autres pays francophones.

Outre leur action d'information et de sensibilisation auprès du public, les associations de défense de la langue française contribuent également à une bonne application de la loi du 4 août 1994. En 1997, les associations, Avenir de la Langue Française, Défense de la langue française et Droit de Comprendre se sont constituées partie civile dans une dizaine d'affaires, obtenant des dommages et intérêts et quelque 2 000 personnes ont manifesté à Paris, le jour de l'ouverture du VIIe Sommet, à l'appel de huit associations, « Pour le français langue de la République, pour la Francophonie, pour le pluralisme linguistique et culturel en Europe et dans le monde ».

Il faut souligner, en **Belgique**, le travail considérable d'associations comme la Maison de la Francité, la Fondation Charles Plisnier – qui publie la revue *Francophonie vivante*, l'ADILF, Association pour la Défense et l'Illustration de la Langue Française, qui organise des tournois d'éloquence et de rédaction.

Au **Luxembourg**, Les Amitiés françaises dispensent, entre autres, des cours de français.

En **Roumanie**, le bureau roumain de l'Union latine, très actif, organise des concours pour les jeunes, associés à la langue française. Il existe également une Société roumaine de linguistique romane.

Au **Québec**, le Conseil de la vie française en Amérique œuvre activement pour la défense de la langue française, ainsi que l'Association des Usagers de la Langue Française, le Mouvement Québec-Français, la Ligue des scientifiques pour l'usage de la langue française...

Au **Canada hors Québec** aussi les associations francophones sont actives. Pour ne citer qu'un exemple, l'Association AFY (Association Franco-Yukonnanaise), porte-parole officiel des quelque mille francophones du Yukon (qui compte 30 000 habitants) publie un journal en français, *L'aurore boréale*, et édite un jeu de société bilingue « Klondike » sur le Yukon et la ruée vers l'or.

En **Louisiane**, dans la perspective de la FrancoFête'99 célébrant son tricentenaire, se multiplient les clubs de français pour enfants, pour adultes, les jumelages de villes et d'établissements scolaires.

En ce qui concerne la Fédération Internationale des Professeurs de Français, se reporter au chapitre « Espace pédagogique ».

Jeux et concours

Les célèbres « Dicos d'Or » de Bernard Pivot, grand rendez-vous annuel de l'orthographe, ont réuni en 1997 plus de 13 000 participants. 7 500 personnes ont participé, dans vingt-trois villes de France, aux demi-finales. 181 finalistes se sont ensuite mesurés dans le grand stade de France à Paris. Cette douzième finale des « Dicos d'Or » a été retransmise dans le monde entier par l'intermédiaire de France 3, de TV5 et de Canal France International.

Depuis six ans, la finale spéciale langue française de « Questions pour un champion » illustre une Francophonie vivante et sans frontières. En mai 1998, dix candidats venus de Sumatra, de Moldavie ou de Djibouti ... en apportaient une fois de plus la preuve. Le gagnant s'avéra être un Finlandais, professeur de français.

Les « Mots d'or » de l'APFA, présidée par Jean-Marcel Lauginie, ont réuni, en 1997, plus de 37 000 candidats dans le monde et pas seulement dans des pays officiellement francophones ! Le « Mot d'or du meilleur dictionnaire spécialisé » a été attribué au premier *Dictionnaire franco-roumain de mercatique* réalisé par Maria Dipse.

La onzième finale internationale du jeu télévisuel francophone, « Génies en herbe », diffusé sur TV5, a réuni cette année, au Bénin, des jeunes francophones du monde entier, faisant de cette rencontre un véritable brassage culturel et un lieu d'échanges pour la jeunesse.

La grande finale internationale 1998 de la « Dictée des Amériques » a marqué le cinquantenaire de cette compétition internationale d'orthographe de langue française en réunissant plus de 25 000 personnes à l'hôtel de ville de Montréal. Comme chaque année, une personnalité francophone a rédigé un texte original et l'a lu devant les concurrents. Marie-Claire Blais, écrivaine-auteure-québécoise, a succédé à Hubert Reeves et Luc Plamandon.

Le ministère français des Affaires étrangères a organisé, à l'occasion de la Coupe du Monde de football, un grand concours international intitulé « Allons en France'98 ». (*Cf.* « Espace pédagogique »). En Belgique, ce concours a été doublé avec la dixième édition, en Flandre, du concours « Tour Eiffel ». Celui-ci, à l'initiative du professeur Willy Clijsters de l'université de Limbourg, reçoit à présent l'appui de toutes les associations de professeurs de français. La plupart des écoles secondaires de Flandre envoient des candidats. Les lauréats, environ quarante, vont recevoir leur prix à Paris.

Les prix

L'Académie française a décerné, en octobre 1997, Le grand prix de la Francophonie au professeur Abdellatif Berbich, doyen de la faculté de médecine de Rabat, en récompense pour ses travaux scientifiques et académiques en langue française et en langue arabe.

Le prix de la Langue française a été décerné à Brive, au moment de la Foire du Livre, en novembre 1997, à l'écrivain français François Weyergans.

Le prix Vaugelas 1998, attribué par le Club de la grammaire de l'Institut National genevois a été décerné, lors du Salon du Livre de Genève, à Jean-Claude Corbeil, sous-ministre associé à la politique linguistique du Gouvernement du Québec, pour son action en faveur de la langue française au Québec.

Le prix Louis Pauwels, a été attribué, pour la première fois, en janvier 1998, à la linguiste Henriette Walter pour son ouvrage, *L'Aventure des mots français venus d'ailleurs*, Robert Laffont.

Le prix Richelieu a été décerné en mars 1998, par l'Association Défense de la Langue Française, au journaliste Jean Lebrun, producteur et animateur depuis onze ans de l'émission « Culture matin » de France Culture, pour son usage de la langue française.

Conclusion

La Francophonie offre assurément un paysage contrasté. Certes, beaucoup reste à faire pour développer les synergies, mais la prise de conscience linguistique s'affirme, notamment avec la conviction de plus en plus partagée que, pour être efficace, la promotion de la Francophonie doit aller de pair avec la défense du plurilinguisme.

Il ne s'agit pas ici de faire preuve d'un optimisme exagéré mais de constater, tout simplement, que la Francophonie s'organise, politiquement, juridiquement et qu'elle se dynamise aussi, au quotidien, par une mobilisation grandissante des acteurs de la vie sociale.

Enfin, l'intérêt suscité par les débats linguistiques est bien significatif d'un enjeu – capital pour la Francophonie – celui de maintenir un juste équilibre entre, d'une part la diversité et la vitalité de la langue, d'autre part la régulation nécessaire à son unité et à sa qualité.

Nous pouvons clore ce chapitre par une information particulièrement intéressante : le sénateur Jacques Legendre (France), secrétaire général parlementaire de l'Assemblée Parlementaire de la Francophonie et rapporteur de la Commission de la culture et de l'éducation de l'Assemblée parlementaire du Conseil de l'Europe a fait adopter, à l'unanimité, par le Conseil de l'Europe, une recommandation relative à la « diversité linguistique ». Ce texte incite les États européens à considérer que la norme est la connaissance par chaque élève en fin de scolarité de deux langues étrangères en plus de sa langue maternelle.

Cette recommandation en faveur de la « diversification linguistique » est conforme à l'attente de la communauté francophone.

CHAPITRE 2

Espace pédagogie

Ces « données nouvelles » proviennent principalement des services de coopération linguistique et éducative des ambassades de France. Elles portent sur des évolutions quantitatives ou statutaires par rapport aux informations publiées dans notre rapport de 1994 (p. 125-130), mais également sur des pays qui n'avaient pas, jusqu'ici, fourni de données.

Comme lors des assises que l'AUPELF-UREF a organisées à Huê (Vietnam) du 19 au 22 octobre 1997, l'enseignement de la langue française et l'enseignement en langue française ne sont pas traités séparément.

ays d'Afrique subsaharienne t de l'océan Indien où le français st langue d'enseignement

Le nombre des apprenants de et en français reste considérable (il représente plus du tiers du nombre total des apprenants de français hors de France)

Si on compare les données de 1998 à celles de 1994

Ce nombre régresse en :

République Démocratique du Congo :
– 500 000
(5 500 000 dont 4 500 000 de 6-12 ans).

Cameroun : – 300 000
(2 200 000 dont 1 800 000 de 6-12 ans).

Burundi : où le taux de scolarisation a baissé en raison des violences depuis 1993 et de l'embargo depuis 1996.

Progresse en :

Côte-d'Ivoire : + 300 000
(2 250 000 dont 1 760 000 de 6-11 ans).

Sénégal : + 150 000
(1 100 000 dont 875 000 de 6-14 ans).

Mali : + 350 000
(925 000 dont 746 000 de 7-13 ans).

Togo : + 115 000
(899 000 dont 762 000 de 6-12 ans).

Bénin : + 210 000
(880 000 dont 722 000 de 5-16 ans).

Tchad : + 210 000
(687 000 dont 591 000 de 6-14 ans).

Niger : + 120 000
(565 000 dont 464 000 de 7-16 ans).

Centrafrique : + 20 000
(385 000 dont 350 000 de 6-11 ans).

On note l'importance des effectifs de l'enseignement de base dont le développement est reconnu prioritaire depuis le Sommet de Cotonou (1995). On observe corrélativement une relance du débat sur l'introduction des langues africaines dans les systèmes éducatifs, considérée comme indispensable pour le développement économique et pour la démocratisation de pays où le français n'est compris que par une minorité de la population. L'enseignement bilingue (français - langue nationale) est expérimenté à plus ou moins grande échelle au Mali (200 classes, 20 000 élèves), au Niger, en Centrafrique, au Tchad, aux Comores, au Gabon et en Côte-d'Ivoire.

En règle générale, les familles culturellement favorisées préfèrent que leurs enfants étudient en français dans des écoles privées (le nombre des jeunes scolarisés dans des écoles chrétiennes est de l'ordre de 6 millions). Mais les langues locales sont plus ou moins utilisées dans certains établissements « non formels » créés par les sociétés civiles pour pallier les insuffisances et parfois la dégradation de l'enseignement public :

Au **Burkina Faso,** centres de préapprentissage pour les 10-15 ans non scolarisés ou déscolarisés.

Au **Mali,** nouvelles écoles fondamentales, centres d'éducation pour le développement financés et gérés par les familles.

Au **Tchad,** les écoles informelles ou « spontanées » autogérées par les communautés villageoises représentent de 20 à 40 % de l'ensemble des établissements scolaires.

Au **Sénégal,** les centres non formels d'alphabétisation des adultes sont soutenus par le ministère de l'alphabétisation et des langues nationales en partenariat avec des organisations communautaires, des ONG et les alliances françaises de Saint-Louis, de Dakar et de Ziguinchor (ces centres utilisent notamment des manuels d'agriculture - élevage en wolof).

On observe également une forte progression de la langue arabe dans plusieurs systèmes éducatifs :

Djibouti, plus de 2 000 élèves sont scolarisés dans les écoles saoudienne et yéménite et dans l'institut islamique. L'arabe est en outre enseigné à raison de cinq ou six heures hebdomadaires dans les dernières années du primaire et le secondaire. Il est enseigné comme langue des affaires à l'égal du français et de l'anglais par la Chambre de commerce.

Niger, les écoles en français sont dites « traditionnelles » par rapport aux écoles coraniques qui alphabétisent en arabe et en hawsa (en caractères arabes) dans les régions fortement islamisées. Ces écoles ne sont plus seulement des écoles de mémorisation – récitation du Coran – mais intègrent les programmes et les méthodes pédagogiques « modernes » des établissements d'État.

Mali, le pourcentage des apprenants en français ne dépasse pas 90 % dans l'enseignement fondamental (7/16 ans), l'arabe étant en forte progression dans les écoles coraniques et les medersas (où l'enseignement est souvent bilingue).

Sénégal, l'école « française » demeure suspecte dans certains milieux islamiques qui se tournent vers des écoles coraniques « modernes » enseignant, outre le Coran, la grammaire et le lexique de la langue arabe, les connaissances de base et les valeurs musulmanes. En octobre 1997, un séminaire de perfectionnement pour l'enseignement de la langue et de la culture arabe a été soutenu par le ministère de l'Éducation nationale, qui considère que l'arabe doit être enseigné au même niveau que les langues européennes dans l'enseignement public.

À noter le cas particulier du **Rwanda** qui a fait de l'anglais sa 3e langue officielle avec le kinyarwanda et le français. Depuis 1995 le français est enseigné dès la première année du primaire en parallèle avec l'anglais. En 4e année, les élèves ont le choix entre l'anglais et le français comme langue d'apprentissage. Au niveau universitaire, le rapport est encore de 4 000 francophones pour 1 000 anglophones, mais les étudiants doivent être préparés à suivre leurs cours en français et en anglais. Entre avril et octobre 1997, l'année universitaire a été « gelée », pour un apprentissage intensif de l'anglais, par les Francophones, et du français par les Anglophones. Cette réorientation linguistique du Rwanda devient une référence pour d'autres populations d'Afrique soucieuses d'introduire le pluralisme linguistique dans leur système éducatif et de mettre un terme à l'hégémonie de la langue héritée de la colonisation.

La donnée fondamentale reste, en Afrique subsaharienne, l'analphabétisme qui concerne un adulte sur deux (alors que la moyenne mondiale est de un sur quatre) et le faible taux de scolarisation (en régression dans plusieurs pays). Cette anomalie atteste l'inefficacité du modèle de scolarisation adopté au moment des indépendances.

Au **Togo,** par exemple, sur cent enfants qui entrent à l'école, treize seulement arrivent à la fin du cycle primaire, généralement après avoir redoublé au moins une année. Les autorités togolaises continuent à refuser l'enseignement des langues parlées par la population mais comptent de plus en plus sur les parents, même les plus pauvres, pour contribuer à l'éducation scolaire de leurs enfants. C'est ainsi que 600 écoles « d'initiative locale » ont été créées face aux 2 900 écoles « officielles ». Dans les écoles officielles elles-mêmes, des classes sont tenues par des enseignants contractuels rémunérés par les parents qui, en plus de l'écolage, paient pourtant déjà pour l'entretien des bâtiments et pour les fournitures scolaires. Les programmes et les instructions sont élaborés sans que soit posée la question des matériels pédagogiques correspondants (et de la formation à l'utilisation de ces supports).

Autre exemple : à **Madagascar**, près de quatre millions d'apprenants (dont 3 500 000 dans le primaire) sont en principe scolarisé en français, mais sur cent élèves qui entrent en 1re année, vingt et un seulement se retrouvent en 5e année du primaire. Parmi les survivants du primaire, 40 % accèdent au secondaire dans le premier cycle et 9 % seulement dans le deuxième. Quant au pourcentage de réussite au baccalauréat, il est de l'ordre de 25 %. La cause principale de ce gâchis semble être le faible niveau de compétence en français des enseignants du primaire. Il faut sans doute incriminer aussi les rapports diglossiques entre le français et la langue malgache dont le statut scolaire reste incertain.

On attend de percevoir les effets de la « refondation » de l'école de base prônée par la CONFEMEN en 1995. La relance de l'éducation scolaire et universitaire passe peut-être par l'utilisation des nouvelles technologies de la communication et par la formation à distance.

La FAPE

La Fédération Africaine des Associations de Parents d'Élèves et Étudiants de douze pays francophones d'Afrique subsaharienne (FAPE) a tenu son premier Congrès à Ouagadougou (Burkina Faso) du 20 au 23 janvier 1998. Le plan d'action de la FAPE pour 1998-2000 appelle notamment les parents à s'engager pour l'amélioration de la qualité de l'enseignement en faisant respecter les dates de rentrée, en luttant contre l'absentéisme des élèves et des professeurs, en organisant le soutien scolaire (en liaison avec les chefs de quartier et les responsables communautaires et avec le concours d'étudiants et de retraités pour organiser la révision des leçons et la rédaction des devoirs).

Le projet RESAFAD

*Un séminaire RESAFAD, **Réseau africain de formation à distance**, organisé par la coopération française et ses partenaires africains a eu lieu à Ouagadougou en mars 1998. Le thème en était : « Les nouvelles technologies pour la formation à distance ». Cette rencontre a réuni des équipes du Burkina Faso, de Guinée, du Mali et du Togo, déjà impliquées dans le projet RESAFAD, ainsi que des délégations du Bénin, du Gabon, de Côte-d'Ivoire et du Sénégal, futurs participants au réseau ou simples observateurs. Les membres du consortium universitaire d'appui au RESAFAD, venant de Paris VII, de Paris VIII, de l'université du Mans, de l'IUFM de Versailles, de même que les représentants de l'Agence Universitaire de la Francophonie (AUF), de l'Agence de la Francophonie et de l'UNESCO étaient également présents.*

Pays d'Afrique subsaharienne et de l'océan Indien où le français n'est pas langue d'enseignement

Dans les pays d'Afrique subsaharienne et de l'océan Indien où le français n'est pas langue d'enseignement, le fait nouveau le plus marquant est évidemment que l'apprentissage du français devienne obligatoire au **Nigeria**. Dans ce pays qui compte déjà près de 5 000 enseignants et 1 800 000 apprenants de français (sur un total de 23 600 000 élèves ou étudiants, dont 18 000 000 de 6-11 ans), la généralisation progressive de l'enseignement du français supposerait la formation immédiate de 20 000 enseignants pour le primaire et de 10 000 pour le secondaire.

Parmi les autres pays anglophones, le nombre des apprenants de français, par rapport aux données de 1994 :

Il a augmenté :

Au **Ghana,** + 100 000 (300 000 12-17 ans).

Au **Soudan,** où le français est en principe obligatoire pour les 430 000 élèves du secondaire, mais n'est, faute d'enseignants qualifiés, enseigné qu'à 20 % d'entre eux. À l'université, le français est enseigné même dans les facultés autres que celles des lettres. Une quinzaine de centres des alliances françaises donnent des cours de français pour adultes.

En **Ouganda,** + 5 000 (35 000 14-20 ans) où il est, « en principe » obligatoire dans les deux dernières années du secondaire (et où un projet de formation à la gestion en français est à l'étude).

Au **Kenya,** (28 000) où de nombreux jeunes réfugiés rwandais éduqués apprennent l'anglais pour s'intégrer dans le système éducatif, mais popularisent le français.

Se maintient :

A **Maurice** (220 000) où le français, obligatoire dans le primaire, s'est introduit dans l'enseignement universitaire de la gestion et du droit.

Aux **Seychelles** où, depuis janvier 1998, le français est enseigné à tous les 6-11 ans soit 9 400 (mais n'est choisi comme sujet d'examen que par un candidat sur sept au niveau ordinaire et un sur treize au niveau avancé). Dans les écoles professionnelles, il reste enseigné comme langue de spécialité dans les formations à la restauration, au tourisme, mais a disparu des autres.

En **Afrique du Sud,** il est appris par 13 000 élèves et 2 000 étudiants, après deux ou trois langues africaines. Dans la province du Cap occidental, il a été choisi comme sujet d'examen au premier baccalauréat post-apartheid par 203 candidats (489 ont choisi l'allemand, 257 le Xhosa, 98 le latin, 73 l'hébreu, 24 le portugais). À l'occasion du voyage du Président français, Jacques Chirac, en Afrique du Sud en juin dernier, Thabo Mbeki, vice-président sud-africain et successeur désigné de Nelson Mandela a affirmé « *ne pas croire que l'on puisse être africain sans parler français* ».

Au **Zimbabwe,** le français « pourrait se voir conférer » le statut de langue étrangère obligatoire dans le secondaire où il compte aujourd'hui quelque 15 000 apprenants sur 750 000 élèves.

En **Sierra Leone**, le Gouvernement avait, en 1995, décidé que le français serait obligatoire en 5e et 6e années du primaire.

En **Namibie,** où le français n'est enseigné que depuis 1992 dans les écoles secondaires publiques, on signale la mise en place, dans le cadre du programme « Tempus », de coopérations universitaires avec le département d'histoire de Paris I et le département de géographie de Paris X.

En **Zambie,** le français est enseigné par 180 professeurs au niveau secondaire et sept au niveau supérieur.

Au **Malawi,** 115 professeurs l'enseignent à 10 000 apprenants au niveau secondaire (soit 7 % des élèves).

Dans les pays lusophones d'Afrique, le nombre des apprenants de français a augmenté depuis 1994 :

En **Angola,** + 10 000 (29 000, soit 28 % des 12-14 ans et 22 % des 15-19 ans).

Au **Mozambique,** où il est appris par 50 % des 15-18 ans et choisi comme option dans les départements universitaires de sciences sociales, droit et médecine (ainsi que par les cadres de la police, des finances). Alors qu'il n'est enseigné que dans les classes littéraires des deux dernières années des lycées, il est envisagé d'étendre son enseignement aux classes scientifiques.

En **Guinée-Équatoriale,** la volonté présidentielle de promouvoir le français comme deuxième langue nationale avec l'espagnol se traduit par l'obligation d'apprendre le français pour les 40 000 10-11 ans (mais cette obligation n'est pas encore effective).

Il a beaucoup diminué :

Au **Cap-Vert,** qui, malgré son adhésion à la Francophonie, a supprimé l'enseignement du français au primaire et rend optionnel son apprentissage au secondaire (où il était obligatoire depuis 1994).

En **Guinée-Bissau**, en raison de la déscolarisation.

Il est, dès maintenant, appris par 90 % des 18 000 11-18 ans et présent dans tous les examens du second degré.

Le taux d'enseignement du français reste « très insignifiant » en **Éthiopie** (6 000 apprenants, 67 enseignants).

urope occidentale

Un apprenant de français ou en français hors de France sur cinq se trouve en Europe Occidentale.

Aucun fait nouveau important n'est signalé là où le français est langue d'enseignement.

• Communauté française de Belgique, Romandie, Luxembourg. Les seules informations nouvelles concernent le nombre des enseignés en français au **Val d'Aoste** (14 000, à parité avec l'italien), en **Andorre** (5 700) et à **Monaco** (5 000 - on remarque cependant l'existence d'une International

School of Monaco bilingue et d'une University of Southern Europe où le français est enseigné comme première langue étrangère au choix avec l'italien, l'espagnol et l'allemand).

À noter le fait que, dans le prolongement de la Ve conférence internationale pour l'éducation des adultes, la Belgique, la Suisse, le Luxembourg, la France et le Canada ont décidé de constituer un réseau de leurs intervenants dans l'alphabétisation en français dans les pays industrialisés et dans les pays du Sud membres de la Francophonie.

Dans les parties non francophones des États où le français a le statut de langue nationale

Enseignée de manière plus ou moins privilégiée, sans être langue d'enseignement, on observe que :

En **Belgique flamande,** il n'existe pas de filières bilingues, mais une dizaine de milliers d'étudiants suivent des cours de français dans des départements autres que ceux des études romanes.

En **Suisse,** des enquêtes montrent que la majorité préférerait que la « langue internationale du commerce » soit apprise avant les langues nationales. Dans le canton de Zurich, l'apprentissage de l'anglais est devenu obligatoire dès la septième année de la scolarisation.

Le Centre Roman d'Enseignement à Distance (CRED)

Le Centre Roman d'Enseignement à Distance, fondé en 1995, a son siège à Sierre (Valais). Les objectifs du centre sont l'organisation et la promotion de la formation à distance, non seulement en Suisse mais dans toute l'Europe. Il travaille en collaboration avec des universités françaises (Besançon, Dijon, Grenoble) et québécoises (Télé-université du Québec). En 1997/1998, le CRED compte 268 inscrits au total, tous statuts confondus (auditeurs libres, étudiants universitaires immatriculés, étudiants en formation continue).

Depuis juillet 1997, le CRED est reconnu par l'Association Européenne des Universités à Distance (EADTU). Il a participé à deux réunions européennes (Dublin et Helsinki) et s'est s'engagé dans un premier projet européen, Édisson, dans le cadre du programme Socrates. 1997 a vu également la mise en place et le développement d'un programme de formation continue à distance en sciences sociales avec la Télé-université du Québec.

Filières	Hommes	Femmes	Total
Communication	*15*	*23*	*38*
Histoire	*6*	*7*	*13*
Lettres modernes	*5*	*11*	*16*
Mathématiques	*9*	*2*	*11*
Psychologie	*9*	*31*	*40*
Sciences économiques	*11*	*11*	*22*
Total	*55*	*85*	*140*

Autres pays d'Europe de l'Ouest

Les instances communautaires soutiennent l'utilisation dans l'enseignement d'une langue européenne non nationale en vue de promouvoir la citoyenneté européenne. L'objectif est que 10 % des étudiants maîtrisent trois langues communautaires en 2010. À cet effet, il est recommandé de ne pas exiger les mêmes compétences pour la deuxième et pour la troisième langue. Dans ce cadre, on observe :

'ays de l'Europe du Nord

Une forte progression du nombre des apprenants de français en **Finlande** par rapport à 1994 : + 15 % comme première langue étrangère, + 35 % comme deuxième pour les 6-12 ans, + 9 % pour les 13-15 ans. Des enseignants bénéficient de bourses européennes de perfectionnement linguistique et pédagogique en France, en Belgique ou en Suisse. Une filière francophone « langue et société française » a été ouverte à l'université de Tampere.

Forte progression également en **Suède** : 126 500 apprenants. L'enseignement de la deuxième langue étrangère commence un an plus tôt (en 6e année de la scolarisation) et les jeunes « savent qu'à Bruxelles on parle français ».

Au **Danemark**, le taux d'enseignement du français est de 16 % pour les moins de 16 ans, de 34 % pour les 16-19 ans.

En **Norvège,** le nombre des apprenants de français se maintient aux environs de 35 000. Mais les collèges devront désormais proposer au moins une deuxième langue étrangère (après l'anglais obligatoire) un an plus tôt dans le premier cycle du secondaire.

Aux **Pays-Bas,** les élèves qui se destinent à l'université ou à l'enseignement professionnel supérieur (soit près de 30 % des élèves des lycées) doivent apprendre obligatoirement une troisième langue étrangère (au choix, l'allemand ou le français). En revanche, la deuxième langue deviendrait optionnelle dans une seule des quatre filières courtes créées dans le premier cycle du secondaire.

En **Irlande,** 65 % des élèves du secondaire (240 000 des 12-17 ans) étudient le français, mais 6 % seulement dans le supérieur (soit moins de 6 000), alors que 73 % des candidats (soit 118 500 élèves) ont choisi le français comme épreuve de leur baccalauréat.

En **Allemagne,** l'Office Fédéral des Statistiques attribue au français 1 600 000 d'apprenants (+ 200 000 par rapport à 1994) (6 000 000 à l'anglais, 600 000 au latin, 250 000 au russe), soit 2 % des effectifs du primaire (mais 26 % des élèves qui apprennent une langue étrangère dans le primaire), 25 % des effectifs du secondaire (avec des pointes dépassant 80 % dans un *land* comme le Bade-Wurtemberg), 24 000 étudiants dans soixante-deux départements d'études romanes. Si l'on ajoute les 250 000 adultes des universités populaires et les 20 000 des instituts français, le nombre total atteint 1 900 000 : les Allemands étudient le français bien plus que ne les y obligent les réglementations scolaires des *Länder*.

Le sommet franco-allemand de Weimar a décidé en octobre 1997 la création de la première université franco-allemande. Il a aussi encouragé la création d'un corps spécialisé d'enseignants pour les filières bilingues (12 000 élèves). À noter qu'un nombre croissant d'étudiants allemands (près de 7 000 en 1996-1997) bénéficient de bourses européennes ERASMUS.

L'apprentissage du français progresse également en **Autriche** : + 9 000 (96 000 dont 85 000 10-18 ans, soit 19 %). Cette progression se fait aux dépens du latin (qui reste défendu par les professions médicales et juridiques). À noter que sur les 8 000 étudiants de français, plus de 3 000 se trouvent à la faculté d'économie de l'université de Vienne. Les instituts français (5 000 inscrits) développent les enseignements de français spécialisé « haut de gamme ».

Pays méditerranéens

Les évolutions sont contrastées :

L'Italie, conserve ses 1 700 000 apprenants de français. Au niveau secondaire, 34,2 % des élèves apprennent le français mais ils ne sont plus que 27,6 % au lycée. Dans l'enseignement supérieur, on constate une forte augmentation dans les départements de sciences politiques, économie, gestion, ingénierie. Un projet de loi vise à rendre l'apprentissage de l'anglais obligatoire pour tous les élèves pendant toute la durée de la scolarité obligatoire. Les dispositions en faveur de la deuxième langue étrangère dans le premier cycle du secondaire restent « imprécises ».

Le nombre des apprenants de français continue à se redresser en **Espagne** au fur et à mesure que s'applique la loi qui oblige les élèves du secondaire à choisir une option en plus du tronc commun obligatoire : *« cette option est très souvent une deuxième langue vivante qui est très souvent le français »* (il est effectivement choisi par 20 % des élèves).

À noter le développement de formations codiplomantes par accord entre universités espagnoles et françaises et la diffusion de cours de français pour les étudiants de droit, d'histoire et de philosophie de l'université nationale d'enseignement à distance.

Le **Portugal,** conserve ses 400 000 apprenants de français depuis que la deuxième langue étrangère est devenue une des options dans le deuxième cycle de l'éducation de base. Les professeurs de français plaident avec leurs collègues germanistes pour que la deuxième langue redevienne obligatoire dans le troisième cycle de l'éducation de base.

L'enseignement du français est en recul en **Grèce** malgré l'obligation d'apprendre deux langues étrangères dans les lycées et le primaire : 85 % pour le français, 15 % pour l'allemand (60 % des élèves choisissent en réalité le français). Les conventions avec les universités françaises en informatique, gestion, administration économique et sociale se multiplient.

Le français est au contraire en progrès à **Chypre** où, depuis 1996, il est obligatoire dès la première année du premier cycle du secondaire. Une filière d'études européennes où le français sera l'une des langues d'enseignement aux côtés de l'anglais et de l'allemand vient de se créer.

Il reste stable à **Malte**, où il est appris par 26 % des 11-17 ans, ainsi que par des étudiants en commerce ou en pharmacie.

Europe centrale et orientale

L'attention se porte, en Europe centrale et orientale, sur la situation de la langue française dans les systèmes éducatifs des six pays qui participent au Sommet de la Francophonie et à la coopération multilatérale francophone.

La **Roumanie,** reste, avec 2 100 000 apprenants, le pays le plus favorable pour le français dans cette région de l'Europe : 61 % des 7-11 ans, 48 % des 11-19 ans l'étudient (dont 5 500 dans les 59 sections bilingues). Dans l'enseignement supérieur, plus de 6 000 étudiants se trouvent dans les seize départements d'études françaises et près de 1 500 dans des filières francophones.

Les pourcentages sont plus modestes en **Pologne** : 2 % dans le primaire, 18 % dans l'enseignement secondaire général, 4,5 % dans l'enseignement professionnel et technique, 12 000 étudiants dans les départements

d'études romanes, plus de 6 000 dans des formations supérieures courtes (en commerce, gestion, génie industriel, sciences politiques et journalisme). Au total 400 000 (+ 100 000 par rapport à 1994). La volonté politique existe de rééquilibrer l'apprentissage des langues étrangères dans la perspective de l'intégration à l'Union européenne.

Le français reste dominant en **Moldavie** où il est appris par 80 % des élèves du secondaire, mais il est désormais à égalité avec l'anglais dans le supérieur. La fondation SOROS offre de généreuses bourses pour des stages dans les pays anglophones.

Le recul du français se poursuit en **Bulgarie**, où ses pourcentages sont inférieurs à 2 % dans le primaire (il n'est enseigné que dans une quarantaine d'écoles) et de 16 % dans le secondaire. On souligne donc la réussite des cinquante lycées bilingues et des filières universitaires francophones (en chimie, génie électrique, gestion, hôtellerie, œnologie et fermentation). Le programme VIFAX est expérimenté dans trois lycées de Sofia.

Aucun changement n'est signalé en **Albanie** où le nombre des apprenants de français était, en 1994, de 90 000 (sur 750 000).

Le taux d'enseignement du français est meilleur en **Macédoine** : 35 % des 7-14 ans, 30 % des 15-18 ans, 30 % des étudiants, soit au total 75 000 apprenants (sur 364 000). Des épreuves de français figurent dans les examens d'entrée, non seulement dans les départements de lettres françaises, mais aussi de tourisme et des douanes, ainsi que dans les diplômes de l'Académie Militaire. Le français devrait profiter de l'introduction envisagée d'une deuxième langue étrangère dans le primaire.

L'objectif principal de la coopération francophone multilatérale dans ces six pays « francophones » est qu'un pourcentage significatif de la population scolaire devienne bilingue, ce qui pose le problème de la formation de professeurs compétents pour enseigner en français des disciplines autres que le français.

Le nombre des apprenants de français reste important dans les **pays de l'ex-URSS**.

Il dépasse 1 000 000 en **Russie** où le français gagne du terrain comme deuxième langue étrangère au primaire (5 %) et au secondaire (7,5 %). À noter dans la région de la Volga la création à Nijni Novgorod d'une université franco-russe qui forme des spécialistes trilingues en droit et en économie et l'ouverture à Samara d'une université nouvelle avec un département de français.

Les filières francophones en Russie

Mastère franco-russe de relations internationales : formation en deux ans à l'Institut des Relations Internationales de Moscou, rattaché au ministère des Affaires étrangères russe, en partenariat avec l'Institut d'Études Politiques de Paris.

– Mastère franco-russe de management international : formation en onze mois à l'Académie du commerce extérieur de Russie, à Moscou, en partenariat avec la Chambre de Commerce et d'Industrie de Paris.

– Collège universitaire français, créé en 1991 par Marek Halter : formation en deux ans dans quatre filières (littérature/philosophie, sociologie, droit et histoire), en partenariat avec l'université d'État de Moscou, celle de Saint-Pétersbourg, les universités Paris I, II, IV, Aix-Marseille III et l'EHESS (École des Hauts Études en Sciences Sociales). Un certificat est délivré aux russophones. Les francophones qui suivent l'ensemble du cursus peuvent obtenir un diplôme reconnu par les universités françaises partenaires.

On signale également l'apprentissage du français par 27 000 élèves de 143 écoles de la **République fédérée du Tatarstan**. L'université pédagogique de Kazan a signé une convention de coopération avec l'IUFM de Créteil.

Le français est appris en **Ukraine** par 6 % des élèves et il est enseigné dans des filiè-res techniques à l'université de Kharkov, ainsi que dans les filières trilingues de l'université d'Odessa.

Le nombre des apprenants de français dépasse 72 000 dans la République du **Belarus** (soit 4,1 % de la population scolaire). Un décret de 1996 a attribué au français le pourcentage de 15 % (cinquante-cinq pour l'anglais, vingt pour l'allemand, cinq pour l'espagnol). Il est enseigné, en réalité, dans 549 écoles d'enseignement général (sur près de 4 000), quinze écoles à enseignement approfondi des langues (sur quatre-vingt-quatre) et dix-huit écoles à français renforcé. Près de 6 000 étudiants suivent des cours de français dans cinquante-six établissements d'enseignement supérieur dans les spécialités les plus diverses, y compris techniques agricoles, relations sociales, sport, etc.

Le nombre des apprenants de français dépasse 100 000 en **Arménie**. Il est appris par 14 000 étudiants non-spécialistes du français. Une filière francophone en gestion et commerce a été ouverte à l'Institut d'État des Langues Étrangères. Un programme de la Banque Mondiale favorise l'édition de manuels qui se substitueront progressivement à ceux qui restent conçus et imprimés à Moscou et qui ne correspondent pas aux « nouveaux besoins ».

Dans les autres pays d'Europe centrale et orientale

On remarque :

Une forte progression du français en **Yougoslavie** où il est appris par 22,5 % des 7-15 ans, 35 % des 15-19 ans et près de 500 étudiants (dont vingt-deux dans la filière francophone du cycle d'études européennes de la faculté de droit de Belgrade).

Une augmentation du nombre des apprenants de français en **Hongrie** (7,7 % des 14-18 ans, 5,2 % des étudiants dont trois cents se trouvent dans trois filières universitaires francophones). On observe en outre une forte demande dans les milieux concernés par l'adhésion à l'Union européenne et dans les entreprises à participation française. En 1998, l'enseignement d'une langue étrangère devient obligatoire à partir de la cinquième année de scolarisation, l'enseignement d'autres langues est recommandé mais dépend du choix des établissements qui devront le financer. En 2004, le baccalauréat comportera des épreuves dans deux langues étrangères.

En **République tchèque,** le français est appris par 13 % des élèves du secondaire. Des filières partiellement francophones existent dans des facultés de droit, management, économie et agronomie.

En **Slovaquie**, il est appris par 2 % des 6-14 ans et 6 % des 15-18 ans (dont 750 élèves de quatre sections bilingues). Des filières partiellement francophones existent dans des départements universitaires d'économie, gestion et finances.

En **Lituanie**, il est appris par près de 6 % comme première langue étrangère et 2 % comme deuxième par les 10-18 ans. Le taux d'enseignement du français est respectivement de 4 % et de 1 % dans le supérieur. Une filière francophone d'études

internationales fonctionne à l'université technologique de Kaunas.

En **Croatie,** des expériences de « français précoce » se poursuivent dans deux écoles maternelles et neuf écoles primaires. On signale une poussée de l'allemand et de l'italien.

En **Lettonie,** le nombre des apprenants de français est à peine supérieur à 5 000, dont près de 1 500 dans l'enseignement supérieur et 3 600 dans cinquante et une écoles (alors que l'anglais est appris par près de 200 000 élèves dans 862 écoles, l'allemand par 70 000 élèves dans 641 écoles et le russe par 87 000 élèves dans 676 écoles). Le français est deuxième ou troisième langue étrangère. Or le Gouvernement envisage de ne plus soutenir l'enseignement de la troisième langue étrangère.

En **Estonie,** le nombre des apprenants de français a augmenté de 25 % au cours des deux dernières années et atteint plus de 3 000 (dont 2 000 dans le secondaire). Pour la première fois une épreuve facultative de français a été introduite dans le baccalauréat. Une filière a été créée à l'université pédagogique de Tallinn pour former les enseignants de français. Le français est enseigné comme matière complémentaire aux étudiants en droit, économie, sciences politiques, sciences humaines du Centre de langues étrangères de Tartu.

Le français reste très minoritaire dans le système éducatif de la **Slovénie,** loin derrière l'anglais, l'allemand et l'italien. Mais deux cents étudiants suivent des cours de français en sciences sociales, sciences économiques, dans l'École de Tourisme de Porto-Roz.

frique du Nord et Proche-Orient

Près de 20 % des apprenants de français ou en français hors de France se trouvent dans les pays d'Afrique du Nord et du Proche-Orient. Le statut de la langue française dans leurs systèmes éducatifs reste incertain, entre langue seconde et langue étrangère privilégiée, en raison de diverses politiques de recentrage sur l'arabe et de la tentation de l'anglais. Le besoin se fait sentir, en outre, d'évaluer plus rigoureusement les performances des apprenants tout en se défiant d'une attitude trop normative qui entrave l'apprentissage de masse du français et risque de le réserver à une minorité perfectionniste.

L'**Algérie,** est le pays de cette région qui compte le plus grand nombre d'apprenants de français : près de 4 000 000 de 10-18 ans, auxquels s'ajoutent près de 200 000 étudiants en sciences et en médecine et plus de 5 000 spécialistes du français. Certains didacticiens expriment des doutes sur la qualité de l'apprentissage scolaire du français : les quelque 40 000 enseignants de français semblent en effet avoir conservé l'habitude, prise au lendemain de l'indépendance pour pallier leur déficit de formation, d'appliquer à la lettre les fiches et les batteries d'exercices produites par l'Institut pédagogique national. Il est vrai que se multiplient les cours privés de soutien en français.

Au **Maroc,** tous les jeunes scolarisés apprennent le français à partir de leur troisième année de scolarisation : près de 2 000 000 des 6-12 ans (52 000 enseignants), tous les 12-18 ans, soit près de 1 400 000 (15 000 enseignants) auxquels s'ajoutent 60 000 étudiants qui reçoivent en français leur formation en sciences, en technique et en médecine et 10 000 spécialistes de la langue et littérature française (400 enseignants du supérieur). Le français est évidemment pris en compte dans tous les examens de passage d'un cycle à l'autre et au baccalauréat.

La demande sociale d'un enseignement en langue française reste significative : 30 000 élèves fréquentent des établissements scolaires français, 130 000 des établissements privés où le français est aussi langue de l'enseignement. Se met en place d'autre part une filière publique de lycées à langue renforcée : en septembre 1997, quarante-deux classes ont été ouvertes dans quatorze lycées-pilotes, également réparties entre les sections mathématiques, sciences expérimentales et lettres.

Certains observateurs considèrent que le système éducatif marocain construit ainsi une identité marocaine francophone spécifique. D'autres soulignent le faible rendement de ce système : 7 % seulement des inscrits dans le primaire accèdent à l'enseignement supérieur. (On ne peut ignorer en outre que 2 500 000 d'enfants restent non scolarisés). On observe d'autre part une érosion du nombre des candidatures dans les sections scientifiques de l'enseignement supérieur où les cours sont donnés en français et une augmentation corrélative des effectifs dans les filières arabisées, notamment en droit.

L'**Égypte,** compte près de 2 500 000 apprenants de français : 2 200 000 se trouvent dans le deuxième cycle du secondaire (où le français est appris par 85 % des élèves), dont 600 000 fréquentent des écoles bilingues. Ces écoles sont généralement des écoles privées dont les coûts sont considérés comme abordables pour les classes moyennes. Mais de nouvelles écoles bilingues apparaissent, dites « d'investissement » où les frais de scolarité sont extrêmement élevés. Quelques écoles ont d'autre part été ouvertes depuis 1996 dans le secteur public : l'enseignement y est assuré en français dès la maternelle. Une mesure réglementaire, prise dans le cadre de l'organisation du baccalauréat risque cependant d'avoir des effets négatifs sur l'enseignement du français : le ministre de l'Éducation a, par décret en date du 8 octobre 1997, réduit à une seule le nombre des options au baccalauréat. À noter l'apparition sur le Web d'un site « Omar le chéri » soutenu par l'Agence de la Francophonie et animé par des journalistes français. Il s'agit d'un feuilleton illustré qui relate, en français, les aventures d'un jeune héros à la recherche du tombeau d'Alexandre le Grand. Six écoles-pilotes assurent l'exploitation pédagogique de ce feuilleton.

Plus de 100 000 étudiants suivent des cours de français en dehors des départements de français. Ces cours sont obligatoires dans plusieurs filières de tourisme, de droit, de commerce international, ainsi que dans des filières trilingues de sciences politiques, d'économie et de communication. Un centre de français de spécialité a été créé dans une université du Caire et une université française privée est en projet.

En **Tunisie,** le français est considéré comme une langue étrangère mais ayant des fonctions de véhicule de certains enseignements scientifiques et d'ouverture à d'autres cultures que la culture nationale arabo-islamique (c'est dans cet esprit que la littérature française redevient le support privilégié de l'enseignement de la langue). 1 250 000 jeunes tunisiens apprennent le français, ce qui n'empêche pas l'enseignement de l'anglais, de l'allemand, de l'italien de se développer.

Dans le même esprit d'ouverture, le français est appris par 340 000 élèves en **Mauritanie** (leur nombre semble avoir plus que doublé par rapport aux données de 1994). Une épreuve écrite de français est obligatoire au brevet des collèges et au baccalauréat. 7 000 étudiants suivent des cours en français dans les facultés de lettres, sciences humaines, sciences et techniques. L'enseignement dans les facultés de sciences juridiques et économiques est bilingue.

Au **Liban,** le nombre des apprenants en français semble avoir régressé par rapport à 1994 bien que le français reste la langue de l'enseignement pour 75 % de la population scolaire et 12 % des étudiants. (Pour l'enseignement des sciences, les pourcentages correspondants s'élèvent à 80 % et 65 %). Cette évolution est liée à la diminution du nombre total des élèves et des étudiants, mais aussi à l'augmentation du nombre des établissements scolaires et universitaires qui utilisent l'anglais comme langue de l'enseignement (les établissements privés considèrent souvent l'anglais comme seule langue étrangère nécessaire). Les nouveaux programmes prennent en compte le fait que le français n'est pas la langue maternelle de la très grande majorité des enfants libanais : dans tout le cycle scolaire, il bénéficie d'un nombre d'heures égal à celui de l'arabe. À noter la construction à Nabatijié du huitième établissement de la Mission Laïque Française qui scolarise au total 13 000 élèves.

Le nombre des apprenants de français se maintient en **Syrie** un peu en dessous de 300 000 : il est enseigné dans les deux dernières années du primaire où il est choisi par 19 % des élèves et dans le secondaire (12,5 %). Une filière d'excellence regroupe 2 400 élèves d'un lycée où le français est la seule langue étrangère enseignée.

Le nombre des apprenants de français a augmenté en **Israël** d'environ 10 000 pour s'établir à 55 000 (dont 35 000 12-18 ans, soit 7 %). Mais la progression des effectifs du secondaire est bien supérieure. L'option pour le français perd 2/3 de ses effectifs entre le premier et le deuxième cycle et n'est choisie au baccalauréat que par moins de 2 000 candidats. Toutes les universités ont un département de français et le français est étudié par la majorité des étudiants des départements des autres langues étrangères.

L'arabe, langue officielle de l'État avec l'hébreu, compte 160 000 apprenants (37 % dans le secondaire). L'anglais occupe le premier rang des langues étrangères mais un texte ministériel d'avril 1996 donne le français comme « langue à statut privilégié ». Le russe, jouit également d'un statut « particulier ». L'étude du français ou de l'arabe est obligatoire de la septième à la dixième année de la scolarisation, mais les nouveaux immigrants de l'ex-URSS peuvent choisir d'étudier le russe. Les directeurs des établissements décident en fait de l'ouverture et de la fermeture des classes de français.

À noter que la Knesset a refusé de rendre obligatoire l'enseignement de l'arabe. Une première section bilingue français-hébreu a été ouverte en 1996 dans un lycée de Tel-Aviv. Une deuxième est à l'étude au lycée de l'Alliance Israélite Universelle. Une filière de français des affaires a été créée dans le département de français de l'université de Tel-Aviv qui a également réalisé un *Dictionnaire informatique des verbes de l'ancien français*. Il faut souligner le dynamisme de l'Association de Professeurs de Français qui a établi, en avril 1997, pour les assises de l'enseignement du et en français de Huê un « État des lieux du français en Israël ».

En **Turquie,** le nombre des apprenants de français se maintient au niveau de 38 000 (très inférieur à celui annoncé en 1994) mais recule en pourcentage en raison de l'augmentation de la population scolarisée et de l'hégémonie croissante de l'anglais (qui est appris par 96 % des 11-18 ans). Le français figure cependant dans les concours pour les postes de la fonction publique liés à l'international.

En **Jordanie**, le nombre des apprenants de français s'est rétabli, semble-t-il, aux environs de 30 000 (dont 28 000 dans des établissements privés). Des cours de français sont offerts en option dans la plupart des universités publiques et privées. Des possibilités de développement se dessinent dans les formations au tourisme et à la traduction en entreprise.

Dans les **Émirats Arabes Unis** (20 000 apprenants de français), un département de français troisième langue a été créé à l'université.

Au **Koweït** (13 000) le français est appris au secondaire (250 enseignants) et dans le supérieur alors qu'il n'existe aucun département de français.

Le nombre des apprenants de français est d'environ 3 000 au **Qatar**, d'environ 2 000 en **Arabie Saoudite**.

Depuis 1997, le centre franco-omanien pour l'enseignement du français a créé une option facultative à la faculté des lettres d'**Oman**.

Le nombre des apprenants de français est inférieur à 1 000 en **Libye**. Son enseignement n'a pas été remis en cause à l'occasion de la restructuration de l'université de Tripoli. Son enseignement dans les lycées est un « sujet de réflexion » des autorités.

mérique

L'Amérique compte pour environ 15 % dans le nombre des apprenants de français et en français hors de France. La particularité de ce continent est qu'il est dominé, du Nord au Sud, par la puissance la plus importante de la planète et de l'Histoire, dans le domaine culturel autant que dans les domaines économique et militaire. Cette hégémonie croissante des États-Unis et de leur langue n'est plus guère limitée par les langues des peuples autochtones, mais l'hispanophonie s'est renforcée et la Francophonie québécoise résiste au rouleau compresseur.

Le **Canada anglophone,** compte plus de 2 500 000 apprenants de français langue seconde, dont 250 000 dans des classes d'immersion. Des filières francophones existent dans trois universités de l'Ontario (Sudbury, Ottawa, York). L'université de Moncton (Nouveau-Brunswick) est francophone (le douzième Congrès du Conseil International d'Études Francophones (CIEF) s'y est tenu du 23 au 30 mai 1998), ainsi que le collège Saint-Boniface de Winnipeg (Manitoba), l'université Sainte-Anne en Nouvelle-Écosse et la faculté Saint-Jean d'Edmonton (Alberta). Les minorités francophones continuent à se battre pour obtenir la création et le contrôle d'écoles où le français est la langue de l'enseignement.

Un million d'élèves et 430 000 étudiants du **Québec** sont scolarisés en langue française. Quelque 200 000 enfants et adolescents des établissements anglophones (56 000 6-10 ans, 47 000 11-16 ans, 33 000 étudiants de niveau collégial, 57 000 de niveau universitaire) étudient obligatoirement le français comme langue seconde, c'est-à-dire non seulement comme langue de communication, mais comme langue de culture. Le Parlement fédéral a adopté en novembre 1997 un amendement constitutionnel qui aménage les commissions scolaires sur une base linguistique et non plus confessionnelle (soixante francophones, neuf anglophones, trois pour les communautés autochtones).

La loi sur l'instruction publique adoptée en décembre 1997 après une concertation systématique prévoit l'ouverture de classes maternelles afin d'y accueillir et de scolariser en français tous les enfants de cinq ans. L'horaire du français langue maternelle ou langue seconde est renforcé. Les élèves apprennent l'anglais comme langue seconde à partir de la troisième année du primaire. (Ils auront la possibilité d'apprendre une troisième langue à partir de la troisième année du secondaire). L'enseignement de l'histoire, couplée avec l'éducation à la citoyenneté, commence dès la troisième année du primaire et se poursuit durant tout le secondaire.

La multiplication des écoles « ethniques » (juives, grecques, arméniennes, musulmanes, allemandes, noires anglophones) dans la région de Montréal préoccupe les autorités québécoises. Le ministère de l'Éducation souligne que la reconnaissance de la diversité ethnoculturelle, religieuse et linguistique fait partie des « valeurs communes » de la société québécoise. Mais il rappelle que si, dans le reste du Canada, la langue française est une langue utile, elle est, au Québec, indispensable pour tous, pour avoir accès au marché du travail mais aussi pour développer les relations avec la majorité francophone de la population. Il cherche donc avec les porte-parole des communautés minoritaires des « accommodements raisonnables », c'est-à-dire des réponses acceptables par tous à des demandes « hors normes ».

Les autorités québécoises considèrent, de manière plus générale, que les nouvelles technologies de l'information modifient radicalement le concept même de l'enseignement et cherchent des voies nouvelles pour développer l'apprentissage du français et en français. Cette recherche intéresse dès maintenant l'ensemble des pays francophones industrialisés.

Aux **États-Unis** moins d'un lycéen sur trois apprend une langue autre que l'anglais, perçu comme *lingua franca* de la planète. Dans l'enseignement public, 3 250 000 apprennent l'espagnol, 1 200 000 le français, 400 000 l'allemand (soit espagnol 64,5 %, français 22 %, allemand 6 % ; italien 1 %, japonais 0,75 %). Les enseignants de français hésitent : les grands traités économiques et commerciaux étant signés avec l'Amérique latine et l'Asie, la motivation pour apprendre le français comme langue des affaires diminue ; reste le français comme langue d'une culture supplémentaire, mais s'agit-il de parfums et de fromages ou de littérature et de philosophie ? Certains proposent plutôt de coupler l'enseignement du français avec celui de l'espagnol en tablant sur la facilité d'apprendre une deuxième langue romane. Pour le moment, dans ce pays où le tissu universitaire est le plus dense du monde, les départements de français sont le relais principal de la promotion du français. Or, ils renoncent difficilement à leur spécialisation littéraire pour se tourner vers de nouvelles clientèles. Le nombre des étudiants décline. La romancière guadeloupéenne Maryse Condé, qui va diriger un nouveau programme d'études supérieures « françaises et francophones » à l'université Columbia de New York, estime que les études francophones peuvent sauver les départements de français.

La situation du français dans les systèmes éducatifs est très variable d'un État à l'autre. En **Louisiane**, moins de 40 % des élèves apprennent une langue étrangère, soit 143 000. 60 % d'entre eux (soit 86 000) choisissent le français (37 % l'espagnol). Parmi les 625 enseignants de français, on compte cinquante et un Français, soixante-neuf Belges, soixante-deux Canadiens, cinq Africains. Dans les filières universitaires bilingues, on remarque l'étude des littératures africaine et des Caraïbes. La Louisiane intéresse énormément les établissements scolaires français ou francophones, qu'il s'agisse de jumelages, d'échanges épistolaires ou par le biais d'internet. Chaque été, la France, la Belgique et les provinces maritimes du Canada offrent des bourses d'études à des enseignants et étudiants de français.

En **Californie,** les électeurs ont décidé en juin 1998 de supprimer toute éducation bilingue dans les écoles publiques.

● Aucun fait nouveau n'est signalé dans les Caraïbes, mais un certain nombre de données chiffrées font apparaître des progressions du nombre des apprenants de français.

Haïti : 2 520 000
(le français est l'unique langue d'enseignement à partir de la quatrième année du primaire).

République Dominicaine : 440 000
(35 % des élèves de 10-13 ans, 65 % des 14-18 ans, 4 000 étudiants).

Sainte-Lucie : 14 000 (71 % des 12-17 ans).

Dominique : 5 000 (86 % des 12-17 ans).

● En Amérique centrale et du Sud, le français, après avoir perdu beaucoup de terrain, semble conserver son rang de deuxième langue étrangère : s'il a du mal à trouver sa place dans l'éducation de base dont le développement est soutenu par la Banque Mondiale, il se développe dans les établissements privés du secondaire et du supérieur qui font fréquemment appel aux enseignants des soixante-quatorze centres de l'Alliance française. La Xe SEDIFRALE (Sesiones para docentes e investigadores en frances lengua extranjera) permet d'espérer une alliance du français avec ses sœurs latines pour s'opposer à « la langue étrangère unique ».

Au **Brésil,** la loi rend maintenant l'enseignement d'une deuxième langue étrangère obligatoire dans les trois dernières classes du secondaire, mais dans les faits, cette deuxième langue est le plus souvent facultative. (Son apprentissage était jusqu'ici seulement « recommandé »). Restent, semble-t-il, environ 250 000 apprenants de français. Mais la montée de l'espagnol semble irrésistible. On lui impute le recul du nombre des inscrits dans les alliances françaises (de 23 000 à 12 000 en quinze ans). On fonde de grands espoirs sur l'implantation d'entreprises françaises : à Curitiba, un système de formation s'est mis en place pour le personnel d'une usine Renault en partenariat avec l'université fédérale du Parana et l'Alliance française. De son côté, la mission laïque a ouvert une école d'entreprise Renault à Curitiba en avril 1996 avec le soutien pédagogique du CNED (Centre National d'Enseignement à Distance). En 1997, l'école a intégré les locaux d'un collège brésilien. Cette proximité physique facilite les contacts entre élèves français et brésiliens et l'apprentissage réciproque des langues.

L'**Argentine,** conformément à sa tradition multiculturaliste, reste en principe favorable à l'enseignement du français, de l'italien et de l'allemand. Mais, depuis la décentralisation du système éducatif, les provinces de Buenos Aires et de Cordoba ont décidé de rendre obligatoire l'enseignement de la seule langue anglaise. D'autre part, dans le cadre de la construction du Mercosur (Marché commun du sud de l'Amérique), la demande de formation d'enseignants du portugais a triplé au cours des dernières années. On signale, en revanche, que l'enseignement du français a été introduit dans une cinquantaine d'écoles primaires dans les provinces de Mendoza et de Santa-Fé, ainsi que dans la municipalité de Cordoba. À signaler, également la création à l'université de Buenos Aires, d'un Centre Franco-Argentin des Hautes Études en partenariat avec l'École des Hautes Études en Sciences Sociales de Paris ; la création d'une filière franco-argentine en économie et gestion à l'université privée du Salvador et la création de cours de français pour les futurs techniciens supérieurs de douze filières de l'université de La Plata.

Le **Costa Rica,** est sans doute le pays latino-américain où le français connaît la situation la plus favorable : il est en effet appris obligatoirement dans les trois premières années du secondaire, soit un effectif de 145 000 élèves. Mais on observe que dans les deux années suivantes, où il n'est plus obligatoire, le taux d'enseignement du français tombe à 8 %. Dans le primaire, il est appris par 15 000 élèves, soit 7 % de ceux qui reçoivent un enseignement de langue étrangère. Cet enseignement pourrait être rendu obligatoire, ce qui favoriserait le développement de l'anglais et de l'italien autant que du français.

Au **Chili,** le français reste loin derrière l'anglais, mais loin avant l'allemand, avec un taux de 13,5 % des 11-13 ans et de 4 % des 14-17 ans, soit un total qui dépasserait 100 000, principalement dans les établissements « d'excellence », en majorité privés. Mais la décision d'enseigner une deuxième langue étant du seul ressort des établissements, l'information statistique n'est aucunement fiable (le ministère de l'Éducation, n'étant plus l'employeur des enseignants, ne dispose d'aucune donnée).

En **Bolivie,** le taux d'enseignement du français ne dépasse pas 3,5 % des 13-14 ans et 3 % des 15-18 ans, soit un total avoisinant 50 000 apprenants. Les autorités affirment leur attachement à un enseignement diversifié des langues étrangères, mais au niveau local, on constate que, le plus souvent, une seule langue étrangère est proposée. On note en outre que l'enseignement des langues nationales (aymara, quechua, guarani) commence à se développer au secondaire.

En **Colombie,** le français n'est enseigné que dans une trentaine de lycées privés (mais certains sont désireux de créer des sections bilingues). Les chiffres publiés en 1994 sont manifestement erronés. Le nombre total des apprenants de français n'atteint pas 40 000.

Au **Venezuela,** le français n'est guère enseigné que dans les lycées d'enseignement général où son taux est de l'ordre de 10 %.

Au **Pérou,** l'enseignement du français sera introduit en 1999 à titre expérimental dans un certain nombre d'écoles primaires publiques (où l'anglais est déjà appris par 5 % des élèves).

En **Uruguay,** une épreuve de compréhension de textes de spécialités (au choix en anglais, français, allemand, portugais ou italien) figure dans les licences des facultés des humanités, des sciences et des sciences de l'éducation.

En **Équateur,** le français est enseigné à 800 élèves de deux écoles primaires, à 18 500 dans le secondaire et à 2 500 étudiants. Les alliances françaises, avec 5 000 inscrits, sont donc un élément très important pour la diffusion du français. On souligne que le français a sa place dans un diplôme d'ingénieur trilingue de gestion. En projet, l'introduction du français comme deuxième langue étrangère obligatoire dans les lycées.

Au **Panama,** avec 12 500 apprenants, le français est la seule langue étrangère, avec l'anglais, à bénéficier d'un réseau national de professeurs. Son taux d'enseignement atteint 6 % dans le secondaire. Mais l'épreuve de français devient facultative au baccalauréat, alors qu'elle était jusqu'ici obligatoire pour les candidats des soixante-dix écoles secondaires où il est enseigné.

Au **Nicaragua,** la décentralisation du système éducatif met le sort du français entre les mains des conseils d'établissement.

Au **Paraguay,** le français est appris par moins de 6 000 élèves (3 % des 13-17 ans). Il pourrait bénéficier de l'action que mène le MERCOSUR en faveur du plurilinguisme dans l'éducation.

Au **Salvador,** le nombre des apprenants de français est d'environ 5 000. La formation des enseignants de français va être transférée de l'Alliance française à l'université du Salvador.

Au **Honduras,** le taux d'enseignement du français reste très faible (0,3 % dans le secondaire). Mais un accord pour la réintroduction du français a été conclu entre l'Alliance française et un certain nombre d'établissements privés. En projet : une filière de français à l'université pédagogique nationale et une maîtrise de tourisme avec un enseignement de français.

Asie centrale et Extrême-Orient

Le français est une langue rarement enseignée en Asie centrale et en Extrême-Orient.

La seule exception se trouve au **Cambodge** où 62 % des 12-18 ans reçoivent leur enseignement en français, soit plus de 200 000 élèves. Près de 15 000 de ces élèves ont été sélectionnés pour suivre, dans des conditions très privilégiées, un cursus bilingue conçu pour commencer à six ans et déboucher sur des filières universitaires francophones (où se trouvent dès maintenant 500 étudiants de médecine, mathématiques, physique, chimie, biologie, géographie, architecture, archéologie). 4 000 étudiants suivent en outre des cours de français dans la plupart des départements de l'enseignement supérieur. Depuis 1997, des classes de français s'ouvrent dans les deux dernières années du primaire (elles comptent déjà plus de 4 000 élèves).

Au **Vietnam,** le taux d'enseignement du français est beaucoup plus modeste : inférieur à 1 % jusqu'à la fin du 1er cycle du secondaire, il dépasse à peine 4 % dans les lycées et 3 % dans les universités (alors que l'anglais y est appris par respectivement 66 et 86 % des élèves et étudiants). Le nombre des apprenants de français est cependant en forte progression (il atteint 135 000) grâce à la mise en place dans les premières années du primaire, du secondaire et du supérieur d'un nouveau cursus francophone d'excellence qui compte dès maintenant : 7 000 élèves du primaire dans des classes bilingues, 10 000 au secondaire et 5 000 dans le supérieur (dans quarante-sept filières et un Institut d'Informatique gérés par l'AUPELF-UREF, ainsi, depuis 1997, que dans une École Supérieure des Techniques Informatiques soutenue par la Chambre de Commerce de Versailles et le conseil régional d'Île-de-France). Un exemple de coopération décentralisée : l'Association Marnasia de Lognes (Seine-et-Marne) a permis l'ouverture de cours de français – en immersion et avec une large utilisation des supports multimédias – notamment de français des affaires et de mercatique, dans les locaux de l'Institut privé Cadasa de Ho Chi Minh-Ville. Le Vietnam est ainsi devenu le terrain d'expérimentation du matériel d'enseignement du français langue seconde. Le Sommet de Hanoï a donné lieu, en outre, à la mise au point de lexiques spécialisés pour une dizaine de catégories professionnelles : douaniers, chauffeurs de taxi, commerçants, agents de sécurité, hôtesses d'accueil, etc.

Le nombre des apprenants de français reste faible au **Laos** : 3 000 élèves du primaire (dont une centaine dans des classes bilingues), 35 000 au secondaire (dont 2 000 dans des classes bilingues), 2 000 dans le supérieur (dont près de la moitié dans des filières bilingues en droit, administration - gestion, ingénierie et architecture, agriculture et foresterie, sciences médicales). Sous la pression de l'ASEAN (Association des Nations Du Sud-Est Asiatique), l'enseignement de l'anglais se développe. Le débat porte sur le tout anglais ou une formation en français qui serait réservée à 10-15 % des futurs cadres et qui serait complémentaire de la formation en anglais.

En dehors des trois pays de la péninsule indochinoise qui participent au Sommet de la

Francophonie et à la coopération francophone multilatérale, le français occupe des positions fortes dans deux pays d'Asie centrale qui ont accédé récemment à l'indépendance : l'**Ouzbékistan** qui compte 300 000 apprenants de français, soit 10 % des effectifs du secondaire et le **Kazakhstan** qui en compte 250 000 soit 9 % des élèves du secondaire, après l'anglais (48 %) et l'allemand (30 %).

Le nombre des apprenants de français est plus modeste en **Azerbaïdjan** (de l'ordre de 70 000) mais des épreuves de français figurent dans les examens de la faculté de relations internationales, de droit, de journalisme et de deux universités privées.

En **Corée du sud,** 850 professeurs de français, dans 469 lycées (sur 780), enseignent le français à quelque 300 000 élèves. Il existe 76 départements universitaires de français : 630 professeurs, et 76 lecteurs pour 22 000 apprenants. Cependant le français est peu enseigné dans les sections techniques où le japonais progresse aux dépens de l'allemand.

Au **Japon,** le français n'est guère étudié que dans l'enseignement supérieur où son taux d'enseignement est de 12 % (soit environ 30 000 spécialistes qui l'étudient comme première langue étrangère et 100 000 autres qui l'étudient comme deuxième langue facultative). Des brochures accompagnant les cours de français radiodiffusés ou télévisés sont tirées à 200 000 exemplaires. On note également que 30 000 candidats se présentent chaque année aux épreuves du diplôme national d'aptitude au français pratique.

En **Thaïlande,** le séminaire national organisé en 1997 à l'occasion du XXe anniversaire de l'Association Thaïlandaise des Professeurs de Français a souligné la situation privilégiée du français : 268 écoles (trente et un pour l'allemand, trente pour le japonais) l'enseignent à 40 000 élèves comme deuxième ou troisième langue étrangère. Cette situation apparaît cependant relativement précaire : la décentralisation donne le choix des langues aux organisations régionales et aux parents d'élèves. Or la société civile a tendance à « regarder vers l'Est » c'est-à-dire vers le japonais, le chinois et le coréen, « langues utiles » alors que le français est perçu comme langue « académique » privilégiée

dans le concours d'entrée à l'université et très souvent abandonnée ensuite.

En **Inde,** où toutes les langues étrangères autres que l'anglais sont au rang d'options, l'attention des autorités se porte sur l'éducation de base dans le cadre des programmes de développement de l'enfance qui porte aussi sur la santé et la nutrition. L'enseignement du français ne dépasse 1 % que dans le secondaire, soit 250 000 élèves auxquels s'ajoutent quelque 10 000 étudiants des départements de français et d'instituts d'hôtellerie et de management. À noter l'enseignement du français à distance par le Central Institute of English and Foreign Languages d'Hyderabad.

En **Indonésie,** l'enseignement des secondes langues étrangères est réservé aux classes terminales du secondaire. Le français est appris par 30 000 lycéens. Dans le supérieur, en dehors des départements de français, il est enseigné à 10 000 étudiants des départements d'anglais, d'instituts de technologie, de quatre écoles supérieures de tourisme et d'hôtellerie.

En **Chine,** le taux d'enseignement du français est très faible (1 pour 100 000) dans le secondaire et ne dépasse pas 1 pour 1 000 dans le supérieur : 3 500 étudiants dans quarante départements de français et 12 000 dans des filières en management, finances internationales, commerce international, automobile.

En **Malaisie,** le taux d'enseignement du français est de 0,2 % dans le secondaire et de 1,4 % dans le supérieur, soit au total 4 500 apprenants de français troisième langue étrangère.

Au **Pakistan,** le taux d'enseignement du français est de 0,02 % dans le secondaire et de 1 % dans le supérieur.

Aux **Philippines,** où la population scolarisée est proche de 20 M, le nombre des apprenants de français ne dépasse pas 2 000.

Au **Népal,** ils sont moins de 2 000 sur 4 M.

Au **Bangladesh,** 1 000 sur 18 M (mais le français est présent dans la formation aux relations internationales).

Au **Sri Lanka,** en **Birmanie**, à **Bruneï**, le nombre des apprenants de français ne dépasse pas quelques centaines.

Dans cet ensemble de pays dont le poids démographique est évident, le développement économique est porté par les anglophones et l'utilité de l'anglais fascine la jeunesse. Les chances de développer le français passent actuellement par les filières universitaires francophones (qui supposent, en amont, des classes bilingues), demain par l'université virtuelle francophone.

Pays anglophones de l'Océanie

La situation du français est nettement meilleure dans les pays anglophones de l'Océanie.

En **Australie,** le taux d'enseignement du français est de 2,7 % dans le primaire et de 11 % dans le secondaire, soit au total plus de 150 000 apprenants. Il convient de préciser que le pourcentage des élèves qui apprennent une langue étrangère varie fortement d'une région à l'autre (10 % en Australie méridionale, 22 % en Australie occidentale) mais que le nombre des langues enseignées est de quarante-neuf. Le rééquilibrage au profit des langues asiatiques se poursuit, mais le français conserve son rang de première langue européenne.

En **Nouvelle-Zélande,** le taux d'enseignement du français est de 5 % dans le pri-maire, de 10 % dans le secondaire, de 4 % dans le supérieur, soit au total quelque 50 000 apprenants (les taux du japonais sont de 8 et 11 %). Des stages linguistiques sont organisés en Nouvelle-Calédonie et en Polynésie française.

Au **Vanuatu,** pays membre de la Francophonie, le français demeure constitutionnellement l'une des deux langues officielles de l'enseignement : 40 % des 9 300 élèves sont ainsi scolarisés en français entre 5 et 17 ans, pour plus de la moitié dans des établissements privés religieux. Les 5 600 scolarisés en anglais apprennent le français comme langue étrangère.

Les données nouvelles collectées cette année n'étaient pas destinées à être totalisées en vue d'une comparaison avec le bilan réalisé en 1994. Elles fournissent cependant des indications de portée assez générale concernant l'apprentissage du français dans les pays dont il n'est pas la langue maternelle.

L'avenir quantitatif de la langue française se joue plus que jamais dans les pays d'Afrique subsaharienne où elle est langue, unique ou dominante, de l'éducation nationale. Dans plusieurs de ces pays, les crises politiques paralysent le fonctionnement des systèmes éducatifs. Dans plusieurs autres, la crise financière freine leur développement. Mais la forte croissance du nombre des scolarisables pourrait, dans cette région, assurer la progression décisive du nombre de ceux qui maîtrisent le français : dans plusieurs pays, le nombre des apprenants de et en français dépasse désormais le million, dans plusieurs autres, il a franchi le cap du demi-million. Il faut souligner que ces enfants et adolescents apprennent en français à raison de plusieurs centaines d'heures chaque année, même si les langues partenaires, nationales ou internationales, occupent de plus en plus la place qui leur revient dans les systèmes éducatifs africains.

L'enseignement du français progresse aussi, dans une moindre mesure, au rythme des progrès de la scolarisation à tous les niveaux, dans les pays d'Afrique du Nord et du Proche-Orient dont la langue d'enseignement est l'arabe mais qui conservent au français un statut privilégié dans leur enseignement public.

L'importance de ce noyau dur de l'apprentissage du français au Nord et au Sud du Sahara explique que le nombre des apprenants de français ait tendance à augmenter, parfois fortement, dans la plupart des pays africains anglophones et lusophones.

En Europe centrale et orientale, comme dans la péninsule indochinoise, où le français est enseigné mais n'est pas la langue de l'éducation nationale, le développement des filières universitaires francophones, et, en amont, des classes bilingues, assure à un nombre croissant de jeunes la possibilité de participer à la coopération francophone. Reste à savoir dans quelle mesure l'enseignement du français, en dehors de ces secteurs très privilégiés, conservera ses positions dans l'ensemble des systèmes éducatifs.

Dans les pays de l'Union européenne, l'allongement de la durée des études et le soutien apporté par les instances communautaires à l'enseignement de deux langues étrangères profitent au français, mais beaucoup moins qu'à l'anglais. C'est aussi dans le cadre d'un plurilinguisme assumé que l'enseignement du français pourrait enrayer son déclin en Amérique latine et aux États-Unis (en partenariat avec l'espagnol et le portugais), ainsi qu'en Asie (en partenariat avec les langues européennes et en tenant compte de l'importance prise par le japonais). On ne redira jamais assez l'importance que revêt pour le développement du français l'obligation d'apprendre une seconde langue étrangère. Des zones d'ombre subsistent : l'Italie, les pays de l'ancienne URSS (Ukraine, Belarus, Lettonie), l'Islande.

D'une manière plus générale, il n'est pas encore possible de prévoir les conséquences qu'aura le développement de l'internet et des technologies de la formation à distance sur la demande d'apprentissage du français dans les pays où il n'est ni langue maternelle, ni langue seconde.

nnexes

Le Consortium International Francophone de Formation à Distance (CIFFAD)

Nombre de personnes en formation en 1997

Activités	Publics	Pays
Création ou consolidation des dispositifs nationaux de formation à distance	Formations de rédacteurs de documents pour la FAD (Formation à Distance) : Bulgarie/Roumanie : 20 professeurs ; Afrique : 100 professeurs	Dix pays
Alphabétisation : – Formation des agents d'alphabétisation	1 360 alphabétiseurs	Neuf pays
Enseignement primaire : – Directeurs d'écoles – Instituteurs, conseillers pédagogiques, inspecteurs Enseignement secondaire (français, langue seconde)	150 directeurs 1 000 inspecteurs et conseillers pédagogiques 2 100 enseignants du premier cycle du secondaire	Trois pays Vingt-six pays Sept pays

Activités	Publics	Pays
Université, enseignement secondaire, public non scolarisé (français, langue étrangère) : – Apprentissage de la langue (VIFAX) – FLE Vietnam : 11 provinces, cours par correspondance, papier et audio	60 professeurs formés à la méthode en Bulgarie, 20 en Roumanie, 25 en Moldavie 12 000 apprenants environ (étudiants et lycéens) 300 apprenants	Sept pays
Mise en réseau des radios éducatives : – évolution des studios vers l'audionumérique – numérisation d'émissions pour la constitution de la banque francophone d'émissions scolaires et éducatives	10 techniciens studio audio numérique 20 réalisateurs d'émissions scolaires	
– connexion internet pour l'échange d'émissions et la coproduction – mise en place d'un projet Worldspace	100 émissions numérisées prêtes à diffuser : grand public	Dix-sept pays
– internet : mise en réseau des centres de formation à distance	28 connexions internet pour la Formation à Distance (dans douze pays), avec formation à distance des utilisateurs Formation internet en ligne et sur cédérom Tout public connecté	Douze pays

VIFAX : une nouvelle méthode multimédia de l'Agence de la Francophonie pour l'apprentissage du français

Dans chaque établissement partenaire, les journaux télévisés des chaînes francophones retransmis par TV5 sont enregistrés du lundi au vendredi sur magnétoscope. Parallèlement, des exercices sont conçus par une équipe de linguistes de l'université de Bordeaux II qui didactisent deux séquences de trois minutes dans chaque journal télévisé. Ces exercices sont envoyés à chaque établissement partenaire par le courrier électronique ou par télécopie. Ils sont accompagnés des corrigés et de la transcription du texte de l'émission.

Les professeurs reçoivent ces documents écrits, les adaptent, les polycopient et les utilisent en relation avec l'enregistrement vidéo qu'ils ont effectué. Les élèves ou étudiants ont par ailleurs accès aux vidéos et aux exercices dans des salles d'auto-formation où ils peuvent étudier à leur rythme devant un écran de télévision muni d'écouteurs, en ayant sous leurs yeux le texte de l'exercice. Les vidéos et les documents écrits alimentent une médiathèque sans cesse mise à jour et utilisable à loisir, chaque élève pouvant choisir le thème, la chaîne d'origine, le point de langue étudié, les mots clés, les lieux dont traite la séquence.

Ce programme a ainsi l'avantage de s'appuyer sur une réserve toujours renouvelée de langue orale authentique, au cœur de l'actualité mondiale, d'apporter des données civilisationnelles, des niveaux de langue et des des accents diversifiés dont la compréhension est facilitée par la perception de l'intonation, des mouvements du corps et du visage des locuteurs.

La Bulgarie a été le premier champ d'expérimentation de la méthode. L'Agence de la Francophonie a financé l'équipement de l'université de Sofia pour la réception et la diffusion de VIFAX, la création d'une salle multimédia reliée à internet au lycée bilingue Lamartine, l'équipement d'un réseau de trente-deux établissements à Sofia et en province pour la réception du programme. Quatre stages de formation regroupant chacun vingt professeurs de ces lycées ont eu lieu en 1997. Des stages similaires ont eu lieu pour l'extension du réseau VIFAX en Roumanie, en Moldavie, en Macédoine, en Pologne, en Égypte, au Togo, etc.

Parallèlement, le programme VIFAX a été implanté, avec le soutien de l'Agence de la Francophonie, au Liban dans quinze lycées et est en phase d'expérimentation au Vietnam. La méthode est utilisable partout où la chaîne TV5 apporte des images et où la télécopie (ou les réseaux télématiques) permet le transfert de textes.

Apprendre et enseigner avec TV5

Aujourd'hui, TV5 joue un rôle pédagogique indéniable auprès des professeurs de français et des élèves apprenant la langue française. De par sa mission internationale, TV5 dispose de sources multiples (africaines, québécoises, belges, suisses) qui donnent une grande richesse à ses ressources documentaires. L'objectif majeur de la chaîne francophone est de développer l'utilisation de ses émissions en milieu scolaire dans toute la Francophonie.

Pour faciliter l'accès aux émissions, la chaîne a mis en place plusieurs outils destinés aux enseignants :
– elle édite une brochure Apprendre et enseigner avec TV5 ;
– elle diffuse un magazine hebdomadaire Funambule couplé avec un ensemble multimédia d'apprentissage du français ;
– elle promeut des formations Apprendre et enseigner avec TV5 ;
– elle propose périodiquement des animations de classes comme l'organisation régulière de concours. En 1997, quelque 15 000 élèves de 450 classes, dans soixante-dix pays, ont participé aux concours chasse aux trésors au cœur des villes du monde ;
– elle met son télétexte et internet au service des enseignants.

TV5 participe également largement au dispositif de la câblo-éducation au Québec. Des livrets pédagogiques conçus par le ministère de l'Éducation du Québec accompagnent une série d'émissions généralistes sur la culture francophone. Dans le cadre du dispositif VIFAX, l'université de Bordeaux a mis au point un système d'enseignement à distance à partir des journaux télévisés français, canadien, belge et suisse diffusés par TV5.

Ainsi, la force de TV5 en tant qu'outil pédagogique est illustrée par le pluralisme des sources autant que par la variété des émissions qu'elle propose, fondées en grande partie sur le rapport enseignants - élèves et l'interactivité dans l'apprentissage de la langue française.

TV5 a déposé à Hanoï un plan d'action. Ce plan propose que la chaîne soit, idéalement, mise à disposition des pays francophones du Sud au travers d'actions régionales et puisse intervenir dans la formation de formateurs à travers le monde.

Le Fonds Francophone de la Formation Universitaire de l'Agence Universitaire de la Francophonie (AUF)

– *Classes bilingues : l'encadrement et la formation des enseignants nationaux sont renforcés, dans tous les pays, par le recrutement de conseillers pédagogiques nationaux et, dans certains pays, par le concours de conseillers de la Communauté française de Belgique et/ou du Québec. La formation est également assurée par l'organisation de stages sur place et dans les pays dits « du Nord ». Des partenariats ont été développés avec les collectivités locales et territoriales et avec l'AIMF (Association Internationale des Maires et Responsables des Capitales et Métropoles partiellement ou Entièrement Francophones) et la DRIC (Direction des Relations Internationales et de la Communication du ministère français de l'Éducation nationale). Le programme est étendu au Laos (six classes ouvertes en septembre 1997) et au Vanuatu (vingt et une classes ouvertes en février 1998).*

– *Filières francophones universitaires : le programme s'est étendu au Liban (deux filières), à Haïti (une université et deux facultés qui équivalent à onze filières) et à la Moldova (sept filières). Au Vietnam, où le programme est en place depuis 1996, sortent les premières promotions qui doivent rédiger et soutenir leur mémoire de fin d'études. Dans les pays où étaient implantées ces filières en 1996 (Cambodge, Vietnam, Bulgarie, Hongrie, Roumanie, Liban, Haïti, Sénégal), le programme a été renforcé par l'ouverture de quelques filières jugées indispensables.*

– *Instituts : l'IFI (Institut de la Francophonie pour l'Informatique) de Hanoï et l'IFAG (Institut de la Francophonie pour l'Administration et la Gestion) de Sofia ont sorti leurs premières promotions. Tous les étudiants ont trouvé un emploi ou ont bénéficié de bourses pour préparer un doctorat, bourses offertes par des entreprises, en Belgique, en France, au Québec, ayant accueilli des étudiants en stage. Une école doctorale régionale est prévue dans chaque institut, y compris l'ITC (Institut de Technologie du Cambodge) pour la rentrée 1999. Deux nouveaux instituts sont mis en œuvre : l'IFMT (Institut de la Francophonie pour la Médecine Tropicale) à Vientiane - Laos ; l'IFE (Institut de la Francophonie pour l'Entrepreneuriat) à Réduit-Maurice*

Cours de français dispensés à la radio (liste non exhaustive)

■ *Europe*

– *Allemagne : les émissions proposées en français sur les radios allemandes sont en quasi-totalité éducatives, destinées aux élèves du primaire et plus rarement à des adultes. La radio Bayern 2 donne des cours de français « Französisch I et II » quinze minutes par jour.*

– *Autriche : cours de français le lundi sur Blue Danube Radio.*

– *Arménie : Radio Lasto (privée) et Radio TM dispensent des cours de français.*

– *Azerbaïdjan : la radio nationale diffuse « Laure et Patrick en France », trois fois dix minutes par semaine.*

– *Ouzbékistan : cours de français hebdomadaire de trente minutes sur la radio nationale en partenariat avec le service culturel de l'ambassade de France.*

– *Slovaquie : mise en place de cours de français à la radio nationale depuis janvier 1998.*

– *Macédoine : cours de français à la radio.*

– *Pologne : Radio bis diffuse deux fois neuf minutes de cours de français par jour.*

■ *Afrique*

– Ghana : Radio Univers diffuse une heure hebdomadaire en français en partenariat avec le service culturel de l'ambassade de France et le département de français de l'université.

– Soudan : la chaîne nationale émet une heure de programme en langue française à l'intention des francophiles et des étudiants.

– Mali : cours de français sur les radios ORTM et Tabalé.

– Malawi : cours de français quatre fois par semaine pour les élèves du secondaire.

– Tanzanie : cours de langue française sur radio Tumaini.

– Guinée-Équatoriale : cours de français à la radio.

■ *Asie*

– Laos : cours de français 3 fois un quart d'heure par semaine pour débutants ; en partenariat avec le Centre de Coopération Culturelle et Linguistique (CCCL).

– Chine : la cellule radio du consulat de Shanghai produit avec radio Shanghai des émissions d'apprentissage du français « France communication » diffusées auprès de quinze radios.

– Pondichéry : Allindia radio donne des cours de français avec la contribution du département de français de l'université.

– Indonésie : Radio Pontianak donne des programmes pro-français : leçons de français, cours de civilisation et histoire française.

■ *Proche et Moyen-Orient*

– Yémen : cours de français épisodiques.

■ *Amérique du Sud*

– Honduras : un programme hebdomadaire d'une heure, « Francès sin Fronteras » organisé par l'ambassade de France et l'Association des Professeurs de Français.

– Bolivie : Radio Paris-La Paz (crée en 1997 dans un lycée de La Paz) diffuse RFI 22/24 h et propose deux heures par jour de programmes éducatifs et culturels produits par l'établissement soclaire.

– Brésil : Radio Imprensa dispense des cours de français deux heures par semaine.

Le Centre National français d'Enseignement à Distance (CNED)

Le nombre des inscrits au CNED a régulièrement augmenté au cours des trois dernières années (347 000 en 1994, plus de 380 000 en 1997).

En Europe, le CNED bénéficie d'une bonne implantation, particulièrement notable en Allemagne (1082 inscrits), en Grande-Bretagne (1 412), en Espagne et en Belgique. Dans ces trois derniers pays, le nombre d'inscrits au CNED est en hausse, la plus forte progression étant observée en Suisse (avec l'inscription de quatre-vingt-deux élèves supplémentaires).

En Orient, les principaux points d'ancrage du CNED se localisent en Arabie Saoudite (512 inscrits en 1997), au Japon (190), et en République Populaire de Chine (278). La Syrie réalise l'envolée la plus spectaculaire en terme de nombre d'inscrits, puisque les effectifs se sont renforcés de soixante et une personnes supplémentaires. De plus, le nombre de nationaux inscrits se révèle supérieur à celui des Français (en 1997, ils étaient 95 français inscrits contre 126 nationaux). Des hausses d'effectifs touchent aussi l'Iran (22 inscrits de plus qu'en 1996), le Cambodge (+ 30 inscrits) et la Chine (+ 48 inscrits). En Afrique, le CNED continue sa progression dans les pays francophones (le Maroc, l'Algérie ou le Congo). C'est sur ce continent que la pénétration du CNED est la plus forte, puisqu'elle concerne essentiellement les nationaux, comme au Mali (+ 100 inscrits nationaux entre 1996 et 1997), au Bénin (+ 76) et au Sénégal (+ 69). Le nombre d'inscrits global au CNED est en hausse, notamment à Madagascar (+ 157 entre 1996 et 1997), au Bénin (+ 172) et au Togo (+ 153).

Sur le continent américain, le CNED réalise des percées essentiellement aux États-Unis, au Canada, au Brésil et en Haïti. Les augmentations d'effectifs entre 1996 et 1997 ont eu lieu aux États-Unis (+ 266) et au Canada (+ 88). En Haïti, le nombre d'inscrits est passé de 384 à 594, dont 177 nationaux supplémentaires.

Concernant les formations scolaires de base, quatre niveaux sont à distinguer. L'enseignement primaire, tout d'abord, demeure le secteur le plus demandé au regard des données statistiques, notamment en Afrique où les effectifs inscrits au CNED sont passés de 1 790 à 2 697 entre 1996 et 1997. Les inscriptions à des formations de niveau collège augmentent de manière globale, excepté en Asie. Ainsi en Europe, le nombre d'élèves atteint 1 131 en 1997 contre 1 066 en 1996. L'ensemble des inscriptions au CNED à des formations de niveau lycée reste stable, puisque tous pays confondus, les effectifs se situent entre 4 399 en 1996 et 4 347 en 1997. Le secteur de la formation professionnelle et de spécialité semble atteindre un seuil d'étiage. Ainsi, en Asie, si le nombre d'inscrits progresse légèrement (+ 40), il ne dépasse pas les 297 étudiants.

L'école de formation aux métiers de l'enseignement à distance du CNED, ouverte en 1997, favorise le recyclage des personnels ainsi que l'organisation de stages internationaux, faisant de lui un véritable outil de coopération internationale et francophone.

L'Alliance française

L'Alliance française est présente aujourd'hui dans 138 pays. Elle dispose d'un réseau de 1 085 associations sans but lucratif qui sont constituées selon le droit en vigueur dans chacun de ces pays.

Les plus récentes créations d'alliances ont surtout eu lieu dans divers pays d'Afrique francophone, où elles offrent un complément de formation par rapport aux systèmes scolaires locaux, tout en assurant le maintien de la présence culturelle française. C'est le cas, par exemple, de Djibouti, de la République Centrafricaine, de la Côte-d'Ivoire et de la Mauritanie.

Si l'on inclut les alliances établies en France, les associations ont accueilli 360 000 étudiants en 1997. Une progression des effectifs s'est fait notamment sentir en Afrique et en Asie (Chine et Inde en particulier).

Au cours de ces toutes dernières années, de nombreuses alliances françaises ont porté leurs efforts sur l'informatisation de leurs services et la création d'un site internet. Beaucoup se sont également dotées d'une médiathèque et d'un centre de ressources sur la France contemporaine. Dans le domaine de la pédagogie, l'accent a été mis sur un partenariat avec les institutions éducatives locales et sur l'enseignement du français de spécialité.

Évolution du Diplôme d'Études en Langue Française (DELF) et du Diplôme Approfondi de Langue Française (DALF)

Parmi les tendances nouvelles, on notera le nombre croissant des sessions « régionales » (sessions communes mises en place par des pays appartenant à une même sphère géographique ou culturelle), ainsi que le développement des sessions destinées aux publics scolaires, organisées à la demande ou avec la collaboration des ministères de l'Éducation des pays concernés.

Année	Pays impliqués	Centres d'examens	Inscriptions
1996	97	479	151 481
1997	106	491	181 036
1998 (au 01/09)	116	538	non disponible

Mission Laïque Française

L'œuvre Francophone et Multiculturelle de l'Association Mission Laïque Française, dont l'objectif est d'« exporter l'école », ressort notamment dans deux chiffres qui caractérisent le réseau des établissements MLF implantés au Liban, en Espagne, aux États-Unis, en Éthiopie, en Syrie, en Turquie, en Croatie, en Grèce et dans toute l'Asie (notamment avec sept écoles en Chine) : 19 % d'élèves français et 81% d'élèves de toutes nationalités, originaires ou non des pays d'accueil.

En forte progression depuis 1990 (+ 38 %), les effectifs des soixante-quatorze établissements accueillant près de 25 000 élèves encadrés par 2 000 enseignants dans plus de trente pays répartis sur les quatre continents, représentent aujourd'hui un socle pérenne et solide de la Francophonie.

Alliance Israélite Universelle

L'enseignement du français hors de France de 1994 à 1997

Au cours de ces années, les activités de l'Alliance Israélite Universelle en faveur de la diffusion de la langue et de la culture françaises se sont poursuivies en Belgique, en Espagne et au Maroc et ont connu un développement sensible au Canada et en Israël.

À Montréal, douze établissements scolaires représentant environ 6 000 élèves sont aujourd'hui affiliés à l'AIU qui, en collaboration avec le consulat général de France, subventionne et coordonne plusieurs projets : classes d'immersion francophone pour les nouveaux immigrants, formation de maîtres, mise en place de programmes d'enseignement du français par l'informatique, etc. Trois établissements en Ontario (Ottawa et Toronto) se sont également associés à ces projets.

En Israël, la majorité des élèves des grandes villes qui étudient le français sont scolarisés dans les établissements du réseau de l'alliance. Un effort particulier a été fait dans le domaine parascolaire par l'ouverture de clubs de français et l'intensification d'ateliers artistiques, théâtre, multimédia, etc. De nouveaux programmes culturels ont été mis en place dans le cadre des voyages d'études organisés en France pour les élèves de Terminale des lycées de Tel-Aviv, Haïfa et Jérusalem.

Par ailleurs, plusieurs brochures d'enseignement ont été publiées à l'intention des élèves qui étudient le français à l'étranger par le Département Créer-Didactique situé au siège de l'Alliance Israélite Universelle.

Concours « Allons en France »

Le concours « Allons en France 98 », organisé dans 130 pays par le ministère français des Affaires étrangères, a permis à 600 lauréats d'être invités à séjourner en France durant deux semaines, avant d'assister aux finales de la Coupe du Monde de football et aux cérémonies du 14 juillet.

Cette opération a connu un succès qui a dépassé l'espérance des organisateurs et a contribué à rajeunir l'image de la Francophonie dans le monde. Le succès, par ailleurs, de l'équipe de France au « Mondial » a amplifié ce phénomène, faisant naître en de nombreux endroits un « désir de français ».

CHAPITRE 3

Espace culture

Introduction

Les évolutions du paysage culturel : reflet d'un « bouillonnement »...

Les années 1997-1998 furent fertiles et ont mis à jour des évolutions et des grandes tendances dans le champs culturel français, francophone et au-delà : les débats sur les identités et la rencontre des cultures qui sont au cœur des sociétés et l'influence des nouvelles technologies.

La France se présente plus que jamais comme une scène des cultures du monde. Selon Jacques Baillon, ancien directeur du théâtre et des spectacles, l'accueil des cultures étrangères favorise l'émergence de nouveaux talents et de nouvelles formes artistiques. Le metteur en scène Stanislas Nordey, directeur du théâtre Gérard-Philippe à Saint-Denis, évoque le théâtre comme *« lieu de métissage de fait, de résistance pour la démocratie »*.

C'est par une référence forte au métissage que Daniel Maximin, responsable d'une mission interministérielle pour la célébration du cent cinquantenaire de l'abolition de l'esclavage, situe le sens donné à cette commémoration. L'histoire de la résistance à l'esclavage, qui constitue selon ses termes *« un des moments forts de la lutte pour les Droits de l'homme »*, a été illustrée par une série de manifestations tant dans l'hexagone que dans l'outre-mer : « Racines noires, rencontres des cinémas noirs » en juillet 1998 à Paris ; « Lire la Caraïbe » dans le cadre de la Fête du Livre en octobre 1998; « Rythmes caraïbes » à la Villette à Paris ; inventaire du patrimoine et conférences en Martinique et en Guadeloupe, etc.

Le métissage est en quelque sorte, pluriel, puisqu'aussi bien les arts de la scène évoluent de plus en plus vers un mélange des genres musical, théâtral, chorégraphique... au-delà des langues ; des passerelles s'établissent entre différents genres musicaux (musiques du monde et musiques traditionnelles françaises, jazz, techno...). Et, par ailleurs, des innovations techniques favorisent l'émergence de nouveaux modes d'expression culturelle, ou le mariage des nouvelles technologies et de la scène « classique », comme par exemple, dans les mises en scène du Québécois Robert Lepage.

L'évolution des institutions culturelles à l'étranger est aussi en jeu. Il s'agit, selon l'Association Française d'Action Artistique (AFAA), pour les ambassades de se positionner comme *« lieux de rencontre et de débat plutôt que comme lieux de luxe et de puissance »*[1].

NOTE

[1] Carnet de bord n° 23, Association Française d'Action Artistique, ministre des Affaires étrangères, automne 1997.

La loi sur l'immigration présentée par le ministre de l'Intérieur français, prévoit la création d'une carte de séjour pour les professions scientifiques, artistiques et culturelles ; ce qui devrait permettre de faciliter cette circulation des hommes indispensable à une Francophonie multiple et vivante. Dans le même ordre d'idée, et afin de garantir à l'espace francophone sa respiration multiculturelle, un projet de convention intergouvernementale sur la culture entre les États et gouvernements faisant partie de la communauté francophone, a été présenté au Sommet de Hanoï en 1997. Ses objectifs visent principalement à faciliter la circulation des créateurs francophones par la mise en œuvre de visas spécifiques et la promotion de réseaux culturels d'accueil des créateurs; ainsi qu'à créer les conditions d'une véritable exception culturelle francophone basée sur des quotas de programmes francophones – notamment du Sud – le développement des traductions et la promotion des droits d'auteur en lien avec la lutte contre la piraterie.

Les suites de l'exception culturelle

Un nouveau front s'est ouvert avec la discussion sur l'AMI (Accord Multilatéral sur l'Investissement) depuis mai 1995 au sein de l'OCDE (Organisation de Coopération et de Développement Economique). Le projet AMI vise à éliminer les obstacles à la libre circulation des investissements et des investisseurs. Les effets qu'il pourrait avoir, s'il était adopté, mettraient en danger la notion d'exception culturelle. En obligeant les parties contractantes à accorder les mêmes avantages aux investissements étrangers qu'aux nationaux, l'AMI, par exemple, enlèverait toute signification au fonds de soutien au cinéma français et, plus largement, aux programmes européens d'aide à la création et aux quotas. En généralisant à tous les investissements étrangers la clause de la « nation la plus favorisée », il interdirait des accords de coopération spécifiques, comme la France en a, par exemple, avec le Burkina Faso. Enfin, en incluant la propriété littéraire et artistique dans la définition de l'investissement, il viderait de son sens les dispositifs de droits existants. Les créateurs français se battent soutenus par leur ministre de la Culture, Catherine Trautman, qui déclarait devant le Parlement européen en septembre 1997 : « *Nous n'accepterons pas de remise en cause de notre dispositif de soutien à la production. Nous défendrons également dans les négociations internationales l'indispensable liberté des États de définir des politiques culturelles et sociales ambitieuses* ». Dans le même temps, à l'intérieur même du « paysage » français, les contradictions demeurent entre les objectifs de l'exception culturelle et ceux de meilleurs résultats pour l'exportation de films français qui s'inscrivent dans une logique d'esthétique mondialisée et de tournages en langue anglaise...

Certaines contradictions sur ces questions subsistent aussi à l'intérieur de l'Europe (voire même aux États-Unis, où, selon le *Courrier International* de janvier 1998, « *une véritable paranoïa déclenchée par l'AMI trouve de nombreux échos sur internet* »), où plusieurs pays du Sud sont avec la France – en faveur d'une exception culturelle généralisée alors que la plupart des pays du Nord souhaiteraient la voir se limiter à l'audiovisuel. Ainsi, l'Allemagne, les Pays-Bas et la Grande-Bretagne se sont opposés à la création d'un fonds de garantie pour la production cinématographique ; la Belgique, l'Italie, la Grèce partagent le combat de la France contre l'AMI ; de même que hors de l'Union européenne, le Canada et l'Australie. Lors d'une conférence ministérielle sur la société de l'information qui s'est tenue en décembre 1997, la ministre de la Culture du Canada s'est inscrite dans la logique de l'exception culturelle en déclarant : « *La globalisation ne doit pas conduire à un monde monoculturel. Les contenus et la culture ne sont pas seulement une autre série de biens et de services* ». La date prévue pour l'aboutissement des négociations devait se situer en mai 1998 ; mais la véritable mobilisation des créateurs et des professionnels concernés, non seulement en France mais dans le monde, a suscité le report des négociations. Le Premier ministre, Lionel Jospin, a d'ailleurs annoncé que la France ne reprendrait pas la négociation sur l'AMI.

Une Francophonie élargie aux espaces non francophones

Quelques exemples, parmi d'autres, sont très significatifs de cette « francophilie-phonie » et des attraits réciproques qu'elle suppose.

Les liens culturels de la France et du Japon se sont renforcés dans les années 1997-1998 par la mise en place d'un programme d'échanges, notamment culturels. Ainsi, en 1997, les splendeurs de la scène japonaise et des trésors nationaux vivants du *nô*, du *bunraku* et du *kabuki* ont été présentés en France, notamment à l'occasion du Festival d'Automne.

En Angleterre, la première saison du théâtre français s'est tenue avec un grand succès en décembre 1997 à Londres, dans des salles prestigieuses de la capitale. Des productions françaises ; des productions anglaises de pièces françaises ; et enfin, *New voices of France*, pièces représentatives de la création contemporaine, ont accueilli plus de quarante mille spectateurs, essentiellement anglais et bénéficié d'une couverture sans précédent des grands médias britanniques.

Le français, ce *« butin culturel »* – comme disait le grand Kateb Yacine – est partagé par des écrivains issus de la planète entière, qui en font leur territoire d'écriture. Un article du magazine, *Télérama* [2] a fait, à l'occasion de l'entrée d'Hector Biancotti à l'Académie française, le point sur quelques-uns de ces grands écrivains qui ont choisi d'écrire en « français dans le texte ». Où l'on voit que l'utilisation d'une langue autre que maternelle se situe dans un registre qui va de la peur à la distance rassurante...

Julia Kristeva, née en Bulgarie, apprend le français à l'Alliance française. Elle publie, après plusieurs ouvrages de linguistique et de psychanalyse, un premier roman *Les Samouraïs,* en français, dont elle dira *« Cette langue qui est mon abri d'exilée »*.

Hector Biancotti d'origine piémontaise, est né en Argentine. Engagé comme lecteur étranger chez Gallimard en 1963, il obtient le prix Femina en 1985 pour son premier roman en français, *Sans la miséricorde du Christ*. De cette langue qu'il maîtrise si parfaitement, il dit *« Quand j'écris en français, j'ai peur... »*.

Agota Kristof est hongroise. Elle a publié aux éditions Points Seuil *Le grand cahier, La preuve, Le troisième mensonge*..., tant de textes dans lesquels il est question d'exil et de déchirure et pour lesquels *« en utilisant le français, (elle) met une distance entre ses terreurs et son écriture »*.

NOTE

[2] N° 2454 du 22 janvier 1997.

Nancy Huston, d'origine canadienne anglophone, a obtenu le prix du livre Inter pour son roman, *Instrument des ténèbres*. Passant de l'anglais au français à travers l'histoire de deux femmes, elle dit puiser d'une langue à l'autre un regain d'énergie et devoir au français « *d'avoir osé ses premiers pas dans l'écriture* ».

Éduardo Manet, d'origine cubaine, reçoit en 1992, le prix Goncourt des lycéens pour, *L'île du lézard vert* et en 1996, le prix Interallié pour, *Rhapsodie cubaine*. Pour lui, « *le français est la langue de l'amour et la France, le pays de la révolution* ».

Milan Kundera, d'origine tchèque, publie en 1967, *La plaisanterie*, ce qui lui vaut une reconnaissance internationale et l'exil ; et un nouveau roman début 1998, *L'identité* chez Gallimard. Vivant et écrivant en français depuis longtemps, il dit que toujours « *chaque phrase est une quête, une conquête, tout est conscient, rien ne va de soi, mille fois je pèse mes mots, tout est aventure, tout est pari* ».

Vassilis Alexakis, d'origine grecque, a appris le français à l'Alliance française. Prix Médicis 1995 pour, *La langue maternelle*, il affirme *qu'une langue qui vous fait rire ne peut pas être totalement une langue étrangère*.

Le grand écrivain espagnol, Jorge Semprun, élu en 1996 membre de l'Académie Goncourt, a publié début 1998, *Adieu, vive clarté* chez Gallimard ; et évoque en ces termes sa double appartenance « *Je suis apatride dans ma tête, français pour la langue et la culture, espagnol pour la mémoire et la politique. Cette double nationalité culturelle est pour moi plus importante qu'une préférence nationale* ».

La Francophonie en France

L'arabo-Francophonie

Un sondage, réalisé par l'Institut du Monde Arabe et présenté dans un numéro de décembre 1997 du *Nouvel Observateur*, nous apprend que la culture arabe est de plus en plus présente et appréciée en France. En sont témoins, le succès du raï avec Khaled, Cheb Mami, l'Orchestre National de Barbès... (le magazine, *Afrique en scènes* évoque même, dans son numéro de juin 1998, la « *conquête maghrébine de la planète musicale* ») ; la publication de plus en plus fréquente de traductions de livres arabes et les succès d'auteurs comme Tahar Ben Jelloun, Amin Maalouf, Assia Djebbar ; la diffusion du cinéma tunisien et l'hommage rendu à Youssef Chahine au Festival de Cannes ; le succès remporté par la première édition des *Belles nuits du Ramadan,* au « Café de la danse » à Paris en janvier 1998, avec cinq mille spectateurs pour les différents courants musicaux du Maghreb...

La présence de l'Afrique en France

Les festivals et manifestations consacrés à l'Afrique sont nombreux et d'une grande qualité : Fest'Africa 1997 à Lille, cinquièmes rencontres artistiques de l'Afrique et du Nord, sur le thème frontières et création avec des manifestations consacrées à la littérature, au théâtre, au cinéma, à la musique, aux arts plastiques ; suites africaines au Couvent des Cordeliers à Paris au printemps 1997 avec un hommage rendu à la création artistique africaine dans tous les domaines ; deux manifestations dédiées au continent africain au Parc de la

Villette à Paris avec une exposition photo « Maliens, ici et là-bas... Evry/ Kayes » du photographe Patrick Zachmann et « Ouaga-Carthage, l'Afrique en films et en musiques » au printemps 1997 ; les prix Afrique en Créations remis en novembre 1997, au Centre Wallonie-Bruxelles, à deux associations culturelles : l'Amakhono Art Center, centre de résidence d'artistes à Soweto en Afrique du Sud et l'Ecurie Maloba, centre de création et d'échanges culturels organisateurs du Festival International de l'Acteur à Kinshasa...

D'autres horizons francophones en France

Une saison France-Belgique s'est tenue pendant l'année 1997 avec une exposition « Paris-Bruxelles, Bruxelles-Paris » au Grand-Palais à Paris ; le Festival Pluri-Disciplinaire Bruxelles en scène au théâtre de Châtillon sur la création contemporaine ; le Festival Théâtre en Compagnie II au Centre Wallonie-Bruxelles à Paris ; un Festival de Cinéma au Musée d'Orsay à Paris, ainsi que de nombreux concerts, conférences, publications...

En mai 1998, à Saint-Cosme-en-Vairais dans la Sarthe, s'est tenu le premier Festival EuroQuébec, initié et présidé par la grande chanteuse québécoise Fabienne Thibeault. Alliant culture, Francophonie, tourisme et développement économique, le festival a, notamment, rendu hommage à Félix Leclerc et organisé un forum des nouveaux talents. La culture québecoise en France est, par ailleurs, présente grâce aux activités du Centre Culturel Canadien et de la librairie du Québec à Paris.

Les différentes cultures francophones d'Amérique du Nord se sont retrouvées à Cap-Breton-Landes, en août 1998, pour la première édition du Festival les Déferlantes Francophones.

Les manifestations « France-Égypte : Horizons Partagés » se sont égrenées au long de l'automne 1997 et de l'année 1998 dans les deux pays. Tous les champs artistiques ont été mis à contribution, ainsi que de nombreuses institutions culturelles (Muséum d'histoire naturelle, Institut du Monde Arabe, Festival d'Automne, Paris quartier d'été). Expositions, musique, cinéma, traductions littéraires, colloques ont permis de dresser un panorama éclectique des productions culturelles mutuelles.

La création contemporaine au Vietnam a été mise à l'honneur lors du VIe Festival Francophonie métissée organisé à l'automne 1997 par le Centre Wallonie-Bruxelles : « du fleuve rouge au Mékong, les nouveaux courants du Vietnam » Vingt-quatre peintres, auteurs, cinéastes, comédiens se sont déplacés; expositions, concerts, lectures de pièces, rencontres-débats, projections cinématographiques... ont été organisés par le Centre qui se positionne de plus en plus comme le lieu francophone de Paris.

.ittérature

Quelques actualités littéraires

« *Dans le monde des lettres, l'émergence hors d'Europe de littératures en langues européennes est une des données fondamentale des années 90* [...] *Les langues de la vieille Europe ont voyagé, elles ont été colonisées à leur tour. Aujourd'hui, elles nous reviennent sous forme de textes littéraires* » constate Pierre Astier directeur de la maison d'édition Le serpent à plumes qui a publié, début 1998, cinq romans africains et soutient depuis plusieurs années les auteurs maghrébins et subsahariens.

Les deux nouveaux livres de Patrick Chamoiseau, *Écrire en pays dominés* (essai) et *L'esclave vieil homme et le molosse* (roman), sont autant de cris de résistance sur l'histoire des « nègres marrons », esclaves martiniquais qui fuyaient maîtres et plantations.

Selon le *Monde des livres* (du 3 janvier 1997), il s'agit dans, *La nuit de l'erreur* de Tahar Ben Jelloun « *de pousser jusqu'au bout, jusqu'à leurs limites extrêmes, deux traditions narratives, exprimant elles-mêmes deux cultures enracinées et vivaces, et d'en obtenir non pas une impossible et exécrable synthèse, mais un objet nouveau, nécessairement trouble sans être toutefois monstrueux* ».

Zenzella d'Azouz Begag, édition du Seuil, qui signifie « tremblement de terre » en arabe, est un roman autobiographique sur une enfance en bidonville, dont le cinéaste Christophe Ruggia a tiré un film émouvant sur la mémoire et le déracinement, *Le gone du Chaâba*.

Le lys et le flamboyant d'Henri Lopès, édition du Seuil, est le roman du croisement inextricable des cultures : « *C'est là le sujet essentiel du récit de Houang : le métis, le vrai, ne sait plus quelle nationalité, quelle adresse inscrire sur un passeport...* » (*La Croix,* 10 novembre 1997).

On assiste à une explosion littéraire sans précédent au Vietnam depuis une dizaine d'années : Phan Thi Vang Anh, jeune écrivain de 29 ans qui écrit poèmes et nouvelles (*Quand on est jeune*, édition Philippe Picquier), traitant d'une société en mutation où il reste encore des traces de culture française ; Lê Dat, le plus grand poète vivant du Vietnam, après avoir été interdit de publication pendant quarante ans, a fait paraître en 1997 un recueil de poèmes, *Paroles en germe* ; Duong Thu Huong (*Myosotis*, Picquier), qui a commencé à apprendre le français en prison, évoque elle-même sa « *langue venimeuse* »...

Les œuvres de Jacques Chessex, grand poète et romancier suisse, se sont enrichies d'un nouveau roman, *L'imitation*, Grasset, variations sur sa rencontre romanesque avec Benjamin Constant, dans lequel – selon la belle formule de François Nourissier – « *il presse sa Romandie comme une éponge lourde d'encre* » ; et de la parution en trois volumes de ses poésies complètes aux éditions Bernard Campiche.

Langue française, terre d'accueil, d'André Brincourt, édition du Rocher : « *le plus neuf des dictionnaires de la Francophonie, et de la littérature tout court* » selon l'écrivain Yves Berger (*Le Figaro*, 30 octobre 1997).

Festivals et manifestations

En Afrique

Durant l'été 1998, des écrivains africains, vivant au Tchad, au Sénégal, au Kenya ou en Europe se sont engagés dans un projet de résidence d'écriture au Rwanda sur la mémoire du génocide : « *Réunir une dizaine d'écrivains de différents pays d'Afrique autour du drame rwandais, écrire pour qu'on n'oublie pas et prévenir ce qui risque d'arriver aux autres pays du continent, c'est une tentative de réflexion collective sur le destin de l'Afrique* » Nocky Djedanoun.

En Belgique

En janvier 1997, le Centre Culturel d'Anderlecht « Escale du nord » a présenté une exposition littéraire « Tonalités, Des écrivains au bout du fil » réalisée par Les Parvis Poétiques ainsi qu'un festival littéraire à l'occasion de la Fête du Livre, intitulé « Frontière belge 1997 » sur le thème du train.

Au Québec

Le Salon du Livre de Montréal a marqué son vingtième anniversaire, en novembre 1997, avec la participation de plus de mille maisons d'édition d'une vingtaine de pays, huit cents auteurs et de multiples événements : débats, prix, séances de signatures, jeux, concours et fêtes... C'est aussi à cette occasion qu'a été lancée officiellement la banque de titres de langue française accessible sur internet avec, dans un premier temps, plus de 250 000 titres.

En France

Une série d'hommages ont été rendus à de grands auteurs francophones. Une exposition sur Léopold Sedar Senghor, organisée par le Club des Lecteurs de Langue Française au ministère de la Coopération en janvier 1997, s'est attachée à présenter sa pensée, sa poésie et son action politique. « Aimé Césaire, un humanisme pour notre temps », manifestation organisée par l'UNESCO en octobre 1997, a permis de mettre en lumière l'actualité et la permanence de son message, avec des intervenants internationaux et l'organisation d'une exposition autour d'œuvres d'artistes contemporains. L'UNESCO, également, a célébré en décembre 1997, avec un colloque parrainé par Wole Soyinka, le cinquantenaire de la naissance de la revue *Présence Africaine*, créée par Alioune Diop, et de la maison d'édition du même nom, qui publie une trentaine de livres par an, diffusés essentiellement en Afrique francophone. En avril 1997, la ministre française de la Culture et le délégué général du Québec ont présidé, au Palais Royal, au lancement de l'intégrale de l'œuvre littéraire de Félix Leclerc, qui rassemble, dans un coffret de quatre tomes, ses pensées, fables, romans et contes.

Pour la quinzième année, la ville de Paris a organisé un « **marché de la poésie** », lieu d'échange entre les professionnels du livre, les écrivains et le public sur la place Saint-Sulpice. La soirée du vendredi 21 juin 1997 à été consacrée à la « chanson singulière » et aux « poésies plurielles ». Le djiboutien Abdourahmane Waberi, le congolais Alain Mabanckou, le sud-africain Denys Hirson et d'autres écrivains du continent ont lu leurs textes tandis que des poèmes inédits de Sony Labou Tansi et Williams Sassine ont été présentés. L'édition 1998 a mis l'accent sur la célébration du cent-cinquantenaire de l'abolition de l'esclavage.

Le Temps des Livres, grande opération du ministère de la Culture en faveur de l'écrit, s'est tenu du 10 au 20 octobre 1997. Plusieurs manifestations d'envergure l'ont illustré : le week-end des libraires avec la participation de plus de trois cent cinquante librairies dont la librairie du Québec qui a organisé une journée porte ouverte ; le marché de l'édition théâtrale sur le parvis du théâtre de l'Odéon ; les 24 heures du Livre du Mans jumelées avec le Salon du Livre de Québec ; le quatrième Salon du Livre de l'outre-mer « Ô poète, ô bilingue » au secrétariat d'État à la coopération ; le troisième Salon du Livre de La Plume Noire des littératures francophones d'Afrique noire, de l'océan Indien, des Caraïbes et du Pacifique, qui a reçu des écrivains du Québec et rendu hommage à Jacques Rabemananjara, poète et dramaturge malgache. En octobre 1998, l'opération rebaptisée Lire en Fête nous a fait « lire la Caraïbe » dans le cadre de la commémoration du cent-cinquantenaire de l'abolition de l'esclavage.

Les « Belles Étrangères », manifestation littéraire chargée de promouvoir la littérature d'un pays, ont mis à l'honneur l'Albanie en mai 1998.

L'Institut du Monde Arabe à Paris, a organisé sa quatrième édition du Salon Euro-Arabe du Livre en mai 1997 avec, notamment, deux importantes manifestations sur la littérature palestinienne – à laquelle a été consacrée à la même période l'opération « Belles étrangères » – et sur la traduction des langues européennes, notamment du français vers l'arabe.

Au **Salon du Livre 1998** de Paris, près de 250 000 visiteurs et plus de vingt-cinq pays étaient présents avec le Brésil comme invité d'honneur. Cette dix-huitième édition se marquait par une internationalisation accrue, l'importante participation des auteurs et la présence de 95 % des éditeurs. Un débat consacré à l'édition en plusieurs langues a mis en lumière le développement dans les maisons d'édition de ces pratiques de diffusion plurilingue dans la ou les langues des pays, notamment dans le domaine du livre d'art, du livre pour la jeunesse et du livre scientifique. Le Québec sera invité d'honneur au prochain Salon en mars 1999.

Les foires internationales du livre

À côté des grandes foires mondiales comme Francfort, Londres, Guadalajara ou Buenos Aires où les éditions francophones sont présentes au même titre que d'autres, d'autres leur ont fait la part belle.

Avec la France comme invitée d'honneur, la foire internationale du livre de Tokyo – en janvier 1998 – inaugurait l'année de la France au Japon. Avec environ deux cents titres traduits du français, le japonais représente une des premières langues de traduction de la production éditoriale française, juste après les langues anglaise et latines.

Sept foires du livre ont été organisées en Europe centrale en 1997, parmi lesquelles celles de Varsovie et Bucarest se sont particulièrement illustrées. Le polonais est au coude à coude avec le roumain pour la place de premier client d'Europe centrale et orientale de l'édition française.

La Foire de Turin, internationalisée pour la première fois en 1997, a fait de la France son invitée d'honneur.

Le Salon « Lire en français et en musique » de Beyrouth a, pour sa sixième édition en novembre 1997, connu une affluence record avec plus de 100 000 visiteurs et rendu hommage à Jacques Prévert. Les éditeurs suisses étaient pour la première fois présents au salon, à l'occasion duquel sont sortis une dizaine d'ouvrages en français.

Enfin, France Édition a participé aux foires francophones de Québec, Dakar et Tunis en 1997, en organisant le plus souvent des stands collectifs.

Le Syndicat National de l'Édition souligne une « indéniable reprise » de la production française à l'étranger avec une part non négligeable prise par les auteurs francophones ; quelques exemples parmi d'autres : traduction en vingt langues des titres d'Amin Maalouf, vente de 25 000 exemplaires de *Texaco*, de Patrick Chamoiseau aux États-Unis, succès de Calixte Belaya en Allemagne. Toutefois, le prix du livre français à l'étranger reste rédibitoire par rapport au pouvoir d'achat dans de nombreux pays et à la concurrence avec le livre anglophone plus accessible.

Prix

– *Grand prix Paul Féval de littérature populaire 1997 : Antonine Maillet pour,* Le Chemin Saint Jacques, *aux éditions Grasset.*

– *Prix du livre « Inter » 1997 : Nancy Huston pour son roman,* Instrument des ténèbres *paru aux éditions Actes Sud.*

– *Grand prix de littérature de l'Académie française 1997 : Béatrice Beck, pour l'ensemble de son œuvre.*

– *Prix Jean-Monnet de littérature européenne 1997 : Pierre Mertens pour,* Une paix royale *chez Seuil.*

– *Prix de l'amitié Franco-arabe 1997 : Saïd Amadis pour,* La loi des incroyants *chez Plon.*

– *Prix Georges Pompidou 1997, récompensant une œuvre qui illustre la langue française : Marc Fumaroli, pour son ouvrage,* L'âge de l'éloquence : rhétorique et ses literaria de la renaissance au seuil de l'époque classique *publié en 1994 chez Albin Michel.*

– *Prix France Acadie 1997 : Ulysse Landry, dans la section littérature, pour,* Sacrée montagne de fou *(édition Perce-neige) ; et Paul Sûr, dans la section sciences humaines, pour,* Atlas sur l'établissement des Acadiens aux trois rivières du Chignectou-1660/1755, *édition d'Acadie.*

– *Grand prix Jean Giono – qui couronne l'ensemble de l'œuvre romanesque d'un auteur de langue française – 1997 : Jean-Marie Le Clézio pour son œuvre et à l'occasion de son roman,* Poisson d'or *; le prix du jury – qui couronne un ouvrage de langue française – : Jean-Pierre Milovanoff pour,* Le maître des paons, *également Goncourt des lycéens.*

– *Prix Tropiques 1997 de la Caisse Française de Développement : Boubacar Boris Diop pour son roman,* Le cavalier et son ombre.

– *Prix Marguerite Yourcenar 1997, attribué par la French American Cultural Service and Educatianal Aid et les services culturels de l'ambassade de France aux États-Unis : Assia Djebar pour son roman,* Oran, langue morte.

– *L'Association d'Amitié Tuniso-Française a créé un prix littéraire, destiné à récompenser un écrivain tunisien et un français, et l'a attribué en 1998 à Ali Bécheur pour,* Jours d'adieu *(Joëlle Losfeld à Paris et Cérès à Tunis) et Alain Nadaud pour,* Auguste fulminant, *aux éditions Grasset.*

– *Prix littéraire Québec-Paris 1997 : Jean-Jacques Nattiez, musicologue, pour son roman,* Opéra.

– *Prix international de poésie francophone Yvan Goll : Annie Marandin à l'occasion du marché de la poésie à Paris en juin 1998.*

– *Grands prix de printemps 1998 de la Société des Gens de Lettres de France : l'écrivain d'origine suisse, Philippe Jaccottet, pour l'ensemble de son œuvre ; grand prix de la nouvelle : Maïssa Bey pour,* Nouvelles d'Algérie.

– *Prix littéraire UNESCO-Françoise Gallimard, destiné à récompenser de jeunes auteurs exprimant leur époque, décerné pour sa première édition à un auteur francophone : Marie Ndiaye, le 3 juin 1998, pour son roman,* La sorcière.

– *Prix Mousquetaire 1998 : Yasmina Reza pour,* Hammerklavier *et André Brincourt pour,* Langue française, terre d'accueil.

– *Prix Tchicaya U'Tamsi 1998 : Jean-Baptiste Tati-Loutard, ministre congolais de l'Énergie, pour son œuvre poétique.*

Disparitions

Le poète Gaston Miron est décédé à Montréal le 14 décembre 1996. Le 21 janvier 1997, une soirée organisée à l'hôtel d'Avejan à Paris, avec la participation de la librairie du Québec et de nombreux artistes, rendait hommage à celui qui disait « *Plus je suis assuré de ma culture et de ma langue, plus je suis ouvert à celles des autres* ».

L'écrivain guinéen Williams Sassine a disparu le 2 février 1997 à Conakry. Marqué par un triple héritage culturel libanais, guinéen et occidental, il disait « *Je suis un métis et on me l'a fait sentir très tôt* », créant une œuvre marquée par l'exclusion, le combat politique et la marginalité.

Nicolas Bouvier, le grand écrivain suisse est mort le 17 février 1998. L'auteur de *L'usage du monde* et de *Chronique japonaise* écrivait « *La route s'arrête tout bonnement dans le sable comme quelqu'un qui juge en avoir assez dit* ».

Julien Green, le plus célèbre des Américains de Paris, est mort le 17 août 1998. Son œuvre immense, qui a abordé tous les genres, est publiée en huit volumes à la Pléiade.

Théâtre

Festivals et manifestations

En Afrique

La IIIe édition du Festival International de Théâtre du Bénin, qui a eu lieu en mars 1997, a pris une grande ampleur en accueillant quinze spectacles et plus de trente mille spectateurs.

La IIe édition du Festival du Théâtre des Réalités a eu lieu en juin 1997 à Bamako au Mali avec une centaine d'artistes du Mali et du Bénin.

La plus célèbre compagnie de théâtre de rue française, le Royal de Luxe, s'est installée au Cameroun pour six mois entre l'automne 1997 et le printemps 1998. La belle aventure et les quatre contes, créés à Tourou au Nord du pays par la compagnie avec cinq artistes africains, après une tournée dans les grandes villes du Cameroun, donneront lieu au retour en France à une nouvelle parade de Royal de Luxe.

Les deuxièmes **rencontres de la création chorégraphique** se sont tenues en avril 1998 à Luanda en Angola, avec la participation de dix compagnies sélectionnées dans huit pays. Après le succès de la première édition en 1995, tournées, stages et résidences ont été soutenus et développés par l'Association Afrique en Créations. Trois œuvres sélectionnées à Luanda ont été présentées au Festival de Danse de Montpellier en juin 1998.

Au Québec

Le **Festival de Théâtre des Amériques**, manifestation internationale et biennale organisée depuis 1985, s'est tenu à Montréal du 22 mai au 8 juin 1997. Il s'est ouvert à la jeune création québécoise avec une section baptisée « Nouvelles scènes ». *Matines : Sade au petit déjeuner* et *La philosophie dans* *le boudoir* du Marquis de Sade ou encore, *Les sept branches de la rivière Ota*, dans la version définitive de Robert Lepage, ont compté parmi les moments forts du festival. En juin 1997, à Québec, Robert Lepage – qui s'est fait une spécialité de marier arts de la scène et nouvelles technologies dans le cadre de sa compagnie *ex machina* – a inauguré son centre de création multimédia.

En France

Une saison théâtrale québécoise Paris-Montréal, organisée par l'Association Théâtrales, le théâtre artistic Athévains et le Centre des Auteurs Dramatiques de Montréal, s'est déroulée en mars 1997. Cette semaine de la dramaturgie a permis au public et aux professionnels de découvrir de jeunes talents et la nouvelle dramaturgie québécoise.

Après les incertitudes qui ont pesé sur son devenir en 1996, les IVe et Ve **Francophonies théâtrales pour la jeunesse** organisées par le théâtre du Mantois de Mantes-la-Jolie se sont tenues en mars 1997 et mai 1998 avec succès. Une quinzaine de compagnies venues de tout l'espace francophone, quelques 6 000 spectateurs et plus de cent professionnels de France et de l'étranger pour chaque édition.

Le premier Festival International des Langues Françaises les Météores (théâtre, musique, danse, débats...) s'est tenu à **Douai** du 21 au 31 mai 1997. Le théâtre de l'Hippodrome s'est ouvert à cette occasion à ces artistes du monde entier qui « *réchauffent notre langue de tous les jours et éclairent notre français moyen* ». L'édition 1998 du 24 mars au 7 avril, axait ses représentations sur des spectacles algériens et antillais et présentait la création du, *Chemin des passes dangereuses,* du québécois Michel Marc Bouchard.

En mai et juin 1997, le forum des découvertes « Afrique noire et blanche » organisé par le Théâtre International de Langue Française (TILF) a ouvert ses portes au Parc de la Villette à Paris. Au Pavillon du Charolais, siège du TILF et à la grande halle de la Villette, des artistes et créateurs de huit pays du continent africain et de France ont présenté une quinzaine de réalisations relevant du théâtre, de la danse et du café musical, avec une place particulière donnée à l'Algérie. À cette occasion, le public a retrouvé des auteurs et dramaturges connus comme le Congolais Sony Labou Tansi, le Marocain Tahar Ben Jelloun ou l'Algérien Slimane Benaïssa.

La présentation de *Nathan le sage* en ouverture du 51e Festival d'Avignon en juillet 1997, dans la cour d'honneur du Palais des Papes, a couronné une année brillante pour le théâtre UBU (Montréal) qui fête son quinzième anniversaire et pour Denis Marleau, déjà très remarqué en 1996 au festival.

Le Festival des Francophonies Théâtrales s'est déroulé du 25 septembre au 5 octobre 1997 à **Limoges** et dans une vingtaine de communes de la région. Ce quatorzième rendez-vous était placé sous le signe de la découverte avec onze spectacles, dont sept venus pour la première fois en France. Le spectacle d'ouverture, *Nous, les héros,* de Jean-Luc Lagarce, mis en scène par Olivier Py (France) a marqué par sa créativité. *L'invisible*, de Philippe Blasband, mis en scène par José Besprosvany (Belgique) a ému et enchanté par la force de son message et le jeu extraordinaire de Pietro Pizzuti. *Motel Hélène*, de Serge Boucher, mis en scène par René-Richard Cyr (Québec) a frappé par son inventivité et sa drôlerie. Werewere Liking, une grande dame habituée du festival, a présenté, *L'enfant Mbene* (Côte-d'Ivoire). L'édition 1998 perpétue cette belle rencontre des scènes du monde avec douze spectacles, dont quatre créations, nous parlant d'histoires de départ, d'errance, d'exil et de retour. La Bibliothèque Francophone Multimédia de Limoges – pôle associé de la Bibliothèque nationale de France dans le domaine du théâtre francophone – a ouvert ses portes au public en septembre 1998 : 450 000 titres dont 10 000 francophones sous forme de livres, disques, cassettes audio et vidéo, cédéroms ; un serveur francophone sur internet ; à terme, c'est une trentaine de milliers de titres qui composeront le fonds francophone de la bibliothèque.

Le théâtre Molière, **Maison de la poésie**, a organisé une lecture-rencontre avec Tahar Ben Jelloun en octobre 1997 ; et mis en lumière la poésie de la Francophonie canadienne en mars 1998 avec cinq poètes originaires de trois grandes provinces canadiennes.

La saison 1997-1998 du **Théâtre International de Langue Française** a été riche en événements et a rencontré sa plus grande audience depuis sa création : une semaine égyptienne en avril 1998 ; un hommage à Tchicaya U Tam'si ; la création de, *Jours de silence à Tanger,* de Tahar Ben Jelloun ; deux pièces algériennes, *Les nobles,* d'Abdelkader Alloula et, *Djurdjurassique Bled,* de et par Fellag) ; des pièces en provenance de Côte-d'Ivoire, des Antilles, du Cambodge.

À Cergy-Pontoise en juin 1998, le Festival Fenêtre au Sud consacré à l'Océan Indien s'intitulait symboliquement, *La mer métisse.*

À Nemours se sont tenues, en octobre 1998, les « Rencontres Francophones du Spectacle » organisées par l'Association Spectaculaires.

Prix

Le neuvième « prix Jean-Jacques Gautier » 1997 a été décerné à un jeune espoir de la scène, le comédien Bruno Subrini pour son interprétation dans Le Faucon, *de la Canadienne Marie Laberge.*

– Le prix du théâtre de l'Académie française 1997 a été décerné à Didier Van Cauwelaert pour l'ensemble de son œuvre.

– Le nouveau prix lancé par RFI en 1997, Découverte spectacle vivant, a été attribué à la compagnie de danse du Burkina Faso, Salia nï Seydou.

– Le trente-cinquième palmarès du Syndicat professionnel de la critique dramatique et musicale en 1998 a salué, avec, L'Ode à Scarlett O'Hara, *du haïtien Jean-René Lemoine, la meilleure création d'une pièce en langue française et avec l'Algérien Fellag pour,* Djurdjurassique bled, *la révélation théâtrale de l'année.*

Musique

Quelques actualités musicales

Afrique

Meiway, chanteur du sud de la Côte-d'Ivoire, s'exprimant alternativement en « appolo » (langage de sa région d'origine) et en français, a publié son cinquième album, *Les génies vous parlent.*

Le dernier album du malien Boubacar Traoré *Sa Golo*, a été sélectionné meilleur album de l'année 1997 par le quotidien, *Le Monde*.

Deux nouveaux cédéroms de printemps de Francis Bebey, pionnier des *« chemins croisés de la musique africaine »* selon la belle formule de Véronique Mortaigne[3], avec l'album, *Dibiyé*.

Youssou N'Dour, le roi du Mbalakh sénégalais, rythme traditionnel modernisé par ses soins, a connu une consécration mondiale avec sa chanson, *La cour des grands*, hymne officiel du Mondial de football en France, en juin 1998, qu'il a présenté en duo avec la chanteuse belge Axelle Red.

La revue, *Afrique en création*, éditée sous l'égide du ministère français de la Coopération, a publié en janvier 1998 un supplément de soixante pages intitulé « 100 CD pour connaître les musiques africaines », par François Bensignor. Chaque pays d'Afrique y est représenté, chaque disque sélectionné devant être sur le marché et facilement accessible.

Un Top Afrique a été lancé en 1998 par la société OFREDIA, à destination de soixante-quinze radios de la zone Afrique, Caraïbes, Pacifique.

France

L'année 1997 aura été l'année de l'explosion de la musique électronique. Selon l'Association Francophonies Diffusion, on assisterait peut-être à *« un passage de relais entre la génération du rock et la génération techno »*. La scène électronique française connaît de fait un grand succès à l'étranger, tout particulièrement en Europe, aux États-Unis et au Japon. Les Daft Punk ont ainsi vendu 400 000 albums dans le monde... Les Djs commencent à s'inspirer du répertoire français. Le rap est, lui, de plus en plus présent sur les ondes depuis l'instauration des quotas. En 1997, les créations de l'un de ses représentants les plus fameux, le groupe IAM, se sont exportées dans plusieurs pays européens. MC Solaar est, quant à lui, numéro un au palmarès international des musiques francophones cette même année. La signification sociale et culturelle du rap est importante pour la Francophonie. En effet, comme l'indique Marie-Agnès Beau du bureau Export musique : *« En Europe, le rap a progressé avec la deuxième génération d'immigrants, qui a suivi le modèle américain mais s'en est rapidement différenciée de par ses propres caractéristiques sociales et personnelles. Le fait de pouvoir rapper dans sa propre langue est probablement l'avancée la plus importante qu'elle ait réalisé dans sa recherche d'identité »*. Plus encore, le succès du rap français a incité des jeunes d'autres pays européens à rapper dans leur langue, contribuant ainsi à la pluralité des langues et à la reconnaissance d'une culture multiraciale. Enfin, le rock francophone commence à puiser dans les chansons à texte et dans la prise en compte d'un espace musical pluri-culturel.

De fait, rencontre des cultures et métissage marquent de plus en plus la création musicale en France par la présence des musiques du monde, leur rencontre avec les musiques françaises traditionnelles et l'impact des cultures et des langues d'origine chez de jeunes auteurs et musiciens français enfants d'immigrés. Les premières rencontres des cultures urbaines à la

NOTE

[3] *Le Monde* du 21 mars 1998.

Villette à Paris en novembre 1997, en ont donné une puissante illustration. Il n'est que de penser, et c'est un exemple parmi d'autres, à ce groupe de six jeunes filles d'origine algérienne, bretonne, portugaise, italienne... de Romans qui, depuis dix ans, chantent en dix-huit langues.

L'Orchestre national de Barbès organise des « diwanes », fêtes populaires originaires du Sahara qui rencontrent le cosmopolitisme de Barbès et de bien d'autres quartiers.

De son côté, Alan Stivell dans son dernier album, *I Douar* donne à entendre - à côté du français - de l'arabe, du wolof et du breton, car *« ce sont des langues parlées tous les jours en France »* et qu'il s'agit d'*« une culture qui a droit de cité, droit à la différence et à la diversité, une culture en mouvement »*[4]. Autre fleuron de ces rencontres entre patrimoine et « appartenance au monde », les polyphonies corses du groupe I Muvrini, dont le nouvel album, *Leia* (le lien) porte un titre bien symbolique... Enfin, le succès du Festival Musiques métisses à Angoulême, dont la dernière édition s'est tenue en mai 1998, ne se dément pas.

La musique, c'est aussi l'un des vecteurs les plus puissants de la Francophonie, en particulier dans la jeunesse. C'est ainsi que l'AFAA (Association Française d'Action Artistique) s'attache à développer la chanson francophone dans le monde, en partenariat avec les acteurs culturels locaux, auprès, notamment, des apprenants de français ou de non francophones sensibles à la diffusion des musiques actuelles. L'ouverture d'un bureau de la musique à Mayence en Allemagne - avec le bureau Export de la musique française - a, par exemple, permis de démultiplier le nombre de concerts (près de quatre cents en 1996) et d'augmenter les ventes de disques de 300 %.

Le **marché du disque** en France a enregistré en 1997 une progression de 7 % de son chiffre d'affaires - et les chiffres du premier trimestre 1998 confirment cette tendance. Plus de 52 % des ventes se sont portées sur les variétés nationales, contre 45 % il y a quatre ans... Cette même année, 35 albums français se sont vendus à plus de 40 000 exemplaires à l'exportation. Plus de 50 % des ventes des musiques françaises traditionnelles sont réalisées à l'export. Avec neuf millions d'albums français vendus à l'étranger en 1997, et de grands succès francophones, c'est un *« spectre musical qui s'élargit »* comme le commente judicieusement Francophonies Diffusion.

Selon le rapport 1996-1997 du CSA sur les **quotas**, *« les radios dans leur grande majorité ont respecté leurs obligations. Les rappels à l'ordre, mises en garde et sanctions du CSA ont été exceptionnels »*. De fait, pour une large majorité des opérateurs, la programmation de chansons francophones se situait déjà à un niveau égal ou supérieur aux exigences légales (Radio France = 60 % minimum depuis juillet 1995). Dans les radios plus particulièrement destinées à un public jeune, la proportion de chansons d'expression française a augmenté alors que parallèlement le nombre d'auditeurs et de parts de marché ont également connu une progression; au risque toutefois d'une certaine uniformisation des programmes.

NOTE

[4] *Musique Info* n° 31, avril 1998.

D'une façon générale, le taux de diffusion des titres francophones sur les radios à forte programmation musicale est passé de 31,8 % en 1995 à 39 % en 1996.

Québec

En février 1997, a été créé un fonds franco-québécois, au sein de la fondation Félix-Leclerc, pour appuyer la carrière de jeunes artistes français et québécois.

Un cahier thématique intitulé *La chanson d'expression française,* publié par l'Association Canadienne d'Éducation de la Langue Française (ACELF) à l'occasion de la Journée de la Francophonie en mars 1997 développe trois parties ; la chanson francophone d'ici, la chanson dans l'espace francophone et les activités éducatives.

Festivals et manifestations

En Afrique

La troisième édition du **MASA** (Marché des Arts du Spectacle Africain) a eu lieu du 2 au 8 mars 1997. Cette édition s'est révélée beaucoup plus ouverte sur la diversité des cultures africaines que les précédentes (spectacles en provenance de pays africains anglophones et lusophones) : une forte affluence, près de 550 programmateurs de spectacles, deux-cent cinquante journalistes pour six cents artistes représentant quarante-six ensembles artistiques en provenance de dix-huit pays d'Afrique; vingt-six spectacles musicaux ; de la chorégraphie ; des contes, des marionnettes, du théâtre, des ateliers pratiques ; et des forums – organisés par l'Association Zone franche – sur les conditions techniques et juridiques de l'exportation des disques et sur la circulation des artistes africains dans le Nord mais aussi à l'intérieur même du continent africain.

Les premières rencontres musicales de Yaoundé au Cameroun, se sont tenues du 5 au 9 mai 1998. Conçues en biennale – en alternance avec le MASA – ces rencontres ont permis l'accueil de dix-sept groupes, vedettes et nouveaux talents ; ainsi que des rencontres professionnelles notamment sur l'organisation de tournées, la coordination et la collaboration entre festivals et les besoins en matière de formation.

En Asie

À l'occasion de la préparation du Sommet des chefs d'États francophones d'Hanoï en novembre 1997, le premier Festival des Arts Vivants de la Francophonie a accueilli en avril 1997 Maurane, Kent, Art Rouge aux côtés d'artistes traditionnels et de variété du Vietnam, du Laos, du Cambodge et du Vanuatu.

Aux États-Unis

La XIe édition du Festival International de Louisiane, durant lequel Tri Yann, Daran, Blondin ou Marousse ont rencontré un vif succès, s'est déroulée à Lafayette, au cœur du pays Cajun du 22 au 27 mars 1997.

Depuis cinq ans, le directeur du Centre National de la Chanson à l'université du Massachusetts à Boston organise un Festival de Musiques du Monde Francophone dans la région. En 1997, ce festival – dont l'objectif est de soutenir l'apprentissage et l'enseignement du français – s'est déroulé du 7 au 16 novembre et a réuni des artistes de France, d'Algérie, de Belgique, de la république du Congo, d'Haïti, de Madagascar et des régions francophones d'Amérique du Nord.

Au Québec

Au Festival Jazz de Montréal en juillet 1997, des grands noms de la chanson française ont fait honneur à Félix Leclerc, disparu il y a dix ans.

Le Festival d'Été de Québec a réuni plus de 800 artistes du 3 au 30 juillet 1997, parmi lesquels Richard Séguin, Ismaël Lô, Ben Harper et Charlélie Couture. Le XXXIe festival en juillet 1998 a réuni, après l'ouverture avec un concert de Gilles Vigneault, des chanteurs francophones de tous horizons comme Nilda Fernandez, Rachid Taha, Salif Keita, Cheik Lô...

Les Francopholies de Montréal ont fêté leurs dix ans en juin 1998 ; dix événements spéciaux ont marqué ce démarrage des grands festivals d'été parmi lesquels un « Salut à Léo Ferré » et de grands noms de la chanson francophone : MC Solaar, Manu Dibango, Patricia Kaas, Juliette Gréco, Cheb Mami...

En Belgique

Les quatrièmes Francofolies de Spa se sont déroulées du 17 au 21 juillet 1997. Elles ont laissé une large place aux artistes issus de la Communauté française de Belgique (près d'une trentaine). Des artistes de renommée tels que Bertignac, Elsa, Teri Moïse, Hugo Cargo, Khaled, Michel Jonasz se sont produit sur cinq sites dans la ville. Cinq jours de festival durant la cinquième édition en juillet 1998 pour accueillir Patricia Kaas, MC Solaar, Stéphan Eicher, Angélique Kidjo...

En Suisse

Du 22 au 27 juillet 1997, près de 180 000 personnes ont assisté au Festival de Nyons devenu le plus important des festivals suisses et l'un des principaux événements européens consacrés aux musiques populaires avec une programmation très éclectique.

En France

Le Festival Africolor en décembre 1996, à Paris, a dédié sa huitième édition au mouvement des « sans-papiers » avec plusieurs soirées à thème, sénégalaise, malienne et de l'océan Indien. Africolor 1997 a accueilli des chanteurs et groupes du Cameroun, du Congo et une nuit de Noël mandingue.

Lors du MIDEM de Cannes 1997, on a pu observer deux tendances, d'une part un métissage sans précédent des cultures et des genres musicaux et d'autre part le rapprochement entre l'univers de la musique et du multimédia (cédéroms, internet...). Près de onze mille professionnels venus de quatre vingt-quatre pays ont assisté à cette manifestation accompagnée d'une rencontre internationale sur le piratage. Le MIDEM 1998 – où le Conseil Francophone de la Chanson était présent – a particulièrement mis l'accent sur l'Afrique, lors d'une grande soirée intitulée « La nouvelle vague africaine » et sur les musiques traditionnelles francophones lors de la septième édition des « Talents ».

« **Les Semaines de la Chanson** » **1997**, coordonnées par Jean-Louis Foulquier et la SACEM, ont été l'occasion, durant le mois de février, d'aider les nouveaux talents. France Inter et les radios locales ont organisé des opérations spéciales. Ainsi les « Paris d'Inter » ont lancé cinq artistes à l'antenne, chacun d'entre eux étant diffusé au moins une fois par jour. Après avoir fait connaître Mano Solo, De Palmas ou Axelle Red, la cuvée 1997 a encouragé d'autres jeunes artistes : Mathieu Boogaerts, Clarika, Teri Moïse, Fred Poulet et Arielle, qui ont ensuite participé aux Francofolies de la Rochelle.

La **Fête de la Musique**, l'une des plus grandes fêtes populaires françaises, a commencé à s'exporter en 1985, à l'occasion de l'année européenne de la musique. En moins de dix ans, elle sera reprise dans plus de quatre-vingts pays sur les cinq continents. En 1997, pour sa seizième édition, la fête de la musique s'est tenue dans de nombreuses grandes villes européennes, ainsi qu'en Afrique francophone et anglophone, en Amérique du Nord (Toronto, New York, San Francisco...), en Amérique latine (vingt villes au Brésil), en Asie (Bangkok)...

Le Festival d'Angoulême, le rendez-vous annuel des musiques du monde, a débuté le mardi 27 mai 1997. Ce festival est le premier en la matière qui ait permis au public de découvrir les musiques métisses, notamment celle des guettos sud-africains. Cette vingt-deuxième édition était placée sous le signe de l'ouverture à l'expression des diasporas africaine, caribéenne et maghrébine.

La XXIe édition du Printemps de Bourges en 1997 a rassemblé des auteurs confirmés et de jeunes espoirs ainsi qu'un public diversifié, amateur de rap, de pop anglaise, de techno ou encore de musique populaire cap-verdienne.

« Paris quartier d'été », créé par le ministère de la Culture en 1990, a accueilli durant l'été 1997 le spectacle, *Les étoiles du Nil,* dans le jardin des Tuileries avec deux mille spectateurs pour un grand panorama des musiques égyptiennes de tous les temps ; ainsi que le ballet royal khmer.

La XIIIe édition des **Francofolies de la Rochelle**, en juillet 1997 a, comme toujours, créé la fête dans la ville et dans les têtes avec une multitude d'artistes : IAM, Khaled, Maurane, Kent, Gilles Vigneault, Angélique Kidjo, Lucid Beausonge, Arthur H, Jane Birkin, l'Orchestre National de Barbès.... Les Francopholies de La Rochelle 1998 se sont associées à la célébration du 150e anniversaire de l'abolition de l'esclavage avec une soirée spéciale et ont réalisé une grande nuit techno avec des DJs de l'espace francophone.

On peut constater aussi qu'en dehors des grandes manifestations ou festivals dédiés pour tout ou partie à la Francophonie, celle-ci est de plus en plus présente dans des lieux nouveaux comme par exemple : le onzième Festival de Marne Escales Francophones en octobre 1997 consacré à la rencontre des musiques des espaces francophones du Nord et du Sud ; l'Association Ailleurs Diffusion qui a présenté en juillet 1997, dans un café parisien, son troisième Festival de Chansons Francophones ; le mini Festival de Musiques Berbères de l'Atlas qui s'est tenu à la cité de la musique à Paris le 8 mars 1997 ; l'Association Interculturelle Orient-Occident qui, à l'occasion des « Mardis du Monde, la Musique Autrement », présente à Paris des musiciens et des musiques de tous les coins du monde ; le Festival de l'Imaginaire, qui s'est tenu au printemps 1998 à la Maison des Cultures du Monde, avec des spectacles venus du monde entier, et en particulier – côté aire francophone – du Liban avec un concert soufi et du Vietnam avec les chants et musiques boudhiques de Huê.

Prix

Les « Octaves de la Francophonie », qui récompensent l'interprète d'une chanson choisie par les animateurs de RFI et de six cent cinquante radios francophones, ont été décernés à Maxime Le Forestier en décembre 1996 pour sa chanson, Passer ma route.

– Pour la XXXe édition du Festival d'Été du Québec en 1997, le prix Miroir de la chanson francophone a récompensé également Maxime Le Forestier pour son œuvre et le chanteur algérien Cheb Mami pour sa démarche d'actualisation des musiques et des textes dans une langue propre à l'espace francophone autre que le français. Le prix spécial du jury est allé à la chanteuse franco-ontarienne Luce Dufault, celui du public au jeune chanteur rock québécois Éric Lapointe, tandis que le chanteur québécois Bori remportait le Miroir Révélation du festival.

– Les poèmes de Michelle, de Teri Moïse, d'origine haïtienne, ont reçu le prix Vincent Scotto dans le cadre des prix de printemps 1997 de la SACEM.

– Les grands prix 1997 de la SACEM ont récompensé dans la catégorie chanson française : Yves Duteil (auteur-compositeur-interprète) et Hubert Giraud (compositeur).

– Aux Francopholies de la Rochelle et de Montréal 1997, la Chanteuse Clarika a été proclamée lauréate française et l'auteur-compositeur-interprète Sylvie Paquette, lauréate québécoise, lors de la remise des prix de la Fondation Félix-Leclerc.

– Les « world music awards » récompensent les meilleures ventes mondiales de disque ; pour l'année 1997, Céline Dion a obtenu le prix toute catégorie ; Khaled a été primé dans la catégorie artiste africain.

– La SACD a attribué son prix de la Francophonie à l'auteur québécois Luc Plamondon.

– RFI a décerné son prix Découverte 1997 à la chanteuse malienne Rokia Traoré.

– Pour l'attribution des Victoires de la Musique 1998, le critère de nationalité est abandonné au profit de celui de la langue ; la compétition est donc ouverte à tous les artistes s'exprimant en langue française. En a notamment bénéficié dans la catégorie « révélation » Lara Fabian, chanteuse d'origine belge installée au Canada.

– Suivant la même « voie », la trente-huitième édition du Tournoi des voix d'or a été ouverte en 1998 aux chanteurs lyriques de l'Europe francophone.

– Le prix de l'Agence de la Francophonie, attribué dans le cadre de la quatrième édition des MCM Vidéomusique Atlas en 1998, a récompensé le clip réalisé par Olivier Dahan « 1 000 vies » de Stephan Eicher.

– Prix 1998 de l'Académie française : la grande médaille de la chanson française a été attribuée à MC Solaar.

Disparitions

Le saxophoniste nigérian Fela est décédé le 2 août 1997 à Lagos. Grand musicien et symbole de la lutte pour les libertés, Fela avait été le premier chanteur africain à utiliser le *pidgin*.

Matoub Lounès, grand chantre de la démocratie et de la culture berbère, a été assassiné en Algérie le 25 juin 1998.

néma

Quelques éléments sur l'état des cinématographies dans les pays francophones

Le cinéma africain

Malgré une forte présence lors du Festival de Cannes 1997, le nombre et la qualité des festivals qui lui sont consacrés et des exemples intéressants comme la programmation du cinéma « Images d'ailleurs » à Paris, le cinéma africain reste en butte à des difficultés de production, de réalisation et de diffusion. Pourtant, certains pays comme le Burkina Faso – par ailleurs, l'un des seuls pays subsaharien à diffuser des films africains en salle hors festival – ou le Mali, ont une certaine régularité de production. Selon Dominique Wallon, ancien directeur du Centre National du Cinéma en France, il conviendrait, afin d'améliorer la situation, de réduire le taux d'imposition des films africains et d'attribuer au contraire des avantages fiscaux aux sociétés de production ; de développer les vidéos, les diffusions à la télévision et les court-métrages ; enfin de limiter les projections de vidéos sauvages. D'après le réalisateur burkinaté Gaston Kaboré, le cinéma africain n'en est qu'à ses balbutiements ; il est dépourvu de marché, d'outils d'analyse et risque l'auto-censure car il n'est pas indépendant. Il faudrait en conséquence le « ré-enraciner » et se soucier avant tout du public africain. C'est dans cette perspective que l'Union des Cinéastes et Entrepreneurs du Cinéma et de l'Audiovisuel d'Afrique de l'Ouest (UCECAO) – créée en mars 1996 et présidée par le cinéaste malien Souleymane Cissé – a tenu son assemblée générale constitutive en janvier 1997 à Bamako au Mali. Ses objectifs, multiples et ambitieux, tendent au développement d'une industrie culturelle du cinéma et de l'audiovisuel africain sous toutes ses formes : production, formation, réglementation, distribution et diffusion.

Il faut signaler, par ailleurs, qu'au cours de ces deux dernières années, quatre-vingt-dix projets dont vingt-deux longs métrages ont été aidés par la coopération française. De fait, après une période sinistrée au moment de la dévaluation du franc CFA, plusieurs salles ont rouvert aujourd'hui en Afrique de l'Ouest avec essentiellement des projections de films américains et indiens.

Sorti sur les écrans français en février 1998, alors qu'il a été réalisé en 1991, – ce qui illustre les difficultés d'accès aux écrans des cinématographies africaines – *Laada* premier film du réalisateur burkinabé Drissa Touré met en scène le récit initiatique de trois adolescents entre tradition et modernité, thème cher au cinéma africain.

Le cinéma du Maghreb et du Moyen-Orient

Le nombre de salles a baissé au Maroc : deux cents salles à peine aujourd'hui contre plus de trois cents il y a vingt ans. Les causes sont, selon le magazine *Jeune Afrique*[5], dues autant à la faiblesse de la programmation, au manque de nouvelles constructions de salles qu'au développement des paraboles et à l'inexistence d'une politique culturelle dans ce domaine. De 1993 à 1996, le nombre de spectateurs a ainsi chuté de 60 %, ce qui provoque une faiblesse de la production dont les ressources sont liées aux ventes de billets. En Algérie, la chute du nombre de salles est spectaculaire puisqu'on est passé de 200 à 300 salles dans les années 70 à une vingtaine aujourd'hui... Le cinéma égyptien, quant à lui, produit dix fois moins de films qu'il y a dix ans. Ces cinématographies risquent-elles, comme le craint l'auteur de l'article de perdre leur identité et de s'acheminer vers une standardisation pour se conformer à un modèle occidental ? Et l'essor de la cinématographie tunisienne, célébrée au Festival de Namur 1997, offre-t-il un démenti suffisant ? Le dernier film du cinéaste Taïeb Louhichi (auteur – entre autres – de, *L'ombre de la terre* et de, *Layla ma raison*) est sorti justement sur les écrans tunisiens en 1998. Film sur les parias et les marginaux des grandes métropoles, *Noces de lune,* raconte les aventures d'une bande de jeunes dans les quartiers de Tunis.

Le petit manuel, *Cinéma d'Afrique francophone et du Maghreb,* de Denise Brahimi, éditions Nathan université, paru récemment, évoque justement cet essor du cinéma tunisien et s'attarde plus particulièrement sur le contexte historique et politique, les pionniers (Mohammed Lakhdar-Hamina, Med Hondo, Sembène Ousmane...) et les thèmes d'inspiration.

Cinéma français

Les chiffres de la **production française** pour 1997 sont à la hausse : cent vingt-cinq films « d'initiative française », soit une hausse importante par rapport à 1996 et le meilleur score depuis 1985. La part des premiers et deuxièmes films représente plus de la moitié de la production. Le montant des allocations de soutien financier investi par les sociétés de production en 1996 et 1997 est en nette augmentation par rapport aux deux années précédentes. Selon Marc Tessier, directeur général du Centre National du Cinéma, la langue de tournage des films *« est et doit rester un des éléments importants du barème de calcul des aides financières au cinéma, mais non exclusif »*. En 1996, 47 % des films agréés par les SOFICA (Sociétés pour le Financement du Cinéma et de l'Audiovisuel) étaient des coproductions internationales, dont la moitié à majorité française. La réforme de l'agrément- dans le système d'aides du cinéma français- devrait selon le journaliste Jean-Michel Frodon *« permettre de lutter contre les tentatives d'encerclement du cinéma français par la télévision et Hollywood »*[6]. Il s'agit en effet, d'accorder en fin de production et non au début, un agrément qui sera de ce fait plus près du réel et sera modulé en fonction de l'implication française dans les projets (critères liés, par exemple, à l'utilisation de la langue

NOTES

[5] N° 1917, octobre 1997.
[6] *Le Monde* du 24 juin 1998.

française, à la répartition capitalistique des maisons de production ou encore au lieu de tournage).

La fréquentation en salle a progressé de 5 % sur l'ensemble du territoire (meilleur score depuis dix ans) en 1996 ; la part des films français ayant été de 37,5 % (contre 54,3 % pour les films américains) en 1996 et 34,5 % en 1997, avec une implantation plus forte des films français et plus généralement européens, dans l'Ouest, le Centre et le Sud-Ouest. À l'inverse, les films américains sont prédominants dans les zones plus urbanisées ou plus industrialisées du Sud méditerranéen, de l'Est, du Nord et de l'Île-de-France. En 1997, bonne année pour le cinéma en France, cette hausse due – dans une large mesure au développement des multiplex – s'est amplifiée avec plus 8 % et près de 150 millions d'entrées, alors même que se développaient les chaînes de télévision satellitaires.

Le nombre d'entrées de films français dans le monde était en 1996 de 50 millions, soit une hausse de 7,2 % par rapport à 1995, mais 38 % seulement étaient des productions en langue française – le reste des entrées étant dû à des films en coproduction et en langue étrangère. L'Europe comptabilise 58 % des entrées. Les États-Unis 30 % ; les pays francophones ne représentent que 14 % des entrées et 20 % des recettes avec la Suisse en tête ; les autres marchés les plus favorables se trouvent en Argentine et dans les pays de l'Est. Au Québec, où le cinéma américain atteint une part de marché de l'ordre de 80 %, le film français a néanmoins progressé de 6,5 % en 1997. Les accords de coproduction audiovisuelle entre la France et le Québec ont été renforcés, ce qui devrait contribuer à une augmentation du nombre de coproductions entre les deux pays. Par ailleurs, le Festival du Cinéma Français au Québec deviendra un événement annuel et les initiatives du milieu québécois du cinéma seront soutenues afin de développer une réciprocité en France pour la promotion et la diffusion du cinéma québécois. En août 1997, l'Italie et la France ont signé un protocole d'accord visant à augmenter le nombre de coproductions et à favoriser l'accroissement de la diffusion des films en réciprocité. Le Festival 1997 du Film Français de Florence a sélectionné une dizaine de films, présenté une rétrospective Claude Chabrol et couronné le film de Christian Vincent, *Je ne vois pas ce qu'on me trouve*. Par ailleurs, la production française en matière de dessin animé, reconnue pour sa qualité, réussit depuis quelques années une certaine percée aux États-Unis.

Unifrance Films a – à l'occasion du Festival de Cannes 1998 – donné les résultats d'un sondage sur l'image du cinéma français dans onze grandes villes européennes. Son rôle comme alternative à l'hégémonie du cinéma américain paraît encore valide, quoique marqué par une certaine « usure » ; en effet, le prestige culturel du cinéma français reste encore fortement attaché à la déjà « ancienne » Nouvelle vague... Mais au-delà de ces « projections », le rôle d'appui du cinéma français par rapport aux autres cinématographies se révèle toujours aussi constant, puisque la moitié des films présentés en compétition au Festival de Cannes l'a été en coproduction avec des chaînes de télévision ou des organismes publics français. Selon le président d'Unifrance – Daniel Toscan du Plantier – *« Défendre le cinéma français dans le monde, ce qui avait l'air autrefois d'une attitude romantique et désespérée, est devenu une démarche raisonnable. Aujourd'hui on n'en est plus à essayer de survivre, mais on accroît nos parts de marché. [...] En Europe, nous avons une trentaine de millions de spectateurs payants, et*

75 millions de téléspectateurs » ; par ailleurs, ajoute-t-il, la multiplication des chaînes télévisuelles devrait être *« une chance pour la production euro-péenne à condition que l'Europe sache utiliser la diversité de ses langues et de ses cultures comme un atout et non comme un malheur ».*

Festivals et manifestations

En Afrique

La quinzième édition du **FESPACO**, Festival de Ouagadougou au Burkina Faso, a eu lieu en février 1997 avec un taux de participation record (près de cinq mille festivaliers). Plus de cent films ont été projetés dans treize salles de la capitale. Les auteurs africains se sont attaqués à tous les genres, de l'épopée au thriller en passant par la tragi-comédie.

Au Maghreb

Les **Journées Cinématographiques de Carthage**, en Tunisie, sont programmées pour octobre 1998, avec un hommage aux cinémas burki-nabé, belge et iranien ainsi qu'au cinéaste égyptien Mohamed Khan ; un marché international des produits audiovisuels et cinématographiques ; un colloque intitulé « Cinémas du Sud et enjeux de la mondialisation ».

Au Canada

En avril 1997, le premier **Festival du Cinéma Français**, organisé à Québec par Unifrance Film International et présidé par Daniel Toscan du Plantier et la Société de Développement des Industries Culturelles de Québec (SODEC), a rencontré un vif succès ; il s'est accompagné de l'organisation d'un « séminaire Malraux » (rencontres organisées par la Direction des Affaires Internationales du ministère français de la Culture sur les politiques cultu-relles) sur les systèmes d'aide français et québécois en matière d'industrie cinématographique.

Les XIIIes Journées du Cinéma Africain et Créole, « Vues d'Afrique », se sont déroulées en avril 1997 à Montréal, accompagnées d'expositions et d'un Salon du Livre.

La onzième édition du Festival International du Cinéma Franco-phone en Acadie a accueilli plus de sept mille personnes en 1997.

En Asie

Une sélection d'une vingtaine de films a été présentée au cours des cinquième et sixième éditions du **Festival de Yokohama** au Japon, orga-nisé par Unifrance, en 1997 et 1998 où ont été invités, pour la première fois, des acheteurs et journalistes de plusieurs autres pays asiatiques. Même si le marché du film français reste moins important que celui du cinéma américain, chaque année, une cinquantaine de films français sont projetés dans les salles nippones pour plus de 550 000 spectateurs. Cependant, avec le succès de films « indépendants » d'autres pays comme, *Fargo* ou, *Trans-porting*, le cinéma français est menacé sur un créneau où il était leader au Japon et il semble que, dorénavant, ce soit sur le marché de la télévision japonaise que le cinéma français ait un avenir.

En avril 1997, la première **Biennale des Cinémas et de l'Image d'Asie du Sud-Est**, organisée par l'AFAA (Association Française d'Action Artistique) et le ministère de la Culture cambodgien a été tout particulièrement réussie. Elle a rendu hommage aux films de sept pays (Indonésie, Laos, Malaisie, Philippines, Singapour, Thaïlande et Vietnam), aux photographes contemporains de cette région du monde et à la Francophonie. Douze films en compétition et une quarantaine hors compétition ont été projetés.

L'Agence de la Francophonie a organisé en 1997 un mini-festival à Hanoï, au Vietnam, « Huit jours, huit films ».

À Pékin, un Festival du Cinéma Africain, le premier de son genre en Chine a eu lieu en juin 1997. Une quinzaine de films ont été projetés, dont, *Touki Bouki*, du sénégalais Djibril Diop Mambety, *Tilai*, du burkinabé Idrissa Ouedraogo et, *Lumumba*, de Raoul Peck.

En France

Au **Festival de Cannes** 1997, huit films africains présentés dans les différentes sections du festival ont été soutenus par l'Agence de la Francophonie et le secrétariat d'État à la coopération. En sélection officielle ont figuré, *Kini et Adams*, d'Idrissa Ouédraogo (Burkina Faso) et, *Le destin*, de l'égyptien Youssef Chahine, le plus grand cinéaste du monde arabe, qui retrace magnifiquement la vie et les combats du philosophe Averroès.

Dans le cadre de la Journée internationale de la Francophonie, en mars 1997, l'Agence de la Francophonie a organisé, en collaboration avec la Mairie de Paris et la Vidéothèque, une « Journée du cinéma francophone ». Six films, représentatifs de la vitalité et de la créativité des cinéastes francophones ont été présentés à la vidéothèque, dont, *Taafé Fanga ou le pouvoir du pagne*, d'Adamo Drabo, primé par l'Agence au Festival Panafricain du cinéma et de la Télévision de Ouagadougou (FESPACO).

Une rétrospective consacrée aux débuts du cinéma belge s'est tenue dans l'auditorium du Musée d'Orsay à Paris au printemps 1997.

La XIXe édition du Festival des Trois Continents à Nantes s'est tenue fin novembre 1997. Hormis les productions asiatiques dont l'influence est grandissante, un hommage a été rendu à Gaston Kaboré et un film du réalisateur tunisien Nouri Bouzid, contre la condition faite aux femmes dans le monde arabe, *Bent Familia*, a été présenté.

En novembre 1997, le cinéma québécois était à l'honneur à Paris avec un cycle de longs et courts métrages permettant de « voir l'Amérique en français », manifestation organisée conjointement par la Société de développement des entreprises culturelles du Québec, Unifrance Films et le Centre National du Cinéma.

Le Centre Wallonie-Bruxelles a proposé pour la sixième édition du Festival Francophonies métissées, en octobre 1997, une riche sélection de films francophones, belges, québécois, africains, vietnamiens...

Le XXIe Festival International des Films de Femmes, qui s'est déroulé à Créteil en avril 1998, a présenté une rétrospective des films de femmes africaines, témoignant de la vivacité et de la diversité de leur création.

Prix

Le grand prix du FESPACO 1997 a été décerné à Gaston Kaboré pour, Buud Yam et le prix du court métrage fiction au réalisateur ivoirien Jacques Trabi pour, Bouzié.

– Lors de la première Biennale des Cinémas et de l'Image d'Asie du Sud-Est, la récompense suprême, l'Apsara d'or a couronné, Et la lune dansa de l'indonésien Garin Nugroho, l'Apsara d'argent a été décerné au thaïlandais Chatri Chalerm Yukhon pour, Quel dommage, et le prix du jury à Som-Ok Southipong, réalisateur laotien pour le, Lotus rouge.

– Lors du cinquantième Festival de Cannes, un prix exceptionnel du cinquantième anniversaire, est allé au, Destin de Youssef Chahine et a couronné l'ensemble de son œuvre. Le prix spécial du jury a été décerné à, De beaux lendemains du canadien Atom Egoyan, Faraw (mère des sables), du cinéaste malien Abdoulaye Ascofare, a reçu le prix de la coopération française pour le cinéma.

– Au Festival des Trois Continents, le prix du public a été décerné à, Nostalgie de la campagne de Dang Nhat Minh (Vietnam).

– Au Festival International du Cinéma Francophone en Acadie, le prix du meilleur long métrage 1997 a été attribué à, Gabbeh de Mohsen Makhmalbaf, coproduction franco-iranienne.

– Au douzième Festival International du Film Francophone de Namur en 1997, le Bayard d'Or du meilleur film à été attribué à, Clandestins de Denis Chouinard et Nicolas Wadimoff, coproduction suisse québécoise et belge et le prix spécial du jury à, Taafe Fanga de Adama Drabo (Mali). Un hommage a été rendu au producteur tunisien Ahmed Attia pour « Son encouragement et sa contribution à la cinématographie des pays du Sud ». Enfin, s'est tenue une rétrospective sur « Le cinéma tunisien pour et par les femmes ».

Un 32 août sur la terre du québécois Denis Villeneuve a obtenu le Bayard d'or lors de l'édition 1998 du festival, et TGV du sénégalais Moussa Touré le prix spécial du jury.

– Prix du Festival de Montréal 1998 : grand prix des Amériques ex-acquo La Carrière de Marion Hänsel (Belgique - France) et Pleine Lune de Fredi Murer (Suisse-Allemagne).

Muséographie, arts plastiques

Le Musée des Arts et Traditions populaires à Paris a organisé en mars 1997, un grand colloque intitulé « Réinventer un musée ». Un projet visant à redéfinir les axes du musée prévoit, entre autres, l'extension de son champ aux traditions populaires de l'ensemble des pays qui, à chaque moment de l'histoire, ont constitué la France et, par conséquent, la prise en compte d'une dimension européenne et francophone.

À l'initiative du Musée d'Art Contemporain de Lyon, du Centre International de Création Vidéo de Montbéliard et de l'université de Paris VIII, trente artistes francophones de renommée internationale ont conçu des œuvres virtuelles pour une exposition francophone sur internet durant l'année 1998.

Plusieurs expositions ont présenté des chefs-d'œuvre de l'art africain dans les musées français. Le Musée des Arts Africains et Océaniens de

Paris a organisé au printemps 1997 une exposition « Arts du Nigeria » avec près de trois cents œuvres issues de la collection Barbier-Mueller. Par ailleurs, le musée a augmenté sa fréquentation de 30 % par rapport à 1996, avec plus de trois-cent mille visiteurs. Le Musée d'Aquitaine, à Bordeaux, a montré au printemps 1998, plusieurs chefs-d'œuvre de l'art gabonais dans une exposition intitulée « L'esprit de la forêt. Terres du Gabon ».

En Afrique même, le premier Salon International des Créateurs de Mode Africains à Abidjan en novembre 1997 a présenté les créations de la diaspora noire, et servi de cadre à la tenue de la première assemblée générale de la Fédération Africaine des Créateurs.

La quatrième édition de la Biennale de Dakar « Dak'Art 1998 » s'est tenue en avril 1998, avec - notamment - une exposition internationale d'art contemporain africain, un marché des arts plastiques africains, et deux salons, l'un consacré au design africain et l'autre à l'éducation artistique. À cette occasion, le grand prix Léopold Sédar Senghor a été décerné au ghanéen Godfried Donkor ; le prix de la révélation au sénégalais Viyé Diba et le prix de la créativité aux sénégalaises Claire Kané et Issa Diabaté.

De septembre 1997 à février 1998, le Musée de Bretagne à Rennes, a présenté l'exposition « Le Québec des premières nations, une rencontre avec les Amérindiens et Inuits » en coproduction avec le Musée de la Civilisation de Québec. Cette exposition présentait, à travers plus de 250 objets de la vie quotidienne et des productions artistiques ainsi que de nombreuses photographies, un précieux témoignage des civilisations Amérindiennes.

Par ailleurs, l'accord franco-canadien, visant à intensifier les échanges culturels entre les deux pays et notamment entre leurs musées, a été renouvelé pour la période 1995-2000.

Pour la vingt-quatrième édition de la FIAC (Foire Internationale de l'Art Contemporain) à Paris, en octobre 1997, la Suisse était pays invité d'honneur à travers dix-sept de ses galeries les plus prestigieuses.

La Mairie de Paris a organisé, en mars 1998, l'exposition « Paris. Hanoï. Saïgon », l'aventure de l'art moderne au Vietnam.

nalyse des questionnaires

Pays francophones

Afrique

■ *Les manifestations culturelles*

– Bénin : plusieurs festivals, dont le Festival International de Théâtre du Bénin et le Festival du Livre, ainsi que des résidences d'artistes.

– Burkina Faso : deux festivals de théâtre, le classique Festival International de Théâtre pour le Développement et le nouveau Festival International de Théâtre et de Marionnettes ; deux festivals musicaux ;

une semaine nationale de la Culture en avril 1998; le Festival Pan-Africain du Cinéma à Ouagadougou ; le Temps des Livres.

– Cameroun : les rencontres musicales de Yaoundé ; la semaine du Cinéma Francophone ; une coproduction franco-camerounaise avec la troupe de théâtre de rue Royal de Luxe ; l'atelier d'écriture de Dschang et la résidence de création de Garoua.

Les nombreuses manifestations culturelles non francophones sont essentiellement anglo-phones, le Cameroun étant un pays bilingue.

– Cap-Vert : la plupart des manifestations culturelles francophones est proposée par le Centre Culturel Français (CCF) en association avec des structures culturelles cap-verdiennes comme le lancement du livre *Cap-Vert, Notes Atlantiques* en partenariat avec l'Association des Écrivains Cap-Verdiens, l'Association des Professeurs de Français et Cabo-France, Association des Amis de la France. Par ailleurs, la musique et la danse traditionnelles avec, notamment, le Festival Feira cultural attirent la jeunesse des quartiers. La lusophonie constitue l'espace linguistique de référence des nombreuses manifestations culturelles cap-verdiennes non francophones.

– Côte-d'Ivoire : dixième anniversaire des Nouvelles éditions ivoiriennes, le Marché des Arts et du Spectacle, l'opération « Fureur de Lire » à Abidjan ; une résidence d'artistes (plasticiens) et quelques manifestations lusophones.

– Djibouti : une coproduction avec la Côte-d'Ivoire et l'ensemble Koteba ; l'opération « Le Temps des Livres », deux concerts et une pièce de théâtre, *La dévoilée* d'Aïcha Robleh. La vie culturelle non francophone concerne l'arabophonie et l'espace régional.

– Gabon : la Fête de la Musique, un hommage à Tchikaya U Tamsi et à V. Paul Nyonda.

– Guinée-Équatoriale : 95 % des artistes qui viennent faire un concert, une exposition... sur l'île de Bioko sont invités par l'Institut culturel d'expression française de Malabo ; le congrès des artistes pour la paix à Mongomo pour les festivités de l'indépendance. L'hispanophonie constitue l'espace linguistique de référence des manifestations culturelles non francophones.

– Madagascar : les troisièmes jeux de la Francophonie et le premier mois de la danse contemporaine en 1997.

– Mali : les Rencontres de la photographie de Bamako; le gala découverte de RFI.

– Maurice : quelques manifestations ponctuelles (concert de Maxime Le Forestier ; cycle de conférences de Patrick Chamoiseau),

mais la créativité culturelle semble marquer le pas. Les manifestations culturelles non francophones se réfèrent à l'espace hindou et tamoul.

– Niger : les RECAN (Rencontres Du Cinéma Africain à Niamey), les stages de formation théâtrale, les résidences d'artistes français en arts plastiques et « Le Mois du Livre ».

– République Démocratique du Congo : le Festival International de l'Acteur (FIA), les Journées Congolaises du Théâtre pour la Jeunesse ; mais, étant donné les circonstances socio-politiques, on y relève peu de créations.

– Sénégal : des forums littéraires, « Le Temps des Livres », la création d'une troupe de théâtre pour enfants « Côté Jardin », les concerts d'Arthur H et de Maxime Le Forestier, la Fête de la Musique, le Printemps des Cordes ; des créations nouvelles en théâtre, cinéma, spectacle vivant.

– Seychelles : le Festival Créole, les Biennales des arts plastiques et de la danse. Les diverses manifestations culturelles non francophones sont créolophones et anglophones.

– Tchad : les rares créations de spectacles se font trop vite, avec des textes mal choisis ; les seules vraies créations tchadiennes de qualité sont faites à l'étranger.

– Togo : une part importante de créations nouvelles dans les domaines de la peinture, de la sculpture et de la musique, situation liée à une décrispation récente de la situation politique ; de nombreuses expositions au CCF, la célébration du centenaire de Lomé.

Excepté dans quelques pays où, pour des raisons politiques (le Burundi, pays en guerre et sous embargo, le Centrafrique où le CCF a été détruit), la vie culturelle est quasiment nulle, les activités culturelles demeurent riches et foisonnantes en Afrique francophone dans de nombreux États, avec les constantes d'une présence forte du cinéma, du théâtre et de la musique et le développement de manifestations ou de créations dans les arts plastiques. Les coproductions, avec d'autres partenaires que la coopération française, demeurent rares.

■ *La circulation des spectacles*

À l'intérieur du continent africain, la circulation des spectacles est importante. Les pays exportent leurs spectacles et accueillent des productions des pays limitrophes ou de la sous-région, qu'il s'agisse de l'Afrique de l'Ouest, de l'Afrique Centrale ou de l'aire créolophone avec, notamment, des échanges entre les Seychelles, Madagascar, la Réunion et les Antilles francophones.

Les productions artistiques africaines s'exportent aussi à l'extérieur du continent et tout d'abord en France qui accueille, dans ses festivals, ses concerts et sur ses scènes, beaucoup d'artistes du continent noir. Des spectacles de Côte-d'Ivoire ont été présentés également aux États-Unis, en Europe de l'Ouest et en Asie. Des spectacles maliens ont circulé en Europe. Un spectacle béninois a été accueilli au Japon et un spectacle centrafricain aux Pays-Bas.

Les difficultés rencontrées pour la circulation des hommes et des œuvres à l'intérieur du continent africain sont toujours les mêmes, douanières, financières, liées au transport ; difficultés auxquelles s'ajoutent l'absence de producteurs privés pour le spectacle vivant, d'équipement en matériel, voire en salles de spectacles dans certains pays ou, parfois aussi, l'insécurité qui prévaut dans certaines zones. Vers les autres continents, c'est bien sûr les problèmes de visas que rencontrent les artistes.

■ *Les équipements culturels*

Quelques CCF soulignent une hausse et une diversification de leurs activités, souvent liées à des rénovations de locaux (Bénin, Cameroun, Côte-d'Ivoire, Guinée-Équatoriale, Seychelles). La plupart des CCF et instituts culturels français a développé et intensifié ses relations avec les institutions, les associations et les professionnels de la culture des pays (Bénin, Burkina Faso, Cameroun – en particulier avec le secteur associatif –, Cap-Vert, Côte-d'Ivoire, Djibouti, Guinée-Équatoriale, Mali – notamment à l'occasion des rencontres de la photographie à Bamako et de la préparation d'une émission de la télévision française spécial Mali –, Maurice, Niger, Sénégal, Seychelles, Togo). Deux exceptions toutefois à cette dynamique, la République Démocratique du Congo où aucun partenariat n'a été instauré et le Gabon où la collaboration avec les autorités gabonaises de la culture est jugée insuffisante par le poste. Le partenariat avec les centres culturels ou les représentations étrangères présentes dans les pays s'est également étoffé. Au Bénin, avec plusieurs pays européens et la Communauté française de Belgique ; au Cameroun avec l'Institut Goethe ; au Cap-Vert, où le CCF est le seul lieu de diffusion des manifestations culturelles francophones, avec la Suisse, le Canada et le Sénégal ; en Côte-d'Ivoire avec l'Institut Goethe et le British council ; à Madagascar avec l'ambassade de Suisse ; au Niger avec l'Allemagne, la Belgique et le Canada ; en République Démocratique du Congo avec l'Union européenne. Au Tchad, en revanche, depuis la fermeture du centre culturel américain, aucune collaboration avec d'autres institutions culturelles n'a été possible ou souhaitée.

■ *Le public*

L'évolution des publics des activités culturelles francophones marque des tendances très diversifiées. Un regain d'intérêt se manifeste pour les productions nationales au Bénin, pour les danses et musiques traditionnelles au Cap-Vert et en Guinée-Équatoriale ; une demande de spectacles populaires de la part de la jeunesse gabonaise. D'une façon générale, la jeunesse des pays africains, comme celle des autres continents, fait preuve d'un attrait de plus en plus marqué pour les musiques modernes : le rap en Côte-d'Ivoire, en Guinée-Équatoriale, au Mali et au Sénégal ; la musique afro-moderne en Centrafrique ; les cultures urbaines du monde à Madagascar ; la techno et les *Boys bands* à Maurice ; les chanteurs anglophones au Togo. La jeunesse burkinabé et nigérienne s'intéresse plus particulièrement au cinéma ; la jeunesse centrafricaine aux Nouvelles Technologies de l'Information et de la Communication. La lecture est en progression au Niger et aux Seychelles, grâce notamment au succès des bibliobus. Les jeunes et les intellectuels au Tchad montrent un attrait croissant pour les activités culturelles francophones, la Francophonie devenant en quelque sorte une « valeur-refuge ». On note, en revanche, une désaffection grandissante pour le théâtre et le cinéma de la part de la jeunesse ivoirienne ; pour la lecture et le théâtre de la part des jeunes mauriciens ; enfin, au Gabon, un désintérêt général pour les activités culturelles francophones.

■ *Les réglementations*

En Afrique de l'Ouest s'est mise en place une collaboration entre les organismes chargés de la réglementation en matière de droits d'auteur. Au Gabon, les réglementations concernant la création et la diffusion d'œuvres nationales sont en cours de restructuration. La quasi-totalité des chanteurs équato-guinéens est inscrite à la société d'auteurs camerounaise. À Madagascar, un séminaire sur les « droits d'auteur » a été organisé par le Centre Culturel Américain. À Maurice, où un accord sur les questions de droits d'auteur a été passé avec le MASA et la SACD (Société des Auteurs Compositeurs Dramatiques), sévit une forte censure. Avec la création du bureau nigérien du droit d'auteur – lié à la SACEM – la protection des œuvres est assurée et le droit des artistes désormais reconnu. Au Tchad, c'est toujours l'anarchie la plus complète qui règne à propos des créations nationales et des droits d'auteur.

■ La vie associative culturelle

Au Burkina Faso, plusieurs associations ont été créées. Au Cameroun, on note également un renforcement net de la dynamique associative. Dans l'archipel du Cap-Vert, sur l'île de Santiago, la vie associative est très faible. La coopération française soutient les rares activités de l'Association des Professeurs de Français et de l'Association des Anciens Boursiers Cabo-France. En Centrafrique, émerge une structure culturelle axée sur la formation (Espace Linga Tere) qui développe considérablement ses activités. En Côte-d'Ivoire , à Djibouti, au Niger, en République Démocratique du Congo et au Togo, des associations culturelles sont créées, parfois très actives mais parfois aussi éphémères. Au Gabon, les associations structurées progressent ; les autres ré-gressent. En Guinée-Équatoriale, la vie associative est très faible ; les associations sont légalisées au compte-gouttes bien que les deux associations des centres franco-nationaux de province aient eu l'appui des autorités. La vie associative culturelle mauricienne connaît de grosses difficultés, avec l'évasion des talents vers d'autres pays. Aux Seychelles a été créée, en 1997, l'Association des Artistes Seychellois. Au Tchad, il s'agit le plus souvent d'associations « tiroir-caisse » pour faire vivre un petit nombre d'intéressés.

■ L'aide internationale

Elle émane, dans le secteur culturel, essentiellement de l'Union européenne (Gabon, Togo); de l'Agence de la Francophonie (Burkina Faso, Côte-d'Ivoire pour le MASA, Gabon, Niger pour la lecture publique) ; de l'UNESCO (Djibouti pour la formation, Guinée-Équatoriale). En revanche, au Burundi et au Cameroun, ne demeure plus que l'aide de la coopération française.

■ Le patrimoine

Un certain nombre d'actions patrimoniales ont été maintenues ou initiées plus récemment, avec l'appui de la coopération française, d'instances et d'Organisations Non Gouvernementales internationales, parfois même de fonds privés, pour : la restauration de musées au Bénin et au Gabon ; des rénovations et réhabilitations architecturales au Niger, celles du Grand Bassam en Côte-d'Ivoire ou du palais de la reine, incendié en 1996, à Madagascar ; des fouilles archéologiques en Guinée-Équatoriale.

■ L'industrie culturelle

La situation de l'édition est variable selon les pays : catastrophique au Burundi où l'embargo a provoqué une pénurie de papier pour l'imprimerie ; inexistante au Tchad ou quasi en Guinée-Équatoriale et au Niger ; très mauvaise au Togo et en République Démocratique du Congo où l'édition nationale a périclité ; faible au Cameroun ; traversant des moments difficiles à Maurice. On note, en revanche, un relatif essor du secteur éditorial au Bénin, malgré la persistance des problèmes de diffusion ; des tentatives d'édition micro-locales à Djibouti, mais pour un marché trop restreint ; une situation éditoriale assez favorable au Gabon ; la création de plusieurs maisons d'édition à Madagascar ; et enfin, un dynamisme permanent de l'édition ivoirienne.

Quelques entreprises culturelles ont été créées : dans le domaine du cinéma et de l'audiovisuel au Burkina Faso, où se développe aussi l'appui à la production de « Sitcoms » africains pour la télévision burkinabée ; au Cameroun ; en Côte-d'Ivoire ; à Madagascar et au Togo. Au Mali, le chanteur Salif Keita a ouvert un studio de production musicale.

■ La formation

À l'université de Ouagadougou, au Burkina Faso, la formation continue se développe au département « Art et Communication ». En Centrafrique, il n'y a pas de programmes importants de formation initiale et continue, si ce n'est à l'espace Linga Tere, structure privée et indépendante. À Libreville, au Gabon, s'est tenu un stage de formation au théâtre de rue par le théâtre de l'utopie de La Rochelle. Au Niger, de multiples programmes de formation ont été organisés dans les domaines de la musique, de la peinture, du théâtre et du cinéma. Aux Seychelles, des régisseurs de salles de spectacles ont été formés par un assistant technique français.

■ *Les Nouvelles Technologies de l'Information et de la Communication*

Le multimédia se développe au Burkina Faso. Au Cameroun, les projets concernant les nouvelles technologies sont encore en gestation, mais devraient déboucher en 1998 sur un programme avec l'appui de la coopération française. En Côte-d'Ivoire les difficultés à mettre en place une réelle utilisation des nouvelles technologies est patente, mais la création d'un vrai cyberespace est prévue en 1998. L'utilisation des nouvelles technologies est stagnante au Gabon mais en progrès du côté des Archives nationales avec, notamment, l'inventaire du musée en cours. En Guinée-Équatoriale, les nouvelles technologies en sont encore à leurs balbutiements. À Madagascar, on observe un développement important d'internet. En République Démocratique du Congo, existent des projets de mise en œuvre des nouvelles technologies. Aux Seychelles, un réseau de télévision par câble va être mis en place prochainement.

Amérique

■ *Les manifestations culturelles et la vie associative*

Au **Québec,** l'activité culturelle et la vie associative sont foisonnantes et accordent une grande place aux productions francophones : Salons du Livre de Montréal et de Québec, presque exclusivement consacrés à la Francophonie ; plusieurs coproductions théâtrales franco-québécoises ; le Festival International de Jazz ; les Francofolies de Montréal ; Coup de Cœur Francophone ; le Festival d'Été International de Québec ; de nombreux festivals cinématographiques montréalais, dans lesquels on note une large participation française, dont le Festival des films du Monde, le Festival du Nouveau Cinéma, Vues d'Afrique, les Journées du Cinéma Européen, le Festival International du Film sur l'Art, le Festival du Film Scientifique, et le Festival Unifrance Films à Québec ; de nombreux accords de coproduction franco-québécoise dans le domaine du multimédia depuis 1996, un projet avec la France pour une meilleure protection des droits d'auteur, ainsi que la célébration du vingtième anniversaire de la mort d'André Malraux.

Toutefois, la jeunesse québécoise révèle un attrait croissant pour les produits culturels en provenance des États-Unis (cinéma, musique).

Dans le **reste du Canada**, la vie associative et communautaire francophone est dense et donne lieu à de nombreuses manifestations culturelles. À Terre-Neuve et au Labrador, en plus de la dizaine de festivals et de manifestations annuels, la vie culturelle en français est animée en grande partie par un petit réseau de services communautaires organisé autour du centre scolaire et communautaire de La Grand'Terre et de cinq associations régionales. En Alberta, se déroulent la Fête franco-albertaine ainsi que les Jeux franco-albertains et la vie culturelle y est animée par des associations, dont six disposent d'installations physiques. En Colombie britannique, six centres culturels francophones et quelques festivals annuels, dont la Fête colombienne des enfants qui regroupe plusieurs artistes francophones et attire plus de vingt-mille jeunes. Il convient de souligner que la Maison de la Francophonie locale abrite les bureaux d'une dizaine d'associations, dont le Centre culturel francophone de Vancouver, des salles de réunions et de répétitions ainsi qu'un centre d'accueil pour les nouveaux arrivants. La communauté francophone du Saskatchewan est dotée d'une quinzaine de centres et d'associations culturels. Une douzaine de festivals et de manifestations annuels y ont lieu, d'autant plus que le développement culturel de la minorité francophone est appuyé par la Commission culturelle fransaskoise. En Nouvelle-Écosse, on dénombre deux sociétés culturelles régionales et une organisation culturelle locale qui agissent comme piliers de la vie culturelle francophone dans cette province. À noter également plusieurs entreprises artistiques, dont une maison d'édition et trois troupes de théâtre non professionnelles, ainsi que l'organisation d'une dizaine de festivals annuels. Sur l'île du Prince-Edouard, la vie culturelle en français est animée en grande partie par les quatre centres culturels établis dans la province. Dans le Yukon, la vie culturelle française (dont la semaine culturelle française) repose essentiellement sur les initiatives associatives ; par ailleurs, quelques produits et services en français sont distribués par des commerces anglophones. Diverses activités de rapprochement entre la communauté francophone et les communautés autochtones sont à souligner dans les Territoires du Nord-Ouest. En Ontario, une vingtaine de centres culturels promeut et diffuse la culture francophone. Une quinzaine d'établissements spécialisés (libraries, maisons d'édition, disquaires, théâtres...) donne aux francophones du Manitoba un accès à des produits culturels en français.

En **Louisiane,** une recherche de synergie au niveau de l'État concernant des programmes culturels prévus pour célébrer le tricentenaire de la Louisiane française est à l'œuvre. L'Alliance française a travaillé avec des musées et les organisateurs du Festival de Louisiane. La jeunesse louisianaise manifeste de l'intérêt pour le théâtre et la musique en provenance des Antilles et d'Afrique.

Mis à part au Québec, les manifestations culturelles non francophones sont notables et visent le public anglophone, mais aussi asiatique dans l'Ouest canadien (Colombie Britannique et Alberta) et hispanophone en Louisiane.

■ *La circulation des spectacles*

Les spectacles québécois – notamment dans le domaine du théâtre et de la chanson – ont tourné en France, en Suisse, en Belgique et aux États-Unis ; les spectacles louisianais, en France, même si la nécessité d'obtenir un visa pour les artistes constitue un obstacle à leur circulation. Le Québec et la Louisiane ont présenté des spectacles d'autres pays francophones : dans le premier cas, les festivals particulièrement nombreux à Montréal ont présenté des spectacles en provenance de Belgique, de Suisse, d'Afrique, des Caraïbes et de l'océan Indien ; dans le second, d'Afrique et des Antilles.

■ *L'aide internationale et le patrimoine*

L'Union européenne a subventionné les Journées du Cinéma Européen organisées par un distributeur montréalais. Des procédures patrimoniales sont à l'œuvre au Québec et prévoient notamment le lancement du projet de « Très Grande Bibliothèque » à Montréal ; la restauration de casernes anciennes datant de l'Amérique française à Québec, en vue d'y créer un espace culturel ; la création d'une « Commission binationale sur les lieux de mémoire » avec la France.

En Louisiane, l'Agence de la Francophonie a aidé le festival international de Louisiane et TV5-USA, la Fête d'Amérique Française.

■ *L'industrie culturelle et les Nouvelles Technologies de l'Information et de la Communication*

Au Canada, des centaines de sites internet se sont ouverts et la production de cédéroms est importante. Plus particulièrement, pour le Gouvernement québécois, il s'agit de constituer, sur les inforoutes, une masse critique de produits francophones, objectif partagé par les autorités françaises. Le ministère québécois de la Culture et des Communications a constitué un fonds destiné à la production et la diffusion dans le domaine des inforoutes. En outre, plus de quarante accords ont été signés entre des entreprises québécoises et françaises durant les dix-huit derniers mois dans le domaine des autoroutes de l'information et du multimédia. Plusieurs ministères québécois ont regroupé leurs moyens sur quelques grosses opérations de promotion internationale de leurs produits culturels (pour le cinéma et la chanson notamment). Montréal s'est doté en 1996 d'un Institut National de l'Image et du Son (INIS) assurant la formation initiale de spécialistes, créateurs et techniciens, dans le domaine audiovisuel. Toujours au Québec, un accord a été passé entre Arte-La Cinquième et Télé Québec sur une banque de programmes et de services. L'édition québécoise a connu quelques difficultés liées à la concurrence des grandes surfaces et à l'absence de politique de prix unique du livre. Par ailleurs, Montréal est doté depuis la fin de 1997 d'un complexe cinématographique, en centre-ville, partiellement consacré aux films en français.

En Louisiane, la présence d'internet dans les musées et les universités permet un accès direct sur les sites personnels des artistes. En termes de formation culturelle, l'université de la Nouvelle-Orléans a mis en place une maîtrise en administration d'art. Enfin, la situation de l'édition est stagnante en Louisiane.

Caraïbes

■ *Les manifestations culturelles*

À Sainte-Lucie et à la Dominique, la semaine française ainsi que la Fête de la Musique constituent les manifestations francophones récentes les plus marquantes ; en Haïti, il s'agit de la création de la pièce de théâtre, *Nuit vorace,* d'après l'œuvre de Jacques

Stephen Alexis et de la présentation de l'exposition « Haïti, 500 ans ». Les manifestations culturelles non francophones sont anglophones ou créolophones, voire inspirées par l'Afrique en Haïti.

La part des créations nouvelles dans les productions est faible dans les trois îles.

Les spectacles haïtiens (musique, théâtre) ont circulé en France, au Canada et aux États-Unis, en dépit des difficultés économiques et logistiques. Pour des raisons économiques, les spectacles des autres pays francophones ne sont présentés qu'en faible quantité dans cette partie du monde.

■ *Les équipements culturels*

Le réseau des alliances françaises à Sainte-Lucie et à la Dominique a connu une progression générale de son activité, avec des appuis ponctuels du département de la culture. En Haïti, il y a eu une forte relance de l'Institut français à Port-au-Prince et des six alliances françaises de province (dont l'aménagement de deux alliances françaises à Gonaïves et Jérémie) qui collaborent souvent avec les structures et les professionnels locaux.

À Sainte-Lucie et à la Dominique, on constate, malgré l'omniprésence des États-Unis, un intérêt accru pour les pratiques culturelles anciennes et l'héritage créole alors qu'en Haïti se développe une influence américaine dans la musique et le cinéma.

Alors qu'en Haïti existent de nombreuses associations culturelles, même si certaines sont éphémères, ce n'est pas le cas à Sainte-Lucie et à la Dominique où le dynamisme de la vie associative culturelle est faible.

■ *L'aide internationale et le patrimoine*

L'Union européenne (par l'appui institutionnel au ministère de la Culture et par le soutien à des actions culturelles décentralisées), l'UNESCO (par la modernisation des Archives nationales, la restauration du patrimoine culturel et le renforcement de la capacité de production de la télévision

nationale) et l'Agence Universitaire de la Francophonie (par des programmes d'échanges interuniversitaires et des bourses) ont contribué à l'aide internationale apportée à Haïti. À Sainte-Lucie et à la Dominique, l'aide internationale est assez faible.

■ *L'industrie culturelle*

Elle n'a pas évolué à Sainte-Lucie et à la Dominique mais, en Haïti, il convient de signaler, dans le domaine de l'édition, la création de la société Hachette-Deschamps,

ainsi que des programmes de formation dans le domaine du livre (bibliothèques, librairies) avec l'appui de la coopération française.

Europe

■ *Les manifestations culturelles*

– Belgique : la Foire Internationale du Livre, la Fureur de Lire, le Festival de Théâtre Francophone, les Francofolies de Spa ; ainsi que de nombreuses créations nouvelles et des coproductions avec la Suisse et la France. Les manifestations culturelles non francophones ne sont pas nombreuses et se réfèrent à l'Europe, à l'anglophonie, à l'arabophonie ou la néerlandophonie.

– Bulgarie : le Festival Théâtre dans La Valise co-produit avec la fondation Pro Helvetia, le mois *off* de la photographie, une exposition et une conférence sur Vasarely, la coproduction avec le Théâtre National de la pièce, *Le champignon,* et un cycle (expositions, conférences, rencontres professionnelles) sur l'art de la publicité. La part des manifestations culturelles non francophones est notable et concerne l'Europe.

– Val d'Aoste : expositions, concerts de Khaled, Enzo Enzo et Michel Petrucianni, un projet théâtral en coproduction avec la Suisse et la France. Les manifestations culturelles non francophones nombreuses, se rapportent évidemment à l'italophonie.

– Luxembourg : les Journées de Mondorf, la Fête des Langues ; de nombreuses coproductions avec des théâtres belges. Une part importante des manifestations culturelles organisées au Luxembourg concerne le domaine germanique et, du fait du cosmopolitisme luxembourgeois, diverses aires linguistiques.

– Macédoine : peinture avec la rétrospective de l'œuvre de Louis Cane et l'exposition Marc Chagall ; théâtre avec la représentation des *Plasticiens volants* ; cinéma avec deux coproductions francomacédoniennes ; musique et patrimoine. La part des manifestations culturelles non francophones, slavophiles et plus particulièrement balkaniques est notable.

– Monaco : la vie culturelle a été dominée par la célébration du 700e anniversaire de la dynastie des Grimaldi et la création de la comédie musicale, *La vie en bleu,* par Robert Hossein en 1997. La part des manifestations culturelles non francophones est variable selon les domaines; faible pour le théâtre généralement francophone, importante pour les concerts de variété et rock, majoritairement le fait d'artistes anglo-saxons.

– Pologne : tournée de la chanteuse française Enzo Enzo ; Festival Annuel du Film Français de Varsovie en 1997. Les manifestations culturelles non francophones se réfèrent à l'Europe.

– Roumanie : le Salon International du Livre, le Salon de la Bande Dessinée, le Festival de l'Union des Théâtres de l'Europe, le spectacle, *Danäides,* etc., se sont accompagnés d'une créativité féconde. Les manifestations culturelles non francophones sont nombreuses et concernent l'anglophonie et l'hispanophonie.

– Suisse : le ballet Béjart à Lausanne, le Festival de la Bâtie et le Festival du Film à Genève, le Paléo Festival et les Visions Du Réel à Nyon, le Festival de Musique de Montreux, la venue de l'orchestre de Lille à Berne, l'hommage à André Malraux à Zürich, l'exposition, *Vanuatu, Océanie, arts des îles,* à Bâle ; ainsi que des coproductions avec la France et la Belgique et parfois le Canada. La Confédération helvétique étant un pays plurilingue, la part des activités culturelles germanophones et italophones reflète la composition de la population.

■ *La circulation des spectacles*

Les spectacles belges ont circulé en France, en Angleterre et en Afrique anglophone. L'absence de structures d'accueil administratives et financières dans les pays africains et d'Europe de l'Est, ainsi que la séparation totale des administrations culturelles flamandes et francophones, induisant des restrictions de crédit, représentent des obstacles à la circulation des artistes et des œuvres. Des spectacles québécois, vietnamiens, français et d'Afrique de l'Ouest ont été présentés dans le Plat pays.

Des spectacles bulgares ont été présentés en France – avec quelques difficultés liées à la délivrance des visas et aux droits d'auteur – et en Roumanie.

Au Val d'Aoste, des spectacles français ont été présentés.

Au Luxembourg, les théâtres accueillent bon nombre de troupes belges.

Des spectacles macédoniens ont circulé en France et à un moindre degré, en Belgique et en Suisse. Seule la France a présenté des spectacles en Macédoine.

Dans la principauté monégasque, quelques chanteurs français et des troupes de théâtre françaises se sont produits.

Des spectacles polonais ont circulé en France et des spectacles de la Communauté française de Belgique ont été présentés en Pologne.

Des spectacles roumains sont partis en tournée en France, au Canada, en Suisse, en Angleterre, aux Pays-Bas, en Italie et au Japon malgré certaines difficultés financières ou administratives (visas). Dans l'autre sens, ce sont essentiellement des spectacles français qui circulent.

Des spectacles helvétiques ont été présentés en France et en Belgique. Des spectacles belges, canadiens et africains ont été présentés en Suisse.

■ *Les équipements culturels*

À Bruxelles a eu lieu une programmation musicale commune entre huit instituts européens et l'exécution s'est déroulée à l'Institut Goethe. Des spectacles vivants et des expositions ont été organisés avec les professionnels belges de la culture. Un centre culturel espagnol s'est ouvert en Belgique.

En Bulgarie, la fréquentation des centres et instituts culturels français et francophones a augmenté. Il y a eu des collaborations entre les centres culturels français et l'Institut Goethe, l'Institut hongrois et la Fondation Pro Helvetia. Des expositions, des conférences (à l'université de Sofia) et des spectacles ont eu lieu avec l'aide des professionnels bulgares de la culture.

Au Val d'Aoste, les espaces d'exposition de la ville d'Aoste ont été pleinement utilisés. Des collaborations se sont déroulées entre des municipalités françaises (Bordeaux, Paris) et l'Assessorat régional à la culture.

Le CCF luxembourgeois – dont la fréquentation est stable – a collaboré avec les instituts culturels allemands et le Centre Jacques Brel de Thionville. Des professionnels luxembourgeois de la culture, comme le ministère des Affaires culturelles, le Théâtre municipal de Luxembourg ainsi que le Théâtre des Capucins, l'Association ChantSong et le Den Atelier, ont travaillé avec le CCF. Enfin, une Académie européenne de poésie et une Agence luxembourgeoise d'action culturelle ont été créées.

La majorité des manifestations culturelles organisées par le CCF de Skopje en Macédoine est réalisée en partenariat avec des institutions locales ou dans le cadre des festivals internationaux se déroulant dans le pays.

À Monaco, l'Alliance française, seul établissement culturel français, connaît une fréquentation constante.

En Pologne, on dénombre de plus en plus d'opérations importantes avec un partenariat multiple, de la part des professionnels polonais de la culture, incluant la plupart des scènes varsoviennes et des villes dans lesquelles se trouve une Alliance française.

En Roumanie, l'ensemble des centres, instituts et alliances françaises réalise un gros effort de lisibilité sur le terrain et se tourne de plus en plus vers la coproduction en matière théâtrale, la traduction, la diffusion bilingue. Les collaborations avec les professionnels roumains de la culture concernent le Festival Enesco, le Festival du Théâtre Européen, le spectacle, *Danaïdes* (avec le théâtre de Craiova), la danse (avec l'Académie de théâtre de Bucarest), la publication de livres et de bandes dessinées, la gestion culturelle avec le ministère de la Culture.

En Suisse, le service culturel de l'ambassade de France travaille régulièrement avec les institutions locales et les professionnels de la culture.

■ *Le public*

En Belgique, on constate un attrait de la jeunesse pour la *world music*. En Bulgarie, le public non francophone consomme de plus en plus d'activités culturelles francophones ; les goûts de la jeunesse bulgare sont tournés vers les multimédia et la musique. Au Val d'Aoste, le public consommateur d'activités culturelles francophones a révélé un attrait pour le cinéma (cycle Truffaut) et les expositions graphiques. L'intérêt de la population valdotaine pour le raï croît. Les jeunes luxembourgeois s'intéressent toujours aux concerts, à la musique anglo-saxonne et à l'univers du multimédia. Les multimédias, la musique moderne et le jazz attirent de plus en plus les jeunes macédoniens. En Pologne, on observe une demande croissante de chanson française mais les références culturelles restent avant tout américaines. En Roumanie, dans le domaine du livre et de la bande dessinée, on constate une augmentation notable du public consommateur d'activités culturelles francophones même si la culture anglo-saxonne tend à attirer de plus en plus de jeunes. En Suisse, on a observé une fréquentation maximum au Théâtre Vidy de Lausanne. L'attirance pour la culture anglo-saxonne et le recours à l'anglais pour la communication entre germanophones et francophones, ou germanophones et italophones marquent l'évolution de la jeunesse suisse.

■ *Les réglementations*

La législation bulgare s'est mise en conformité avec les règlements européens dans le domaine de la création et de la diffusion d'œuvres nationales. Au Luxembourg, une loi concernant le statut de l'artiste est toujours en cours d'élaboration. En République de Macédoine une loi interdisant le piratage audiovisuel est en projet. À partir du 1er janvier 1998, une nouvelle réglementation du « CSA polonais » impose aux diffuseurs télévisuels, publics et privés, un quota de 50 % d'œuvres polonaises et européennes. En Roumanie, la réglementation nouvelle en matière audiovisuelle n'est appliquée que depuis une année et demie et, depuis cette période certaines chaînes françaises ont disparu des écrans de télévision.

■ *La vie associative culturelle*

En Belgique, la vie associative culturelle est restée stationnaire mais très active. En Bulgarie la vie associative, régie par une ancienne loi, est encore balbutiante ; toutefois, les associations existantes prennent de l'ampleur et s'imposent dans la vie locale. En Macédoine, les anciennes associations publiques yougoslaves sont en voie de disparition au profit de nouvelles associations de droit privé ; il reste cependant que la grande majorité de ces dernières ne sont encore, le plus souvent, que des relais d'organisations internationales. En Roumanie, il semble qu'un bon nombre de petites associations ait très largement diminué leurs activités après les quatre années qui ont suivi le changement politique.

■ Le patrimoine

En Belgique existe un plan de protection des bâtiments industriels. En Bulgarie, un accord a été signé avec la Galerie Nationale des Beaux-Arts. En Macédoine est mis en œuvre un projet de restauration de deux sites, l'un orthodoxe, l'autre musulman. En Roumanie, on peut citer un certain nombre de chantiers archéologiques et de restauration de peintures murales.

■ L'industrie culturelle

En Belgique, deux lieux de vente de biens culturels francophones ont été créés : il s'agit de la librairie Quartier latin et de Wallonie Musique.

En Bulgarie, depuis le changement de régime, le nombre de maisons d'édition est passé de trente à huit-cent, dont cent-vingt sont véritablement actives ; le tirage moyen y est d'environ mille cinq-cent à deux mille exemplaires.

Au grand-duché du Luxembourg, s'est ouverte une boutique des musées (reproductions d'objets d'art des musées français), située en centre-ville et bien approvisionnée.

La situation de l'édition est stationnaire en Macédoine dans l'attente de la privatisation annoncée des grands groupes d'éditions ; la précarité est ambiante (quelques centaines de parutions par an). À Skopje, il existe des points de vente de livres français dans deux librairies, plus un distributeur de manuels de français langue étrangère fournissant sur commande. Il convient, également, de souligner l'existence de quelques velléités dans le domaine de l'exportation de films longs métrages macédoniens.

À Monaco, la FNAC a ouvert une succursale très accessible et bien approvisionnée.

En Pologne, où l'on constate un accroissement de la consommation de biens culturels, les alliances d'entreprises culturelles francophones concernent le domaine de la production de films. Le secteur de l'édition y est très dynamique (6 900 éditeurs de toute taille), mais des problèmes de distribution demeurent. De nouvelles entreprises polonaises de production de biens culturels ont été créées : agences artistiques, télévisions privées et une radio . Trois librairies ainsi que les éditions « Libertés » sont susceptibles de produire et distribuer des livres francophones en Roumanie.

En Suisse, parmi les alliances de structures culturelles francophones, on peut citer : le Théâtre Vidy de Lausanne et le Point du jour de Lyon, la Filature de Mulhouse, le Musée Picasso d'Antibes, l'Unterlinden de Colmar, le Musée des Arts d'Afrique et d'Océanie de Paris avec le Musée Rath de Genève, le Musée de Winterthur, le Museum der Kulturen de Bâle et le Museo d'Arte Moderna de Lugano. Toujours en Suisse, la consommation de livres français est essentiellement axée sur les produits des éditeurs français ; la production locale est marginale bien que vivace.

■ La formation

En Europe centrale et orientale, les programmes de formation du ministère français de la Culture sont largement utilisés : Courants, rencontres Malraux, formation internationale culture... De surcroît, en Macédoine, des programmes de formation culturelle sont financés avec l'appui de la fondation Soros.

■ Les Nouvelles Technologies de l'Information et de la Communication

Les progrès dans l'utilisation des nouvelles technologies sont énormes en Belgique (catalogues de bibliothèques publiques et de grands centres communautaires ; ouverture de nombreux cybercafés). En Bulgarie, internet se met en place ; accompagné de mises à disposition de cédéroms, de l'organisation de « la nuit du Web » et de l'équipement informatique des bibliothèques... Au Luxembourg, tous les musées sont désormais reliés à internet. En Macédoine, l'informatisation et la communication électronique avancent à grands pas (mais surtout dans les institutions nationales situées dans la capitale). En Pologne une plate forme pour le numérique a été signée en 1997 par le « CSA polonais » et les principaux opérateurs de télévision, privés et publics. La Suisse connaît une diffusion massive de cédéroms, même dans l'administration.

114

Extrême-Orient/Océanie

■ *Les manifestations culturelles*

– Laos : il y a eu peu de manifestations et pas de véritable programmation.

– Cambodge : Fête de la Musique avec Jacques Higelin, Louis Bertignac et des artistes locaux ; célébration du centenaire du cinéma ; Biennale des cinémas et de l'image d'Asie du Sud-Est... Les productions nouvelles ont été multiples : spectacles de danse traditionnelle et contemporaine, production d'un disque compact, expositions de photographies.

– Vietnam : accueil de trois dessinateurs de bandes dessinées ; concerts de Charlélie Couture, Ismaël Lô et Enzo Enzo ; résidence d'artistes recevant l'orchestre symphonique de Poitou-Charentes et le conser-vatoire de danse de Lyon et développement de la coopération avec ces deux collectivités locales. Deux spectacles, *La vie parisienne,* d'Offenbach et, *Les fourberies de Scapin,* de Molière, ont été créés en vietnamien.

– Vanuatu : la plupart des manifestations culturelles francophones est organisée par l'ambassade et les alliances françaises, Fête de la Musique, Temps des Livres, danses et percussions africaines... La part des créations est importante et l'animation culturelle variée malgré le manque de moyens. D'autres initiatives culturelles sont anglophones.

■ *La circulation des spectacles*

Au Laos, les échanges culturels ont lieu surtout avec la Thaïlande et le Vietnam.

Un spectacle de marionnettes vietnamien a voyagé en Europe de l'Ouest, en Asie et en Amérique centrale, même si l'autorisation nécessaire du ministère de la culture pour toute activité culturelle et les longues démarches pour les visas sont décourageantes. Des expositions d'art plastique venant de Suisse et de Belgique ont été présentées au Vietnam.

Avec le soutien de l'AFAA (Association Française d'Action Artistique) des spectacles cambodgiens ont circulé dans les pays de la région et des tournées du Ballet royal ont été organisées en Europe par le Centre Culturel Français.

Un concert de percussions burkinabé a été présenté au Vanuatu.

■ *Les équipements culturels*

La fréquentation des centres et instituts culturels français et francophones a progressé au Cambodge – où le CCF a été rénové – alors que les effectifs sont demeurés stables au Laos. L'Alliance française au Vietnam est engagée dans un programme d'aide à la publication et de soutien aux éditeurs ; elle est abonnée à de nombreuses revues ; sa bibliothèque a été réorganisée. Des cercles francophones se sont développés. Des collaborations se sont instaurées entre les centres culturels français et étrangers par l'intermédiaire de tournées dans la zone géographique ainsi qu'une exposition de livres, « Encres mêlées », organisée avec les ambassades de Suisse, du Canada et la Communauté française de Belgique. Le grand théâtre de Hanoï a été rénové et le Musée d'Ethnographie, dû à la coopération franco-vietnamienne, inauguré à l'occasion du Sommet de Hanoï en novembre 1997.

Dans ces trois pays, il y a eu des collaborations avec les professionnels locaux de la culture (au Cambodge, uniquement avec le ministère de la Culture ; au Laos, avec l'École Nationale de Danse et le Cirque National ; au Vietnam, avec des associations et des éditeurs).

Au Vanuatu, l'Alliance française a créé de nouveaux espaces et mis en place une initiative de cinéma itinérant dans les îles, qui rencontre un grand succès, ainsi qu'une biblio-vidéothèque itinérante.

■ *Le public*

Le public consommateur d'activités culturelles francophones a globalement évolué en Asie francophone. Réduit au Laos, il s'oriente plus naturellement vers la culture thaï et développe un goût pour l'anglophonie concomitant à l'entrée du pays dans L'ASEAN. Au Vietnam, le public est plus jeune et s'intéresse à de nouveaux rythmes, de nouveaux groupes, au jazz ainsi qu'à l'adaptation de mangas japonais et aux livres de jeunesse adaptés du français. La jeunesse khmère développe un goût pour la musique et la vidéo qui s'amplifie avec la création de nouvelles chaînes privées.

■ *L'aide internationale et le patrimoine*

Au Cambodge sont intervenues principalement l'UNESCO (sauvegarde et protection d'Angkor ; formation à l'université des Beaux-Arts en archéologie et architecture ; soutien au théâtre d'ombre) et l'Union européenne. Le parc d'Angkor fait toujours l'objet d'une procédure de sauvegarde du patrimoine sous l'égide du comité international de coordination, coprésidé par la France et le Japon.

Au Laos, l'UNESCO est intervenue également pour la conservation du patrimoine architectural et urbain de Luang-Prabang.

Divers projets de sauvegarde du patrimoine ont été réalisés au Vietnam en coopération avec des collectivités locales françaises (préservation des vieux quartiers de Hanoï avec la ville de Toulouse ; préservation des vieux quartiers de Huê avec le conseil régional du Nord-Pas-de-Calais ; projet d'écomusée avec les Côtes-d'Armor...)

L'Agence Universitaire de la Francophonie a ouvert, au Vanuatu, un bureau qui a organisé quelques animations culturelles (nuit du Web, contes francophones).

■ *L'industrie culturelle*

Une agence semi-privée a été créée à Hanoï, au Vietnam, pour l'organisation de spectacles et un projet karaoké est en négociation avec Sony. Au Cambodge et au Vietnam, la situation de l'édition est stable. Un département de livres français s'est ouvert au sein de la librairie internationale de Hô Chi Minh-Ville. En revanche, la librairie francophone de Hanoï, ouverte en octobre 1996, n'a pas trouvé son public, en dépit de

débuts prometteurs, à cause de problèmes de gestion interne et du prix trop élevé des ouvrages français. Cet état des choses devrait se modifier avec le lancement du programme vietnamien du ministère français des Affaires étrangères qui vise à diminuer de 70 % le prix des livres en français.

Au Cambodge, des points de vente librairies Presses de France ont été ouverts.

Maghreb-Moyen-Orient

■ *Les manifestations culturelles*

– En Algérie, étant donné les circonstances, les manifestations francophones sont rares. Un seul festival s'est tenu, celui du cinéma méditerranéen d'Annaba en juillet 1997; et c'est dans le secteur cinématographique que quelques créations ont vu le jour avec l'aide du fonds Sud : *La montagne de Baya,* d'Azzedine Meddour, *La colline oubliée,* d'Abderrahmane Bougermouh et *L'arche du désert,* de Mohamed Chouikh. En revanche, la part des manifestations culturelles non francophones est notable et se réfère à l'arabophonie.

– En Égypte, la programmation « France-Égypte, Horizons partagés » a rassemblé une multitude de manifestations, allant d'une tournée de l'ensemble orchestral de Paris à l'exposition du travail de plasticiens français et à la présentation de *Thaïs,* de Jules Massenet avec l'opéra de Saint-Étienne. À ceci vient s'ajouter la création au Caire du Centre Français de Culture et de Coopération. Ces deux phénomènes conjugués ont eu des effets à la fois sur le développement de l'actualité francophone en Égypte et l'accroissement des collaborations entre le dispositif culturel français et les institutions locales. Des programmations particulières sont organisées en relation avec le calendrier local (par exemple, le

Ramadan), ou français (Fête de la Musique, Festival de Cannes, mois de la photographie...). De surcroît, l'Égypte organise chaque année des manifestations internationales comme la Foire du Livre et le Festival du Film du Caire. La part des manifestations culturelles non francophones est importante et concerne principalement l'arabophonie.

– En Israël, la vie culturelle est riche (concerts de Daniel Barenboïm, Conférence de Jacques Derrida, festival international du film de Jérusalem...). Le Festival du Film Français, organisé à Tel-Aviv par les services culturels de l'ambassade de France porte dorénavant le titre de Festival du Film Francophone, mais il n'a bénéficié pour son édition 1998 que d'une faible collaboration des autres pays francophones. Les manifestations culturelles non francophones sont nombreuses, l'espace culturel israélien de référence étant anglophone, mais également européen.

– Au Liban, six expositions d'arts plastiques, le Festival Monuments du Liban en musique, le Salon du Livre avec un partenariat francophone et un hommage au grand théâtre de Beyrouth constituent les manifestations culturelles les plus marquantes. La création théâtrale y demeure vivace.

Enfin, la part des événements culturels non francophones est importante.

- Au Maroc, l'actualité culturelle est riche : le prix Atlas récompensant chaque année le meilleur ouvrage francophone édité au Maroc, les rencontres du Festival International du Théâtre Universitaire à Casablanca, les concerts du Nouvel Orchestre Philharmonique du Maroc (qui fait appel à des solistes français), la création de résidences d'artistes à Marrakech, les Estivales organisées par les instituts français de Rabat et de Casablanca ainsi que le Festival de Cinéma Africain. Toutefois, la part de créations nouvelles est faible, sauf dans le domaine du théâtre où de jeunes metteurs en scène essaient de « percer ». Quelques coproductions sont mises en œuvre avec la Tunisie dans le secteur du livre. Les manifestations culturelles non francophones, notables, ont trait à l'arabophonie.

- En Mauritanie, en dehors des spectacles organisés par le CCF, les manifestations culturelles, francophones ou non, sont rares.

■ *La circulation des spectacles*

Elle a été importante en Égypte, notamment dans le cadre des manifestations « France-Égypte, Horizons partagés ». En outre, des programmations d'artistes égyptiens ont été organisées par un certain nombre de collectivités locales françaises. La Suisse et la Belgique continuent à recevoir des artistes égyptiens, de même que la Jordanie et la Syrie où se produisent de jeunes troupes de théâtre égyptiennes. Le financement des voyages pour les artistes constitue un obstacle à leur circulation ainsi que l'attentat de Louxor qui a rendu plus difficile, pour des raisons psychologiques, la circulation d'artistes et d'œuvres vers l'Égypte (même si la Belgique, la Suisse, la Tunisie et le Liban y présentent des spectacles).

Les spectacles israéliens ont circulé en Amérique du Nord, au Japon, en Inde et en Europe ; ceux libanais, en Syrie notamment. Quelques films belges ont été présentés dans l'État hébreu. Les spectacles marocains, quant à eux, circulent en Afrique subsaharienne, en dépit de l'obstacle majeur que représente l'absence de moyens institutionnels pour faciliter la circulation des spectacles et des expositions.

Par l'intermédiaire du CCF mauritanien, deux groupes traditionnels ont pu se produire à Paris, Dakar, Amsterdam et Liège et des artistes francophones belges et africains se sont produit à Nouakchott.

■ *Les équipements culturels*

Les CCF ayant fermé depuis août 1994, l'environnement culturel francophone algérien est inexistant.

En Égypte, la création du Centre français de Culture et de Coopération permet de drainer des publics plus diversifiés, notamment enseignants et étudiants des filières francophones, et d'élargir la palette des activités. Dans ce pays, il y a eu des collaborations avec l'Institut Italien de Culture et l'Institut Cervantes pour la Fête de la Musique ; avec l'université américaine du Caire pour la semaine du cinéma français ; avec l'Institut Goethe pour le Festival de Cinéma consacré à Wim Wenders ; avec, enfin, la programmation de spectacles russes. Le Centre Culturel et de Coopération Linguistique d'Alexandrie s'est, pour sa part, spécialisé dans le domaine des arts plastiques avec l'accueil d'artistes en résidence. Les collaborations avec les professionnels locaux de la culture ont été nombreuses dans le cadre, notamment, des salons et festivals. De nouveaux équipements culturels ont été créés : le Musée de Nubie à Assouan et des galeries d'art plastique.

Avec la réouverture du Centre de Haïfa dans de nouveaux locaux et la montée en puissance de l'Institut français de Tel-Aviv, la France est aujourd'hui le partenaire culturel le plus actif des institutions israéliennes. La très grande majorité des projets montés par les services culturels de l'ambassade de France se fait en partenariat avec les institutions locales et dans leurs locaux, et les collaborations sont fructueuses avec le British Council, Pro Helvetia et l'ambassade de Belgique.

Le CCF de Beyrouth a vu sa fréquentation augmenter. Pour le Festival Euro-Arabe de Jazz et le Ciné-Club, des collaborations ont eu lieu entre centres culturels installés au Liban ainsi qu'avec les ministères libanais de la Culture, du Tourisme et certains producteurs locaux pour l'organisation de tournées de spectacles vivants.

Au Maroc, le monopole de fait des établissements culturels français a provoqué une explosion de fréquentation à Meknès, Agadir et Oujda. Une meilleure communication s'est instaurée entre les Instituts Français et le tissu des professionnels du livre francophone au Maroc. Dans le cadre du Comité permanent des échanges culturels, la collaboration culturelle est continue avec les ministères, les musées, les conservatoires et les associations. Il y a, à la bibliothèque générale, un nouveau pavillon de livres français et, au sein des archives de Rabat, le Fonds d'archives du Protectorat est ouvert aux chercheurs.

En Mauritanie, le CCF Antoine de Saint-Exupéry de Nouakchott, seul centre culturel francophone, collabore avec les CCF d'Afrique de l'Ouest mais pas encore, comme il le souhaiterait, avec le réseau des instituts français du Maghreb. De nouveaux équipements culturels ont, par ailleurs, été créés dans ce pays (un petit centre culturel espagnol, les Centres de Lecture et d'Action Culturelle de l'Agence de la Francophonie) ; des alliances françaises sont en cours de création dans trois villes du pays. De plus, deux librairies ont ouvert malgré le coût très élevé du livre et l'inexistence de la distribution.

■ Le public

On observe en Égypte une forte demande pour le théâtre. En outre, la diffusion de films français au CCF attire désormais un public fidèle et important.

L'Israélien francophone type n'est plus nécessairement francophone de naissance et il se développe un intérêt du public israélien, amateur de culture, pour des spectacles francophones traduits en hébreu. La danse et le théâtre de rue connaissent un regain d'intérêt parmi la jeunesse de ce pays.

Le public universitaire et le public arabophone consomment de plus en plus d'activités culturelles francophones au Liban. Le jazz, la photographie d'art et le cinéma court-métrage montent en puissance dans ce pays.

Le public marocain, consommateur d'activités culturelles francophones, fait preuve d'une exigence de qualité et souhaite voir des spectacles récents, entrant dans les circuits de diffusion internationale. Il montre un engouement pour les musiques novatrices ainsi que pour la nouvelle chanson française, francophone ou arabophone.

En Mauritanie, le goût de la jeunesse pour le rap se développe en même temps que perdure une forte vivacité des musiques traditionnelles.

■ Les réglementations

En Israël, la radio nationale Reshet Gimmel ne diffuse plus que des chansons en hébreu depuis l'été 1998. De plus, 26 % des œuvres diffusées à la télévision (hors cinéma) doivent être israéliennes.

En Mauritanie, un travail sur des textes de loi est entrepris au ministère de la Culture depuis quelques mois.

■ La vie associative culturelle

En Égypte, le développement de la vie associative est réel, notamment en liaison avec le ministère de la Jeunesse et des Sports qui coordonne les activités de nombreuses associations. Au Maroc, on constate une grande effervescence de la vie associative dans les domaines culturels ; les résultats sont divers mais le partenariat est aujourd'hui possible au niveau associatif.

En Mauritanie, la vie associative culturelle reste limitée à des initiatives très modestes de quartier et au rôle pédagogique que peuvent jouer les alliances françaises.

■ L'aide internationale et le patrimoine

L'UNESCO et la France contribuent à la renaissance de la Bibliothèque d'Alexandrie.

La délégation en Israël de l'Union européenne dispose d'un budget culturel qu'elle affecte aux projets qui visent à favoriser le rapprochement israélo-palestinien.

Au Liban, l'Union européenne aide les festivals (théâtre, jazz) et l'UNESCO, les publications pédagogiques relatives au patrimoine.

Au Maroc, il y a eu des initiatives dans le domaine de la muséologie et de l'archéologie.

La sauvegarde du patrimoine (ruines des villes du désert et manuscrits) intéresse particulièrement les Mauritaniens.

■ L'Industrie culturelle

Il y a eu en Algérie une tentative de création de coopératives audiovisuelles et de cinéma ; le secteur public y a pratiquement disparu au profit de jeunes maisons d'édition privées qui se développent dans un contexte difficile.

En Égypte, pour l'édition en langue étrangère, il y a une très nette primauté des éditions en langue anglaise ; les éditions en langue française concernent majoritairement le domaine du livre scolaire et parascolaire. Une nouvelle librairie, « La Maison Française », a été créée en 1996 et de nombreux libraires égyptiens diffusent des livres en français; un nouvel éditeur est apparu sur le marché de l'édition du livre français, spécialisé dans le livre pour enfants, secteur très porteur dans le pays.

Dans l'État hébreu s'est créé en 1996 le « nouveau fonds pour le documentaire israélien ». Au Liban s'est formé un Syndicat des Libraires Francophones Importateurs.

Au Maroc, on note des coéditions entre des entreprises culturelles francophones et marocaines ; on assiste à des créations de librairies et à l'apparition de nouveaux éditeurs d'albums, et le premier Salon des Métiers de la Musique s'est tenu à Casablanca en 1998. Par ailleurs, une formation quasi continue est organisée entre la France et le Maroc dans les domaines de la gestion culturelle et des métiers du spectacle et il y a, à la faculté des lettres de Rabat, une formation initiale aux métiers du livre.

L'édition mauritanienne est quasi-inexistante. Deux librairies, *MPC* et *Vents du Sud*, se sont tout de même ouvertes, mais se heurtent à de lourds problèmes de production et de distribution des produits culturels.

■ *Les Nouvelles Technologies de l'Information et de la Communication (NTIC)*

En Égypte, le secteur du livre et de la lecture reste un secteur privilégié pour la mise en œuvre et l'utilisation des NTIC dans les bibliothèques à l'aide d'un organisme d'État particulièrement francophile.

La plupart des universités israéliennes, des écoles d'art, des musées ont leur site internet. La production israélienne de cédéroms,

dans le domaine éducatif, ainsi que de jeux, est particulièrement remarquable.

Au Liban, trois sociétés diffusent des cédéroms francophones.

L'introduction d'internet et de cédéroms est spectaculaire au Maroc ; l'informatisation des bibliothèques (notamment la Bibliothèque générale de Rabat est en cours.

Conclusion

Dans l'ensemble des pays francophones, la vie culturelle francophone est dense sur tous les continents, excepté en Asie. Toutefois, un certain nombre de projets francophones n'ont pas abouti pour des raisons financières (Bulgarie, Côte-d'Ivoire, Égypte, Louisiane, Niger, Seychelles...) ; parfois bureaucratiques comme au Tchad ; ou plus techniques comme au Maroc où l'exiguïté du marché a rendu difficile la création d'un pôle d'édition du livre pour enfants ; ou encore comme en Belgique et au Luxembourg, faute de partenariat ou de structures fiables pour monter des coproductions. Dans les difficultés signalées par les postes diplomatiques, celles auxquelles se heurte la circulation des artistes et des œuvres sont importantes et obèrent parfois la réussite des projets. Plus positive, l'intensification des relations et du partenariat des institutions françaises à l'étranger avec les professionnels de la culture locaux et avec les différentes représentations culturelles d'autres pays est patente en Afrique, en Europe, au Maghreb et au Moyen-Orient.

Par ailleurs, les Nouvelles Technologies de l'Information et de la Communication – de même qu'une industrie culturelle audiovisuelle et musicale – émergent dans plusieurs pays d'Afrique francophone, se développent au Maghreb, au Moyen-Orient ainsi qu'en Europe Centrale et Orientale et connaissent une application massive en Europe de l'Ouest et au Canada. Suivant et souvent précédant ce mouvement, la plupart des centres culturels, alliances et instituts français se sont dotés de sites internet et diffusent des cédéroms.

L'évolution des goûts du public, et notamment de la jeunesse, est marquée par le rap en Afrique, le jazz en Extrême-Orient, la culture anglo-saxonne – en particulier dans les secteurs du cinéma et de la musique, dans plusieurs pays (à Haïti, au Luxembourg, en Pologne, au Québec, en Roumanie et en Suisse) ; mais aussi par la nouvelle chanson française en Pologne et en Roumanie, la chanson francophone et arabophone au Maroc, la musique afro-antillaise en Louisiane, les musiques traditionnelles à la Dominique et à Sainte-Lucie, au Cap-Vert et en Guinée-Équatoriale. Enfin, plusieurs postes diplomatiques (Bulgarie, Israël) soulignent un attrait fort et en développement pour la langue et la culture françaises et francophones de la part d'un public non francophone.

Pays non francophones

Afrique

Avec plus de cent manifestations culturelles francophones, l'Afrique du Sud fait figure de leader dans la partie anglophone du continent où nombre de pays manifestent un intérêt croissant, non seulement pour l'apprentissage du français, mais aussi pour les activités culturelles francophones.

La Fête de la Musique, l'organisation de festivals cinématographiques francophones, des créations et représentations théâtrales bilingues ont marqué l'actualité culturelle francophone en 1997 et 1998 dans de nombreux pays.

Les coopérations culturelles entre pays limitrophes sont assez fréquentes et débouchent sur l'organisation de tournées et sur quelques coproductions. Les centres culturels français ont presque tous connu une progression importante de leur public et, dans certains pays (Afrique du Sud, Éthiopie...), sont devenus le principal opérateur culturel étranger.

Leur partenariat avec les institutions culturelles du pays s'est, de ce fait, développé.

Des projets de lieux de diffusion de biens culturels francophones (livres, chansons) sont à l'œuvre en Afrique du Sud et en Angola.

Amérique

Malgré le déclin dans certains pays de l'apprentissage du français et l'attirance de la jeunesse pour la culture anglo-saxonne, l'Amérique latine demeure une terre de francophilie forte. Celle-ci se manifeste par l'abondance de spectacles français et francophones dans la plupart des festivals organisés dans les pays, l'intérêt marqué pour le cinéma français, la hausse des traductions du français vers l'espagnol, la présence du livre français et francophone dans les foires et salons du livre (Chili, Colombie, Équateur, Uruguay), de tournées théâtrales et du nouveau cirque français dans quelques pays, la célébration de la Fête de la Musique. Quelques exemples sont significatifs de ces échanges culturels franco-latino-américains : l'organisation des Francofolies de Buenos Aires, des coproductions franco-cubaines dans les domaines théâtral et lyrique, la création au Nicaragua d'une pièce, *Le naufrage*, adaptée d'un récit de Gabriel Garcia Marquez et montée en trois langues (français, espagnol, miskito).

L'activité des centres culturels français et des alliances françaises est à peu près constante, excepté au Pérou où l'on constate un certain déclin, au Brésil où des suppressions de postes risquent de mettre en péril le développement des manifestations culturelles francophones, en Équateur où le public des activités culturelles reste captif.

En revanche, l'organisation et la diversification des activités culturelles francophones est patente au Nicaragua, au Panama et au Paraguay.

Les collaborations sont fréquentes avec les institutions culturelles nationales et locales des pays et avec les autres centres culturels européens.

Deux librairies françaises ont été ouvertes en trois ans au Chili alors qu'en Uruguay l'unique librairie française a fermé ses portes. Un nouveau distributeur de disques compacts diffuse en Argentine de la musique francophone.

Asie

L'attrait pour la France est généralement important dans cette partie du monde, que ce soit pour son fonds culturel classique ou pour la création contemporaine, notamment dans le domaine des arts plastiques et du design. La coopération culturelle est peu développée avec d'autres pays francophones, excepté parfois et de façon ponctuelle avec la Suisse et le Canada.

Le Japon reste le chef de file de cet engouement francophile avec plus de quatre cents manifestations chaque année et une coopération franco-japonaise renforcée par l'organisation des années France-Japon 1997-1998. Toutefois, une certaine fragilisation du réseau culturel français se fait jour, liée aux effets cumulés du vieillissement de la population et de la baisse de la consommation intérieure ; et le léger attrait de la jeunesse pour les activités culturelles francophones est loin d'atteindre son intérêt pour la culture américaine.

Dans les autres pays asiatiques, se distinguent : la Corée du sud avec une hausse des traductions à partir du français et de la fréquentation des activités culturelles ; l'Inde où la célébration du cinquantième anniversaire de l'indépendance a donné lieu à des tournées et des coproduction franco-indiennes ; l'Indonésie avec la création d'une coproduction franco-indonésienne *L'épopée de Gilgamesh,* et d'autres projets à l'étude.

En Chine, davantage de manifestations culturelles francophones sont organisées, dont une partie est prise en charge par les autorités chinoises. Enfin, au Bangladesh, en Malaisie et au Népal, se sont tenus quelques événements francophones (Fête de la Musique, Temps des Livres, festivals de cinéma...).

Dans la plupart des pays, le partenariat existe entre les centres culturels français et les centres culturels européens. Il est incontournable avec les institutions culturelles japonaises et a donné lieu à des réalisations conjointes en Corée du sud et en Indonésie, notamment.

Europe

Le tissu des manifestations culturelles francophones est particulièrement dense en Europe.

L'Allemagne s'y révèle comme tête de file avec des dizaines de manifestations à dominante ou à coloration francophone tous les ans et l'organisation de sept cents concerts en 1997, sous-tendus par une politique de spécialisation menée au sein des vingt-quatre établissements culturels français : Cologne pour les arts plastiques, Berlin pour le théâtre, Francfort pour le livre de jeunesse, Mayence pour la musique et Munich pour le cinéma.

Plus modeste mais significatif, l'organisation d'une vingtaine d'événements par an en Lettonie, d'une dizaine en République tchèque ou encore les très nombreux spectacles en langue française donnés en Autriche. La présence du jeune cinéma français est très forte, notamment dans les pays d'Europe centrale et orientale et d'Europe du nord.

Beaucoup de pièces de théâtre françaises et parfois francophones sont données en traduction dans les langues des pays ou jouées en version originale avec traduction simultanée. Le théâtre a été particulièrement célébré en 1997 : en Ukraine avec le Festival International de Théâtre Francophone de Kiev, la saison du théâtre français en Gran-de-Bretagne ou encore la création aux Pays-Bas d'un réseau de théâtre français et néerlandais pour la diffusion des auteurs et des mises en scène de langue française.

Des semaines de la culture française se sont tenues en Ukraine et en Slovaquie. Un Festival de la Culture Arabo-Francophone a eu lieu au Portugal. La chorale lituanienne « Aidija » a produit une cassette de chants français du XVe au XXe siècle intitulée *Esquisse presque française*....

Tous ces pays manifestent un intérêt soutenu pour les grandes manifestations culturelles françaises dans les domaines théâtral, musical, cinématographique...

La fréquentation des établissements culturels français est en hausse dans beaucoup de pays et notamment en Ukraine où l'on assiste à une floraison d'alliances françaises. Ce public est souvent jeune, excepté dans quelques pays (Pays-Bas, Grèce, Italie) et manifeste un intérêt accru pour la vie culturelle francophone.

La plupart des établissements culturels français sort de ses murs et densifie ses partenariats avec les autres centres culturels étrangers et surtout avec les professionnels et les institutions culturels locaux.

Moyen-Orient

Au Moyen-Orient, la Francophonie est une « respiration », qui offre une ouverture sur le monde, dans des pays où les conditions socio-politiques rendent, parfois, l'accès à la culture difficile.

En témoigne en Iran le grand intérêt manifesté par le public pour les productions françaises à l'occasion du deuxième Salon du Livre français en 1997 et du Festival International du Film de Téhéran qui présente chaque année cinq ou six films français en version originale. En Libye, l'attrait du public – constitué majoritairement des moins de trente-cinq ans – pour les activités culturelles francophones se manifeste aussi bien pour les grandes manifestations médiatisées que pour des événements de moindre retentissement. Au Qatar, les jeunes occupent une faible place dans la fréquentation des activités du Centre Culturel Français ; en revanche, la participation des femmes a augmenté. Au Yémen, tout événement culturel suscite un intérêt important. Le théâtre et l'accueil d'écrivains francophones attirent le public syrien alors qu'en Jordanie, ce sont le cinéma et la musique populaire, notamment le raï, qui rencontrent l'adhésion des moins de trente-cinq ans.

En écho à cet engouement, l'activité des centres culturels français a globalement augmenté notamment aux Émirats Arabes Unis, en Libye, en Oman, au Qatar, enfin en Syrie où les activités culturelles se sont étendues à des villes dont elles étaient absentes auparavant. Au Koweït où le Centre Culturel Français a dû fermer ses portes en 1998, s'est créé un club francophone.

Dans la plupart des pays a cours un certain partenariat avec les institutions culturelles locales, ainsi qu'entre centres culturels européens.

Océanie

La Francophonie n'est pas absente de cette partie du monde où la jeunesse australienne montre son intérêt pour la recherche de « différences » culturelles et où l'éventail des activités culturelles francophones s'est élargi en Nouvelle-Zélande et aux îles Fidji.

Le théâtre français de Melbourne en Australie a présenté deux spectacles en 1997 et la réédition du festival du film français dans les grandes villes du pays a rencontré un large public. Aux îles Fidji la célébration de la Fête de la Musique, l'organisation d'un Festival du Cinéma Francophone et un concert de musiciens de Nouvelle-Calédonie et, en Nouvelle-Zélande, l'organisation de tournées théâtrales et musicales ont marqué la vie francophone de ces deux dernières années.

Dans les trois États le partenariat avec les institutions locales de la culture se développe.

Conclusion

Dans les pays non francophones, si quelques projets francophones n'ont pu aboutir faute de financement ou de préparation suffisante, la vie culturelle francophone est particulièrement riche en Europe ; elle se développe en Afrique anglophone et au Moyen-Orient. En Amérique latine, en Asie, et également en Europe centrale et orientale, c'est une francophilie persistante que l'on peut particulièrement évoquer.

Deux phénomènes semblent marquer en profondeur l'évolution de la vie culturelle francophone. C'est, dans quelques pays d'Amérique latine et surtout d'Europe, le développement de spectacles théâtraux traduits du français, ou en langue française avec traduction simultanée ou encore montés en plusieurs langues. C'est, enfin, une tendance grandissante des institutions culturelles françaises à l'étranger à monter des opérations en partenariat avec d'autres centres culturels, la plupart du temps européens, et presque toujours avec les institutions et les professionnels locaux de la culture.

CHAPITRE 4

Espace communication

troduction

L'espace du « quatrième pouvoir » est sans doute l'un des plus radicalement remaniés par les mutations de cette fin de millénaire : « révolutions » technologiques (avec l'avènement du numérique, d'internet, de la diffusion par câble et par satellite...) et « mondialisation » des échanges. Certains préfèrent d'ailleurs dire « globalisation », la nouveauté n'étant pas que l'économie soit mondiale (elle l'était déjà au XVIe siècle), mais globale, en ce sens que, grâce justement aux Nouvelles Technologies de l'Information et de la Communication qui défient les distances, *« elle fonctionne comme une unité en temps réel à l'échelle de la planète »* (Hervé Bourges).

Ces bouleversements affectent l'ensemble des médias, et font vaciller à la fois les frontières entre les genres (internet rassemble de l'écrit, du son et des images), entre les supports (l'ordinateur, le téléviseur, le téléphone tendent à offrir le même éventail de services), et entre les États : comme le nuage de Tchernobyl, les images, les sons, les textes ignorent les découpages géographiques et dessinent aujourd'hui les contours d'une « société de l'information généralisée ».

Cette nouvelle donne soulève – ou du moins, aggrave – un certain nombre de questions : les innovations de « l'ère électronique » ne serviront-elles qu'à parachever l'hégémonie de la première puissance mondiale et l'américanisation subie ou consentie des cultures et des modes de vie ? Sans vouloir diaboliser les États-Unis (pour mieux dédouaner la Francophonie de ses propres faiblesses), il est néanmoins éclairant de citer les déclarations de David Rotkopf (consultant international, ancien membre de l'administration Clinton) reproduites dans le numéro d'août 1998 du *Monde diplomatique* : *« Il y va de l'intérêt économique et politique des États-Unis à veiller à ce que, si le monde adopte une langue commune, ce soit l'anglais ; que s'il s'oriente vers des normes communes en matière de télécommunications, de sécurité et de qualité, ces normes soient américaines ; que, si ses différentes parties sont reliées par la télévision, la radio, la musique, les programmes soient américains [...] ».*

Deux grands défis sont dès lors proposés à la Francophonie :
– comment, face à ce risque d'uniformisation, s'organise-t-elle pour que le développement de l'audiovisuel serve à affirmer la diversité des identités et des cultures ? Hervé Bourges rappelait qu'avec la diversification de l'offre constatée depuis quinze ans (sans nier la prédominance anglo-saxonne, *« désormais les programmes de tous les pays du monde peuvent intéresser tous les pays du monde »*), qu'avec l'explosion des télévisions thématiques (qui s'adressent non plus à un public de masse, mais à un public

segmenté et différencié), qu'avec la télévision satellitaire qui permet à tout émigré de rester en contact avec sa culture d'origine et aide au combat contre « l'a-culturation », les innovations technologiques, loin de fatalement conduire à l'arasement, pouvaient au contraire donner une chance supplémentaire au dialogue entre les cultures. À la condition, bien sûr, que *« dans les années qui viennent, toutes, dans leur diversité, investissent largement les nouveaux réseaux »*. (Rio, Brésil, séminaire international « Médias et perception sociale », 18-20 mai 1998) ;

– comment faire de cette nouvelle société de la communication un espace de solidarité et non de ségrégation et d'exclusion, en évitant de creuser les inégalités existantes, notamment entre un Nord suréquipé et un Sud sous-équipé ? Laurent Fabius, en ouverture du colloque « Ancienne nation, nouveaux réseaux » (Assemblée nationale, 27 février 1998), rappelait quelques données brutes instructives : *« Il y a autant de lignes téléphoniques à New York que dans l'ensemble de l'Afrique saharienne »* ; et en France même, *« la moitié des foyers percevant plus de 20 000 F par mois de revenus ont un ordinateur, mais lorsque le revenu est inférieur à 8 000 F, il s'agit d'un foyer sur vingt »*.

Chance ou danger pour les cultures du monde ? Progrès ou menace pour la démocratie, qui suppose l'égal accès à l'information, au savoir et à la culture ? Rien n'est joué, et les innovations technologiques sont des instruments que l'on peut mettre au service de la pire ou de la meilleure des sociétés de l'information possible. D'où l'enjeu que constitue la régulation audiovisuelle, et la force de proposition que peut représenter la Francophonie dont les États-membres sont de plus en plus nombreux à se doter d'instances et à se rassembler au sein d'organismes régionaux élargis.

Dans le précédent rapport du HCF, Gilles Kraemer, auteur de *Trois siècles de presse francophone dans le monde*, L'Harmattan, 1995, avait dressé un panorama exhaustif des médias de langue française dans le monde. Nous avons, pour cette nouvelle édition, centré les questions sur les nouveautés intervenues dans le paysage depuis deux ans : apparition (ou disparition) de titres, d'émissions de radio ou de télévision en langue française, investissement d'internet par les médias, extension de l'offre numérique et satellitaire francophone... Dans les synthèses régionales, on trouvera le compte rendu de ces données nouvelles. Cette partie est précédée d'une présentation des principaux opérateurs de la Francophonie médiatique, assortie d'un bilan de leurs actions récentes et d'un point sur leurs chantiers en cours, qui permettra d'appréhender la cohérence du dispositif et les lignes de force de la politique audiovisuelle francophone. Enfin, quelques thèmes sensibles ont fait l'objet d'un traitement particulier : présence francophone sur les bouquets satellitaires, négociations internationales impliquant l'audiovisuel, réforme de l'action audiovisuelle extérieure de la France, régulation.

action des principaux opérateurs
la Francophonie médiatique

Les télévisions

Les intervenants publics

TV5, Le monde en français

TV5, le monde en français, est gérée par deux opérateurs de chaque côté de l'océan Atlantique, travaillant en relation étroite et permanente :

Satellimages-TV5, société anonyme de droit français au capital de 900 000 FF, dont le siège est à Paris, regroupe plusieurs chaînes de télévision publiques françaises (France 2 et France 3), belge (RTBF), suisse (SSR) ainsi que le consortium des télévisions du Québec et du Canada (CTQC). Elle assure la programmation de TV5 en Europe, en Afrique et en Asie ; le CTQC, installé à Montréal, rassemble, outre les partenaires radio diffuseurs européens, les principaux diffuseurs et producteurs du Québec et du Canada. Il pilote la programmation de TV5 Québec Canada, TV5 Amérique latine et TV5 États-Unis.

Pionnière en 1984, avec Sky Channel, des chaînes de télévision par satellite au-dessus de l'Europe et de la Méditerranée, TV5 couvre aujourd'hui le monde entier et atteint près de 100 millions de foyers tous types de diffusion confondus, ce qui place la chaîne au premier rang des télévisions publiques internationales et en troisième position sur l'Europe toutes chaînes confondues.

Les différentes programmations de TV5 sont diffusées à partir de satellites à couverture continentale, auxquels s'ajoute une offre croissante de bouquets numériques.

Émettant 24 h/24, TV5 est, en Europe, la troisième chaîne satellitaire en termes de foyers potentiels : 55 millions de foyers y reçoivent TV5 par le câble ou par antennes paraboliques. En Afrique subsaharienne, le programme de TV5, en analogique, est repris par la plupart des réseaux MMDS (Multipoint Multichannel Distribution System). Un bureau TV5 Asie a été ouvert à Bangkok. Sur la zone du Proche et Moyen-Orient, outre un signal approprié disponible en mode analogique, les signaux de TV5 Europe, TV5 Asie et TV5 Afrique peuvent également être captés dans une partie de la région. Au Canada et au Québec, 6,3 millions de foyers sont raccordés à TV5. Aux États-Unis, 7,2 millions de foyers câblés reçoivent TV5 deux heures par jour et depuis janvier 1998, TV5 a conçu un programme spécifique 24 h/24, disponible en réception directe par abonnement sur Echostar III. Sur la zone Amérique latine et Caraïbes, plus de 5 millions de foyers câblés reçoivent TV5, qui dispose désormais d'une représentation permanente à Buenos Aires (Argentine).

Cette répartition continentale a jeté les bases d'une politique de régionalisation de l'offre de programmes qui ne fera que s'accroître avec la nouvelle stratégie de programmation décidée par TV5 en 1998. Celle-ci devrait simplifier les rendez-vous offerts et augmenter la lisibilité des grilles,

TV5 une diffusion satellitaire mondiale

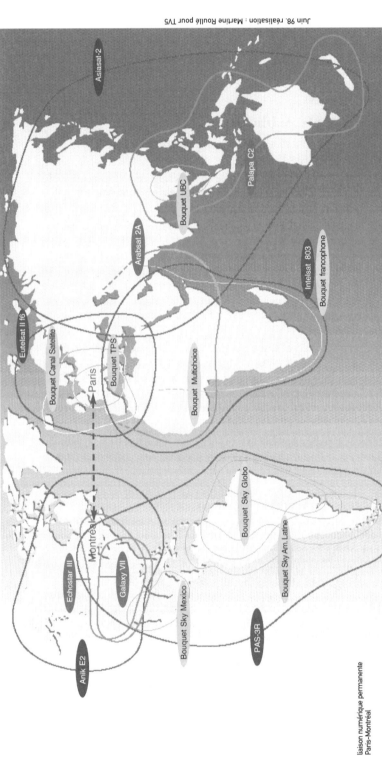

liaison numérique permanente
Paris-Montréal

Juin 98, réalisation : Martine Roullé pour TV5

Amérique du Nord & Etats Unis
* Anik E2. 107,3°Ouest. Numérique.
* Galaxy VII. 91°Ouest. Numérique.
* Echostar III. 61.5°Ouest. Numérique.

Amérique Latine & Caraïbes
* PAS-3R. 43°Ouest. Numérique
* Bouquet Sky Mexico. Solidaridad 2. 113°Ouest
* Bouquet Sky Globo (DTH). PAS-3R.
* Bouquet Sky Amérique

Europe
* Eutelsat II F6. 13°Est. Analogique.
* Bouquet Canal Satellite. Astra. 19.2°Est. Numérique
* Bouquet TPS.Eutelsat II F6. Numérique.

Afrique & Moyen Orient
* Intelsat 803. 21,3°Ouest. Analogique.
* Bouquet francophone. Intelsat 803. Numérique.
* Bouquet Multichoice. PAS-4. 68.5°Est. Numérique.

Asie & Pacifique Sud
* Asiasat-2. 100,5°Est. Numérique.
* Palapa C2. 113°Est. Analogique.
* Bouquet UBC. Thaicom 3. 78.5° Est. Numérique.

19, rue Cognacq-Jay
75341 Paris Cedex 07 France
Tél.: 33 (0)1 44 18 55 55
Fax : 33 (0)1 44 18 55 10

1755, bd R. Lévesque Est
Montréal (Québec)
Canada H2K 4P6
Tél.: (1-514) 522 5322

ainsi que la qualité – et la pertinence pour un public international – des sélections des émissions, qu'il s'agisse de celles mises à disposition de TV5 par les télévisions partenaires, des émissions produites en interne, ou encore achetées. Autre priorité de la chaîne : amplifier la présence de l'information internationale, celle du cinéma et de la fiction francophone, et favoriser la compréhension linguistique par une politique plus systématique de sous-titrage en français et, dans certains cas, en langues locales. À la pointe des nouvelles technologies, TV5 assure, en sous-porteuses son de ses signaux transportés par les satellites, la diffusion de différentes radios : France Culture Europe, France Inter, France Info, Radio France Internationale (RFI) et la Radio Suisse Internationale. En Europe, en Afrique et en Asie, les téléviseurs et décodeurs aux normes CEEFAX peuvent recevoir un magazine télétexte donnant aux téléspectateurs une large information sur les programmes et émissions de service (météorologie internationale, cours de la bourse, actualité...). L'offre multimédia de TV5 est enfin complétée par son site internet (http ://www.tv5.org) commun à l'ensemble des TV5 et comprenant, outre les informations sur les programmes, une série de données pratiques concernant le réseau TV5 Libris, les fiches pédagogiques d'exploitation de nombre d'émissions (voir chapitre « Espace pédagogique »), le Club TV5...

Le budget consolidé de l'ensemble du réseau TV5 en 1998 porte sur quelque 440 millions de francs français. Les subventions proviennent des ministères français des Affaires étrangères, de la Coopération et de la Francophonie, ainsi que des administrations des gouvernements partenaires (Communauté française de Belgique, Suisse romande et Québec-Canada), *via* leurs chaînes publiques (RTBF, TSR et consortium de télévisions Québec-Canada). La chaîne bénéficie complémentairement de quelques ressources propres. L'ouverture de l'antenne à la publicité fin 1998 devrait permettre d'assurer certains nouveaux développements. L'Agence de la Francophonie et les gouvernements africains apportent leur contribution au budget de TV5-Afrique.

Reconnue « opérateur direct des Sommets des États et Gouvernements ayant le français en partage », TV5 participe aux instances de la coopération francophone et s'emploie, avec l'instrument spécifique qu'est une télévision mondiale diffusant tant vers les pays francophones que vers les régions où il s'agit d'assurer à la langue le plus large rayonnement, à contribuer aux programmes mobilisateurs que la Francophonie met en œuvre. Le partenariat avec les télévisions et producteurs du Sud et la couverture de nombre de sujets au travers de TV5 Afrique, les actions menées en direction des enseignants de français et des apprenants par l'ensemble du réseau, et l'apport médiatique à la notoriété des inforoutes francophones illustrent l'implication de TV5 dans l'action multilatérale francophone.

Les partenaires français de TV5 et leur politique internationale

■ *France Télévision*

Outre sa participation à TV5 (financement de 25,9 MF en 1998, fourniture de 34 à 49 % des grilles de programmes, conception d'une version internationale du journal de 20 h) et CFI (4 000 h de programmes de France 2 en 1997), France Télévision mène une action internationale selon plusieurs axes :

- **Exportation de programmes :** 142 MF de programmes de France 2 et 3 commercialisés en 1997 *via* France Télévision Distribution, membre fondateur actif de TVFrance Internationale (TVFI).

- **Diffusion hertzienne satellitaire et présence sur les réseaux câblés :** depuis 1989, le deuxième réseau hertzien national de Tunisie reprend en simultané le programme de France 2, qui est également repris intégralement en direct par des réseaux câblés d'Allemagne, des Pays-Bas, de Suisse, de Belgique et du Luxembourg. France 2 diffuse, en outre, son journal de 20 h sous-titré en anglais aux États-Unis (sur un réseau de chaînes publiques et éducatives touchant 32 millions de foyers) et au Japon sur NHK. En Corée du sud, KBS le reprend partiellement. Par satellite, elle est diffusée sur une grande partie de l'Europe (et en hertzien sur le Nord de l'Italie). Elle est également membre d'Euronews, chaîne européenne d'information basée à Lyon. En Amérique latine, une sélection de ses programmes est diffusée sur les deux canaux de RFO à destination des Caraïbes et de la Guyane (ce qui lui permet aussi d'atteindre les pays limitrophes). En Asie et Océanie, France 2 met ses programmes à disposition de RFO, et, grâce aux accords noués par cette dernière, elle étend son audience aux pays du Pacifique et de l'océan Indien.

- **Échanges régionaux :** dans les zones frontalières, les stations régionales de France 3 élaborent des éditions locales d'information et des magazines hebdomadaires avec des chaînes de télévision belge, suisse, allemande, italienne, espagnole, britannique. France Télévision assure également la vice-présidence de la Conférence Permanente de l'Audiovisuel Méditerranéen (COPEAM) qui regroupe vingt-sept pays : le magazine *Méditerranéo*, produit à Palerme, associe ainsi F3 Méditerranée et F3 Sud à plusieurs télévisions du bassin méditerranéen.

- **Assistance technique et coopération :** des accords engageant fourniture de programmes, envoi de matériel, formation de journalistes et de techniciens ont été passés avec plusieurs télévisions publiques d'Europe (en Europe de l'Est, les accords prévoient également des coproductions), d'Afrique, d'Asie, d'Amérique latine et, depuis les accords d'Oslo, avec l'Autorité palestinienne (Palestian Broadcasting Corporation-PBC). En 1997, un nouvel accord a été signé avec la TNG (Chili), en 1998 avec la RAI (Italie), et France 2 s'apprête à signer avec la Syrie.

Enfin, France Télévision est membre actif de plusieurs organisations internationales : le CIRTEF [1] (Conseil International des Radios et Télévisions d'Expression Française), la CTF [1] (Communauté des Télévisions Francophones), l'UER (Union européenne de Radiodiffusion), l'URTI (Université Radiophonique et Télévisuelle Internationale). Et au travers de son site internet (www.france2.fr), France 2 offre aux internautes du monde entier informations en continu et présentation de ses programmes et de dossiers culturels ou d'actualité.

■ *La Sept-Arte/La Cinquième*

Co-fondée en 1991 par la France et l'Allemagne, Arte s'est depuis élargie à d'autres partenaires avec qui elle a conclu des accords d'association et de coopération prévoyant coproductions et échanges de programmes : la

NOTE

[1] Voir rubrique « regroupements professionnels ».

Belgique (RTBF) et l'Espagne (TVE), puis en 1996 la Suisse (SSR) et la Pologne (TVP), et en 1998 l'Autriche (ORF) et l'Italie (RAI) où elle coproduit la chaîne culturelle diffusée depuis septembre 1997 sur le bouquet italien RAISAT1. Un accord a également été signé en mai 1998 avec la nouvelle chaîne publique russe Koultoura, et des négociations sont en cours avec la Grande-Bretagne, la Suède, la Grèce. Ce partenariat s'étend aussi à l'Amérique latine : 100 h de programmes par an fournies à Canal 2 (Mexique) et 211 h à Imagen Satellital (Argentine) ; à l'Amérique du Nord : un projet de création d'une chaîne en français avec Radio Canada, « Réseaux des Arts », est en cours de conventionnement ; au Maghreb avec RTM et 2M (Maroc). La Sept, pôle français d'Arte, a conclu des accords avec des télévisions nationales d'Europe centrale et orientale qui rediffusent certaines de ses émissions après sous-titrage, et lui fournissent certaines des leurs.

Depuis 1995, Arte a étoffé sa couverture satellitaire assurée au départ par Télécom 2B (en français), et Astra 11 D (en allemand). Elle est ainsi diffusée depuis juillet 1995 sur Eutelsat II F1 (en français) aux côtés de TV5, MCM, Euronews – ce qui lui permet d'être présente sur tous les réseaux câblés européens : déjà diffusée en Europe du Nord (et en Israël), elle l'est aussi désormais au Portugal. En réception directe, Eutelsat II F1, qui couvre une large zone (de Saint-Petersbourg aux Canaries, et de l'Islande au Moyen-Orient) lui a permis d'obtenir un franc succès au Maroc. Enfin, depuis mai 1998, elle a rejoint le bouquet satellitaire francophone africain (*via* Intelsat 803) – mais y est momentanément suspendue, dans l'attente de l'acquisition des droits de diffusion sur cette zone.

La Cinquième mène également une action de coopération internationale : d'une part, dans le cadre d'accords bilatéraux portant sur des échanges et des productions de programmes éducatifs, télévisions et multimédias ; des conventions ont ainsi été signées avec le Canada (TV Ontario et TV Québec), le Maroc (MTV), l'Allemagne (Sudwestfunk), la Macédoine (RTM). Et des projets sont en cours en Amérique latine. D'autre part, La Cinquième a créé en 1996 l'AITED (Association Internationale des Télévisions d'Éducation et de Découverte) qui regroupe aujourd'hui environ quarante télévisions publiques et privées, avec pour objectif de soutenir les télévisions éducatives, de créer une bourse d'échanges avec un système de correspondance sur internet, et de lancer des coproductions ; sept commissions régionales relayent son action (trois en Europe, une en Asie/Pacifique, Amérique du Nord, Amérique du Sud).

Elle développe, par ailleurs, son réseau éducatif multimédia, avec la BPS (Banque de Programmes et de Services) : l'installation de deux sites-pilotes à l'étranger doit se faire en liaison avec CFI.

Enfin, elle s'attache à étendre sa diffusion internationale : elle partage avec Arte un canal sur Télécom 2 B et Eutelsat II F1 ; et a signé avec CFI et RFO des accords de coopération lui permettant d'élargir sa diffusion dans leurs zones d'émission.

■ *Radio-Télévision Française d'Outre-Mer (RFO)*

1,2 milliard de budget annuel, 1 200 salariés permanents, dix implantations dont son siège parisien : RFO a pour mission d'assurer la continuité du service public de radio et de télévision dans les départements et territoires d'outre-mer. Les neuf stations (Guadeloupe, Guyane, Réunion, Martinique, Mayotte, Nouvelle-Calédonie, Saint-Pierre-et-Miquelon, Polynésie, Wallis-et-Futuna), les deux réseaux de télévision dans chaque territoire (sauf Mayotte et Wallis), les deux réseaux de radio et le réseau satellitaire en font la première force audio-visuelle de l'outre-mer. RFO diffuse, dans les départements et territoires, les principaux programmes des chaînes métropolitaines, France 2, France 3, La Cinquième, Arte, ainsi que des programmes de MCM, de Canal J et aussi de TF1 dans le Pacifique. À ces programmes s'ajoutent des programmes locaux, des informations régionales prioritairement destinées à rendre compte le plus fidèlement possible des spécificités et de la culture locales.

Deux nouvelles stations ouvertes en 1997, Tahiti et Paris, des systèmes de serveurs aux normes internationales, un réseau satellitaire, de nouvelles implantations en Guadeloupe et Guyane pour 1999 et l'an 2000 : RFO dispose à ce jour d'un des plus puissants systèmes de diffusion et d'enregistrement de programmes à travers le monde. Ouvrir en métropole une fenêtre sur l'outre-mer, c'est ce que vient de faire RFO avec RFO-SAT lancée en mars 1998 et diffusée sur Canalsatellite et TPS. La chaîne devrait prendre place à l'automne de la même année sur les grands réseaux câblés numériques. La couverture satellitaire débordant naturellement les frontières, RFO participe à l'action audiovisuelle internationale de la France. Les transmissions de programmes à destination de ses stations sont reprises régulièrement au Vanuatu, à Madagascar, à l'île Maurice, aux Seychelles, à Haïti et dans de nombreuses îles des Caraïbes.

Disposant d'une riche banque d'images, RFO a créé, en 1985, « AITV », une agence d'images intégrée qui alimente aujourd'hui les télévisions de 113 pays, grâce aux moyens de diffusion de CFI et de TV5. Enfin, RFO envisage d'exploiter toutes les possibilités de transmission d'images et de sons, *via* internet.

Canal France International (CFI)

Depuis sa création en 1989, CFI a développé deux services distincts : la diffusion en banque de programmes, auprès de télévisions partenaires du monde entier et la diffusion directe, pour le grand public, uniquement destinée aux pays d'Afrique. Quatorze télévisions françaises, thématiques et généralistes, privées et publiques, et les programmes de nombreux producteurs peuvent être découverts à l'étranger grâce à CFI.

CFI a conclu des accords avec une centaine de télévisions d'Afrique, d'Asie, du Proche et Moyen-Orient, d'Europe centrale et orientale et d'Amérique latine. Pour chacune de ces zones, un programme spécifique est diffusé de manière cryptée par le biais de trois satellites (Intelsat 803, Eutelsat Hot Bird 3 et Intelsat 704). Équipées de décodeurs, les télévisions partenaires peuvent reprendre ces programmes et les réintégrer à leur propre grille, en les diffusant tels quels ou en les sous-titrant en langue locale. Un contrôle d'accès (Viaccess) par télévision permet à CFI de cibler les programmes, en fonction des besoins et des droits disponibles. En 1997, les programmes de CFI provenaient de chaînes françaises privées, de producteurs et de distributeurs indépendants pour 71,1 %, de France 2 pour 19,1 %, de France 3 pour 6,3 %, de TF1 pour 2 %, d'Arte-La Cinquième pour 1,2 % et de M6 pour 0,3 %. La même année, ce sont 27 500 heures de programme qui ont été reprises par l'ensemble des télévisions partenaires, pour une audience potentielle d'environ 354 millions de téléspectateurs [2]. Objectif pour 1998 : signer environ 120 accords contractuels, toutes zones confondues.

NOTE

[2] Source : études CFI - 1997.

En Afrique, CFI offre quotidiennement, à ses quarante-trois télévisions partenaires, 8 h 30 de programmes variés : informations, fictions, émissions pour la jeunesse, magazines et sport (qui occupe une place importante dans la programmation de cette zone : ainsi en 1998, à l'occasion de la Coupe du Monde de football, l'intégralité des soixante-quatre matches a été retransmise en direct par Canal France International et les télévisions africaines ont affiché un taux de reprise moyen de 97 %). En Asie, 5 h 30 de programme sont diffusées chaque jour. Depuis 1993, un journal bi-quotidien en français est coproduit avec la télévision nationale du Vietnam (VTV). Et au Laos, CFI sera partenaire de la télévision nationale pour la création, courant 1998, d'un « canal en français ». Dans les pays du Proche et Moyen-Orient, CFI propose à plusieurs télévisions arabes 7 h de programme par jour. Dans les pays d'Europe centrale et orientale, CFI dispose d'un moyen de diffusion original : un mois de « visionnage » alterne avec un mois de diffusion pour enregistrement ; 5 h 30 de programme sont retransmises quotidiennement. Enfin, en Amérique latine, 3 heures de programme sont actuellement diffusées par jour, dans le cadre d'une coopération avec les télévisions de Haïti.

CFI est également accessible en réception directe (satellite Intelsat 803), exclusivement en Afrique, pour les particuliers équipés d'une antenne parabolique adaptée ou abonnés au bouquet francophone. L'audience potentielle est estimée à 6 millions de personnes.

La chaîne développe également une expertise dans deux fonctions liées à ses activités principales. Tout d'abord, le transport de programmes. Les détenteurs de droits ou les organisateurs d'événements peuvent en effet faire appel à CFI et à ses canaux satellitaires pour acheminer rapidement des programmes dans le monde entier. C'est le cas de TVFI, de TF1, de M6 et d'Eurosport en Amérique latine, ou encore de France 3 pour certains pays d'Europe centrale et orientale. Ensuite, les prestations de conseil. Grâce à son savoir-faire original, CFI a pu développer toute une palette de prestations : conseil technique ou juridique, aides à la programmation ou à la commercialisation... À la demande de télévisions étrangères ou d'organismes comme l'URTNA (Union des Radiodiffusions et Télévisions Nationales d'Afrique), l'UNESCO ou la FAO (Food and Agriculture Organisation), d'organismes de régulation étrangers ou des pouvoirs publics français (ministères de la Coopération, de la Francophonie et des Affaires étrangères), CFI peut, par exemple, aider une chaîne étrangère à moderniser son équipement technique, lui fournir un appui logistique ou une formation adaptée...

Pour développer ses activités, CFI dispose d'un budget annuel de 180 millions de francs pour 1998, dont 88,4 millions sont financés par le ministère des Affaires étrangères, 58,4 millions par le ministère délégué à la Coopération et à la Francophonie, et 18 millions proviennent de ressources propres.

La présence francophone sur les bouquets satellitaires

■ *Sur le marché intérieur français*

Le succès des trois bouquets offerts dans l'Hexagone (Canalsatellite, TPS, AB-Sat) a dépassé les espérances et fait de la France le premier marché européen dans le secteur de la télévision numérique. Lancés en 1996, Canalsatellite (Canal +), TPS (Télévision par Satellite qui regroupe opérateurs privés et publics dont France Télévision, TF1, M6, le CLT – Compagnie Luxembourgeoise de Télédiffusion) et AB-Sat (AB-Productions) ont recueilli à eux trois plus de 725 000 nouveaux abonnements en 1997, soit davantage que le câble en dix ans et ont atteint un total de 1 176 000 foyers abonnés à la fin de l'année. Le chiffre de 3,5 millions d'abonnés pour le marché de la télévision à péage (câble et satellite) devrait être dépassé en 1998. Les parts s'établissent pour l'heure comme suit : 15 % pour le satellite, 28 % pour le câble, 57 % pour la chaîne cryptée Canal + diffusée par voie hertzienne terrestre.

Une douzaine de nouvelles chaînes se sont créées sur la même période, portant le total à une soixantaine (quarante pour CanalSat et TPS, vingt pour AB-Sat qui a passé un accord simulcrypt avec CanalSatellite). L'enrichissement de l'offre tient à la forte concurrence installée entre CanalSat et TPS (avec le risque de voir se multiplier des chaînes thématiques identiques, dont l'équilibre financier sera rendu plus difficile), et à l'abaissement des coûts de production : « Voyage », l'une des chaînes les plus prisées des abonnés de Canalsat affiche un budget annuel de 50 MF.

Mais ces bouquets, en incontestable extension, restent centrés sur le marché intérieur français, et l'un des objectifs de la réforme de l'audiovisuel extérieur de la France est de les aider à conquérir une audience internationale.

■ *Sur le marché international*

En Europe et au Maghreb (zones couvertes par les satellites Hot Bird, Eutelstat).

Sur Hot Bird, sont diffusées TV5, Canal Horizons, MCM International (en numérique), Arte/La Cinquième, Euronews (en six langues dont le français). Sur Astra, sont diffusées Arte (en analogique et en numérique), La Cinquième (en clair), TV5 (en clair) via le bouquet espagnol CanalSatellite où figure également MCM International.

Au Maghreb, *le bouquet « Arabesque » du groupe ART (Arab Radio and Television), qui propose cinq chaînes thématiques arabes, commercialise aussi MCM International, Odyssée, Télétoon et Festival.*

Au Proche et Moyen-Orient, *l'espace est couvert par le satellite Hot Bird (voir liste ci-dessus). Sur l'ensemble de la zone, seule TV5, qui propose depuis mai 1998 TV5-Orient, est reçue en clair grâce au satellite Arabsat, et MCM International est la seule chaîne française à figurer sur le bouquet FirstNet (du groupe ART) aux côtés d'une chaîne américaine et de chaînes arabes.*

En Afrique, *le 31 janvier 1998, a été inauguré à Abidjan par le ministre délégué à la Coopération et à la Francophonie, Charles Josselin, le bouquet numérique francophone qui diffuse (via Intelsat 803) huit chaînes (TV5, CFI, Arte/La Cinquième, MCM International, Canal + Horizons, AB Cartoons, Planète, Euronews) auxquelles se rajoute la chaîne libanaise LBC. D'abord destiné à la reprise sur les réseaux MMDS, il vise à la réception directe individuelle dans un deuxième temps.*

TV5 (depuis fin 1995) et Canal + Horizons (depuis fin 1996) font partie du bouquet Multichoice Africa qui diffuse 25 chaînes (dont Voice of America, BBC...) sur le sud de l'Afrique.

En Amérique latine, *TV5 est présente sur les bouquets numériques Sky Globo (Brésil), Sky Mexico (Mexique), Sky Amérique latine (ensemble de la zone), Direct TV (Brésil et Mexique depuis mai 1998, Argentine et Chili depuis août 1998, et ensemble du continent prochainement).*

MCMI, qui a intégré en juin 1998 le bouquet Galaxy (de Direct TV), est également disponible aux côtés de TV5 au Brésil, en Argentine et au Chili depuis août 1998, sur Direct TV.

Enfin, TV5 et MCMI ont par ailleurs contracté avec Tecsat, nouvel opérateur qui vise en priorité le marché brésilien.

En Amérique du Nord, *depuis janvier 1998, TV5-USA est diffusée sur l'ensemble des États-Unis en réception directe via le satellite Echostar. Commercialisée à la carte à destination des foyers francophones, elle est également proposée dans des programmes optionnels offerts par Echostar.*

En Asie. TV5 et MCM International sont diffusées dans un bouquet européen (avec Deutsche Welle-Allemagne, RTVE-Espagne, RAI-Italie) sur Asiatsat 2 en numérique clair et peuvent être ainsi reprises sur des bouquets locaux (comme KM en Corée). Elles poursuivent leurs négociations avec des bouquets existants ou en création dans la zone : en Australie, en Indonésie (Indiovision), au Japon (Direct TV avec qui MCMI a déjà signé, Perfect TV, JSky B), en Malaisie, en Nouvelle-Zélande, en Thaïlande (IBC)...

CFI, banque de programmes, achemine ses images par voie satellitaire, mais est désormais exclue - sauf en Afrique- de la diffusion directe.

Les intervenants privés

MCM International

Chaîne musicale créée en 1993 dans le cadre d'un partenariat entre la SOFIRAD et MCM Europe (principaux actionnaires : Vivendi, Canal +, NRJ, Caisse des Dépôts, Lyonnaise des Eaux) a été conçue au départ pour le marché français (câble et satellite). Son atout, face à son concurrent américain MTV déjà présent sur le câble français, a toujours été de faire la part belle à la création musicale nationale et européenne (programmation à 55 % francophone, 35 % européenne, 15 % internationale). Outre la chaîne thématique de mode « Fashion TV », elle commercialise aujourd'hui quatre chaînes musicales : MCM, la chaîne musicale (rock, jazz, variété francophone) ; Muzzik (qui combine 60 % de musique classique, 30 % de jazz et 10 % de musiques traditionnelles) ; MCM Africa (afro-musique) et MCM Asia (24 h/ 24 h de toutes musiques : soul, pop, rock, reggae, hip hop...).

Depuis 1995, elle a considérablement intensifié son développement international ; diffusée depuis cette date en Europe (*via* le satellite Eutelsat II F6), elle l'est depuis 1996 en Afrique (*via* Intelsat 603 puis 601) ; depuis début 1998, elle est présente sur le bouquet francophone africain lancé à Abidjan, et en Asie (*via* Asiatsat 2). En 1998, elle s'est lancée à la conquête de l'Amérique latine, où elle est diffusée dans les bouquets Tecsat et Galaxy.

En Afrique et en Asie, elle a fait une percée remarquée durant ces deux dernières années. MCM Africa (née en 1997 d'une association entre MCMI - 67,2 % du capital et Africa n° 1 - 32,8 %) est aujourd'hui présente dans 28 pays africains (dont des pays anglophones : Kenya, Mozambique, Nigeria, Ouganda, Zambie, Swaziland...). Dès octobre 1997, la chaîne a démarré ses émissions en France sur Canalsatellite, avec l'ambition de proposer ses musiques africaines à l'Europe, et au reste du monde. MCM Asia, créée en août 1996, est diffusée au Japon (sur le bouquet japonais Direct TV, certains de ses programmes étant repris sur World Télévision, une des chaînes les plus populaires du bouquet Perfect TV). Elle est également présente sur les réseaux câblés en Inde (1,2 millions d'abonnés à Bombay, Delhi, Madras et au Tamil Nadu) où elle négocie, par ailleurs, avec un bouquet satellitaire, et en Thaïlande (sur UTV et BNT - 170 000 abonnés). En Chine, elle a conclu un accord avec la chaîne CCTV, reçue par 17 millions de foyers, pour la reprise de 2 h de programme. Au Vietnam, trois décodeurs ont été fournis à UTV (Vietnam Télévision), Saïgon Tourist Cable et Hanoï Cable, dans la perspective d'une diffusion sur leurs réseaux. Des négociations avancées lui permettent d'espérer un démarrage en Corée (bouquet satellitaire et fourniture de programmes) et en Malaisie (câble et éventuellement bouquet satellitaire). Dans le Pacifique Sud, MCM touche aussi l'Australie et la Nouvelle-Zélande.

Le succès de cette chaîne musicale – comme pôle alternatif, face à la domination du pop/rock anglo-saxon – montre que la Francophonie mise en valeur (la différence, l'originalité séduisent sur fond d'uniformité) est capable de fédérer des jeunes du monde entier : les musiques africaines (dont les Allemands sont très demandeurs), ou encore la musique « techno » française (la *french touch* avec Laurent Garnier, Air ou Étienne de Crécy) et ses clips résolument modernes sur décor d'images convenues (Paris, La Tour Eiffel…) enthousiasment les jeunes du Japon, de Grande-Bretagne, des États-Unis, pour qui le français incarne désormais le chic et la modernité.

Canal + Horizons

Chaîne privée à péage née en 1991, diffusant par voie hertzienne ou satellitaire depuis Paris, Canal + Horizons a élargi son réseau de l'Afrique au Maghreb et au Moyen-Orient. Au 1er janvier 1998, elle comptait plus de 121 000 foyers abonnés dont 95 000 en réception hertzienne (256 MF de chiffre d'affaires). En Tunisie, un décrochage permet aux abonnés de bénéficier de 3 heures quotidiennes de programme en langue arabe, produites sur place. Chaque jour, ce sont près d'un million de personnes qui suivent ses émissions cryptées, et plus de 10 millions ses émissions « en clair ». Deux études ont fait apparaître que, pour ses branches de programme en clair, elle était la première télévision internationale en Côte-d'Ivoire, au Gabon et au Cameroun. Au Maroc où elle s'est largement développée depuis 1996, après et grâce à sa montée sur le satellite « Hot Bird », un détenteur de paraboles sur deux déclare suivre des programmes en clair. Depuis le 1er novembre 1996, elle est reprise dans le bouquet numérique Multichoice Africa (*via* le satellite PAS 4) et depuis début 1998, dans le bouquet numérique francophone africain (*via* Intelsat 803).

Ayant délibérément exclu l'information de ses programmes, elle est centrée sur le cinéma (60 % du temps d'antenne), le sport (10 %), les documentaires (10 %), les émissions pour la jeunesse (20 h de programme par semaine) et la musique (en 1998, elle a coproduit une série sur la musique africaine et un portrait de Fairouz signé Frédéric Mitterrand). Dans le domaine du cinéma, son action ne se limite pas à la diffusion (420 films et fictions par an, dont des films africains et arabes sous-titrés en français, le coût du sous-titrage se montant à environ 12 MF annuels) ; elle investit également dans la production locale : 115 MF ont été investis à ce jour en préachats, coproductions et achats ; le film, *Le Destin,* de Youssef Chahine, membre du Haut Conseil de la Francophonie, a été ainsi produit grâce à l'aide du groupe Canal + Horizons. Elle participe bien évidemment aux grandes manifestations du cinéma africain comme les « Journées Cinématographiques de Carthage (JCC) ou le FESPACO à Ouagadougou.

La société assure aussi une mission de coopération avec les télévisions nationales à laquelle elle souhaite donner de l'ampleur : en 1997, elle a ainsi engagé un programme de formation de dix techniciens maliens et quatre palestiniens. Elle joue un rôle dans l'animation du dialogue francophone local grâce à son nouveau magazine mensuel tiré à 210 000 exemplaires, à la création de « Clubs Canal + » (qui ont notamment organisé un concours auquel près de 6 000 enfants ont participé), et à l'ouverture de son site internet (www.canalhorizon.com) visité par près de 700 personnes par jour (d'où de réelles difficultés à gérer le nombre croissant de demandes suscitées par les nouveaux réseaux).

Espace francophone

Le magazine télévisé « Espace Francophone », créé en 1982 et produit par l'Institut pour la Coopération Audiovisuelle Francophone (ICAF), touche aujourd'hui chaque semaine des millions de spectateurs sur les cinq continents. Soutenu financièrement par les gouvernements français et québécois, la Communauté Wallonie-Bruxelles et l'Agence de la Francophonie, il est diffusé par France 3, RFO, TV5, CFI et la plupart des radios nationales d'expression française en Afrique comme dans l'océan Indien, au Vanuatu ou au Vietnam. En Afrique, il est la plus reprise des émissions diffusées par CFI (avec un taux de 92 %).

Fondé sur le principe de la coproduction et la coréalisation, il rassemble des équipes légères du Nord et du Sud pour la couverture de grands événements de la Francophonie (Sommets des chefs d'État et de Gouvernement, Jeux de la Francophonie, grands festivals comme le FESPACO ou le MASA), mais aussi l'exploration de toutes les facettes de l'univers francophone (vie quotidienne, phénomènes de société, enjeux culturels et technologiques, création littéraire et artistique…). En 1995, naissait le magazine, *Universel* destiné aux jeunes de 8 à 15 ans. En 1997, à la veille du Sommet de Hanoï, « Espace francophone » fêtait ses quinze ans, sa 350e émission, et lançait le premier des sept cédéroms de sa collection « Découverte de la Francophonie », dont la sortie s'échelonnera jusqu'en l'an 2000 (une introduction générale sur l'histoire de la langue française et de la communauté francophone, un disque consacré à une cinquantaine d'écrivains et artistes francophones, et une série de cinq disques sur les grandes régions de la Francophonie). À cette occasion, il annonçait également la mise en ligne sur internet de sa banque audiovisuelle francophone (www.espace-francophone.org) dont la préfiguration avait été réalisée en collaboration avec France Télécom/CNET.DIH et le soutien de l'Agence de la Francophonie.

Son conseil international, réuni à Dinan (France) en mai 1998 (dix-huit représentants de TV nationales d'expression française et des délégués de pays francophones du Nord), saluait son élargissement à de nouveaux membres : Congo-Brazzaville, Gabon, Guinée, Madagascar, Maurice, Mauritanie, Seychelles, Togo, Vietnam) et prenait la décision de se retrouver à Nouakchott (Mauritanie) en octobre 1999.

Chiffre d'affaires des programmes audiovisuels français à l'international

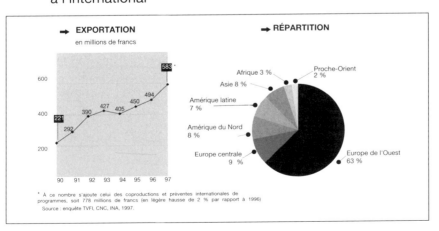

EXPORTATION
en millions de francs

RÉPARTITION

Afrique 3 %
Asie 8 %
Amérique latine 7 %
Amérique du Nord 8 %
Europe centrale 9 %
Proche-Orient 2 %
Europe de l'Ouest 63 %

* À ce nombre s'ajoute celui des coproductions et préventes internationales de programmes, soit 778 millions de francs (en légère hausse de 2 % par rapport à 1996)
Source : enquête TVFI, CNC, INA, 1997.

135

Les radios

RFI

RFI est la radio d'actualité internationale en français 24 h/24. Elle diffuse des émissions en français (RFI 1) ou dans l'une de ses dix-huit langues étrangères (RFI 2) partout dans le monde en ondes courtes, par satellite, en ondes moyennes ou sur des relais FM. RFI est également un fournisseur important de programmes et un acteur d'internet (RFI 3). RFI exerce aussi son activité au travers de filiales : Radio-Monte-Carlo-Moyen-Orient (RMC-MO) et Radio-Paris-Lisbonne (RPL), qui diffuse dans la capitale portugaise 24 h/24 des programmes en français et en portugais.

Le 16 septembre 1996, RFI lançait **RFI 1**, la chaîne internationale en français « tout actualité » (journaux d'information et magazines) 24 h/24 dans un paysage audiovisuel international devenu très concurrentiel. En 1997 et 1998, les études d'audience démontrent que le nouveau format proposé aux auditeurs s'est bien inséré dans les paysages audiovisuels locaux. RFI 1 propose à chaque heure et demi-heure un journal complet de 10 minutes. Trois journaux ont une durée de 15 minutes à 7 h 00, 12 h 00 et 18 h 15 TU (temps universel) ; « L'invité de RFI » vient commenter un sujet d'actualité. Tous les jours, de 13 h 00 à 13 h 40 TU, « 24 heures en France », informe les auditeurs français de l'étranger mais aussi étrangers francophones et francophiles de l'actualité hexagonale. L'Agence Sonore Internationale envoie à destination de l'Afrique et de l'Australie plus de 12 000 modules d'information ainsi que des magazines, des chroniques ou des retransmissions de duplex qu'elle organise.

RFI 2 est constituée de cent-quarante-quatre-journalistes et d'une centaine de correspondants en langues étrangères. Ils préparent trente-quatre programmes quotidiens dont la durée varie, selon les langues, de 30 minutes hebdomadaires à 4 heures quotidiennes pour un volume total hebdomadaire de production de 234 heures. Les dix-huit rédactions en langues étrangères s'adressent aux auditeurs non francophones. Elles déterminent le contenu de leurs programmes en fonction des attentes spécifiques des auditeurs et de la situation locale des médias, tout en respectant trois spécificités : diffuser des informations mondiales, présenter la France et proposer un point de vue indépendant et pluraliste sur les événements locaux. Les émissions se composent de tranches d'information et de magazines. Ces programmes sont directement accessibles aux auditeurs ou repris par les radios partenaires.

RFI 3 gère une banque de programmes qui alimente 738 radios partenaires dans le monde, grâce à l'envoi de disques compacts ou de cassettes mais aussi en utilisant le réseau internet ou les satellites. Elle conçoit en français, anglais, espagnol et portugais vingt-trois émissions hebdomadaires couvrant notamment le sport, la musique, la santé, la culture. Elle fournit aux partenaires qui le souhaitent des reprises d'émissions de RFI et de Radio France. RFI 3 a aussi mis en place en 1996 un fil musical devenu en 1997 une véritable station musicale, RFI Musique. Celle-ci est disponible en Europe, en Amérique latine, en Afrique et en Asie. De manière parallèle, **RFI 3** propose tous les mois à ses radios partenaires des programmes musicaux sur disques compacts, auxquels sont joints des entretiens avec les artistes et des livrets ainsi que des émissions « clé en main ». Depuis le début de l'année 1998, RFI Musique propose aussi aux internautes un site internet consacré à la musique francophone : www.rfimusique.com.

Le budget du groupe RFI (RFI et Radio Monte-Carlo-Moyen-Orient) est important : 780 millions de francs environ, dont un peu moins de 480 millions financés par le ministère des Affaires étrangères et le reste par la redevance. RFI et RMC-MO sont écoutées par près de 45 millions de personnes.

MFI (Médias France Intercontinents)

Créée en mai 1982, Médias France Intercontinents, agence multimédia de Radio France Internationale, fournit des éléments d'information et de documentation aux médias francophones du monde sur des sujets peu ou pas traités par les grandes agences de presse.

Produisant plus de mille articles et fiches documentaires par an, elle diffuse par voie postale (et par internet sur le serveur RFI depuis septembre 1996) ses feuillets rédigés suivant sept grandes rubriques : politique et diplomatie, économie et développement, culture et société, éducation et formation, sport, santé, sciences et technologies.

Au 20 juillet 1998, MFI compte plus de trois cents abonnés dans cinquante-six pays étrangers. Plus d'une centaine de journaux reprennent ses textes au Maghreb, en Afrique subsaharienne et dans l'océan Indien, au Moyen-Orient, dans les Caraïbes, en Europe de l'Est et au Cambodge. Une dizaine d'agences d'information, une quarantaine de radios et autant de télévisions d'Afrique, de l'océan Indien et d'Europe de l'Est reçoivent et utilisent ses productions. Centres de documentation, universités et écoles de journalisme sont aussi abonnés.

En échange de son service gratuit, MFI reçoit la plupart des journaux utilisateurs d'Afrique subsaharienne, de l'océan Indien et du Maghreb. Ceci lui permet d'évaluer ses reprises dans la presse écrite (hors agence, radio et télévision). En 1997, les pays les plus consommateurs ont été : Madagascar (3 295 reprises), la Tunisie (2 027), le Bénin (1 569), le Maroc (1 283), le Burkina Faso (1 217), le Cameroun (1 188), Maurice (750), le Sénégal (595).

RMC Moyen-Orient

Dans le cadre de la constitution d'un pôle radiophonique extérieur autour de RFI décidée en novembre 1995, RFI a racheté pour le franc symbolique les parts que détenait la SOFIRAD dans la SOMERA (Société Monégasque d'Exploitation et d'Études de Radio, qui gère RMC Moyen-Orient) et, au terme de la restructuration de l'entreprise, détient aujourd'hui 100 % du capital.

RMC Moyen-Orient, dont l'équilibre financier devrait être établi d'ici deux à trois ans (budget de 44,3 MF en 1998, déficit prévisionnel de 3,1 MF), est la première radio internationale de la région avec 13 millions d'auditeurs. Diffusée en ondes moyennes depuis un émetteur basé à Chypre, elle offre 15 h de programme par jour en arabe, et 1 h 30 de programme de RFI. RMC Moyen-Orient est également diffusée en sous-porteuse de TV5 par le satellite Arabsat pour le Moyen-Orient, et Eutelsat II F6 pour l'Europe et une partie de l'Afrique du Nord. Forte d'une équipe de soixante personnes (dont vingt-cinq journalistes et cinq animateurs), elle est axée sur l'information (plus d'un tiers du programme).

Les organismes institutionnels

L'Agence de la Francophonie

Les programmes développés par l'Agence de la Francophonie en appui aux médias francophones, qu'il s'agisse du secteur de l'audiovisuel ou de celui de la presse écrite, ont pour objectif d'aider les professionnels du Sud à se doter des moyens leur permettant d'exercer pleinement leur profession et de jouer leur rôle d'acteurs de la vie publique ; de promouvoir l'échange de l'information entre les pays du Sud et la circulation de l'information du Sud vers le Nord, notamment par l'amélioration de la qualité des produits ; et d'associer les médias aux activités menées par l'Agence sur le terrain, en particulier de développement socio-économique. Les nouvelles technologies de l'information permettent de démultiplier les résultats de ces programmes. Le dispositif de l'Agence comporte quatre volets :

■ *Le fonds de soutien à la production audiovisuelle*

Un fonds de soutien à la production audiovisuelle du Sud doté de 40 millions de FF pour le biennum 1998-1999 permet l'aide à la production d'environ dix heures de produits audiovisuels par an. Une part substantielle du fonds est consacrée au soutien à la production télévisuelle, le but visé étant d'accroître la production d'images du Sud, de faciliter, par la coproduction, le transfert des compétences techniques et d'encourager les télévisions publiques du Sud, membres du CIRTEF, à améliorer la qualité de leurs produits et, partant, à élargir leur champ de diffusion. Le fonds est de plus en plus orienté vers le soutien des coproductions de cinéma et de télévision et les collaborations entre producteurs privés et publics ; il privilégie les partenariats Sud-Sud.

Une fois réalisés, ces produits sont accompagnés d'actions de promotion et de diffusion, notamment leur mise à la disposition des télévisions nationales des pays membres et de TV5, ou encore leur mise en circulation sur les marchés internationaux du Nord et du Sud. En outre, l'Agence a la possibilité d'acquérir les droits non commerciaux non exclusifs de produits audiovisuels francophones en vue de leur diffusion par ces mêmes moyens.

Ces actions sont complétées par le programme « Planet » destiné à accroître les capacités de production audiovisuelle des pays du Sud par le développement des équipements. Dans le cadre de ce programme, l'Agence a contribué avec le CIRTEF à l'installation en Afrique de deux cellules de postproduction, respectivement à Yaoundé (Cameroun) et à Cotonou (Bénin). Elle a également apporté un soutien sous forme de petits matériels d'équipement visuels et sonores aux fins de formation (micros, perches, cassettes, etc.).

■ *Un réseau de quarante-six radios rurales et locales en Afrique et au Vietnam*

Pour la radio rurale, média de proximité par excellence, l'Agence a mis en place un réseau de quarante-six stations dont quarante-deux en Afrique et quatre au Vietnam, qui commenceront début 1999 à émettre quotidiennement des programmes éducatifs conçus dans les langues nationales ou les grandes langues transnationales africaines, mais aussi des émissions en français, produites par l'Agence de la Francophonie. Depuis le lancement de ce programme il y a une dizaine d'années, l'Agence a investi plus de vingt millions de francs tant en matériel qu'en formation et suivi. En effet, ce réseau de radios rurales offre de formidables possibilités pour appuyer les initiatives de développement régional, avec un public potentiel de 75 millions de personnes.

■ *Un programme d'appui à la presse écrite du Sud*

Afin d'aider les journalistes du Sud à faire face aux nombreuses difficultés auxquelles ils sont confrontés dans l'exercice de leur métier, notamment en termes d'accès aux sources de l'information, d'appropriation des nouvelles technologies, de maîtrise des mécanismes de gestion, les chefs d'État et de Gouvernement francophones réunis à Hanoï en 1997 ont confié à l'Agence de la Francophonie la mise en œuvre d'un programme d'aide à la presse écrite du Sud qui comporte deux volets : une plate-forme d'échange et de partage de l'information entre entreprises de presse du Sud, et un programme de formation axé sur la maîtrise des mécanismes de gestion.

La plate-forme d'échange a pour objectif le partage de l'information entre les journaux du Sud, un meilleur accès à l'information venant du Nord et une diffusion plus large de l'information du Sud vers le Nord. Le réseau ainsi constitué fonctionne à travers internet et repose sur le principe de la libre adhésion. Il est régi par une charte qui garantie l'éthique de l'échange de l'information et le respect de la déontologie. L'Agence de la Francophonie assure dans un premier temps la mise en place et l'animation de ce réseau qui sera, par la suite, autogéré.

Quant au volet formation, il a pour but de renforcer la viabilité et l'évolution de l'entreprise de presse et privilégiera, par conséquent, la formation à la gestion, à la mise en place de systèmes d'abonnements, à la recherche de ressources publicitaires et à l'organisation des rédactions. Pour dispenser ces formations, l'Agence associera des partenaires tels que le réseau Théophraste qui regroupe les institutions francophones de formation de professionnels de la presse, le Centre africain de perfectionnement des journalistes et des communications (Tunis) ou encore les agences Syfia et InfoSud. Pour la mise en œuvre de ce programme, un fonds d'appui à la presse écrite du Sud vient d'être mis en place par l'Agence. Il en constitue la principale source de financement.

■ *Le Fonds Francophone pour le Développement des Inforoutes*

Après les recommandations du Sommet de Cotonou en 1995 pour faire entrer de plain-pied la communauté francophone dans la société de l'information et le plan d'action adopté par la Conférence des Ministres des Inforoutes réunis à Montréal en 1997, le Sommet de Hanoï a confié à l'Agence de la Francophonie la mise en place d'un Fonds Francophone pour le Développement des Inforoutes.

Doté de 40 millions de FF pour l'année 1998, ce Fonds est destiné à financer des projets individuels ou des projets émanant d'organisations et d'entreprises des pays membres ou des opérateurs de la Francophonie. Les projets doivent s'inscrire dans les priorités fixées par le plan d'action de Montréal, à savoir : favoriser la démocratisation de l'accès aux inforoutes, contribuer au développement de l'aire d'éducation, de formation et de recherche, renforcer l'aire de création et de circulation des contenus, promouvoir une aide de développement économique et social, établir une vigie francophone et assurer une présence concertée des francophones dans les instances internationales chargées du développement des inforoutes. Un Comité Francophone des Inforoutes statue sur la recevabilité des projets, après avis d'experts du Nord et du Sud.

Les inforoutes qui représentent un outil inégalé pour favoriser l'échange de l'information sont mises à contribution dans l'ensemble des programmes de l'Agence destinés au développement des médias francophones.

La Direction de l'Action Audiovisuelle Extérieure du ministère français des Affaires étrangères (DAAE)

La Direction de l'Action Audiovisuelle extérieure, selon les termes de l'arrêté du 11 avril 1994, *« définit et met en œuvre, en liaison avec les autres départements ministériels concernés, la politique audiovisuelle extérieure du Gouvernement en vue de la diffusion de la culture et de la langue française par la radio, la télévision ou le cinéma. Elle assure la tutelle des sociétés de programmes et de diffusion de radio et de télévision à destination de l'étranger. Elle met en place des projets de coopération et de formation en matière de radio, de télévision, de presse et de cinéma »*.

La croissance du budget de cette direction est révélatrice de l'importance qu'elle a prise au sein de la Direction générale des Relations Culturelles, Scientifiques et Techniques : plus de 850 MF en 1998, contre 190 MF attribués en 1987 à la Direction de la Communication, qu'elle a relayée.

La DAAE dispose d'un réseau de correspondants au sein des services culturels des ambassades, véritables relais pour les entreprises françaises, publiques comme privées, désireuses de développer des projets avec des partenaires étrangers, dans les domaines de la télévision, de la radio, du cinéma, du documentaire, de la presse écrite ou encore du multimédia. Ce réseau compte aujourd'hui quarante correspondants ; en 1997 et 1998 ont été créés des postes au Brésil, en Afrique du Sud, en Corée, en Chine, en Argentine et en Australie.

Dans le cadre des négociations multilatérales, la Direction de l'Action Audiovisuelle Extérieure contribue à la définition et à la mise en œuvre de la politique étrangère française en matière audiovisuelle au sein des enceintes européennes et internationales : Union européenne (Comité MEDIA, Comité de contact de la directive « Télévision sans frontières », groupe *ad hoc* audiovisuel, processus de Barcelone...), Conseil de l'Europe (Comité directeur des mass média), Observatoire Européen de l'Audiovisuel, Eureka audiovisuel et UNESCO (Programme International pour le Développement et la Communication). Les deux principaux objectifs de cette politique sont, d'une part, la promotion de l'exception culturelle et, d'autre part, le renforcement de la politique audiovisuelle européenne.

Au 1er janvier 1999, suite à la réforme des ministères des Affaires étrangères et de la Coopération et de la Francophonie, et compte-tenu de l'importance croissante des nouvelles technologies dans l'action audiovisuelle, la Direction de l'Action Audiovisuelle Extérieure, qui sera alors rebaptisée Direction de l'Audiovisuel et des Techniques de Communication, s'enrichira d'une mission pour les Nouvelles Technologies de l'Information et de la Communication.

Le renforcement de l'Action Audiovisuelle Extérieure de la France

Alimentée par cinq rapports successifs en deux ans, dont notamment celui du sénateur Cluzel (mars 1997) et celui de Patrick Imhaus, alors président de TV5 (octobre 1997), précédée de nombreuses réunions des deux ministres concernés (Affaires étrangères/Culture et Communication) avec les responsables publics et privés du secteur, la refonte de la politique audiovisuelle extérieure de la France a finalement été dégagée du projet de loi de réforme de l'audiovisuel français devant être débattu au Parlement à l'automne 1998 pour le premier volet (réforme de l'audiovisuel public) et au printemps 1999 pour le second volet (sauvegarde du pluralisme dans le privé).

Présentée par le ministre Hubert Védrine en Conseil des ministres le 30 avril 1998, elle concerne essentiellement la télévision (la situation radiophonique, avec RFI, étant jugée satisfaisante) et s'articule autour de trois axes majeurs :
– relance de TV5, chaîne francophone de diffusion directe, et recentrage de Canal France International (CFI) sur sa mission de banque de programmes (sauf en Afrique où il restera diffuseur) et d'outil de coopération (ingénierie, conseil) ;
– soutien accru à l'exportation des programmes français ;
– aide financière à la diffusion satellitaire des chaînes françaises hors du territoire national.

La redéfinition des rôles de TV5 et CFI – destinée à mettre fin à une situation concurrentielle de fait, CFI faisant comme TV5, en Asie par exemple, de la diffusion en continu et de la réception satellitaire directe – s'est notamment traduite par la mise en place d'une présidence commune chargée de favoriser la synergie entre les deux entités : Jean Stock a ainsi relayé à la fois Patrick Imhaus à la tête de TV5 et Philippe Baudillon à la tête de CFI. Le développement de TV5 s'appuiera sur une meilleure implication des chaînes publiques : France Télévision augmente de 33 à 35 % sa mise dans la part française du capital de TV5 ; la Sept-Arte/La Cinquième y entre à hauteur de 25 % (à la faveur du retrait de la SOFIRAD) et RFO pour 4 %, l'Institut National de l'Audiovisuel (INA) conservant une part de 2,7 %. Le projet de « CNN à la française », estimé trop coûteux eu égard aux attentes, est abandonné : c'est TV5 qui a vocation à devenir « vitrine de l'audiovisuel français » à l'étranger.
« L'ambition pour cette nouvelle TV5, c'est davantage de films, de sport et d'information, avec notamment des journaux télévisés adaptés au public international » (Hubert Védrine, dans un entretien – Le Monde du 2 mai 1998).

L'exportation de programmes (dont les marchés apparaissent particulièrement porteurs en Europe, Asie du Sud-Est et Amérique latine) bénéficiera d'une aide renforcée des pouvoirs publics, via une augmentation substantielle de leur contribution à TV France International (TVFI) en 1998, et en 1999 selon l'accroissement des investissements propres des sociétés exportatrices membres de l'association. Créée en 1994, TVFI regroupe aujourd'hui environ 120 exportateurs ; elle assure la promotion de ses entreprises et de leurs produits sur le marché international et bénéficie du soutien du Centre National du Cinéma et du ministère des Affaires étrangères. Son activité (1,3 milliards de francs de chiffre d'affaires en 1996) est en hausse de 20 % par an – mais le déficit de l'Europe dans ce secteur reste de 6,5 milliards de dollars par rapport aux États-Unis qui maîtrisent 60 % des échanges mondiaux. Une réflexion a été engagée pour rénover les mécanismes de soutien à l'exportation, pour adapter la fiscalité (TVA sur les abonnements vendus à l'étranger) et pour renforcer l'aide au doublage et au sous-titrage. « La question de savoir s'il vaut mieux diffuser en français ou s'il est préférable de choisir d'autres langues est, en effet, un faux débat dépassé : il faut faire les deux ». (Hubert Védrine, entretien au journal Le Monde du 2 mai 1998). Pour ne pas concurrencer la commercialisation directe, la liste des pays dits de diffusion culturelle (pour lesquels les droits sont cédés gratuitement à CFI et TV5) a été réduite.

141

S'agissant de l'aide à la diffusion satellitaire : elle vise, d'une part, à assurer une projection internationale des bouquets français (à ce jour centrés sur le marché intérieur), soit par leur extension à l'Europe et au Maghreb (premiers marchés porteurs), soit par la création de bouquets spécifiques régionaux, comme le bouquet francophone lancé en avril 1997 en Afrique ; et, d'autre part, à renforcer la diffusion de chaînes françaises sur les bouquets numériques internationaux qui fleurissent partout dans le monde (1 000 chaînes créées par an). L'État pourrait ainsi prendre en charge une part importante des frais de diffusion d'opérateurs tant privés que publics, voire même participer au paiement des droits lorsque le transport est déjà assuré. 130 MF supplémentaires devraient être dégagés pour financer cette redynamisation de la présence médiatique française à l'étranger : montant global du budget pour 1998 : 1,4 milliard de francs - les moyens financiers français restant largement inférieurs (de plus de moitié) à ceux consentis à la BBC ou à la Deutsche Welle.

Le Bureau des Médias du ministère français de la Coopération et de la Francophonie

Le Bureau des Médias intégrera, en janvier 1999, la Direction de l'Audiovisuel, une des directions de la Direction Générale de la Coopération Internationale et du Développement du ministère des Affaires étrangères. Sa compétence couvre à la fois le cinéma, la presse écrite, la radio et l'audiovisuel, ainsi que l'environnement juridique et institutionnel du paysage médiatique. La stratégie du Bureau des Médias consiste en un appui global à l'ensemble de la profession et en un appui indifférencié aux médias publics ou privés. Chaque mission de coopération des pays d'Afrique francophone, lusophone et de l'océan Indien programme de 40 KF à 200 KF annuellement. Certains pays disposent d'un fonds (FAC) de 2 à 5 millions de FF destiné à l'appui aux médias, géré en commun par les autorités locales et les services de l'ambassade concernés. Par ailleurs, les crédits mis en œuvre par le Bureau des Médias s'élevaient en 1997 à 87,8 millions de FF dont 72,1 millions pour l'audiovisuel extérieur et 10,2 pour le bouquet satellitaire numérique (MCM, CFI, TV5, ABSat, Planète...). Environ 20 millions de FF sont utilisés chaque année pour des opérations d'intérêt général (production audiovisuelle, cinéma africain, ainsi que des opérations de formation dans les trois médias : télévision, presse et radio). Études et expertises complètent le dispositif. Un appui particulier est accordé aux organes de régulation, en collaboration avec le Conseil Supérieur de l'Audiovisuel.

Le Bureau des Médias a pour mission d'accompagner le processus démocratique par le renforcement du pluralisme des médias, en favorisant qualitativement et quantitativement la production locale (articles, émissions radiophoniques ou télévisuelles). Ses actions répondent à trois enjeux :
- le premier est économique : la multiplication de nouveaux médias (plus de 700 périodiques et 800 radios...) a créé de nouvelles activités économiques génératrices d'emplois ; toutefois ce secteur a besoin de se structurer et de se viabiliser ;
- le second est politique ; liée à un des axes majeurs de la politique de coopération qui est de renforcer le processus démocratique initié dès 1990 et de favoriser l'État de droit, la promotion des médias demeure un objectif prioritaire ;
- le troisième est culturel, le développement de la Francophonie passant nécessairement par les médias. Expression d'une identité culturelle, le journal est souvent le seul support écrit accessible à la population alphabétisée

De même, la radio est accessible à tous, gratuitement. Par ailleurs, le renforcement des productions audiovisuelles nationales correspondant aux attentes des publics permet d'équilibrer les grilles de programmes face à l'afflux d'images du Nord.

Les regroupements professionnels

Le Conseil International des Radios et Télévisions d'Expression Française (CIRTEF)

Créé en 1978, le CIRTEF qui rassemble aujourd'hui quarante-quatre organismes de radio et télévision issus de trente et un pays répartis sur les cinq continents est un instrument de coopération entre pays du Nord et pays du Sud. Lieu de rencontres et d'échanges entre professionnels de chaînes utilisant la langue française entièrement ou partiellement dans leurs programmes nationaux ou régionaux, il déploie son activité selon sept secteurs prioritaires : une programmation régulière sur TV5 (« *Reflets, images d'ailleurs* », « *Rêves d'Afrique* »), des échanges de programmes, des coproductions, la création de cellules de post-production en Afrique (deux ont déjà vu le jour : l'une à Cotonou, l'autre à Yaoundé), des formations touchant à tous les secteurs de l'audiovisuel (un projet d'ouverture de trois centres de formation à l'informatique et au numérique est en cours), un secteur spécifique radio (atelier de création radiophonique à Dakar en 1996, atelier sur l'étude d'auditoire par le diagnostique participatif à Kaolack – Sénégal – en 1997), organisation du SEFOR, séminaire de formation qui constitue la plus importante manifestation du Conseil et une occasion privilégiée de dialogue entre l'ensemble de ses membres. La session 1998 du SEFOR, où environ cent cinquante participants étaient attendus à Bruxelles entre le 30 octobre et le 4 novembre, avait pour intitulé : « *De nouveaux horizons pour les radios et télévisions publiques* » (thèmes traités : les réseaux – du réseau interne à la diffusion numérique par satellite ; l'archivage ; la post-production ; la formation du personnel ; le cadre légal (inadéquation du cadre actuel aux nouvelles possibilités qu'offre le numérique).

La Communauté des Télévisions Francophones (CTF)

Créée en 1964, la CTF réunit les chaînes publiques francophones des pays du Nord : Belgique (RTBF) ; Canada (SRG-Société Radio Canada, Télévisions-Québec, TFO Ontario, RDI-Réseau de l'Information) ; France (France 2, France 3, La Cinquième, RFO, TV5) ; Luxembourg (RTL9) ; Suisse (TSR-Télévision Suisse romande).

Son but est de faciliter les échanges d'expériences et l'émergence de projets communs entre ses membres et son ambition de promouvoir la télévision en langue française dans le monde, en renforçant l'axe Nord-Sud de la Francophonie. Elle a ainsi signé un accord-cadre avec le CIRTEF prévoyant notamment la mise en place de jumelages triangulaires entre télévisions nationales du Sud et stations régionales de télévision du Nord. Cinq opérations de formation, production et coopération ont associé depuis juin 1996 la télévision de Tunisie avec France 3 Lyon et la SRC-Québec ; celle du Cameroun avec France 3 Lille et la SRC-Ottawa ; de Côte-d'Ivoire avec France 3 Rennes et la SRC-Moncton ; du Bénin avec la RTBF-Liège et la SCR-

Régina ; du Sénégal avec France 3 Bordeaux et la TFO-Ontario. Cinq nouveaux jumelages du même type ont vu le jour en 1998.

La Communauté des Radios Publiques de Langue Française (CRPLF)

Créée en 1955, la CRPLF réunit quatre sociétés de service public de Belgique (RTBF), du Canada (Radio Canada), de France (Radio France) et de Suisse (Radio Suisse Romande – RSR). Ce « quatuor francophone » échange ou coproduit chaque année près d'un millier d'heures de programme diffusées *via* ses vingt et un réseaux ou chaînes, et est ainsi devenu, avec son public potentiel de 70 millions d'auditeurs, le premier producteur d'émissions de radio en langue française. En été 1997 était diffusée une coproduction de huit heures consacrée aux grandes et petites scènes de la chanson francophone, « En haut de l'affiche », et en 1998 une série de huit émissions autour de Jacques Brel : « Aimer jusqu'à la déchirure ». Depuis plusieurs années, elle organise des rencontres d'écrivains francophones et diffuse les grands concerts de la Francophonie. Son grand prix Paul-Gilson récompense chaque année une création (musique, fiction, documentaire) et sa Bourse René-Payot encourage les jeunes journalistes de radio. On trouve le compte rendu de ses activités dans *Micro 4*, sa lettre d'information mensuelle tirée à 2 000 exemplaires, qu'accompagne chaque trimestre un dossier de fond.

Les associations

L'Union Internationale des Journalistes et de la Presse de Langue Française (UIJPLF)

Créée dès 1950, l'UIJPLF regroupe aujourd'hui 2 320 journalistes, responsables et éditeurs de la presse écrite et audiovisuelle répartis dans cent deux pays (55 % de ses adhérents vivent dans des pays non-membres de la Communauté des Sommets francophones). Au siège parisien de son secrétariat général, elle reçoit quelques 1 500 publications francophones et dispose d'un centre d'archives et d'études à l'abbaye de Sorrèze, dans le Tarn. Sa publication, *La Gazette de la presse francophone* (15 000 exemplaires diffusés tous les deux mois), fait le point de l'actualité médiatique francophone internationale et constitue un outil de réflexion et de débat sur la Francophonie.

En novembre 1997, à la veille du Sommet de la Francophonie, se sont tenues à Hanoï ses XXIXe assises, sur le thème de l'information économique ; cette rencontre fut également l'occasion pour l'OING de lancer un appel en faveur des journalistes emprisonnés dans seize des pays participant au Sommet. En mars 1998, l'UIJPLF a organisé à Beyrouth les IIe Journées de la Presse Arabe Francophone, axées sur la formation et la régulation. En novembre de la même année, elle ouvrait à Bamako ses XXXe assises sur le thème des relations entre la presse et les pouvoirs publics. L'UIJPLF prépare en outre un « internet de la presse francophone » (CDI-Communication, Documentation, Information) qui lui permettra de mettre l'ensemble de ses ressources à disposition de son réseau et du grand public. Enfin, constatant l'absence de structure d'accueil pour les journalistes étrangers séjournant en France, l'UIJPLF a conçu le projet d'ouvrir une « Maison de la Presse » offrant aux professionnels de passage des outils de travail efficaces et une documentation sur la Francophonie.

L'Association Internationale de la Presse Francophone (AIPF)

Les quotidiens départementaux français et d'autres éditeurs de langue française ont fondé l'AIPF (Association Internationale de la Presse Francophone) le 15 juin 1993, association qui développe, depuis, des relations avec plus de 448 éditeurs de langue française dans le monde. Elle organise son action autour de deux axes : l'axe AIPF-Jeunesse, et l'axe AIPF-entreprises.

Au travers de « La Presse d'En Fax », l'AIPF enrichit ses liens avec plus de 37 000 jeunes émanant d'une soixantaine de pays qui communiquent avec elle et entre eux. Un premier guide des Associations de Jeunes Francophones a vu le jour, qui sera réactualisé chaque année. D'autres actions ont donné lieu à des rencontres de jeunes francophones : semaine de la Langue Française, Ciel en Presse, Passeport pour la Lecture, Planète Béarn, Le Voyage par le Mot, Parole de Jeune, le Fil de l'Eau. L'AIPF participe régulièrement sous diverses formes aux émissions d'Espace Francophone, de TV5 Europe et de RFI. L'AIPF s'est par ailleurs donné pour vocation de conjuguer les talents et les savoir-faire des entreprises existantes. Elle a ainsi réalisé la première informatisation du *Progrès Égyptien*, soutenu la BBC Education pour ses programmes francophones et apporté son soutien à la création d'une organisation patronale de presse à Madagascar. Elle a également participé à la Journée de la Francophonie du 20 mars 1997 et à l'université de la citoyenneté. Elle a créé son site internet (wwww.aipf.org).

Les négociations internationales impliquant l'audiovisuel

■ *Dans le cadre de l'OMC (Organisation Mondiale du Commerce)*

Un nouveau cycle de négociations sur les services va s'ouvrir d'ici fin 1999 où le maintien de « l'exception culturelle », acquise en 1993 grâce notamment au soutien apporté par les pays francophones réunis au Sommet de Maurice, sera à l'ordre du jour.

■ *Dans le cadre de l'OCDE (Organisation de Coopération et de Développement Économique)*

Le 27 avril 1997, après une large mobilisation des acteurs concernés (cinéastes, créateurs audiovisuels), le projet d'Accord Multilatéral pour l'Investissement (AMI), négocié depuis 1995, a été ajourné pour six mois. Certaines de ses clauses (octroi aux investisseurs étrangers du traitement national, clause de la nation la plus favorisée) remettaient en cause les systèmes de quotas de diffusion et d'aide à la production audiovisuelle instaurés dans le cadre européen. Aux côtés du Canada et de plusieurs de ses partenaires européens (Belgique, Italie, Portugal), la France a combattu ce projet et a quitté la négociation. Rappelons que le projet d'accord de libre-échange transatlantique (NTM) présenté par le commissaire européen Léon Brittan, qui représentait également une menace pour l'exception culturelle, a lui aussi été repoussé.

■ *Dans le cadre européen*

La révision de la **directive Télévision sans Frontières**, qui s'est achevée le 19 juin 1997, préserve pour cinq ans le régime des quotas, instrument de promotion des programmes audiovisuels européens. Mais en n'excluant pas les émissions de plateau, en n'imposant pas de quotas pour les œuvres strictement européennes, c'est-à-dire non nationales, ou en permettant de remplir les quotas à des heures de faible écoute, les dispositions peuvent peiner à atteindre leur but.

Quant à la convention télévision transfrontières du Conseil de l'Europe dont la renégociation venait également à terme, elle reprend pour l'essentiel les modifications de la directive, notamment en matière de droit du public à l'accès aux événements dits majeurs (dès 1995, une liste d'événements sportifs avait déjà été négociée par le CSA avec Canal +). Une clause « anti-délocalisation » y a été introduite. Un radiodiffuseur est soumis à la loi de l'État dans lequel il a son lieu d'établissement, critère précisé notamment quand le siège et le lieu où sont prises les décisions de programmation sont situés dans deux pays différents. Sachant que tout radiodiffuseur établi dans la loi d'un État membre, et autorisé en tant que tel, peut, depuis 1989, diffuser dans l'ensemble des États membres sans qu'un autre contrôle puisse lui être imposé. S'agissant des réseaux câblés, la Cour de Justice européenne avait, dès septembre 1996, jugé incompatible avec la directive le régime belge de conventionnement préalable des chaînes européennes avant leur reprise sur le câble. Le CSA français, qui avait notamment résisté à la reprise de la chaîne Cartoon – non respectueuse des quotas européens – a ainsi dû s'incliner en octobre 1997, en optant, comme les autorités flamandes, pour un régime de simple déclaration. Ce qui faisait écrire à Nicole Vulser dans Le Monde du 2 décembre 1997 : « Le CSA et le Gouvernement français n'ont pas les moyens de lutter contre cette tendance inéluctable à la déréglementation de l'audiovisuel… Ce ne sont plus les ministres et le président du CSA qui sont maîtres de la politique audiovisuelle, mais bien souvent les juges de la Cour de Justice européenne et la Commission de Bruxelles ».

■ *La Conférence européenne sur l'audiovisuel*
organisée à Birmingham les 6 et 7 avril 1998

À l'initiative de la Commission et du Gouvernement britannique, elle a rassemblé environ 450 professionnels de l'audiovisuel et du cinéma. Un consensus s'est dégagé, s'agissant de la défense de la diversité culturelle, du service public de radiodiffusion, et du renforcement des mécanismes de soutien. Le programme Média II (1996-2000, d'un budget de 310 mécus) joue à cet égard un rôle essentiel dans la consolidation du marché audiovisuel européen. Quant au « Fonds de garantie » préconisé par la France (qui permettrait la mobilisation de capitaux privés), il n'est toujours pas mis en place.

■ *Le* Livre vert *de la Commission européenne*
sur la convergence des secteurs des télécommunications,
des médias et des technologies de l'information
et les implications pour la réglementation

Rendu public en décembre 1997, il a soulevé un vif débat, Hervé Bourges, président du CSA français, par exemple, y voyant une véritable bombe capable de faire sauter l'exception culturelle et toutes les réglementations existantes. Hervé Bourges n'avait-il pas déjà affirmé au colloque « Quel audiovisuel pour demain ? » (Assemblée nationale, 18 octobre 1997) : « Lorsqu'on confond sous une même autorité l'administration des tuyaux et la régulation des contenus, alors la puissance des logiques industrielles est telle que ce sont systématiquement les tuyaux qui triomphent des contenus ». La France, dans sa réponse, appelle à « une adaptation pragmatique et mesurée du cadre réglementaire dans le respect des objectifs d'intérêt général et de renforcement de la diversité culturelle ».

a régulation

Qualifiée par Hervé Bourges, de « *forme moderne de l'intervention de l'État dans un secteur économique* », la régulation audiovisuelle concilie deux exigences : d'une part, la nécessité de préserver par un cadre juridique l'intérêt public et des principes éthiques irréductibles aux seules lois du marché (garantie du pluralisme de l'offre et du libre choix des citoyens, protection de l'enfance et respect de la dignité des personnes, protection des identités culturelles...) ; et, d'autre part, le souci de conserver aux acteurs de la communication la plus grande liberté et autonomie, en évitant de freiner par des mesures trop contraignantes le développement d'un secteur en pleine évolution.

La régulation est donc tout à la fois éthique et économique. Comme le rappelait Jean Cluzel dans la revue *L'Audiovisuel* (juin 1998) : « *L'organisation d'un marché pluraliste suppose l'existence d'un corpus de règles, notamment en matière de concentration* », ajoutant aussitôt « *que la notion de position dominante devait désormais s'apprécier dans un contexte de concurrence internationale exacerbée, et plutôt en terme de parts de marché que de répartition de propriété* ». Dans ce secteur largement dominé, en effet, par les acteurs anglo-saxons et où les États-Unis, qui se taillent la part du lion, portent des attaques répétées contre les mesures destinées à préserver les capacités de création des autres nations, il apparaîtrait peu opportun d'affaiblir les opérateurs nationaux francophones, qui restent, eux, de taille modeste.

La régulation économique est par ailleurs confrontée à de nouveaux problèmes du fait des évolutions technologiques : ainsi, la multiplication des offres groupées de service sur l'ensemble des supports de communication (câble, satellite, numérique terrestre) tend à rendre nécessaire la neutralité de l'infrastructure de transport (plusieurs opérateurs sont, en effet, présents dans le capital de bouquets concurrents). Les systèmes de contrôle d'accès sont également un haut lieu de concurrence entre opérateurs : d'où, pour le téléspectateur, l'intérêt d'une compatibilité des décodeurs, de façon à éviter l'achat ou la location de matériels différents.

L'apparition de ce qu'on désigne par « nouveaux services » et la convergence entre audiovisuel et nouveaux services (services interactifs, multimédia, à valeur ajoutée, auxiliaires, en ligne...) soulèvent aussi de nouvelles interrogations. Comme l'expliquait Jean Cluzel dans l'article mentionné : « *L'utilisateur d'internet peut accéder à des services traditionnels, radio et télévision : il pourra vite paraître paradoxal que des règles de contenu distinctes s'appliquent à des services identiques... Pourquoi la publicité pour le tabac serait-elle interdite pour l'un et autorisée pour l'autre ? Serait-il possible d'organiser un droit de réponse sur une chaîne de câble et non sur un site Web fournissant le même type de service ?* » D'où l'insistance du président du CSA français, Hervé Bourges, à vouloir fixer quelques principes fondamentaux clairs dont : réaffirmer la ligne de partage entre service audiovisuel et correspondance privée, éliminer les distinctions de régime entre câble et satellite, assurer le contrôle des instances de régulation sur tout service audiovisuel quel que soit le support de diffusion (téléviseur, chaîne hi-fi, téléphone, ordinateur vont, en effet tendre à offrir les mêmes gammes de services)

Comme on le voit, la convergence numérique, les capacités considérablement élargies de diffusion d'images, de sons et de textes, l'internationalisation croissante des marchés rendent désormais impossible de penser la régulation dans un cadre strictement national : « *De plus en plus, la régulation est aux prises avec des problèmes économiques et technologiques qui dépassent les frontières... D'où l'urgence qu'il y a à se doter de principes de régulation à peu près homogènes tout autour de la planète. Car, la société de l'information sera ce que nous en ferons* » (Hervé Bourges, conférence des instances de régulation d'Afrique, Libreville, 2-5 juin 1998).

Dans cette société nouvelle, les francophones se concertent. Le CSA français trouve ainsi dans des enceintes internationales comme l'OCDE un soutien de poids auprès du CRTC canadien pour résister aux offensives anglo-saxonnes de mise à mal du principe de l'exception culturelle appliqué au domaine de l'audiovisuel. Le CSA développe également une politique de dialogue et de coopération dans un cadre européen : outre la conférence tripartite avec ses homologues britannique et allemand, il participe à la plate-forme européenne des instances de régulation baptisée l'EPRA qui réunit deux fois l'an dix-sept pays d'Europe de l'Ouest et de l'Est autour de thèmes très concrets, comme au printemps 1998 en Norvège, le contrôle des publicités clandestines et la violence à la télévision. Indiquons, à ce propos, que la signalétique anti-violence française a été reprise en Belgique et en Espagne (où seule la Catalogne dispose pour l'heure d'une instance de régulation). Le CSA français est également partie prenante du réseau des instances des pays méditerranéens qui réunit le Portugal, la Catalogne, l'Italie (qui vient de se doter d'une instance), la Grèce. Réseau qui s'est constitué comme tel à l'automne 1997.

Dans le cadre de sa collaboration avec les pays émergents, le CSA entretient des relations très serrées avec le tout nouveau réseau des instances africaines de régulation de la communication, le RIARC, créé le 5 juin 1998 à Libreville (Gabon) par trente et un pays francophones, anglophones et lusophones, dont dix-huit sont membres de la communauté des Sommets de la Francophonie. Comme le soulignait le président gabonais du réseau, Pierre-Marie Dong : « *Il ne saurait y avoir de développement et de véritable démocratie qui ne soient sous-tendus par une communication libre et plurielle* ». Cette initiative s'inscrit dans la continuité des échanges établis entre le CSA français et les jeunes instances africaines, notamment d'un séminaire de travail organisé à Paris en novembre 1996 qui avait permis de dégager six grands principes : indépendance des régulateurs vis-à-vis de tous les pouvoirs ; nécessité de disposer des moyens matériels de fonctionner de manière indépendante ; responsabilité du diffuseur public ou privé ; contrôle toujours *a posteriori* (contrôler n'est pas censurer) ; autorégulation des diffuseurs (par la signature de conventions) ; harmonisation des réglementations nationales entre elles. Une réunion du RIARC et du CSA est prévue à Paris en juin 1999, avec le soutien des ministères français des Affaires étrangères, de la Coopération et de la Francophonie.

Le CSA entretient également des liens avec des pays comme la Corée du sud, le Japon, l'Australie, le Brésil... Autant de pays intéressés par l'expérience et les savoir-faire acquis par cette instance francophone qui fêtera en 1999 son dixième anniversaire, et projette à cette occasion d'organiser une rencontre mondiale sur internet et le statut des médias électroniques.

ynthèses régionales des informations
urnies par les postes diplomatiques français

Presse écrite

Afrique (dont Maghreb)

■ *Francophone (dix-neuf réponses)*

Quotidiens, hebdomadaires et mensuels qui ont vu le jour sont pour la plupart des titres d'information générale et institutionnelle ou des organes de formations politiques au tirage oscillant entre 1 000 et 15 000 exemplaires. Créés à l'initiative de partenaires privés, ils ont pour principale cible un lectorat urbain, notamment les fonctionnaires. Au Mali, la presse écrite de langue française a connu une éclosion subite ces deux dernières années, avec dix-sept nouvelles publications. Le Parti Démocratique de Côte-d'Ivoire (PDCI, au pouvoir) a lancé courant juillet un nouveau quotidien, *Le National* dans la perspective des élections générales de l'an 2000. Au Gabon, sont nés cinq nouveaux titres dont *Esprit d'Afrique*, mensuel de développement des communautés africaines ; *Jeunesse Action*, mensuel d'information jeunesse de tendance pro-gouvernementale ; *Échanges*, mensuel d'information économique régionale. Avec toutefois des parutions irrégulières, et d'autres frappées de suspension temporaire et de condamnation comme l'organe politique d'opposition, *Le Bûcheron*. À l'inverse, un certain nombre de titres en langue française ont cessé de paraître pour différentes raisons : financières, techniques, de distribution ou politiques. En Mauritanie, trois titres ont ainsi disparu dont *La Vérité*, organe pro-gouvernemental, pourtant interdit par les autorités. Les traductions de titres francophones sont rares sauf au Maroc où certains journaux ont une version française et une version arabe et en Mauritanie où les grands titres francophones ont tous une édition en arabe (et où des titres arabophones ont tenté en vain de devenir bilingues). Des accords de coopération sont conclus avec des pays francophones du Nord et du Sud pour la formation de techniciens ou de journalistes. Le principal partenaire des pays africains demeure la France (à travers les actions du ministère de la Coopération) suivie du Canada, de la Belgique et de l'Allemagne, très active en Côte-d'Ivoire depuis 1995 avec la fondation Friedrich Ebert. Le Centre d'Études des Sciences et Techniques de l'Information de Dakar et l'École Supérieure des Sciences de l'Information et de la Communication de Yaoundé participent largement aux formations.

■ *Non francophone (dix-sept réponses)*

Cinq titres de langue française sont nés sous l'impulsion de nationaux francophiles, de résidents francophones ou d'institutions culturelles françaises. Quatre titres ont été suspendus pour raisons financières ou techniques dont la page de l'hebdomadaire éthiopien *Addis Tribune* et le journal bilingue français/anglais du Soudan, le *Soudanow*. Des traductions de journaux sont effectuées ou en cours en Zambie, à l'initiative du service culturel français. En Afrique du Sud et au Mozambique, des francophones, ressortissants de la République Démocratique du Congo et du Burundi, ont lancé *Africa News*, un mensuel bilingue français /anglais (pour l'Afrique du Sud), et *Flash Hebdo*, un hebdomadaire de langue française (pour le Mozambique), incarnant ainsi le concept de « migrants, passeurs de Francophonie ». En Gambie, enclave anglophone, l'unique distributeur de revues de langue française vient de cesser cet aspect de ses activités réduisant ainsi à néant la presse écrite francophone dans ce pays. Malgré une présence faible de la presse écrite, un certain nombre d'accords ont été conclus pour renforcer les formations médias. La France et l'Union européenne demeurent les partenaires privilégiés. Un projet vient d'être mis en place en Angola avec un budget de quatre millions de francs français, consacré aux formations de journalistes et au renforcement du cadre institutionnel. En Libye, la présence française dans le domaine de la formation au journalisme a décliné du fait du contexte politique. Cependant, en 1997, un journaliste libyen a pu faire un stage de quinze jours à l'invitation de Radio-France. En Ouganda, deux journalistes sont invités chaque année par le ministère français des Affaires étrangères.

149

Proche et Moyen-Orient

■ Francophone (deux réponses)

Unique pays de la région appartenant à l'espace francophone avec l'Égypte, le Liban reste le fer de lance de la culture francophone. Tous les principaux organes de presse français y sont régulièrement importés. Au cours des deux dernières années, huit publications y sont nées. D'autres titres sont apparus, mais leur périodicité est irrégulière. Le supplément hebdomadaire francophone du premier quotidien libanais de langue arabe a été supprimé en 1997 pour des raisons à la fois financières et éditoriales (manipulation imprudente d'informations sensibles). Le projet d'une édition arabe mensuelle du *Monde diplomatique* réalisée à Beyrouth est sur le point d'être finalisé. D'octobre 1995 à février 1998, le Liban a coopéré avec la France pour la formation de techniciens et de journalistes : avec l'uni-

versité libanaise dans le cadre d'un DESS (Bac + 5) en partenariat avec le Centre de Formation et de Perfectionnement des Journalistes (Paris) et l'Institut Français de Presse – Paris II ; avec l'université Saint-Joseph pour un DESS de journalisme et des stages professionnels en France de moyenne durée dans les grands quotidiens ; avec le quotidien *l'Orient-le-Jour* pour la formation professionnelle du personnel en partenariat avec l'École Supérieure de Journalisme de Lille. L'Égypte dispose d'une filière francophone de formation au journalisme à l'université du Caire, où quinze étudiants de cinquième année sont formés annuellement en coopération avec le CFPJ. Des cours sont également proposés aux étudiants de troisième et quatrième année.

■ Non francophone (onze réponses)

La presse écrite de langue française a connu un déclin ces dernières années. Aux Émirats Arabes Unis, le supplément francophone hebdomadaire du *Khaleej Times* de Dubaï paraît en décembre 1995, passe d'un tirage de 30000 à 8000 exemplaires, mais en novembre 1996, il est supprimé (il avait adopté un ton critique à l'égard de la politique d'immigration du pays). En Iran, la revue francophone *Loqman*, consacrée aux sciences sociales et humaines, survit tant bien que mal avec le soutien de l'ambassade de France. En Israël, le *Jérusalem Post* publie un hebdomadaire en français. En Jordanie, la presse écrite francophone est quasi inexistante comme à Oman et au Qatar. Au Koweït, *La Gazette*, supplément

hebdomadaire du *Kuwait Times* a disparu fin 1995, le poste de journaliste (coopérant) ayant été supprimé. En matière de coopération, la France est l'unique interlocuteur francophone dans le domaine de la presse écrite. Elle a mis une bourse à la disposition de l'Arabie Saoudite et une mission d'aide technique pour l'élaboration de programmes destinés à la radio télévision nationale. Le ministère français des Affaires étrangères invite chaque année deux journalistes israéliens pour une semaine. En Syrie, de nombreux stages sont assurés par le centre de formation des personnels de radio et de télévision, l'ASBU (Arab States Broadcasting Union), avec l'appui de l'ambassade de France.

Amérique du Nord

■ Francophone (deux réponses)

Au Canada, six périodiques régionaux sont apparus, touchant un public associatif restreint. Cependant un nouveau titre national francophone, *Infomag*, au tirage d'environ 30 000 exemplaires, a été créé à l'initiative de partenaires publics et privés et paraît six fois l'an. Au Québec, un quotidien d'information générale, *Le Fleuve*, est né en 1997 ; il a dis-

paru huit mois après son lancement pour des raisons financières (et une forte baisse des tirages). Des publications bilingues et trilingues sont nées en 1996. Un accord de coopération entre le Québec et la France prévoit le financement de trois stages, de trois mois chacun, pour trois journalistes français au Québec et trois Québécois en France.

■ Non francophone (deux réponses)

Aux États-Unis, la revue *Sites*, nouvellement créée par l'université du Connecticut, est une publication bisannuelle et bilingue d'actualité littéraire destinée aux universitaires et intellectuels. En Louisiane, quatre publica-

tions francophones sont récemment apparues. Deux titres ont cessé de paraître : *La Gazette et Le bulletin du Codofil* (agence de l'État de Louisiane pour la défense du français). Cette agence et d'autres organismes comme l'université de l'État de Louisiane et l'université des Acadiens publient environ trois titres francophones ou bilingues chaque année. Dans le domaine de la formation, le CFPJ (France) accueille des stagiaires du quotidien *Times Picayune-Union*.

Amérique latine (treize réponses)

De façon générale, le paysage de la presse écrite n'a pas subi de grandes modifications en Amérique latine. On nous signale le lancement au Brésil en 1997 de *Franc Parler*, trimestriel, tiré à 4 500 exemplaires, correspondant de la *Tribune de Genève*. Il traite d'informations générales, et touche le public des francophones établis dans ce pays. Mais dans le même temps, *Tropical Infos* disparaît pour raisons techniques. Au Salvador, un bulletin consacré à l'éducation et à la pédagogie a vu le jour. Les journaux intègrent régulièrement des traductions d'articles fournis par l'ambassade de France au Brésil et en Bolivie. L'accueil est plutôt bon. Au Pérou, ces traductions concernent surtout l'actualité culturelle. Les coopérations en matière de formation sont rares : le Brésil participe au programme « Journalistes en Europe » et quelques journalistes du Pérou ont été invités par le ministère des Affaires étrangères français. Au Paraguay, le Syndicat des Journalistes recherche des experts français pour l'animation de stages techniques (presse écrite, télévision, radio).

Caraïbes (trois réponses)

À Cuba, la circulation de la presse étrangère est limitée. Haïti montre un certain dynamisme en matière de presse : deux mensuels d'initiative privée y ont été créés : *Audience*, et *Haïtiens d'aujourd'hui*. Ils traitent d'information générale, de culture et touchent les couches cultivées de la population. En revanche, les échanges de formation dépendent du système d'aide publique. Des bourses sont distribuées par la coopération bilatérale française pour des stages en France (RFI, France 3, ESJ de Lille). En 1997, une session (vingt-cinq participants) a eu lieu à Haïti sur le thème du traitement journalistique des questions judiciaires.

Europe

■ *Francophone (neuf réponses)*

En Belgique, *Le Matin*, apparu dans les kiosques le 24 mars 1998, remplace trois titres qui ont cessé de paraître et incarnaient le mouvement socialiste et syndicaliste wallon (*Le Peuple, La Wallonie et Le Journal*). Un mensuel a disparu en avril 1997 en Bulgarie, *Les lettres de Sophia,* du fait de l'interruption de crédits du programme PHARE. Une demande de financement a été déposée auprès de l'Agence de la Francophonie. Au Luxembourg, *Le Jeudi*, hebdomadaire francophone tiré à 10 000 exemplaires a été lancé en 1997 à l'initiative du journal luxembourgeois *Tageblatt*. De nombreux journaux publient des articles en allemand, en français et en luxembourgeois. En Macédoine, quelques titres français tels que *Le Monde*, *Elle*, *Le Figaro* sont importés. Les traductions d'articles extraits de la presse française (*Le Monde, Le Monde Diplomatique, L'Express, Le Point, Le Figaro, Le Nouvel Observateur*...) sont une pratique courante. À Monaco, *Monaco Hebdo* (1 200 exemplaires tirés) touche un lectorat populaire. Il distille des informations générales sur la Principauté. Par ailleurs, l'édition monégasque de *Nice-Matin* étoffe ses pages locales et change d'appellation en *Monaco-Matin*

(12 000 exemplaires tirés chaque jour). Un nouvel hebdomadaire d'informations générales est publié à 3 000 exemplaires en Pologne, *Le Courrier de Varsovie,* destiné à un lectorat d'expatriés de langue française. Un Programme d'Aide à la Publication (PAP) Boy-Zelenski a été développé en Pologne, géré par le ministère français des Affaires étrangères en vue de soutenir des revues littéraires à mi-chemin entre le magazine et le livre. En Roumanie, c'est une initiative privée qui a permis la sortie de *Elle Romania* au mois de décembre 1997. Le quotidien *Bucarest Matin* publie cinq jours par semaine des informations générales, avec le soutien d'Adriana Trading et l'aide de l'ambassade de France. Le profil socioculturel du lectorat reste élevé. En Suisse, la fusion entre *Le Journal de Genève et Le Nouveau Quotidien* (de Lausanne) pour donner naissance à une nouvelle parution, *Le Temps,* a suscité bien des remous. Le Val d'Aoste publie des revues bilingues grâce à une aide financière publique de la région. En matière de formation, l'ambassade de France en Bulgarie finance depuis 1994 des échanges entre les étudiants en journalisme de Sofia et l'ESJ de Lille. Plusieurs pays de l'Est entretiennent un

partenariat avec cette école française de journalisme, c'est le cas de la Pologne et de la Roumanie. Dans le Val d'Aoste, un accord entre la région, l'ambassade de France, l'Italie et Rai 3 permet de mettre à disposi-

tion un CSN au siège régional de Rai 3 et d'avoir un journal télévisé bilingue. Toutefois, la suppression du service militaire en France risque de remettre en question ce travail.

■ *Non francophone (vingt-huit réponses)*

● Pays membres de l'Union européenne

En Allemagne, l'hebdomadaire suisse *Wochen Zeitung* publie une traduction du *Monde Diplomatique* depuis mai 1995. Aux Pays-Bas, trois revues ont vu le jour : un bulletin de liaison entre les alliances françaises, un bulletin sur l'actualité scientifique et le bulletin du Poste d'Expansion Économique. Mais la fermeture de l'Institut français de La Haye a entraîné la disparition de son bulletin trimestriel. En Grèce, *La Tribune hellénique*, bimensuel d'informations générales tiré à 3000 exemplaires, a été lancé le 20 mars 1997 lors de la Journée de la Francophonie. Mais, le mensuel *Athèmes* a cessé de paraître en juillet 1997, après quatre numéros. Sa reprise est prévue. Au Portugal, les traductions de la presse féminine, automobile, télévisuelle et de décoration sont fréquentes. Au Danemark, un journal bilingue, *Tempo*, est publié quatre fois par an à 4000 exemplaires. Mais l'Europe ne tire pas entièrement partie de son union. Les échanges de formation journalistique restent encore peu développés : au Danemark, un partenariat entre le CFPJ et Danmarks Journalisthojkole a permis en 1998 à quinze journalistes de compléter leur formation à Paris. Au Portugal, la commission franco-portugaise aurait prévu de relancer le programme d'échanges entre les deux pays.

● Pays hors Union européenne

– CEI

La presse francophone dans la CEI semble dynamique mais souvent à l'initiative exclusive des universitaires. Trois publications ont été créées et l'une suspendue, *La Gazette de Moscou,* pour raisons financières. En Russie, l'écrivain Marek Halter dirige depuis juin 1997 *Les Nouvelles françaises,* avec l'Association des Amis du Collège Universitaire. Selon le sondage du mensuel bilingue français-russe, la France serait l'un des pays qui fait le plus rêver les Russes. Au Belarus naît un mensuel, *Planète des Hommes*, tiré à 1000 exemplaires. Élaboré par l'Association Belarus-France en partenariat avec l'Association des Professeurs de Français et l'ambassade, il est destiné aux étudiants. En Ouzbékistan, le service culturel de l'ambassade et l'Alliance française jouent bien leur rôle de diffuseurs de la presse française. En règle générale, peu d'initiatives partent en dehors des institutions que sont les ambassades, les alliances françaises et les universités. S'agissant de formation, l'université

d'État de Moscou a développé en Russie un partenariat entre sa filière francophone de journalisme, le CFPJ et l'IFP. En Azerbaïdjan, deux journalistes de la radio nationale ont passé un mois de formation en France.

– Autres

En Europe centrale et orientale, la presse écrite francophone semble rester cantonnée dans des sphères universitaires. Six publications ont vu le jour. La Slovaquie paraît très fertile en publications, puisqu'à elle seule, elle produit cinq revues, essentiellement universitaires : un bulletin pédagogique du français langue étrangère ; *La revue de presse slovaque* ; une revue de sciences humaines tirée à 1 200 exemplaires ; par ailleurs, la faculté de pédagogie de l'université Comenius de Bratislava, aidée de fonds octroyés par le programme PHARE, publie un bimensuel tiré à 200 exemplaires, *La Lettre,* sur l'actualité des départements d'études françaises pour un public d'universitaires ; enfin, l'Akademia Instropolitana (c'est-à-dire l'Académie des Sciences) et le service scientifique de l'ambassade de France ont lancé le bisannuel *Région et Administration publique* qui s'adresse à un lectorat étudiant et enseignant. La République tchèque publie le *Journal de la Chambre de commerce franco-tchèque*. Mais *La Tribune de Prague*, initialement rédigée en franco-tchèque, est désormais publiée en anglo-tchèque. En Hongrie, vient de naître *La Nouvelle Gazette de Hongrie*. L'université est l'institution la plus fertile, en Turquie, en matière de création de journaux francophones. Deux départements de communication ont lancé des publications en français pour les étudiants : celui de l'université d'Istanbul, et celui de l'université de Yildiz. On note tout de même une désaffection du français au profit de la langue nationale ou de l'anglais : le *Francofoni* est ainsi désormais publié en turc, mais conserve des articles sur la France. En Lituanie, le centre culturel de Vilnius a lancé en janvier 1997 un bimensuel bilingue tiré à 2 000 exemplaires, touchant enseignants, étudiants, artistes et intellectuels. En Islande, personne n'est demandeur de presse francophone. En matière de formation, la Hongrie entretient un échange entre Eötvös Lorand (Budapest) et l'ESJ de Lille. En Lituanie, l'ambassade de France offre quelques bourses de stage aux journalistes et professionnels de la télévision. En République tchèque, une coopération financée par le ministère français des Affaires étrangères lie l'Institut de journalisme de l'université Charles de Prague et le CFPJ (cent personnes concernées en formation initiale, trente-cinq personnes par an en formation continue).

Asie

Renouant avec les ambitions du *Mékong* (créé en janvier 1994 et disparu en octobre 1995), Marc Victor, ancien journaliste de RFI, a lancé en novembre 1997, à la veille du Sommet de Hanoï, un nouveau mensuel généraliste en français couvrant l'actualité de l'Asie orientale, de l'Asie du Sud-Est au Japon, en passant par la Chine, Taiwan, les deux Corée. *L'Asie Magazine*, conçu en France (espace L'Harmattan, 21bis rue des Écoles, 75005, Paris) avec un réseau de correspondants (comme l'équipe de *Cambodge Soir*), assure le lien entre la Francophonie d'Asie et d'ailleurs, et s'adresse aux hommes d'affaires, expatriés, asiatiques francophones, et bien sûr à tous ceux qui s'intéressent à ce vaste territoire encore mal connu.

■ *Francophone (Cambodge, Laos, Vietnam)*

D'intéressantes initiatives d'édition bilingue ont vu le jour, comme au Cambodge où la revue du Centre Culturel Français et le journal des étudiants du réseau de l'Agence Universitaire de la Francophonie sont publiés en français et en khmer. Au Vietnam, des journaux du groupe Hachette sont traduits en vietnamien. La coopération en matière de formation est active : au Vietnam, une dizaine de stages annuels sont organisés par l'ESJ de Lille, en liaison avec l'Association des Journalistes Vietnamiens. Au Laos, l'AFP forme un stagiaire par an ; au Cambodge, les échanges concernent les élèves de 3e et 4e année de la filière « journalisme » du département d'études francophones de l'université royale de Phnom Penh.

■ *Non francophone (quinze réponses)*

En Corée du sud, le quotidien national *Korea Herald* (450 000 ex. en anglais) qui s'adresse aux décideurs, hommes politiques, hommes d'affaires, communauté internationale, compte désormais une page francophone bimensuelle *Bonjour* grâce à une initiative conjointe de l'ambassade de France, de la Chambre de commerce franco-coréenne et du groupe d'affaires coréen Shindongbang. En Thaïlande, *Aséanie*, revue de sciences humaines éditée par le Centre d'Anthropologie et l'ambassade de France, publie deux à trois numéros par an. En Inde, l'ambassade de France a lancé un bulletin semestriel d'information (3 000 ex.), lu par les cadres et les décideurs (à 85 % indiens) ; à l'occasion des cérémonies – anniversaires de l'indépendance de l'Inde, il a été publié en français et en hindi. Si, au Japon, viennent de se créer une agence privée de diffusion de la presse française (dont le coût est élevé) et une section de l'UJPLF, en revanche, en Indonésie, le groupe Indoprom a cessé en juillet de diffuser les grands titres français (pour raisons de délais de paiement et de livraison). En Malaisie, la librairie L'Agenda (Kuala Lumpur) continue d'importer quelques journaux français pour une trentaine d'abonnés (expatriés, cadres supérieurs). Les ambassades de France diffusent aux médias locaux une revue de presse en français et en anglais. En Chine, *Label France* (le trimestriel du ministère des Affaires étrangères) est également diffusé en chinois (5 000 ex.). Aux Philippines, le *Guardian Weekly* reprend en anglais des articles de fond du *Monde* ; au Japon, des journaux de mode et des magazines féminins français sont adaptés en japonais.

Quelques stages de formation sont organisés par la Fondation Journalistes en Europe avec le soutien des ambassades françaises : un journaliste chinois accueilli chaque année (quatre ou cinq au total bénéficient de missions d'études en France), un journaliste indien reçu pour huit mois en 1998, deux journalistes népalais en 1996 et 1997. L'AFP reçoit également des stagiaires asiatiques : un à deux journalistes malaisiens par an (de l'Agence de presse malaisienne Bernana), un journaliste népalais en 1998 (deux autres ayant été invités pour un séjour à Paris par la Direction de la Presse de l'Information et de la Communication du ministère des Affaires étrangères).

Océan Indien (trois réponses)

Aucune publication n'a été créée ces deux dernières années. Toutefois des accords de coopération avec la France ont permis l'organisation de stages de formation (sur place et en France).

153

Pacifique Sud (trois réponses)

Des textes courts de littérature et sciences sociales sont édités par la maison « Grain de Sable » et diffusés au Vanuatu depuis la Nouvelle-Calédonie. La mise en œuvre de la convention entre la SNRTV (Société natio- nale de radiodiffusion et télévision du Vanuatu) et RFO Nouvelle-Calédonie est financée par les coopérations régionales et bilatérales.

La presse française à l'étranger en 1997 *

Zones géographiques *en exemplaires vendus – estimation à fin 1997*		
	Évolution en %	Répartition en %
Europe Francophone (Andorre, Belgique, Luxembourg, Suisse)	0	55,5
Union européenne	4,1	12,8
Dom-Tom	5,4	10,0
Maghreb	– 0,9	6,8
Afrique	9,6	5,9
Amérique du Nord	9,9	4,9
Moyen-Orient	0,5	1,7
Europe (Hors Union européenne)	17,3	1,3
Asie-Océanie	11,4	0,6
Amérique du Sud	6,2	0,5
Total export	**2,2**	**100**

* Source : Nouvelles Messageries de la Presse Parisienne (NMPP), 1997.

Chiffres clés	
Ventes export :	
Des ventes valeur NMPP* (%)	10,25
En ex. vendus (%)	+ 2,2
Millions d'ex. vendus	130
De ventes en francs* (%)	+ 5,9
Milliards de francs de ventes	2
D'invendus (%)	42
Titres exportés	1 850
Pays importateurs	111

* *En prix public-estimation à fin 1997.*

50 premiers pays importateurs *en exemplaires vendus - estimation à fin 1997*			
Évolution des ventes en %			
Belgique	– 1,3	Turquie	20,8
Suisse	1,9	Maurice (Île)	6,3
Maroc	– 0,7	Autriche	1,9
Espagne	1,7	Brésil	– 0,3
Canada	9,8	Haïti	18,6
Luxembourg	6,8	Japon	7,1
Guadeloupe	4,9	Israël	– 5,0
Réunion (Île)	5,1	Égypte	4,5
Martinique	3,1	Andorre	– 2,9
Tunisie	6,6	République Tchèque	11,6
Royaume-Uni	8,0	Roumanie	11,8
Italie	7,9	Pologne	21,9
Côte-d'Ivoire	13,2	Madagascar	21,4
Allemagne	2,0	Congo	– 13,3
Portugal	0,5	Burkina Faso	0,5
États-Unis	2,8	Mexique	79,9
Gabon	16,5	Argentine	8,8
Liban	– 1,9	Bénin	12,0
Nouvelle-Calédonie	9,5	Danemark	0,6
Grèce	5,3	Suède	10,6
Sénégal	5,7	Togo	19,6
Guyane Française	7,5	Ex- Yougoslavie	54,4
Cameroun	7,0	Tchad	11,1
Polynésie Française	7,2	Djibouti	– 15,6
Pays-Bas	4,5	Guinée	3,8

Les magazines les plus vendus à l'étranger sont *Paris-Match, Femme actuelle, Voici, Point de vue-Images du monde* et *France-Dimanche*. Parmi les quotidiens, *Le Monde* représente la moitié des parts de marché des quotidiens devant *L'Équipe, Paris-Turf, Le Figaro* et *Libération*. La diffusion du journal *Le Monde* à l'étranger (ventes et abonnements) a augmenté de 3,3 % en 1997 avec plus de 44 000 exemplaires.

Radio

Afrique

■ *Francophone*

Les radios ont le vent en poupe, et principalement RFI qui détient un taux de pénétration considérable et une forte audience, suivie de chaînes nationales ou régionales. En Centrafrique, elle diffuse en FM depuis 1997 avec un taux d'écoute élevé à Bangui. En Mauritanie, RFI, arrivée sur FM depuis octobre 1995, a supplanté la radio nationale en terme d'audience. Au Togo, RFI est reçue en FM à Kara. Face aux radios publiques nationales, de nombreuses radios privées ont été lancées. Au Mali, douze stations FM émettent partiellement en langue française et en bamanan ; chaînes généralistes ou associatives, elles visent un public de jeunes comme Radio Klédu ; Radio Guintan, la voix des femmes, donne à ces dernières l'opportunité de se faire entendre sur toute l'étendue du territoire. Au Sénégal, BBC Afrique est relayée en FM, depuis juin 1997, sur la région de Dakar et, depuis décembre de la même année, Radio Wal Fadjiri, radio privée généraliste, émet en modulation de fréquence. Au Gabon, un processus d'attribution, de fréquences a été consolidé en 1996 pour Radio Unité, Radio 100 et Fréquence 3 (qui depuis a cessé d'émettre pour raisons techniques et financières). Ce sont des radios de proximité diffusant en FM avec une audience et un taux de pénétration locaux. Hormis les médias publics, les partenaires impliqués sont des associations ou des sociétés (Africa n° 1) ayant pour la plupart des obédiences politiques : ainsi, Radio Unité (PDG, parti au pouvoir) et Radio Soleil (RNB, opposition) qui a été temporairement suspendue par le CNC pour manquement à la déontologie. Au Bénin, l'espace audiovisuel n'a été libéralisé qu'en décembre 1997. Sur les vingt-quatre radios ayant obtenu une autorisation, seule Golf FM (radio privée) émet à ce jour et diffuse de brefs bulletins d'information, des jeux et de la musique. En Côte-d'Ivoire, cinquante-deux radios de proximité ont été autorisées le dix-sept février 1998 dont treize à Abidjan (la seule à émettre dans la capitale est Radio Yopougon), vingt-six à des privés, vingt-quatre à des mairies PDCI (parti au pouvoir), deux aux municipalités de Gagnoa et de Man-

kono FPI (opposition). Ces radios ne diffusent ni publicité ni informations, leur programme est strictement limité à l'animation locale. Le Cameroun, qui se singularise par son bilinguisme, diffuse certaines émissions en français, d'autres en anglais, ainsi que des bulletins d'information, via l'unique Radio Télévision Publique. Par ailleurs, des initiatives sont prises pour diffuser des émissions francophones en langues locales, comme au Mali où la chaîne 2 ORTM et la chaîne nationale diffusent des émissions en bamanan sur la base de documents envoyés par RFI. En Guinée-Équatoriale, les tentatives de traduction en langues vernaculaires des cours de français langue étrangère dispensés par RFI sont actuellement en suspens. En revanche, RFI émet en espagnol tous les jours de 22 h à 23 h. L'apparition des NTIC dans un grand nombre de pays a contribué à l'amélioration de la qualité de l'écoute et permis la diffusion de chaînes nationales et internationales dans de nouvelles localités. Ainsi, au Burkina Faso, les NTIC ont favorisé l'installation de radios locales et rurales, ce qui a pour avantage de vulgariser l'information en langue française. À l'inverse, au Togo, on constate que le bouquet numérique francophone pratique des tarifs inaccessibles à la majorité des Togolais, ce qui nuit à l'image de la Francophonie. Des accords de coopération conclus avec la France, la Belgique et le Canada ainsi qu'avec le CIRTEF et l'URTNA se traduisent par l'octroi de bourses de formation aux techniciens et aux animateurs.

■ *Non francophone*

En Gambie, une nouvelle chaîne privée régionale généraliste, Sud FM, diffuse avec une forte pénétration. Au Ghana, de nombreuses radios privées ont été créées, certaines d'entre elles proposent quelques variétés françaises ou francophones. Radio Univers diffuse une heure de programme hebdomadaire en partenariat avec le service culturel français et le département de français de l'université. Au Nigeria, trois nouvelles radios privées diffusent en FM des émissions en langue française : « Ray Power » (dont le journal en français est l'une des émissions les plus écoutées), 93.7 et Steam. Elles disposent d'une audience régionale avec un très fort taux de pénétration sur Lagos (100 %), mais sont inconnues dans le reste du pays. En Ouganda, Sanyu FM, radio privée musicale, diffuse une émission de musique francophone le dimanche soir, commentée en anglais. Au Soudan, la section française de Radio Omduiman (chaîne publique nationale) émet une heure de programme (information et culture) à l'intention de francophiles et d'étudiants, à

l'initiative du Centre Culturel Français et de son annexe à l'université. En Tanzanie, Radio Tumaini, créée en 1996, cible un public populaire dans la région de Dar-Es-Salam et diffuse des programmes de RFI et des cours de français : en Afrique du Sud, Voice of Soweto vient de se voir retirer le droit de diffusion par l'autorité de régulation locale (IBA). RFI diffuse des émissions en langues étrangères dans plusieurs pays ; en Afrique du Sud, « Paris Calling Africa » ; au Mozambique, des programmes en portugais ; au Ghana, des programmes sont en projet depuis 1998. Dans certains pays comme la Namibie, les chaînes francophones sont inexistantes et RFI est limitée aux coopérants (une population d'environ 150 personnes). En Libye, une station FM propose des programmes musicaux en anglais et en français et un court bulletin d'information quotidien en français, ce que déplorent des responsables audiovisuels libyens. Grâce aux NTIC, on a désormais accès, au Ghana, à deux chaînes de variétés françaises et RFI est retransmis dans l'enceinte de l'École Normale de Somanya qui forme des professeurs de français. En Libye, le nombre croissant de paraboles permet la réception de stations françaises. En matière de formation, le ministère français des Affaires étran-

gères coopère avec l'Afrique du Sud pour la promotion de cadres, journalistes et techniciens. Des accords de coopération sont envisagés et amorcés avec la Libye, mais à une échelle encore faible.

Proche et Moyen-Orient

■ *Francophone*

Le Liban s'impose comme figure-phare par la pratique et le maintien du français dans les médias et par ses liens de coopération privilégiés avec la France. Toutefois, suite à la nouvelle loi sur l'audiovisuel de septembre 1996 qui impose aux radios « politiques » l'usage prioritaire de la langue arabe (80 %) et interdit la reprise de programmes d'information étrangers, seules cinq radios partiellement ou complètement francophones ont été conservées sur vingt-deux. Sur les trente derniers mois, le Liban a intensifié sa coopération avec la France : Radio Liban collabore étroitement avec RFI (formation pour des techniciens d'exploitation et des journalistes radio ; fourniture de matériel ; soutien technique avec la mise à disposition à plein temps d'un journaliste animateur radio poly-

valent). Différentes radios privées diffusent également des programmes enregistrés et des disques « compact » en provenance de RFI. L'union de la radio télévision égyptienne (URTE) diffuse, quant à elle, dans le cadre du « programme européen » une moyenne de cinquante heures par semaine d'émissions en français (soit à peu près le même volume qu'en anglais). Le programme cible le public des grandes villes francophones (Le Caire, Alexandrie, zone du Canal). RFI fournit des émissions enregistrées d'une durée de quinze heures hebdomadaires. Radio Le Caire participe régulièrement et a organisé à deux reprises, le « grand prix radio » de l'URTI. Un programme de bourses pour la France a été interrompu faute de moyens financiers.

■ *Non francophone*

La radio de langue française est confrontée à la domination des ondes par les chaînes anglo-saxonnes et arabes. RFI, Radio Méditerranée Internationale et RMC-MO se sont vues réduites à des rôles secondaires. Ici, comme ailleurs, les NTIC ont permis d'accéder dans de bonnes conditions d'écoute à des chaînes difficiles à capter. Toutefois, l'écoute de la radio par internet reste une pratique peu courante. En Arabie Saoudite, Radio Riyad diffuse un nouveau programme quotidien de trois heures en langue française. En Israël, la radio nationale diffuse des informations et des magazines en français trois fois par jour sur FM et en OM, selon une égalité parfaite de traitement avec l'anglais. « La semaine de la chanson française » est montée en collaboration avec RFI et les radios nationales (en français et en hébreu) à

l'occasion d'événements comme la Journée de la Francophonie ou la Fête de la Musique. Au Koweït, a été lancée une émission hebdomadaire sur la France d'une durée de huit minutes. À Oman, un contrat a été signé en 1996 entre Radio Sultanate of Oman et la société française de production Ofreida pour la fourniture de programmes musicaux de quatre à cinq heures hebdomadaires. Au Qatar, la radio nationale émet un programme en français de trois heures quotidiennes (informations, chansons et reportages) pour un public francophone d'environ 10 000 personnes. Les radios françaises sont captées en sous-porteuses de TV5, Arte et Euronews. Au Yémen, Radio Aden diffuse un programme de français « Dites-moi tout » et des cours épisodiques de français ; RFI y est difficile à capter à cause du relief.

Amérique du Nord

■ *Francophone*

Au Canada, sont nées quelques radios communautaires locales ou régionales ; RFI (diffusée par TV5 et des radios communautaires en nocturne) accroît sa présence. En septembre 1996, Radio Canada a mis en œuvre avec la Communauté des Radios Publiques de Langue Française un pro-

gramme d'échanges de journalistes et de techniciens. De tels échanges existent aussi entre le réseau québécois Rock Détente et Europe 2. Radio Canada diffuse sur CBF AM690 (le week-end) une tribune téléphonique pancanadienne de la Francophonie « Tournée d'Amérique ». En 1996 et

1997, quatre nouvelles radios communautaires et de campus ont été lancées. Des projets prévoient pour fin 1998 : l'ouverture d'une station intitulée Radio classique par la SRC ; la fusion des stations de Radio Média (type MA) ; la diminution des quotas pour les stations francophones de 65 % à 55 %. Par ailleurs, le Conseil de la Radiodiffusion et des Télécommunications Canadiennes (CRTC) a accordé trois licences de langue française à des entreprises de radios communautaires.

■ *Non francophone*

Aux États-Unis, RFI diffuse quatre heures quotidiennes d'information destinées à la communauté francophone. En Louisiane, RFI est rediffusée par K JEF-FM Jennings depuis juillet 1997 tous les jours de 17 h à 19 h 30. Le bureau audiovisuel de l'ambassade de France diffuse des émissions en espagnol de RFI auprès des radios hispanophones de la Louisiane. Grâce aux NTIC, les radios françaises RFI, Europe 1, RTL, RMC, France Info, sont en accès direct sur le service internet Francelink, en plus des radios locales francophones. Des échanges d'émissions et des réunions périodiques existent entre le comité radio de Média-Louisiane (rassemblement des médias francophones de l'État de Louisiane) et l'ARC (association des radios communautaires du Canada) et des contacts sont en cours avec les radios locales françaises.

Amérique latine

Deux accords ont été développés par RFI en Bolivie, l'un avec une radio lycéenne qui produit des émissions culturelles et éducatives financées quasi intégralement par RFI (coût avantageux de 436 000 francs grâce à l'utilisation du satellite), l'autre avec une radio publique nationale qui reprend trois heures de programme. En outre, la musique francophone s'écoute sur pratiquement toutes les radios. Au Paraguay, RFI a de nouveau conclu un accord de retransmission avec une radio privée et une radio nationale. Les radios les plus écoutées au Paraguay et au Venezuela sont anglophones (BBC, NBC), mais RFI est très écoutée au Panama et au Pérou. Au Pérou, RFI continue de diffuser des cours et de la musique sur cinq radios (quatre privées, une publique). Au Venezuela, un accord très ample a été conclu entre Radio Caracas et RFI pour la diffusion de programmes tant en français qu'en espagnol. Au Brésil où quelques émissions de RFI sont traduites en portugais, les chaînes étrangères les plus écoutées sont RFI, et les chaînes hispanophones. Radio Imprensa diffuse deux heures de cours par semaine (outre les cours dispensés par les radios universitaires). Au Panama, RFI n'émet qu' en espagnol. Le plus souvent, c'est au travers des émissions musicales que la langue française est présente en Argentine. L'année 1998 devrait voir la naissance de Radio Europa à Buenos Aires, produit d'une collaboration entre la BBC et RFI. Pour des raisons légales, la langue utilisée sera l'espagnol, l'objectif étant de parvenir à une programmation en français et en anglais. La distribution par satellite est en plein essor, grâce à Panamsat, et le passage à la fibre optique est une perspective très proche pour le câble. Les radios francophones présentes sur le satellite pourraient peut-être intégrer les bouquets proposés par les distributeurs locaux. RFI a conclu des accords au Panama avec deux radios locales pour diffuser des émissions espagnoles (KW Continente et Radio Stéréo Universidad), et avec la radio universitaire au Nicaragua. Des étudiants ont mis au point Radio Universidad (une heure de français pour les francophiles). Au Chili, le taux de pénétration est faible : un programme d'information d'une demi-heure par semaine est néanmoins accessible sur une radio locale, Radio Riquelme. Afin d'aborder les aspects techniques de la coopération, RFI prévoit de créer un atelier régional à Santiago du Chili en mars. En Colombie, RFI est diffusée uniquement en français, mais ce sont les chaînes américaines qui sont les plus populaires. Au Honduras, l'ambassade de France et l'Association des Professeurs de Français se sont alliées pour donner naissance à un programme hebdomadaire (une heure) d'information culturelle et de musique visant la jeunesse. En Uruguay, Radio Sarandi (privée) diffuse en partenariat avec RFI une heure d'information du lundi au vendredi. À l'origine, la radio diffusait dix-sept heures de programme, interrompues pour raisons financières.

Caraïbes

À Cuba, où RFI est très écoutée, Radio Taino a renoncé au français dans son émission trilingue, « Suena bien », diffusée désormais en espagnol et anglais. Peu de nouvelles radios se sont créées à Haïti, toutes sont privées ou associatives, à audience locale (FM), de type généraliste et ont de faibles taux de pénétration. Les radios haïtiennes sont, pour la plupart, bilingues : créole (pour un temps d'antenne majoritaire) et français. RFI bénéficie d'un très bon taux d'écoute auprès de la population cultivée. Des programmes francophones (informations, chansons) se sont développés ces derniers mois en partenariat avec Radio Carribean International, qui est l'une des trois radios généralistes les plus écoutées à Sainte-Lucie (en FM) et à la Dominique (en OM). L'Alliance française, quant à elle, prépare chaque semaine une émission informative d'une heure (avec chansons) en trois langues : français, anglais, créole. Des bourses de stages sont financées par la coopération bilatérale française à Haïti. Une émission hebdomadaire de trente minutes est diffusée en français à Trinité et Tobago.

Europe

■ *Francophone*

En Belgique, outre la reprise des programmes de Radio-France, la radio franco-belge BFM diffuse depuis deux ans des programmes provenant de BFM France à 60 %, et de productions locales à 40 %. Le service culturel, le poste économique, la DATAR (Délégation à l'Aménagement du Territoire et à l'Action Régionale), le consulat français et la chancellerie disposent quotidiennement de trois minutes d'antenne préenregistrées. En Bulgarie, RFI diffuse ses émissions musicales et produit, grâce à un studio de décrochage, deux heures de programme en bulgare. Les radios les plus écoutées dans ce pays ont toutes bénéficié de dons de CD de chansons françaises offerts par l'ambassade de France. Au Luxembourg, les radios socioculturelles locales proposent chaque mois une à deux heures de programmes culturels et des chansons francophones ; radio ARA fait de même, mais de manière hebdomadaire. En Macédoine, la musique française est présente sur les ondes et des méthodes d'apprentissage du français sont diffusées sur la chaîne nationale et sur une chaîne régionale. On nous signale également une initiative de traduction de matériels fournis par RFI (deux heures hebdomadaires), de dépêches et revues du ministère français des Affaires étrangères. Les chaînes en anglais, en macédonien et en albanais sont les plus écoutées. RFI ne se capte que sur ondes courtes. Des stages d'observation sont organisés chaque année par Radio-France. La Francophonie va de l'avant en Pologne. RFI va bientôt signer avec Radio Classic la reprise de vingt minutes d'informations en français par jour. Et une nouvelle méthode d'apprentissage co-produite par la radio polonaise, l'ambassade de France, et ASSIMIL sera prochainement diffusée sur Radio Bis durant dix-huit minutes par jour, outre une émission de trente minutes le samedi. Les partenariats se multiplient avec la section polonaise de RFI : vingt-six radios sont concernées et trente correspondants OFREDIA (radios publiques et privées) sont disséminés en province. En Roumanie, RFI a assis son réseau ; Radio Delta devrait notamment être reprise à 100 %. Certaines radios, comme Radio Brasov, produisent des émissions musicales d'une heure par semaine, avec une audience régionale et un taux de pénétration élevé. RFI tente d'implanter de plus en plus de programmes roumains. Les radios les plus écoutées sont la BBC, la Deutschewelle, et RFI à Bucarest. Au Val d'Aoste, Radio club diffuse Infos bleues, une émission en français destinée à la jeunesse ; Rai 3 émet 30 % de programmes français dont un journal préparé par un CSN. Avec la suppression du service militaire obligatoire, la situation sera à revoir.

■ *Non francophone*

● Union européenne

En règle générale, les émissions en français sont musicales ou éducatives, et rarement tout public. Le Royaume-Uni ne diffuse pas de programme en langue française sur ses ondes, sauf des programmes musicaux sur Mangetoutz, une radio écossaise, soutenue par le service culturel français. En Allemagne, Westdeutscher Rundfunk a abandonné son programme d'émissions scolaires. Seuls quelques *Länder* du Sud et de l'Ouest diffusent des émissions francophones sur leurs stations publiques. En Finlande, RFI est reprise à Helsinki par Capital FM, et à Turku par radio Aurora. Une émission locale a lieu tous les samedis à Helsinki sur Lälùradio. Au Danemark, la disparition de RFI du circuit de câblodistribution « Teledanmark » est dû au rachat de l'entreprise par les États-Unis. En Autriche, le paysage radiophonique a changé depuis le premier avril 1998 avec le lancement de radios privées. Les émissions francophones se composent d'actualités, de musique ou de cours de langue. En Suède, RFI est diffusée tous les matins sur la radio nationale depuis 1998. En Grèce, le magazine hebdomadaire « Paris-Athènes » a été suspendu en décembre 1997, faute de soutien de l'IFA. RFI ne trouve pas beaucoup d'adeptes du fait de la difficulté à la capter mais aussi de la forte vitalité des radios musicales locales. Cependant, la musique francophone remporte un franc succès en terme d'audimat. Déjà, quinze radios se sont abonnées aux disques édités par RFI. Une table ronde s'est tenue sur la radio numérique entre l'attachée audiovisuelle française et un représentant de RFI. Cette rencontre devrait donner lieu à une manifestation en 1998 ou 1999. Au Portugal également, les programmes de chansons françaises se sont développés de manière spectaculaire. Le Centre de Coopération Culturel et Linguistique de Porto vient de se doter d'un studio de production afin de proposer des produits avec un emballage national. Radio Paris Lisbonne a été reprise par RFI qui a amélioré son audimat et son image. L'Italie rencontre des difficultés à capter les ondes courtes, et le satellite n'est reçu que par les rares foyers équipés.

● Hors Union européenne

– CEI

La chanson francophone y est très populaire puisque largement diffusée en Ukraine, au Belarus, en Azerbaïdjan. Viennent ensuite les programmes éducatifs, la plupart du temps diffusés par RFI ou par les radios d'État, puis les informations. En Azerbaïdjan, Radio Sara (privée) diffuse en direction des jeunes des chansons francophones, tandis que la radio nationale diffuse des informations et des cours de français. Les radios les plus écoutées sont les radios russe et turque, radio FM Sara-Bakou et Ans-Bakou. En Arménie, RFI se capte seulement dans la plaine d'Ararat, et s'adresse à une minorité de francophones. Signalons la disparition d'une émission d'actualité, « le bloc français », sur Radio Lastan pour raisons financières. Au Kazakhstan comme en Ouzbékistan, les ondes diffusent très peu de musique francophone et peu de cours. En Ouzbékistan, Europa plus, une des chaînes les plus écoutées, diffuse une quantité non négligeable de variété française. En Russie, la diffusion de RFI a été réduite à six heures, puis a retrouvé son volume horaire normal de six heures à minuit à la suite d'un accord. Mais ses auditeurs se retrouvent principalement chez les expatriés et très peu dans la population locale. Les radios locales sont intéressées par les reprises de RFI (fournisseur d'antennes satellitaires) qui leur permet de bénéficier pratiquement gratuitement en temps réel de programmes. En matière de formation, deux stagiaires d'Azerbaïdjan se sont perfectionnés pendant un mois en France, de même qu'un animateur de RFI du Belarus. En Ouzbékistan, le CIFAP propose un stage pour auteur de scénarios de cours, et une aide à l'adaptation de la méthode Laura et Patrick.

● Autres

En Lettonie et en Lituanie, bon nombre de radios musicales passent de la musique française sans programmation particulière. En Lituanie, RFI s'est adaptée à la demande locale et diffuse quelques émissions en russe et en polonais. En Estonie, il n'existe pas d'émission en français, mais RFI a signé un accord pour la diffusion d'un journal en russe. En Turquie, deux nouvelles chaînes se sont crées : Radio contact à Istanbul, une radio locale à Izmir, et la radio d'État diffuse un bulletin une fois par jour. La Hongrie ne diffuse plus aucun cours de langue depuis quatre ans, mais il est question de reprendre les programmes de RFI. Deux émissions de chanson française disparaissent en République tchèque et en Slovénie. La Slovénie ne possède pas de radio en langue française, et RFI est inaudible, alors que la demande locale est importante. En revanche, en République tchèque, un programme en tchèque sur RFI est à l'étude car RFI est très écoutée. En Slovaquie, des cours de français sont proposés par la radio nationale depuis janvier 1998 ; Fun radio a été lancé en slovaque. Deux heures de programmes francophones hebdomadaires sont émis à Chypre sur Radio Hélios, l'une des radios les plus écoutées (chanson, information, littérature). Hormis par satellite, on ne reçoit pas de programmes francophones en Islande, et RFI y est peu audible.

Asie

■ *Francophone*

Deux radios nouvellement créées diffusent des programmes en français : au Cambodge, Abeille FM radio musicale privée d'audience locale créée en 1996, fait entendre une heure de chansons françaises par jour ; au Laos, le gouvernement a lancé une nouvelle station FM (103.7) généraliste très écoutée qui touche 400 000 habitants et diffuse deux heures et demie d'émissions en français par semaine produites en partenariat avec le CCCL (cours, programme musical et magazine). Le projet de diffusion par satellite (Laostar) de deux stations lao pourrait étendre ces dernières à tout le pays, voire à tout le Sud-Est asiatique. Au Vietnam, la Voix du Peuple (Sud du

Vietnam) programme désormais une émission quotidienne de trente minutes en français, en partenariat avec l'OFREDIA et RFI. Quant à la Voix du Vietnam, elle a étendu son journal en français de cinq à dix minutes (et diffuse au total deux heures d'émissions en français par jour : cours, informations, chansons). Au Cambodge, RFI est citée parmi les radios les plus écoutées, aux côtés de BBC World, Voice of America et Radio Free India. RFI anime avec le ministère des Affaires étrangères français des actions de formation au Laos. Au Vietnam, sont organisés des stages de formation à l'écriture journalistique et au passage au direct avec le CIFAP.

■ *Non francophone*

RFI, qui est citée en Chine (où elle diffuse en mandarin sur ondes courtes) parmi les stations étrangères les plus écoutées avec Voice of America et BBC World, fait souvent l'objet de critiques pour sa médiocre qualité d'écoute et les difficultés rencontrées pour la capter : c'est le cas en Corée, en Inde (où l'on regrette également l'absence de programmes en langues indiennes), au Népal, aux Philippines... Sa diffusion en sous-porteuse de TV5 sur le satellite Asiasat 2, qui la rend désormais accessible aux foyers connectés, laisse cependant espérer à la fois un plus grand confort d'écoute et des possibilités d'élargissement de son audience (reprise de son émission par des câblo-opérateurs locaux, ou par des radios de la région, pour peu que des décodeurs soient mis à leur disposition, comme ce serait le cas pour les radios FM du Grand Manille).

Si la Francophonie est carrément absente sur les ondes de Birmanie, du Bruneï, de Malaisie, du Sri Lanka..., des radios nationales de plusieurs pays diffusent cependant des programmes en français associant le plus fréquemment musiques et chansons, cours de français, art de vivre français, souvent dans le cadre de partenariat avec RFI et les postes diplomatiques français. Ainsi en Chine, où vient d'être créée l'émission de chansons bi-hebdomadaire « La voix de la Seine » (deux fois trente minutes) sur la radio populaire FM 97.4.

À Shanghai, le consulat de France produit avec Radio-Shanghai trois types d'émissions (cours de français, chansons, magazine culturel) qui sont rediffusées par une quinzaine de radios locales. En Corée, ce sont essentiellement des chansons françaises qui sont diffusées par une douzaine de radios (pour la plupart FM) publiques et privées dans le cadre de programmes de variétés internationales. Quelques émissions hebdomadaires (de vingt à trente minutes) vraiment ciblées sur la chanson en français sont programmées sur KBS (premier groupe coréen) et MBC : pour parer à la difficulté d'approvisionnement et la cherté des produits, le poste français s'emploie à favoriser les contacts avec des organismes comme Francophonie Diffusion, Top France, le bureau Export de la musique française... En Inde, All India Radio (la radio nationale), Times FM, HMV et Radio MidDay diffusent des chansons françaises puisées dans les productions de RFI et de l'OFREDIA fournies par l'ambassade de France. À Pondichéry, All India Radio produit une émission mensuelle d'une heure (cours de langue, chansons, entretiens) en liaison avec le département de français de l'université locale. En Indonésie, Radio Mustang, qui s'adresse aux jeunes de 15 à 25 ans, programme d'une part l'émission « Bon voyage » (deux heures hebdomadaires) consacrée à la musique et à l'art de vivre des jeunes Français, d'autre part le programme musical de RFI « The Orangina World Music Show » (trente minutes par semaine), mais ce dernier contrat a été suspendu pour audience insuffisante. Même cas de figure pour les deux émissions « La musique est à vous » et « Music from France » diffusées sur Radio Klassik (du fait de l'arrêt d'approvisionnement en musique classique de RFI). Quant au contrat de cinq mois passé avec la société de production Radionet pour trente inserts (musicaux) de cinq minutes chacun (diffusés sur huit radios locales), il vient lui aussi à terme. Toujours en Indonésie, RFI diffuse un programme d'information de Voice of Indonesia d'une heure quotidienne, Radio Pontianak un programme de musique et cours de langue, et Radio 5 à Sec FM une émission d'une heure mensuelle sur le cinéma en partenariat avec le CCF de Jakarta (depuis janvier 1998). Au Pakistan, la chaîne publique généraliste en FM diffuse une émission quotidienne de quinze minutes à destination des pays francophones et des Pakistanais qui y résident. Aux Philippines, seules quelques cassettes et CD fournis par le poste français sont diffusés par des radios locales FM et RFI n'y a pas signé d'accord avec des partenaires régionaux. Au Bangladesh, en revanche, la radio nationale envisage une collaboration avec RFI (mais sans doute pas sous forme de programmes en français). S'agissant de formation, les exemples de coopération sont rares : en Corée, quelques stages sont organisés avec le CIFAP au bénéfice de techniciens et journalistes de KBS (premier groupe coréen) ; en Malaisie, des experts français ont été sollicités dans le cadre de formations organisées par l'Asian Institute for Broadcasting Development (AIBD).

Océan Indien

À Madagascar, plus de vingt radios ont été lancées en 1996 et 1997 ; le volume horaire moyen en français est de dix à vingt heures quotidiennes et FM92 émet entièrement en français dans la capitale. RFI reste la chaîne la plus écoutée. Dans le cadre du projet FAC-Médias, des accords de coopération ont été conclus pour 1998. À Maurice, France Inter est reçu en FM sur une petite partie de l'île. Le volume horaire des émissions en français a diminué au bénéfice des langues orientales. Les actions de coopération se déroulent pour l'essentiel avec la société française OFREDIA. Aux Seychelles, RFI est nouvellement arrivée en FM avec un taux de pénétration de 50 %. Par ailleurs, la SBC (chaîne nationale) diffuse partiellement en français (informations, chansons, feuilletons) et quelques émissions culturelles et scientifiques en créole et en français. Les Seychelles ont des accords de coopération avec la France.

Pacifique Sud

En Nouvelle-Zélande a vu le jour à Christchurch, sur Plain FM (radio à statut associatif et à diffusion régionale), un programme de trente minutes diffusé en français toutes les deux semaines. Au Vanuatu, ce sont deux chaînes radio FM et OM qui alternent français, anglais et bishlamar à temps égal ; les animateurs francophones sont formés par une journaliste française recrutée localement ; RFI a été introduite en avril 1998 en remplacement de France Inter ; seule l'île d'Efaté reçoit les émissions en FM ; dans l'archipel sont diffusés des programmes d'information locale, internationale et de la musique. Ce même programme est diffusé par SBS et les petites radios communautaires, environ vingt heures par semaine, en Australie ; dans ce pays, l'audience est assez faible. Au Vanuatu, RFO apporte une assistance technique (équipements), des formations (aux journalistes, présentateurs, animateurs) et propose des échanges de programmes.

Télévision

Afrique

■ Francophone

Contrairement à la presse écrite et à la radio, la télévision est un phénomène récent mais en plein essor. Les NTIC ont largement contribué à cette révolution du paysage audiovisuel et le tout nouveau bouquet satellitaire francophone est très apprécié. Au Bénin, l'audiovisuel n'a été libéralisé que le 20 août 1997 et les télévisions n'ont été autorisées à émettre qu'en fin décembre 1997 ; une seule chaîne privée, LC2, émet sur réseau hertzien en français un programme composé de clips de divertissements et d'informations ; le bouquet satellitaire sur réseau MMDS n'a émis qu'à partir de février 1998. Au Cameroun, les réseaux câblés se multiplient à Yaoundé depuis deux ans, à Douala où ils diffusent (sans accord avec l'opérateur) les programmes de CFI, TV5, Canal + Horizons et MCM. La plupart des Camerounais s'équipent d'antennes satellites, et on se partage les abonnements au câble dans les quartiers populaires. En Côte-d'Ivoire, on a désormais accès au bouquet de chaînes francophones : depuis octobre 1997 sur Bouaké, deuxième ville du pays, et sur Abidjan depuis février 1998 par le truchement de Canal + Horizons qui y diffusait déjà en crypté les chaînes Canal + Horizons et TV5. Face à la concurrence, le service public, composé de deux chaînes TV1 (chaîne nationale) et TV2 qui n'émettent que sur la capitale économique, envisage de commercialiser à son tour un bouquet de chaînes francophones et d'ouvrir le capital de TV2 au privé. À Djibouti, l'unique chaîne publique n'émet que partiellement en français des bulletins d'information, des cours de soutien scolaire en français (de réalisation locale), et reprend des documentaires de chaînes françaises ; la demande satellitaire est importante face à la faiblesse de l'audiovisuel local. En Guinée-Équatoriale, la société Panafnet émet depuis un an par MMDS des chaînes francophones (CFI, TV5, Canal Horizon). Au Maroc, TV5 voit son audience baisser (8 % en 1994 ; 4,5 % en 1997) alors que Canal + Horizons développe ses abonnements (18 000 à ce jour) ; le lancement d'un bouquet ART avec quatre chaînes françaises est en projet et des décodeurs TPS sont importés. En Mauritanie, le réseau Domsat (réseau de télécommunications par satellite) a permis à la télévision mauritanienne de couvrir l'ensemble des capitales régionales. Toutefois, elle est surtout suivie à l'intérieur du pays car la concurrence étrangère est trop forte à Nouackchott où la plupart des pays arabes et le Sénégal diffusent leurs chaînes nationales. Au Sénégal, MCM Africa s'est installée sur le MMDS depuis avril 1997 et 2M (chaîne marocaine généraliste bilingue arabe/français) depuis fin 1996 ; les deux chaînes ont une audience non négligeable. Les chaînes les plus regardées sont, en effet, françaises et francophones : CFI, TV5, Canal Horizons et MCM. Loin derrière suivent les chaînes régionales et nationales. S'agissant de formation, les accords de coopération impliquent principalement la France, la Belgique, le Canada et se traduisent par des actions pédagogiques et d'aide matérielle et technique. En Algérie, ces initiatives sont menées dans le cadre de la coopération bilatérale avec des partenaires français : CIRNEA, CIFAP, INA. Au Burkina Faso, la coopération française a financé la rénovation des studios de la télévision nationale.

■ *Non francophone*

La télévision d'expression française commence à faire de timides apparitions grâce au développement des NTIC et à l'offre des bouquets satellitaires. CFI, TV5, et Canal Horizons sont ainsi reçus dans la plupart des pays de la région. Au Botswana, CFI a signé un contrat avec la TV locale pour la diffusion de programmes en français, et en Gambie, elle a contribué à la naissance de la GTRS (chaîne nationale). En Namibie, TV5 et Canal + Horizons ont été intégrés dans l'offre satellitaire « Multichoice » et la traduction d'émissions de CFI pour diffusion sur la chaîne nationale est prévue pour 1998. Au Nigeria, des chaînes généralistes nouvellement créées, AIT et NTA, émettent des programmes mensuels d'une heure en français (cours d'initiation à la langue et documentaires), en partenariat avec CFI et l'ambassade de France. En Ouganda, UTV (télévision d'État) diffuse 13 heures d'émission hebdomadaires en français grâce à un accord avec CFI. CTV (chaîne privée) dispose d'heures quotidiennes d'émission en français en partenariat avec MCM, ainsi que Channel TV (chaîne privée) qui, en étroite collaboration avec MCM et CFI, propose des programmes en langue française (cours de langue, bulletins d'information, films) et émissions sportives, visant les résidents francophones, les élèves des écoles primaires et secondaires, ainsi que les professeurs expatriés. Ces dernières années, la télévision soudanaise, en partenariat avec le CCF, a instauré quinze minutes hebdomadaires de magazine en français, ciblant ainsi les francophiles et les étudiants. Une chaîne semi-privée, KIC (Khartoum International Channel), propose un bouquet MMDS ; l'installation d'une chaîne éducative (avec émissions en français) sur la Khartoum TV (chaîne publique) est en projet. On déplore la disparition des programmes français en Libye, due au manque de matériel et à la restructuration des opérateurs nationaux (fusion des deux opérateurs en une seule entité et création d'une société de rediffusion de programmes étrangers). Au Malawi, l'espace télévisuel est encore vierge, mais un accord a été signé le 30 décembre 1996 entre CFI et la future chaîne malawienne ; le coordinateur de la future chaîne de télévision a été invité en France en 1997. Un certain nombre d'accords de coopération ont été ou sont sur le point d'être conclus avec la France *via* le principal opérateur CFI : en Afrique du Sud, la « SABC » (South African Broadcasting Corporation), retransmet des émissions sportives ; en Libye, une relance de la coopération est amorcée ; la télévision ougandaise envoie des stagiaires en formation technique en France ; en Zambie, le Gouvernement français octroie une bourse de perfectionnement à un réalisateur producteur de la télévision nationale.

Proche et Moyen-Orient

■ *Francophone*

La télévision poursuit son développement avec la mise en place de projets ambitieux. En Égypte, l'union de la radio télévision égyptienne a adopté une stratégie d'expansion. Le satellite « Nilesat » accueillera prochainement un bouquet spécialisé ainsi que des chaînes arabes et étrangères. Un centre de production audiovisuelle, « Media City », est en chantier (et se constituera en société avec « Nilesat » en faisant appel à des capitaux privés). Les chaînes égyptiennes reprennent des images françaises dans des créneaux fixes consacrés à la production française ou dans des émissions égyptiennes. Actuellement, cette reprise est en déclin : les images reçues par CFI sont, d'une part, amputées par le problème des droits et, d'autre part, inutilisables pour raisons techniques. Les films français repris par la télévision égyptienne sont souvent sous-titrés en arabe, les matchs et les documentaires sont commentés en arabe. Nile TV International produit et diffuse trois heures quotidiennes de programme en français. Une forte demande en programmes français s'exprime pour alimenter les futures chaînes spécialisées. De nombreuses sociétés de production françaises tournent des documentaires en coproduction avec l'URTE qui apporte son appui logistique et s'octroie le droit de diffusion par voie hertzienne. Des bourses de stage sont régulièrement accordées pour le perfectionnement de techniciens et programmateurs égyptiens. Avec l'arrivée des NTIC, des besoins

se sont révélés au sein de l'URTE ; aussi, les sociétés et consortiums français participent activement aux grands projets égyptiens (Sofratev pour « Media City », AAVS pour l'automatisation des studios et Matra pour Nilesat). L'URTE dispose en son sein d'un centre de formation destiné aux cadres et techniciens de l'audiovisuel des pays africains francophones et anglophones. Au Liban, depuis septembre 1996, six stations de télévisions privées ont été légalisées. Les émissions françaises (à l'exception des journaux télévisés) diffusées sur les chaînes libanaises sont sous-titrées en arabe. La principale action de coopération est le PROFIL (Programme de Formation Professionnelle à la Fiction Longue) qui associe l'université Saint-Joseph (IESAV), l'université de Balamand (ALBA) et la FEMIS (Paris). Le « Fonds Sud » a soutenu une action de développement de coproductions franco-libanaises (quelques courts métrages ont été tournés).

■ *Non francophone*

Dans cette zone de prédilection des médias anglo-saxons et arabes qui y mènent une véritable bataille des ondes, les médias francophones n'ont qu'une place minime. Depuis juillet 1997, leur image a été ternie par la diffusion sur CFI de scènes pornographiques, imputable à une erreur de France Télécom. Par la suite, la majorité des pays de la région ont rompu leur contrat avec CFI. C'est dire le lancement de TV5-Orient arrive à point nommé. On observe, par ailleurs, une montée en puissance des médias audiovisuels musulmans. Ainsi, de puissants groupes de communication se sont récemment installés en Arabie Saoudite, comme (Middle Broadcasting Center), ORBIT, ART, le groupe Dallah Al Baraka, ou encore celui du prince Walid Ben Talal, poids lourd de la finance saoudienne. Les groupes l'imposent grâce à la diffusion par satellite. La chaîne II diffuse un journal télévisé quotidien de vingt minutes en français. Aux Émirats Arabes Unis, jusqu'en novembre 1996, Abu Dhabï TV (télévision publique généraliste) diffusait un programme quotidien de trente minutes en français mais les programmes en langues étrangères (anglais et français) ont été suspendus pour des raisons de restructuration. Shayah TV, autre télévision publique généraliste, produit et diffuse un programme quotidien d'une heure en français. Les émissions de TV5 sont très appréciées et l'arrivée de CFI en numérique sur Hot Bird pourrait être un atout, si la réputation de cette chaîne ne restait entachée par l'incident de juillet 1997. En Iran, les antennes paraboliques sont interdites et TV5 est reçue par un nombre infime de

téléspectateurs. Des accords de coopération existent pour la production cinématographique par le biais du « fonds Sud ». En Israël, le français occupe une place réduite à la télévision nationale dominée par les séries et le cinéma américain. 80 % des Israéliens disposent du câble et peuvent visionner France 2, Arte, TV5 ainsi que les programmes en français des télévisions marocaines et jordaniennes. La télévision éducative diffuse une heure de programme de cours de français. L'IBA (Israeli Broadcasting Authority) contrôle l'ensemble des médias audiovisuels, impose 23 % de productions télévisées israéliennes, et favorise la diffusion de films américains. À Oman, TV5, diffusée à partir du satellite Arabsat, a relayé CFI. Un ingénieur omanais de la télévision a été formé par la France en 1997. Au Qatar, la télévision nationale diffuse une heure hebdomadaire d'information générale en français, et sur les chaînes du câble, les films sont sous-titrés en français. En Syrie, la télévision nationale diffuse une heure quotidienne de programme en français dont trois journaux télévisés sous-titrés, des jeux et des séries ; mais la diffusion devrait se faire en « Prime time », dont bénéficient seuls les programmes en langue anglaise. La Syrie *via* l'ABSU (Arab States Broadcasting Union) coopère avec Canal France International et France Télévision. Au Yémen, Télé Aden diffuse des cours d'initiation à la langue et des documentaires destinés à tous les publics. Les programmes francophones sont sous-titrés en arabe et sont fournis par le bureau de l'attaché audiovisuel régional basé en Jordanie.

Amérique du Nord

■ *Francophone*

Depuis 1994, le Canada dispose de six chaînes thématiques francophones et d'un service de télévision à la carte dont le Réseau de l'Information, une chaîne nationale d'information continue. Les séries francophones sont occasionnellement sous-titrées par des chaînes thématiques anglophones comme Showcase ; depuis 1997, les Canadiens ont accès à deux services satellitaires de diffusion directe (Express Vu et Star-choice). Les chaînes francophones n'y sont pas très représentées par rapport aux chaînes anglaises. Des partenaires privés et publics participent à TV5 Québec-Canada. Arte et France 3 ont des projets avec des chaînes publiques canadiennes (Radio Canada et TV Ontario). Au Québec, sept nouvelles chaînes privées reçues par le câble ont été lancées ces deux dernières années.

■ *Non francophone*

TV5-USA a fait son apparition aux États-Unis. Le journal quotidien de France 2 est diffusé à New York à l'initiative d'Air France. En Louisiane, TV5-USA est relayée par satellite et par câble à Lafayette, et compte environ 30 000 abonnés. Des émissions francophones sont diffusées sur des chaînes anglophones : des cours de français pour étudiants sur LPB et PBS (quinze heures par semaine) et des émissions en français-acadien destinées aux Louisianais francophones (dix heures hebdomadaires). Plusieurs séries françaises sont sous titrées ou doublées en anglais : French Focus, Canapé, Atmosphère, Paris Lumière. Le passage au numérique devrait favoriser la diffusion des programmes francophones. En matière de coopération, la fondation Média Louisiane, créée à l'initiative du bureau audiovisuel de l'ambassade de France pour soutenir la production des émissions francophones en Louisiane, a reçu une subvention de 20 000 francs en 1997 et 10 000 francs en 1998 de la France. Le Codofil coopère avec des associations audiovisuelles en France et au Canada.

Amérique latine

La nouveauté en Amérique latine, c'est le développement du câble dont profite TV5. Un projet de programme d'apprentissage du français est à l'étude en Bolivie sur la chaîne publique, Canal 7. Au Chili comme en Bolivie, TV5 reste la seule chaîne francophone. Au Brésil, Eurochanel et Multishow proposent des émissions francophones à un large public ; TVFI a conclu des accords avec diverses chaînes locales et un accord a été conclu entre La Cinquième/Arte et la chaîne Futura de São Paulo. En Argentine, le troisième pays le plus câblé au monde, TV5 Amérique latine-Caraïbes a ouvert depuis un an un bureau à Buenos Aires. Les suppressions des émissions de RFO-AITV en Bolivie répondent à des contraintes budgétaires. Le nombre de postes ayant un réel besoin de ce service a diminué avec l'amélioration de la couverture satellitaire (CFI, TV5). En conséquence, le coût de production est trop élevé par rapport à l'audience recherchée. Il est souvent impossible de mesurer le taux de pénétration des émissions francophones de manière précise ; mais ce sont généralement les télévisions anglophones nord-américaines qui tiennent le haut du pavé (États-Unis, Canada). Au Nicaragua, les chaînes des États-Unis présentent l'avantage de diffuser des films doublés. Les chaînes des pays voisins rencontrent un large public grâce au câble. En Bolivie, les chaînes nord-américaines arrivent en tête, suivies de loin par TVE (espagnole), TV5, puis par la Deutsche Welle. Mais en Argentine, TV5 se situe dans le premier tiers des chaînes dites « ethniques », au-dessus de CNN. L'effort d'adaptation de TV5 à la demande locale consiste à sous-titrer les films et les documentaires, ce qui donne une image favorable de la chaîne francophone. TVFI a accru le nombre de films diffusés afin de se transformer en canal représentant du film francophone. Au Paraguay, où les nouveaux équipements de réception satellitaire sont tous de fabrication américaine ou japonaise, le service de presse de l'ambassade de France essaie de faire diffuser le magazine French Focus sur une chaîne locale ; elle favorise également une coopération entre Arte et Canal 9 pour la production de documentaires. Au Chili, les chaînes présentes sur les marchés internationaux (MIPTE, NAPTE) se voient régulièrement proposer des programmes français. Les nouvelles technologies ont un impact important, mais pas encore déterminant en Bolivie. L'abonnement au câble est très cher pour le citoyen moyen, et le système numérique n'est pas encore mis en place. En Colombie, la concurrence entre les chaînes du câble rend nécessaire l'amélioration de la grille de TV5. Mais, en général, TV5 profite des réseaux câblés et de la mise en place de diffusions satellitaires. Au Nicaragua, l'évolution est favorable puisque quatre opérateurs, dont le plus important de Managua, offrent TV5. En Argentine, s'est tenu en 1998 un atelier de formation sur l'écriture et la réa-

lisation de documentaires et l'utilisation de la caméra en studio, organisé par la coopération française. Au Venezuela, des initiatives de coopération ont été conclues avec le Centre National Autonome de la Cinématographie (écriture et scénario), la cinémathèque et la bibliothèque nationale ; une coproduction est en cours avec le Fonds Sud Cinéma. L'apparition du câble y favorise la diffusion de TV5, mais les autres transformations technologiques ne sont pas encore perceptibles.

Caraïbes

À Cuba, TV5 a signé avec Telecable Internacional, le 5 mai 1998, un accord de diffusion dans les hôtels et de vente aux seuls ressortissants étrangers. Une bourse de formation est offerte par l'École de Journalisme de Bordeaux. Les chaînes de télévision d'Haïti utilisent deux langues, le créole et le français. Les films et séries américaines sont diffusées dans leur version originale. L'accès aux programmes du satellite pour un coût peu élevé y constitue une très

sérieuse menace pour la Francophonie, ces programmes étant actuellement tous américains, anglais ou espagnols. La coopération bilatérale française y mène des actions de formation. TV5 et RFO sont accessibles sur le câble à Trinité et Tobago ainsi que le journal de 20 heures de France 2 (sous-titré). Le câble accroît l'offre anglophone, et se place dans une perspective commerciale. Il n'est guère un vecteur de Francophonie.

Europe

■ *Francophone*

En Bulgarie, TV5 passe du réseau hertzien au réseau câblé. M6, Arte, France 2 sont également diffusées. CFI est repris à raison de dix heures mensuelles par la télévision nationale (films surtout). En Bulgarie, l'autorité audiovisuelle relève du Comité des Postes et des Télécommunications et s'efforce globalement de favoriser une présence dominante d'œuvres européennes et nationales, dans un souci d'adéquation à la directive communautaire. Au Luxembourg, le satellite et le câble permettent de capter toutes les chaînes étrangères. La deuxième chaîne la plus regardée est TF1, avec un taux d'écoute de 8,55 %. En Macédoine, TV5 émet cinq heures par jour sur la troisième chaîne nationale. Les chaînes privées diffusent plutôt des produits anglophones, et les chaînes publiques se répartissent en trois langues, anglais (6 h), français (5 h 30), et allemand (3 h). Pour s'adapter à la demande locale, le ministère des Affaires étrangères traduit des émissions et documentaires de TV5, à raison de cinq heures hebdomadaires. Les bouquets numériques sont plutôt défavorables à la Francophonie pour l'heure, car ils sont essentiellement constitués de productions américaines. Depuis 1997, à Monaco, le nouveau bouquet numérique propose sur le câble trente-sept chaînes francophones. En

Pologne, les réseaux câblés et la réception satellitaire permettent l'accès à la totalité de l'offre française. La télévision publique et les émetteurs privés diffusent régulièrement des films français doublés, une seule voix jouant tous les rôles. La nouvelle réglementation du KRITT (l'instance de régulation) de janvier 1998 impose un quota de 50 % d'œuvres polonaises et européennes. En Roumanie, les films sont sous-titrés et la télévision nationale propose une émission hebdomadaire consacrée à la Francophonie et à l'enseignement du français. Quatre chaînes françaises ont disparu sur le câble. Mais MCM et M6 sont bien implantées. On observe un net essor des chaînes câblées, dont Eurosport ; TV5 est aussi très diffusée. En Suisse, deux chaînes ont été lancées en 1997 : TSR2 et Télébilingue. Les chaînes d'AB Production s'y sont implantées dès avril 1996. TSR1, TF1 et France 2 sont les chaînes les plus populaires. Dans le Val d'Aoste, s'est implantée Rai 3. En matière de formation, l'ambassade de France en Pologne organise un stage de formation à la télévision publique. En Roumanie, ce ne sont pas moins de huit stages qui sont proposés à de jeunes journalistes, assortis d'une aide en matériel ou technique selon les besoins exprimés.

■ *Non francophone*

● Pays membres de l'Union européenne

En Espagne, TV5 est entrée dans le bouquet de chaînes numériques de Canal Satellite digital en juin 1997. Aux Pays-Bas, Canal + est accessible sur le câble et le satellite, et TV5 n'y a que 0,1 % d'audience. En Finlande, un programme d'apprentissage du français est diffusé sur la première chaîne publique, YLE. Au Danemark, depuis le rachat du câblodistributeur par une compagnie américaine, la préférence est anglophone, et TV5 est menacée à Copenhague. Son audience dans le pays est comparable à celle de CNN (MTV se plaçant loin devant). Pour répondre à la demande locale, le sous-titrage est pratiqué sur TV DK au Danemark et de manière régulière en Finlande. En Grande-Bretagne, TV5 est de moins en moins reprise par la BBC2 (quatre heures de cours). Le numérique fera son entrée dans ce pays fin 1998, début 1999. Au Portugal, le câble se développe avec rapidité. Les programmes de TV5 sont repris, mais La Cinquième/Arte disparaît souvent de la grille et MCMI vient d'être éliminée. En Italie, le câble permet aux établissements scolaires d'avoir accès à TV5. TV5 a été supprimée du bouquet de base en Suède, mais il est possible de s'y abonner sur le câble. Depuis la coproduction mise en place par le service audiovisuel français en Grèce entre TV5 et l'ERT, le nombre de productions françaises diffusées par les chaînes publiques est en sensible augmentation (dix films par mois). Ces coproductions suscitent souvent le désir d'acheter et de traduire des fictions ou des documentaires français. Le satellite Eutelsat diffuse TV5, Arte, Euronews, dont les foyers sont peu équipés. L'ERT lancera en 1998 son bouquet numérique, dont fait partie TV5. Des rencontres régulières entre journalistes sont organisées par la coopération française. En Allemagne, les difficultés de redistribution et d'attribution de canaux sur le câble sont nombreuses.

● Pays hors Union européenne

– CEI

Au Belarus, deux chaînes diffusent des programmes francophones : BT (chaîne nationale), et Canal 8 (chaîne câblée minskoise). Un projet est en cours avec CFI en Azerbaïjan et au Kazakhstan. TV5 est accessible en Arménie à tous les possesseurs de parabole. Les transformations du paysage en Azerbaïdjan sont dues à l'installation du satellite qui est en cours avec la reprise du signal CFI. Seul Eurosport est diffusé et en anglais. Les chaînes les plus regardées sont russes et turques. En Ouzbékistan, ce sont les chaînes russes, kazakhs et indiennes. Un contrat de coopération est en cours de signature entre la télévision nationale et CFI. Les autorités de régulation notent une baisse régulière de la part de russe dans les médias. Pour mieux correspondre à la demande locale, le doublage est systématique en Russie et en Ouzbékistan. Les programmes français ne sont pas les plus populaires au Kazakhstan. En Russie, les chaînes hertziennes françaises sont captables avec une antenne parabolique mais l'audience est très restreinte. Les nouvelles technologies facilitent l'acheminement des programmes francophones, mais l'audience reste marginale. En Ukraine, on note une hausse sensible du nombre de paraboles. CFI est reprise et traduite sur la première chaîne nationale (UT-1). Le ministère français des Affaires étrangères et le CIRNEA ont passé un accord pour la formation aux techniques audiovisuelles. Le Conseil National pour la Télévision et la Radio impose 50 % de programmes en langue nationale.

– Autres

Plusieurs chaînes francophones ont disparu en Turquie : TV5, Canal +, MCM. Mais les chaînes nationales diffusent des séries, des documents, des films, et des émissions éducatives en français. L'audience est très bonne, surtout pour les chaînes centrées sur les clips. En Islande, une négociation est en cours avec M6 et TV5, en vue de leur diffusion dans le cadre d'un bouquet câblé. Tous les programmes étrangers sont sous-titrés. En Hongrie et dans l'Île de Malte, TV5 est présente sur le câble. Mais le coût des antennes paraboliques est élevé. L'audience la plus élevée, en Hongrie, revient aux chaînes allemandes et américaines, puis aux chaînes francophones. Les télévisions nationales ne diffusent pas d'émission en français, néanmoins un accord de coopération avec Arte prévoit des échanges de programmes. Une loi de régulation sur l'audiovisuel y a été votée en 1996 qui fixe à 50 % la diffusion de programmes européens sur les chaînes hertziennes (hongrois y compris). Le Conseil National de la Radio et de la Télévision inflige des amendes aux chaînes ne respectant pas ces directives. En Lettonie, CFI a signé un accord avec deux télévisions (sous-titrage de rigueur) et MCM un accord avec Baltcom. CFI a installé un équipement qui permet à la télévision nationale une réception de qualité numérique (coût : 1MF). La suppression en Lituanie de l'émission « Bonjour la France » est due à sa qualité médiocre ainsi qu'à des raisons financières. En revanche, l'accès à TV5 et MCM est possible grâce au satellite. Un accord permet à la télévision nationale de reprendre des émissions de CFI dans ses programmes. Les feuilletons et films américains et sud-américains (doublés) ont un grand succès. TV5 et MCM sont accessibles sur le câble et le satellite. En Estonie, il n'existe ni chaîne, ni émission en français. Les séries américaines y triomphent. La naissance de TV Markika, en août 1995, en Slovaquie, est liée à une équipe de journalistes et de techniciens majoritairement francophones. En Slovénie, le réseau câblé touche plus de 50 % des foyers. Cependant, la réception de La Cinquième/Arte est aléatoire à cause d'un chan-gement de fréquence récent qui a beaucoup réduit la pénétration de TV5. L'indépendance slovène a permis la diversification de l'offre audiovisuelle, dont la Francophonie ne profite guère. Les chaînes francophones ont en général une part de marché très réduite. L'action du service culturel français de Slovénie porte sur l'aide au sous-titrage de documentaires français. Un atelier de formation au court-métrage documentaire y est prévu pour 1998. En République tchèque, l'ambassade de France aide la production de programmes sur la France (deux à trois par an).

Asie

Sur l'ensemble du continent, les chaînes francophones (TV5, CFI, MCM) confirment leur percée entamée dès 1996, leur diffusion satellitaire autorisant leur reprise sur les réseaux câblés et MMDS, en développement. Leur audience est néanmoins encore limitée, face à la concurrence des chaînes étrangères anglo-saxonnes comme CNN, MTV, BBC World, mais aussi de chaînes régionales comme NHK (la chaîne japonaise qui diffuse le journal télévisé de France 2 et figure parmi les chaînes les plus prisées en Corée aux côtés de AFKN, la chaîne de la base américaine), Star TV (le bouquet satellitaire de Hong Kong très regardé au Bangladesh, en Corée, au Népal, au Pakistan), ou encore les chaînes satellitaires indiennes très suivies au Bangladesh, au Népal et au Pakistan…, tandis que le public cambodgien reste lui friand des feuilletons thaïlandais ou chinois…

L'implantation des chaînes francophones est très hétérogène, selon les pays et la Francophonie demeure bien absente du paysage audiovisuel en Birmanie (où le poste français essuie des échecs répétés auprès des médias locaux à qui il propose la reprise d'émissions doublées ou sous-titrées), au Bruneï, en Malaisie (où des négociations sont cependant en cours pour installer TV5 sur le bouquet satellitaire national Astro), au Népal (où CFI propose, sans résultat à ce jour, à la TV nationale la reprise d'un programme *via* Intelsat 704, assortie d'une mise à disposition gracieuse d'un décodeur), au Sri Lanka (où la deuxième chaîne nationale, ITN, diffuse cependant en anglais et cinghalais l'émission « Bonsoir » produite par le service culturel français et financée par des entreprises srilankaises et françaises).

Diffusées en numérique, elles nécessitent un décodeur, qu'il est parfois difficile de se procurer sur le marché local (comme en Inde), et dont le coût reste souvent prohibitif (en Corée, il faut compter l'équivalent de 6 000 FF pour l'antenne et le décompresseur), même si les chaînes en fournissent gratuitement un certain nombre à des institutions ou câblo-opérateurs locaux : à Pondichéry, les décodeurs fournis par TV5 *via* le consulat de France ont ainsi permis la reprise de TV5 et CFI par cinq câblistes du Territoire.

■ *Francophone*

Au Cambodge, TVK, la chaîne publique nationale, a signé avec CFI une nouvelle convention pour quarante heures de programmes mensuels doublés. Outre un journal d'information quotidien « Rendez-vous » de dix minutes coproduit avec CFI et doublé en khmer pour la partie magazine, elle diffuse l'émission « Pique-Nique » d'apprentissage du français, dont les reportages sont sous-titrés. Au Laos, où doit se créer en juin 1998 une station en français, la télévision nationale diffuse chaque semaine une heure de cours de langue et trente minutes de reportages (coproduits par le CCCL), également sous-titrés ou doublés. Au Vietnam, TV5 est diffusée sur MMDS à Hanoï et Ho Chi Minh-Ville, et CFI repris en vietnamien (doublage et sous-titrage) sur la chaîne nationale à Ho Chi Minh-Ville et Haïphong. La télévision vietnamienne propose également (en hertzien) un journal d'information coproduit avec CFI (dont le volume d'éditions a doublé) ainsi que des cours de français pour un total de cinquante minutes quotidiennes. CFI, avec le CIFAP et l'ESJ de Lille, est également partenaire d'actions de formation.

■ *Non francophone*

Au Bangladesh, CFI fait partie des chaînes proposées sur le câble qui se développe à Dacca. En Chine, elle est reçue dans la région de Canton, tandis que TV5 – accessible par satellite depuis 1997 – n'est réservée qu'à quelques responsables institutionnels et universitaires chinois (les antennes individuelles sont interdites) et pensionnaires de résidences pour étrangers ou hôtels trois étoiles. Sur la télévision nationale l'émission hebdomadaire de vingt-cinq minutes « Multimédia » sous-titrée en chinois (culture et civilisation françaises, extraits du magazine *Bonjour French Focus*) a remplacé *Kaléidoscope* et touche environ 100 000 spectateurs. Rappelons que les émissions en langue étrangère ne peuvent excéder 25 % des programmes. En 1997, trois boursiers, ont été formés à l'audiovisuel en France (partenaire : FÉMIS, CIRNEA, Fondation « Journalistes en Europe »). En Corée, TV5 et MCM sont accessibles *via* Asiasat 2. Les dix décodeurs fournis à l'ambassade et une campagne promotionnelle par presse et publicité ont permis à TV5 d'être présente sur environ deux cents sites (les films et documentaires sont sous-titrés). Le poste français négocie pour sa reprise sur le câble, en principe interdite (la régulation limite à 15 % les programmes étrangers sur les chaînes hertziennes et à 20 à 30 % sur le câble), mais CNN, Star TV, NHK sont repris. CFI a prospecté sans succès jusque là pour la reprise de ses programmes, mais TVFI vend pour 30 MF de produits sur le marché (sport, documentaires, feuilletons, films sont prisés). La chaîne d'éducation coréenne, EBS (hertzienne et câblée) programme l'émission « Conversation en français » (cours de langue hebdomadaire de trente minutes), mais les émissions en anglais sont bien plus nombreuses (devant le chinois et le japonais). En Inde, TV5 (1 500 000 foyers connectés), MCM Asia (1 000 000), et CFI sont désormais captables . Un projet est à l'étude avec le câblo-

opérateur Asianet du Kérala (20 000 foyers connectés). En Indonésie, TV5 est reçue *via* Asiasat 2 et CFI *via* Palapa. L'apparition des deux réseaux Malikak (MMDS) et Métra (câble) représente une chance pour les chaînes francophones. Quant à la chaîne TPI (diffusion hertzienne et satellitaire) elle a programmé trente-deux émissions de trente minutes de « Pique-Nique » (apprentissage du français), soit autant que de cours d'anglais. La nouveauté au Japon, c'est la diffusion depuis décembre de MCM sur le bouquet « Direct TV » (20 000 abonnés au 1er février 1998). Des négociations sont en cours pour la reprise de TV5 sur des bouquets satellitaires japonais. Au Pakistan, où seuls quelques opérateurs privés disposant d'un décodeur numérique peuvent recevoir TV5, les projets de reprise des émissions de la chaîne sur le réseau câblé (privé) SPTV (150 000 foyers connectés à Islamabad et 450 000 à Karachi) et de reprise de programmes de CFI par la chaîne publique généraliste PTV sont susceptibles d'élargir l'audience des médias francophones. Aux Philippines, en mai 1998, TV5 a pris le relais de CFI (reçu jusque là *via* Palapa 2, en réception directe). Des projets de reprise par les réseaux MMDS (se rajoutant à la réception par câble et satellite) pourraient étoffer son public qui reste maigre. Le poste français a en projet la diffusion d'une méthode d'apprentissage du français « Dites-moi tout » sur la chaîne RPN9. Il organise, par ailleurs, des séminaires de formation (habillage graphique, couverture de l'actualité) en partenariat avec la chaîne gouvernementale PTV4. En Thaïlande, TV5 est diffusée à Bangkok sur le câble seulement, et Channel 11, la télévision éducative nationale diffuse deux émissions consacrées au français.

Océan Indien

À Madagascar, quatre chaînes privées essentiellement francophones ont été nouvellement créées dans la capitale, dont RTA qui a un taux d'audience de 50 %. La rediffusion du bouquet francophone n'a pour l'instant qu'un faible impact. À Maurice, la création d'une chaîne privée, la LSS (London Satellite System) a entraîné une baisse très significative de l'audience de TV5. Les émissions en langue française – informations, films et documentaires – connaissent

une régression liée à des difficultés techniques (réception d'Intelsat 803 impossible pour l'instant) et à des difficultés juridiques. Aux Seychelles, l'apparition éphémère de CFI a été interrompue suite à l'incident de 1997. La chaîne nationale diffuse trois heures quotidiennes en français sur treize heures d'émission. Un serveur privé de bouquet satellitaire par réseau câblé est en cours d'installation. La France assure une aide technique et matérielle.

Pacifique Sud

En Australie, on peut capter CFI et TV5 avec un matériel adéquat (antenne satellitaire et décodeur) et TVB (Télévision Blong Vanuatu) est opérationnelle depuis 1996. Chaîne de

type généraliste, elle émet cinq à six heures quotidiennes dans une grande partie de l'archipel par le réseau hertzien ; son taux de pénétration est faible mais en progression

constante ; c'est la seule chaîne francophone ; la chaîne publique SBS diffuse quelques programmes en français (bulletin
d'information de 20 heures de France 2 et
occasionnellement films et documentaires).
En 1996-1997, ces 561 heures de programme représentaient 9,36 % de l'ensemble de la programmation et 16,76 % des

programmes diffusés dans une autre langue
que l'anglais. L'audience de la chaîne est estimée à 3 %. Au Vanuatu, de nombreux films
français sont sous-titrés en anglais. Quelques
émissions sont consacrées à la Journée de la
Francophonie. En matière de coopération, un
contrat a été signé entre SBS et CFI et, au
Vanuatu, RFO Nouméa est impliquée.

Multimédia

Afrique

■ Francophone

L'usage d'internet n'est pas très répandu.
La toile y est réservée à des privilégiés, la
majorité des Africains n'y ayant pas accès
pour des raisons financières. Internet est
limité aux grandes entreprises, aux organismes internationaux, et à certaines représentations diplomatiques. En Algérie, trois
quotidiens francophones sont reliés à internet et ont accès à la presse française. Au
Burkina Faso, les journaux francophones
apparaissent sur internet, et la délégation
générale à l'informatique devient une direction de conseil et d'expertise auprès des
différentes structures qui investissent dans
ce domaine. La société privée CENATRIN et
l'entreprise nationale ONATEL développent
leurs activités autour d'internet depuis une
année. Au Bénin, *La Nation,* journal officiel,
et *Les Échos Du Jour*, presse privée, sont
sur internet. Au Cameroun, où le réseau
n'est implanté que depuis début 1997, *Le
Messager* a créé un site internet dès novem

bre 1997. Au Gabon, la consultation des
sites est très lente, internet n'y est installé
que depuis novembre 1998. Au Cap-Vert,
l'espace documentaire du CCF s'est équipé
depuis juillet 1997 d'un poste multimédia
avec connexion à internet permettant ainsi
l'accès aux médias francophones. En Côte-
d'Ivoire, plusieurs titres de la presse écrite
sont accessibles sur internet : *Fraternité
Matin, Ivoir'Soir* (gouvernementaux), *La
Voie*, organe du FPI, *Le Jour* (indépendant),
*Le Réveil Hebdo, La Nouvelle République,
Le Démocrate*, proches du pouvoir. Au Mali,
internet se limite à quelques sites : missions
françaises de coopération, CCF, société
Malinet, Présidence de la République. Au
Niger, la connexion à internet reste le fait
d'organismes internationaux, d'entreprises
privées et de quelques particuliers aisés. Au
Sénégal, les trois grands quotidiens francophones, *Sud quotidien, Le Soleil* et *Wal
Fadjiri* sont présents sur la toile.

■ Non francophone

Comme en Afrique francophone, les faibles
moyens financiers restent le principal obstacle à la vulgarisation d'internet. En Afrique du
Sud, la consultation des sites francophones
est limitée à cause de l'obstacle de la langue.
En Angola, les possibilités de consulter internet sont extrêmement réduites et réservées
à quelques privilégiées. Au Ghana, les
médias francophones sont accessibles sur
internet à l'Alliance française ou au département de français de l'université de Legon. En
Namibie, les médias francophones sont

directement connectés à internet, mais le
public est limité à quelques coopérants.
Cependant, le quotidien anglophone *The
Namibian* et le MISA (Media Institute for
Southern Africa) disposent de leur propre
site. En Ouganda, la liaison internet est
directe avec trois serveurs et 2 000 à 3 000
abonnés. En Tanzanie, les sites de presse
écrite de langue française (*Figaro, Libération, Le Monde*, etc.) sont consultables
directement, mais le public se limite aux
expatriés français et francophones.

Proche et Moyen-Orient

■ Francophone

Un engouement certain pour internet se
manifeste, et une volonté de l'associer étroitement au développement national. En
Égypte, l'arrivée de la presse francophone

sur internet est très récente. *Le Progrès
Égyptien* (privé) vient de se raccorder mais
n'a pas encore un site fourni. Le Centre
d'Information et de Décision (IDSC) rattaché

au cabinet du Premier ministre, ainsi que le RITSE, ont offert aux organismes et sociétés commerciales la possibilité de se connecter gratuitement sur internet. Devant la forte demande des utilisateurs et du grand public, plusieurs sociétés privées offrent le service payant aux particuliers (160 FF/mois).

■ *Non francophone*

L'usage d'internet est très limité dans cette partie du monde musulman : quand il n'est pas interdit (comme en Arabie Saoudite), sa pratique demeure l'apanage de l'élite. Aux Émirats Arabes Unis, les médias francophones sont consultables sur internet, le nombre d'abonnés est en expansion grâce à la

Cependant, internet reste limité aux privilégiés. Au Liban, le quotidien *l'Orient-le-jour*, Radio France FM/La Une disposent d'un site internet très actif. Ils visent le même public que leur lectorat ou auditoire, mais surtout la diaspora libanaise francophone qui compte plusieurs centaines de milliers de personnes.

baisse des tarifs. En Israël, en Jordanie et au Qatar, les médias francophones sont également présents sur internet. À Oman, depuis fin 1996, la consultation des sites francophones sur internet est possible. En Syrie, l'accès à internet est en train de se mettre en place sous le contrôle de l'État.

Amérique du Nord

Au Canada, la plupart des grands médias francophones sont accessibles sur internet. Parfois, la presse écrite offre gratuitement son édition quotidienne et ses archives. La plupart des journaux se contentent d'y présenter les manchettes, l'édition complète étant payante. Les radios et télévisions y offrent un aperçu de leurs programmes et souvent un site réservé à des émissions spéciales. Radio Canada, Rock Détente et une chaîne de télévision thématique, le Réseau de l'information, diffusent sur internet en continu. De nouveaux médias liés à internet ont vu le jour (magazines électroniques, bulletins d'information, listes de diffusion) à l'initiative d'organismes publics et de particuliers. Au Québec, huit organes de

presse écrite et dix radios et télévisions francophones sont présents sur internet.

En Louisiane, les médias francophones sont accessibles sur internet et un nombre considérable de serveurs francophones offrent des services divers : informations sur l'enseignement du français, sur les festivals et autres événements célébrant la Francophonie (Festival International de Louisiane, festivals acadiens, fête d'Amérique française). En 1995 et 1997, un cédérom intitulé, *Évangéline* consacré à l'histoire, la langue et la culture de Louisiane a été produit par les services culturels français en collaboration avec le Codofil, LSU et Apple Computer.

Amérique latine

Internet s'est développé dans le monde entier de manière prodigieuse ces dernières années. Cependant, ce n'est pas parce que *Le Monde* ou *Libération* possèdent un site international que le public en Amérique latine les consulte. Il est difficile d'évaluer le nombre des utilisateurs, mais le plus difficile consiste à trouver un lieu d'accès. Des sites sont proposés par les médias français de

métropole, et les institutions françaises présentes dans ces pays (lycées français, ambassades, alliances françaises). La presse écrite est plus présente sur internet que les médias audiovisuels. Mais le public est encore très restreint. Au Paraguay, au Pérou, au Salvador, en Uruguay, seule l'élite cultivée est concernée (universitaires, politiques, journalistes).

Caraïbes

L'accès existe, mais le public potentiel est faible, seuls les Français semblent s'intéresser aux sites francophones. À Cuba, la

détention d'un ordinateur à domicile est prohibée pour les citoyens cubains.

Europe

En Bulgarie, RFI est présente sur internet. En Pologne, le site de l'ambassade est en construction. La Roumanie en est au stade

des balbutiements. En Europe de l'Ouest et du Nord, les accès à internet sont nombreux, et le nombre des utilisateurs aussi.

171

Les institutions françaises disposent de serveurs. En Espagne, le service culturel français renvoi vers 135 sites. Au Royaume-Uni, à partir du site de l'ambassade, on peut accéder à RFI, TF1 et M6. Aux Pays-Bas, il existe sur internet une revue de presse des journaux néerlandais. Les principales chaînes de télévision et de radio sont présentes sur le réseau internet en Hongrie. Dans l'Île de Malte, l'utilisation des multimédias reste encore limité pour les particuliers. En Turquie, les serveurs les plus consultés sont ceux des grands quotidiens français, et de l'AFP. L'accès à internet est très limité en Ukraine, mais possible comme dans la plupart des pays de l'Est. Au Kazakhstan, il est prévu pour 1998. En Lituanie, l'accès existe en théorie, mais il est impossible de connaître son importance en terme d'utilisation, faute d'étude statistique. En revanche, le réseau est bien implanté en Lettonie.

Asie

La Francophonie médiatique sur internet n'a encore que peu de réalité sur le continent. Pour certains pays ayant répondu à notre questionnaire (Laos, Birmanie, Sri Lanka...), la question semble carrément sans objet. Internet ne concerne pour l'heure qu'une mince frange de la population (c'est le cas dans les pays francophones récemment raccordés comme le Vietnam), pour des raisons de faible niveau d'équipement, donc, (en Inde, par exemple, et à Pondichéry en particulier, les lignes sont en nombre insuffisant), parfois aussi pour des raisons de réticence politique de certains gouvernements, très souvent pour des raisons de coût. Seule une élite aisée possédant des micro-ordinateurs personnels avec accès à internet, ou encore des étudiants, des universitaires, des fonctionnaires *via* leurs institutions ou les cybercafés lorsqu'ils existent (on en recense douze à Manille). En outre, sur cette minorité équipée, rares sont les personnes s'intéressant aux médias francophones : les Népalais, par exemple, se connectent plus volontiers aux médias anglophones, et en Indonésie le seul public est celui des francophones et francophiles et des journalistes motivés par des raisons profes-sionnelles. Une exception notable cependant, la Corée du sud où 90 % des foyers ont accès à internet et où se sont développés de nombreux serveurs francophones : la « Page France » donne ainsi accès aux principaux médias français, et le serveur de l'ambassade de France offre près de 3 500 liens hypertexte avec les principaux serveurs francophones. Même si internet est encore d'un usage limité, il est en plein développement et constitue un moyen efficace de diffusion d'une Francophonie vivante : en Indonésie, le réseau câblé Metra offre ainsi désormais l'accès à la toile ; au Japon, les services se multiplient ; en Chine, on a assisté à la naissance de journaux électroniques et, dans le cadre des forums de discussion, le ministère des Télécommunications a lancé un grand débat sur le commerce électronique. En Inde, RFI est présente sur internet, même si peu de personnes sont informées et concernées, et 3 000 grilles de fréquence ont été diffusées auprès de contacts de l'ambassade de France.

Océan Indien

La pratique d'internet n'est pas répandue. Certains titres francophones sont présents sur la toile ; le public concerné est principalement constitué de cadres et journalistes qui font un usage régulier de ce support.

Pacifique Sud

Les médias francophones sont présents et accessibles sur internet en Nouvelle-Zélande et en Australie où le magazine francophone local, *Le Courrier australien,* par contre, ne l'est pas.

onclusion

Sur les 128 réponses obtenues au questionnaire *Médias* (en nombre infé-rieur aux réponses globales), les postes diplomatiques français ont appelé l'attention, pour la presse écrite, sur la naissance de 102 publications en langue française, dont quarante-cinq en Afrique francophone (contre vingt-cinq disparitions), pour la radio, sur 123 créations d'émission en français, dont vingt-sept en Afrique francophone (contre onze suppressions) et pour la télévision sur cinquante-huit créations (contre quatorze disparitions), sans compter la constitution du bouquet satellitaire francophone en Afrique ou encore l'extension de la diffusion satellitaire des chaînes francophones en Asie, aux États-Unis, en Amérique latine...

Parmi les publications lancées depuis 1996, certaines sont d'enver-gure modeste comme *Planète des Hommes*, premier journal francophone né en 1996 au Belarus, ou *Les Nouvelles d'Addis* consacrées à l'Éthiopie ; d'autres ont déjà acquis une notoriété, ou l'ont confortée, qu'il s'agisse du quotidien *Bucarest matin* ou du *Courrier de Varsovie* (3 000 exemplaires), tous deux nés en 1996 ; *des Nouvelles françaises* (mensuel bilingue franco-russe lancé par Marek Halter) ; de la *Tribune hellénique*, bi-mensuel d'actualités générales (3 000 exemplaires) créé en 1997, 15 ans après la disparition du *Messager d'Athènes*, dernier titre en langue française publié en Grèce ; de *L'Autre Afrique*, hebdomadaire né en 1997 (50 000 exemplai-res) ou de *L'Asie Magazine* lancé à l'occasion du sommet de Hanoï en novembre 1997... Des initiatives récentes sont des signes encourageants pour la Francophonie : le fait, par exemple, que le quotidien nigérian *Tribune* publie depuis juin 1997 des cours bihebdomadaires de français ou encore que l'hebdomadaire français *Témoignage chrétien* ait intégré depuis mars 1998 à sa nouvelle formule une page *Regards francophones* qui fait dialoguer les points de vue sur l'actualité (reprise d'articles de journaux de langue française comme le quotidien algérien *El Watan* ou *Le Courrier de Genève)*. Dans un contexte où les médias généralistes français restent encore très fermés à la Francophonie, ce geste est précurseur. Rappelons également que la Francophonie dispose avec, l'Agence France Presse, d'un précieux outil : l'AFP (qui devrait réformer sa structure et sa gestion criti-quées comme obstacles à son développement dans un audit de l'Inspection Générale des Finances rendu public en juin 1998) figure, en effet, avec ses 2 000 collaborateurs dont 1 200 journalistes et son chiffre d'affaires de 1,2 milliard de francs en 1997, parmi les trois grandes agences mondiales derrière l'agence britannique Reuter (15 000 collaborateurs ; 2 000 journalistes ; 28,8 milliards de francs de chiffres affaires en 1997) et l'agence américaine Associated Press (coopérative comptant 3 500 journalistes et affichant trois milliards de francs de chiffre d'affaires en 1997).

La presse a, par ailleurs, largement investi internet ; tous les grands médias francophones (presse écrite, radio, télévision) ont désormais leur site, et les journaux en ligne fleurissent. On en recensait 3 500 en juin 1997 dont 43 % en dehors des États-Unis (contre 29 % seulement l'année précédente) ; un certain fléchissement des investissements de la presse dans les médias électroniques se remarquait néanmoins à cette période. Une dizaine de journalistes francophones ont lancé *Le Petit Bouquet*, mini-quotidien d'actualité que 2 500 lecteurs recevaient en juillet 1997 dans leur boîte aux lettres électronique. *L'Aquilon*, hebdomadaire francophone canadien, a trouvé, avec sa sélection d'articles proposés sur la toile, le moyen de conjurer les distances du Grand Nord (ses lecteurs le recevaient avec une semaine de retard). L'USAID, quant à elle, met gratuitement un site internet à disposition des journaux africains qui peuvent ainsi diffuser dans le monde entier. Les radios sont également présentes sur internet et le site-répertoire français COM FM permet d'écouter 750 radios du monde entier dont la plupart sont des chaînes américaines, qui ont été les premières à occuper le cyberespace. Le son est parfois, mais rarement, excellent… Même problème pour la télévision qui a fait aussi sa percée sur internet (le site de CNN demeurant l'un des plus visités) : les images sont saccadées et de qualité médiocre, ce qui fait que les chaînes utilisent leur site davantage comme moyen de promotion que de diffusion. Les formes adaptées à ce nouveau support sont encore à trouver. Pariant sur la résolution prochaine des difficultés technologiques, Jacques Rosselin, co-fondateur du *Courrier International* détenu aujourd'hui par Havas, veut lancer dès fin 1998 « Canalweb », une nouvelle forme de télévision spécialement conçue pour internet.

Dans le domaine de l'audiovisuel, la Francophonie possède des atouts forts avec TV5, aujourd'hui renforcée par l'implication de France Télévision, Arte, RFO et la clarification entre ses missions et celles de CFI ; elle a parachevé sa diffusion mondiale en ciblant notamment ces dernières années l'Asie et les États-Unis, et se place, avec un public potentiel de 88,9 millions de foyers, derrière CNN (120 millions de foyers), mais devant la BBC (40 millions de foyers). RFI (Radio France Internationale) se place, quant à elle, au quatrième rang des radios internationales après BBC World (qui diffuse en quarante-trois langues et touche 138 millions d'auditeurs – même si elle en a perdu deux millions au cours des deux dernières années), Voice of America et Deutsche Welle ; RFI compte ainsi parmi les fers de lance de la Francophonie médiatique, avec son réseau mondial de correspondants et ses émissions en dix-huit langues (auxquelles devraient prochainement se rajouter le hindi et une ou deux langues africaines) qui font vivre un dialogue cher à la Francophonie : celui du français et de ses langues partenaires.

L'investissement des pays francophones dans le vaste chantier de la régulation audiovisuelle est également un point fort de la Francophonie : en témoigne la participation massive des pays francophones africains à la constitution du tout nouveau réseau des instances africaines de régulation de la communication, né en juin 1998 à Libreville (Gabon). Comme le rappelait Laurent Fabius au séminaire « Ancienne nation, nouveaux réseaux » (Assemblée nationale, 27 février 1998) : « *Les réseaux sont métanationaux. L'action politique, elle, reste le plus souvent encore nationale ; c'est un hiatus gigantesque [...] qui généralement milite en faveur de la mise en place d'organisations internationales, à la fois démocratiques et à relais régionaux ou sub-régionaux [...]* ». À cet égard, la Francophonie, comme communauté internationale organisée, forte de sa diversité culturelle et de ses solidarités (elle rassemble les pays les plus riches et les plus pauvres du monde), a son rôle civilisateur à jouer dans la gestion de cette nouvelle société mondiale de l'information dont nous sommes désormais citoyens.

Des ombres néanmoins subsistent au tableau, qui ressortent des observations « de terrain » formulées par les postes français de l'étranger : par exemple, le coût (matériel et abonnement) de l'accès à TV5 (et au bouquet francophone) en Afrique, qui reste encore largement dissuasif pour la population, c'est le cas notamment au Togo ; d'autres critiques (heures de diffusion inadaptées, caractère trop « franco-français » de l'information lorsque l'on vit en Asie ou en Amérique latine, identité floue de la chaîne, difficultés à se procurer les programmes) perdent de leur acuité avec les remaniements mis en œuvre dès 1997 : régionalisation des programmes pour répondre aux attentes des différents publics, diffusion d'un journal international dont la formule est en cours de remaniement, annonce des programmes dans des médias nationaux, effort accru de doublage et sous-titrage (y compris en français, pour faciliter la compréhension aux francophones nationaux). Quant à l'identité francophone de la chaîne, c'est vraisemblablement au travers d'une politique plus systématique de coproductions qu'elle se forgera, politique que préfigurent les coproductions triangulaires associant deux pays du Nord et un pays du Sud initiées par le CIRTEF, la CTF et l'Agence de la Francophonie, ou encore le projet de collection « Avoir 50 ans en l'an 2000 » qui rassemblera une quarantaine de télévisions francophones à l'occasion du prochain Sommet de Moncton.

S'agissant de RFI , on déplore souvent la difficulté à la capter, la médiocre qualité d'écoute, la diffusion parfois limitée à deux heures par jour – critiques d'autant plus virulentes que RFI (dont le taux d'écoute est dans certains pays supérieur à celui des chaînes nationales) est précisément la radio que l'on désire écouter. La chaîne renforce, quant à elle, sa politique de développement international : depuis septembre 1996, elle a ouvert dix nouveaux relais 24 h/24 (cinq en Afrique, trois en Europe de l'Est, un à la Paz, un à Port-Vila au Vanuatu) et privilégie d'une part l'extension de son réseau FM (notamment dans les principales villes d'Afrique francophone où la multiplication des radios privées rend les ondes courtes de moins en moins concurrentielles), d'autre part sa diffusion satellitaire en sous-porteuses, même si ce mode de réception n'est pas encore à la portée de toutes les bourses. C'est ce que souligne, par exemple, l'Association Radio DX Club d'Auvergne qui dénonce la fermeture, sur ondes courtes, de nombreuses stations francophones et le fait que plusieurs pays ont cessé d'émettre en français vers la France et l'Europe, pour ne maintenir que leurs émissions à destination de l'Afrique : c'est le cas de l'Allemagne, de la Grande-Bretagne, des États-Unis... Signalons, à rebours et à la charge de la France, que si – comme on le constate à la lecture des réponses des postes français – un grand nombre de pays étrangers diffusent des cours de langue française sur leurs ondes nationales, la réciproque est moins vraie...

Autre point sombre : la confrontation des chiffres d'affaires des programmes audiovisuels à l'international fait apparaître un très net déficit des pays francophones par rapport aux États-Unis qui, à eux-seuls, maîtrisent 60 % du marché mondial (les recettes américaines sur le marché européen se montaient à 6,28 milliards de dollars en 1996 contre 623 millions de dollars de programmes européens vendus outre-Atlantique).

Régis Debray, intervenant au colloque « Ancienne nation, nouveaux réseaux » précédemment cité, déclarait : « *La supériorité américaine vient en grande partie de ce que les États-Unis ont une politique claire et nette du développement technologique, qui permet de programmer à terme les modèles de comportement, fabriquer notre mémoire collective, c'est-à-dire notre culture, vassaliser le cœur et l'esprit, nos gestes les plus intimes, nos rêves les plus secrets. Nous ne parlons pas philosophie. Nous voudrions savoir si et comment la France, l'Europe peuvent redevenir des sujets de l'Histoire, de leur propre histoire, ou s'ils se résignent à en rester les spectateurs, à titre de zones d'investissement, relais passifs d'hégémonie ou consommateurs béats de programmes produits par d'autres ».* Cette question vaut pour la Francophonie. Son potentiel créatif est indéniable, mais encore lui faut-il réconcilier capacités de création et capacités de diffusion, en se dotant d'une vraie stratégie audiovisuelle internationale.

En France, par exemple, la perception de l'enjeu a fait s'élever des voix – de familles politiques différentes- pour réclamer la création d'un ministère à part entière chargé des relations culturelles extérieures et notamment de l'audiovisuel ; ainsi Jack Lang, dans un article du journal *Le Monde* du 30 juin 1998, qui rappelait que *« la politique culturelle internationale n'est pas qu'affaire de sentiments. C'est un pari sur l'avenir » ;* ou encore le sénateur Jacques Legendre qui, dans un courrier adressé au secrétaire général du Haut Conseil de la Francophonie à l'occasion de la XIVe session de cette institution, suggérait : *« L'existence de francophones – parfois assez nombreux- en dehors des pays francophones officiels nécessite une présence véritablement mondiale d'images et de sons francophones… C'est pourquoi j'ai préconisé, dans mes rapports au Sénat, que soit créé un poste de ministre délégué auprès du ministre des Affaires étrangères, chargé de la Francophonie, des Relations culturelles extérieures, et de l'Audiovisuel extérieur. »*

Dans la communauté francophone, la mobilisation accrue des responsables nationaux comme des instances multilatérales pour densifier la présence francophone sur les bouquets satellitaires en favorisant les synergies public/privé (ce fut le cas pour la naissance du bouquet satellitaire francophone africain) et pour soutenir la production et l'exportation de programmes audiovisuels francophones constitue une raison d'espérer : 130 millions de francs supplémentaires ont été ainsi dégagés cette année par la France pour renforcer le budget de sa politique audiovisuelle extérieure et l'Agence de la Francophonie, conformément aux décisions du Sommet de Hanoï, a notamment mis en place un fonds de 40 millions de francs pour le développement des inforoutes en 1998, et un fonds de soutien à la production audiovisuelle du Sud de 40 millions de francs pour le biennum 1998-1999.

CHAPITRE 5

Espace sciences

L'examen détaillé de l'état des sciences et des techniques dans tous les pays francophones n'est pas un exercice à la portée de notre rapport. Il convenait néanmoins d'essayer de faire le point après la simple actualisation des données de 1994 présentée dans le rapport 1995-1996 du Haut Conseil.

Nous présenterons séparément les pays en développement et en transition, qui, malgré des niveaux sensiblement différents de développement scientifique, présentent certaines tendances communes et bénéficient de la coopération internationale. Nous évoquerons successivement la question linguistique (utilisation et présence du français dans les communications entre scientifiques, dans les colloques, dans les sources d'information et les formations), celle de l'état général du secteur dans son ensemble (dépenses, domaines d'excellence, moyens et carences) en nous référant à quelques indicateurs comme les liens entre secteur public et secteur privé ou les brevets ; enfin, nous traiterons les informations concernant la coopération internationale en matière scientifique, qui nous donnera l'occasion de rappeler le rôle de l'Agence Universitaire de la Francophonie (AUF).

L'analyse des pays industrialisés, qui suivra le même cheminement, insistera sur les aspects linguistiques en relevant quelques points sensibles : la langue des brevets, l'utilisation du français dans les colloques, les sources d'information scientifique et technique, au niveau mondial et par pays.

Pays	Dépenses de R et D* en % du PNB 1981-1995	Scientifiques et ingénieurs en R et D en million de personnes 1981-1995	Brevets Résidents 1995	Brevets non résidents 1995	Liaisons internet pour 10 000 habitants en juillet 1997
Albanie	–	–	–	1 564	0,32
Algérie	0,2 (a)	–	28	114	0,01
Belgique	1,70	1 814	1 464	52 187	84,64
Bénin	0,44 (a)	–	–	–	0,02
Bulgarie	1,70	4 240	370	16 953	6,65
Burkina Faso	0,1 (b)	–	–	–	0,04
Burundi	–	–	–	1	0,01
Cambodge	–	–	–	–	0,01
Cameroun	–	–	–	–	0,05
Canada	1,60	2 322	3 039	40 565	228,05
Cap-Vert	0,38 (c)	–	–	–	–
Centrafrique	–	55	–	–	0,02
Comores					

Pays	Dépenses de R et D* en % du PNB 1981-1995	Scientifiques et ingénieurs en R et D en million de personnes 1981-1995	Brevets Résidents 1995	Brevets non résidents 1995	Liaisons internet pour 10 000 habitants en juillet 1997
Congo	–	–	–	–	0,02
Côte-d'Ivoire	0,1 (d)	–	–	–	0,17
Djibouti	0,64 (b)	–	–	–	–
Dominique	–	–	–	–	–
Égypte	1,00	458	–	–	0,31
France	2,50	2 537	16 140	73 626	49,86
Gabon	–	–	–	–	0
Guinée	–	–	–	–	0
Guinée-Équatoriale	0,034 (d)	–	–	–	–
Guinée-Bissau	–	–	–	–	0,09
Haïti	–	–	–	–	0
Laos	–	–	–	–	0
Liban	2,00	67	–	–	2,72
Luxembourg	0,091 (e)		52	121	–
Macédoine	–	1 258	100	3 084	2,15
Madagascar	0,04 (f)	–	400 (d)	1 600 (d)	0,03
Mali	–	–	–	–	0,03
Maroc	0,27 (d)	–	89	292	0,32
Maurice	0,40	361	3	4	1,84
Mauritanie	–	–	–	–	0
Moldavie	–	–	271	15 606	0,39
Niger	–	–	–	–	0,04
Pologne	0,90	1 083	2 598	19 491	11,22
Québec*	1,95 (e)	–	2 690	24 513	–
RDC (ex-Zaïre)	–	–	–	–	0
Roumanie	0,70	1 382	1 811	16 856	2,66
Rwanda	–	–	–	–	0,01
São Tomé E Principe	–	–	–	–	–
Sainte-Lucie	–	–	–	–	–
Sénégal	–	–	–	–	0,31
Seychelles	–	–	–	–	–
Suisse	2,60	–	5 116	64 626	207,98
Tchad	–	–	–	–	0
Togo	0,025 (b)	–	–	–	0,01
Tunisie	0,30	388	31	115	0,02
Vanuatu	–	–	–	–	–
Vietnam	< 2 (b)		100	900	0

Source : *World Development Indicators* 1998 - Banque Mondiale.
* Recherche et Développement / pour les brevets, nombre de demandes déposées en 1994.
a. En % du PIB 1997.
b. En % du budget 1997.
c. En 1998.
d. En 1997.
e. En % du PIB 1995.
f. En 1996.

Pour les pays francophones en transition et en développement le Haut Conseil de la Francophonie a pu exploiter trente-deux réponses sur les quarante-quatre potentielles (pays concernés par le questionnaire). N'entreront donc pas dans cette analyse l'Albanie, les Comores, le Congo, la Guinée, la Guinée-Bissau, le Mali, la Moldavie, le Rwanda, São Tomé E Principe, la Tunisie et le Vanuatu.

angues, information
communication scientifiques

Les grandes tendances qui se manifestent sont parfois encourageantes pour la situation du français et des langues nationales. Ainsi, sur les dix-neuf pays dans lesquels se sont déroulés des **colloques internationaux** depuis 1995, il ne s'en trouve qu'un où l'anglais était la seule langue. Pour tous les autres pays et quel que soit le nombre de congrès organisés et leur sujet, le français était présent soit seul (cinq cas), soit avec une autre langue nationale ou étrangère (huit cas) soit en traduction (quatre cas). Dans un cas, seule la langue nationale était diffusée. De même, on dénombre dix-neuf pays dans lesquels sont accessibles des revues d'informations scientifiques primaires ou de vulgarisation, soit entièrement, soit partiellement en français.

■ *Les revues*

Au Bénin, en Bulgarie, au Burkina Faso, en République centrafricaine, au Gabon, au Liban et au Niger, seules les revues françaises importées s'adressent aux chercheurs francophones : *Sciences et Vie, Sciences et Avenir, Ça m'intéresse, La Recherche, Pour la Science*... D'autres pays éditent directement des publications en français : *la Revue des Praticiens du Cambodge* et les *Cahiers d'études franco-cambodgiens* au Cambodge ; les bulletins de trois instituts de recherche (développement agraire, pêche et géologie) au Cap-Vert, *les Annales de l'université, le Journal Ivoirien d'Océanologie et de Liminologie* et *Agronomie ivoirienne* (anglais/français) en Côte-d'Ivoire ; *Sciences et environnement*, revue trimestrielle à Djibouti ; la *Revue de parasitologie* et celle de l'Institut Pasteur à Madagascar ; le *Bulletin de l'Institut scientifique*, la *Revue Marocaine de Biologie et Infectiologie* et bientôt les *Cahiers de la Recherche* au Maroc ; la *Revue des Sciences Juridiques et Économiques*, les *Annales de la Faculté de Lettres*, la *Revue de l'Institut Mauritanien de la Recherche Scientifique* et la *Revue de l'Institut Pédagogique National en Mauritanie* ; le *Bulletin de l'IFAN*, les Annales de plusieurs facultés et la *Revue Éthiopique* de la Fondation Senghor au Sénégal ; *Sciences et Patrie* au Vietnam ; la *Revue Scientifique* du Tchad, la *Lettre de la Recherche*, les *Bulletins bibliographiques* et bientôt la collection *Travaux et documents scientifiques* au Tchad. Enfin, deux pays ménagent une place au français parmi d'autres langues : au Laos l'Institut de Recherche sur la Culture (IRC) publie deux fois par an le *Journal de l'héritage du Lanxang* en lao, anglais et français ; en Macédoine une soixantaine de revues scientifiques sont publiées en macédoniens avec, dans certains cas, des résumés en français.

Incontestablement, le français est et reste la langue scientifique de l'Afrique et du Maghreb. Pour les autres pays, la situation est contrastée. En plus de ceux pour lesquels l'information nous fait défaut (Haïti, Roumanie, Seychelles et Togo), il y a un groupe de pays qui ne disposent d'aucune revue scientifique : Burundi, Guinée-Équatoriale et République Démocratique du Congo. Quelques-uns n'ont de sources qu'anglo-saxonnes : Cameroun, Égypte, Dominique et Sainte-Lucie. La Pologne se distingue par une forte production nationale, 725 revues scientifiques, publiées à 85 % en polonais.

La formation n'est pas non plus dans une situation « critique » avec le recensement de seulement cinq cas de présence de filières non francophones, hors langues locales. Ainsi la Bulgarie compte quatre filières germanophones à Sofia (mécanique générale, management industriel, processus industriel et gestion) et cinq filières de langue anglaise dont quatre conduites par les Britanniques à Sofia (système de mesures industrielles, deux en gestion et économie) et une par les États-Unis à Blagoevgrad (informatique).

En Égypte, le phénomène est un peu différent et plus inquiétant : le nombre de programmes délivrés en anglais est très important aussi bien dans les universités du Caire, de Ain Chams ou d'Alexandrie, mais surtout ils ne sont pas toujours le fruit de coopération avec des partenaires anglo-saxons pour des filières adaptées à certains besoins locaux, puisque ces enseignements concernent tous les domaines. De fait, l'enseignement supérieur s'anglicise par pans entiers.

Au Liban, il existe une université américaine et des filières de langue anglaise pour les sciences médicales, mais les prestigieuses filières médicales de l'université Saint-Joseph restent francophones.

En Pologne, les filières en anglais portent sur le droit, le commerce et la gestion.

En Roumanie, bien qu'il existe des filières francophones, les sciences de l'ingénieur sont plutôt enseignées par les anglophones à Bucarest, Cluj, Iasi et Timisoara (5 000 étudiants) et les germanophones (3 000 étudiants). La quinzaine de bases de données scientifiques nationales recensées ne sont bien souvent que l'inventaire des actions ou projets de recherche en cours, ou même plus prosaïquement, la liste des institutions concernées par la science.

Les sources d'information sont parfois accessibles (souvent grâce à l'AUF) sur réseau électronique (neuf cas : Cameroun, Cap-Vert, Djibouti, Gabon, Maroc, Niger, Pologne, Sénégal, Vietnam) avec ou sans paiement mais très rarement sur internet. Le français est présent dans douze cas mais ne s'impose réellement que dans sept pays (Bénin, Djibouti, Madagascar, Maroc, Niger, Sénégal et Togo).

Un secteur fragilisé...

Concernant l'état général du secteur scientifique, le constat est plus sévère. La part du budget consacré à la recherche est bien souvent nulle ou insignifiante et les carences en matière d'équipement et de formation sont généralisées.

Le poids des francophones du Sud dans la recherche mondiale est difficile à évaluer. On peut estimer qu'une dizaine de pays ont obtenu une reconnaissance internationale de la valeur scientifique de leurs travaux : Cameroun, Cap-Vert, Côte-d'Ivoire, Djibouti, Égypte, Gabon, Madagascar, Maroc, Niger, Sénégal. La Pologne, la Macédoine et le Vietnam bénéficient également d'un certain crédit dans quelques domaines spécialisés.

De nombreux pays du Sud brillent dans des secteurs proches des besoins de leur économie et de leur développement : ainsi, l'agronomie (Cameroun, Côte-d'Ivoire, Maroc), l'érosion des sols, la désertification, le reboisement ou la géologie (Cap-Vert, Djibouti, Madagascar) ou encore l'agro-alimentaire, la biotechnologie, l'énergie renouvelable et solaire (Cameroun, Djibouti, Niger) qui sont des sciences aptes à résoudre certaines questions vitales pour les pays cités. De même, les problèmes d'hygiène et de santé ont incité au développement de capacités de recherche en biochimie et parasitologie (Gabon, Madagascar). Les particularismes locaux jouent également un rôle dans l'essor de certaines disciplines. Ainsi, Madagascar excelle en riziculture et matériaux de construction traditionnels et Djibouti montre l'exemple en géothermie ou hydrologie. D'autres disciplines sont brillamment représentées par des chercheurs de niveau international : les mathématiques au Cameroun ou les sciences humaines (littérature, histoire, géographie, sociologie) au Sénégal, qui compte également d'excellents juristes. Enfin, on remarquera l'entrée de l'Égypte dans le club fermé des membres de l'Agence Internationale de l'Énergie Atomique et dans celui, encore assez restreint, des « lanceurs de satellites ».

La Pologne et le Vietnam conservent une bonne réputation en mathématiques et physique auxquelles s'ajoutent pour la première la chimie et la biotechnologie qui est également bien représentée avec le génie génétique en Macédoine, connue pour son intérêt évident pour la sismologie.

S'agissant des moyens de la recherche, globalement assez faibles, on peut distinguer plusieurs groupes.

Un premier groupe de pays dont les moyens sont nuls ou insignifiants (échappant à toute mesure significative) : Burundi, Cambodge, Dominique, Haïti, Sainte-Lucie et Seychelles.

Un second groupe de pays pour lesquels la recherche repose essentiellement sur les universités, les ministères et parfois un ou deux centres de recherche associés. C'est le cas du Bénin, du Gabon, de la Guinée-Équatoriale (dix chercheurs dans les ministères), de Madagascar, de la Mauritanie, de la République Démocratique du Congo et du Togo. Comme nous l'avons constaté plus haut, cela n'empêche pas une certaine reconnaissance internationale dans des domaines spécifiques (biochimie et parasitologie au Gabon, ou érosion et reboisement à Madagascar etc.). Pour ces pays, les implantations locales d'organismes de recherche français sont souvent citées comme ressources du pays. Ainsi, au Burkina Faso, en République centrafricaine et au Liban, l'ORSTOM (Institut Français de Recherche Scientifique pour le Développement en Coopération), le CIRAD (Centre de Coopération Internationale en Recherche Agronomique pour le Développement), l'Institut Pasteur ou le CNRS (Centre National de La Recherche Scientifique) viennent, ensemble ou séparément, renforcer le potentiel de recherche national. Au Sénégal également, la recherche nationale s'appuie essentiellement sur les universités, deux instituts de recherche (ISRA et IFAN) et les organismes étrangers (ORSTOM et Institut Pasteur), mais le rayonnement régional de l'UCAD (université Cheik Anta Diop) de Dakar et de l'USL (université de Saint-Louis) place ce pays à part. Un programme conduit en partenariat entre l'ORSTOM, le réseau Alfonso et le journal *Science, Technology and Society* a actuellement pour objectif de dresser un état des lieux concernant l'ensemble du continent. Après une étude biblio-métrique de la production scientifique totale, à partir des publications indexées dans la base Pascal (1994-1997), le projet a démarré en 1998 la phase d'enquêtes de terrain, de questionnaires et d'études de cas dans douze pays choisis pour leur niveau de production scientifique : Afrique du Sud, Cameroun, Côte-d'Ivoire, Égypte, Éthiopie, Kenya, Maroc, Nigeria, Sénégal, Tanzanie, Tunisie et Zimbabwe. Ce programme doit s'achever en l'an 2000.

... aux moyens limités

Une série de pays peut se caractériser par le choix d'une spécialisation d'un ou de plusieurs centres de recherche sur des domaines très précis. Cette catégorisation n'implique pas une évaluation des niveaux respectifs de recherche et rassemble des pays aux moyens sensiblement différents. Elle révèle simplement une stratégie particulière dans l'utilisation de moyens financiers et humains, plus ou moins importants, mais toujours limités.

Le **Cameroun,** entretient trois instituts spécialisés (plantes médici-nales, géologie-mines et agronomie, zootechnie) ; le **Cap-Vert**, cinq (pêche, agriculture, énergie renouvelable, ressources hydriques, cultures) ; la **Côte-d'Ivoire**, un seul très gros institut comprenant cinq départements employant 3 000 personnes dont quatre-vingt-douze chercheurs et possé-dant 19 500 hectares de parcelles (Institut des Forêts-IDEFOR) ; le **Laos** détient six centres (environnement, agronomie, sciences de l'éducation malariologie-parsitologie-entomologie et hygiène-épidémiologie) ; la **Macé-doine** déclare six instituts employant au total près de 600 personnes (sismologie, vétérinaire, agricole du tabac, d'histoire nationale et d'hydro-biologie) ; le **Niger** a quatre instituts (énergie solaire, études linguistiques et tradition orale, sciences humaines et agronomie).

Ensuite, quelques pays semblent privilégier, avec des moyens très inégaux, une approche globale de la politique nationale de recherche en favorisant l'émergence d'une ou de plusieurs structures de coordination et/ou de direction, de type académie.

C'est le cas de la **Bulgarie**, de la **Pologne**, de la **Roumanie**, de **Djibouti**, du **Tchad** et du **Vietnam**. Les trois premiers disposent d'une Aca-démie des sciences comprenant entre quarante (Roumanie) et une centaine d'instituts (Bulgarie avec 10 000 personnes) appuyés par de nombreux labo-ratoires universitaires (900 dans le cas de la Pologne). Le Vietnam dispose lui, sur le même modèle, d'un Centre National des Sciences Naturelles et de la Technologie disposant de dix organismes de recherche à vocation natio-nale auxquels s'ajoutent une trentaine d'organismes hors tutelle, les services de recherche des grandes compagnies nationales (électricité, téléphone, etc.) et ceux des ministères. Le Tchad comme Djibouti semblent répondre au manque de moyens par une rationalisation des efforts. Ainsi, le Centre National d'Appui à la Recherche (CNAR), créé en 1991 au Tchad, doit tout à la fois mettre à la disposition des chercheurs les moyens, les informations et la documentation nécessaires à leurs travaux, être la structure d'accueil des coopérations internationales, « appuyer et animer » l'ensemble des insti-tutions de recherche et la communauté scientifique. À Djibouti, l'Institut

Supérieur d'Études et de Recherches Scientifiques et Techniques (ISERST) dispose de quatre-vingt-cinq personnes et d'un budget de près de 600 MFF.

Enfin, il convient de distinguer trois pays qui affichent une relative puissance dans les moyens accordés à la Recherche : l'**Algérie**, l'**Égypte** et le **Maroc.**

L'Algérie entretient douze universités comprenant cinquante-cinq instituts et compte vingt-deux centres de recherche. On considère que cinq cents enseignants-chercheurs ont une activité de recherche. L'Égypte consacre environ 60 MFF au fonctionnement de neuf centres spécialisés de recherche qui dépendent du ministère de la Recherche scientifique et qui emploient plus de 4 000 chercheurs (recherche générale, océanographie, standardisation, astronomie et géophysique, métallurgie, pétrole, médecine tropicale, électronique, ophtalmologie). Le Maroc affiche une certaine santé, avec 12 000 chercheurs travaillant dans les universités et les établissements de formation des cadres et plus de deux cents chercheurs employés dans trois structures importantes disposant d'une quarantaine de millions de francs (agronomie, énergie des sciences et techniques, développement des énergies renouvelables). Il existe également trois autres centres publics (recherche halieutique, études et recherche forestières) et deux centres privés (sur les phosphates et sur les mines et l'exploitation).

Sur la vingtaine de réponses relatives aux **manques les plus significatifs** pour les chercheurs, il est important de noter que les compétences humaines ne sont citées que deux fois, autant que les problèmes d'organisation. Les vraies difficultés sont matérielles : une douzaine de pays réclament du matériel d'expérimentation, de mesure et d'analyse pour les laboratoires ainsi que, dans certains cas, les produits chimiques nécessaires aux expériences. L'absence de matériel informatique est également soulignée (quatre pays), comme il est souhaité le renouvellement d'un matériel obsolète, en particulier dans les pays anciennement communistes.

Il faut noter enfin l'absence presque totale de relation entre les sphères publiques et privées de la recherche. Seuls, le Cameroun, la Côte-d'Ivoire, la Macédoine, le Maroc et le Vietnam ont organisé des formes de partenariat et de transfert.

À titre indicatif de la vitalité de la recherche dans ces pays, on pourra se référer au tableau (situé au début du chapitre) dans lequel figurent les **informations relatives aux brevets** déposés ou délivrés, avec leur origine. Quinze pays francophones non industrialisés sont concernés par ce thème et la part des brevets déposés par les résidents n'est jamais importante.

Quand l'information est disponible, elle fait apparaître que seuls l'Algérie, la Bulgarie, le Maroc, la Pologne et la Tunisie et dans une moindre mesure, la Moldavie, la Roumanie et le Vietnam arrivent à présenter des chiffres significatifs pour la part « résident » des brevets délivrés.

ne forte coopération francophone t internationale

En matière de coopération internationale, seuls Sainte-Lucie et Dominique ne présentent que des partenaires non francophones. Les trente autres pays ayant répondus aux questionnaires développent une politique active et très diversifiée de coopération bi et multilatérale. Au niveau bilatéral, il faut souligner la présence systématique de la France et quasi-systématique de l'Allemagne (une vingtaine de pays). Le Canada, les États-Unis et la Belgique sont également présents dans de nombreux programmes. Dans le cas de la France, il faut noter l'extraordinaire déploiement de certains organismes comme le CNRS (Centre national de la Recherche Scientifique), l'ORSTOM (Institut Français de Recherche Scientifique pour le Développement en Coopération), l'Institut Pasteur et le CIRAD (Centre de Coopération Internationale en Recherche Agronomique pour le Développement) qui, dans certains cas, sont les véritables animateurs de la recherche locale.

L'Agence Universitaire de la Francophonie

Au niveau multilatéral, l'**Agence Universitaire de la Francophonie** (AUF, ex- AUPELF-UREF) est pratiquement toujours présente (sauf en République Démocratique du Congo auquel ne la lie aucun accord de siège) aux côtés de l'Union européenne, du PNUD ou de la Banque Mondiale.

Sa XIIe assemblée générale s'est tenue du 27 avril au 30 avril 1998 à Beyrouth. Lors de cet événement institutionnel de la communauté scientifique et universitaire francophone elle a changé de nom pour devenir l'Agence Universitaire de la Francophonie (AUF). Ces interventions sont réparties entre trois fonds spécialisés (de l'information, de la formation, de la recherche), qui complètent les programmes menés grâce au Fonds International de Coopération Universitaire (FICU).

Le Fonds Francophone universitaire de l'Information (FFI) a été créé en 1996. Avec un budget de 30,8 millions de francs en 1998, l'objectif principal de ce fonds est le partage de l'information pour décloisonner les scientifiques francophones.

Créée en 1989, la collection *« Universités francophones »* (150 titres disponibles) permet la vente de livres à des prix préférentiels dans les pays du Sud. Pour les revues, la priorité a été accordée à l'édition de revues scientifiques de synthèse : agriculture, santé, sécheresse. La collection *« Universités francophones - nouveaux supports »* a permis d'éditer sur cédérom les premières banques de données scientifiques transportables : des livres électroniques et des ensembles multimédia (vingt-cinq titres disponibles).

On note également la constitution et le maintien des banques de données qui dressent l'inventaire des potentialités et des moyens du réseau scientifique francophone, avec notamment le recensement des thèses du Sud. Ces banques de données sont produites sur tous supports et disponibles dans les centres du **Système Francophone d'Édition et de Diffusion** (SYFED). Implantés au sein d'universités, les centres SYFED sont des centres de ressources dotés de terminaux vidéotex à partir desquels les chercheurs et étudiants ont accès aux grandes bases de données scientifiques, aux informations AFP, etc. Les utilisateurs inscrits dans les centres ont un accès libre pour consulter ouvrages, revues, microfiches, ressources informatiques et télématiques. Ils peuvent en outre se procurer les articles parus. En 1997, ouverts dans vingt-cinq États, les centres SYFED ont accueilli plus de 45 000 utilisateurs.

Le rôle de ces centres est aussi de former en français les utilisateurs à une appropriation des techniques et des méthodes pédagogiques (programme Transfer). Plus de 10 000 heures de cours ont été dispensées en 1996. Pour assurer la présence du français sur internet, il faut brancher rapidement les pays du Sud. Ces connexions s'articulent autour d'infoports, points d'accès au réseau et centres d'hébergement de serveurs. En 1997, treize centres SYFED disposent d'un « infoport » permettant de brancher les pays concernés sur ce qui devient le **Réseau Électronique Francophone pour l'Enseignement et la Recherche** (REFER).

Le réseau électronique REFER a pour vocation de produire et multiplier les contenus francophones sur internet. Dans ce cadre plusieurs actions ont été développées : élaboration d'un logiciel de messagerie francophone, le WREF, gratuit pour les membres de REFER ; réalisation de boîtes à outils en français pour l'utilisation et la création de toiles internet (vingt-cinq toiles réalisées par des groupes de producteurs) ; mise au point d'un moteur de recherche structuré sur l'internet francophone : francoroute.

Le réseau REFER permet l'utilisation de tous les types de terminaux suivant les besoins et les moyens locaux, du simple minitel au micro-ordinateur sophistiqué (adresse internet : http://www.REFER.org).

Le Fonds Francophone Universitaire de la Formation (FFF) dispose d'un budget de 56,2 millions de francs en 1998, auquel on doit ajouter 8 millions de francs au titre du Fonds Régional pour L'enseignement Supérieur. Il vise à assurer, dans chaque pays francophone, une formation en français et un enseignement du français de qualité répondant aux besoins des pays concernés et aux attentes de la Francophonie. C'est ainsi qu'a été créé le réseau des **classes bilingues** ou à français renforcé débouchant sur un baccalauréat francophone. Plus de six cents classes sont implantées en Asie du Sud-Est (qui en compte les 2/3), au Liban et en Haïti. Cela concerne près de 14 000 élèves. Ce Fonds permet également l'entretien de filières francophones et de l'Université par Satellite (UNISAT).

Les **filières universitaires francophones** permettent aux étudiants d'effectuer en français leurs études de droit, de médecine ou de gestion. Les étudiants sélectionnés bénéficient de bourses de mobilité. En 1997, on comptait soixante-quinze filières francophones et 9 280 étudiants inscrits.

Au niveau du 3e cycle, un réseau d'instituts internationaux francophones s'implante : au Vietnam (Institut Francophone d'Informatique), au Cambodge (Institut de Technologie), en Bulgarie (Institut d'Administration et de Gestion), à Maurice (Institut Francophone d'Entreprenariat) et au Laos (Institut Francophone des Maladies Tropicales).

D'autre part, le FFF finance la mobilité des étudiants : les bourses (cent dix environ) CIME (Cursus Intégré pour la Mobilité des Étudiants), qui permettent à l'étudiant de suivre en partie ses études à l'étranger en les validant dans son université d'origine ainsi que la mobilité des jeunes chercheurs (soixante-dix bourses d'excellence et vingt bourses doctorantes).

Enfin, prémice de l'Université Virtuelle Francophone (voir le chapitre « Société de l'information »), **UNISAT** (l'Université par Satellite) a pour objectif la promotion à distance de la science en français dans tous ses aspects culturels, scientifiques et techniques. Il s'agit de la diffusion par satellite, grâce à TV5, de cours, de conférences ou autres produits audiovisuels francophones.

Créé au VIe Sommet de Cotonou (1995), le **Fonds Régional pour l'Enseignement Supérieur** est chargé d'apporter, à côté d'autres programmes existants dans le domaine de la recherche, de la formation et de l'information, une contribution particulière à la dynamique régionale. On dénombre cinq Centres Régionaux d'Enseignement Spécialisés en Agriculture (**CRESA**), qui fonctionnent aujourd'hui au sein d'établissements d'enseignement supérieur et de recherche dans les domaines suivants : irrigation, hydraulique agricole, protection de l'environnement et amélioration des systèmes agraires sahéliens, économie et sociologie rurale, forêt-bois. L'AUF apporte aussi son appui au Conseil Africain et Malgache pour l'Enseignement Supérieur (CAMES), par un programme mis en œuvre depuis 1991 pour la préparation des candidats africains aux agrégations de médecine, de sciences juridiques et de gestion. Les bourses universitaires régionales concernent l'Afrique noire et l'océan Indien et favorisent la mobilité des étudiants vers les 3e cycles et les centres de formation d'excellence. Ce programme Sud-Sud, très mobilisateur, a été mis en place à titre expérimental au cours du biennum 1996-1997.

Le Fonds Francophone de la Recherche (FFR), s'appuie sur les réseaux thématiques de recherche partagée (**RTR**). L'AUF a mis les RTR en place, à partir de 1988 afin, en particulier, de renforcer la coopération entre tous les chercheurs utilisant le français. Ils sont créés pour quatre ans dans tous les domaines liés aux priorités définies par les sommets : paludisme, biotechnologies végétales, télédétection, entreprenariat, démographie, français en Francophonie, lexicologie, terminologie, traduction, sociolinguistique et dynamique des langues, droit de l'environnement, cultures, langues et développement, FRANCIL (Réseau Francophone de l'Ingénierie de la Langue), droit des entreprises culturelles, biologie moléculaire appliquée aux parasites, génie des procédés appliqué à l'agro-alimentaire. Leurs actions s'articulent selon trois axes : favoriser les échanges, organiser périodiquement des journées scientifiques et encourager la production d'outils d'information scientifique et technique en langue française.

Le Fonds Francophone de Recherche (FFR), créé par le Sommet des chefs d'État et de Gouvernement francophones en novembre 1993, est venu consolider le dispositif des réseaux. Il dispose d'un budget de 40,4 millions de francs en 1998. Le FFR, dont les RTR constituent le cœur, permet de recréer une dynamique de la recherche au Sud, et en particulier en Afrique, grâce à la mise en œuvre d'outils performants et intégrés : les **réseaux de chercheurs** (RTR et actions de recherche concertées) ; les **bourses de mobilité** (doctorantes ou postdoctorales) ; **les aides personnalisées** aux chercheurs (primes ou allocations de recherche) ; **les réseaux de structure** (laboratoires associés francophones, jeunes équipes de recherche) ; **l'aide à la structuration scientifique** des établissements d'enseignement supérieur.

Le Fonds International de Coopération Universitaire (FICU). Créé en 1967 pour faciliter la coopération internationale entre les universités membres de l'AUPELF-UREF dans un cadre multilatéral, le FICU est l'outil de la solidarité associative universitaire de langue française. Jouissant d'une pleine autonomie au sein de l'AUF, il bénéficie de structures de gestion propres et accorde des crédits et des bourses grâce aux contributions volontaires mises annuellement à sa disposition par des gouvernements et agences gouvernementales (10 millions de francs en 1998). Le FICU gère quatre programmes et un fonds spécial d'intervention.

Le **Programme d'Intérêt Commun** (PIC) contribue au développement de la coopération entre les membres de la communauté universitaire francophone en mettant à leur disposition les outils indispensables à la communication et à l'information. Il est structuré autour de trois éléments centraux : les banques de données, gérées par le Centre de Ressources Montréal, où l'on trouve le répertoire des membres de l'AUF, des enseignants et chercheurs, de la documentation scientifique informelle (REDOSI), etc. ; les séminaires et rencontres internationaux ; le magazine *Universités*, publié quatre fois par an, tiré à 12 000 exemplaires.

Le **Programme d'Intérêt Régional** (PIR) a pour objectif principal de favoriser la coopération universitaire en développant les échanges entre les institutions d'enseignement supérieur d'un même ensemble géopolitique régional. Il s'agit de renforcer le potentiel pédagogique des universités, principalement du Sud, en finançant des missions d'enseignement et de recherche. Les missions d'enseignement sont de courte durée (soixante-quinze heures pour trois semaines maximum) et les missions de recherche durent cinq semaines maximum. Les régions qui bénéficient de ce programme sont l'Afrique, l'Afrique des Grands Lacs, l'Asie du Sud-Est, le Canada (établissements francophones hors Québec), la Caraïbe, l'Europe centrale et orientale, le monde arabe, l'Océan indien, le Pacifique. Au total, ce sont plus de 250 missions qui sont attribuées chaque année.

Le **Programme des Études Françaises et du Français dans le Monde** (PEFFM) a pour objet le développement de la coopération interdépartementale en privilégiant la mobilité. Il s'appuie sur les comités régionaux des études françaises et des filières francophones.

Le **Programme d'Action de Soutien** à la formation et à la recherche (PAS) est l'outil privilégié dont dispose le FICU pour développer la coopération universitaire entre les établissements d'enseignement supérieur du Nord et du Sud. Ce programme, accessible à tous les membres, appuie des projets qui engagent un minimum de trois universités adhérentes, dont au moins une du Sud. Les projets doivent entrer dans les deux catégories suivantes : soutien à la formation et soutien à la recherche.

Le **Fonds Spécial d'Intervention** (FSI) a pour but de financer des opérations au profit d'institutions membres de l'AUPELF-UREF dans les pays où, compte tenu des difficultés particulières, une action spécifique de coopération est structurée autour de cinq programmes majeurs axés sur le développement (Afrique des Grands Lacs, Asie du Sud-Est, Europe centrale et orientale, Haïti, Liban).

À la fois, instrument et symbole de la coopération scientifique internationale Nord-Sud, l'Académie des Sciences du Tiers-Monde (TWAS, selon l'acronyme anglo-saxon) compte 411 membres (330 membres appartenant à cinquante-neuf pays du Sud et quatre-vingt-un membres associés appartenant à neuf pays du Nord). Elle organise et prévoit l'organisation de colloques et d'ateliers dans des domaines favorables au développement économique des pays du sud.

... d'intensité variable

L'intensité des coopérations en matière scientifique peut se juger de différentes manières. Nous avons considéré que l'existence d'équipes de recherche mixtes entre plusieurs pays et que la pratique des co-tutelles de thèses étaient des éléments probants indiquant un haut niveau de coopération. Ces critères permettent de distinguer seize pays : **Bulgarie, Burkina Faso, Cameroun, Cap-Vert, Côte-d'Ivoire, Djibouti, Égypte, Haïti, Laos, Macédoine, Mauritanie, Niger, Roumanie, Seychelles, Togo et Vietnam.**

En **Bulgarie,** l'Académie des Sciences qui conduit l'essentiel de la coopération internationale du pays s'est liée par trente accords bilatéraux avec les plus grandes institutions de recherche au monde. Les cotutelles de thèses avec la France rencontrent des difficultés techniques dans leur partie bulgare.

Au **Burkina Faso,** l'essentiel de la coopération passe par les universités et instituts français (notamment l'ORSTOM et le CIRAD). Une équipe comprenant des Burkinabé, des Belges et des Français anime le Centre Muras à Bobo Dioulasso qui conduit des recherches sur le Sida. Des chercheurs du Burkina Faso se rendent régulièrement dans les universités françaises (Poitiers, Limoges, Paris XII, Toulouse…) pour travailler dans des domaines variés (agro-alimentaire, traitement des eaux et recyclage des déchets, gestion et maintenance industrielle…).

Les grands partenaires du Cameroun sont la France, l'Allemagne, la Belgique et les États-Unis. Outre les nombreux accords universitaires, les chercheurs travaillent beaucoup avec le CIRAD, l'ORSTOM et le Centre Pasteur. De nombreuses équipes mixtes franco-camerounaises effectuent des travaux de recherches fondamentale et appliquée.

Le **Cap-Vert,** entretient une forte coopération avec le Portugal (mer, pêche, tourisme), mais également avec la Belgique (désertification) et la France (eau). Ces deux pays fournissent des chercheurs travaillant dans des équipes mixtes qui concernent également les États-Unis (agriculture), les pays scandinaves (énergie renouvelable) et les Canaries (biodiversité marine). Les échanges semblent se concentrer surtout sur le Portugal, les États-Unis et l'Islande.

En **Côte-d'Ivoire,** six équipes de recherche comprennent des chercheurs étrangers : deux avec la participation du CIRAD et de l'ORSTOM en agronomie, d'une part, et en sciences sociales et environnement, d'autre part ; deux avec des Suisses en agronomie et santé ; une avec des Canadiens sur l'agro-alimentaire, et, sur ce même sujet, une équipe ivoiro-chinoise.

Les échanges de chercheurs financés par la coopération bi et multilatérale (Banque Mondiale et AUF) concernent les pays déjà cités mais également les États d'Afrique de l'Ouest.

Djibouti, donne la priorité aux recherches concernant l'eau et les chercheurs des équipes mixtes sur le sujet viennent de Poitiers, Montpellier, Marseille pour la France et de Neuchâtel pour la Suisse. D'autres partenaires, comme l'Union européenne, l'USAID, l'Italie, le Japon, l'Angleterre ou l'Irak contribuent à la coopération en matière de recherche fondamentale. Seize scientifiques djiboutiens ont bénéficié de bourses en France en 1997/1998.

Les grands partenaires de l'**Égypte** sont les États-Unis, l'Allemagne, la France et l'Italie. Deux équipes à participation française sont actives : l'une à l'université du Caire en entomovirologie et l'autre à la faculté d'agriculture d'Alexandrie sur la microbiologie laitière. Les échanges avec les pays francophones devraient s'accroître après l'adhésion récente des trois principales universités à l'AUF.

Pour **Haïti** la coopération est essentiellement universitaire et implique la France et le Québec. Les équipes mixtes avec des francophones relèvent du domaine médical et de la recherche agronomique.

Au **Laos,** six équipes franco-laotiennes sont citées. Les domaines touchés sont l'archéologie, l'ethnologie, la paléontologie, le bouddhisme, l'agronomie et l'histoire. Les partenaires français sont le Musée Guimet, l'ORSTOM, le Musée National d'Histoire Naturelle, l'École Française d'Extrême-Orient, le CIRAD et le CNRS. Des bourses de formation et de stages sont accordées par le Japon, la Suède, la France, l'Australie et l'Allemagne. La Banque Asiatique de Développement (BAD) ainsi que l'AUF participent au financement de certains programmes.

La **Macédoine,** conduit des projets communs et des échanges de chercheurs avec les États-Unis, les pays voisins (Yougoslavie, Albanie), la France, la Russie, la Chine, la Turquie, l'Égypte, la Slovénie et la Croatie. Une équipe de recherche mixte comprend des Français (ethnologie) et l'autre des Américains (archéologie). Parmi les nombreuses bourses accordées en 1997, deux seulement furent françaises.

Les principaux partenaires de la **Mauritanie** sont la France (biologie, recherche scientifique), le Canada (biologie et sciences de l'ingénieur) et l'Espagne (physique et sciences vétérinaires). Ces trois pays accordent des bourses et des séjours de recherche qui s'ajoutent aux relations plutôt inter-universitaires avec le Maroc, la Tunisie et le Sénégal. Il existe plusieurs équipes mixtes franco-mauritanienne dans le cadre d'accords inter-universitaires et de projets de recherche du programme de coopération scientifique français « Campus ». Les bailleurs de fonds multilatéraux sont la Banque Mondiale, l'UNESCO et l'AUF.

Les partenaires scientifiques du **Niger** sont la France, le Canada, l'Allemagne et les États-Unis. L'AUF prend une part significative de la coopération universitaire francophone (bourses doctorales), mais les équipes de recherche mixtes sont organisées avec l'ORSTOM.

En **Roumanie,** l'École Doctorale en Sciences Sociales de l'AUF développe depuis 1994 un programme annuel d'une dizaine de bourses. La France est un partenaire de premier plan : depuis 1992 une convention lie l'Académie Roumaine et le CNRS et l'Institut de France. Plusieurs programmes internationaux de coopération scientifique (PICS) soutenus par le CNRS impliquent des équipes mixtes (universités de Rouen et Institut de Chimie de Iasi sur les systèmes colloïdaux à propriétés spécifiques et des laboratoires de Caen, Orsay et Strasbourg à un Institut de Bucarest sur le projet « Tonnerre » de détection de neutrons retardés). La France accueille des boursiers roumains dans ses filières d'excellence (Écoles Normales Supérieures, École Polytechnique, ENA, IIAP,...) où le contingent roumain est le plus élevé e; en 1998 les moyens consacrés à cette action ont représenté 240 mois/bourses. Actuellement, quarante thèses sont menées en cotutelles et soixante nouvelles vont être mises en œuvre. Le « réseau formation-recherche » du ministère de la Recherche français permettra à une cinquantaine de chercheurs d'effectuer des séjours « à caractère diplômant » en France. À quoi il faut ajouter les bourses accordées dans le cadre

interuniversitaire (quinze DEA et soixante-cinq stages en modules d'enseignement francophones), les bourses doctorantes financées par les conseils généraux (une vingtaine), les quatre boursiers de la Fondation Robert Schuman et les quinze bourses doctorales en informatique soutenues par le secteur privé dans la perspective de l'implantation d'un centre de fabrication de logiciels en Roumanie.

Il faut signaler enfin les grands programmes de coopération de la Banque Mondiale (réforme de l'enseignement supérieur) et de l'Union européenne (Phare, Tempus, Socrates et Copernicus). À noter que sur soixante projets Tempus, cinquante-deux comptent au moins un partenaire français et quinze ont pour contractants des universités françaises.

Les **Seychelles,** qui bénéficient de la coopération des pays riverains de l'océan Indien, des États-Unis, de l'Allemagne, de la Suède, du Canada et de la France donnent la priorité à l'environnement et à la pêche. C'est dans ce domaine que travaille une équipe franco-seychelloise.

Au **Togo,** le programme Campus de la coopération française recouvre l'essentiel des relations internationales du pays. Les équipes mixtes travaillent sur les questions liées au développement : population, agronomie, végétation et ressources naturelles. La France accueille environ quatres-vingt boursiers par an pour une durée moyenne de séjour de trois mois.

Les grands partenaires du **Vietnam** sont la Belgique, le Canada, la France et le Japon. Les échanges se traduisent par l'envoi de professeurs (dix par an en France) et l'existence de co-tutelles de thèses. Les bailleurs de fonds autres que bilatéraux sont l'AUF, l'Agence de la Francophonie et plus faiblement, la Banque Mondiale et le PNUD.

Un deuxième groupe de dix pays se distingue : **Bénin, Cambodge, Gabon, Liban, Madagascar, Maroc, Pologne, République centrafricaine, République Démocratique du Congo et Sénégal**. Il comprend des pays qui, à des niveaux variables, entretiennent des relations extérieures dans le secteur scientifique et de la recherche. Sans être forcément des partenaires privilégiés, les pays francophones sont toujours concernés par des programmes de coopération inter-universitaires et/ou des échanges de boursiers.

Le **Bénin,** conduit des programmes de coopération avec l'ORSTOM qui gère quelques bourses de recherche. Le Centre de développement durable monté avec la coopération néerlandaise travaille sur les domaines suivants : écologie, télédétection, environnement et santé.

Le **Cambodge,** entretient un haut niveau de coopération scientifique, mais pour la formation initiale essentiellement, car le niveau 3e cycle n'existe pas, sauf au département d'études francophones de l'université de Phnom Penh. La France, la Belgique et le Canada sont impliqués dans le domaine médical et technologique auprès de l'Institut de Technologie du Cambodge (ITC) et dans celui de l'agronomie auprès de l'ITC et de l'université royale d'agronomie. Les francophones sont également actifs pour l'archéologie, le droit, l'économie, la biologie, la physique, la chimie, les mathématiques et la linguistique.

Le **Gabon,** traduit sa coopération internationale sous forme de conventions inter-universitaires notamment avec l'Hôtel-Dieu de Paris et la faculté de médecine de Tours. La Belgique, le Maroc, le Canada, les États-Unis, la Grande-Bretagne, l'Allemagne et les Pays-Bas sont également ses partenaires.

Au **Liban,** les équipes mixtes de Saint-Joseph et Saint-Esprit sont composées d'Américains et travaillent sur les sciences de la santé, l'environnement et la technologie, même s'il faut signaler l'existence du programme franco-libanais CEARE (environnement, santé, technologie). Les échanges de chercheurs sont intenses, notamment en vue de publication ou obtention d'un doctorat, avec les pays de l'Est, l'Europe, le Canada, les États-Unis, l'Angleterre, la France et l'Allemagne. Dans certains cas, ces échanges sont soutenus par des bourses : trois cents par an environ financées par les États et l'AUF.

Madagascar, développe des accords inter-universitaires avec les universités de l'océan Indien (environnement, gestion des entreprises, nouvelles technologies), la France, la Belgique, l'Allemagne, les États-Unis, le Canada, l'Afrique du Sud, le Japon et la Chine. Les boursiers du Gouvernement français sont dix-sept par an et restent entre trois et six mois. Ceux de l'AUF restent entre six et dix mois et vont également au Canada.

Le **Maroc,** concentre sa coopération sur l'éducation et l'enseignement, la recherche, la justice et l'administration publique. Ses partenaires principaux sont la France et l'Espagne. Celle-ci passe aussi bien par des conventions entre universités que par des bourses et allocations de recherche.

L'Académie des Sciences de **Pologne,** qui gère une part importante de la coopération scientifique, a mené plus de 2 000 missions et accueilli presque autant d'invités en 1996. Le volume le plus important concerne l'Allemagne, suivie de près par la France. La Pologne participe également aux programmes communautaires (Tempus) essentiellement dans les secteurs d'excellence polonaise (chimie, mathématiques, physique et biotechnologie).

La **République centrafricaine,** bénéficie de bourses russes, allemandes, canadiennes et françaises et de la présence d'enseignants-chercheurs égyptiens à l'université de Bangui. La France et le Canada développent des programmes d'appui à l'institutionnalisation et à la professionnalisation des filières.

La **République Démocratique du Congo,** a vu sa coopération internationale se réduire depuis 1991. Des programmes entre universités et instituts se maintiennent néanmoins essentiellement avec la France et la Belgique (Institut de Physique du Globe, CNRS, université de Louvain et de Gembloux et institut médical d'Amiens) et le PNUD soutient quelques activités en matière de recherche agronomique.

Les principaux partenaires du **Sénégal** sont la France, la Belgique, le Canada, les États-Unis et la Banque Mondiale. L'université Cheik Anta Diop (UCAD) a signé de nombreuses conventions qui lui permettent de conduire des échanges multiples comprenant également des bourses (pour la France, dans les secteurs de l'informatique et des mathématiques).

Enfin, six pays affichent un niveau de coopération scientifique assez modeste : **Algérie, Burundi, Dominique, Guinée-Équatoriale, Sainte-Lucie et Tchad**.

L'**Algérie,** est dans une situation qui réduit, de fait, les échanges scientifiques avec l'extérieur. Ainsi, il n'existe aucune équipe mixte de recherche. Néanmoins, la France reste le premier partenaire, avec les pays européens méditerranéens. L'Allemagne, la Belgique, le Canada, l'Union européenne et le PNUD sont également cités.

Au **Burundi,** seules la France et l'AUF sont encore actives alors que tous les assistants techniques ont été évacués en 1996.

Dominique et **Sainte-Lucie,** participent à la recherche au niveau régional avec l'université des West Indies dont les établissements principaux se situent à Trinité et à la Barbade.

Les partenaires du **Tchad** sont l'Allemagne, la France, l'Italie et les Pays-Bas et ceux de la Guinée-Équatoriale, la Chine (santé et équipement), l'Espagne (éducation et culture) et la France (économie, santé sécurité sociale, agriculture, éducation).

Pour conclure cette partie concernant l'état de la science dans les pays francophones du Sud nous nous pencherons sur le phénomène communément appelé « **fuite des cerveaux** », qui désigne l'émigration des meilleurs scientifiques des pays du Sud vers les pays du Nord. Sept pays ont pu donner des éléments d'analyse sur ce type de migration.

Avant de distinguer certaines caractéristiques catégorielles de ce flux global, il convient de citer le cadre commun à tous les cas de figure de cet exil. Les cadres formés qui quittent leur pays sont poussés généralement par la nécessité de ne pouvoir autrement exercer pleinement leurs compétences. Les raisons peuvent être d'ordre financier et matériel, mais aussi relever des conditions intellectuelles et psychologiques offertes, comme découler du degré de stabilité politique, voire du niveau de sécurité physique régnant dans le pays de résidence. Le sentiment de ne pouvoir exercer pleinement ses compétences peut connaître plusieurs traductions. Nous distinguerons trois groupes de pays : ceux dont le cours de l'histoire a été brutalement modifié, provoquant un départ des élites (Laos, Pologne, Vietnam) ; ceux dont les élites prennent depuis longtemps – et ce quels que soient les changements économiques ou politiques – le chemin des « pays riches » (Égypte, Haïti, Liban) ; ceux enfin, qui ne peuvent offrir complètement à leurs élites ni les formations, ni les informations, ni *a fortiori* les conditions décentes (matérielle et intellectuelle) d'exercice. Se retrouvent là, la grande majorité des pays africains et de l'océan Indien (Cap-Vert, Gabon, Madagascar, Mauritanie, République Centrafricaine, République Démocratique du Congo, Seychelles, Togo) et ceux dépourvus d'un système de formation de haut niveau (Sainte-Lucie et Dominique).

Il faut enfin attirer l'attention sur Djibouti et le Cameroun qui semblent encore épargnés, mais fragiles. La dégradation de la situation économique et la chute des salaires qui affecte durement les professeurs d'université, notamment au Cameroun, pourrait en effet, conduire certains scientifiques à l'exil.

Pour les pays historiquement marqués, les périodes d'exil correspondent aux « à-coups politiques » : de 1975 à 1980 pour le Laos, à partir de 1981 et jusqu'en 1991 pour la Pologne (entre 15 % et 30 % des cadres selon les secteurs) et de 1978 à 1985 pour le Vietnam qui a même créé une commission spéciale et un ministère pour traiter des questions relatives aux « Viet-Kieu » (Vietnamiens de l'extérieur). Les pays de destination sont principalement les États-Unis, le Canada, la France, l'Allemagne, l'Australie et le Japon.

Haïti et l'Égypte perdent une partie significative de leurs cadres qui s'installent aux États-Unis et au Canada pour les Haïtiens, en Australie pour les Égyptiens. Le cas du Liban est particulier puisqu'il compte trois fois moins d'habitants que d'émigrés (9 millions de Libanais à l'étranger). Ainsi, le Liban est le « champion » toutes catégories (hommes d'affaires, intellectuels, scientifiques et techniciens) de la fuite de cerveaux vers tous les pays occidentaux, l'Australie, les pays du Golfe et africains (en régression).

Pour la troisième catégorie de pays, les observateurs citent souvent comme raisons du départ le besoin de formation post-doctorale (Dominique, Gabon, Sainte-Lucie, Seychelles et Togo). Apparaît également la volonté de bénéficier de meilleures conditions matérielles, financières et intellectuelles de travail : ainsi chez les médecins centrafricains qui restent en France ou cap-verdiens qui vont au Portugal ; chez les nombreux médecins, biologistes, physiciens et mathématiciens malgaches qui partent, comme le font quelques dizaines des meilleurs éléments des disciplines scientifiques et techniques de Mauritanie, généralement formés à l'étranger, vers l'Allemagne, la Belgique, la France et dans une moindre mesure le Maroc. Pour la République Démocratique du Congo, le rythme des départs est ralenti par la baisse des compétences du pays et les politiques restrictives de visas des pays du Nord. Pour être tout à fait complet, il faut citer le Canada qui connaît une forte émigration de ses élites scientifiques, particulièrement sensible dans le domaine de la médecine et de la santé, vers les États-Unis où les salaires sont plus élevés et l'environnement scientifique jugé meilleur.

Les pays francophones industrialisés

Des moyens importants

D'un point de vue budgétaire la Belgique, le Canada, la France, le Québec (Canada) et la Suisse consacrent entre 1,5 % et 2,5 % de leur PNB aux dépenses en Recherche et Développement. Le Luxembourg fait figure de parent pauvre avec une part s'élevant à 0,091 % du PIB en 1995. Ces budgets importants expliquent sans doute, pour une part, la force relative de l'innovation, mesurée en nombre de brevets délivrés ou déposés (cf. le tableau au début du chapitre). Les niveaux de formation et la bonne articulation entre recherche publique et recherche privée que nous examinerons plus loin, sont évidemment des facteurs déterminants.

Le Français scientifique : un sort variable

La question des brevets, comporte une dimension qui va au-delà de la capacité d'innovation : la bataille mondiale sur la forme même de cet instrument juridique et notamment sa langue. Le problème se pose notamment en Europe avec le *Livre vert* présenté par la commission en juin 1997. Actuellement, l'Office Européen des Brevets (créé en 1973) délivre des brevets européens et travaille avec les quinze pays de l'Union, le Liechtenstein, Monaco, la Norvège et la Suisse avec trois langues de travail : allemand, anglais et français. La Convention de Luxembourg (1975) visant à créer un « brevet communautaire » est restée lettre morte. L'arrivée de nouveaux pays, de l'Est et la volonté de réduire les coûts des brevets, en particulier de traduction, portent en elles des dangers pour la présence du français et la capacité des pays francophones à jouer un rôle dans l'innovation, facteur de puissance économique. Une Conférence ministérielle européenne devrait se tenir en 1999 pour discuter de cette question. Une suggestion appelée « solution globale » propose de ne traduire la partie descriptive du brevet qu'avant une éventuelle action en justice. Les « revendications » (deuxième élément du brevet) seraient, elles, toujours traduites. Certains s'opposent à cette décision, comme la Compagnie Nationale des Conseils en Propriété Industrielle (CNCPI, France), aux motifs qu'elle permettrait d'enfreindre les règles du multilinguisme européen ou de la loi Toubon, qu'elle sépare deux éléments, en réalité indissociables d'un point de vue juridique et crée un risque de désavantage linguistique pour beaucoup de citoyens. La CNCPI y substitue la notion de « description essentielle » qui, tout en réduisant le volume des descriptions et donc le coût des traductions, conserve au brevet ses qualités juridiques, techniques et économiques sans porter atteinte au multilinguisme.

La science en français

Avant d'observer séparément chacun des pays, il est intéressant d'observer, dans l'ensemble, le sort réservé à la langue française et le degré de « conscience » francophone des scientifiques, qui peut se mesurer notamment à l'existence ou non d'associations professionnelles affichant leur intérêt pour la question. On constate qu'une attention particulière est portée au multilinguisme au Luxembourg et en Suisse, qui accueillent de nombreux colloques et conférences internationaux. Les trois langues -allemand, anglais et français- sont utilisées et même le luxembourgeois y trouve sa place lorsqu'il s'agit de réunions d'entreprises. Dans les autres pays multilingues, la situation est contrastée : l'absence d'indication sur les langues utilisées lors des six réunions internationales qui se sont tenues en Belgique en 1996 et 1997, laisse supposer le recours généralisé à l'anglais. Le Canada annonce également la présence exclusive de l'anglais. Au Québec, la vingtaine de réunions recensées en 1996 et 1997 s'est tenue en français, même si le bilinguisme anglais a quelquefois été admis. Le rôle pilote que joue la Province en la matière se traduit également par la tenue de conférences expressément dédiées à la Francophonie scientifique, comme le « Congrès international francophone sur le comportement animal » qui a eu lieu à Sainte-Foy en juin 1996 et le « Séminaire international francophone en promotion de la sécurité et prévention des traumatismes et accidents » de l'université Laval de juin 1997. En France, où il existe un système d'aide à l'interprétation simultanée (voir chapitre « Langue »), une enquête menée à la demande de la Délégation Générale à la Langue Française (DGLF) et de l'Agence Française de l'Ingénierie Touristique (AFIT) par le Groupe Bernard Julhiet donne des indications intéressantes : sur les 540 manifestations à caractère international qui se sont déroulées en France en 1997, cent deux concernaient les sciences et cent trente-cinq le domaine médical et biologique. Pour les sciences, l'anglais était langue unique dans 53 % des cas et langue de travail parmi d'autres dans 32 % des cas. Pour la médecine, les proportions sont respectivement de 49 % (avec parfois une traduction simultanée) et 79 %. En revanche, 70 % des réunions concernant les sciences sociales et les problèmes de société comptaient le français parmi ses langues de travail ou même en utilisation exclusive (20 %). À noter également en France la tenue de Congrès spécifiquement francophones : en décembre 1997 le IIᵉ Congrès international de la psychiatrie francophone à Paris, ou en mars 1998 les Assises informatiques des aéroports francophones à Nice.

Exception faite des **associations** nationales catégorielles, qui rassemblent, de fait, des francophones, la plupart des associations de scientifiques se réclamant de la langue française se trouvent en France et au Canada-Québec. Il faut signaler néanmoins la présence de sections locales au Luxembourg et à Monaco du grand Conseil National des Ingénieurs et Scientifiques de France, qui d'ailleurs affiche une réelle préoccupation francophone. On citera pour le Québec, l'Association des Médecins de Langue Française du Canada et l'Association Francophone pour l'Avancement des Technologies en Transformation des Aliments. En France, l'Association des Informaticiens de Langue Française (AILF) qui organise chaque année une journée de débat sur les rapports entre les technologies et la langue (Lexi Praxi 1997, 1998, etc.) ainsi que l'Union des Ingénieurs et des Techniciens Utilisant la Langue Française (UITF). Les Français sont assez actifs dans d'autres regroupements francophones internationaux : la Fédération Inter-nationale des Experts-Comptables Francophones (FIDEF) ou l'Académie Francophone d'Ingénieurs (AFI) qui organise une journée scientifique autour du thème de l'énergie chaque année à l'UNESCO.

Remarquable par son ancienneté (1961) le nombre de ses membres (trente-sept pays) et l'étendue de son action la Conférence Internationale des Doyens des Facultés de Médecine d'Expression Française (CIDMEF), par ailleurs réseau institutionnel de l'Agence Universitaire de la Francopho-nie, tiendra sa XVᵉ réunion plénière à Marrakech (Maroc) en février 1999 et organisera les XIIIᵉ Journées Universitaires Francophones de Pédagogie Médicale à Nantes en avril 1999. Son président d'honneur est le professeur André Gouazé, membre du Haut Conseil de la Francophonie. Ses actions comprennent un volet recherche, un volet formation et un volet informa-tion avec la mise en place du serveur « santé-contact ». Saluons, enfin, la création de l'Institut international d'urologie de langue française qui rassem-ble les services d'urologie des grands hôpitaux de nombre de pays franco-phones (France, Côte-d'Ivoire, Maroc, Tunisie, Sénégal, Gabon, Mali, Guinée, Togo).

Du point de vue de **l'Information Scientifique et Technique** (IST), l'observation croisée des pays du Nord est également éclairante. Selon l'UNESCO, il existe 8 000 revues scientifiques dans le monde (dont 1 500 en France). Le plus souvent contrôlées par des sociétés savantes ou des asso-ciations de chercheurs, elles publient les articles validés par les meilleurs spécialistes mondiaux, qui servent de matériel aux travaux des autres cher-cheurs. Le groupe anglo-néerlandais Reed Elsevier publie 1 200 titres de cette nature (dont soixante-dix-huit en France) et le groupe allemand Sprin-ger-Verlag 350. Les éditeurs français affichent moins d'une centaine de titres avec en tête Masson (groupe CEP, cinquante-six titres), EDP Sciences (Société française de physique, douze titres), Tech et Doc Lavoisier, SK et Hermès. L'écrasante majorité des revues primaires de référence sont anglo-saxonnes (par exemple, *The Physical Review* de l'American Physical Society ou *Journal of Chemical Society*, également américaine).

Face à ce phénomène les Européens s'organisent en fusionnant leurs forces. Ainsi en 1998 est né *The European Physical Journal* (fusion du fran-çais *Journal de Physique* et de l'allemand *Zeitschrift für Physik*) et en 1995 *Chemistry, a European Journal* (issu de la revue allemande *Angewandte*) avec le soutien du prix Nobel français Jean-Marie Lehn et la participation des Pays-Bas, de la Belgique et de l'Italie. L'influence de la science européenne et française s'en trouve affermie, mais la langue dominante reste l'anglais. Les hebdomadaires *Nature* (Macmillan Magazines) et *Sciences* (American Asso-ciation for the Advancment of Science) amplifient son impact : à la fois revues d'information primaire (publication de travaux), revue d'actualité scientifique (articles de journalistes) et tribune (commentaires), elles sont les références reprises dans le monde entier. En réaction, l'Académie des

Sciences française qui a lancé en 1997 une nouvelle série II C des *Comptes Rendus de l'Académie des Sciences* pour tenter de conserver une place à la chimie française hors des comités éditoriaux multinationaux et souvent moins influents que les sociétés d'éditions. Son bilinguisme (français-anglais) assure néanmoins son ouverture internationale.

Face à cette situation, les pays francophones apportent des réponses de forme plus que de fond. Ainsi, la plupart d'entre eux organise la collecte et la diffusion de l'IST faute de pouvoir l'initier. Avant de revenir sur cet aspect, il faut rappeler qu'il existe néanmoins des revues nationales d'information primaire qui touchent les scientifiques du pays : en Belgique il y a cinq mensuels (quatre francophones et un néerlandophone) et six autres périodiques (trois francophones, deux néerlandophones et un anglophone) ; au Luxembourg le Centre universitaire édite des cahiers consacrés à la biologie et aux mathématiques. Au Québec, comme en France et en Suisse, il existe de multiples revues de langue française attachées aux universités et aux instituts de recherches. Les revues de « vulgarisation scientifique » existent en France (*Sciences et Vie*, *La Recherche*, *Sciences et Avenir*…) et sont souvent diffusées également à l'étranger, en particulier en Belgique, au Luxembourg et à Monaco. Au Québec, on trouve la *Revue de Québec - Sciences et Interface* et en Suisse, *Horizon, Futura* et *Vision* qui sont rédigées en français et/ou en allemand.

En **Belgique,** la diffusion de l'IST relève du Centre National de Documentation Scientifique et Technique (CNDST) situé à la Bibliothèque Royale. Le CNDST fait payer ses prestations qui donnent accès aux bases de données. Celles-ci commencent à être accessibles sur internet. Une grande base de données nationale est coordonnée par les Services Fédéraux des Affaires Scientifiques, Techniques et Culturelles (SSTC) qui recense les données quantitatives (budget public, dépenses privées) et qualitatives (description des projets de recherche en cours). Cet inventaire sera consultable au printemps 1999 sur internet (http://www.belspo.be). Toutes ses données sont consultables en français et en néerlandais. Une base de données en français, FEDRA, spécifiquement dédiée aux projets et programmes soutenus par les SSTC est déjà disponible sur le réseau (http://www. belspo.be/ fedra/f/prog.htm).

Au **Canada,** Statistiques Canada, organisme gouvernemental, diffuse des bases de données dans tous les domaines contre paiement sur tout support (papier et électronique). Le Québec publie le *Compendium 1996*, indicateur de l'activité scientifique et technologique de la Province. Le Système d'Information sur la Recherche Universitaire (SIRU) recense les contrats et subventions de recherche des universités du Québec. Ce réseau gratuit et interne au ministère de l'Éducation devrait être en partie accessible sur internet. Enfin, les bases de données de l'Observatoire de la Science et de la Technologie sont consultables gratuitement sur cédéroms et en ligne (bibliométrie sur publications et brevets).

En **France,** la Direction de l'Information Scientifique, Technique et des Bibliothèques (DISTB) du ministère de l'Éducation nationale, de la Recherche et de la Technologie assure la coordination de la politique française en matière d'IST. L'Institut National de l'IST (INIST du CNRS) basé à Nancy gère deux grosses bases de données bibliographiques multidisciplinaires et multilingues (anglais, français et espagnol) qui présentent l'essentiel de l'IST mondial : la base Pascal, créée en 1973 portant sur la biologie, la médecine, la physique, la chimie, la terre, l'océan et l'espace et la base Francis, créée en 1972, traitant des sciences humaines et sociales et de l'économie. Leur accès est possible sur cédérom et par minitel sur le serveur Questel Orbit. Le catalogue de l'Inist est en ligne à (http://www.inist.fr).

Le réseau DIC-DOC de l'Institut National de la Santé et de la Recherche Médicale (INSERM) mérite un éclairage particulier. Constitué des ingénieurs en information de l'INSERM, de documentalistes, de chercheurs et d'informaticiens, répartis sur tout le territoire, il offre plusieurs services : une base de ressources sur l'IST, une analyse d'une vingtaine de périodiques internationaux, un suivi des listes de diffusion sur internet, une analyse statistique des données par domaine. L'équipe « Centre Medlars » du réseau DIC-Doc assure le contrôle scientifique et technique de la base de données bibliographique Medline sur le réseau Questel.

Au **Luxembourg,** le Centre d'Études de Populations, de Pauvreté et Politique Socio-économiques (CEPS) abrite le Luxembourg Income Study (LIS) qui mène des recherches comparatives transnationales sur la pauvreté endémique dans les pays industrialisés. Accessibles, via internet, les données scientifiques, sociales et économiques sont disponibles en français et en anglais.

En **Suisse,** une banque de données nationale (ARAMIS) en cours d'élaboration, devrait contenir les informations sur les projets de recherche financés par la Confédération. Elle sera accessible gratuitement sur internet.

Les autres points concernant la science dans les pays francophones du nord seront abordés plus utilement par pays.

La **Belgique,** bénéficie au niveau international d'une reconnaissance dans les domaines suivants : bio-médecine, science de la matière et des matériaux, astronomie et astrophysique, écologie et biologie des milieux aquatiques, agriculture, application informatique et cybernétique. La recherche belge repose principalement sur les dix universités, et la dizaine d'institutions de l'État (bibliothèques, musées, instituts, etc.) et les cinq centres nationaux de recherche (agronomie, chimie, épidémiologie, nucléaire et radioéléments). Si les données précises manquent sur la recherche privée, on sait qu'en 1991 le montant des dépenses intra-muros de R et D des entreprises privées s'est élevé à 72,25 MFB (soit environ 11,8 MFF) avec une forte implication des entreprises basées en région flamande (60 % du total). À ce propos, il faut insister sur les coopérations qui existent entre secteur public et secteur privé. Ce sont essentiellement les régions qui soutiennent cette coopération par la création de centres d'innovation et d'aide au partenariat. Par exemple, en région Wallonne le programme FIRST (Formation et Impulsion à la Recherche Scientifique et Technologique) a été lancé en 1989. De même, quelques « centres techno-logiques » au sein des universités accueillent les entreprises pour faciliter leur collaboration avec les chercheurs. En Flan-

dre, l'Institut Flamand de Promotion de la Recherche Scientifique et Technologique dans L'industrie (IWT) conseille et oriente les PME dans les programmes publics et communautaires. Enfin, l'Association Bruxelles Technopole, créée en 1991 par la région Bruxelles-Capitale, favorise le transfert technologique et l'association des deux secteurs. Il faut ajouter à cela les cinquante-cinq centres sectoriels de recherche collective qui veille à l'introduction de nouvelles technologies dans les PME.

Du point de vue de la coopération internationale, la Belgique est impliquée dans les programmes et les Agences européennes (Agence Spatiale Européenne, Eureka, CERN, Airbus…) et a signé des accords de coopération avec une trentaine de pays « prioritaires » (British Council, Académie Bulgare des Sciences, CNRS…).

Au **Canada,** les entreprises privées contribuent pour moitié (6,6 Mds $ canadiens en 1997) aux dépenses de recherche et développement et la première région, toutes sources de financement confondues, est l'Ontario (suivi du Québec, de l'Ouest et de l'Atlantique). Quelques grands centres de recherche publics absorbent l'essentiel des fonds fédéraux. Les coopérations entre les sphères publiques et privées sont facilitées par les programmes fédéraux de Promotion et d'Aide à la Recherche Industrielle (PARI et Fondation pour l'innovation). Dans les États comme la Colombie Britannique et l'Alberta il existe des aides financières des organismes publics et des bureaux de liaison université/industrie.

Le Canada a acquis une renommée internationale en matière de Nouvelles Technologies de l'Information et de la Communication. Au niveau des États, l'Alberta est estimé pour ses connaissances en matière pétrolière et la Colombie Britannique sur les biotechnologies, la pêche et les océans. La coopération internationale canadienne, importante et multiforme, passe notamment par l'existence de 350 accords inter-universitaires franco-canadiens et de nombreux accords directs entre institutions. Bien entendu, le flux des échanges est important avec les États-Unis et les cinquante pays signataires d'accord bilatéraux.

Le **Québec,** contribue fortement à l'effort de recherche de la Fédération (1,95 % de son PIB en 1995 et 2e place pour les dépenses publiques fédérales). Les entreprises québécoises consacrent en moyenne 1,91 % de leur chiffre d'affaires à la Recherche et au Développement (Hydro-Québec : 1,8 % ; Biochem : 12 %). Au total, plus de cinq cents entreprises ont une activité de recherche. La recherche publique repose sur l'activité de huit grands centres et instituts disposant d'environ 200 M$ canadiens de budget annuel (électricité, industrie, biotechnologie, matériaux, optique, minéraux, aliments) et de dix-neuf autres de taille plus modeste ou plus spécialisés, comme l'Agence spatiale canadienne ou l'observatoire des technologies de l'information du Québec. Les partenariats public/privé se nouent sur contrat. Il existe également dans les universités des chaires industrielles, sur mandat renouvelable. Enfin, l'École Polytechnique de Montréal a fondé le Groupe Action-PME (GAP) pour venir en aide aux petites entreprises manufacturières.

Au **Luxembourg,** quelques grosses entreprises privées mènent une activité de Recherche et de Développement : Du Pont de Nemours, Luxguard, Goodyear... L'essentiel des dépenses publiques se répartit entre trois centres de recherche publique (CRP - Centre universitaire, CRP Henri Tudor et CRP Santé) dont l'une des tâches prioritaires est de contribuer au développement des nouvelles technologies non encore implantées dans les entreprises luxembourgeoises. L'articulation entre public et privé passe par des projets conventionnés. Les grands partenaires de la coopération internationale sont l'Allemagne, la Belgique et la France dans les domaines suivants : santé, biotechnologie, micro-électronique, environnement et analyse des matériaux, discipline dans laquelle le Luxembourg est internationalement reconnu. Cette coopération se traduit notamment par l'existence d'équipes de recherche mixtes (avec la France pour l'analyse des matériaux et la cancérologie), mais aussi par l'accueil, dans les laboratoires des CRP de doctorants de Nancy, Strasbourg, Compiègne, Namur ou Bruxelles. Les doctorats en cotutelle se développent avec les universités belges, françaises et allemandes. Les échanges sont nombreux entre instituts (INSERM et CNRS en France) et universités avec, dans certains cas, l'attribution de bourses de formation-recherche par la cellule R et D du ministère de l'Éducation nationale (6 000 FF à 9 000 FF par mois sur trois ans maximum).

La **Suisse** affiche des objectifs prioritaires en matière de recherche pour l'après l'an 2000 : sciences de la vie, sciences humaines et sociales, développement durable et environnement, technologies de l'information et de la communication. La recherche suisse est conduite essentiellement grâce aux entreprises privées (entre 60 % et 70 % des dépenses de R et D soit environ 28 Mds de FF) dans les domaines de la chimie, de l'électrotechnique, de l'industrie des machines et de la métallurgie. La recherche publique repose sur les écoles polytechniques fédérales et les universités, avec des effectifs respectifs (évalués en équivalents – chercheurs à plein temps) de 7 000 et 12 000. Les entreprises contribuent aux recherches du secteur public à hauteur de 100 MFS (environ 400 MFF). Bien qu'en dehors des institutions communautaires, la Suisse participe à de nombreux programmes de recherche européens (par exemple Eureka).

ys non francophones

La question scientifique rapportée aux pays non francophones revêt pour la Francophonie quelques aspects essentiels que l'on peut transcrire sous forme de questions : quelles sont les ressources scientifiques disponibles et en quelles langues le sont-elles ? Quelles sont les langues d'usage et de publication des différentes communautés scientifiques nationales ? Existe-t-il des filières de formation scientifique de langue française ? Quels sont les principaux pays partenaires de la coopération scientifique internationale ? Ces quelques questions nous permettent d'évaluer la résistance du français mais aussi des cultures scientifiques nationales à l'hégémonie anglo-saxonne et de mesurer l'attrait pour les pays non francophones de la science des pays francophones. Quelques grandes tendances se dégagent.

Des sources d'information trop rares

Les sources d'informations scientifiques de langue française existent dans beaucoup de pays du monde, mais elles sont le plus souvent d'une qualité incompatible avec la recherche de haut niveau. Les ambassades françaises avec, dans certains cas, un centre de ressources spécifiquement scientifiques, les centres culturels et les alliances françaises permettent d'échapper à une absence totale du français. De nombreuses bibliothèques universitaires sont également détentrices de fonds documentaires plus ou moins actifs. Ce sont néanmoins les possibilités offertes par les nouvelles technologies de l'information qui évitent au français une exclusion définitive des sources d'informations (exception faite des quelques domaines dans lesquels les meilleurs spécialistes mondiaux sont français comme pour les mathématiques ou certaines sciences humaines). La mise en place et l'entretien de sites internet donnant accès en ligne aux grandes banques de données de langue française (partiellement ou entièrement) et la mise à jour de cédéroms remplissant les mêmes fonctions, constituent une réponse efficace au « tout-anglais ».

Ainsi, quarante-six pays (sur quatre-vingt-cinq réponses) déclarent avoir accès à des ressources scientifiques en français. Il s'agit souvent de quelques ouvrages ou revues scientifiques en langue française présents, soit dans une structure française (ambassade, centre culturel ou Alliance française), soit dans une bibliothèque universitaire ou professionnelle (hôpital, magistrature…). Ces ressources se caractérisent en général par leur pauvreté, un accès limité et une relative ancienneté, voire obsolescence. C'est le cas pour les vingt-quatre pays suivants : **Arabie Saoudite, Azerbaïdjan, Chili, Costa Rica, Danemark, El Salvador, Éthiopie, Grèce, Iran, Jordanie, Libye, Lituanie, Malte, Mozambique, Namibie, Nicaragua, Nigeria, Ouzbékistan, Paraguay, Portugal, République Dominicaine, République tchèque, Saint-Siège et Suède**.

On peut classer un peu mieux le même type de ressources quand elles sont, non seulement plus fournies mais également plus accessibles, sur des supports plus modernes comme les cédéroms (essentiellement bases Francis et Pascal) et mieux entretenues (mises à jour régulières). On signalera, dans cette catégorie les centres d'information en français spécifiquement dédiés à l'Information Scientifique et Technique (IST), les CEDUST. On les trouve dans dix-huit pays : **Argentine, Australie, Bangladesh, Belarus, Brésil, Bolivie, Chine, Cuba, Équateur, Inde** (CEDUST), **Indonésie** (CEDUST de Djakarta) **Lettonie, Pakistan, Royaume-Uni, Slovaquie, Syrie** (CEDUST), **Uruguay et Yémen** (CEDUST).

Enfin, il faut distinguer quatre pays pour la qualité de leur IST en français : l'**Allemagne**, la **Hongrie**, la **Nouvelle Zélande** et le **Venezuela**.

En Allemagne, le Système d'Information Électronique Franco-Allemand pour la Science et la Technologie (SINELE-fast) est opérationnel depuis septembre 1996. Il permet la diffusion de l'IST sur internet, également par courrier électronique (listes de diffusion thématiques) grâce à cent cinquante points de contact établis dans les organismes et universités des deux pays. Le serveur du service scientifique et technique de l'ambassade fournit pour sa part toutes les informations sur la coopération franco-allemande en français et en allemand.

En Hongrie (Centre SYFED) et au Venezuela, l'accès en ligne aux bases de données de la langue française est également très utile.

En Nouvelle-Zélande, de nombreuses revues d'organismes français de recherche sont disponibles (CNES, CNRS, INRIA, ORSTOM, ISTED, etc.), mais c'est surtout la base de données FAST/Séverim Thalman, qui est appréciée (volume important et mise à jour régulière).

Au Venezuela, le Comité d'information et de documentation dispose des bases Francis et Pascal et permet un accès internet.

Un unilinguisme mesuré et discuté

Pour l'ensemble des pays, du point de vue de l'usage de la langue, la règle semble être : la langue nationale en interne et l'anglais pour toute communication internationale. Cette règle sera nuancée dans les deux sens, pour l'aggraver, avec des cas d'anglophonie totale, ou pour l'atténuer avec des zones et des pays de résistance. Cinquante-neuf pays fournissent des indications sur cet aspect sur les quatre-vingts concernés (où l'anglais n'est pas langue officielle).

La **langue anglaise est le seul vecteur** de la communication scientifique, y compris entre chercheurs du pays, en Afrique du Sud, à Chypre, en Finlande, en Gambie, en Inde, en Indonésie, en Israël, en Italie, en Jordanie, au Koweït, à Oman, au Pakistan, au Panama, aux Pays-Bas, en République tchèque et au Soudan, soit seize pays sur cinquante-neuf. Au Kazakhstan et en Ouzbékistan l'anglais cohabite avec le russe.

Dans les autres pays, même si elle coexiste avec d'autres langues (anglais, allemand, français et russe essentiellement), la **langue nationale garde une place éminente** dans la communication scientifique entre chercheurs, y compris lors des colloques. À ce sujet, remarquons la très grande solidité de la langue espagnole et du portugais au Brésil, très rarement accompagnés de l'anglais, y compris dans les relations internationales. Aucun pays de langue espagnole (sauf le Panama qui traduit quand même en espagnol) ni le Brésil ne cèdent la première place à une autre langue, même s'il existe des systèmes de traduction vers la langue natale comme au Brésil (aides à la traduction de l'anglais et du français) et en Équateur.

Quelques pays ont mis en place des politiques plus ou moins stables de **traduction et de recherche terminologique** en matière scientifique : le Bangladesh, où une Agence spécialisée traduit systématiquement les textes scientifiques importants en bengali ; la Chine qui, grâce aux possibilités du chinois permettant des constructions morpho-syntaxiques localisées, produit un effort de création terminologique ; Cuba, dont l'Académie de Sciences dispose d'un service de traduction et d'interprétariat ; l'Espagne dont l'Académie des Sciences est en charge de la politique terminologique et où le centre d'information et de documentation scientifique du Conseil supérieur de la Recherche et des Sciences (CINDOC) rassemble et distribue l'IST de haut niveau traduite sur demande ; la Grèce qui édite plusieurs lexiques (énergie, médecine, biologie) grâce au Conseil National Consultatif du secrétariat général à la recherche et à la technologie et dont la Fondation de la recherche en Crête (FORTH) publie des ouvrages scientifiques traduits (biologie moléculaire, génie génétique...) ; l'Islande qui fait des efforts pour créer des néologismes islandais (notamment dans l'informatique et les Nouvelles Technologies de l'Information et de la Communication) ; le Japon dont le ministère de l'Éducation nationale soutient la traduction scientifique et gère, conjointement avec le ministère de la Recherche, la politique terminologique ; la Lettonie qui travaille à l'élaboration du *Grand Dictionnaire de la langue lettone* ; la Lituanie qui possède un comité terminologique ; l'Ukraine qui a créé une commission de défense de la langue qui accomplit un travail de création terminologique visant à remplacer les mots anglais et russes.

Des filières francophones

En excluant le bac scientifique des très nombreux lycées français implantés dans quasiment tous les pays du monde, on dénombre vingt pays dans lesquels il existe une ou plusieurs filières de formation supérieure francophone, ou plus modestement un enseignement renforcé et obligatoire du français, dans des disciplines scientifiques ou techniques.

En **Allemagne** l'Institut Supérieur Franco-Allemand des Techniques de l'Économie (ISFATES) accueille, depuis 1978, 250 étudiants de niveau DEUG et licence qui suivent une formation alternative en France et en Allemagne dans l'une des cinq filières : économie et gestion, constructions mécaniques, électrotechnique, génie civil, informatique et intelligence artificielle. Après deux années d'études, ils obtiennent deux diplômes, celui de la Fachhochschule für Technik und Wirtschaft de la Sarre et celui de l'université de Metz. Le 1000ᵉ diplôme a été décerné en 1995. Il faut citer également le Centre Marc-Bloch, inauguré en 1994 et dirigé par un Français, qui conduit des recherches en sciences sociales. Devenu Unité Mixte de Recherche (UMR) du CNRS, le centre a passé de nombreux accords de coopération avec l'IEP, l'EHESS et des universités françaises. La Mission Historique Française de Göttingen intégrée à l'Institut Max-Planck d'Histoire (MPIG) organise chaque année une trentaine de colloques, une centaine de conférences et édite des monographies.

En **Argentine,** l'Universidad del Litoral de Santa Fe accueille une filière courte en biotechnologie (université de Rennes et CNED) et l'Universidad de San Salvador démarre en 1998, avec un consortium d'universités françaises, une filière en économie et en gestion qui devrait accueillir une vingtaine d'étudiants par discipline.

Au **Chili,** un institut privé d'enseignement supérieur technique (CIES-INACAP) propose une formation hôtellerie-tourisme soutenue par la coopération française et accueillant quatre cents élèves par promotion.

La **Chine,** est dotée d'une filière médicale à Shangaï.

En **Équateur,** le français est proposé comme langue vivante et de spécialité dans les filières administration et gestion d'entreprises touristiques (université internationale SEK) et journalisme et communication audiovisuelle. Deux licences trilingues (anglais, espagnol, français) sont proposées par les universités catholiques de Guayaquil et Quito. La première, gestion industrielle d'entreprise, accueille quatre cent douze étudiants répartis en huit cycles avec de nombreux enseignants francophones : quatre Français, deux Belges, un Tunisien et un Haïtien. La deuxième consacrée aux échanges internationaux concerne trois cents étudiants.

Les trois filières francophones **hongroises** sont situées à l'université technique de Budapest (génie civil, mécanique, électrique et informatique, chimie, architecture et transports), à l'École Supérieure de Commerce Extérieur (comptabilité, marketing, droit, gestion et finances) et à l'École Supérieure pour l'Innovation et l'Action vers les Métiers de l'Entreprise-ESIAME (comptabilité, gestion, action commerciale, management et fiscalité). La première forme quarante-cinq étudiants sur deux ans, la seconde quatre-vingt-treize et la dernière environ cent cinquante en quatre ans.

En **Inde,** les filières de formation scientifique franco-indiennes utilisent l'anglais, sauf pour les mathématiques à Pondichéry. De nombreux jumelages d'établissements scientifiques franco-indiens sont en cours, avec introduction de l'apprentissage du français.

En **Iran,** l'enseignement délivré à l'université juridique de Téhéran est partiellement en français.

L'université technologique de Kaunas en **Lituanie** comprend le Centre des études internationales où l'enseignement des matières d'ingénierie est délivré en français à quatre-vingts étudiants répartis sur quatre années.

Au **Mozambique,** une licence de gestion/administration de l'éducation à l'université pédagogique concerne une vingtaine d'étudiants par an.

Au **Nigeria,** une formation en français est assurée pour la gestion de l'eau avec le NWRI de Kaduna, et l'Institut IITA d'Ibadan et pour la télédétection au RECTAS avec une trentaine d'étudiants du pays et de la sous-région.

L'Institut Franco-Tchèque de Gestion (IFTG) de Prague (**République tchèque**) a été créé en 1990. Il forme vingt-cinq étudiants par an qui reçoivent le DESS-CAAE de l'université Lyon III.

En **Russie,** l'Institut d'État des Relations Internationales de Moscou et l'Institut d'Études Politiques de Paris forment conjointement une vingtaine d'étudiants par an qui acquièrent ainsi un double diplôme (Mastère et Magistratura) valable en France et en Russie. La faculté de mécanique-mathématique de l'université Lomonossov à Moscou abrite l'Institut Liapounov, créé en 1993 avec l'Institut National de Recherche en Informatique et Automatique (INRIA-France). Cet institut finance des programmes de recherche communs incluant des étudiants russes pouvant bénéficier d'une équivalence pour poursuivre un DEA en France. La Russie compte encore de nombreuses coopérations inter-universitaires ayant donné naissance à des filières francophones : le mastère franco-russe de management international (Académie du Commerce Extérieur de Moscou et Chambre de Commerce et d'Industrie de Paris) pour une cinquantaine d'étudiants ; les deux collèges universitaires français de Moscou et Saint-Pétersbourg (consortium interuniversitaire franco-russe) pour plusieurs centaines d'étudiants dans quatre matières - littérature/philosophie, sociologie, droit et histoire ; le Centre Franco-Russe de Formation et de Perfectionnement des Cadres (Institut d'Économie et des Finances de Saint-Pétersbourg et université de Paris-Dauphine) pour trente étudiants par an ; le « MBA » direction d'entreprises (École Supérieure d'Économie de Saint-Pétersbourg et École Supérieure Internationale de Commerce de Metz) pour soixante cadres par an.

Le **Saint-Siège,** développe une section en langue française à l'université « Regina-Mundi ».

En **Slovaquie,** six filières francophones forment en moyenne vingt-cinq étudiants par an en partenariat avec la France. Elles se situent à l'université d'économie de Bratislava, à la faculté d'économie et des finances de l'université Matej Bel de Banska Bystrica, à la faculté de gestion de l'université Coménius de Bratislava, à l'Académie hôtelière de Brezno, à celle du commerce Zochova de Bratislava et à l'Institut de gestion hôtelière de Presov.

Au **Soudan,** une formation doctorale en agronomie et en énergie renouvelable est assurée partiellement en français à l'université de la Gezira en partenariat avec le CIRAD et l'INRA (six étudiants en agronomie et un en énergie).

En **Ukraine,** il existe une filière économique francophone à l'université Metchnikov d'Odessa et une filière informatique à l'université radio électronique de Kharkov.

En **Yougoslavie,** la première filière partiellement francophone vient de démarrer en 1997/1998 à la faculté de droit de Belgrade. Vingt-deux élèves sont inscrits pour deux semestres.

Une attention renforcée pour le français

À **Cuba,** le français est obligatoire pour l'examen de droit et est proposé dans certaines filières (biologie, hôpital psychiatrique, tourisme et cinéma).

En **Lettonie,** l'enseignement du français est renforcé dans les facultés d'économie, de gestion, de droit et de sciences politiques.

Au **Royaume-Uni,** le français est obligatoire à la London School of Economics en droit européen et en gestion européenne. De plus, le français est proposé dans soixante-dix cursus universitaires.

Échanges et coopération

Sur les soixante-dix-sept réponses exploitables, nous n'avons recensé que quinze pays ne procédant à aucun échange, ni d'étudiants, ni d'enseignants-chercheurs : **l'Angola, l'Arabie Saoudite, Brunéï, Chypre, El Salvador, la Gambie, le Ghana, le Honduras, le Kazakhstan, Malte, le Népal, Oman, le Panama, la République Dominicaine et le Soudan.**

Tous les autres pays (soixante et un) entretiennent des flux d'échanges avec un ou plusieurs pays francophones, suivant toutes les configurations prévues pour ce type de relations : bourses gouvernementales d'un des deux partenaires, d'études (doctorantes) ou de recherche (sur projets), bourses internationales sur financement européen (Programme Socrates, volet Erasmus) ou encore inscription, à leur frais, d'étudiants, notamment européens, dans les pays francophones. Pour éviter de présenter un inventaire fastidieux et répétitif et du fait de la grande homogénéité des cas recensés, nous présenterons les ordres de grandeur en volume annuel, par palier : moins de cent individus concernés, entre cent et mille et plus de mille. Cette dernière catégorie pourra être présentée de manière plus détaillée.

Le premier groupe (trente-sept pays) est composé, d'une part d'une dizaine de pays dont la petite taille (en population) peut expliquer la faiblesse des volumes d'échanges, d'autre part, des pays dont les sphères de coopération inter-universitaires et scientifiques sont manifestement hors Francophonie. Pour les premiers on trouve l'Azerbaïdjan (30)[1], la Belarus (10), le Costa Rica (4), Cuba (20), les Émirats Arabes Unis (20), l'Équateur (60), l'Estonie (10), l'Islande (4), l'Israël (30), la Jordanie (< 10), le Koweït (20), la Lettonie (20), la Libye (< 10), la Lituanie (20), la Namibie (< 10), le Nicaragua (4), la Nouvelle-Zélande (6), le Paraguay (10), le Qatar (< 10), la Slovénie (< 10) et l'Uruguay (30).

Pour les seconds, il y a l'Afrique du Sud (4), le Bangladesh (30), la Birmanie (2), la Colombie (10), l'Éthiopie (20), la Grèce (40), le Nigeria (10), l'Ouganda (2), l'Ouzbékistan (15), le Pakistan (10), le Pérou (10), les Philippines (10), Sri Lanka (2), la Syrie (3), le Yémen (10) et la Yougoslavie (20).

Le deuxième groupe des pays, dont le niveau des échanges avec les pays francophones s'établit à quelques centaines d'étudiants et de professeurs ou chercheurs comprend quinze pays, dont une majorité située en Europe avec des volumes souvent très conséquents, en comparaison avec d'autres pays du même groupe, mais qui représentent une population nettement plus importante comme l'Inde. En Europe, l'Autriche (500), le Danemark (300), la Finlande (600), la Hongrie (200), l'Irlande (500), la République tchèque (200), le Saint-Siège (100) et l'Ukraine (250) ; en Asie-Pacifique, l'Australie (100), l'Inde (400), le Japon (100) et la Malaisie (100) ; en Amérique du Sud, l'Argentine (200) et le Venezuela (350) ; l'Iran (150).

Enfin, la catégorie des neuf pays dont les échanges dépassent le millier de personnes révèle à la fois le fort niveau d'intégration universitaire et scientifique européenne (cinq pays) et les liens privilégiés préservés avec quelques pays d'Amérique du Sud (trois pays). La Chine, également présente dans cette catégorie avec environ 1 000 étudiants et chercheurs concernés, ne fera pas l'objet d'une description détaillée car présentant, relativement à sa population, un volume global très faible. On peut distinguer les quatre pays marqués par des échanges intra-européens (Allemagne, Espagne, Italie, Portugal) des trois pays d'Amérique du Sud, qui gardent des liens privilégiés avec quelques pays francophones (Brésil, Bolivie, Chili).

NOTE

[1] Les chiffres entre parenthèses indiquent, arrondis au-delà des unités à la dizaine la plus proche, le nombre de personnes concernées par les échanges avec des pays francophones en moyenne pour 1997 ou 1998.

L'**Allemagne**, développe avec la France un programme d'échanges scientifiques baptisé Procope. Cet accord permet chaque année à cinq chercheurs par projet de bénéficier d'un séjour dans l'un des deux pays, ce qui correspond en moyenne à un total de 1 000 chercheurs par an. Actuellement, le nombre total de projets s'élève à 166 (1997).

L'**Espagne**, a mis en place près de trois cents accords interuniversitaires avec la France, mais également avec quelques universités belges. Un accord a même été conclu avec le Québec. On estime le nombre d'étudiants espagnols présents dans les universités françaises à 4 000. Les professeurs français et espagnols sont impliqués dans des programmes de recherche communs (cent cinquante actions intégrées de recherche financées par le ministère des Affaires étrangères français) et il y a environ cinq cents professeurs français par an qui effectuent des séjours d'une durée moyenne de quinze jours en Espagne. Les échanges sont également très importants pour la formation de techniciens avec le Maroc.

Pour l'**Italie**, 579 étudiants sont venus en France au titre de la mobilité pendant l'année universitaire 1995/1996 et 3 424 étaient régulièrement inscrits en France. Certains profitent des bourses nationales ou européennes mais une très grande majorité (81 %) ne bénéficie d'aucun financement. En 1998, une trentaine de chercheurs italiens s'est rendue en France pour une durée moyenne comprise entre quinze jours et un mois. En échange, six chercheurs français sont allés en Italie.

Le **Portugal**, connaît un bon volume d'échange, notamment grâce à Erasmus et en particulier avec la France. En 1996, 3 268 étudiants portugais étaient inscrits dans l'enseignement supérieur en France, dont 431 en 3e cycle. Les deux pays financent 400 échanges d'enseignants-chercheurs par an pour des séjours d'une à deux semaines et une soixantaine de bourses de stage (entre un et trois mois) est accordée aux doctorants qui effectuent souvent leur thèse en co-tutelle.

La **Suède** envoie près de 2 000 étudiants par an en France dont près de 500 (480 en 1996, dont soixante-seize dans les filières scientifiques) sur bourses financées par les programmes européens (de trois mois à un an).

Le **Brésil,** connaît des échanges intenses avec la France (huit cents personnes concernées au total), mais développe également quelques relations avec le Canada, la Belgique ou la Suisse. Les bourses accordées le sont en moyenne pour quatre ans.

En **Bolivie,** il existe des « visas-étudiants » pour permettre à des jeunes de venir suivre des études à l'étranger : une vingtaine par an en France, une quarantaine par an en Belgique (région wallonne) et une quinzaine par an pour la Suisse romande. De plus, un nombre croissant d'anciens élèves du lycée franco-bolivien Alcide d'Orbigny vient poursuivre ses études supérieures en France (neuf en 1997 sur vingt sortants). Enfin, la Fondation bolivienne Simon I. Patino, basée à Genève, accorde trois à quatre bourses longue durée (cinq ans) par an (183 boursiers et anciens boursiers). Pour les chercheurs, l'ORSTOM envoie et accueille entre deux et cinq personnes par an et permet à une dizaine d'étudiants boliviens de bénéficier d'allocation de recherche, en France ou en Bolivie. De son côté, la Communauté française de Belgique entretient trois lecteurs.

Le **Chili,** connaît un bon niveau d'échange avec le Canada, surtout au Québec, et avec la France. En 1995, il y avait quatre-vingts-seize étudiants chiliens en France dont soixante-trois en sciences et trente en médecine. Les bourses françaises sont au nombre de vingt-cinq par an (dix bourses doctorales liées à des projets de recherche et quinze de spécialisation pour des cadres). Une cinquantaine d'étudiants chiliens se rendent au Canada (Québec) chaque année. Pour les chercheurs, il existe trois programmes d'échange avec la France, notamment avec le CNRS et l'INSERM. Actuellement, on recense quatre-vingts projets (sciences exactes et sciences de la vie) concernant cent trente chercheurs chiliens pour des durées moyennes de séjours allant de quinze jours à deux mois. Le Canada a accueilli une centaine de professeurs chiliens pour des formations dans le domaine de l'enseignement.

CHAPITRE 6

Espace nouvelles technologies

⸱ciété de l'information
⸱ns les pays francophones

Tous les pays francophones sont désormais pourvus d'un accès à internet. Le nombre, la nature et le coût d'accès varient sensiblement d'un pays à l'autre, mais le fait nouveau, depuis le dernier rapport du Haut Conseil de la Francophonie, est bien dans la connexion complète, en particulier du continent africain. Une enquête récente réalisée par MFI[1] indique que, début 1998, seuls quatre pays (Comores, Érythrée, Libye et Somalie) étaient exclus du réseau. Les données, en constante évolution, doivent être considérées comme indicatives d'une situation générale[2]. Des tendances, dont les précisions chiffrées peuvent varier sont clairement perceptibles. Ainsi, comme le souligne le dossier de MFI, la connexion est largement théorique (très peu d'utilisation), urbaine et « institutionnelle » (administration ou grosses sociétés), car encore très coûteuse, notamment en raison de la rareté du « moyen de transport » (quinze lignes téléphoniques pour 1 000 habitants en moyenne en Afrique subsaharienne en 1996) et de la quasi-absence de concurrence entre les fournisseurs. Se pose enfin la question des contenus, avec une grande faiblesse du côté africain, même si certains progrès sont signalés, notamment du côté institutionnel. Globalement, l'enquête du Haut Conseil de la Francophonie confirme ces tendances, avec néanmoins des évolutions et des compléments intéressants.

⸱ accès généralisé à un coût élevé

Sur les trente et une réponses reçues (les postes situés en Algérie, à Maurice et en Roumanie n'ont pas complété cette partie), toutes confirment un accès possible à internet, même s'il est en phase de mise en place (Burundi, Laos), chaotique (Bulgarie, Gabon, République Démocratique du

NOTES

[1] RFI MFI n° 911 98.02.03 par Valérie Gas.

[2] Pour un état des lieux précis et mis à jour, il faut se référer à « l'état du développement et de l'utilisation des inforoutes dans l'espace francophone » réalisé par le Centre International pour le Développement de l'Inforoute en Français (CIDIF) et parrainé par l'Agence Internationale de la Francophonie.

Congo) et d'un coût élevé. Le coût est une composante essentielle qui freine considérablement l'utilisation d'internet. Dans tous les pays francophones en développement, le coût global d'accès (droit d'accès, abonnement, plus ou moins forfaitaire, et communication, plus ou moins locale) est au moins égal aux tarifs appliqués au Nord : entre 100 FF et 300 FF. Certains pays sont même plutôt au-dessus de cette fourchette, comme le Laos qui affiche un coût total d'accès d'environ 100$. Le coût d'accès dépend nettement du niveau de concurrence entre fournisseurs. Le monopole public ou privé est total au Cap-Vert (CV Télécom, société mixte), en Centrafrique (Socatel), à Djibouti (STID-société des télécommunications internationales de Djibouti), au Gabon (internet Gabon), au Maroc (ONPT-Office National des Postes et Télécommunication), au Niger (Sonitel-société nigérienne de télécommunication), à Sainte-Lucie et Dominique (Cable and Wireless), aux Seychelles (serveur local) et au Tchad (TIT, société des télécommunications internationales du Tchad et son serveur « Tchadnet » ou « internet Tchad »). La situation est quasi-monopolistique en Guinée-Équatoriale (France câble, filiale de France Télécom et SEGESA), au Liban (deux sociétés privées), en Pologne (Nask et IT Polska) et au Togo (Togo Télécom et un café privé). Le nombre de fournisseurs ne suffit bien entendu pas à expliquer les coûts. Ainsi, malgré la multiplicité des intervenants, le Bénin (au moins quatre opérateurs), le Cambodge (trois fournisseurs), la Côte-d'Ivoire (Africaonline et Globe Access), l'Égypte (au moins trois), le Maroc (plus de vingt-cinq) ou la Mauritanie (cinq) se situent à des coûts semblablement élevés (entre 200 et 300 FF par mois). Un pays se distingue : à Madagascar, trois fournisseurs (DTS, Network et Simicro) affichent des tarifs comparables : 36 FF d'abonnement mensuel et 0,60 FF la minute de connexion. Il faut remarquer, pour être complet, que les efforts déployés par l'AUF constituent souvent le moyen d'accès à internet le moins cher, quand il n'est pas gratuit. Le Système Francophone d'Édition et de Diffusion (SYFED) repose sur des lieux équipés, de minitels d'abord et d'ordinateurs multimédia avec modems aujourd'hui – les *points-SYFED*. Ils permettent aux enseignants-chercheurs d'accéder aux moyens de communication électronique : courrier, listes de diffusion, informations de la toile, etc. Ce réseau est en train de devenir une banque de ressources et d'informations des pays francophones du Sud ainsi qu'un moyen pour les enseignants-chercheurs de ces pays de sortir de leur isolement (accéder aux informations et diffuser ses travaux) : c'est le Réseau Électronique Francophone pour l'Enseignement et la Recherche (REFER). Ces points SYFED-REFER offrent, à coût réduit (ou gratuitement) pour les universitaires et étudiants, voire dans certains cas pour les ONG ou associations, une gamme plus ou moins large des services d'internet : connexion plus ou moins complète (courrier et toile, courrier seul) à des périodes plus ou moins précises (en continu ou à certaines heures) ou encore avec un temps de réponse plus ou moins décalé (stockage dans la journée en local et envoi des informations la nuit, ou en une seule fois). Ces restrictions dues aux conditions tarifaires pratiquées par les opérateurs de télécommunication devraient progressivement disparaître avec la libéralisation du secteur. C'est sur cette infrastructure technique, et grâce à ce tissu ancien de relations humaines pour la coopération et le partenariat, que se développera la future Université Virtuelle Francophone (UVF).

L'Université Virtuelle Francophone

L'université virtuelle est une université sans murs dont les enseignants et étudiants ne sont pas localisés dans un même lieu et dont les rythmes temporels peuvent être différents. Cette université utilise principalement les inforoutes et les réseaux numériques.

Elle repose sur quatre piliers : la circulation des travaux de recherche et leur mise en commun ; le télé-enseignement, la formation, et l'auto-formation ; la médiathèque et la bibliothèque virtuelle ; les services aux étudiants (campus virtuel).

Les objectifs de l'Université Virtuelle Francophone sont d'utiliser au maximum les avancées technologiques afin de transmettre le savoir quelle que soit la localisation de sa source et de sa cible et de concevoir de nouvelles activités d'enseignement afin d'apporter des réponses aux questions suivantes : Quels sont les modèles et les stratégies de conception et de développement qui permettent de mettre au point des produits diffusables dans l'espace francophone ? Quelles sont les stratégies de conception coopérative qui peuvent être utilisées efficacement dans l'élaboration de produits ? Comment rentabiliser l'utilisation des Nouvelles Technologies de l'Information et de Communication (NTIC) utilisées à des fins de création, de transfert et de diffusion du savoir ? Comment conserver au savoir un caractère universel, tout en lui donnant une réalité régionale ?

Il s'agit également de rendre rapidement disponibles sur les inforoutes les produits de télé-enseignement existants ; de mettre en œuvre un processus de recyclage du matériel actuellement disponible sur supports divers et d'intégrer ce matériel dans une démarche pédagogique qui prenne en compte les divers contextes culturels de la Francophonie et les diverses situations d'apprentissage. Il faut également « réingéniériser » des produits exportables au sein de la Francophonie ; mettre en place une médiathèque universelle pour donner à tout francophone un espace virtuel d'information lui permettant d'accéder à l'ensemble des produits nécessaires à son éducation, sa formation, ses travaux de recherche, non contingentés par la distance ou le temps ; offrir aux étudiants des services pour leur orientation, leur vie quotidienne, y compris des services de type bourse de l'emploi et contact avec les entreprises, dans le cadre d'un campus virtuel francophone ; utiliser le réseau des centres SYFED-REFER pour l'autoformation assistée.

Les programmes de l'Université Virtuelle Francophone

Transfer : *programme de formation des utilisateurs de NTIC et la formation en NTIC.*

La médiathèque virtuelle : *fournira les ressources nécessaires aux étudiants, enseignants et chercheurs de l'université virtuelle francophone.*

La revue Médias-reflets, *revue électronique scientifique internationale. Dans un premier temps elle traitera de la société de l'information au sens large, aussi bien des enjeux techniques, économiques et des expérimentations liées à l'enseignement virtuel.*

Pronet : *programe destiné à promouvoir la mise en place dans les établissements partenaires d'intranets, permettant le travail en réseau électronique.*

Initiatives : *c'est le programme de l'AUF qui permet le financement d'actions de production et de formation à caractère scientifique s'inscrivant dans le cadre de l'université virtuelle francophone.*

Suite à la réunion d'information de l'université virtuelle francophone du 15 avril 1998 et à l'appel à manifestation d'intérêt « Initiatives 98 », l'AUF a reçu trois cent trois projets, dont 28 % proviennent des pays du Sud. Quarante-huit projets concernaient l'environnement et l'agronomie ; quarante-deux, la santé ; trente-quatre, les mathématiques, la chimie et la physique ; vingt-cinq, l'économie, la gestion et la finance ; dix-huit, le droit et douze, le français et les cultures francophones.

En terme de réalisation, trente-quatre projets (11,2 % du total) correspondaient à la mise à distance de contenues pédagogiques ; trente (9,9 %), à la mise en place de médiathèques et bibliothèques électroniques ; vingt-huit (9,2 %), portaient sur les NTIC ; quatorze (4,6 %) étaient des projets d'autoformation ; neuf (3 %), d'intranets universitaires et autant de formation de formateurs.

La France a présenté 161 projets, soit 53 % du total des demandes. On trouve ensuite : le Monde arabe (trente projets), le Canada-Québec (vingt-neuf projets), l'Afrique (vingt-huit projets), la Belgique (quatorze projets), la Suisse (douze projets), les PECO (douze projets), les pays de l'Océan indien (onze projets), les pays des Caraïbes (quatre projets) et l'Asie (trois projets).

La phase expérimentale de l'université virtuelle francophone a débuté en 1997 où les objectifs ont été définis et expérimentés. En 1998, après le lancement de l'appel à manifestation, on a assisté à la création des premiers campus virtuels (Dakar et Yaoundé), à l'évaluation et à la redéfinition des projets. La montée en charge reste la priorité pour l'année 1999.

Au niveau du financement, le projet d'université virtuelle francophone est éligible au Fonds des Inforoutes qui a vu le jour au Sommet de Hanoï, ainsi qu'à la Commission européenne et à la Banque Mondiale. Elle se finance par ailleurs par les droits d'inscription et de scolarité des étudiants.

Il existe d'autres réseaux à tarifs préférentiels ou gratuits : le Réseau International d'Ordinateurs (RIO, de l'ORSTOM), ou des réseaux plus spécialisés comme PROMED, lancé en 1993 par l'OMS pour les hôpitaux et centres de santé ; le RINAF (Regional Informatic Network for AFrica) démarré en 1991 sous l'égide de l'UNESCO ; HEALTHNET (programme de transfert d'informations scientifiques et techniques pour la santé vers le Sud) ou le PARDISNET de la communication des Nations unies pour l'Afrique et le SDN (Sustancial Development Network) du PNUD. Il faut signaler également le réseau GTPN, initié par la CNUCED (Conférence des Nations unies pour le Commerce et le Développement) dans le cadre du programme « Global break point » qui a permis la création d'une cinquantaine de « pôles commerciaux » répartis dans vingt-quatre pays d'Afrique pour offrir aux entrepreneurs un accès aux services et aux conseils dont ils ont besoin (banques, assurances, transpact) et aux sources d'informations commerciales. Un projet de l'Union européenne s'intègre à la troisième phase en cours : créer seize pôles en Afrique de l'Ouest (Bénin, Burkina Faso, Côte-d'Ivoire, Mauritanie et Sénégal) afin de permettre l'échange d'offres et de demandes et, à terme, la réalisation de véritables transactions avec un système sécurisé actuellement à l'étude (SEAL : Secure Electronic Authentication Link). Ces projets et quelques autres se développent dans le cadre de « l'Initiative pour une société d'information africaine » (AISI) lancée par la Commission Économique pour l'Afrique (CEA) de l'ONU en 1996 avec le soutien de l'UNESCO, de l'Union Internationale des Télécommunications (UIT) et du Centre Canadien de Recherche pour le Développement International (IDRC). On relève également la présence du Réseau d'Affaires pour l'Afrique (RAA), animé par la Société Financière Internationale (SFI, filiale de la Banque Mondiale) visant à mettre en relation des investisseurs et des partenaires commerciaux.

Le coût est donc un élément essentiel du frein au développement de l'usage d'internet dans les pays francophones à revenu moyen ou bas ; le coût de connexion mais également d'équipement. En effet, le prix d'un micro-ordinateur de qualité équipé d'une imprimante, d'un onduleur (appareil servant à réguler les variations électriques inopinées) et un parafoudre est d'environ 2,6 MF CFA, c'est-à-dire 26 000 FF. Ainsi, les taux d'équipements sont bien souvent à peine mesurables tellement ils sont insignifiants. En dehors des statistiques fournies par la Banque Mondiale (*cf.* tableau du chapitre « Sciences »), nous disposons de données sur l'équipement des ménages pour six pays et sur le nombre d'ordinateurs connectés à internet pour treize pays, auxquels on ajoute les résultats, bien meilleurs, des pays du Nord. En Côte-d'Ivoire, on estime le nombre d'ordinateurs détenus par les ménages à environ 2 000 ; en Égypte, un peu moins de 10 % des ménages seraient équipés ; environ 0,5 % en Guinée-Équatoriale ; entre 2 % et 5 % au Liban ; moins de 1 % à Madagascar ; 7,7 % des ménages en Pologne avec une précision sur le parc, composé à 60 % d'ordinateurs équipés d'un lecteur de cédérom (dont 40 % munis d'une carte-son). Le taux de connexion à internet qui recense, en principe, les accès directs de machines, est souvent compris comme le nombre absolu d'ordinateurs pouvant se connecter au réseau. Cette confusion rend difficile l'exploitation de certaines données. Du point de vue des utilisateurs nous avons quelques indications : quelques centaines en Centrafrique, à la Dominique, à Djibouti, au Gabon, à Madagascar et au Niger ; quelques milliers au Bénin, en Côte-d'Ivoire, en Haïti, au Maroc, à Sainte-Lucie et au Vietnam ; plusieurs dizaines de milliers au Liban et en Pologne.

L'ensemble des données fournies jusqu'ici sont d'une grande volatilité, mais évoluent sans doute plus rapidement encore dans les pays industrialisés. C'est pourquoi, nous nous contenterons de donner quelques ordres de grandeur. En moyenne, entre 15 % et 35 % de la population sont équipés d'un micro-ordinateur (36 % au Luxembourg et 24 % au Québec), avec un grand nombre de fournisseurs d'accès pour un coût qui oscille entre 100 FF et 300 FF par mois, plus le coût de la communication téléphonique, en principe locale. Le nombre d'ordinateurs connectés au réseau est indiqué dans le tableau, on peut noter que la France a dépassé le million d'utilisateurs fin 1997 et le Canada les deux millions.

tratégie et contenu

Les considérations techniques et tarifaires ne doivent pas faire oublier l'importance des contenus et des finalités. Les principaux pays francophones du Nord ont mis en place des contenus et des stratégies de développement (Belgique, Canada, Québec, Luxembourg). C'est le cas également d'une dizaine d'autres pays francophones (Bénin, Burkina Faso, Cap-Vert, Côte-d'Ivoire, Djibouti, Égypte, Macédoine, Maroc, Niger, Sainte-Lucie, Sénégal, Seychelles et Vietnam).

La préoccupation commune des pays industrialisés est de permettre aux écoles de bénéficier à des conditions avantageuses des ressources multimédias en général et de l'accès à internet en particulier.

La **Belgique,** a adopté au niveau fédéral un plan d'aide à l'équipement des établissements scolaires les plus défavorisés qui impose à Belgacom (société mixte de télécommunication) une tarification préférentielle pour l'abonnement internet comme pour la communication. La Flandre, qui est entièrement câblée, prévoit le remplacement du réseau des câbles coaxiaux par la fibre optique pour une connexion, prévue dans deux ans de toutes les écoles à internet. La Communauté française a également annoncé la prise en charge du raccordement gratuit des six cents établissements d'enseignement général, technique ou professionnel (cette offre ne couvre pas les équipements : poste de travail, modem et/ou carte RNIS).

Le **Canada,** a une stratégie offensive sur la question. Les priorités canadiennes ont été rappelées notamment au moment du Sommet sur la technologie de l'information et l'économie du savoir réuni en décembre 1997 à Ottawa. Une cinquantaine de chefs d'entreprises, de hauts fonctionnaires et d'universitaires ont défini les axes à privilégier : le commerce électronique, la production et la promotion de contenu, et la formation des femmes et des hommes aux NTIC.

Le **Québec** et le **Nouveau-Brunswick,** sont au moins autant impliqués dans des stratégies dynamiques de développement des inforoutes. Le Québec en particulier a été l'un des premiers gouvernements à lancer un fonds pour les inforoutes et à veiller à l'équipement des écoles avec le programme « Rescol » de mise en réseau des établissements. Le Nouveau-Brunswick est reconnu comme une province très bien équipée. Son Gouvernement est l'un des soutiens (avec le Gouvernement fédéral, l'université de Moncton et la compagnie de téléphone NBTel) du Centre International pour le Développement de l'Inforoute en Français. Créé en 1995, le CIDIF est à la fois concepteur, promoteur et diffuseur d'outils et de contenus en français pour chercher et consulter des informations sur la toile (www.CIDIF.org/).

La **France,** a dégagé six chantiers prioritaires : le système éducatif et la recherche, le secteur culturel, la modernisation des services publics, les technologies de l'information dans les entreprises, les aspects juridiques et réglementaires. Le plan d'introduction des NTIC dans l'enseignement, lancé à l'automne 1997, prévoit que « chaque enseignant, chaque étudiant, chaque classe » disposent d'une adresse électronique en l'an 2000. Plus généralement, la mise en bourse de France Télécom a permis de dégager un milliard de francs pour les nouvelles technologies en 1998, répartis entre le plan pour l'école, la création d'un fonds pour le capital risque et d'un fonds d'amorçage pour le démarrage de très petites entreprises et prioritairement à partir de projets développés dans les laboratoires publics et les universités. La France s'associe également à la réflexion sur les NTIC et la Francophonie, avec la mission confiée par le Premier ministre, Lionel Jospin, à l'été 1998, à Patrick Bloche, député de Paris, pour *« analyser les enjeux culturels, scientifiques, diplomatiques et commerciaux des nouvelles technologies* […] *dresser un bilan précis des projets existants* […] *afin de rendre plus présentes la France et la Francophonie ».* Elle mène, par ailleurs, grâce à la Délégation Générale à la Langue Française, la bataille de la présence du français sur les inforoutes et veille au respect du plurilinguisme, notamment européen (intervention sur les normes, soutien aux outils multilingues de recherche et de navigation).

Le **Luxembourg,** a mis en place un réseau dédié aux établissements scolaires - Le RESTENA. Le ministère de l'Éducation nationale prévoyait de raccorder toutes les écoles primaires en 1998 et à court terme l'ensemble des établissements. Des négociations sont en cours pour octroyer des tarifs préférentiels sur les communications.

À **Monaco**, le Gouvernement souhaite développer un site et réaliser une plate-forme multimédia. La bonne qualité du réseau monégasque fait espérer aux autorités un développement de sites commerciaux sur son territoire.

Du point de vue des sites, tous les autres gouvernements francophones précédemment cités ont mis en place des sites gouvernementaux dans leurs langues officielles respectives. C'est au **Luxembourg** que la pratique du plurilinguisme, tous sites confondus, semble la plus répandue (français, allemand, luxembourgeois et anglais).

Le **Bénin,** se distingue par un nombre important de sites développés sur son territoire, tous en français et parfois bilingues, (anglais, français). Ce sont des sites institutionnels (ministères, Gouvernement, universités, institutions publiques) et privés (ONG, journaux, Chambres de Commerce et d'Industrie) auxquels il convient d'ajouter le serveur Bénin-Contact relié au réseau REFER, qui renvoie à de multiples ressources en français dans tous les domaines (éducation, recherche, média, économie, coopération…). Le projet national de développement d'internet est baptisé LELAND et dispose d'un site.

Le **Burkina Faso,** s'est doté très tôt d'une Délégation générale à l'informatique, chargée auprès du Premier ministre de favoriser le développement des réseaux électroniques. Les sites présents sont souvent bilingues français-anglais : sur le FESPACO, le patrimoine culturel et le serveur relié au REFER, Faso Contact.

Au **Cap-Vert,** l'installation récente d'internet (octobre 1997) explique le nombre réduit de sites créés, tous en portugais. L'État a créé deux centres d'informatique pour étudiants, organisé la connexion des écoles et instituts supérieurs de recherche, ainsi que celle des deux principaux lycées (30% des effectifs).

La **Côte-d'Ivoire,** programme la fourniture d'un accès gratuit à internet pour les étudiants, enseignants et chercheurs. La Commission Nationale pour les Autoroutes de l'Information (CNAI) est chargée de conseiller le Gouvernement sur les orientations stratégiques et l'Association Nationale pour la Promotion et le Développement d'Internet (AIPDI) gère les noms de domaine.

À **Djibouti,** l'Institut Supérieur d'Études et de Recherches Scientifiques et Techniques (ISERT) a été équipé gratuitement pour son raccordement et le Gouvernement fait appliquer des tarifs préférentiels pour les communications. Les principaux sites sont ceux du Centre Culturel Français, du PNUD et d'une structure commerciale.

En **Égypte,** les sites sont essentiellement en anglais et en arabe, même si celui consacré au tourisme ménage une place au français. La privatisation partielle des Télécoms est en cours.

La **Macédoine,** qui développe des sites en macédonien et en anglais pour les informations à destination des étrangers, s'appuie sur le programme européen Tempus pour développer l'utilisation des NTIC dans les bibliothèques universitaires.

Au **Maroc,** il existe environ soixante-dix sites regroupés autour des thèmes suivants : administration (douze), entreprises (quatre), représentations diplomatiques (trois), organismes publics et associations (vingt), enseignement (douze), économie (dix) et presse-radio (quinze). La quasi-totalité de ces sites est en langue française. Le réseau MARWAN rassemble déjà 339 établissements d'enseignement supérieur, connectés entre eux et à internet. Depuis 1997, le fournisseur monopolistique d'accès à internet, l'ONPT, cherche à réduire les coûts d'accès.

Le **Niger,** a créé, en février 1998, une Délégation Générale à l'Informatique (DGI), et la SONITEL conduit une politique d'abaissement des coûts. Les sites créés, le plus souvent bilingues français-anglais, concernent la météorologie, le stylisme et les programmes du PNUD.

Les sites anglophones de **Sainte-Lucie** concernent essentiellement le tourisme et les affaires. Un projet d'implantation d'internet dans les établissements scolaires et dans les principales associations de jeunesse est en cours d'élaboration.

Le **Sénégal,** accueille l'un des nouveaux fournisseurs d'accès et sites d'Afrique, Metissacana, en français. La connexion de l'université Cheik Anta Diop offre un accès gratuit aux enseignants et chercheurs.

Aux **Seychelles**, les sites à dominante touristique sont en anglais. Les autorités favorisent la mise en place de postes dans les écoles polytechniques.

Enfin, le **Vietnam** a défini un programme national de la technologie de l'information qui commence par la mise en place de sites officiels du Gouvernement.

Pour les autres pays, Haïti développe des sites en français, anglais et créole (information générale, enseignement, culture et commerce) ; le Liban se caractérise par la multiplication de sites, essentiellement en anglais, à destination de la diaspora (journaux, revues, télévisions et banques) ; à Madagascar, les sites sont en français, anglais et malgache (tourisme et culture) ; en Mauritanie, tout est en français ; au Tchad, les représentations étrangères diffusent des informations sur le pays dans leur langue, de même que la société nationale de télécommunication (TIT), qui le fait en français; le Togo présente une information générale sur le pays et sur l'université du Bénin en français.

Ainsi dix-sept pays démontrent clairement la vitalité de la création en matière de sites francophones. La présence du français est variable mais s'impose, y compris dans les pays où il n'est pas la seule langue (par exemple au Luxembourg et à Madagascar), ni même la langue dominante (par exemple en Égypte et au Vietnam).

Francophonie en action

Comme en témoigne le projet d'université virtuelle, les francophones élaborent progressivement une stratégie commune. La réflexion a débuté au Sommet de Cotonou en 1995, quand les pays francophones ont pris conscience de l'ampleur de l'enjeu. La Conférence des ministres francophones chargés des inforoutes, qui s'est tenue en mai 1997 à Montréal, a pu proposer un plan d'action adopté à Hanoï en novembre. Les priorités définies par les chefs d'État et de Gouvernement portent sur la démocratisation de l'accès (abaissement des coûts, amélioration des infrastructures, etc.), la création d'une « aire d'éducation, de formation et de recherche », le soutien à la création de contenus francophones (pluriculturels et plurilingues), l'émergence d'un « marché virtuel francophone », la mise en place d'une « vigie francophone » de veille informative et la présence concertée des francophones au niveau régional et multilatéral dans les domaines de la réglementation, de la tarification et de la normalisation.

On peut citer quelques réalisations concrètes : la direction déléguée aux technologies et à l'information de l'Agence Internationale de la Francophonie a lancé, en collaboration avec le Centre Francophone de Recherche en Informatisation des Organisations (CEFRIO, Québec-Canada) et l'École d'Ingénieurs de Mohammedia (Maroc), une publication électronique *Liaison Francophone*, à la fois site web et bulletin d'information bimensuel sur les inforoutes (www.francophonie.org/liaison/). Elle soutient également le CIDIF dans la mise à jour devenue mensuelle de « l'état des inforoutes » rebaptisé « Les inforoutes dans l'espace francophone » (http://inforoutes.francophonie.org). Sa direction de la formation à distance gère le Consortium International Francophone pour la Formation à Distance (CIFFAD) et privilégie essentiellement la formation de formateurs, le soutien à l'apprentissage du français et la formation professionnelle et technique. On peut insister sur le succès du programme mené en collaboration avec l'université de Bordeaux II, appelé « Vifax français », qui « transforme » en temps réel les journaux télévisés francophones diffusés par TV5 en support pédagogique d'apprentissage. Le programme VIGIDOC de l'Agence a confié à l'Association Française Ibiscus, la réalisation de dossiers-pays disponibles sur la toile (www.ibiscus.fr) couvrant, en septembre 1998, treize pays francophones (Bénin, Burkina Faso, Cambodge, Cameroun, Côte-d'Ivoire, Liban, Madagascar, Mali, Maurice, Mauritanie, Niger, Sénégal, Tchad). Ces informations complètent le travail de recensement documentaire effectué par la Banque Internationale d'Information sur les États Francophones (BIEF).

Un peu moins multilatéraux mais éminemment francophones sont les programmes « Vivre en Français sur les Réseaux » (VFR) et le Réseau Africain pour la Formation à Distance (RESAFAD)[3]. Le VFR repose sur un partenariat entre universités canadiennes et françaises avec le soutien des autorités et de plusieurs institutions ; il vise à proposer en français des formations diplômantes, à établir et à favoriser les échanges. Le RESAFAD concerne le Bénin, le Burkina Faso, le Gabon, la Guinée, le Mali et le Togo

NOTE

[3] Voir le chapitre « Espace Pédagogie ».

et sans doute prochainement la Côte-d'Ivoire et le Sénégal. Son objectif est de « *faire émerger une expertise nationale en matière d'utilisation des nouvelles technologies pour la formation ouverte et à distance* » ; par un programme d'équipement matériel et de formation qui repose sur un consortium d'appui réunissant des universités françaises et des partenaires multilatéraux dont l'AIF et l'AUF.

Enfin, le Fonds Francophone des inforoutes annoncé à Hanoï a été mis en place en juin 1998 grâce à la participation de treize pays et sera doté de 40 MFF par an. Il sélectionnera des projets favorisant la coopération Nord-Sud et répondant aux objectifs du plan d'action de Hanoï.

CHAPITRE 7

Espace économie

pace Économique Francophone

Il faut souligner le caractère hétérogène de ce que nous appellerons par commodité l'Espace Économique Francophone (EEF). En effet, selon la classification établie par le Programme des Nations unies pour le Développement (PNUD), on retrouve les pays francophones dans les trois grands groupes, à savoir : onze pays industrialisés et en transition[1] (Albanie, Belgique, Bulgarie, Canada, France[2], Luxembourg, Macédoine, Moldavie, Pologne, Roumanie, Suisse) ; quinze pays en développement (Algérie, Cameroun, Congo, Côte-d'Ivoire, Dominique, Égypte, Gabon, Liban, Maroc, Maurice, Sainte-Lucie, Sénégal, Seychelles, Tunisie, Vietnam) ; et vingt-trois pays parmi les moins avancés (PMA), soit la moitié de ce groupe (Bénin, Burkina Faso, Burundi, Cambodge, Cap-Vert, Centrafrique, Comores, Djibouti, Guinée, Guinée-Équatoriale, Guinée-Bissau, Haïti, Laos, Madagascar, Mali, Mauritanie, Niger, République Démocratique du Congo, Rwanda, São Tomé E Principe, Tchad, Togo, Vanuatu).

S'il n'est pas juridiquement défini, l'EEF peut être décrit par le poids des économies des pays francophones et par les flux commerciaux et financiers qui les unissent. L'EEF apparaît, en 1996, comme une réalité économique significative.

En effet, les pays francophones produisent 10,7 % de la richesse du globe (contre 10 % en 1993). Les pays riches (Belgique, Canada, France, Luxembourg, Suisse) contribuent à eux seuls à 9,1 % du PNB mondial.

Ils abritent 11 % de la population mondiale, soit deux points de plus par rapport à 1993. Certes, quelques pays ont rejoint le Sommet des chefs d'État et de Gouvernement ayant le français en partage avec le statut d'observateur (Albanie, Pologne et Macédoine) auxquels nous ajoutons l'Algérie[3], mais cette progression est surtout due au fait que la croissance démographique des Pays en Développement (PED) est supérieure à celle du reste de la planète. En effet, le taux de croissance démographique annuel, sur la période 1995-2015, est estimé à 1,2 % pour le monde, à 0,2 % pour les pays industrialisés contre 1,5 % pour les PED et 2,4 % pour les PMA. La

NOTES

[1] C'est-à-dire les pays anciennement communistes en transition vers l'économie de marché (Albanie, Bulgarie, Macédoine, Moldavie, Pologne, Roumanie).

[2] Les valeurs concernant Monaco sont intégrées, par les statistiques internationales, dans les chiffres de la France.

[3] Qui, pour des raisons politiques, ne fait pas partie des Sommets mais dont la Francophonie est indéniable.

Francophonie est donc une communauté démographiquement dynamique sous l'impulsion des pays du Sud.

En 1996, le commerce mondial a cru de 4 %. La part des pays de la Francophonie dans le commerce mondial de marchandises était de 15,76 %[4] (soit 1 681 milliards de dollars), en progression de plus de deux points par rapport à 1994 (13,4 %). La tendance générale semble être à un accroissement du poids des pays francophones dans les échanges, même si les pays industrialisés du Nord (Belgique, Canada, France, Luxembourg, Suisse) réalisent à eux seuls 85 % des échanges francophones. Pour donner un ordre de grandeur comparatif, les quinze pays membres de l'Union européenne ont réalisé 37,5 % des échanges mondiaux, l'Accord de Libre-Échange Nord-Américain (ALENA) 18,9 %, et l'Afrique subsaharienne 1,4 %.

La dette extérieure des pays francophones se monte à 276 milliards de dollars, soit 13,2 % de la dette totale des PED, contre 10 % en 1994. Cette hausse doit être tempérée par l'arrivée de nouveaux pays au sein de la Francophonie : la Pologne représente, à elle seule, 1,9 % de la dette totale des PED.

Poids macro-économique des pays francophones			
Pays	PNB (en milliard $) 1996	Population (en millions) 1996	Dette extérieure totale (en millions $) 1996	IDH 1995
Albanie	2,75	3,4	781	0,656
Algérie	43,35	28,8	33 260	0,746
Belgique	252	10,2	–	0,933
Bénin	2,17	5,6	1 594	0,378
Bulgarie	9,11	8,5	9 819	0,789
Burkina Faso	2,53	10,8	1 294	0,219
Burundi	1,12	6,2	1 127	0,241
Cambodge	3,11	10,5	2 111	0,422
Cameroun	8,43	13,5	9 515	0,481
Canada	569,9	29,7	–	0,960
Cap-Vert	0,56	0,4	210	0,591
Centrafrique	1,0	3,4	928	0,347
Comores	0,23	0,7	205	0,411
Congo	1,87	2,6	5 240	0,519
Côte-d'Ivoire	9,79	14	19 713	0,368
Djibouti	0,4 (a)	0,6	241	0,324
Dominique	0,2	0,1	93 (a)	0,879
Égypte	67,85	63,3	31 407	0,612

NOTE

[4] Chiffre établi par le Haut Conseil de la Francophonie à partir des statistiques commerciales du FMI (1997) portant sur 182 pays.

Pays	PNB (en Mds $) 1996	Population (en millions) 1996	Dette extérieure totale (en millions $) 1996	IDH 1995
France	1 533,6	58,3	–	0,946
Gabon	4,82	1,1	4 213	0,568
Guinée	3,78	7,5	3 240	0,277
Guinée-Équatoriale	0,24	0,4	282	0,465
Guinée-Bissau	0,26	1,1	937	0,295
Haïti	2,6	7,3	897	0,340
Laos	1,85	5,1	2 263	0,465
Liban	13,28	3,1	3 996	0,796
Luxembourg	16	0,4	–	0,900
Macédoine	2,0	2,2	1 659	0,749
Madagascar	3,98	15,4	4 175	0,348
Mali	2,5	11,2	3 020	0,236
Maroc	35,6	27,0	21 767	0,557
Maurice	4,24	1,1	1 818	0,833
Mauritanie	1,04	2,4	2 363	0,361
Moldavie	1,77	4,5	834	0,610
Niger	1,95	9,5	1 557	0,207
Pologne	134,11	38,6	40 895	0,851
RDC (ex-Zaïre)	6,05	46,8	12 826	0,383
Roumanie	35,1	22,7	8 291	0,767
Rwanda	1,31	7,7	1 034	n.d
Sainte-Lucie	0,6 (a)	0,1	128 (a)	0,839
São Tomé E Principe	0,04	0,1	260,8	0,563
Sénégal	5,0	8,5	3 663	0,342
Seychelles	0,51	0,1	148	0,845
Suisse	313,7	7,3	–	0,930
Tchad	1,0	6,5	997	0,318
Togo	1,38	4,2	1 463	0,380
Tunisie	18,46	9,2	9 887	0,744
Vanuatu	0,22	0,2	47,1	0,559
Vietnam	23,4	75,2	26 764	0,560
Part mondiale (%)	10,7	11	**13,2** (b)	–

(a) 1995.
(b) En pourcentage du total de la dette des PED.
Sources : tableaux de la dette de la Banque Mondiale (1997), *Rapport mondial sur le développement humain 1998*, PNUD, *L'État du monde 1998*, La Découverte.

L'observation des pays francophones sous l'angle de leur niveau de revenu fait ressortir plus nettement encore les disparités du groupe. Ainsi, bien que classés dans la catégorie des pays industrialisés, les pays d'Europe centrale et de l'est ont un revenu moyen (Bulgarie, Macédoine, Moldavie, Pologne, Roumanie) voire faible (Albanie). Selon le PNUD, on distingue trois sous-ensembles :

– revenu élevé (PNB par habitant supérieur à 9 386 $ en 1995), où figure seulement les cinq pays francophones du Nord (Belgique, Canada, France, Luxembourg et Suisse) ;
– dix-huit pays francophones ont un revenu moyen (PNB par habitant entre 766 et 9 385 $ en 1995) : Algérie, Bulgarie, Cap-Vert, Djibouti, Dominique, Égypte, Gabon, Liban, Macédoine, Maroc, Maurice, Moldavie, Pologne, Roumanie, Sainte-Lucie, Seychelles, Tunisie, Vanuatu ;
– vingt-six pays francophones disposent d'un faible revenu (PNB par habitant égal ou inférieur à 765 $ en 1995) : Albanie, Bénin, Burkina Faso, Burundi, Cambodge, Cameroun, Centrafrique, Comores, Congo, Côte-d'Ivoire, Guinée, Guinée-Équatoriale, Guinée-Bissau, Haïti, Laos, Madagascar, Mali, Mauritanie, Niger, République Démocratique du Congo, Rwanda, São Tomé E Principe, Sénégal, Tchad, Togo, Vietnam.

Le PNB par habitant reste néanmoins, dans de nombreux cas, une mauvaise mesure du niveau de bien-être atteint, on lui préfère l'Indicateur de Développement Humain (IDH).

L'IDH est un indicateur composite comportant trois éléments : la durée de vie, mesurée d'après l'espérance de vie à la naissance, le niveau d'éducation, mesuré par un indicateur combinant pour deux tiers le taux d'analphabétisation des adultes et pour un tiers le taux brut de scolarisation combiné (tous niveaux confondus), et le niveau de vie, mesuré d'après le PIB réel par habitant (exprimé en parités de pouvoir d'achat).

Sur les cent soixante-quatorze pays recensés, deux francophones se distinguent : le Canada qui figure en première position avec 0,960 et le Niger qui occupe l'avant-dernière avec 0,207. On distingue là encore trois groupes :
– développement humain élevé (> à 0,800), avec dix pays francophones, soit les pays ayant un PNB par habitant élevé, quatre petites îles peu peuplées (Dominique, Maurice, Sainte-Lucie, Seychelles) et la Pologne ;
– développement humain moyen (entre 0,500 et 0,799), avec seize pays francophones (Albanie, Algérie, Bulgarie, Cap-Vert, Congo, Égypte, Gabon, Liban, Macédoine, Maroc, Moldavie, Roumanie, São Tomé E Principe, Tunisie, Vanuatu, Vietnam) ;
– développement humain faible (< à 0,500), sur les quarante-cinq pays classés dans cette catégorie on comptabilise vingt-trois pays francophones, qui, hormis le Cambodge, Haïti et le Laos, sont tous situés en Afrique subsaharienne.

Quel que soit le critère retenu (industrialisation, revenu, IDH) on constate que les classifications sont sensiblement les mêmes. L'EEF est constitué majoritairement de pays en développement, plutôt pauvres et avec un IDH faible.

ations économiques et financières

Relations commerciales

Part francophone des échanges commerciaux
des pays de la Francophonie en 1996 (en % du total,
du total des exportations et du total des importations).

Pays	Échanges	Exportations	Importations
Comores	65,9	42,8	67,8
Centrafrique	56,4	52,9	61,5
Congo	50,3	29,3	72,9
Madagascar	49,6	53,7	45,7
Tchad	47,9	11,3	69,0
Sénégal	44,7	41,6	46,2
Mali	40,5	13,9	47,1
Burkina Faso	40,0	18,0	45,5
Maroc	38,3	41,0	36,4
RDC (ex-Zaïre)	37,8	47,7	27,0
Guinée	37,4	29,5	45,8
Cameroun	37,3	29,5	51,7
Tunisie	36,5	37,3	35,9
Mauritanie	34,5	28,8	39,6
Côte-d'Ivoire	33,0	32,4	34,0
Algérie	32,9	24,5	44,9
Niger	32,4	30,6	32,7
Bénin	30,2	17,1	34,2
Maurice	26,1	30,3	23,0
Guinée-Équatoriale	24,6	0	47,4
Burundi	24,4	18,9	26,0
Togo	23,7	24,0	23,6
Gabon	22,3	11,1	54,9
Laos	21,0	48,0	6,9
Belgique / Luxembourg	20,1	20,8	19,4
Rwanda	18,6	4,2	25,0
São Tomé E Principe	18,4	12,5	19,5
Liban	16,1	15,2	16,3
France	15,6	15,4	15,7
Suisse	15,5	14,6	16,4
Macédoine	14,9	10,0	17,8
Égypte	14,1	12,6	14,5

Pays	Échanges	Exportations	Importations
Roumanie	13,9	17,0	11,2
Djibouti	13,8	1,5	18,2
Bulgarie	13,5	16,4	10,5
Moldavie	12,8	6,0	17,9
Cambodge	11,3	12,9	10,9
Cap-Vert	11,3	11,1	11,3
Pologne	10,7	9,9	11,3
Vietnam	10,0	11,4	9,2
Seychelles	9,6	6,5	11,2
Guinée-Bissau	8,9	1,2	15,1
Dominique	8,4	6,6	9,0
Haïti	8,2	11,6	7,4
Vanuatu	6,3	10,3	5,6
Québec	4,1	2,7	5,9
Canada	2,3	1,9	2,8
Albanie	n.d	n.d	n.d

Source : *Annuaire de la direction des statistiques commerciales du FMI* (1997).

Le rapport 1997 de l'Organisation Mondiale du Commerce (à laquelle trente-six pays francophones adhéraient au 31 août 1997) fait apparaître que parmi les cinquante principaux exportateurs participant au commerce de marchandises se trouvent sept pays francophones (Algérie, Belgique, Canada, France, Luxembourg, Pologne, Suisse), tandis qu'au niveau des importations, on comptabilise deux pays supplémentaires (Égypte et Vietnam).

L'EEF représente, en 1996, 15,83 % des importations mondiales contre 15,68 % des exportations, soit une différence en valeur de 29 335 millions de dollars. Le profil de l'EEF apparaît donc légèrement plus importateur qu'exportateur. Un nombre important de pays appartenant à la Francophonie (la majorité des États africains) exportent essentiellement des produits à faible valeur ajoutée : matières premières, combustibles, produits alimentaires, minerais... Quelques exemples sont révélateurs de cette dépendance et du peu de diversification des exportations : en 1995[5] les produits alimentaires constituaient 98,6 % des exportations des Seychelles, les matières premières 94,5 % de celles du Tchad, les combustibles 95 % des ventes de l'Algérie.

La part francophone des échanges commerciaux des pays de la Francophonie est l'indicateur le plus adéquat pour rendre compte de « l'intégration économique francophone ». La moyenne des échanges commerciaux intra-francophones est passée de 25,7 % en 1994 (pour quarante-trois pays) à 25,9 % en 1996 (pour quarante-six pays). Et même s'il est difficile de tirer des conclusions d'un indicateur aussi général, on

NOTE

[5] Chiffres issus du rapport annuel de l'Organisation Mondiale du Commerce (1997).

constate que la part des pays francophones dans les échanges mondiaux a augmenté de 2,36 points entre 1994 et 1996 alors que les échanges intra-francophones sont restés, en moyenne, sensiblement au même niveau.

Il semble donc que l'accroissement de la part de la Francophonie dans le commerce mondial soit le fruit d'une progression des échanges hors EEF.

En 1996, trois pays effectuent plus de la moitié de leurs échanges avec des pays francophones (Centrafrique, Comores, Congo) ; ceci s'explique surtout par la prédominance des importations de biens français (elles représentent plus de 50 % du total des achats de chaque pays).

Cinq pays africains se situent dans la fourchette comprise entre 40 % et 50 % : Burkina Faso, Madagascar, Mali, Sénégal, Tchad.

Dix pays, appartenant toujours au continent africain (Algérie, Bénin, Cameroun, Côte-d'Ivoire, Guinée, Maroc, Mauritanie, Niger, République Démocratique du Congo, Tunisie), réalisent entre 30 et 40 % de leurs échanges avec des partenaires francophones.

Huit pays figurent dans une fourchette allant de 20 % à 30 % : Belgique, Burundi, Gabon, Guinée-Équatoriale, Laos, Luxembourg, Maurice, et Togo.

Quinze pays se situent entre 10 et 20 % : Bulgarie, Cambodge, Cap-Vert, Djibouti, Égypte, France, Liban, Macédoine, Moldavie, Pologne, São Tomé E Principe, Suisse, Roumanie, Rwanda, Vietnam.

Pour sept autres pays et gouvernements, les échanges restent en deçà de 10 %. C'est le cas de quatre îles (Dominique, Haïti, Seychelles, Vanuatu), de la Guinée-Bissau, du Canada et du Québec. Ces deux derniers sont les moins impliqués au niveau des échanges intra-francophones (leur part respective est de 2,3 % et 4,1 %).

Comme nous l'avions déjà constaté dans le précédent Rapport, le commerce répond à d'autres logiques et se développe :
– au sein d'organisations régionales. Ainsi, la France effectue 63 % de ses échanges avec les pays membres de l'Union européenne, le Canada 76,9 % des siens avec l'ALENA ;
– au sein d'un espace géographique particulier. Comme pour le Vietnam, dont 48,1 % des échanges se font avec des pays asiatiques, et pour le Vanuatu qui réalise 68,4 % de ses exportations et importations avec deux archipels de la côte ouest du Pacifique (Japon, Nouvelle-Zélande) et l'Australie ;
– avec un partenaire privilégié. C'est ainsi que les États-Unis absorbent 62,5 % du commerce d'Haïti, que la France accapare 57,7 % de celui des Comores, que 47,5 % des échanges du Laos se déroulent avec la Thaïlande et 43 % de ceux de la Moldavie avec la Russie ;
– avec un autre espace linguistique : la part des relations commerciales avec la Communauté des Pays Lusophones, créée en 1996, est de 43,4 % pour le Cap-Vert.

En 1994, la comparaison avec les chiffres de 1992 faisait apparaître que treize pays (sur vingt-sept recensés) avaient connu une augmentation de leur part de commerce avec les pays francophones, soit près d'un sur deux. En 1996 cette proportion est restée sensiblement la même puisque sur les quarante-trois pays étudiés dans le Rapport précédent, vingt et un ont connu le même phénomène.

Comparativement à 1994, les hausses les plus significatives sont à mettre au crédit de l'Afrique : Centrafique (+ 26,2 points), Congo (+ 15), Comores (+ 14,4), Mali (+ 11), Guinée (+ 7) et de l'Asie : Laos (+ 12,8 points), Cambodge (+ 5,7), Vietnam (+ 4,5). Pour une vingtaine de pays, les taux stagnent ou sont en régression avec quelques baisses significatives comme celles du Niger (– 15,8), du Cap-Vert (– 12,7), du Burundi (– 11) et du Rwanda (– 8,6).

Il paraît risqué de tirer des conclusions définitives sur les variations. En effet, étant donné la faiblesse des échanges de nombreux États, l'existence de troubles occasionnels ou de manière plus générale les modifications de l'environnement économique, la part des échanges francophones dans le commerce de certains pays reste volatile. Par exemple, en 1994, le Centrafrique a connu une chute de 47,2 points par rapport à l'année précédente et en 1996 une hausse de 26,2 points comparativement à 1994. Cela n'implique pas de changement de stratégie économique vis-à-vis des pays francophones mais traduit bien les aléas, plus manifestes sur des valeurs modestes, des courants d'échange.

Relations financières

L'apport de capitaux (dette, investissements de portefeuille, investissements directs étrangers) aux PED a encore progressé en 1996[6], de plus de 20 % par rapport à l'année précédente (284,6 milliards de dollars contre 243,8). Parallèlement à cette augmentation, l'origine des fonds a confirmé une tendance déjà constatée lors du précédent Rapport. En effet, au début de la décennie, la part de l'Aide Publique au Développement (APD) était majoritaire dans le total des flux financiers en direction des PED. Aujourd'hui elle n'atteint pas 20 %, l'essentiel étant d'origine privée : Investissements Directs Étrangers (IDE), émissions d'obligations internationales, prêts de banques commerciales, etc.

Aide publique et Aide Publique au Développement (APD)

Lors du Sommet de Hanoï (novembre 1997), les chefs d'État et de Gouvernement des pays ayant le français en partage ont réaffirmé « *la nécessité du maintien de l'aide publique au développement et à un niveau suffisant* ».

L'aide publique prend deux formes : elle est, soit destinée aux pays en transition (on l'intitule dans ce cas « aide publique »), soit aux pays en développement (Aide Publique au Développement). Elle provient des ressources publiques des pays développés membres du Comité d'Aide au Développement (CAD)[7], mises à la disposition des pays bénéficiaires, directement (aide bilatérale) ou par le relais d'institutions multilatérales.

NOTES

[6] Chiffres issus de « Global Development Finance » publié par la Banque Mondiale.

[7] En 1961, l'Organisation de Coopération et de Développement Économiques (OCDE) s'est doté d'un comité spécialisé relatif à l'aide (CAD). On trouve, parmi ses vingt et un membres, cinq pays francophones : Belgique, Canada, France, Luxembourg, Suisse.

L'APD des membres du CAD a diminué de 3,6 % en termes réels en 1996, comparativement à 1995. Elle représente, en moyenne, 0,25 % de leur PNB contre 0,27 % en 1995.

Les cinq pays francophones se positionnent à un niveau supérieur. Ainsi, la Belgique consacre 0,34 % de son PNB à l'APD, le Canada 0,3 %, la France 0,48 %, le Luxembourg 0,44 % et la Suisse 0,34 %. Ces chiffres restent néanmoins éloignés de l'objectif fixé par l'ONU, à savoir 0,7 % (seuls le Danemark, la Norvège, les Pays-Bas l'atteignent).

En moyenne, 28,7 % de l'APD versée par les membres du CAD se dirige vers l'Afrique subsaharienne. Les pays francophones se situent largement au-dessus de ce taux : Belgique (50,2 %), Canada (34,4 %), France (51,5 %), Luxembourg (54,6 %), Suisse (41,2 %). Même les organes spécialisés du système des Nations unies (Conférence des Nations unies pour le Commerce et le Développement, Programme des Nations unies pour le Développement, Programme Alimentaire Mondial...) présentent un taux inférieur (39,6 %).

L'Afrique subsaharienne étant composée en grand nombre de pays francophones, on peut en déduire l'existence de relations privilégiées. Cette présomption se révèle fondée à l'examen de la part francophone de l'aide reçue par les pays francophones.

■ *Part francophone de l'Aide publique bilatérale nette reçue en 1996 (en % du total reçu en provenance des pays du CAD)*

Albanie	14,3	Macédoine	16,4
Algérie	97,7	Madagascar	50,5
Bénin	39,1	Mali	38,5
Burkina Faso	48,1	Maroc	77,6
Burundi	40,4	Maurice	(*)
Cambodge	24,5	Mauritanie	47,4
Cameroun	71,0	Moldavie	8,2
Cap-Vert	21,8	Niger	40,7
Centrafrique	55,8	Pologne	27,2
Comores	87,3	RDC (ex-Zaïre)	37,0
Congo	55,6	Roumanie	9,0
Côte-d'Ivoire	72,8	Rwanda	32,3
Djibouti	66,6	Sainte-Lucie	70,6
Dominique	13,9	São Tome E Principe	37,4
Égypte	22,1	Sénégal	53,3
Gabon	93,5	Seychelles	47,4
Guinée	47,9	Tchad	70,2
Guinée-Bissau	12,7	Togo	39,0
Guinée-Équatoriale	43,3	Tunisie	(*)
Haïti	40,6	Vanuatu	34,2
Laos	15,7	Vietnam	22,1
Liban	54,4		

(*) Le total versé par les pays francophones est supérieur au total des sommes reçues par le pays.

Tableau réalisé par le Haut Conseil de la Francophonie d'après le rapport : *Répartition géographique des ressources financières allouées aux pays bénéficiaires de l'aide par les membres du CAD*, (1997).

Les PED sont incontestablement privilégiés puisque seize pays (sur trente-huit) reçoivent plus de la moitié de leur APD bilatérale des pays francophones du Nord et, pour trente-cinq pays, cette part est supérieure à 20 % (contre trente-trois sur trente-sept en 1994).

Cette observation contraste avec le niveau de la part francophone dans l'aide publique bilatérale reçue par les pays francophones en transition. Certes, celle-ci est conséquente pour la Pologne (27,2 %), mais reste faible pour les autres en comparaison avec les PED (Albanie, Macédoine, Moldavie, Roumanie).

L'analyse sectorielle de l'aide par grandes catégories socio-économiques révèle une certaine convergence des pays francophones membres du CAD. L'aide en direction des infrastructures sociales et administratives occupe, en moyenne, 30,5 % du total pour l'ensemble du CAD en 1995. Trois pays francophones se situent au-dessus de ce taux : Belgique (31,7 %), France (42 %), Luxembourg (40,7 %) et deux en-dessous : Canada (24,2 %) et Suisse (10,7 %).

Les pays francophones, dans leur ensemble, mobilisent plus de moyens au niveau de l'aide et favorisent les pays francophones. Nous pouvons l'observer pour chacun des pays séparément. À noter la coïncidence des réorganisations institutionnelles des structures chargées de la coopération et du développement.

Belgique, parmi les quinze principaux bénéficiaires de l'APD belge (bilatérale à 58 %), on recense dix francophones : République Démocratique du Congo (26 millions de $), Rwanda (22 millions de $), Vietnam (13 millions de $), Algérie (9 millions de $), Sénégal (9 millions de $), Tunisie (9 millions de $), Côte-d'Ivoire (8 millions de $), Niger (8 millions de $), Togo (8 millions de $).

Au total 54,4 % de l'APD belge est destinée à des pays francophones.

Le Gouvernement s'est engagé, en 1996, à réformer radicalement la coopération belge pour le développement. L'Administration Générale de la Coopération et du Développement (AGCD), qui est responsable d'environ 60 % de l'aide totale, a été restructurée en mars 1997. L'autre partie de l'aide belge est octroyée par le ministère des Finances, le ministère des Affaires étrangères, les Communautés flamandes, françaises et germanophones, la Région Wallonne et les Provinces.

Canada, l'APD est gérée principalement par l'Agence Canadienne de Développement International (ACDI). Les ressources disponibles sont concentrées dans six domaines prioritaires : besoins humains fondamentaux, participation des femmes au développement durable, services d'infrastructures, droits de la personne, développement du secteur privé et protection de l'environnement.

Pour l'année comptable 1996-1997, l'APD bilatérale du Canada (76 % du total) aux pays de la Francophonie s'élevait à 262 millions de $ canadiens, soit 56 % de l'APD totale et concernait trente-sept pays. Parmi les quinze principaux récipiendaires de l'aide canadienne, on dénombre sept francophones : la Pologne (145 millions de dollars), l'Égypte (90 millions), Haïti (21 millions), la Côte-d'Ivoire (21 millions), le Rwanda, le Mali et le Cameroun.

France, les quinze principaux bénéficiaires de l'aide française sont francophones, dont trois sont des territoires d'outre-mer. Ils représentent 43,3 % de l'aide française accordée selon les modalités du CAD. Les pays de la zone franc sont particulièrement privilégiés. En effet, ils ont reçus 61 % de l'APD française versée aux pays d'Afrique subsaharienne, ce qui représente un peu moins de 26 % des apports bilatéraux de la France aux PED.

L'année 1998 a été marquée par une réorganisation de la coopération française[8]. Le ministère délégué à la Coopération et à la Francophonie, en vertu du décret du 4 février 1998, a été rattaché au ministère des Affaires étrangères. Aussi, la Caisse Française de Développement (CFD) est devenue l'Agence Française de Développement – AFD – (décret du 17 avril 1998). Ces transformations institutionnelles marquent une volonté de concentrer l'aide bilatérale sur les pays démunis et aussi un changement d'orientation. La France entend passer d'une aide de substitution à une approche de partenariat, « contractualisant » ainsi les relations entre donneurs et bénéficiaires.

Le budget du ministère de la Coopération et de la Francophonie s'élève en 1998 à 6,5 milliards de francs, auquel on doit ajouter les moyens de l'AFD et de ses filiales (la Proparco notamment). Cette mutation dans les objectifs et les moyens de la coopération se traduit déjà dans les chiffres présentés par l'AFD sur un an (rapport 1997). Ainsi, les concours d'ajustement structurel (finances publiques) ne représentent plus que 13,5 % des engagements et les prêts consentis à des entreprises ou à des banques, sans l'aval de l'État (prêts souverains), sont désormais majoritaires (55 %) dans le total des prêts octroyés dans le cadre de l'aide-projet. L'aide-projet elle-même représente 82 % des engagements en 1997.

Dans le domaine des relations entre les places financières francophones, on constate de réelles avancées, notamment entre les organes chargés de la régulation et du contrôle des marchés. Ainsi, des coopérations techniques ont été mises en place entre la Commission des Opérations Boursières (COB) française et le Conseil des Marchés Financiers tunisien, le Conseil déontologique des valeurs mobilières du Maroc, la Commission des valeurs mobilières du Vietnam.

Au niveau des demandes d'assistances (agréments sur les intermédiaires, surveillance, recherche d'infractions) reçues d'autorités étrangères et celles présentées par la COB à ces mêmes autorités, on trouvait, en 1997, sept pays francophones (Belgique, Canada, Côte-d'Ivoire, Luxembourg, Pologne, Suisse, Tunisie)[9].

Luxembourg, son aide bilatérale, qui représente 69 % du total, est essentiellement destinée à quinze pays cibles, dont la moitié sont francophones : Burundi, Cap-Vert, Mali, Maurice, Niger, Rwanda et Sénégal. L'aide bilatérale publique est prise en charge par l'Agence de Coopération au Développement Lux-Développement (80 % du budget) et par le ministère de la Coopération (20 %). L'aide bilatérale accordée au secteur privé, quant à elle, est confiée en partie au Centre pour le Développement Industriel, institution paritaire créée dans le cadre de la Convention de Lomé.

NOTES

[8] Pour plus de renseignements se référer à la partie « Actualité francophone ».
[9] Rapport annuel de la COB (1997).

Suisse, l'aide publique (dont 70 % est bilatérale) au développement en faveur des pays francophones est de 133 225 dollars, soit 11 % du total.

Parmi les quinze principaux bénéficiaires on comptabilise cinq francophones : le Rwanda, Madagascar, le Burkina Faso, le Bénin et l'Albanie. 44,7 % de l'aide helvétique est dirigée vers les PMA.

Si la Direction du Développement et de la Coopération (DDC), qui relève du département fédéral des Affaires étrangères, opère depuis longtemps en milieu rural, elle est devenue plus active ces dernières années en milieu urbain. L'Office Fédéral des Affaires Économiques Extérieures (OFAEE), rattaché au département fédéral de l'Économie publique, se soucie essentiellement du développement industriel.

L'Union européenne

L'Union européenne (UE), qui mène ses propres programmes « d'aide bilatérale », est la cinquième plus importante source d'aide au monde, avec des apports atteignant 7,1 milliards de dollars en 1995, soit 10,5 % de l'aide fournie par les pays de l'OCDE. Le plus gros de ses engagements d'aide est destiné aux pays en développement et entre dans la catégorie de l'APD. Les 16 % restants sont allés aux économies en transition de l'Europe centrale et orientale et entrent donc dans la catégorie de l'aide publique[10].

L'aide accordée à quarante-quatre pays francophones correspond, en 1995, à 35 % de l'aide accordée par l'UE.

Les principales sources d'aide communautaire pendant la période 1986-95 ont été le budget de l'Union, qui a fourni la moitié (56 %) de toute l'aide, et le Fonds Européen de Développement (FED), qui a financé plus d'un tiers (37 %) des engagements. Les quelques 7 % restants sont provenus des « ressources propres » de la Banque Européenne d'Investissement (BEI).

La convention de Lomé entre l'Union européenne (UE) et les pays Afrique, Caraïbes et Pacifique (ACP) est à la fois un moyen et un signe supplémentaires de la coopération francophone puisqu'elle concerne les relations entre trois pays francophones de l'Union européenne et trente pays francophones de l'ACP. En résumé, l'UE accorde aux soixante et onze pays ACP une aide financière au développement et un accès privilégié à son marché. Cet accord repose notamment sur un système de préférences tarifaires facilitant l'accès au marché européen (en vertu de la non-réciprocité, les ACP ne sont pas tenus d'accorder de telles conditions sur leurs propres marchés aux produits originaires de l'UE) et sur des fonds de stabilisation des prix dans les secteurs agricoles (le Stabex) et minier (le Sysmin). La quatrième convention de Lomé parvenant à son terme en février 2000, les Quinze et les pays ACP négocient en vue de conclure un nouveau contrat de coopération.

Les Nations unies

Outre les actions menées par divers organismes et programmes (CNUCED, PNUD...), l'Initiative Spéciale du Système des Nations unies pour l'Afrique (UNSIA) lancée en mars 1996 est un programme de mesures concrètes dont le but est de favoriser l'accélération du développement de l'Afrique pour la

NOTE

[10] Données extraites de *La Communauté européenne et l'aide au développement*, Aidan Cox et Antonique Koning, 1997.

décennie qui prendra fin en 2005. Elle est conçue de manière à maximiser l'impact de l'aide du système de l'ONU, y compris celle des institutions de Bretton Woods (Banque Mondiale, Fonds Monétaire International), au moyen d'une coordination plus efficace au niveau du Siège et dans les pays.

Au Sommet de Hanoï, les États et gouvernements de la Francophonie ont déclaré qu'ils veilleront « *à sensibiliser les institutions internationales économiques, financières et commerciales, et les autres bailleurs de fonds, sur la nécessité de prendre en compte la dimension sociale du développement, notamment dans les domaines situés au cœur de leurs préoccupations économiques : investissements étrangers, allégement de la dette... »*.

Flux privés

Parmi les douze premiers récipiendaires des apports privés mondiaux aux PED (investissements de portefeuilles et IDE), qui totalisent 72,5 % du total, on ne trouve aucun pays francophone. Dans le Pacifique occidental on compte quatre pays (Chine, – qui à elle seule reçoit 21,3 % – Indonésie, Malaisie, Thaïlande), ainsi qu'en Amérique centrale et du sud (Argentine, Brésil, Chili, Mexique). L'Afrique subsaharienne, quant à elle, reçoit 11,8 milliards de dollars, soit seulement 4,8 % de l'ensemble des capitaux privés investis dans les PED. Ceux-ci se dirigent principalement dans les secteurs de ressources naturelles et dans un nombre restreint de pays.

En 1996, sur les 119 milliards de dollars d'IDE réalisés dans les PED, 8,864 milliards de dollars se sont dirigés vers des PED francophones, soit 7,5 % du total.

Certaines bourses de PED francophones sont devenues attractives pour les investisseurs, comme en témoigne le niveau de certaines capitalisations boursières (produit du nombre d'actions par leur cours) atteint en 1997 : 113 milliards de francs en Égypte, 70 milliards de francs au Maroc, 70 milliards en Tunisie, 10 milliards à Maurice.

En réalité les investissements privés se font dans les pays développés. C'est le cas pour l'IDE : parmi les vingt principaux pays d'accueil, en flux cumulés sur la période 1985-1995, on trouve les cinq pays francophones du Nord : France (3e), Belgique et Luxembourg (6e), Canada (9e) et Suisse (16e).

Dette

Pays	Part de la dette totale / PNB (%) 1996	Service de la dette / exportations (%) 1996	Part du multilatéral dans la dette totale (%) 1996
Albanie	28,4	3,5	19,3
Algérie	76,7	27,7	12,2
Bénin	73,6	6,8	56,5
Bulgarie	107,8	20,5	12,6
Burkina Faso	51,2	10,8	78,9
Burundi	100,4	54,6	81,8

Pays	Part de la dette totale / PNB (%) 1996	Service de la dette / exportations (%) 1996	Part du multilatéral dans la dette totale (%) 1996
Cambodge	67,7	1,2	9,1
Cameroun	112,8	23,6	16,5
Cap-Vert	37,2	2,9	72,8
Centrafrique	89,4	6,3	69,1
Comores	89,4	2,3	75,6
Congo	279,7	21,3	12,9
Côte-d'Ivoire	201,3	26,2	18,6
Djibouti	60	5,2	55,7
Dominique	46	6,1	n.d
Égypte	46,3	11,6	13,3
Gabon	87,4	11,1	13,8
Guinée	85	14,6	45,9
Guinée-Équatoriale	116,5	2,6	35,0
Guinée-Bissau	351,8	48,6	40,9
Haïti	34,4	13,8	77,0
Laos	121,9	6,3	32,7
Liban	30,1	6,4	8,2
Macédoine	82,8	3,9	21,0
Madagascar	104,7	9,4	38,5
Mali	120,8	17,9	48,0
Maroc	61,1	27,7	30,0
Maurice	42,9	7,2	13,9
Mauritanie	227,7	21,7	39,2
Moldavie	47,0	6,2	30,7
Niger	79,5	17,3	57,4
Pologne	30,5	6,4	5,3
RDC (ex-Zaïre)	212	2,4	18,1
Roumanie	23,6	12,6	24,7
Rwanda	78,5	20,4	80,5
Sainte-Lucie	n.d	n.d	n.d
São Tomé E Principe	637	22,6	62,3
Sénégal	72,9	15,9	50,5
Seychelles	28,8	4,4	37,7
Tchad	n.d	9,5	n.d
Togo	105,4	10,8	50,2
Tunisie	53,6	16,5	36,7
Vanuatu	20,8	1,4	67,0
Vietnam	114,7	3,5	2,0

Source : Tableaux de la dette de la Banque Mondiale (1997).

La dette extérieure des pays francophones, avec 276 milliards de dollars, représente 13,2 % (10 % en 1994) de la dette totale contractée par les PED. La relative faiblesse de cette part ne doit pas masquer le véritable problème qui réside dans le poids qu'elle fait peser sur certaines économies.

En effet, quinze pays francophones (Bulgarie, Burundi, Cameroun, Congo, Côte-d'Ivoire, Guinée-Équatoriale, Guinée-Bissau, Laos, Madagascar, Mali, Mauritanie, République Démocratique du Congo, São Tomé E Principe, Togo, Vietnam) ont une dette totale supérieure à leur PNB annuel. Ces chiffres prennent, dans certains cas, des proportions absurdes puisqu'un tiers des pays énoncés ont une dette plus de deux fois supérieure à leur PNB.

Pour quinze autres pays, cette part est comprise entre 50 % et 100 % : Algérie, Bénin, Burkina Faso, Cambodge, Centrafrique, Comores, Djibouti, Gabon, Guinée, Macédoine, Maroc, Niger, Rwanda, Sénégal et Tunisie.

Pour douze pays, la dette représente mois de 50 % du PNB : Albanie, Cap-Vert, Dominique, Égypte, Haïti, Liban, Maurice, Moldavie, Pologne, Roumanie, Seychelles et Vanuatu.

Un autre indicateur, révélateur de l'incidence de la dette dans son ensemble sur l'économie d'un pays, est le rapport service de la dette/montant des exportations.

Dans deux pays ce ratio se situe autour de 50 % : Burundi (54,6 %) et Guinée-Bissau (48,6 %), ce qui signifie qu'environ la moitié des recettes d'exportations est dépensée en remboursement de dette.

Neuf pays ont une part comprise entre 20 % et 30 % : Algérie, Bulgarie, Cameroun, Congo, Côte-d'Ivoire, Maroc, Mauritanie, São Tomé E Principe et Rwanda.

Pour douze pays, le service de la dette représente entre 10 % et 20 % des recettes d'exportations : Burkina Faso, Égypte, Gabon, Guinée, Haïti, Mali, Niger, Moldavie, Roumanie, Sénégal, Togo et Tunisie.

Dans l'autre moitié, soit les vingt pays restants, le rapport est inférieur à 10 %.

La moyenne mondiale étant de 16,4 %, on ne peut pas dire que les résultats affichés par les pays francophones soient catastrophiques dans la mesure où quatorze se situent au-dessus de cet étalon et vingt-neuf au-dessous.

Comme pour tout ratio celui-ci est fonction du dénominateur comme du numérateur, donc ici du montant du service de la dette et du montant des exportations, exprimés en unités monétaires. Ce ratio diffère selon de multiples variables, qui viennent le modifier en amont : accords de rééchelonnement de la dette, fluctuations des taux d'intérêts, variations du cours des matières premières, conditions climatiques...

De nombreux accords bilatéraux, ou signés dans le cadre du Club de Paris[11], d'aménagement et d'allégement de la dette ont eu pour effet d'accroître la part des bailleurs de fonds multilatéraux dans la dette totale des PED francophones. La part de l'allégement de la dette dans l'APD totale, était en moyenne au sein du CAD, de 7,3 %. Les pays francophones, sauf le Luxembourg, se positionnent au-dessus de ce taux : Canada (7,8 %), Belgique (11,3 %), France (18,1 %) et Suisse (25,2%).

NOTE

[11] Il regroupe quatorze créanciers publics, dont la Belgique, le Canada et la France. On peut citer deux exemples d'accords : l'effacement de la moitié de la dette éligible du Cameroun, soit 540 millions de dollars (octobre 1997) et l'annulation de la dette de la Côte-d'Ivoire (580 milliards de FCFA) en avril 1998.

Quatorze pays voient la part multilatérale de leur dette dépasser 50 % (Bénin, Burkina Faso, Burundi, Cap-Vert, Centrafrique, Comores, Djibouti, Haïti, Niger, Rwanda, São Tomé E Principe, Sénégal, Togo, Vanuatu).

Quinze se situent au-delà de 30 % : Guinée, Guinée-Équatoriale, Guinée-Bissau, Laos, Madagascar, Mali, Maroc, Mauritanie, Moldavie, Seychelles, Tunisie.

Pour douze pays (Albanie, Algérie, Bulgarie, Cameroun, Congo, Côte-d'Ivoire, Égypte, Gabon, Macédoine, Maurice, République Démocratique du Congo, Roumanie), la part du multilatéral dans la dette totale est comprise entre 10 % et 30 %.

Enfin, pour le Cambodge, le Liban, la Pologne et le Vietnam, cette proportion est en deçà de 10 %.

En 1994, sur vingt-huit pays étudiés, dix-sept avaient un taux supérieur à 30 %, soit environ six sur dix. En 1996, vingt-cinq pays sur les quarante et un pour lesquels nous disposons de données, figurent dans ce cadre-là, soit également près de six sur dix. Cette étude sur un échantillon plus large vient donc confirmer les conclusions initiales et émises déjà dans le rapport précédent, à savoir la part importante de l'endettement multilatéral (non-rééchelonnable) chez de nombreux pays francophones.

Il n'y a pas véritablement de corrélation entre les trois indicateurs choisis pour illustrer l'endettement des pays francophones. Par exemple, le Laos a une dette totale qui représente 121,9 % de son PNB mais le rapport service de la dette/exportations n'est que de 6,1 %. L'analyse doit se faire au cas par cas, surtout en ce qui concerne la part du multilatéral dans la dette totale car c'est la résultante de nombreux facteurs.

Pour conclure sur les flux financiers, on constate dans l'ensemble une baisse de l'APD, non seulement en valeur relative au niveau du total des flux de capitaux vers les PED, mais aussi en valeur absolue (56,3 milliards de dollars en 1990 et 40,8 milliards en 1996). Néanmoins, les efforts des pays francophones du Nord restent plus importants que la moyenne et dirigés, pour une grande part, vers d'autres pays francophones en développement.

Les capitaux privés, dans une économie mondiale de plus en plus ouverte, tardent à venir supplanter la baisse de l'APD dans les PED francophones, surtout en Afrique.

Enfin, la dette demeure un sérieux problème pour les économies francophones, elle est quasiment du même ordre de grandeur que l'apport de capitaux dans tous les PED en 1996 !

Organisations et intégrations régionales

Le phénomène de la régionalisation est la caractéristique la plus marquante de l'environnement international des dix dernières années. Dispersés aux quatre coins du monde, les pays de la Francophonie sont également regroupés dans diverses organisations régionales avec des processus d'intégration variés :
– zones de libre échange : les pays membres renoncent à toute discrimination tarifaire entre eux, mais chaque membre reste libre de main-

tenir ses propres protections tarifaires dans son commerce avec les pays extérieurs à la zone. Il n'y a aucune volonté d'institutionnaliser le processus d'intégration ;

– unions douanières : les pays membres renoncent à toute discrimination entre eux et établissent une protection tarifaire commune vis-à-vis des pays extérieurs à l'Union ;

– marchés communs : c'est une union douanière à laquelle s'ajoute la levée de toute barrière aux mouvements de capitaux, de facteurs de production et de personnes ;

– unions économiques : les pays membres adoptent une politique économique commune. C'est le stade ultime de l'intégration régionale.

Cette classification est néanmoins difficilement applicable à tous les ensembles dans la mesure où certains traitent de questions économiques dans des regroupements à vocation politique (la Ligue des États Arabes par exemple) mais surtout parce que d'autres se situent entre ces paliers, avec les réalités du moment mais aussi des perspectives. C'est le cas de l'Association des Nations du Sud-Est Asiatique (ASEAN), actuellement simple association politique mais appelée à être une zone de libre échange d'ici 2003.

Il est donc préférable de distinguer les organisations et les intégrations régionales sur le plan géographique, même si les pays francophones sont parfois engagés dans d'autres espaces géopolitiques ou aires culturelles. Sept pays appartiennent au Commonwealth (Canada, Cameroun, Dominique, Maurice, Sainte-Lucie, Seychelles et Vanuatu), trois à la Communauté des Pays Lusophones créée en 1996 (Guinée-Bissau, Cap-Vert, São Tomé E Principe) et sept à la Ligue des États Arabes (Comores, Djibouti, Égypte, Liban, Maroc, Mauritanie, Tunisie).

Sans vouloir recenser de manière exhaustive les regroupements politiques et économiques régionaux, les exemples suivants illustrent les différentes appartenances des pays francophones.

Amériques

L'Accord de Libre Échange Nord-Américain (ALENA), entré en vigueur en 1994, comprend le Canada (et donc le Québec).

La Communauté et Marché Commun des Caraïbes (CARICOM), créée en 1973, compte parmi ses quatorze membres la Dominique et Sainte-Lucie.

Asie

L'Association des Nations Du Sud-Est Asiatique (ASEAN) a vu le jour en 1967. Ses neuf membres, dont deux francophones (le Vietnam depuis 1995 et le Laos depuis 1997 ; le Cambodge ayant le statut d'observateur) prévoient la mise en place d'une zone de libre échange (AFTA) avant 2003.

Europe

L'Union européenne, ensemble le plus intégré au monde, comporte trois pays de la Francophonie (Belgique, France, Luxembourg).

La déclaration d'Istanbul, en juin 1992, a donné naissance à la coopération économique de la mer Noire qui comporte parmi ses membres quatre pays francophones (Albanie, Bulgarie, Moldavie, Roumanie) ainsi que l'Égypte, la Pologne et la Tunisie en qualité d'observateurs.

L'Initiative Centro-Européenne (ICE) a été créée en 1992 pour favoriser la coopération économique et politique. Parmi ses seize membres, on retrouve six francophones : l'Albanie, la Bulgarie, la Macédoine, la Moldavie (qui fait partie aussi de la Communauté des États Indépendants), la Pologne (qui appartient également au Conseil des États de la Mer Baltique), et la Roumanie.

Océan Indien

La Commission de l'océan Indien, en exercice depuis 1984, est composée seulement de pays francophones : les Comores, Madagascar, La Réunion, les Seychelles et Maurice. Cette dernière appartient également à l'Indian Ocean Rim (créée en 1995) et à la Communauté de Développement de l'Afrique Australe (SADC).

Afrique

L'Organisation de l'Unité Africaine (OUA), instituée en 1963, comprend cinquante et un membres dont vingt-sept francophones (seul manque le Maroc) et a pour objectif de défendre l'unité et la solidarité des États africains.

La Communauté Économique Africaine (CEA), fondée par le traité d'Abuja adopté par les membres de l'OUA en 1991, a été relancée en 1997 dans le but ultime d'établir un marché commun africain.

La Communauté Économique des États de l'Afrique de L'Ouest (CEDEAO) est entrée en vigueur en 1977. En sont membres onze pays francophones sur seize participants (Bénin, Burkina Faso, Cap-Vert, Côte-d'Ivoire, Guinée, Guinée-Bissau, Mali, Mauritanie, Niger, Sénégal, Togo).

L'Union du Maghreb Arabe (UMA), créée en 1989, est constituée majoritairement de pays francophones, à savoir : l'Algérie, le Maroc, la Mauritanie et la Tunisie.

La particularité du continent africain réside dans l'existence d'intégrations comportant uniquement des pays de la Francophonie.

Intégrations régionales en Afrique francophone

■ *Le cas de la zone franc*

Les mécanismes de la coopération monétaire en vigueur actuellement entre les pays africains d'une part, et les pays africains et la France d'autre part, sont précisés dans les traités instituant les deux unions monétaires. L'Union Monétaire d'Afrique centrale (UMAC) regroupe le Cameroun, le Centrafrique, le Congo, le Gabon, la Guinée-Équatoriale et le Tchad. L'Union Monétaire Ouest-Africaine (UMOA) rassemble le Bénin, le Burkina Faso, la Côte-d'Ivoire, le Mali, le Niger, le Sénégal, le Togo et depuis le 17 avril 1997 la Guinée-Bissau.

Les quatorze pays de l'UMAC et de l'UMOA forment la zone CFA et appartiennent à la zone franc qui comprend également la France, les Dom-Tom, la principauté de Monaco, Mayotte et les Comores.

La coopération monétaire dans la zone franc repose sur quatre grands principes :

- une parité fixe avec le franc français (FF), définie pour chaque zone (depuis la dévaluation du 12 janvier 1994, elle est de 100 francs CFA pour 1 FF) ;
- un institut d'émission commun à chaque zone, la Banque Centrale des États d'Afrique de l'Ouest (BCEAO) pour l'UMOA et la Banque des États d'Afrique centrale (BEAC) pour l'UMAC émettent le franc CFA tandis que la Banque Centrale des Comores émet le franc comorien ;
- une garantie de convertibilité illimitée du franc CFA au FF ;
- la transférabilité, c'est-à-dire la liberté des mouvements de capitaux entre la France et chacune des unions monétaires et l'harmonisation de la réglementation des changes pour l'extérieur de la zone.

Amorcée depuis le deuxième semestre 1994, l'amélioration de la situation économique et financière des pays africains de la zone franc s'est confirmée. Pour l'ensemble de la zone CFA, la croissance annuelle est, en moyenne, d'environ 5 % depuis trois ans, alors qu'elle était négative auparavant. L'inflation n'était plus que de 5 % en 1997 contre 27 % en 1994. et le déficit public a été ramené à 1,6 % du PIB en 1996 contre 6,5 % en moyenne sur la période 1986-1993.

Dans l'ensemble, grâce aux efforts de bonne gestion réalisés depuis 1994, la compétitivité-prix de la zone franc est aujourd'hui largement confortée. Les termes de l'échange se sont fortement améliorés depuis le début de la décennie et les perspectives sont favorables. Le déficit de la balance des transactions courantes s'est réduit à 4 % du PIB en 1997, contre 6,5 % en moyenne sur la période 1986-1993, et ce malgré l'augmentation des importations de biens d'équipement liée à la reprise de l'investissement (le taux d'investissement a atteint 20 % du PIB en 1997, contre 15 % en moyenne sur la période 1986-1993).

Lors de la réunion du 10 avril 1998 à Libreville (Gabon), les ministres des Finances de la zone franc ont examiné la question du passage du franc français à l'Euro à partir du 1er janvier 1999 et ses incidences sur la zone franc. On retiendra que le passage à l'Euro du FF ne modifiera pas la garantie de convertibilité à un taux fixe du FCFA et du franc comorien par rapport à la monnaie française. Les accords de coopération qui lient la France et les union monétaires de la zone franc et les Comores seront maintenus dans leur contenu actuel. L'appellation franc CFA ne sera pas modifiée.

Les ministres ont également noté que, dans ses contours actuels, la crise de l'Est Asiatique n'affectera que modérément les économies de la zone franc. Son impact en termes de croissance peut être évalué à 0,5 point. Son impact en termes de compétitivité est également modeste dans la mesure où les économies de la zone franc ne sont en compétition avec celles de l'Est Asiatique que sur un nombre limité de filières. Le taux de croissance dans la Communauté Économique et Monétaire de l'Afrique Centrale (CEMAC) et dans l'Union Économique et Monétaire de l'Ouest Africain (UEMOA) devrait rester de l'ordre de 5 % en 1998 et 1999. On peut néanmoins redouter les effets négatifs de la baisse de la demande de produits africains (matières premières notamment) de la part des pays d'Asie.

■ *Deux exemples : l'UEMOA et la CEMAC*

Dans la zone de l'Afrique de l'Ouest, le traité de l'Union Économique et Monétaire de l'Ouest Africain (UEMOA), signé en janvier 1994 et entré en vigueur le 1er août 1994, complète le traité d'Union Monétaire Ouest africaine de 1973. L'UEMOA vise notamment à la création d'une union douanière, à la convergence des politiques économiques et à la conduite de politiques sectorielles communes. Des acquis importants ont déjà été obtenus dans le domaine de la convergence économique avec la mise en place d'indicateurs de référence communs : par exemple depuis janvier 1998, sept des huit pays (La Guinée-Bissau suivra le mouvement en 1999) publient pour la première fois des Indices Harmonisés des Prix à la Consommation (IHPC). Des améliorations sont à noter dans le domaine de l'harmonisation des législations financières et budgétaires ainsi que dans celle des systèmes comptables privés (SYSCOA).

Dans la zone d'Afrique centrale, le traité portant création de la Communauté Économique et Monétaire de l'Afrique Centrale (CEMAC), signé en 1994, est destiné à approfondir le traité de l'Union Douanière et Économique de l'Afrique Centrale (UDEAC) qui date de 1964. Les États ont progressé dans la convergence économique en se dotant d'indicateurs tandis que l'harmonisation fiscalo-douanière a globalement bien avancée.

Les deux sous-zones ont entamé des réformes fiscalo-douanières, poursuivant des objectifs comparables.

Les États membres de l'UEMOA ont adopté en décembre 1997 un Tarif Extérieur Commun (TEC) fondé sur une classification unique des produits en quatre catégories. Le tarif entrera en vigueur en trois étapes, de juillet 1998 à janvier 2000. À cette date, les droits seront pour l'ensemble de la zone de 0 % pour la première catégorie (biens de première nécessité), 5 %, 10 % et 20 % pour les autres catégories. Les États ont par ailleurs décidé d'amplifier le désarmement douanier intra-communautaire amorcé le 1er juillet 1996. Le complément de cette harmonisation douanière est l'harmonisation de la fiscalité intérieure, qui contribue également à une simplification de l'environnement fiscal des entreprises.

Dans la zone d'Afrique centrale, la réforme fiscalo-douanière, décidée dès 1991, est entrée en vigueur en 1994 : le tarif extérieur commun est en place, le tarif préférentiel intra-communautaire a été réduit à zéro le 1er janvier 1998, ce qui signifie que les échanges de marchandises sont libres de tout droit de douane entre les six pays de l'Union. Les codes nationaux des investissements, mis en conformité avec les règles de l'UDEAC, sont favorables aux investisseurs.

Les réformes fiscalo-douanières dans ces deux zones sont les plus accomplies parmi les pays africains. Les deux ensembles ont à résoudre des difficultés similaires liées à ces réformes : compensation des pertes fiscales, caractère équitable du tarif préférentiel généralisé.

D'autres projets régionaux d'harmonisation de l'environnement économique sont apparus. Rassemblant tous les États de la zone franc, et parfois au-delà, ces projets ont tous pour objectif d'harmoniser les législations applicables, d'instituer au niveau régional des structures de contrôle indépendantes et de réaliser des économies d'échelle. L'ensemble de ces démarches concourt à une plus grande transparence des opérations et du fonctionnement des institutions.

Trois traités, signés par les quatorze États de la zone franc, visent à atteindre ces objectifs.

L'harmonisation du droit des affaires (traité OHADA, signé en 1993) constitue un progrès important dans l'assainissement de l'environnement juridique, le renforcement de la sécurité juridique et judiciaire et l'affirmation de l'état de droit[12].

Le traité instituant la Conférence Intérafricaine des Marchés d'Assurance (CIMA), signé en 1992, a pour objectif l'unification du droit applicable en matière d'assurance. Une commission régionale chargée du contrôle technique des activités d'assurance constitue, sous l'autorité du Conseil des ministres des pays signataires, l'administration de tutelle du secteur des assurances dans l'ensemble de la zone. Elle a déjà effectué le contrôle des compagnies d'assurance de plusieurs pays de la zone franc et prononcé des retraits d'agrément pour des compagnies ne répondant pas aux normes de sécurité de l'activité.

Le traité AFRISTAT datant de 1993 a pour objet de réorganiser, de renforcer et d'harmoniser l'ensemble de l'appareil statistique des quatorze pays de la zone franc. Les premiers travaux ont débuté en 1997 et concernent principalement les statistiques des prix à la consommation, la comptabilité nationale, le secteur informel, le renforcement des systèmes statistiques nationaux et la mise en place de banques de données statistiques régionales.

La Banque Africaine de Développement (BAD) est une institution régionale multilatérale de financement et de développement, fondée en 1964, dont l'objectif est de contribuer au développement économique et au « *progrès social des pays africains, individuellement et collectivement* ». Son siège est à Abidjan, en Côte-d'Ivoire. L'actionnariat est composé de cinquante-trois pays africains et de vingt-quatre pays hors région dont la Belgique, le Canada, la France et la Suisse. Le Fonds Africain de Développement (FAD), une des trois institutions du Groupe de la BAD, qui profite aux trente-neuf pays les plus démunis, a repris de manière significative ses concours : le nombre de projets financés est passé de onze en 1996 à quatre-vingt-huit en 1997.

La Banque Ouest-Africaine de Développement (BOAD) est un des organismes de financement des États de l'UEMOA. Son capital (220 milliards de FCFA) est réparti (47 %) entre la BCEAO, la BAD, les États membres de l'UEMOA, la France, l'Allemagne et la Banque Européenne d'Investissement (BEI). La BOAD a un fonds de garanti des investissements (GARI), une société de capital risque et va créer un fonds de privatisation.

Les huit États membres de l'UEMOA (Bénin, Burkina Faso, Côte-d'Ivoire, Mali, Niger, Sénégal, Togo et Guinée-Bissau) ont créé le 18 décembre 1997 à Abidjan une Bourse Régionale des Valeurs Mobilières (BRVM), première bourse électronique du continent. Les sociétés originaires des huit pays de l'Union peuvent y être cotées. L'objectif est de dynamiser ce marché et de favoriser l'investissement productif de l'épargne locale. Les pays d'Afrique centrale réfléchissent à un projet de même nature.

En conclusion, les pays d'Afrique francophone, sur la base de leur union monétaire, ont engagé depuis plusieurs années un processus d'intégration régionale particulièrement poussé, qui va au-delà de la seule intégration douanière et montre une volonté réelle d'intégration économique. Des avancées concrètent se manifestent de manière évidente depuis quelques

NOTE

[12] Se référer au chapitre « Espace juridique » pour des informations supplémentaires.

années et l'objectif final, à savoir un espace harmonisé, sécurisé et intégré, semble moins inaccessible.

Les opérateurs

Agence de la Francophonie

La programmation de l'Agence Intergouvernementale de la Francophonie pour le bienum qui s'achèvera en 1999 est marquée par de nouvelles exigences – liées au renforcement d'une forme d'intégration économique mondiale forcée – la mondialisation. Elles renforcent les orientations antérieures privilégiant le « faire faire » et le « faire avec », en intégrant le poids croissant de l'information dans le développement économique durable (volets énergétique et environnemental).

La coopération économique francophone, telle que définie par le Sommet de Hanoï, devra donc s'attacher à développer les capacités des francophones en matière d'intelligence économique, à maîtriser les systèmes d'information et de communication (satellites, réseaux multimédias, internet) et à veiller à l'appropriation des normes internationales.

Les principes d'action sont également repris par les chefs d'État et de Gouvernement : mobilisation de l'expertise et des acteurs existants et priorité à l'innovation et à la reproductibilité dans les projets retenus. Les secteurs et actions prioritaires sont clairement identifiés : soutien aux entreprises culturelles et multimédias, notamment par le biais du Fonds Francophone de Soutien à la PME (FFS-PME) ; mise en place d'un système d'évaluation des projets pour vérifier leur degré d'autonomie et estimer leur pérennité ; appui aux autres structures de développement économique, notamment régionales ; mise en place de réseaux francophones d'expertise et d'intervention ; valorisation des complémentarités avec la coopération bilatérale francophone et les autres institutions multilatérale.

Programmes	Moyens du bienum	
Création et développement des entreprises	FFS-PME	10 MFF
	FFD	10 MFF
Partenariat d'entreprises	FFA	4 MFF
Épargne et entreprises	PAMEF	4 MFF
Mondialisation et ressources humaines	FFAT	8 MFF
Énergie	« Formation spécialisée »	5 MFF
	« Information »	3 MFF
	« Mobilisation de l'expertise francophone »	4 MFF
	« Action de terrain et transfert de technologie »	5 MFF
Environnement	« Concertation et mobilisation de l'expertise francophone »	3 MFF
	« Formation spécialisée »	4 MFF
	« Information »	3 MFF

■ *Le volet entreprise*

L'essentiel de la coopération francophone s'est peu à peu concentré sur des projets de petites tailles destinés à faire émerger un environnement propice au développement économique et à la création de richesse. Cette ambition s'affiche au travers des programmes favorisant les activités productives et leur financement. Le Programme d'Appui à la Mobilisation de l'Épargne dans la Francophonie (PAMEF), lancé en 1994 vis à mettre en place et renforcer les systèmes de collecte et d'utilisation de l'épargne pour le développement économique dans les pays du Sud. Le programme s'est développé principalement en Afrique de l'Ouest dans une vingtaine de pays. Réalisé avec la Société de Développement International Desjardins (SDID) et l'Institut Supérieur Panafricain d'Économie et de Coopération (ISPEC), ce programme a contribué à former une centaine de gestionnaires de caisses d'épargne par an. Il mobilise et appui plusieurs réseaux de coopérative d'épargne et de crédit au Togo, au Mali, au Burkina Faso et bientôt au Bénin. Au 31 mars 1997, ces réseaux détenaient environ 15 Mds FCFA et un encourt de crédit dépassant 8 Mds FCFA.

Il devrait s'étendre à l'Asie du Sud-Est en 1998-1999. De nouvelles pistes, identifiées au cours du biennum précédent, devraient continuer d'être explorées : appui aux nouveaux opérateurs spécialisés en Afrique comme les bourses de valeurs mobilières, les sociétés de capital-risque, de crédit-bail, d'assurance, etc. Un renforcement du maillage des coopérations Nord-Sud dans ce secteur est souhaité. Des partenaires sont déjà identifiés comme Épargne sans Frontières, le Centre pour le Développement Industriel (CDI), le PNUD, etc. L'appui aux efforts d'harmonisation des cadres juridiques et réglementaires régionaux se fera en collaboration systématique avec les institutions régionales (BAD, BOAD, etc.).

Le Fonds Francophone de Soutien à la PME (FFS-PME) a lui, contribué à la mise en place de mécanismes d'assistance technique et financière directe (micro-crédits) dans dix pays parmi les moins avancés (Burkina Faso, Mali, Guinée, Guinée-Bissau, Madagascar, Haïti, Congo, Cambodge, Laos et Vietnam). Les projets sont retenus en étroite concertation avec l'ONUDI et gérés par un comité de gestion local en cours d'implantation dans plusieurs pays. Entre 1996 et 1997, le FFS a bénéficié à une cinquantaine d'entreprises avec, pour quatre projets, des financements extérieurs (CFD, UE). L'action de formation et d'appui a permis, dans les pays couverts par l'accord-cadre ACCT-ONUDI (Burkina Faso, Guinée, Guinée-Bissau et Mali) de former cinquante cadres des structures d'appui à la PME et une centaine de porteurs de projets. Les comités de gestion disposent désormais d'un bulletin semestriel d'information.

Deux ateliers internationaux ont également contribué au renforcement des PME francophones : à Libreville, en août 1997, sur l'introduction et l'utilisation des Nouvelles Technologies de l'Information et de la Communication (NTIC) dans les PME et à Tunis en septembre 1997 sur la qualité et les normes au sein des PME francophones en vue, notamment d'éditer quatre guides pratiques et méthodologiques.

Ce fonds, destiné à développer l'entreprenariat au Sud, comprend des actions d'accompagnement pour la formation des entrepreneurs, au suivi de leur activité. Il s'attachera, de plus en plus, à développer les secteurs prioritaires pour la Francophonie : industries culturelles et nouvelles technologies de l'information.

Le Fonds Francophone de Développement (FFD), expérimenté au cours du biennum 1996-1997, a permis de financer des projets communautaires (ONG, associations villageoises, groupements professionnels). Neuf projets dont plusieurs conduits par des femmes ont ainsi été financés au Bénin, au Burkina Faso, au Congo, en Guinée, en Haïti, à Madagascar, au Maroc, au Mali et en Roumanie.

L'objectif visé est de mettre progressivement en place des pôles intégrés de développement communautaire permettant de créer des synergies avec les différents programmes francophones (CLAC, formation à distance, radios rurales, IEPF, etc.) et les programmes des autres organismes internationaux comme la Banque Mondiale (Programme de Développement Humain et de Lutte Contre la Pauvreté), le PNUD (appui aux micro-projets) et FAO (programme spécial de sécurité alimentaire, Système Mondial d'Information et d'Alerte Rapide sur l'Alimentation et l'Agriculture -SMIAR). L'Agence continue également de soutenir l'action du Forum Francophone des Affaires (voir plus bas).

Les interventions du FFD, plafonnées à 100 000 FF, appuient de préférence des projets complets : acquisition d'équipements, formation des bénéficiaires, mise en place de systèmes de financement... par exemple, la mise en place d'un fonds syndical de développement socio-économique, qui entre en phase d'expérimentation en 1998, au Sénégal et au Vietnam, avec des partenaires québécois.

■ *Le volet macro-économique*

Pour aider les francophones, notamment du Sud, à intégrer et peser sur le processus en cours de mondialisation, la coopération multilatérale devra créer une banque d'experts francophones du Sud qui permettra de connaître et de présenter des experts par secteur d'activité. Le fichier réseau sera constitué, avec l'appui de la Banque Internationale d'Information sur les États Francophones (BIEF). Le Fonds Francophone d'Assistance Technique (FFAT) permettra aux experts du Sud d'avoir un meilleur accès au marché de la consultation internationale.

■ *Développement durable*

Les objectifs des programmes « Énergie » et « Environnement » conduits par Le Fonds Francophone d'Assistance Technique (FFAT sont, d'une part, de créer les conditions d'une maîtrise endogène du développement et de la gestion des systèmes énergétiques nationaux et d'autre part, de mobiliser l'expertise francophone dans le suivi et la mise en œuvre des conventions internationales. Les priorités sectorielles recouvrent celles dégagées par les récentes concertations internationales et francophones : l'eau, l'énergie, la lutte contre la désertification et la gestion durable des forêts.

Les axes supportant la programmation sont *la formation et l'information, la participation aux réunions internationales* et *les actions de terrain*.

Les *formations* se sont traduites par des séminaires ou ateliers organisés par l'IEPF souvent en partenariat avec des opérateurs institutionnels, comme lors du symposium sur les investissements et les nouvelles formes d'implication dans les industries électriques africaines (BAD et Union des Producteurs, Transporteurs et Distributeurs d'Énergie Électrique en Afrique-

UPDEA) qui s'est tenu en Côte-d'Ivoire, et en liaison avec les Centres de formation spécialisés : Institut d'Économie et de Politique d'Énergie (IEPE) de Grenoble, École des Hautes Études Commerciales (HEC) de Montréal, École Supérieure Inter-Africaine d'Électricité (ESIE) d'Abidjan, École Inter-États des Techniciens Supérieurs de l'Hydraulique et de l'Équipement Rural, École Inter-États d'Ingénieurs de l'Équipement Rural (ETSHER/EIER) de Ouagadougou. La participation de nombreuses sociétés privées est fréquente : Groupe Bouygues, Lyonnaise des Eaux, Compagnie Générale des Eaux, SAUR international, etc.

Des ateliers thématiques seront organisés pour assurer sur le plan national, la maîtrise technique et les capacités de gestion de la mise en œuvre des conventions internationales en soulignant les aspects économiques et financiers.

La politique d'information s'adresse en français aux professionnels du secteur de l'énergie grâce aux périodiques Liaison Énergie-Francophonie et Liaison-Prisme (programme de soutien à l'utilisation rationnelle de l'énergie) et aux responsables des politiques de l'environnement grâce au *Bulletin des Négociations de la Terre* qui paraît à l'occasion des conférences internationales sur le développement durable.

L'Institut a publié la deuxième édition d'Énergie et Francophonie qui présente la carte énergétique des pays membres (accessibles sur la toile) et prépare pour 1998 l'*Atlas des expertises biomasse-énergie en Francophonie*. Différents guides (énergie solaire, énergie éolienne, etc.), manuels (*Manuel pratique sur le pompage solaire dans les pays en développement*) et fiches techniques sur les énergies renouvelables ont été publiés et continueront d'alimenter les professionnels du secteur. Un Centre de documentation environnementale a été créé à Labé en Guinée.

L'Agence prévoit la création d'un nouveau bulletin de liaison consacré à la mise en place des conventions internationales et de l'Agenda 21 (adopté au « Sommet de la Terre », en juin 1992, à Rio).

Le serveur de l'IEPF (http//www.iep.org) inauguré en 1997 sera renforcé.

La mobilisation de l'expertise francophone s'est traduite par une participation à de nombreuses réunions internationales : Sommet solaire mondial (Zimbabwe), dialogue énergie dans le cadre de la Conférence sur habitat II (Turquie), sessions de la Commission du développement durable, réunions des organes subsidiaires de la convention sur la diversité biologique et de celle sur les changements climatiques, etc.

Cette politique de mobilisation de l'expertise francophone n'impliquait pas forcément la coordination des politiques, ni l'harmonisation des positions. Les objectifs affichés pour le biennum semblent retenir l'objection en prévoyant la création de réseaux d'échanges et de groupes de discussions thématiques et le renforcement des actions de concertation préalable aux grands rendez-vous internationaux.

Les actions de terrain et de transfert de technologie ont porté sur des projets d'électrification de plusieurs dizaines de villages au Vietnam, au Vanuatu (trente-six écoles et les services communautaires), au Cambodge avec l'OMS (quarante centres de santé et hôpitaux de district) et l'installation d'éoliennes au Vietnam et d'une unité de production de biogaz en Guinée. Le biennum en cours prévoit la réalisation d'audits énergétiques sur les bâtiments tertiaires dans le cadre du programme Prisme, l'émergence de six entreprises éco-énergétiques, la réalisation de micro-centrales hydroélectriques (Guinée), la poursuite du programme d'installation d'unités de biogaz, la réalisation d'une dizaine de projets biomasse-énergie, solaires et éoliens et la mise en place, dans au moins deux pays, de responsables pour la gestion efficace de l'énergie dans le tertiaire et l'industrie.

Le Forum Francophone des Affaires

Organisation Internationale Non Gouvernementale, le Forum Francophone des Affaires (FFA) est né en 1987 à Québec, à l'occasion du IIe Sommet de la Francophonie. Seule organisation économique à être reconnue par les chefs d'État et de Gouvernement ayant le français en partage, le FFA est l'institution multilatérale chargée de promouvoir, soutenir et développer les échanges commerciaux, industriels et technologiques au sein de l'espace francophone.

Le FFA est constitué de **comités nationaux** dans chacun des cinquante-deux pays et communautés francophones qui composent désormais le paysage de la Francophonie. Communautés d'affaires nationales, ces comités sont dans leurs pays respectifs des émetteurs, récepteurs et des diffuseurs de l'information sur laquelle repose le bon fonctionnement du réseau. Ils permettent également le développement de partenariats entre entreprises francophones.

En outre, depuis 1993, des **groupes régionaux** ont été constitués pour répondre aux caractéristiques économiques plus particulières de sous-ensembles géographiques, et permettre le développement de relations transrégionales. Trois groupes régionaux fonctionnent actuellement : Afrique, Amérique, et Europe.

Le **BIFFA**, Bureau International est l'organe stratégique du FFA : il définit la politique générale et propose à l'ensemble du réseau les actions à mener pour parvenir à un développement harmonieux de la Francophonie économique. Créé lors du IIe forum de Dakar (1989), le BIFFA est actuellement présidé par Stève Gentili, président du Comité national français, et il compte comme nouveaux membres, depuis 1997, le Togo et le Mali.

Le réseau est animé par le **secrétariat international** dont le siège est établi à Montréal depuis 1990. Il assure le fonctionnement de la bourse d'affaires – répertoire permanent d'inscription et de promotion d'offres de partenariats, également disponible sous forme électronique (BIGA, Banque d'Information des Gens d'Affaires). Il a proposé la création d'un **Fonds d'Aide au Partenariat** complémentaire à la bourse d'affaires, avec pour objectif l'apport d'une aide financière à un projet recevant l'aval du FFA.

Le Forum Francophone des Affaires édite régulièrement des monographies économiques *Guides d'affaires*, concernant aujourd'hui vingt et un pays ; un bulletin d'informations trimestrielles *Liaisons FFA* ainsi qu'une revue *Économies francophones* dont le premier numéro est paru en octobre 1997.

Enfin, la **Conférence générale du FFA** réunit, de façon bisannuelle, l'ensemble des membres du réseau dans les pays hôtes du Sommet de la Francophonie. Le VIe Forum Francophone des Affaires a ainsi réuni plus de 1 000 participants, du 6 au 9 octobre 1997 à Ho Chi Minh-Ville, dont 380 délégués représentants divers gouvernements, et des entreprises de vingt-huit nationalités, chiffres légèrement en retrait par rapport à l'édition précédente, sans doute du fait de l'éloignement géographique. Le transfert de technologie a constitué le thème majeur de cette manifestation, mais il faut noter également le thème de la coopération dorénavant plus multiforme, non seulement Nord-Sud mais également Sud-Sud.

Parallèlement au forum s'est tenue une foire d'échange économique et commerciale des pays francophones rassemblant soixante-dix sociétés vietnamiennes et cinquante sociétés étrangères.

À l'issue du forum un certain nombre d'observations ont été soumises au Sommet de Hanoï pour l'amélioration des ressources humaines, l'affinement des systèmes législatifs, et l'organisation régulière de réunions des ministres de l'Économie des pays francophones.

Le FFA est également reconnu comme une institution prospectrice et qui contribue à la construction de la Francophonie économique. À ce titre, il participe au groupe préparatoire *ad hoc* de la première Conférence des Ministres de l'Économie des pays Francophones qui se tiendra à Monaco, en avril 1999, sur le thème « Investissements et commerce dans l'espace francophone ».

À l'initiative du FFA, les premières **Assises de la Francophonie Économique** ont réuni, dans la région autonome de la vallée d'Aoste, en juin 1997, des chefs d'entreprise, des directeurs d'agences de coopération bilatérale, des représentants d'organisations des Nations unies, des présidents de banques privées et d'institutions financières, sur le thème du « Rôle des acteurs privés dans l'essor des espaces économiques francophones ». L'occasion a été ainsi donnée aux participants d'exprimer leur intérêt pour les actions communes et développer des réseaux régionaux d'appui aux entreprises et de promotion de PME dans les zones francophones, en conformité d'ailleurs avec la résolution prise au Ve Forum de Cotonou, en 1995.

Au terme de ces assises, le bureau du Groupe Europe du FFA, réunissant tous les comités nationaux européens, a été officiellement inauguré.

À l'occasion de son dixième anniversaire, le FFA a créé le « prix de la Francophonie économique » dont l'objet est de mettre en valeur l'entreprise « spécifique et moderne » francophone, de récompenser des actions économiques ou des développements remarquables et de permettre aux chefs d'entreprise et au grand public des pays francophones de mieux appréhender la notion de Francophonie économique. Il a été décerné en mai 1997 à deux entreprises africaines : Indelec (Maroc), qui exporte de l'appareillage électrique et Sada (Mali), spécialisée dans les emballages.

Le Forum Francophone a également souhaité se doter des outils nécessaires à l'efficacité de ses actions, et à dynamique de collaboration entre les acteurs de la Francophonie. Ainsi, pour optimiser la complémentarité des différents opérateurs, il a initié des **conventions de travail** avec des organisations nationales ou internationales et des opérateurs de la Francophonie (ONUDI, DATAR, université Senghor d'Alexandrie, Union Internationale des Journalistes et de la Presse de Langue Française, Agence

Universitaire de la Francophonie, Organisation Économique des Pays Lusophones).

D'autres projets de conventions pourraient venir compléter le dispositif avant la fin du biennum : avec l'UNESCO, la Banque Mondiale et le Fonds Monétaire International, l'OCDE, la CNUCED, la coopération Belge, l'Agence Canadienne de Développement International, l'Agence Française de Développement et l'Association des Parlementaires de Langue Française.

Le FFA a également poursuivi ses programmes mobilisateurs, à savoir le **Programme de Promotion et de Développement du Partenariat (PPDP)** et la collaboration **au Réseau Transit International (RTI)**, un service télématique reliant les communautés d'affaires francophones.

Le BIFFA, réuni à Paris les 12 et 13 novembre 1998 a décidé la création de l'Agence Internationale des Entreprises Francophones (AIEF) qui, outre le réseau des comités nationaux du FFA, fédérera les chambres de commerce et d'industrie francophone et les patronats francophones et créera une Fondation des grandes entreprises francophones.

Enfin, le **VIIe forum**, en marge du VIIIe Sommet de la Francophonie, se déroulera en 1999 au Nouveau-Brunswick.

Analyse par pays

Sur cinquante-deux États ou Gouvernements participant au Sommet de la Francophonie, quarante réponses sont parvenues au Haut Conseil de la Francophonie, auxquelles nous ajoutons la France, les informations en provenance de l'État de Louisiane et les chiffres concernant l'Algérie. La partialité des réponses collectées, comme la disparité trop grande entre leur degré de pertinence et de qualité doivent inciter à la prudence dans l'analyse comme dans la présentation des faits signalés. La source-mère de ces informations factuelles, bien que recoupées et complétées par d'autres sources, souffre d'une trop grande dépendance à l'égard des informations concernant le « pays tuteur », la France. Ainsi, malgré les efforts des interrogateurs, et parfois des questionnés, le prisme hexagonal déforme une réalité fort heureusement moins unipolaire. Comme pour la précédente édition, il a semblé pertinent de présenter les pays selon une classification retenant le critère du niveau de revenu (selon la classification du PNUD 1998), affiné lorsque cela s'avère approprié par des indications géographiques. Outre les informations précises sur le niveau de Francophonie dans l'économie, nous retiendrons les éléments de nature à « incarner » la Francophonie économique ou qui permettraient de favoriser les relations économiques entre pays francophones.

À l'inventaire exhaustif des alliances entre entreprises francophones, qui n'aurait pas sa place dans ce rapport, il a été préféré un éclairage sur des opérations économiquement lourdes ou relevant de secteurs prioritaires et vitaux pour la Francophonie comme celui des industries culturelles ou des nouvelles technologies de l'information.

Pays à revenu élevé[13]: Canada, Québec, États-Unis (Louisiane), France, Luxembourg, Monaco, Suisse

Le **Canada,** membre de l'Accord de Libre-Échange Nord-Américain (ALENA) entretient un niveau de relation économique très élevé avec son puissant voisin du sud. Les États-Unis absorbent plus de 80 % de ses exportations et détiennent une part du marché canadien très au-dessus de ses autres partenaires avec 67,5 % des importations en 1996, devant le Japon dont les produits occupent 4,4 % du marché. De même, sur les 643,2 Mds FF investis au Canada (stock au 31 décembre 1996) la part de la France reste très modeste à 3,4 %, comme l'est la part française du stock canadien à l'étranger avec 0,4 %.

La Francophonie est donc aussi absente des relations économiques extérieures du pays qu'elle l'est de la langue des affaires et des entreprises. En revanche, comme nous l'avons vu dans l'analyse des flux d'aides, il existe un intérêt prioritaire accordé aux pays francophones. Au niveau des entreprises, les priorités stratégiques en matière de développement économique affichées par le Canada ont déjà permis et devraient encourager davantage, les accords et les alliances avec des entreprises appartenant à l'espace francophone. Le Gouvernement fédéral souhaite encourager le développement des secteurs de haute technologie (aéronautique, technologies de l'information, biotechnologie, nouveaux matériaux) tournés vers l'exportation. Aux accords franco-canadiens bien connus, dans les secteurs de l'énergie ou des transports, par exemple l'Association du Gaz Canadien et Gaz de France, Gec-Alsthom et Bombardier (gaz, électricité), il faut ajouter quelques opérations importantes entre les entreprises des deux pays. Air Canada a confirmé en août 1997 le remplacement de ses avions gros-porteurs (Boeing) par des A330 et A340 d'Airbus (livraison d'une trentaine d'appareils jusqu'en 2002). Bombardier Eurorail, par l'intermédiaire de sa filiale ANF Industrie et SPIE Batignolles, grâce à sa filiale SPIE Enetrans, ont créé un GIE (avril 1995) pour développer un système de transport collectif basé sur un tramway sur pneus (première expérimentation à Caen en 1998). Dans le domaine des industries culturelles, il faut citer, outre le rachat de Poly-Gram par Edgar Bronfman Jr (Seagram), celui du principal réseau canadien de magasins de presse UCS (250 points de vente et

1,2 Mds FF de chiffre d'affaires annuel) par la filiale du groupe Lagardère Hachette Distribution Services (HDS) en 1995. Enfin, Innvacom (filiale spécialisée de France Télécom) et Newbridge Networks spécialisé dans la communication à large bande ont créé, en 1997, un fonds de capital-risque « Technocom » doté de 100 MFF pour aider les chercheurs des centres français à créer leur propre entreprise.

Le **Québec,** très marqué également par le poids des États-Unis, voit tout de même ses échanges économiques « teintés » de Francophonie. Avant d'en balayer largement les secteurs, il convient d'insister sur la place du français dans la vie économique de la province. La charte de la langue française et le règlement sur la langue du commerce et des affaires sont les références légales permettant de veiller à la présence du français. Les Québécois doivent être informés et servis en français, l'affichage public et les raisons sociales doivent être en français, la documentation, les factures, les inscriptions et modes d'emploi également. Une Commission de protection de la langue française peut recevoir et instruire des plaintes en cas de manquements à ces obligations afin, dans certains cas, de recommander au procureur général d'intenter des poursuites. De plus, l'Office de la Langue Française a intégré la gestion, la finance et le commerce dans les priorités stratégiques du *Grand dictionnaire terminologique*, consultable sur cédérom et sur internet. À noter enfin, une forte présence de la presse économique et financière de langue française avec quatorze titres (dont un hebdomadaire, un bimensuel et sept mensuels) diffusés entre 10 000 et 100 000 exemplaires.

La France, en troisième position, est le premier pays francophone dans les échanges commerciaux du Québec avec le reste du monde. En 1996, la France était le troisième investisseur étranger au Québec et comptait deux cent cinquante filiales installées dans la Province, qui est son premier partenaire canadien avec plus de la moitié des échanges. Réciproquement, la France est le troisième marché d'exportation québécois derrière les États-Unis et l'Allemagne. Les liens privilégiés qui existent entre la France et le Québec s'illustrent de plusieurs manières. Tout d'abord, l'accord passé entre la Chambre de

Commerce du Québec et l'Assemblée des Chambres Françaises de Commerce et d'Industrie (ACFCI) permet aux entreprises québécoises d'exploiter la présence et l'expertise du réseau ACFCI dans plus de cinquante pays. De plus, constitué en juin 1996 entre sept institutions françaises et québécoises, essentiellement bancaires et financières, le Réseau Franco-Québécois pour le Développement des PME (RFQD-PME) vise au développement des PME et à favoriser leur rapprochement et des investissements réciproques. Les secteurs déclarés prioritaires par les autorités québécoises concernent les technologies de pointes avec un accent très net sur le multimédia.

C'est ainsi que, depuis 1995, la participation d'entreprises québécoises et françaises à des rencontres industrielles liées aux technologies de l'information a produit une quarantaine d'accords de partenariat. Le partage d'une même langue explique sans doute pour une part importante les alliances dans le domaine des industries culturelles. Ainsi, Québécor, premier imprimeur du Canada, est devenu le premier imprimeur français et d'Europe après le rachat, entre autres, de Jean Didier, Jacques Lopes et Cisso Del Duca. De même, de 1992 à 1995, dix-sept longs métrages et une soixantaine de productions télévisuelles ont été coproduits par des Québécois et des Français pour une valeur de 500 MFF. Cette relation privilégiée entre la France et le Québec n'est pas exclusive. Les Québécois sont aussi très actifs en Afrique francophone, notamment dans le secteur de l'épargne et du crédit, mais aussi pour l'expertise et le conseil. Ainsi, Développement International Desjardins (DID) est présent dans onze pays africains où se développent des caisses coopératives d'épargne et de crédit. Les grands groupes de conseil sont également bien implantés : Dessau participe à quatre projets dans vingt-trois pays, Tecsult réalise 60 % de ses bénéfices en Afrique (trente pays) et SNC-Lavalin International, dont l'Afrique est le premier marché international, a réalisé un bénéfice de 915,6 MFF en 1997. Ces groupes interviennent surtout dans les secteurs de l'ingénierie, du développement industriel et de l'environnement, s'orientant de plus en plus vers le conseil en gestion et l'installation de serveurs internet.

En **Louisiane**, les données concernant les échanges commerciaux nous permettent seulement de préciser que plus de 10 % des exportations se dirigent vers le Canada, l'Égypte et la Belgique. À noter que le Centre national Lafayette s'emploie à mettre en place des jumelages de villes ou d'entreprises francophones.

En **France** même, le français des affaires n'est pas un acquis évident. Afin de stimuler la création terminologique et promouvoir l'utilisation de termes français dans tous les domaines, l'Association Action pour Promouvoir le Français des Affaires (APFA) organise chaque année, avec le soutien du ministère de l'Économie et des Finances, *la Journée du français des affaires,* qui récompense des jeunes francophones du monde entier ayant participé aux concours du « Mot d'Or » pour la Coupe francophone du français des affaires dans leur pays d'origine. Cette journée, qui fête sa X^e édition en 1998, est aussi l'occasion de récompenser des acteurs de la vie économique et financière français s'étant illustrés par une action favorable à la Francophonie. L'APFA établit régulièrement une mise à jour de son lexique de mots d'affaire (par domaine et en plusieurs langues selon les versions).

En la matière, il faut également signaler l'action de la Chambre de Commerce et d'Industrie de Paris (CCIP), qui fait passer chaque année sept examens du français des affaires et des professions à 8 000 candidats dans six centres situés dans quatre-vingt-dix pays. Son action, considérablement redynamisée depuis quelque temps, s'étend aussi à la gestion de centres de formation à l'étranger. Le dernier né de cette action volontariste est le Test d'Évaluation de Français (TEF) qui permettra d'offrir dans le monde entier une appréciation homogénéisée d'un niveau minimum de maîtrise du français. L'accord passé entre la CCIP et l'Alliance française devrait renforcer le maillage de l'offre de langue française dans le monde des affaires. À noter également la création d'un site internet consacré au français des affaires (www.fda.CCIP.fr). Une autre grande association professionnelle révèle l'intérêt des milieux économiques pour la Francophonie. Créée en 1981, la Fédération Internationale des Experts-Comptables Francophones (FIDEF) a réuni ses assises en décembre 1998 à Casablanca (Maroc) sur le thème des « entreprises faces à la mondialisation ». La FIDEF, reconnue par les instances internationales spécialisées (comptabilité et gestion) défend une conception francophone de l'expertise comptable et cherche à éviter en particulier l'adoption d'un tronc commun uniformisé, uniquement d'inspiration anglo-saxonne. Elle réunit vingt et un pays.

Le niveau des échanges français avec les pays francophones oscille entre 15,6 % et 18,8 % depuis 1994. Une légère régression s'explique par l'abandon en 1996 de la prise en compte des flux entre la France et ses départements d'outre-mer (environ 40 Mds FF en 1995). La France occupe le troisième rang des investisseurs dans le monde industrialisé derrière les États-Unis et le Royaume-Uni avec un total investi de 144 Mds FF en 1996, en augmentation de 84 % par rapport à 1995. Le premier pays francophone, la Belgique, est la quatrième destination après les États-Unis, l'Allemagne, les Pays-Bas. À noter que sur l'ensemble du stock d'investissements français à l'étranger, l'Afrique accueille 1 520 filiales et que l'investissement direct étranger en 1995 s'est monté à 886 MFF pour l'ensemble du continent (rapport Prouteau 1998). En 1997, le stock des investissements étrangers en France atteignait 180 Mds $.

Quelques acteurs majeurs animent les relations économiques extérieures de la France. Parmi eux, certains sont plutôt orientés vers les pays en développement, travaillant surtout avec des pays francophones. Pour le conseil, la prospection et l'aide au financement des opérations, un dispositif complet existe : la direction des Relations Économiques Extérieures du ministère de l'Économie anime les cent soixante-dix Postes d'Expansion Économique (PEE) installés dans cent dix-sept pays et dispose du Centre français du Commerce Extérieur (CFCE) pour diffuser l'information économique. L'Agence pour la Coopération Technique, Industrielle et Économique (ACTIM) unie récemment au Centre Français pour les Manifestations Économiques à l'Étranger (CFME), est plus directement partenaire des entreprises, qui ont recours également au réseau de l'Union des Chambres de Commerce et d'Industrie (CCI) Françaises à l'Étranger (UCCIFE), qui regroupe soixante-dix-neuf CCI françaises à l'étranger (trente et une en Europe, quinze en Afrique et Moyen-Orient, dix-huit en Amérique et quinze en Asie Océanie). Le système d'assurance pour le financement d'opérations extérieures, la COFACE, a dégagé, pour la première fois en 1996, un excédent renouvelé en 1997 (environ 7 Mds FF).

En dehors d'accords de partenariat, très nombreux conclus entre les entreprises françaises et celles d'autres pays francophones (plus souvent détaillés dans les autres rubriques par pays), il faut signaler les initiatives globales qui donnent un cadre pérenne aux relations économiques entre pays francophones. Ainsi, la Conférence Permanente des Compagnies Consulaires Africaines et Françaises (CPCCAF) qui a fêté, en mai 1998, son XXVe anniversaire, contribue fortement à l'information réciproque et au développement de partenariats économiques entre les entreprises françaises et africaines. La Maison de l'Afrique, fondée en 1976, est également un instrument efficace de représentation en France des États d'Afrique Occidentale et Centrale.

Enfin, le Comité ACP du CNPF, ainsi que le Conseil des Investisseurs en Afrique (CIAN) jouent un rôle incontestable dans les échanges franco-africains.

Au **Luxembourg,** une bonne part des échanges concerne des pays francophones (plus de 40 % en 1996). Quelques éléments d'information sur la politique économique du Grand-Duché nous éclaireront sur les perspectives potentielles d'un renforcement des relations économiques entre francophones. Le pays dispose en particulier d'un solide système d'aide à l'exportation : financement de participation aux foires internationales, crédit à l'export, bonification d'intérêt pour les biens d'équipement, grâce au Comité pour la Promotion des Exportations Luxembourgeoises (COPEL) et assurance des risques jusqu'à 95 % du montant par l'Office du Ducroire. De façon plus ciblée et peut-être plus intéressante pour la Francophonie, une société d'économie mixte est spécialisée dans l'aide à l'exportation vers les pays en développement, la Lux-Developpement Sarl. Les priorités sectorielles affichées par le pays concernent surtout l'innovation technologique (aide au financement de la recherche et développement).

À **Monaco,** les échanges commerciaux sont fondus dans les échanges français et ne peuvent donc être analysés séparément. Les avantages à s'établir fiscalement à Monaco en font un lieu attirant pour les investisseurs du monde entier. C'est là que se tiendra la première réunion des ministres de l'Économie et des Finances des pays francophones en avril 1999 sur le thème « Investissements et commerce dans l'espace francophone ».

Pour la **Suisse,** les échanges commerciaux avec les pays francophones se situent autours de 14% et les investissements en provenance de pays francophones s'élèvent à 32% de l'ensemble investi en 1996, derrière l'Allemagne et les États-Unis (11 % du stock au 31 décembre 196). De nouvelles dispositions encouragent l'investissement étranger, comme l'assouplissement, en octobre 1997, de la Lex Friedrich, qui permet l'acquisition d'immeuble pour activité commerciale par des étrangers, ou l'élargissement, le 1er juillet 1996, de l'arrêté Bonny de 1978 permettant pendant cinq ans d'aider certaines entreprises dans des secteurs jugés prioritaires. Enfin, certains cantons se sont lancés dans des politiques de « promotion de site ». Par exemple, le Tessin finance jusqu'à 50 % du coût de projets jugés innovants dans le secteur des services hautement qualifiés. L'accord le plus spectaculaire concernant la Confédération a été conclu en mai 1995 entre la compagnie aérienne Swissair et son homologue belge Sabena. Celui-ci, après acquisition de 49,5 % du capital de Sabena fera de l'ensemble le quatrième groupe européen d'aviation civile avec une priorité très nette au renforcement des positions en Afrique, notamment francophone. Cette « alliance francophone » couvre néanmoins un désengagement total d'Air France, présent depuis avril 1992 dans le capital de Sabena.

Pays à revenu moyen[14]

Algérie, Djibouti, Égypte, Liban, Maroc

Les échanges commerciaux de l'**Algérie** sont marqués par ses exportations d'hydrocarbures (96,5 % en 1997) et concernent les pays francophones pour 1/3 de l'ensemble, essentiellement avec la France, premier fournisseur et troisième client, puis le Canada (4 %) et la Belgique (3 %). L'image de la langue française est très positive dans les milieux économiques et sa maîtrise est jugée indispensable à une carrière internationale. L'ouverture aux investisseurs étrangers du marché de la prospection pétrolière ainsi que la création d'un organisme de garantie des exportations offrent des perspectives positives au développement des relations économiques entre francophones.

Djibouti voit également un tiers de ses échanges s'établir avec les pays francophones. Le pays est actuellement soumis à un plan d'ajustement structurel et cherche à augmenter le poids du transit, notamment routier, dans son revenu national. La place du français dans les entreprises est bonne et sa maîtrise requise pour y travailler. Bien que l'image du français soit associée à la réussite professionnelle et à l'innovation technique, l'anglais est tout de même jugé indispensable à une carrière internationale.

En **Égypte,** l'arabe et l'anglais précèdent le français dans les entreprises, mais sa maîtrise est requise pour envisager une carrière internationale et son image est plutôt associée à l'innovation. Un système éprouvé d'accueil des investissements étrangers vient d'être complété par la loi du 8 mai 1997 sur les garanties et les incitations qui touchent de nouveaux secteurs : infrastructure, services pétroliers, crédit-bail et capital-risque, production de logiciels et majorité étrangère dans les sociétés anonymes. La privatisation prévue de cinquante-cinq sociétés en 1998 renforcera sans doute la présence d'investisseurs étrangers. Les grands contrats récemment remportés par les francophones concernent la reprise du premier réseau GSM par France Télécom avec Motorola et deux firmes locales (ORASCOM et Al-Ahram), mais le Built Operate Transfert (BOT) de Sidi Krit sera réalisé par le consortium américain Borchtel. De plus, de nombreuses alliances unissent des entreprises égyptiennes et francophones : France Télécom et Orascom, ACCOR et El Maghrab (hôtellerie), BCP et Banque du Caire, NSGB et National Bank of Egypt (NBE), CGF et NBE...

À noter, l'existence de plusieurs réseaux professionnels concernés par la Francophonie: le club d'Affaires Franco-Égyptien, l'Association des Ingénieurs Francophones et l'Association des Juristes Francophones.

Le **Liban** est un pays multilingue et les entreprises travaillent aussi bien en arabe, qu'en anglais ou en français. Les entreprises francophones privilégient l'embauche des personnes qui maîtrisent le français, qui est considéré, avec l'anglais, comme nécessaire à une carrière internationale. Son image est plutôt associée à la modernité. En phase de reconstruction, le pays cherche à accroître son insertion dans l'économie mondiale et est en négociation pour un accord d'association avec l'Union européenne. En plus des cent deux implantations françaises au Liban, deux contrats importants ont été conclus. L'un concerne la construction d'une digue de protection au centre ville par Bouygues (1 175 MFF) et l'autre les travaux de l'université libanaise réalisés par Rabot Dutillleul (300 MFF). L'accord d'encouragement et de protection réciproque des investissements, signé en novembre 1996 avec la France, améliore les conditions d'investissement.

Au **Maroc,** la langue des affaires est le français et la presse économique de langue française occupe une place de premier plan (deux hebdomadaires tirant à 54 000 exemplaires). La part des échanges avec les pays francophones avoisine les 30 % et les investissements en provenance de France, de l'Union Économique Belgo-Luxembourgeoise (UEBL) et de la Tunisie atteignent 26,6% du total en 1996. En grande progression, le flux des Investissements Directs Étrangers (IDE) au Maroc en 1997 devait atteindre le milliard de francs. Les conditions pour inves-

NOTE

[14] PNB par habitant entre 766 et 9 386 USD en 1995.

tir au Maroc sont encadrées : régime de protection des investissements étrangers, charte des investissements adoptée en octobre 1995 et Zone franche. De plus, le Maroc a adhéré au Centre International de Règlement des Différends Relatifs aux Investissements (CIRDI) et à l'organisme multilatéral de garantie des investisseurs (MIGA).

De gros contrats ont été passés avec la Lyonnaise des Eaux (concession de la distribution de l'eau à Casablanca), ACCOR s'implique pour 100 M$ dans la création d'une chaîne hôtelière, le groupe franco-italien SGS-Thomson a doublé la superficie de son usine d'Ain Sebaa et le secteur agro-alimentaire est représenté par Nestlé, Fromageries Bel et Danone. L'accord d'association avec l'Union européenne a permis, entre autres, la mise en place d'un fonds de garantie d'aide à la « mise à niveau » des PME.

Cap-Vert, Gabon, Maurice, Seychelles

Le **Cap-Vert** a créé une Zone franche à Mindelo (São-Vicente) et perfectionné le statut d'entreprise franche.

Le **Gabon,** qui achète 84,4 % de ses importations à des pays francophones, au premier rang desquels se trouve la France, a mis à l'étude un code des investissements miniers et de la forêt. Les alliances entre entreprises francophones sont nombreuses avec le Canada, la Côte-d'Ivoire, la France, le Liban et le Maroc notamment. Les grands contrats concernent surtout la recherche pétrolière et les travaux routiers. Les entreprises gabonaises trouvent des financements auprès de la Banque Gabonaise de Développement mais aussi de la PROPARCO, filiale de la Caisse Française de Développement (CFD, rebaptisée Agence Française pour le Développement – AFD –) dont l'encours en 1997 représentait 41 % de l'encours moyen à terme de toutes les banques gabonaises (300 MFF). Le français est la langue de l'économie et est considéré, avec l'anglais, comme langue de l'ouverture internationale.

À **Maurice,** les langues pratiquées dans les entreprises sont, dans l'ordre, le créole, le français et l'anglais. Les entreprises francophones ne semblent pas favoriser l'embauche de personnel maîtrisant le français. Même si le français est plutôt associé à la modernité technologique, la première langue internationale reste l'anglais. Les échanges sont importants avec les pays francophones (près de 25 % en 1996). Les courants d'affaires avec les entreprises francophones sont nombreux dans les travaux publics et une centaine de partenariats s'est nouée dans la zone et le port francs.

Aux **Seychelles,** la langue des entreprises est l'anglais mais le français se développe, malgré une image peu associée à la réussite professionnelle. Le pays mène une politique d'ouverture avec la création d'une zone de libre échange et le développement de l'*offshore*. Il vient d'adhérer au Marché Commun de l'Afrique Australe et Orientale (COMESA) et a demandé son adhésion à l'OMC. Les investissements récents concernent les télécommunications (Alcatel en 1995 pour 35 MFF), le traitement des déchets à Mahé (co-entreprise « Star Seychelles » en 1997 pour 25 MFF), le stockage d'énergie (chaudronneries d'Anor en 1998 pour 28 MFF) et les transports avec la création en 1997 d'une co-entreprise unissant Air France et Air Seychelles.

Dominique, Sainte-Lucie et Vanuatu

Les échanges de la **Dominique** et de **Sainte-Lucie** avec les pays francophones sont à un niveau très modeste et les espoirs d'ouverture de ces pays sont surtout dans leur projet d'adhésion à l'ALENA. La langue des entreprises et des relations internationales est l'anglais même si le créole est présent dans le secteur agricole. Les entreprises francophones favorisent l'embauche de personnels maîtrisant la langue française qui n'a pas une image de modernité. Pour la Dominique, une série de mesures concernant les investissements étrangers devrait accroître les chances des francophones de renforcer leur position dans les secteurs en pleine expansion comme le tourisme et l'agriculture. Elles concernent les exemptions sur certains droits de douane et taxes « Offshore Banking Act », l'autorisation de rapatriement des profits et la suppression des droits pour l'importation de matériaux de construction et les équipements hôteliers « Hotel Investment Incentives » ou encore l'harmonisation d'une taxe de 3 % sur les ventes de produits importés pour réaliser un investissement. À noter, pour les deux pays, la fin du programme américain d'aide et de coopération qui couvrait la période 1984-1996 « Caribean Bassin Initiative- CBI ». Sainte-Lucie a également un dispositif qui favorise les investissements étrangers : loi sur l'aide à l'hôtellerie, importation en franchise, propriété étrangère autorisée à 100 %, subvention dans des « parcs industriels », etc. Deux contrats d'envergure ont concerné des entreprises francophones : la construction du tunnel de la voie express Castries - Cul-de-Sac par Sogea-Williams (22 M$ Caraïbes) et la création conjointe entre SCIC et NDC d'une unité de production d'engrais en 1997.

Au **Vanuatu,** l'anglais est pratiqué dans les entreprises suivi du français. Dans tous les cas de figure le bishlamar est présent mais l'anglais reste la langue de l'international. Ses échanges sont dominés par l'Australie et le Japon, même si des contrats significatifs ont été décrochés par les francophones. Ainsi, les concessions de service public ont été reconduites pour l'électricité et l'eau à une filiale de la Lyonnaise des Eaux dans laquelle le Gouvernement détient 10 % (UNELCO), pour les télécommunications à une co-entreprise « Télécom Vanuatu Limited » (TVL : Radio France Câble, Cable and Wireless et l'État). Le Vanuatu est membre de l'OMC depuis mai 1998 et peut être considéré comme un paradis fiscal même si la difficulté à obtenir des permis de séjour et des patentes commerciales réduit son attrait. La faible monétarisation qui règne dans la plupart des îles (excepté Efaté, Santo, Tanna et Mallicolo) comme la relative faiblesse du secteur bancaire rendent difficile le développement du secteur privé. Des fonds d'aide à la création d'entreprise ont été mis en place par la Nouvelle-Zélande et l'Australie.

Bulgarie, Macédoine, Pologne, Roumanie

Les langues pratiquées dans les entreprises présentes en Bulgarie sont, dans l'ordre, le bulgare, l'anglais, le russe, l'allemand et le français. Si les entreprises francophones s'attachent à embaucher des personnes parlant français, la langue des entreprises ouvertes sur l'international est l'anglais, même si l'image du français est plutôt associée à la réussite professionnelle et à l'innovation. Un club d'affaire franco-bulgare rassemble une centaine de membres. Liée par un accord d'association avec l'Union européenne et admise à figurer dans le « second groupe » des candidats à l'adhésion, la Bulgarie s'ouvre aux investisseurs, grâce notamment à un nouveau code des investissements et à l'adoption de lois sur la privatisation et les concessions de service public. La Bulgarie s'est dotée en 1998 d'une compagnie d'assurance pour l'exportation sur le modèle de la compagnie Ducroire belge. Les francophones, qui ont réalisé 12,6 % des IDE en 1996 ont conclu quelques beaux contrats : Solvay Belgique a acheté Sodidevnya en avril 1997 pour 160 M$; l'Union minière Belge a acheté MDK Pordov en juin 1997 pour 80 M$; le Suisse Keramik Holding a acheté Fayans pour 11 M$; des partenariats existent entre Danone et Serdika et entre EDF (centrale de Bugey) et NEC (centrale nucléaire de Kozladony).

La **Macédoine** possède un Institut et une Commission chargés de la langue, qui s'occupent aussi de la langue des affaires. Le pays accroît son degré d'ouverture internationale, au travers notamment de l'accord de coopération signé en décembre 1997 avec l'Union européenne, ainsi qu'avec les accords de protection réciproque des investissements signés avec la Suisse en 1997, puis la France en janvier 1998. Le commerce est encore modeste avec les pays francophones mais les investisseurs belges, bulgares, français et suisses ont néanmoins placé plus de 200 M$ en 1996. Alcatel-Macédoine a démarré son activité en novembre 1997.

La **Pologne,** qui fait partie du « premier groupe » candidat à l'adhésion à l'Union européenne, connaît un niveau d'échange modeste avec les pays francophones (moins de 8 % en 1997). Néanmoins, le stock cumulé des investissements issus de pays francophones au 31 décembre 1997 dépasse les 10 % du total avec 2,3 Mds sur 20 Mds $. La France, qui arrive en quatrième position avec 4,6 Mds $ derrière les États-Unis (4 Mds $), l'Allemagne (2,1 Mds $) et l'Italie (1,6 Mds $) est le premier pays francophone, suivi de la Suisse (11e position), de la Belgique (17e), du Canada (19e) et du Luxembourg (31e). Le premier groupe francophone, Nestlé, est en 13e position, immédiatement suivi de France Télécom.

Les entreprises en **Roumanie** pratiquent le roumain dans leurs activités nationales et ont recours, dans l'ordre, à l'anglais, au français et à l'allemand pour leurs échanges extérieurs. L'image du français est plutôt associée à l'innovation technologique. La Roumanie est membre associé de l'Union européenne depuis le 1er février 1995 et fait partie des candidats du « 2e groupe » à l'adhésion. Un accord douanier la lie, depuis 1997, aux pays de l'Association Centre Européenne de Libre Échange, ACELE (CEFTA selon l'acronyme anglo-saxon) rassemblant la République tchèque, la Slovaquie, la Hongrie, la Pologne et la Slovénie. Les investisseurs devraient trouver un paysage favorable grâce à l'ordonnance d'urgence n° 31 de 1997 qui porte sur la protection, la garantie rapatriement de bénéfice, l'exemption de droits de douane et de TVA, confirmée par celle de décembre 1997 (n° 92) qui étend ces dispositions à tous les investissements étrangers. Les contrats concernent plusieurs secteurs : dans le BTP avec, par exemple, la rénovation du Hilton Athenée Palace par Feal international depuis 1993 (200 MFF) ou la construction du World Trade Center de Bucarest par Bouygues (700 MFF) ; l'industrie, avec la fourniture de matériels pour le combinat sidérurgique SIDEX de Galati par Clecim (150 MFF) ; les télécommunications, avec la fourniture de centraux téléphoniques par Alcatel (164 MFF) ou la licence d'exploitation de téléphonie mobile GSM accordée en 1996 à Mobil Rom, filiale de France Télécom et le transport aérien, avec la commande de 7 ATR 42 500 début 1997 à Airbus.

Pays à faible revenu[15]

Zone UEMOA (Union Économique et Monétaire Ouest Africaine).

Nous allons souvent mentionner la présence importante en Afrique des entreprises de BTP, notamment françaises. Il importe à ce sujet de reprendre les chiffres de l'Observatoire du marché international de la construction qui donne une image complète de la part des constructeurs internationaux sur le continent. Dans l'ordre nous trouvons : Américains (30 %), Français (17 %), pays émergents (16 %, dont Brésil, Corée du sud, Chine, …), autres européens (13 % dont l'Espagne et l'Allemagne), Britanniques (11 %), Italiens (9 %) et Japonais (4 %).

Bénin, Burkina Faso, Mali, Niger, Sénégal et Togo

Engagé dans l'UEMOA et dans l'OHADA (Organisation pour l'Harmonisation en Afrique du Droit des Affaires), le **Bénin** cherche à améliorer et stabiliser les conditions d'accueil réservées aux investisseurs internationaux. Les entreprises béninoises utilisent le français dans tous les cas et l'anglais en complément, essentiellement pour le commerce international. Outre la mise en place progressive du Tarif extérieur Commun (TEC) de l'UEMOA, le Bénin a adopté un nouveau code des investissements. La création d'un « guichet unique » pour la création d'entreprise, le Centre de Formalité des Entreprises, et les mesures de libéralisation appliquées à la filière coton (privatisation des fournisseurs d'intrants et agréments à des usiniers privés avec exonération fiscale) devraient favoriser l'émergence d'un secteur privé rentable. Le secteur bénéficie déjà des aides de la France et du Canada avec les actions du CEPEPE (France) et le Programme Entreprenariat Bénin. La Banque Mondiale développe également deux programmes dans ce secteur : le Projet d'Appui aux PME (PAPME) et au Développement des Micro-Entreprises (PADME). De plus la CPCCAF (*cf.* France) soutient la CCI du Bénin. Les cinq banques locales, sources de financement pour les entreprises, bien que dynamiques, restent coûteuses et ne concernent que les populations urbaines. Une mutuelle d'épargne crédit permet de toucher un public plus large. Le secteur informel domine les activités du tertiaire (47 % du PIB). Les Suisses et les Français ont obtenu de gros contrats concernant le port (vérification des marchandises et dépôt pétrolier).

Au **Burkina Faso,** le français, toujours présent dans les entreprises, côtoie le mooré et le dioula et dans le secteur minier, l'anglais. Les structures tournées vers l'international exigent la pratique du français, de l'anglais et de l'arabe. La mise en place progressive du Tarif Extérieur Commun (TEC) a été décidée en Conseil des ministres et s'insère dans une stratégie générale du Gouvernement visant à harmoniser et stabiliser les règles. Le code des investissements a été réactualisé. En 1997, cinq contrats ont été signés avec des entreprises françaises pour une valeur totale de 164 MFF : réalisation de l'interconnexion avec la Côte-d'Ivoire, (ETDE-25 MFF) extension de dépôt d'hydrocarbure (TISSOT-20 MFF), travaux de communication urbaine (Alcatel-20 MFF), travaux d'entretien routier (COLAS-50 MFF et SATOM-49 MFF). Certains groupes sont présents de manière continue : Bouygues, Forafrique, Alcatel, SAT.

Au **Mali,** l'image du français s'éloigne de l'innovation technique et de la réussite professionnelle. Pour travailler à l'international, l'anglais est la première langue exigée.

Une série de réformes a touché le secteur de l'exportation : les commerçants exportateurs payent un quart du prix de la patente, sont exonérés de droits, taxes et timbres (sauf pour l'or et le coton) et peuvent déduire la TVA des produits industriels exportés. Certaines importations supportent des droits allégés : intrants, médicaments, ciment… La taxe conjoncturelle d'importation a été suspendue pour le riz et le sucre et la TVA est tombée à 15 % contre 17 % auparavant. La Compagnie Française pour le Développement du Textile (CFDT) est partenaire de son homologue malien (CMDT) à hauteur de 41 %. Par ailleurs, de multiples contrats ont été remportés par des entreprises francophones. Le Programme d'Ajustement Sectoriel des Transports (PAST) financé par plusieurs bailleurs (IDA, BOAD, FAD, FED et BID) pour une valeur totale de 305,7 M$ comprend quelques projets français (SATOM, MAZEL). Des entreprises

NOTE

[15] PNB par habitant égal ou inférieur à 765 USD en 1995.

françaises (Norelec pour équipements électromécaniques, Spie Enertrans et Clemessy pour les lignes à haute tension) sont engagées dans la construction de la centrale hydroélectrique du barrage de Massantali et des réseaux de transport d'énergie, de même que dans les travaux de renforcement des réseaux d'alimentation en eau potable des villes du Mali (SAUR international, Sade, Franzetti et Hydrosahel). Après avoir installé quatre stations hertziennes en 1995/ 1996, Alcatel met en place un nouveau central téléphonique pour doubler la capacité du réseau et prévoir en 1998, l'extension du réseau téléphonique urbain de Bamako. Enfin, sur la mine d'or de Sadiola, l'adduction d'eau a été réalisée par SADE (114 MFF), l'infrastructure « base vie » par Bouygues (142 MFF) et le procédé de l'usine par SOGEA (320 MFF). Les Canadiens sont très présents également dans le secteur minier. À noter, l'existence d'un Réseau d'Entreprises d'Afrique de l'Ouest et du Centre (REAO).

Un tiers des échanges du **Niger** concerne les pays francophones dans une économie largement dominée par le secteur informel (environ 75% du PIB).

Au **Sénégal**, trois langues coexistent dans les entreprises : l'arabe, le français et le wolof pour l'essentiel, ce qui n'exclue pas parfois l'utilisation d'autres langues africaines. Le français, qui garde une image moderne et l'anglais sont jugés indispensables à toute carrière internationale. Pour les investisseurs des modifications sont intervenues avec la création d'un statut « d'entreprise franche d'exportation » qui se substitue aux anciens « points francs » hors Zone franche industrielle de Dakar (créée en 1974). Les financements sont facilités dans le cadre des Programmes d'Ajustement Sectoriel (PAS) de la Banque Mondiale et notamment, avec celui dédié au secteur privé, qui doit durer jusqu'en avril 2001. Les droits de douanes devraient baisser grâce à l'application du TEC et de larges exonérations sont déjà accordées dans le cadre du code des investissements (biens d'équipement) mais le taux de la TVA de 20 % se situe à l'extrémité haute de la grille régionale. La libéralisation intervenue dans certains secteurs a permis à SAUR international d'acquérir 50,5 % du capital de la Sénégalaise des eaux (1996) et à Alcatel de racheter 33 % du capital de SONATEL (1997). Le secteur informel représente 640 000 emplois, est concentré à Dakar et concerne majoritairement la construction de logements.

Au **Togo**, les langues locales, l'anglaise et la française sont présentes dans les entreprises et pour les deux dernières souvent exigées. Les échanges internationaux se conçoivent essentiellement en anglais et français mais, pour l'Afrique, l'ahoussa est mis en avant.

Les investisseurs attendent la mise en place du nouveau code des investissements issu des réformes de l'UEMOA ainsi que celle des dispositions relatives à l'OHADA, au droit des assurances, à la Bourse des valeurs mobilières… La libéralisation des filières café, coton, cacao et la privatisation de la filière phosphate sont en cours et une Zone franche a été créée à Sazof. Quelques solides alliances ont été nouées : Togo Télécom avec Alcatel, BICI avec la BNP, BIA avec la Banque Belge ; ainsi que quelques gros contrats : le barrage de Dapaong par SATOM, la téléphonie cellulaire par Alcatel, l'équipement du port de Lomé par SICOME, l'hôtel Sarakawa avec ACCOR ou la route reliant Lomé à Ouagadougou.

Cameroun, Guinée-Équatoriale, République centrafricaine, Tchad, membres de la CEMAC (Communauté Économique et Monétaire d'Afrique Centrale)

Au **Cameroun**, le français est cité en première position pour les langues pratiquées dans l'entreprise, pour les langues requises au moment de l'embauche, mais aussi comme langue indispensable à une carrière internationale. Son image est totalement liée à l'innovation technologique, même si l'anglais vient en deuxième position. Le cadre des échanges extérieurs est celui de la zone de libre-échange UDEAC (Union Douanière des États de l'Afrique Centrale) pratiquant des taux préférentiels. Plus de cent trente entreprises affichent une participation française supérieure à 10 % pour un chiffre d'affaires cumulé de 1 000 Mds FCFA. La part du secteur informel est particulièrement élevée, qui occupe plus de 50 % de la population active pour un tiers du PIB.

En **Guinée-Équatoriale**, la première langue pratiquée dans les entreprises est l'anglais, notamment dans le secteur pétrolier dominé par les entreprises américaines, suivie de l'espagnol. Le français est plutôt présent dans l'administration et son image n'est que peu associée à l'innovation et à la réussite. Si les Américains dominent le secteur pétrolier pour l'exploration et l'exploitation, Total France et GE Total ont signé un accord exclusif de distribution. France Télécom et GETESA développent un partenariat pour l'exploitation du réseau téléphonique et le développement d'internet. Enfin, le groupe Bouygues (Sogea et Dragages) est très présent dans le secteur des travaux publics.

En **République centrafricaine**, les entreprises pratiquent plusieurs langues : Le français d'abord, puis le sangho, l'arabe (surtout pour les originaires du Liban) et le portugais. Les entreprises d'origine francophone privilégient l'embauche de personnel maîtrisant le français, qui est considéré comme associé à l'innovation et à la réussite. Les principales sont CASTEL (brasserie), FCR (Télécommunications) SAUR international (eau) BROSSETTE (BTP) et CFAO (commerce). Le pays a ratifié le traité OHADA.

Au **Tchad,** le secteur privé occupe une place marginale dans la production nationale mais le secteur informel, qui relève parfois du trafic, représente près de 50 % du PIB. Un accord conclu en décembre 1996 avec EXXON prévoit l'extraction de pétrole à Daba.

À **Madagascar,** le français et le malgache sont les langues dominantes dans les entreprises même si l'anglais est nécessaire, notamment à l'international. Le paysage réglementaire est mouvant. Le code des investissements a été supprimé en août 1996 et les investissements étrangers sont, soit soumis au droit commun, soit réalisés dans la Zone franche. Membre de l'Indian Ocean Rim (IOR) lancé par Maurice en 1995, Madagascar est candidate à l'adhésion à la SADC (Southern African Development Community). Les regroupements essentiellement anglophones pourraient réduire l'influence du français (même si Maurice est présente et si la France est candidate à l'IOR). Un projet de zone de libre échange est à l'étude avec les pays membres de la Commission de l'Océan Indien (COI) à laquelle pourrait adhérer la Réunion. Il y a trois cents sociétés à participation française, cent filiales et 40 % des entreprises franches agréées au 30 juin 1997 étaient françaises. Les contrats ont concerné aussi bien l'équipement téléphonique (200 MFF) que les liaisons satellite des villes de province (100 MFF). De plus, les Malgaches ont commandé trois ATR à Airbus et remis pour 80 MFF en location gérance le deuxième sucrier du pays aux Sucreries de Bourbon (Réunion) alliées aux investisseurs chinois.

En **Mauritanie,** l'arabe arrive devant le français dans les entreprises et l'anglais devient nécessaire pour les relations internationales. L'économie encore très étatisée (75 % du PIB en 1996) devrait s'ouvrir avec un projet de nouveau code des investissements. La Compagnie Air Mauritanie vient d'acheter deux ATR 42 et la générale de Banque Belgolaise détient 20 % de la générale de Banque Mauritanienne.

À **Haïti,** les entreprises exerçant leur activité sur le territoire national pratiquent d'abord le créole, suivi du français et de l'anglais. Les relations économiques internationales exigent la maîtrise de l'anglais, du français et de l'espagnol. L'anglais semble s'imposer de plus en plus dans la langue technique, dans le commerce et l'industrie. Haïti est passé du statut d'observateur à celui de membre du CARICOM en juillet 1997.

Cambodge, Laos et Vietnam

Au **Cambodge,** les langues de l'entreprise sont, dans l'ordre : le khmer, le chinois, le thaï, l'anglais et le français. Pour travailler à l'international, le français est considéré comme un bon complément de l'anglais malgré une image peu liée à l'innovation et à la réussite professionnelle. Les assouplissements en cours concernent le régime applicable aux investisseurs et s'inspirent largement du modèle anglo-saxon car le Cambodge prévoit une intégration à terme à l'ASEAN. Ils concernent l'immatriculation des sociétés, un code des investissements et le contrôle des marchandises destinées aux projets d'investissement. Quelques co-entreprises avec des pays francophones travaillent essentiellement dans le secteur des infrastructures et des services.

Le **Laos,** accorde une priorité aux projets concernant l'hôtellerie et le tourisme. L'ouverture économique du pays a été accrue avec l'adoption en avril 1994 du « Law for promotion and management of foreign investment ». La France a signé une convention de protection des investissements et une réflexion est engagée sur la création de zones franches.

Au **Vietnam,** l'anglais domine très largement toute autre langue pratiquée dans les entreprises, même si l'image de la France est plutôt associée à l'innovation et à la réussite professionnelle. Une nouvelle loi sur les investissements étrangers a été adoptée à la fin de 1996. La création et le développement d'entreprises privées sont encouragés par des programmes internationaux comme le « Small and Medium Entreprises Development Fund » (SMEDF) de l'Union européenne, mis en œuvre avec les autorités ministérielles et comme le « Mekong Project Development Facility » (MPDF) de la SFI (groupe Banque Mondiale). La France est le premier investisseur européen au Vietnam avec 5 Mds FF en montant cumulé fin 1997. Les grands contrats récents impliquant des francophones concernent l'hôtel Opéra (CBC-56 M$), la fourniture de lignes téléphoniques et de services postaux à Radio VN et VN Poste et Télécommunication (France Câble et Radio-467 M$), la cimenterie de Hoang Mai (FCB-100 M$) et l'usine de retraitement d'eau Thu Duc (Suez-Lyonnaise des Eaux-120 M$).

Conclusion

Le calcul des grands agrégats économiques de l'ensemble des pays francophones (PNB total, poids des échanges dans le commerce mondial, total de la dette, etc.) et la présentation des flux de capitaux et de marchandises qui le parcourent ne suffisent pas à eux seuls à justifier la notion « d'espace économique francophone ». Nous avons, en effet, pu vérifier la prééminence de logiques échappant à une supposée motivation francophone. Celle de la mondialisation d'abord, de laquelle découlent beaucoup d'autres phénomènes, à l'œuvre depuis de nombreuses années, qui se renforcent. Ce sont notamment les regroupements et intégrations régionaux sur fond de dynamiques géographiques et d'économies d'échelle face au reste du monde (Union européenne, ALENA, ASEAN, CARICOM, …) en faveur desquels les pays appartenant à la communauté francophone ont fait, pour la plupart, des choix anciens ou parfois plus récents (le Laos et l'ASEAN, la Pologne et l'Union européenne ou la Guinée-Bissau et l'UMAC), mais jamais dictés par leur intérêt pour la Francophonie.

La mondialisation s'impose également par l'instantanéité des transactions financières, qu'elles reposent ou non sur des échanges réels de produits (une fois sur dix seulement) et des échanges d'information nécessaires à la création de la « richesse » ; celle-ci est d'ailleurs composée de façon croissante d'immatériel, de culture, de savoir et d'innovation, que les pays doivent générer et/ou recueillir pour espérer garder une relative maîtrise des choix de politique industrielle, d'organisation sociale ou même de développement culturel. Là encore les moyens collectifs mis en œuvre, exceptés quelques prémices encourageants sur lesquels nous conclurons, ignorent la Francophonie. Ce critère n'a pas fondé le programme Eureka, pas plus qu'il n'a présidé au lancement de la monnaie unique en Europe ou qu'il n'a motivé le rachat de PolyGram par Seagram.

Peut-on pour autant nier le « fait francophone » en économie ? De moins en moins. Le chapitre qui précède a confirmé l'existence d'une relation privilégiée et unique entre pays francophones. Dans un contexte général de réduction des aides publiques à l'échelle du monde, non seulement les pays francophones riches restent parmi les plus importants donateurs, mais ils continuent à privilégier les autres pays francophones.

Le Sommet de Hanoï pourrait marquer un tournant dans le choix de la Francophonie comme réponse à la mondialisation, telle que décrite plus haut. La décision de réunir les ministres de l'Économie des pays francophones en avril 1999 et ses possibles conséquences pourraient constituer les bases d'une véritable organisation collective de choix stratégiques pour lesquels les francophones se présenteraient unis sur la scène du monde, comme ils l'avaient fait en 1993 lors des négociations finales de l'Uruguay Round du GATT (la fameuse « exception culturelle »). Le volet concernant le poids de l'immatériel pourrait bien avoir été également pris en compte par les pays francophones à Hanoï, qui ont mis en place le « fonds des inforoutes » (60 MF sur deux ans) pour les projets concernant les NTIC. Ne manquerait plus finalement à cet ensemble en devenir qu'un renforcement des alliances d'entreprises, en particulier celles dont l'objet principal est justement le savoir, la culture, l'information. À cet égard, des exemples trop rares il est vrai, sont fournis dans ce Rapport surtout en ce qui concerne les Québécois et les Français et parfois les Belges, mais ils restent très loin de cette « masse critique » qui permettrait aux Francophones de peser sur le « raz-de-marée » actuel.

CHAPITRE 8

Espace social santé

Repères sanitaires

Pays	Espérance de vie à la naissance 1995	Mortalité infantile (pour 1 000 naissances vivantes) 1996	Médecins (pour 100 000 habitants) 1993	Cas de Sida (pour 100 000 habitants) 1996
Albanie	70,6	34	141	–
Algérie	68,1	34	83	0,2
Bénin	54,4	84	6	9
Bulgarie	71,2	16	333	0,1
Burkina Faso	46,3	82	n.d.	9,2
Burundi	44,5	106	6	8,8
Cambodge	52,9	108	58	2,9
Cameroun	55,3	63	7	10,9
Cap-Vert	65,7	54	29	8,9
Centrafrique	48,4	103	6	61,1
Comores	56,5	83	10	n.d.
Congo	51,2	81	27	n.d.
Côte-d'Ivoire	51,8	90	n.d.	40,7
Djibouti	49,2	112	20	60,8
Dominique	7 3	17	46	19,7
Égypte	64,8	57	202	–
Gabon	54,5	87	19	23,4
Guinée	45,5	130	15	13,4
Guinée-Bissau	43,4	132	18	3,4
Guinée-Équatoriale	49	111	21	18,1
Haïti	54,6	94	16	n.d.
Laos	52,2	102	n.d.	0,3
Liban	69,3	33	191	0,2
Macédoine	71,9	30	219	0,1
Madagascar	57,6	100	24	–
Mali	4 7	134	4	5,3
Maroc	65,7	64	34	0,2
Maurice	70,9	20	85	n.d.
Mauritanie	52,5	124	11	0,6
Moldavie	67,8	32	356	–
Pologne	71,1	12	n.d.	0,3
Niger	47,5	191	3	6,9

Pays	Espérance de vie à la naissance 1995	Mortalité infantile (pour 1 000 naissances vivantes) 1996	Médecins (pour 100 000) habitants) 1993	Cas de Sida (pour 100 000 habitants) 1996
Rép. dém. du Congo	52,4	128	n.d.	n.d.
Roumanie	69,6	25	176	2,4
Rwanda	–	–	–	–
São Tomé E Principe	6 9	62	32	3
Sainte-Lucie	7 1	18	35	16,8
Sénégal	50,3	74	7	1,7
Seychelles	7 2	151	104	2,7
Tchad	47,2	92	2	1 9
Togo	50,5	78	6	35,8
Tunisie	68,7	28	67	0,6
Vanuatu	66,3	41	n.d.	n.d.
Vietnam	66,4	33	n.d.	0,5
Total PED	62,2	65	76	3,5

Sources : Rapport mondial sur le développement humain 1998 (PNUD).

Sur les cent vingt-huit pays en développement (PED) recensés par l'ONU dans son rapport sur le développement humain 1998[1], quatre-vingt-dix ont répondu au questionnaire social-santé du Haut Conseil. En ajoutant à cette catégorie les réponses des pays en transition issus de l'ex-URSS (Arménie, Azerbaïdjan, Biélorussie, Kazakhstan, Lettonie, Ukraine) et la Slovénie, nous pouvons observer quatre-vingt-dix-sept pays du monde. Sur ce total, les pays francophones en développement ont été trente-deux à fournir une réponse sur les trente-huit concernés et font l'objet d'une analyse spécifique.

Les pays francophones

Les grandes tendances connues de la couverture sanitaire et sociale des pays en développement, singulièrement en Afrique, sont confirmées. Un manque chronique de moyens financiers fait obstacle au développement et au maintien de structures sanitaires pérennes, c'est-à-dire animées par des professionnels de bon niveau, bénéficiant de la mise à jour régulière de leur formation, équipées de matériel et dotées d'une gamme de médicaments couvrant l'ensemble des besoins de la population et à un coût accessible au plus grand nombre. Les pays francophones partagent justement ces difficultés. De plus, l'analyse des réponses des postes à quelques questions précises suggère l'émergence de phénomènes inquiétants. Tout d'abord la

NOTE

[1] PNUD 1998, édition Économica.

couverture vaccinale, plutôt médiocre, notamment en Afrique subsaharienne, semble stagner ou même régresser dans au moins une douzaine de pays. Les chutes les plus dramatiques sont signalées pour l'Algérie, le Burundi, le Gabon, le Mali, la République centrafricaine et la République Démocratique du Congo. Quelques progrès sont en revanche soulignés pour le Maroc, le Liban, le Sénégal ou le Vanuatu.

La dichotomie patente entre centre urbain et milieu rural n'est pas du tout en voie de résorption si ce n'est le travail accompli par les ONG nationales ou internationales, les associations confessionnelles ou les structures à but lucratif qui occupent ce vide laissé par les États.

L'Afrique francophone connaît un mouvement manifeste de substitution, plus ou moins vaste, de l'État dans la conduite d'une politique sanitaire par d'autres opérateurs, y compris multilatéraux. Pour simplifier, on pourrait citer le cas de pays où la prévention et la vaccination relèvent de l'UNICEF, la gestion des ressources sanitaires de l'OMS (Organisation Mondiale de la Santé, organisme spécialisé de l'ONU) et la formation comme la pratique médicale des coopérations bilatérales et des ONG. À ce stade, il convient d'insister sur le poids des interventions extérieures dans la prise en compte du virus du Sida. Grâce à cela, beaucoup de pays du Sud s'emploient à traiter le phénomène en mettant en place des Programmes Nationaux De Lutte Contre Le Sida (PNLS) qui comprennent tous un volet Information-Éducation-Communication (IEC) inspiré des programmes internationaux (OMS, PNUD, ONUSIDA, UE, etc.) et parfois un volet formation. Il faut néanmoins s'inquiéter de la quasi-absence de prise en compte des malades, de la pauvreté des moyens de traitement mis en œuvre, qui, quand ils existent s'attaquent principalement aux maladies opportunistes (tuberculose, infections…) et surtout des phénomènes assez généralisés de rejet, parfois « étatisé » des malades. On a pu ainsi noter des pratiques d'expulsion d'étrangers infectés par le VIH et l'hospitalisation forcée des nationaux dans des « Sidatoriums ».

Enfin, les grandes carences communes à la plupart des pays francophones concernent l'oncologie, les maladies cardio-vasculaires et la prise en compte du handicap.

En revanche, il faut noter l'émergence d'une volonté politique croissante de traiter la pauvreté comme un phénomène complexe dont il faut combattre toutes les composantes : mise en place de directions, de centres ou de structures spécifiques traitant à la fois d'éducation, de formation, d'hygiène, de santé…

Le traité instaurant la Conférence Intérafricaine de Prévoyance Sociale (CIPRES), entré en vigueur en octobre 1995, a pour objectif d'harmoniser graduellement les systèmes de protection sociale, mais aussi d'en assainir la gestion grâce à la création d'une inspection de la protection sociale, commune aux quatorze États africains membres de la zone franc. Ses travaux portent notamment sur la formation du personnel, le statut juridique des organismes de prévoyance sociale et la gestion des réserves. L'audit de tous les organismes de prévoyance sociale des pays de la zone franc a été achevé en 1998.

Du point de vue du Nord, il faut insister sur la présence systématique de politique de coopération, des principaux pays francophones (Belgique, Canada, France, Luxembourg et Suisse) et dans tous les cas de la

France. La coopération, parfois étatique est presque toujours relayée, voire supplantée, par la coopération décentralisée, les jumelages entre structures (hôpitaux, instituts, etc.) et surtout l'action des OING. À ce sujet, il faut souligner le nombre et la diversité des OING intervenant dans les pays, en insistant sur la prédominance évidente des associations françaises. Cette caractéristique se confirmera dans l'analyse des pays non francophones.

Pour donner plus de cohérence à l'analyse on étudiera les pays par regroupements géographiques : l'Afrique subsaharienne, l'Asie, l'Europe, le Proche et Moyen-Orient.

Afrique subsaharienne, Caraïbes, océan Indien et Pacifique

Sur vingt-deux pays, quatorze intègrent une dimension sociale à leur réponse, qui révèle une évolution dans leur politique et les actions menées. Les aspects sanitaires seront traités suivant la grille de lecture suivante : l'existence de formations médicales en langue française, les actions de coopération présentées par bailleurs ; les ONG et OING intervenant dans le pays ; la qualité de la prise en charge ; le cas du Sida et des maladies tropicales ; l'accès aux médicaments génériques et en conclusion, les principales carences signalées.

En matière de coopération, il faut souligner l'action de l'Organisation de Coordination pour la Lutte contre les Endémies en Afrique Centrale (OCEAC) qui travaille au Cameroun, au Congo, au Gabon, en Guinée-Équatoriale, en République Centrafricaine et au Tchad.

Bénin

– Social

L'évolution est notoire dans le développement du secteur privé et du privé social (mutuelles), dans la création de systèmes d'épargne crédit (une vingtaine). La priorité est donnée aux populations pauvres avec la formation des cadres de développement et la réalisation d'études détaillées sur la pauvreté dans six départements, la création de l'Agence pour la promotion des initiatives à la base. On peut noter la création de plus de mille ONG dans le domaine du développement à la base (milieu rural) ; d'une cellule dédiée à l'intégration des femmes au ministère du Développement rural et d'un département « condition féminine » au ministère de la Santé.

– Santé

Plusieurs formations sont offertes dans différents organismes, tels la faculté des sciences de la santé pour des médecins généralistes et spécialistes, l'Institut Régional de santé Publique, l'École Nationale d'Infirmiers Adjoints du Bénin (ENIAB) et l'Institut Médico-Social, qui comprend quatre écoles pour les infirmiers, les sages femmes, les aides sociaux et les techniciens de laboratoires d'analyses médicales.

La coopération bilatérale se manifeste par des bourses de spécialisation en France, au Canada et en Belgique. Des programmes se déroulent avec la Suisse (21 MF), par l'inter-programme belge depuis le début de 1998 et la coopération française (17 MF). La coopération de l'Union européenne concerne la sécurité transfusionnelle avec le ministère de la Santé, une assistance technique par le Fonds Européen de Développement (FED), l'appui institutionnel au niveau départemental et un projet régional Sida Information Éducation Communication (IEC). La Banque Mondiale et le PNUD mènent un projet santé population-(PSP), l'OMS participe à la lutte anti-Sida, l'UNICEF à la vaccination.

Les ONG présentes sont Médecins sans Frontières (MSF), Luxembourg (ulcère de Buruli), Terre des Hommes (malnutrition), aux cotés des organisations nationales non gouvernementales locales, de l'Association Française des Volontaires pour le Progrès (AFVP) et de Initiative Développement.

La prise en charge est d'un niveau très satisfaisant tant au niveau public avec cinq hôpitaux dont le Centre national hospitalo-universitaire (CNHU) de Cotonou, quatre-vingt-un centres de santé urbains, 279 centres de santé en milieu rural, soixante-deux dispensaires isolés, qu'au niveau privé avec cinq hôpitaux confessionnels, cinquante-quatre centres de santé en milieu rural,

266 cabinets de soins et trente-deux cliniques. Il y a un médecin pour 7 823 habitants.

Le pays développe un Programme National de Lutte Contre Le Sida, le paludisme, la tuberculose, la lèpre, l'onchocercose, le ver de Guinée. Ces programmes sont tous soutenus par la coopération française.

Deux firmes locales, Pharmaquick et Bio-Bénin fabriquent des médicaments génériques mais la production reste insuffisante et l'importation par la CAME (Centrale d'Achat des Médicaments Essentiels) reste nécessaire.

Burkina Faso

– Social

Le pays procède à la décentralisation et la déconcentration pour une meilleure prise en compte des publics vulnérables.

– Santé

La formation en français passe par des partenariats avec des universités françaises, des jumelages d'hôpitaux… À cette coopération se rajoutent l'action des Pharmaciens sans Frontières (PSF), Médecins sans Frontières (MSF), la Croix-Rouge et de l'OMS, de l'UNICEF, d'ONUSida, ainsi que la coopération française qui agit dans la réhabilitation et la construction d'hôpitaux pédiatriques.

Les ONG, telles que PSF, Handicap International, Kinésithérapeutes du Monde agissent surtout dans le domaine de la formation.

La prise en charge sanitaire comprend une campagne de vaccination contre la méningite qui a touché en 1996, 95 % de la population concernée, une campagne de sensibilisation sur la tuberculose. Il existe onze régions sanitaires, cinquante-trois districts et 650 aires de base, deux centres hospitaliers nationaux et neuf centres hospitaliers régionaux. Il y a un médecin pour 35 000 habitants (un pour 14 285 à Ouagadougou, un pour 25 000 à Bobo Dioulasso et un pour 150 000 au Nord Est).

Différents centres sont ouverts pour traiter le Sida : le Centre national de lutte contre le Sida, le Centre Muras (Institut de Recherche International), des centres anonymes de dépistage et d'information, des ONG locales (94).

La CAMEG, à but non lucratif, importe les médicaments génériques. La seule règle est d'assurer l'autonomie financière des districts sanitaires.

Les carences concernent le personnel, notamment parce que trop de spécialistes n'exercent pas et mènent une carrière administrative. Le matériel de première nécessité pour les hôpitaux fait également défaut.

Burundi

– Social

De nombreuses associations ont été créées, la guerre ayant accru les besoins sanitaires et sociaux, ainsi que le problème des déplacés et réfugiés.

– Santé

La formation supérieure est dispensée exclusivement en français. La coopération est pratiquement suspendue, si ce n'est l'envoi de quelques stagiaires en France.

Sur les cinquante ONG recensées, MSF est la mieux représentée.

Il n'existe pas de politique pour la prévention et la couverture sanitaire est catastrophique du fait des destructions dues à la guerre et de l'embargo en place depuis juin 1996.

Le Sida n'est plus pris en charge.

Les quelques productions locales de médicaments génériques ne comblent pas les déficits.

Cameroun

– Social

Une prise en compte ministérielle des droits de l'enfant, de la condition féminine et du handicap est désormais assurée. De plus, le code pénal prend en compte les Droits de l'enfant.

Les ONG conduisent un projet concernant l'enfance handicapée ou abandonnée (création de centres d'accueil, d'ateliers professionnels, d'écoles spécialisées).

– Santé

La formation en français se déroule à la faculté de médecine de Yaoundé, dans les écoles de santé de Yaoundé et Douala, ainsi que dans le cadre de séminaires et de colloques.

Le volet multilatéral de la coopération est assez développé : le Cameroun participe et bénéficie du programme de l'OCEAC (Organisation de Coordination pour la Lutte Contre les Endémies en Afrique Centrale). Le FNUAP (Fonds des Nations unies pour la Population) met en place un deuxième projet « expansion/renforcement du Programme National de Santé Maternelle et Infantile/Planification Familiale ». L'OMS appuie sept programmes : gestion du développement sanitaire, système national de soins de santé primaire, lutte contre les maladies parasitaires et bactériennes, vaccination, approvisionnement en eau, formation, santé maternelle et infantile pour un total de 1,8 millions de dollars sur deux ans, auxquels on ajoute des programmes prioritaires spécifiques tels que l'aide à la politique pharmaceutique et au Programme Anti-Sida (150,168 M$). La Banque Mondiale commence une intervention qui consiste en un appui à la politique nationale de la population, aux réformes organiques et à l'administration du ministère de la santé publique.

Au niveau bilatéral, la coopération allemande (GTZ) s'occupe de trois projets : soins primaires, Sida et planning familial. La coopération belge apporte une aide-projet aux ONG et aux autorités camerounaises grâce à la présence d'un expert. La France apporte une assistance technique (quarante-neuf personnes sur cinq projets) ainsi qu'un appui à la santé publique, dont la sécurité transfusionnelle, le paludisme, l'approvisionnement en médicaments, la production générique, un accompagnement à la dévaluation et à la lutte contre le Sida. Elle attribue également des bourses. Au niveau bilatéral l'Italie et le Japon sont également actifs.

Le secteur des ONG confessionnelles est très développé (50 % de l'offre de soins) avec 179 établissements sanitaires catholiques (dont huit hôpitaux) employant 1 315 personnes, 122 protestants (dont vingt-quatre hôpitaux) et 2 633 employés, dix-huit centres de la Fondation Ad Lucem (dont sept hôpitaux). Plusieurs centaines d'ONG locales complètent l'action de Care Internationale, d'Emmaüs, de l'Ordre de Malte, d'Appel et de SidAlerte

La couverture vaccinale est mauvaise. Il n'existe qu'un hôpital pour 45 433 habitants, un médecin pour 11 143 habitants et un dentiste pour 248 135 habitants.

Pour le traitement du Sida, aucun rétroviraux n'est accessible. Les maladies tropicales sont traitées dans des hôpitaux privés ou publics.

À part une dizaine de molécules fabriquées à Douala par Cinpharm, les médicaments sont tous importés.

Des carences sont signalées dans le domaine de la chirurgie cardio-vasculaire, de la cancérologie, de la traumatologie et la couverture sanitaire rurale est très insuffisante.

Cap-Vert

– Social

Il faut noter la mise en place du projet « santé urbaine à Praia », un programme de « lutte contre la pauvreté » lancé en 1997, un programme de l'Institut Cap-Verdien des Mineurs (ICM) en faveur des enfants de rue

et une aide aux ONG pour la promotion de la femme.

Les associations peuvent obtenir des crédits du secteur public pour le développement de micro-entreprises privées, dans le cadre du programme « Abandon volontaire ».

– Santé

La formation en français comprend des stages dans les pays francophones (par exemple à l'Institut Alfred Fournier).

Des projets de coopération sont menés par le Centre de Développement Industriel de l'Union européenne (CDI) : « Appui à la lutte contre le Sida » et un Programme Mobilisateur de Lutte Contre la Cécité en Afrique par une enquête sur la prévalence et les causes des déficiences visuelles. L'Union européenne donne la priorité au Sida et à la santé urbaine, l'International Planning Parenthood Federation (IPPF) s'occupe de la contraception et de la maternité et l'UNICEF est également présent.

Morabi-Vedefam est une ONG locale qui intervient dans le domaine de la santé, de la maternité et de la contraception.

L'épidémie de rougeole, en 1997, due à un recul du taux de couverture vaccinale a entraîné la mise en place d'une campagne nationale de vaccination.

En milieu urbain, on dénombre deux hôpitaux centraux et trois régionaux, quinze centres de santé et cinq centres de PMI/PF (Protection Maternelle et Infantile/Protection de la Femme).

En milieu rural, vingt-trois postes sanitaires et soixante-dix-neuf unités sanitaires de base assurent la prise en charge des populations. Il y a un médecin pour 3 023 habitants.

Le pays a mis en œuvre un Programme National de Lutte Contre le Sida (PNLS) conformément au programme de l'ONUSida comprenant un volet prévention, la surveillance transfusionnelle et la prise en charge des malades. Il existe aussi un Programme de Lutte Contre le Paludisme centré sur la prophylaxie des voyageurs par la prise en charge et le contrôle des ports et des aéroports.

Certains médicaments génériques sont produits sur place par Inpharm (antalgiques, analgésiques, antibiotiques, anti-inflammatoires), d'autres sont importés.

Le secteur tertiaire manque de moyens diagnostiques, de capacité d'examens complémentaires et de moyens thérapeutiques. La formation des cadres supérieurs est déficitaire.

Côte-d'Ivoire

– Santé

Les formations sont assurées dans les facultés de médecine, de pharmacie et d'odontostomatologie, l'Infas (Institut National de Formation des Agents de santé) et l'ENA (École Nationale d'Administration).

Des coopérations bilatérales ont cours avec l'Allemagne, la Belgique, le Canada, l'Espagne, la France, le Japon et avec divers organismes tels que la Banque Mondiale, l'OMS, l'UNICEF, le PNUD, le FNUAP...

Les ONG les plus représentées sont l'Association Française des Volontaires pour le Progrès (AFVP), l'Association Française Raoul Follereau, le BICE, le Comité Catholique Contre la Faim dans le Monde (CCFD), la Croix-Rouge française, Epicentre, Handicap International, Médecins du Monde, Médecins sans Frontières, Médecins Mundi, Ordre de Malte.

La couverture vaccinale est moyenne avec des résultats peu convaincants. En effet, seul 40 % ou 50 % des enfants sont immunisés (BCG, trois doses Dtcp, rougeole) et le taux de prévalence contraceptive nationale n'est que de 4 %.

Il existe dans le secteur public 1 146 établissements dont cinquante-six hôpitaux généraux, huit centres hospitaliers spécialisés et quatre CHU. Le secteur privé compte vingt-cinq hôpitaux et cliniques, vingt-huit cabinets médicaux, onze cabinets dentaires, 383 pharmacies, 243 dépôts de pharmacie et 212 infirmières. Quatre-vingt-deux entreprises possèdent un service de médecine de travail. Il y a un médecin pour 9 000 habitants.

Le Sida fait l'objet d'une stratégie d'intégration dans l'ensemble du système d'offre de soins et de services.

L'importation de médicaments génériques bénéficie d'une tarification protégée.

La performance du système médical est obérée par une fécondité forte et précoce, la jeunesse de la population (45 % a moins de 15 ans) et l'urbanisation accélérée (51 % de la population vit en zone urbaine).

Djibouti

– Santé

La formation en français est assurée par le centre de formation des personnels de santé et l'École d'Assistants Médicaux.

On peut noter une forte coopération française comprenant trente agents, un projet de lutte contre le Sida (4,5 MF) et un projet d'appui à la santé publique 1998-2001

(8,5 MF). Sont présents également des médecins égyptiens et rwandais, la coopération espagnole, italienne, l'OMS et l'UNICEF.

En dehors des ONG locales, on retrouve MSF et Pharmaciens sans Frontières.

La campagne de vaccination touche 70 % de la population infantile. La couverture sanitaire est assurée par un hôpital général et deux cliniques privées à Djibouti, quatre centres hospitaliers en province, un hôpital italien, vingt-trois dispensaires (dont treize en province), une maternité principale, un laboratoire d'analyses et trois pharmacies privées. Les moyens en personnel se résument à quarante-cinq médecins, dix médecins privés et vingt et un coopérants.

Un Programme National de Lutte Contre le Sida semble peu efficace. Un programme de contrôle du choléra et de la tuberculose est mis en place mais seulement sur la capitale.

Les médicaments sont importés sans tarif spécifique.

On peut noter un manque de médicaments, de personnel médical national et une insuffisance dans la formation des infirmiers.

Dominique et Sainte-Lucie

– Social

À Sainte-Lucie, mise en place d'un programme en faveur des jeunes sans emploi, notamment par le soutien accordé au « National Youth Council » (Fédération des Associations de Jeunesse et Sportives).

– Santé

Le cursus de formation passe par l'université des « West Indies » (anglophone) ou des études en Grande-Bretagne. Quelques bourses françaises permettent d'envoyer des stagiaires dans les départements français des Antilles.

La France a trois coopérants à Sainte-Lucie et trois en Dominique. Il existe aussi une intervention des conseils régionaux de la Martinique et de la Guadeloupe et des échanges importants en cancérologie, cardiologie et ORL.

L'Union européenne apporte son soutien financier pour l'extension de l'hôpital Victoria dans le cadre du programme indicatif national à Sainte-Lucie.

L'OMS intervient via l'Organisation Panaméricaine de la Santé qui dispose d'un bureau à la Barbade et le Carec (Caribbean Epidemiologie Center) installé à Trinité.

Pharmaciens sans Frontières intervient ponctuellement.

On note une bonne couverture vaccinale, mais par contre une mauvaise prévention des maladies transmissibles à Sainte-Lucie.

En Dominique, il y a trois hôpitaux et dix centres de santé primaire (publics) ; à Sainte-Lucie, trois hôpitaux publics et un privé (à Tapion) et trente-trois centres de santé primaire. On prévoit l'ouverture d'une polyclinique à Gros Islet. À Sainte-Lucie il y a 0,35 médecins pour 1 000 habitants, en Dominique 0,46 pour 1 000.

Des formations spécifiques concernant le Sida sont apportées via le CAREC grâce à un programme financé par la coopération française.

Les médicaments génériques sont importés à des tarifs spécifiques par l'Eastern Carribean Drugs Service (ECDS) à l'échelle de l'OECS et clandestinement par des officines privées.

Des problèmes se posent en matière de prévention, pour le traitement du Sida et pour les maladies nécessitant un haut degré de spécialité (cancérologie, cardiologie, ORL).

Gabon

– Santé

L'École Doctorale de Franceville financée par l'Agence Universitaire de la Francophonie (AUF) a ouvert ses portes en janvier 1998 avec quatorze stagiaires.

La coopération est forte avec l'Afrique de l'Ouest et la Côte-d'Ivoire. La coopération multilatérale intervient dans quatre provinces et appuie la politique pharmaceutique. ONUSida et l'UNICEF sont également présents.

Aucune ONG étrangère n'intervient, mais il y a quelques ONG locales. En 1996, création de la Croix-Rouge Gabonaise.

On constate une baisse de la couverture vaccinale et l'absence de prévention en matière de paludisme. Une campagne a été lancée contre les MST et le Sida.

Le pays compte trois hôpitaux à Libreville et un par province (neuf). Il y a 368 médecins (soit un pour 2 758 habitants) et quarante et un pharmaciens, une sage femme pour 2 751 habitants, un infirmier d'État pour 1 911 habitants et environ huit dentistes.

Le Sida n'est pas pris en charge en dehors des maladies opportunistes (infection, tuberculose).

Les médicaments génériques sont importés en petite quantité.

Le problème majeur est la concentration excessive des ressources sanitaires en milieu urbain.

Guinée-Équatoriale

– Santé

Il n'existe pas de formation en langue française dans le pays.

La coopération française s'occupe du pavillon spécial de l'hôpital de Bata. L'OMS, l'UNICEF, la Chine et Cuba interviennent également.

Seules les ONG espagnoles Médicos Sin Fronteras et CARITAS Espagne sont présentes.

Lors d'une grande campagne de vaccination en 1996, 81 % de la population a reçu une couverture vaccinale complète. Il existe un hôpital par district (dix-huit), dont deux hôpitaux de référence (Malabo, Bata), soixante-seize centres de santé dans les villages, un médecin pour 2 740 habitants et une infirmière pour 790.

Les médicaments génériques sont importés au tarif du marché public par Promessa, et la vente privée est contrôlée.

Les carences les plus importantes relèvent du domaine de la chirurgie.

Haïti

– Social

Les ONG interviennent pratiquement seules dans les domaines suivants : développement, enfance défavorisée, nutrition.

– Santé

Les médecins, les infirmières et les techniciens de laboratoire sont formés localement en français, avec l'appui de la coopération française et des départements français des Antilles (échanges).

La coopération française mène un projet d'appui à la santé publique et de formation à l'École Nationale de Santé publique de Rennes, auquel on doit ajouter la coopération décentralisée avec les DFA ainsi que des projets financés par le Fonds de Coopération Interministériel Caraïbes (FIC).

L'Union européenne conduit la réhabilitation des systèmes de soins, participe à la lutte contre le Sida, à la sécurité alimentaire, à la fourniture de médicaments essentiels, au financement des projets des ONG et appuie le budget de fonctionnement du ministère de la Santé publique et de la Population.

L'OPS/OMS, l'UNICEF (prise en charge globale de l'enfant, santé maternelle), la Banque Mondiale (appui aux soins de santé primaire, contrôle des endémies), la Banque Interaméricaine de Développement (infrastructure) et l'USAID sont également présents.

Les ONG interviennent pour la réhabilitation des structures sanitaires, la formation et la mise en œuvre de projets de santé communautaire : Médecins sans Frontières, Médecins du Monde, Initiative-Développement, Inter-Aide, Enfants du Monde.

Le pays bénéficie d'une politique de prévention grâce notamment à la campagne d'éradication de la rougeole de 1994-1995 qui a donné de bons résultats, mais le programme de vaccination est déliquescent : 30 % seulement, des enfants entre un et deux ans sont complètement vaccinés. Le pays dispose de 0,8 lits d'hospitalisation pour 1 000 habitants (avec un déséquilibre entre le milieu rural et urbain) ; 38 % des établissements sont publics ; 15 à 40 % des femmes ne bénéficient d'aucun suivi pendant leur grossesse, 55 % des accouchements se font en l'absence de personnel médical. Il y a 1,7 médecin pour 1 000 habitants.

Il existe un centre de diagnostic et de traitement des maladies opportunistes lié au Sida.

Les médicaments génériques sont importés au prix du marché et le Gouvernement préconise une politique de recouvrement des coûts.

Des carences sont signalées pour l'eau potable et l'assainissement, la nutrition, l'accès aux soins de santé, notamment en milieu rural, (qui représente 70 % de la population), la prévention, le suivi de pathologie, et la traumatologie.

Madagascar

– Social

Les autorités ont engagé un programme d'appui aux initiatives de quartiers (8 MFF), d'appui aux populations défavorisées (mise à disposition de locaux pour la formation professionnelle) et la mise en place d'un Fonds Social de Développement.

– Santé

La formation en français est dispensée dans les facultés de médecine avec la mise en œuvre d'un internat-qualifiant pour la formation de spécialistes d'une durée de quatre ans, dont un an effectué en France. Le Diplôme Interuniversitaire de Spécialistes (DIS), équivalent de l'internat français pour les étrangers, vient d'être mis en place.

La coopération avec la France concerne la formation de médecins de districts, de personnels paramédicaux et le recyclage des médecins en collaboration avec l'université de Bordeaux II et de Maurice. Avec l'Union européenne (le FED) : appui au développement des districts, à la réouverture des écoles d'infirmières, à la centrale d'achats de médicaments et à l'enseignement de la santé publique. D'autres coopérations sont engagées avec la Banque Mondiale, l'OMS, l'UNICEF, le FNUAP, les coopérations allemande (GTZ), suisse, italienne, l'USAID, le Japon.

Les actions médicales des ONG tournent autour de la prévention du Sida par les programmes *Information-Éducation-Communication* (IEC) et de l'installation de médecins en zone rurale (Médecin du Monde, Association Française des Volontaires pour le Progrès, Actions Nord Sud).

La couverture vaccinale complète chez les moins de un an est assurée pour 41 % de la population concernée. Un programme d'élimination de la poliomyélite a été lancé en 1997. Il y a deux centres hospitalo-universitaires (CHU), six hôpitaux régionaux, un hôpital militaire à Antananarivo, dix-sept hôpitaux médico-chirurgicaux, 2 000 formations sanitaires publiques, 273 formations sanitaires privées, dont dix-sept hôpitaux. Il y a un médecin pour 2 500 habitants.

Il existe un programme de lutte contre les principales maladies transmissibles : MST/Sida, tuberculose, paludisme, peste, lèpre.

Les médicaments génériques sont importés dans le cadre d'une centrale d'achats.

Les carences relèvent de l'accessibilité aux soins (60 %), de leur qualité et du manque de médicaments.

Mali

– Social

De nombreuses conférences et discussions publiques indiquent une prise de conscience du problème de la pauvreté.

– Santé

Des formations en français sont dispensées à la faculté de médecine, de pharmacie et d'odonto-stomatologie pour le Mali et d'autres pays d'Afrique subsaharienne. Les cadres maliens se spécialisent dans la sous-région (à Dakar au Cesag, à Abidjan, à Cotonou) pour suivre des formations de psychiatrie, chirurgie, gestion des services de santé…

La France attribue des bourses et soutient des projets (10 MF par an) comme le font le Canada/Québec et les USA, avec des formations en français à Boston en management des services de santé. L'Union européenne apporte un appui institutionnel aux infrastructures (centres de santé, de transfusion, laboratoires…), et la Banque Mondiale, l'UNICEF, l'OMS, le FNUAP, le PNUD, l'USAID, l'Allemagne, la Belgique, le Canada, les Pays-Bas interviennent également.

Les ONG présentes sont Médecins du Monde, Médecins sans Frontières-Luxembourg, Médecins sans Frontières-Gabon, Médecins sans Frontières, Aide Médicale Internationale, Action Internationale Contre la Faim, Équilibre, Action Nord Sud et, Santé Mali Rhône-Alpes. À noter également les jumelages entre le Nord-Pas-de-Calais et Kayes, Angers et Bamako.

La régression de la couverture vaccinale est due à un relatif désengagement de l'UNICEF mais le Gouvernement tente d'intégrer la vaccination dans les activités normales des centres de santé.

Il existe dans le secteur public deux hôpitaux nationaux et six régionaux, quarante-quatre centres de santé, dont deux ruraux et 157 centres de santé d'arrondissement ; les associations gèrent trente-neuf centres de santé urbains et 269 ruraux ; le secteur privé comprend huit hôpitaux et neuf centres de santé en milieu rural ; au niveau confessionnel, il existe vingt-six centres de santé dont vingt-deux ruraux. Il y a un médecin pour 16 000 habitants.

Il existe un Programme De Lutte Contre Le Sida : Information-Éducation-Communication (IEC) sur les maladies sexuellement transmissibles et la prise en charge des malades comprend un soutien médical, social et psychologique.

L'importation de médicaments génériques se fait à tarif très bas sans droits de douane. Il existe une petite production locale.

Les carences concernent la quantité et la qualité des ressources humaines, la capacité de financement et la faible couverture sanitaire.

Niger

– Social

Création d'une association spécialisée dans la lutte contre le travail des enfants « Alten ». On constate un intérêt général croissant pour le phénomène des enfants des rues.

– Santé

L'ensemble du système de formation (faculté des sciences de la santé, École Nationale de Santé Publique) est francophone. Les formations à l'étranger s'effectuent dans des pays voisins francophones, y compris au Maghreb.

La France et la Belgique interviennent en coordonnant leurs actions de coopération et en cherchant des complémentarités. L'Union européenne finance 80 % du budget de fonctionnement du ministère de la Santé Publique, notamment pour la restructuration du secteur du médicament. Les

organisations OMS, UNICEF, FNUAP, PAM et la Banque Mondiale sont présentes.

Peu d'ONG interviennent, même si un accroissement est perceptible depuis la mi-1997. Seule Pharmaciens sans Frontières est durablement active ; Médecins du Monde et Médecins sans Frontières n'interviennent que ponctuellement en cas d'épidémies. Les ONG s'occupent de la mise en place de politique de districts par la formation au recouvrement des coûts.

Pour la prévention différents programmes ont été lancés, comme le « Programme Élargi de Vaccination » (PEV) mais les résultats sont insuffisants (17 % des enfants concernés). Le taux d'accès de la population au système de santé est de 32 % (10 à 15 % en milieu rural). Il y a un médecin pour 35 085 habitants.

Il existe un Programme National De Lutte Contre Le Sida et les maladies sexuellement transmissibles qui comprend un volet Information - Éducation - Communication (IEC), une surveillance épidémiologique, la recherche de la sécurisation de la transfusion sanguine et la prise en charge des malades.

Certains médicaments génériques sont produits par l'Office National des Produits Pharmaceutiques Cliniques (ONPPC) : aspirine, cloriquine, métromidazole, mais en quantité insuffisante. D'autres sont importés sans tarif spécifique (démonopolisation en 1997).

Les carences concernent la mauvaise qualité et la difficulté d'accès aux soins. Le problème crucial reste la santé maternelle et infantile.

République Centrafricaine

– Santé

La formation est dispensée en français dans l'université des sciences de la santé.

Une coopération existe avec l'OMS.

Les ONG présentes sont Médecins sans Frontières, Médecins du Monde, Santé Sud, Handicap International et AFRICARE ; elles soutiennent des centres de santé ou des centres spécialisés.

On peut noter un recul de la couverture vaccinale (fermeture de nombreux centres de vaccination) et l'importance des structures privées caritatives ou publiques, appuyées par des religieux. Il y a treize médecins pour 2,6 millions d'habitants à l'intérieur des terres et 80 médecins pour 700 000 habitants à Bangui.

Le Sida est pris en charge par un Plan National de Lutte Contre Le Sida (PNLS), soutenu par la coopération internationale et les ONG, qui est axé sur la sensibilisation et l'information de la population. On remarque en revanche, un retard important concernant l'identification précoce des cas.

Les médicaments génériques sont importés dans leur totalité par une structure unique, chargée également de leur commercialisation, soutenue par la coopération internationale.

L'ensemble du système curatif est défaillant, notamment pour la mère et l'enfant et souffre d'une mauvaise répartition milieu urbain/milieu rural.

République Démocratique du Congo

– Social

L'état prépare des programmes pour les enfants de la rue, les enfants-soldats, la famille et la promotion de la femme.

– Santé

La formation est dispensée en français dans les facultés de médecine et les instituts supérieurs tant publics que privés (laïcs ou confessionnels) et communautaires. Le niveau est médiocre à l'exception des cliniques universitaires de Kinshasa et de quelques universités confessionnelles. La situation a été aggravée par les pillages de 1991 et 1993.

L'Union européenne intervient dans le secteur de la santé avec la réhabilitation de quelques institutions et en appui aux programmes de lutte contre les endémies. L'OMS a un rôle prépondérant de quasi-substitution à l'État, dans l'appui institutionnel, notamment en matière de planification, d'élaboration de stratégie, de surveillance épidémiologique, de vaccination et de coordination.

La France et la Belgique soutiennent des projets de terrain en matière de soins de santé primaire, de soins d'urgence (catastrophes et épidémies), de lutte contre les grandes endémies et des programmes de formation. La coopération est très active entre universités et instituts médicaux tels que l'université catholique de Louvain et celle de Bukavu, l'École d'Infirmières de l'Hôpital de Cholet et l'Institut Supérieur de Sciences Infirmières Monkolé de Kinshasa.

Médecins sans Frontières, Médecins du Monde, Handicap International, des ONG belges et les ONG locales gèrent, par délégation de l'État et avec un financement extérieur, les centres de santé, les hôpitaux de référence, les programmes spécialisés d'intervention (épidémies, endémies, vaccination).

Une chute considérable de la couverture sanitaire est patente : moins de la moitié des 306 zones de santé fonctionne, les autres travaillent uniquement grâce aux ONG et OING.

En revanche, la campagne de vaccination de 1997 a touché plus de deux millions d'enfants de moins de cinq ans dans quarante-sept villes du pays, les couvertures pour la poliomyélite et la rougeole (avec association de vitamine A) atteignent 90 % de la population concernée. L'objectif de 1998 est d'atteindre dix millions d'enfants de moins de cinq ans.

Il y a 3 500 médecins pour 40 à 45 millions d'habitants (soit en moyenne 2,2 médecins par zone de santé). Le taux d'accès aux soins est de 20 à 59 % selon les zones.

Sénégal

– Santé

La formation est dispensée en français à l'École Nationale de Développement Sanitaire et Social.

Plus d'une centaine d'ONG sont présentes, qui agissent dans les secteurs Santé/Social.

La couverture vaccinale est en progression (tuberculose à 90 %, rougeole à 80 %). Il y a un médecin pour 16 667 habitants.

Les médicaments génériques sont à la fois fabriqués localement et importés. Les tarifs sont mis en place par la direction de la Pharmacie au ministère de la Santé et la distribution est assurée par la Pharmacie Nationale d'Approvisionnement.

Seychelles

– Social

Deux associations ont été créées, l'une pour l'aide aux alcooliques dépendants et l'autre pour les femmes et les enfants battus.

– Santé

Une formation en français est assurée sur place par les quatre médecins de l'assistance technique de la coopération française en obstétrique, néonatalogie, anesthésie, réanimation et ophtalmologie. Des stages ont lieu à la Réunion dans le cadre d'un jumelage avec l'hôpital Saint-Denis.

La France appuie des projets de coopération (2,5 millions de francs) et finance un programme inter-États de dix millions de francs (urgences). D'autres coopérations ont eu lieu avec l'Union européenne en 1997 pour la lutte contre le Sida, avec la BAD pour des prêts et avec l'OMS pour des études et des stages. L'OING, l'Ordre de Malte, s'occupe de l'aide à l'hémodialyse.

On peut noter une bonne organisation de la prévention. Il y a un hôpital général à Victoria, deux hôpitaux périphériques à Anne Royale et Praha et vingt-deux dispensaires de districts et un médecin pour 6 000 habitants.

Le Sida n'est pris en charge qu'au niveau de la prévention. Le pays organise une bonne surveillance des maladies tropicales, qui ne sont pas présentes aux Seychelles.

La grande majorité des médicaments génériques est importée, à part les collyres, les antiseptiques et quelques fluides qui sont produits localement.

Le manque de prospective et de prise en charge locale des pathologies lourdes constituent le point faible de la politique sanitaire.

Tchad

– Social

Une direction ministérielle est chargée de la promotion de la femme, de la protection et de la promotion familiale, de l'éducation préscolaire et du traitement des handicaps sociaux (marginalité, exclusion). Le ministère de la Femme, de l'Enfance et des Affaires sociales (MFEAS) conduit un programme avec l'UNICEF concernant les « Enfants en Circonstances Particulièrement Difficiles » (ECPD) et avec le FNUAP, un programme pour l'insertion des femmes. Un code de l'enfant et de la famille a été élaboré.

La coopération française soutient le MFEAS dans son action pour la promotion de l'action sociale par la formation et le soutien aux projets communautaires.

Les ONG actives dans la sphère sociale sont la coordination des associations féminines (CAFET) qui appuie le développement de réseaux d'échanges commerciaux et économiques et les ONG et associations de quartier qui s'occupent surtout d'éducation et de réinsertion des « oubliés de l'école ».

– Santé

La Banque Mondiale participe à la mise en place de pôles régionaux de formation continue en français, pour le personnel paramédical, infirmier et les techniciens de laboratoires. Elle intervient en articulation avec la coopération française.

Les ONG présentes sont Médecins sans Frontières-Belgique et Médecins sans Frontières-Luxembourg qui agissent surtout dans le sud du pays pour la formation, les soins et la réhabilitation de structures sanitaires.

Il existe une confusion entre les campagnes habituelles de vaccination, type poliomyélite et les actions liées à des situations d'épidé-mie, type méningite. Le manque de clarté dans les messages s'ajoute à l'illettrisme pour faire échouer les programmes.

Il n'y a pas de prise en charge du Sida. Les messages de prévention concernant le Sida sont très mal reçus, et les malades considérés comme des « pestiférés ».

Les médicaments génériques sont tous importés dans le cadre d'une politique de recouvrement des coûts.

Les carences concernent la répartition sanitaire, le manque de personnel et le coût prohibitif du secteur privé.

Togo

– Social

Le Gouvernement a ratifié les instruments juridiques relatifs aux droits de l'enfant (Convention relative aux Droits de l'enfant, charte africaine des droits et du bien-être de l'enfant, Convention sur l'élimination de toutes les formes de discrimination à l'égard de la femme). Il a par ailleurs souscrit un accord de principe sur les engagements des différents sommets internationaux et, notamment, celui sur l'exploitation sexuelle des enfants à des fins commerciales. Mais il n'y a pas encore de traduction concrète.

Les ONG sont de plus en plus nombreuses mais ne sont pas coordonnées et manquent de moyens. Un certain nombre de fédérations se sont créées telle la fédération des aveugles, des handicapés... Certaines ONG internationales sont présentes, comme Terre des Hommes, Aide et Action, Handicap International, Care International. On peut noter la naissance en 1996 d'une association de sidéens qui est appuyée par le Programme National De Lutte Contre Le Sida et la Coopération française.

– Santé

Il existe une faculté mixte de médecine et de pharmacie, des écoles nationales d'auxiliaires médicaux, de sage-femmes, d'infirmiers d'État, une École d'Infirmiers d'État d'Afagnan (hôpital Saint-Jean-de-Dieu), l'École du Centre National d'Appareillage Orthopédique.

La formation de formateurs en conseil sur le Sida et les MST est organisée par le Programme National De Lutte Contre Le Sida (PNLS), celle de techniciens de laboratoire relève d'un programme financé par la coopération française. Les Togolais vont également parfaire leur formation à l'École Régionale de Santé Publique de Cotonou, financée par l'OMS.

La coopération bilatérale avec la France comprend un jumelage entre le Centre hospitalo-universitaire (CHU) Tokoin de Lomé et l'Assistance Publique-Hôpitaux de Marseille (APHM), entre le CHU Campus de Lomé et le CHU de Limoges (Dupuytren) et un partenariat du PNLS avec le CRIPS-Île-de-France.

La coopération avec l'Afrique comprend un partenariat entre l'Institut d'ophtalmologie tropicale d'Afrique (IOTA) et le Programme national d'ophtalmologie, le démarrage d'un partenariat entre le CERMES de Niamey (centre de recherche sur les méningites et les schistosomoses-OCCGE) et la division de l'épidémiologie du Togo.

L'Union européenne appuie le PNLS en particulier pour le volet *Information-Education-Communication* et finance des réhabilitations d'infrastructures dans le cadre du STABEX (Fonds de Stabilisation des Exportations).

On peut enfin noter une coopération avec l'OMS, la Banque Mondiale, la BAD, le GTZ allemand, l'USAID, le Japon (JICA) et la Chine.

Les ONG présentes sont Aide et Action, Vredeseilanden (Belgique), Ordre de Malte et MSF, qui est intervenue en urgence lors de l'épidémie de méningite début 1997.

Le ministère organise avec l'OMS et l'UNICEF, les « Journées Nationales de Vaccination » avec un taux global de couverture estimé à 57,61 %. On dénombre trente-sept hôpitaux publics et cinq privés, trente-deux centres publics de santé et huit privés, 326 dispensaires publics et huit privés, soixante-deux postes de santé publics et quatre-vingt-seize privés, dix cliniques et quatre-vingt-seize cabinets privés. Il y a un médecin pour 12 470 habitants.

Le PNLS cherche à renforcer la formation des conseillers dans tout le pays pour donner de meilleures informations de proximité. Le Togo réussit à négocier des prix avec les laboratoires pour pouvoir disposer de la bi ou tri-thérapie, qui reste inaccessible à la quasi-totalité de la population.

L'absence de toute production locale a conduit à l'introduction du Médicament Essentiel Générique (MEG) et à la création d'une centrale d'achat du MEG. Le prix est fixé par la direction des Pharmacies du ministère dans le respect de la loi-cadre pharmaceutique.

Vanuatu

– Santé

La formation en langue française est assurée à l'hôpital territorial de Gaston Bourret de Nouméa, à l'École d'Infirmières et à l'Institut Pasteur en Nouvelle-Calédonie.

Les ONG présentes sont le Rotary Club pour la lutte contre le paludisme et Médecins du Monde pour une remédicalisation de l'île de Pentecôte.

L'OMS contribue à la lutte contre le paludisme, à la formation de personnels et à l'élaboration du plan directeur.

On peut noter une baisse des cas de paludisme et de tuberculose. On dénombre quatre hôpitaux, dispensaires et centres de soins et quatre médecins généralistes.

Les médicaments génériques sont importés et dispensés gratuitement dans les hôpitaux.

Des carences sont relevées dans le domaine de la pédiatrie, de la gynécologie et de la pharmacie.

Asie

Sur les trois pays concernés, seul le Cambodge signale une évolution de sa politique sociale.

Cambodge

– Social

Le « Cambodian National Council for Children » a été mis en place récemment pour coordonner les programmes concernant les Droits de l'enfant. Il est conseillé par les organisations internationales dont l'ONU au sein du « Advisory Comittee ». Les associations semblent accroître leurs activités en direction de l'éducation non formelle.

– Santé

La faculté mixte de médecine, de pharmacie et d'odontostomatologie de Phnom Penh assure un enseignement général en français et délivre des certificats de spécialités en chirurgie - gynécologie - obstétrique - pédiatrie et médecine interne. Il y a des cycles de perfectionnement des médecins, infirmiers et administrateurs de l'hôpital Calmette de Phnom Penh.

La coopération avec la France concerne un projet d'appui à la constitution du complexe hospitalo-universitaire Calmette et la lutte contre le Sida et les MST au Cambodge ; avec l'Union européenne, programme de lutte contre la malaria, le Sida et les MST (envoi d'experts, de conseillers).

L'OMS, l'UNICEF, le PNUD, le CICR (Comité international de la Croix-Rouge), sont présents.

Les ONG interviennent dans la formation et l'aide à la gestion grâce à un comité de regroupement des ONG médicales. Elles participent à la mise en place d'une politique sanitaire.

Les principales ONG présentes sont : Médecins sans Frontières, Médecins du Monde, Enfants et Développement, Enfance Espoir, Action Internationale Contre la Faim.

Les campagnes de vaccination (poliomyélite) semblent aboutir. On dénombre un hôpital dans la capitale de chacune des vingt et une provinces, un hôpital de référence par district (173), un centre de santé pour 10 000 habitants. Le nombre de cliniques privées est difficile à évaluer. Il y a un médecin ou infirmier pour 9 440 habitants.

Il existe divers plans nationaux de lutte contre le Sida, le paludisme, la tuberculose, qui souffrent d'un manque de ressources humaines, financières et médicamenteuses (surtout depuis l'interruption de l'aide allemande en juillet 1997).

Les médicaments génériques sont importés et donc très chers.

Laos

– Santé

Des anesthésistes et des chirurgiens sont formés à l'hôpital Mahosot et des médecins à l'École de Santé Publique.

La Banque Asiatique de Développement (BAD) conduit l'essentiel de la coopération internationale.

Les ONG présentes sont Médecins sans Frontières, Actions Nord-Sud…

L'UNICEF s'occupe du programme de prévention (vaccination, campagnes de promotion etc). Il y a 0,8 médecins pour 1 000 habitants.

Aucune prise en charge pour la lutte contre le Sida.

Les médicaments sont importés et taxés sauf quand ils proviennent des ONG.

Les carences concernent la formation universitaire et post universitaire, la formation continue et la gestion des personnels de santé.

Vietnam

– Santé

La formation en français est dispensée par trois filières médicales (Agence Universitaire de la Francophonie) ; une centaine de médecins et pharmaciens sont formés en France et au Vietnam grâce à la coopération bilatérale.

La Banque Mondiale et l'United National for Aids sont également cités.

Il existe une trentaine d'ONG qui agissent principalement dans le domaine de la formation pour la réhabilitation hospitalière.

La couverture vaccinale est correcte. On dénombre 12 556 établissements de soins pour 172 642 habitants et 4,2 médecins pour 10 000 habitants.

Pour le Sida la prise en charge est aléatoire. En 1997, une bonne prise en charge du paludisme (prévention, traitement) a permis une diminution du nombre de cas.

On remarque une nette augmentation de la production des médicaments génériques sur place ces dernières années (Rhône-Poulenc).

Les carences concernent les soins de santé primaire, la psychiatrie, l'anesthésie, la réanimation.

Europe

Roumanie

– Santé

L'Agence Française du Sang coordonne un important programme de transfusion sanguine en cours depuis trois ans.

Il existe un partenariat hospitalier concernant les urgences pédiatrique entre Saint-Vincent-de-Paul et Necker (Paris) et Marie

Sklodovska Curie et Grigore Alexandrescu (Bucarest).

Avec l'Association Demain, Hôpitaux sans Frontières est assurée la formation de personnels hospitalier en kinésithérapie pédiatrique pour la pneumologie et la néonatalogie (Brasov) et en gériatrie à l'hôpital Saint-Luc de Bucarest.

Un projet d'enseignement de la médecine d'urgence et de catastrophe est piloté par

Paris XII, la Direction de la Sécurité Civile et les Pompiers de Paris.

Le concours du diplôme interuniversitaire de spécialistes (équivalent de l'internat français pour les étrangers) est proposé (deux cents candidats en 1997), ainsi que des stages à coûts partagés dans les hôpitaux de l'Assistance Publique, une dizaine de modules

d'enseignement francophones et des séminaires internationaux en langue française (Congrès Est-européen d'imagerie médicale, conférence internationale des doyens de médecine d'expression française...).

Les campagnes de vaccination menées, depuis 1996, par la Fondation Mérieux sont associées à la formation de médecins.

Proche et Moyen-Orient

Sur cinq réponses, seul le Liban n'a pas connu d'évolution notable en matière de prise en compte des problèmes sociaux.

Algérie

– Social

Une convention de coopération a été signée, en 1997, entre l'Association Nationale de Soutien aux Enfants en Difficulté et en Institution (ANSEDI) située à Alger et l'Institut de Victomologie de Paris. Cette convention a pour objet de créer un programme de coopération et de formation de formateurs entre des structures s'occupant de traumatismes psychiques.

De nombreuses associations se sont créées notamment pour l'aide aux victimes du terrorisme (femmes et enfants essentiellement).

– Santé

La formation universitaire des médecins est dispensée en français.

On peut noter une coopération avec la Belgique et le Canada pour la formation de médecins spécialistes et de personnels para-médicaux, une coopération avec l'OMS concernant des bourses de spécialisation, une participation de l'ONU à la lutte contre le Sida. Il n'existe pas de coopération avec l'Union européenne.

Aucune ONG n'est présente sauf CARITAS, qui a un statut local.

La prévention semble régresser, on signale en effet une recrudescence de la tuberculose et de la rage. La couverture sanitaire est importante et date de la période socialiste, mais on note cependant une dégradation des centres de soins (matériels, bâtiments, médicaments). Le secteur privé est balbutiant et les prestations sont trop onéreuses pour la majorité de la population.

Un centre de référence pour le Sida a été créé en octobre 1997 dans le cadre du projet de prévention ONUSida. Pour les MST, la prise en charge est assurée dans le cadre du projet PNUD « route saharienne » avec la création de dispensaires de dépistage et de

soins dans le sud algérien sur les voies de migration.

En 1996, le secteur pharmaceutique a été libéralisé ; il est actuellement en phase de structuration en relation avec des laboratoires et les programmes européens, nord-américains, arabes et chinois.

Les inquiétudes concernent la recrudescence de la tuberculose due à des carences alimentaires liées à la baisse importante du niveau de vie, des maladies hydriques, des zoonoses (rage, brucellose). Les points noirs sont la maintenance hospitalière et l'absence de médecine du travail.

Égypte

– Social

On peut noter certaines évolutions positives telles que la couverture par l'assurance maladie des enfants de 0 à 3 ans, la reconnaissance de l'existence des problèmes des enfants au travail, des enfants des rues, ainsi que l'interdiction proclamée de l'excision. Il faut signaler la création d'un réseau d'ONG spécialisées dans les problèmes de l'enfance en danger.

– Santé

La formation de langue française passe par la préparation au Diplôme Interuniversitaire de Spécialiste (DIS), équivalent de l'internat français pour les étrangers, des séjours scientifiques de haut niveau avec l'Association Médicale Franco-Égyptienne, les Journées Annuelles du Programme de Formation entre l'hôpital Saint-Louis et le Centre d'urologie et de néphrologie de Mansoura et la filière nutrition-santé de l'université Senghor d'Alexandrie.

La coopération française agit par l'envoi de stagiaires pour la formation dans le domaine de l'hygiène hospitalière, appuie le programme de formation entre l'hôpital Saint-Louis et le Centre de Mansoura, soutient l'Association Médicale Franco-Égyptienne et l'Association des Professionnels de Santé Francophones d'Alexandrie et attribue des bourses de séjour scientifique de haut niveau. L'Union européenne lance un programme de recherche sur les conséquences des accords du GATT sur le secteur pharmaceutique (Inco RDT). Le PNUD appuie une formation spécialisée dans le handicap qui se déroule en France. La Banque Mondiale et l'USAID participent à la réforme du système de santé.

Les ONG locales présentes sont le Croissant-Rouge (de statut quasiment gouvernemental), l'AHED qui s'occupe des enfants handicapés, l'EACD des enfants des rues, l'APE (œuvres médico-sociales pour les chiffonniers du Caire). Il existe des ONG religieuses, des coptes orthodoxes, des catholiques (CARITAS), des protestants (CEOSS), des musulmans (scouts) ; celles -ci agissent dans le domaine de l'éducation et de la formation professionnelle, mais aussi de la santé : gestion de dispensaires ou de structures plus spécialisées comme le SETI, géré par CARITAS, pour les enfants handicapés mentaux. Il est à noter que de nombreux voluntaires des ONG chrétiennes sont francophones, notamment à CARITAS et à l'Association pour la Haute Égypte. Les ONG attachées à une église ou une mosquée s'occupent souvent de petits dispensaires médico-sociaux.

Les ONG internationales telles que Ford Foundation, Care, la Near East Foundation, Plan International, le Hope Project, Oxfam et Save the children agissent avec les ONG locales ; les OING francophones telles que l'Association des Amis de Sœur Emmanuelle envoient des bénévoles pour des périodes de trois à six mois. MSF vient d'ouvrir un bureau régional Égypte-Proche-Orient au Caire.

La couverture vaccinale est bonne et la prévention de la mortalité infantile liée aux maladies diarrhéiques est un réel succès. Ces deux actions sont soutenues par l'UNICEF et l'USAID. Il existe, en revanche, de grosses lacunes en ce qui concerne la prévention du tabagisme et la prévention primaire des accidents.

On dénombre 1 200 hôpitaux dont 80 % dans le secteur public situés pour 90 % dans les villes, 3 000 centres de santé primaire situés en secteur rural ; il y a un médecin pour 500 habitants.

La prise en compte du Sida relève d'une approche policière qui se manifeste par l'expulsion des séropositifs étrangers, l'hospitalisation forcée dans des « Sidatorium ». Néanmoins, il y a des essais de mise en place de services téléphoniques anonymes par le ministère de la Santé.

Seule la bilharziose fait l'objet d'un programme spécifique.

L'Égypte conditionne des copies de médicaments sans verser les droits pour les molécules, mais s'est engagée, en signant les accords de Marrakech sur le respect de la propriété intellectuelle à mettre fin à ces pratiques d'ici 2004.

Le système de santé égyptien est marqué par une inégalité dans l'accès aux soins et une pauvreté de moyens, non compensée par le secteur privé, non régulé et à la recherche du profit immédiat.

Liban

– Santé

La formation est assurée par deux facultés principales de langue française.

Le pays a noué une trentaine de partenariats avec des hôpitaux français et développe une coopération avec le Koweït. L'OMS et l'UNICEF sont présentes.

La couverture sanitaire connaît une évolution positive dans la prévention dentaire, dans la vaccination (tuberculose et poliomyélite) et en hygiène.

Dans le secteur public, on dénombre vingt taux avec 1 400 lits et 68 dispensaires. Le secteur privé compte 123 hôpitaux avec 10 000 lits, 313 dispensaires et 222 gérés par les ONG. Il y a un médecin pour 500 habitants.

Seules deux ONG s'occupent de la prise en charge du Sida.

Les médicaments génériques sont importés et délivrés gratuitement pour certains cas sociaux.

Les carences concernent les personnels paramédicaux, la couverture sociale réservée à certaines catégories de travailleurs, la prévention. On peut regretter également l'absence de carte sanitaire du pays, la désorganisation administrative et professionnelle du ministère et enfin, le coût trop élevé des soins.

Maroc

– Social

Le pays développe une stratégie pour élargir l'accès des populations défavorisées aux services sociaux de base (eau potable, santé, scolarisation, notamment chez les filles dans le milieu rural) qui s'accompagne d'un renforcement des programmes de recherche d'emploi, d'assistance et de protection sociale. Un plan national décentralisé de lutte contre la pauvreté a été réalisé avec les provinces (électrification, eau potable, gestion de l'environnement).

– Santé

Des programmes de formation sont menés conjointement avec le Canada, (gestionnaires en santé à l'université de Montréal) et la Belgique (collaboration institutionnelle entre l'Institut de Médecine Tropicale Prince Leopold d'Anvers et l'INAS).

La coopération avec la Belgique se traduit en outre par un appui aux soins de santé de base à Zagora et à la lutte contre la cécité à Ouarzazate. L'Union européenne intervient sur le planning familial (avec le GTZ allemand), la santé maternelle et néonatale, la lutte contre les MST/Sida et la recherche sur les systèmes de santé. La BAD (soins de santé de base), l'UNICEF, l'OMS, le FNUAP, et l'USAID (survie de l'enfant et planning) sont également présents.

Les ONG se manifestent dans le domaine de la santé liée à l'environnement, à la salubrité des denrées alimentaires, à l'évacuation des déchets, des substances chimiques et toxiques, à la prévention des accidents de la circulation, à la prévention des MST/Sida, à la lutte contre le tabagisme et la toxicomanie.

Les autorités renforcent la régionalisation du système de santé. L'extension de la couverture sanitaire passe par l'amélioration de l'accès aux soins, notamment en institutionalisant les « centres de santé communaux ».

On dénombre, dans le secteur public, 106 hôpitaux (25 715 lits), 1 949 établissements de soins de santé de base, 192 cliniques (3 862 lits) et dans le secteur privé, 83 cabinets de radio, 3 465 cabinets généraux, 1 003 chirurgiens dentistes, 195 laboratoires privés, 2 568 officines et dépôts de pharmacies. Il y a un médecin pour 2 503 habitants et un pharmacien pour 10 635 habitants.

Le Sida est pris en charge pour la zone nord par l'hôpital Ibn Sina et pour la zone sud par l'hôpital Ibn Rochd. Le Programme National de Lutte Contre le Sida et les MST (1986) finance le traitement par bithérapie. Il assure la prévention de la transmission sexuelle, sanguine et périnatale par des programmes d'information-éducation et prend en charge les malades et les contaminés. La période couverte s'étend de 1996 à 2000 avec un accroissement prévu du rôle des médias, l'accès aux préservatifs et aux seringues. Ce programme a développé sept services régionaux des MST/Sida (Casablanca, Rabat, Fès, Oujda, Tanger, Marrakech et Agadir).

80 % des médicaments génériques consommés sont produits sur place.

Les carences concernent la réhabilitation des structures, la prise en charge des handicapés, la prévention et le traitement du cancer et des maladies cardio-vasculaires.

Mauritanie

– Social

Le plan directeur santé couvrant la période 1998-2002 prévoit la mise en place d'une action sociale vers la mère et l'enfant. Une action spécifique concerne la maternité, la contraception et les soins aux nourrissons (suite à une enquête régionale « Moma » : mortalité maternelle et infantile). La lutte contre la pauvreté fait partie des priorités.

– Santé

Toutes les structures de formation sont d'expression française (les spécialisations ont lieu à l'étranger-DEA, thèse).

La coopération française est très importante, en projets (16 MF), en assistance technique (quinze agents), par le programme de bourses et la coopération décentralisée. L'Allemagne et l'Espagne sont également des partenaires majeurs. Le Fonds Européen pour le Développement (FED) et les subventions d'ajustement structurel s'orientent vers le domaine sanitaire, les infrastructures, les équipements médicaux et l'approvisionnement en médicaments. Les actions de la Banque Mondiale (sectorielles), de l'OMS (santé publique), de l'UNICEF (vaccins) et du FNUAP (santé de la mère et de l'enfant) complètent les autres interventions.

Les ONG ont mis en place des réseaux sanitaires de base à l'échelon de la commune (Association Française des Volontaires pour le Progrès (AFVP), Pharmaciens sans Frontières, Médecins sans Frontières, CARITAS, Santé Sud, Terre des Hommes, le Groupe de recherches et d'échanges technologiques (GRET), DOULOS, la Fédération Luthérienne Mondiale (FLM)…).

Les Journées Nationales de Vaccination organisées par l'UNICEF sont considérées comme un succès. L'objectif est de 85 % de couverture vaccinale en 2002.

On dénombre un centre hospitalier national à Nouakchott, et dix hôpitaux régionaux. L'objectif est de doter chaque département d'un centre de santé et chaque commune d'un poste de santé. Les médecins sont installés principalement à Nouakchott.

Le Programme National de Lutte Contre le Sida, peu performant, est complété par l'action d'ONUSida. Il existe d'autres plans nationaux de lutte contre les principales maladies : tuberculose, lèpre, paludisme.

Les médicaments génériques ne sont pas produits sur place mais importés via la Pharmapro à destination des régions et des pharmacies de cession des hôpitaux régionaux. À Nouakchott, l'approvisionnement passe exclusivement par le secteur privé à un coût inaccessible aux populations démunies.

Les coopérations francophones des pays non francophones

S'agissant des pays non francophones en développement ou en transition, les interrogations portaient essentiellement sur leurs relations avec des pays francophones dans le cadre d'actions de coopération en matière sanitaire et sociale. Sur les soixante-neuf pays ayant répondus, trois questionnaires (Hongrie, Slovaquie, Thaïlande) ne comportaient aucune réponse et six exprimaient clairement une absence totale de coopération dans le domaine sanitaire et social.

Les pays francophones du Nord et singulièrement la Belgique, le Canada, la France et la Suisse mènent des politiques de coopération dans pratiquement tous les pays du monde (exceptés le **Botswana**, **Brunei**, la **Gambie**, la **Malaisie**, **Panama** et la **Slovénie**).

Il convient d'insister sur l'extraordinaire rayon et champs d'action des **OING francophones**. Présentes dans tous les pays, elles couvrent des champs d'intervention très étendus qui vont de la formation des personnels à la gestion de structures hospitalières, voire même à l'élaboration de politiques nationales de santé en liaison avec les autorités du pays. Dans le domaine social il faut signaler l'action du CIF France (pour Council International Fellowship). Cette association organise les échanges à caractère professionnel entre intervenants du champ social : huit à quinze étrangers accueillis dans des structures professionnelles par an en France et départ de stagiaires français dans les mêmes conditions. Jusqu'en 1998, 285 travailleurs sociaux français sont allés à l'étranger et 257 stagiaires étrangers sont venus en France.

Une spécialité revient très souvent dans les exemples d'actions menées : l'**urgence**. Les Français en particulier semblent se voir reconnaître une expertise unique au monde en matière de prise en compte de situations dramatiques liées à des catastrophes d'envergure, nécessitant une pratique médicale associant plusieurs disciplines à mettre en œuvre dans un délai réduit, mais également pour répondre à des situations de famine ou d'épidémies.

Enfin, les interventions concernant **les publics défavorisés** (sans domicile fixe, insertion des jeunes, milieu rural, bidonvilles, indigènes), notamment en Amérique du Sud où la présence francophone est intense (seize pays) et le Sida (notamment la sécurité transfusionnelle) sont fréquemment citées, ainsi que certaines spécialités comme la cardiologie, l'oncologie et la chirurgie. La participation à la recherche et à la lutte contre les nombreuses maladies localement virulentes distingue également les francophones : trypanosomiase en Angola, lèpre au Bangladesh, leishmaniose et maladie de Chagos en Bolivie, maladie de Kashin Beck en Chine, ou paludisme et tuberculose dans de nombreux pays. Un dernier élément mérite d'être mis en avant : la coopération étatique associant deux pays francophones dans une action à destination d'un pays tiers. Ainsi, la coopération française en Angola permet d'envoyer des personnels spécialisés dans la transfusion sanguine se former en Côte-d'Ivoire. De même, au Brésil, la France s'associe au Canada pour conduire, avec les ONG, des programmes de protection de l'enfance et des femmes. Pour faciliter la recherche d'information nous distinguerons deux groupes : celui comprenant les pays, classés par régions, qui ont à la fois un volet social et un volet sanitaire dans leurs échanges avec les pays francophones (vingt-sept pays) et celui des pays n'affichant qu'une coopération sanitaire (trente-deux pays).

Afrique

En **Afrique du Sud,** de nombreux échanges avec des ONG françaises s'attachent à favoriser l'insertion des jeunes. Le secteur sanitaire est concerné prioritairement par la formation avec l'organisation de stage de santé publique en France.

L'**Angola,** développe, en coopération avec la France, des programmes pour les jeunes et notamment les très jeunes filles défavorisées. En matière médicale la priorité est donnée à la lutte contre le Sida, contre la trypanosomiase et la tuberculose. Des stages de formation concernant la transfusion sanguine sont organisés par la France en Côte-d'Ivoire et des professionnels sont accueillis en France pour la trypanosomiase. Les ONG présentes s'occupent essentiellement de formation, de soins et de gestion sanitaire : Médecin sans Frontières, Médecins du Monde, ACF et Handicap International.

En **Ouganda,** L'UNAFRI travaille à l'amélioration des conditions de détention. La France apporte un soutien technique et financier à la création d'un centre national de documentation et d'information sur le Sida et conduit des formations scientifics de recherche sur le Sida et les maladies tropicales. Médecins du Monde et Médecins sans Frontières contribuent à la lutte contre le Sida et le paludisme. L'hôpital de la Pitié Salpêtrière (Paris) travaille avec Mulago Hospital (Kampala) sur la prévention et le traitement de la toxoplasmose cérébrale. Cet hôpital est également destinataire d'équipement médical d'urgence.

En **Zambie,** le projet « Street kids » de construction d'une ferme-école est soutenu par la France. Les ONG, Médecins sans Frontières et Pharmaciens sans Frontières sont présentes.

Amérique

En **Argentine,** la Cimade (ONG française) s'occupe de la régularisation d'occupants sans titre dans les « villes miserias » de Buenos Aires. Un soutien est apporté à la province de Buenos Aires et à l'ONG Argentine « Fondation Riachuelo » pour l'adduction d'eau. Outre les échanges de spécialistes, un accord de coopération existe entre les ministères français et argentins de la Santé pour lutter contre le Sida (épidémiologie, communication et recherche clinique). Un jumelage unit les CHU de Bordeaux et les hôpitaux de Cordoba et l'hôpital français de Buenos Aires. Des projets thématiques bilatéraux sont en cours : transfusion, transplantation, urgence, gestion hospitalière… Des dons en médicaments sont distribués par l'ONG « Musique-Espérance ».

En **Bolivie,** une coopération associative se développe pour la protection de l'enfance. Une coopération active existe pour lutter contre la tuberculose, la leishmaniose, la maladie de Chagos : la fondation Rhône-Poulenc Rohrer (dans la région du Béni). Santé Sud et la Belgique, la France et la Suisse y participent. À noter, l'existence d'un institut franco bolivien de recherche à la Paz (échanges et missions croisées).

Au **Brésil,** le Canada et la France en liaison avec les ONG présentes sur place s'occupent de programmes de protection de l'enfance et des femmes. Ces deux pays francophones assurent également des formations et des stages. La coopération française concerne également le Sida. MSF et Médecins du Monde traitent de l'urgence et de la formation pour les tribus indigènes et la population des favelas.

Au **Chili,** des ONG belges et des programmes canadiens mènent des actions en faveur des enfants déficients et de l'insertion des femmes pour les premières et vers les enfants, les femmes et « les peuples autochtones » pour les seconds. Pour la santé, la France et la Belgique dominent la coopération. L'INSERM accueille des chercheurs et des formations doctorales, l'Agence du Médicament pratique l'échange d'experts et des jumelages hospitaliers existent. De plus, la France participe à la formation d'anesthésistes-réanimateurs en vue de mettre en place des Samu. La Belgique déploie beaucoup d'échanges scientifiques directs entre universités et participe au Programme de Prévention et de Lutte contre le Sida.

À **Cuba,** outre le PNUD, l'UNICEF, L'OPS (Organisation Pan-Américaine de la Santé

273

de l'OMS), la FNUAP et le PAM (Programme Alimentaire Mondial), les coopérations canadienne et française sont présentes. L'ACDI s'occupe de soins primaires, d'éducation et des questions de population, tandis que la France gère un programme d'insertion des handicapés moteurs et mentaux, d'initiation à l'informatique pour les femmes, des programmes de restructuration et réorganisation du paysage. En matière sanitaire la France forme et accueille des médecins pour l'oncologie, la cardiologie et la chirurgie et des instituts travaillent ensemble sur les risques toxico-institutionnels ; le Canada couvre plutôt les secteurs de l'hygiène, l'épidémiologie, le génie biomédical et la nutrition et participe au programme provincial de prévention de la dengue ; La Belgique délivre des bourses d'étude. Médecins du Monde, Pharmaciens sans Frontières, OxFAM (groupements ONG locales et canadiennes) et Enfants du Monde sont présents.

L'**Équateur,** bénéficie dans le domaine social de l'intervention de la France, de la Belgique, du Luxembourg, du Canada et de la Suisse. Les programmes concernent la situation économique des paysans, l'instruction professionnelle des attardés mentaux, l'appui aux groupes marginalisés, les communautés indigènes, etc. et sont menés le plus souvent par des ONG : Volens, Nord-Sud et Vlaams International Centram (VIC) pour la Belgique, Fondi Ecuatoriano canadiense para el Desarollo et Fonds du Canada, Terre des Hommes et Suissaide pour la Suisse et pour la France, OHFOM (rééducation d'enfants handicapés), Partage avec les Enfants du Monde (écoles spécialisées), France-Amérique latine, Pact'Arim (rénovation du vieux Quito), Traditions pour Demain (communautés indigènes). Les villes de Lille et de Nantes sont également actives (enfants défavorisés et personnes âgées). En santé les programmes concernent le Sida (France), l'insuffisance d'iode dans l'alimentation et les problèmes de thyroïde (Belgique), la construction d'infrastructures (Luxembourg). Les ONG sont Pharmaciens sans Frontières, qui met en place un réseau de soins primaires pour les populations indigènes et Medicus Mundi qui a créé un centre d'information sur le Sida.

Au **Honduras,** « Partage avec les Enfants du Tiers Monde » est relayé par « Compartir » pour l'aide à l'enfance et MSF est présente.

Au **Paraguay,** le Secours Populaire Français et le CCCF organisent des formations en milieu rural défavorisé. Il existe des partenariats hospitaliers avec la France qui soutient le Programme National de Lutte Contre le Sida. « Urgences sans Frontières » est l'ONG francophone la plus active.

Au **Pérou,** le « Fonds de Contrepartie Pérou-Canada » organise le soutien aux petites entreprises dans le secteur agraire, mène un programme pour le développement de l'égalité homme/femme et d'aide aux zones les plus pauvres. L'Assistance Publique-hôpitaux de Paris assure la formation de chirurgiens. La France a signé avec le Pérou un protocole financier le 25 février 1997 (renouvelant celui de 1995), qui prévoit la fourniture de services et d'équipements aux hôpitaux Arzo bispo Loayza et Instituto Nacional des Nino, ainsi qu'un programme de formation.

En **Uruguay,** le Bureau International Catholique de l'Enfance (BICE), ONG Suisse, possède une représentation locale qui développe avec des associations uruguayennes, des programmes de prévention des abus sexuels. La France organise des stages, des séminaires sur le Sida, la cancérologie et délivre des bourses des hôpitaux de Paris. Depuis 1997 l'Agence Française du Sang coopère avec le « Servicio Nacional de Sangre » pour la réforme du système de transfusion sanguine. En 1998, une coopération en matière de gestion hospitalière est mise en œuvre par l'ACODESS (Association de Coopération pour le Développement des Services de Santé).

Au **Venezuela,** il existe un programme français pour l'insertion des jeunes. L'Association Franco-Vénézuélienne des Sciences de la Santé organise des stages et des séminaires et la coopération soutient la création d'une *maestria* en épidémiologie associant un réseau national des universités. Une association guyanaise soutenue par l'Union européenne, mène un projet de télédiagnostic et télémédecine.

Asie

Au **Bangladesh,** le Canada et la Suisse apportent une aide massive au développement de base sur des projets intégrant plusieurs dimensions : santé, éducation, travail des femmes. Du point de vue médical la Suisse et la Belgique apportent une aide financière, la France soutient la formation de chirurgiens et le Canada et la Suisse appuient le programme de santé primaire. Une coopération se développe avec l'Institut Pasteur et la Belgique donne un million de dollars par an à l'Institut Damien (lèpre). MSF forme du personnel en vue de la création d'un hôpital dans l'est ; les ONG locales sont soutenues par la Suisse dans la lutte contre le Sida (Association CAAP) et par la

France dans la gestion d'une structure hospitalière (Gonos hastha Kendra).

Avec la **Chine,** la France mène une action de coopération institutionnelle de fond en matière sociale (échanges, formation, documentation). Un accord intergouvernemental signé en mai 1997 prévoit également des échanges et des bourses dans le domaine de la santé. Médecins sans Frontières est présent au Tibet et au Guangxi, Médecins du Monde et Santé Sud à Shanghai. La ville de Nantes participe à la mise en place de quatre Samu (dont un à Pékin) et au projet d'hôpital pour enfants à Hainan.

Le **Pakistan,** développe un programme de coopération en matière social avec le Canada. La France a fourni des respirateurs à la maternité de l'hôpital de Skardu.

Aux **Philippines,** le Canada conduit un programme pour l'amélioration du niveau de vie en milieu rural et l'ONG française « Virlanie » un projet consacré aux enfants des rues. La France participe à la recherche sur le paludisme et le Sida. Médecins sans Frontières Suisse et Médecins du Monde opèrent dans les secteurs des urgences, des soins et de la formation.

Europe

L'**Arménie,** compte de nombreuses associations comprenant des Français d'origine arménienne qui s'occupent du secteur social. Médecins sans Frontières Belgique, Médecins sans Frontières France et l'Union des Médecins Arméniens de France déploient une forte activité, complétée par des aides ponctuelles de la France (envoi de stagiaires, soutien à des projets).

Le **Belarus,** et la France ont signé un accord pour l'insertion et l'emploi des jeunes. Une coopération décentralisée existe entre, d'une part le centre A. Vautrin de Nancy et l'Institut de Recherche Oncologique de Minsk et d'autre part la région Nord-Pas-de-Calais et la région de Moguilov dans la lutte contre les conséquences de Tchernobyl.

Au **Kazakhstan,** les « points cœurs » prennent en charge les enfants à scolariser. La coopération avec la France concerne l'information sur les MST et le Sida avec le Réseau National de Santé Publique, l'aide aux diabétiques (avec une association locale) les femmes et les enfants (projet PESK), les conséquences des essais nucléaires soviétiques, avec L'INSERM. Les ONG, « la chaîne de l'espoir » (soins gratuits en cardiologie) « le Pélican » (médecins rennais sur le diabète) et « Songe » (belges) sont les plus actives.

En **Lettonie,** l'Association Cap Espérance a créé une école pour orphelins à Grasi avec une scolarisation partiellement en français. L'ambassade de France soutient l'Association Rencontre Picardie-Lettonie et Amitié France-Pays baltes pour organiser une dizaine de stages de professionnels de la santé en France.

En **Russie**, les programmes sont français et concernent l'aide aux détenus, aux démunis (Restaurant du Cœur) aux toxicodépendants, aux enfants de la rue, aux réfugiés et aux sans-domicile fixe. Les ONG, Médecins du Monde, en liaison avec Vozvrachenie à Saint-Petersbourg pour les toxicodépendants, ATD Quart-Monde pour les pauvres et « 'ACER » pour l'aide aux paroisses sont impliquées dans la coopération. Pour le secteur médical, les jumelages d'hôpitaux sont nombreux : hôpitaux de la Vienne et de Novossibirsk, d'Esquirol et Institut Serbsky, CHU de Caen et Institut Burdenko, Necker-Enfants malades et l'hôpital pédiatrique de Russie, hôpital des maladies infectieuses de Saint-Petersbourg. La coopération française a participé à l'équipement de l'hôpital militaire de Krasnogorsk « Ideal Medical Product », du centre oncologique de Moscou, de l'hôpital Burdenko, de l'hôpital de Starye Oskol, de deux maternités à Moscou, de la polyclinique de Duanevo, du centre d'hématologie à Moscou, de l'Institut de Recherche en Microbiologie de Puschino, du Centre de Physiothérapie de Sotchi et de Tuapse, et du Centre de Santé de Perm. Médecins du Monde intervient pour la formation d'agents de santé à Yamal et en Tchoukotha en Sibérie ; Médecins sans Frontières pour l'aide médicale aux sans domicile fixe à Moscou et Aides avec « Russian Names Fund » pour la formation sur le Sida.

Proche et Moyen-Orient

En **Jordanie**, les centres sociaux du Bas-Rhin organisent des stages pour les membres d'ONG. Douze techniciens biomédicaux passent chaque année, trois mois dans les hôpitaux de Lyon et l'Association Médicale Franco-Jordanienne organise des séjours scientifiques pour trois personnes chaque année. De plus, une coopération universitaire avec la France se développe avec la faculté de médecine dentaire de Jordanie.

En **Syrie**, les ONG CARITAS et Terre des Hommes s'occupent de l'accueil d'enfants handicapés et l'Ordre des Chevaliers de Malte des enfants autistes.

Au **Yémen**, les francophones prodiguent une aide aux réfugiés. La France organise des stages de remise à niveau pour médecins francophones et l'Association des Anciens Médecins de la Mission Médicale Française de Taez organise un séminaire annuel. Les ONG actives sont Médecins sans Frontières et Handicap International.

Trente-deux pays ne présentent qu'un volet sanitaire à leur coopération avec des pays francophones.

Amérique

La **Colombie**, développe depuis 1998 un programme d'échange entre universités et industriels avec la France concernant la santé. Les ONG, Médecins sans Frontières et Médecins du Monde sont représentées.

Au **Costa Rica**, Médecins sans Frontières intervient ponctuellement en cas de catastrophe mais la coopération médicale française organise des stages et des séminaires et participe à la « semaine Médicale ».

À **El Salvador**, dans le département de Morazan, Médecins du Monde organise des formations et prodigue des soins.

Au **Nicaragua**, Médecins du Monde-France et Médecins sans Frontières Belgique interviennent, ainsi que la CIMADE qui a fondé la « Casa Materna » à Waslala. Un protocole d'accord a été signé en 1998 avec Sopha développement pour l'entretien de structures hospitalières.

En **République Dominicaine**, une association de médecins d'inspiration française s'est créée. La France accorde des bourses de spécialistes.

Afrique

En **Éthiopie**, seules les ONG, Médecins sans Frontières et Interaide offrent une coopération sanitaire.

Au **Ghana**, Entraide Médicale Internationale a permis la construction de trois dispensaires dans la banlieue d'Accra.

Au **Malawi**, Médecins sans Frontières et Interaide assurent quelques formations. Des médecins malawiens ont pu assister à un Congrès consacré au Sida à Abidjan en novembre 1997.

Au **Mozambique**, la coopération française appuie Médecins du Monde dans plusieurs projets : lutte contre le Sida, suivi social et sanitaire des enfants à Maputo.

En **Namibie**, l'effort français est concentré sur l'appui aux structures de soins de santé primaire et à la lutte contre le Sida.

Au **Nigeria**, la Côte-d'Ivoire participe au Programme de Lutte Contre le Sida « stopaids », et la France aide au développement de Samu. Médecins sans Frontières

assure un travail de vaccination, d'éducation sanitaire et de prévention.

Le **Soudan**, est concerné par la réhabilitation d'un hôpital à Malakal, par la formation des médecins et du personnel paramédical conduite par la France et « Hôpital sans Frontières ». Médecins sans Frontières intervient dans le domaine des soins et de la formation, Médecins du Monde et Action Internationale Contre la Faim pour la nutrition et l'assainissement.

En **Tanzanie**, il existe des projets de coopération régionaux concernant le Sida et une action humanitaire d'urgence déclenchée par la France en 1998 contre le choléra. Médecins du Monde, Médecins sans Frontières, et Aide et Action mènent des actions de lutte contre le Sida et le paludisme, appuient des projets de développement local et assurent des soins. Le Canada, la France et la Suisse contribuent à la réhabilitation des hôpitaux et à la fourniture de médicaments.

Le **Zimbabwe**, a signé un protocole financier avec la France au niveau des ministères de la Santé.

Asie

La **Birmanie**, envoie des stagiaires, boursiers de la France pour des spécialisations.

Médecins du Monde et Action Internationale Contre la Faim sont présents.

En **Inde,** une centaine d'ONG sont présentes : Interaide, Handicap International, SPF, SSF (santé primaire, éducation, prévention), sont particulièrement actives. La France développe des échanges de chercheurs. L'Inde coopère avec des francophones en matière d'épidémiologie du Sida.

En **Indonésie,** la coopération française est consacrée à la radiothérapie et à l'écographie. Médecins sans Frontières Belgique est représentée.

Au **Népal,** la France fournit une aide à l'équipement et Médecins du Monde suit les accouchements, le Sida et la tuberculose. La Croix-Rouge française et le Lions Club suisse sont également actifs.

Au **Sri Lanka,** outre l'action de Médecins sans Frontières, la France mène une forte coopération hospitalière : missions de formation et stages en France, livraison de matériel chirurgical.

Europe

En **Azerbaïdjan,** des ONG assurent une coopération sanitaire : Médecins sans Frontières, Équilibre et Médecins du Monde-Grèce.

Chypre, a pu envoyer des spécialistes pour un stage de recyclage d'un mois en France.

La **Lituanie,** bénéficie de bourses françaises et pratique des échanges entre professionnels.

L'**Ouzbékistan,** accueille des séminaires de formation de la Fondation Mérieux et bénéficie de stages en chirurgie et épidémiologie. Le CICR et Médecins sans Frontières sont présents.

En **Ukraine,** Psychiatres du Monde assure des formations. Il existe également des jumelages hospitaliers avec des pays francophones.

La **Fédération yougoslave,** connaît des jumelages hospitaliers : Tenon (Paris) et la faculté de médecine de Ni (néphrologie) et Rennes avec l'Institut de Rééducation Physique Igalo (Monténégro).

Proche et Moyen-Orient

L'**Arabie Saoudite,** conduit une coopération médicale avec la France et les pays du Maghreb. La société franco-arabe du cancer, l'UNICEF et le bureau régional de l'OMS assurent une bonne coopération sur le Sida.

Aux **Émirats Arabes Unis,** Médecins sans Frontières s'attache à recueillir des fonds. Le pays pratique l'échange de spécialistes avec des pays francophones mais refuse de reconnaître le diplôme interuniversitaire de spécialistes (DIS) qui sanctionne, pour les étrangers, l'internat.

L'**Iran,** accueille des missions de spécialistes français et participe au concours du DIS.

La **Libye,** prévoit de laisser postuler une dizaine de médecins libyens au DIS en 1998.

Oman, a envoyé deux chirurgiens en stage en France en 1997 et accueille des missions de spécialistes français en orthopédie et chirurgie. La France participe à la mise en place d'un service de chirurgie du cancer à l'hôpital de Mascate.

Le **Qatar,** accueille des missions de spécialistes français et envoie des stagiaires en France.

CHAPITRE 9

Espace juridique

Introduction

La mise en place d'un espace juridique francophone correspond initialement à la promotion de valeurs fondamentales, véritables enjeux pour la consolidation de l'État de droit, l'appui aux processus démocratiques et la promotion des Droits de l'homme. Elle a par la suite, au fur et à mesure de l'évolution des relations internationales, été amenée à répondre à la nécessité de préparer et d'engager la Francophonie dans les défis nouveaux qui sans cesse se dressent et transforment les perspectives de développement. Cette prise de conscience, confirmée par la création en mai 1989 d'un Programme de Coopération Juridique et Judiciaire lors du IIIe Sommet francophone à Dakar, a depuis rendu plus vastes les terrains de la diffusion de l'esprit juridique francophone.

À côté des interventions des opérateurs francophones comme l'Agence de la Francophonie et des opérations financées par les États francophones, des instances comme, la Conférence Internationale des Barreaux de tradition juridique commune, ou encore l'Institut International de Droit d'Expression et d'Inspiration Françaises, se sont multipliées également des initiatives en vue d'apporter à l'ensemble de l'espace francophone les expériences et les savoir-faire des uns et des autres ; ces initiatives se situent dans différents cadres et s'articulent parfois selon des formules originales, qui mettent en liaison aussi bien des institutions que des groupes socioprofessionnels. Des associations et des partenariats, plus ou moins structurés, se forment alors aux niveaux multilatéral et bilatéral.

L'état de l'espace juridique francophone a été tout d'abord analysé par le biais des questionnaires adressés aux postes diplomatiques français à l'étranger. Ce travail a fait apparaître une certaine confusion entre, d'une part la coopération développée dans l'espace francophone, qui intègre à la fois la pluralité des acteurs francophones et leurs différents cadres d'action, et d'autre part la coopération développée bilatéralement par la France. Afin de compléter les données obtenues, des démarches ont été menées auprès des opérateurs francophones, en tenant compte de leur diversité et des cadres dans lesquels ils s'engagent.

Cet état des lieux tel qu'il est présenté dans les pages suivantes offre au lecteur un bilan des réalisations inscrites dans le biennum 1997-1998, agencées par thèmes et par pays.

Ainsi ont été définis au niveau multilatéral trois thèmes : « Le droit et la dimension économique », « L'appui aux processus démocratiques et aux Droits de l'homme » et « L'appui à la justice et aux juridictions ».

Au niveau bilatéral, deux thèmes répertorient les activités juridiques francophones : « L'appui à la justice et aux juridictions », et « L'appui aux processus démocratiques et aux Droits de l'homme ».

Mais il est important d'évoquer dans un premier temps les conférences internationales qui fondent et définissent la politique juridique multilatérale menée dans l'espace francophone.

La déclaration du Caire et le bureau de suivi

Le bureau du suivi de la conférence des ministres francophones de la Justice, créé en vertu de la décision prise au Caire par la troisième conférence le 1er novembre 1995 pour assurer le suivi de l'application de sa déclaration finale et la réalisation de son plan d'action, a tenu sa première réunion, à nouveau au Caire, les 18 et 19 octobre 1997.

Après avoir vivement recommandé qu'une priorité majeure soit accordée à la place du droit lors des sommets et au sein des instances de la Francophonie, le bureau a retenu des lignes d'actions prioritaires :
- la nécessité de promouvoir la participation et la concertation des pays membres lors des réunions internationales concernant le domaine juridique ;
- le devoir d'offrir une assistance judiciaire en faveur des pays en situation d'urgence dans leur lutte contre l'impunité ;
- l'importance de procéder à l'identification de concepts et de principes communs, pouvant se traduire par l'harmonisation des textes en transcendant la diversité de ces systèmes pour favoriser leur rapprochement ;
- la pertinence de structurer des réseaux propres à développer la diffusion d'une meilleure information réciproque, afin de mobiliser les compétences et de créer des relais à tous les niveaux requis ;
- l'intérêt de valoriser les instruments disponibles afin de consolider les initiatives concernant le fonds de soutien à la modernisation de la justice et l'Observatoire Francophone pour l'État de Droit, la Démocratie et la Paix.

Le bureau a, d'autre part, confirmé le caractère indispensable des actions à conduire pour :
- la mise en place d'une banque de données dans chaque État et la diffusion multiforme de ces données, grâce aux nouvelles technologies de l'information ;
- l'adoption d'une approche globale et intégrée pour l'appui aux processus de démocratisation, en amont et en aval des consultations électorales, ainsi qu'aux Droits de l'homme et à la paix ;
- le développement des actions de formation et notamment la formation des formateurs ;
- la nécessité d'accorder une attention particulière à la protection des droits et libertés fondamentaux, spécialement en ce qui concerne les femmes et les enfants, de même qu'à la protection judiciaire de la jeunesse. Il convient aussi que la Francophonie s'attache à dégager une approche spécifique des problèmes liés au statut de la famille dans l'espace francophone, de manière à surmonter les éventuels conflits pouvant résulter des législations existantes ;

- la consolidation des programmes qui favorisent l'affermissement de la sécurité juridique dans les investissements et le soutien aux États qui entreprennent des réformes ambitieuses de la justice commerciale.

L'ensemble de ces recommandations répond à la volonté réaffirmée de faire d'une justice forte, indépendante, efficace et accessible, le premier garant de l'État de droit, de la démocratie, de la protection des Droits de l'homme et de la paix, pour créer les conditions indispensables à un développement équilibré et durable.

Le sommet de Cotonou

À l'issue de la VIe conférence des chefs d'État et de gouvernement des pays ayant le français en partage, réunie à Cotonou du 2 au 4 décembre 1995, les participants ont réaffirmé dans la déclaration finale leur *« foi dans les valeurs démocratiques fondées sur le respect des Droits de l'homme et des libertés fondamentales et dans le plein respect des droits des minorités ».* À ce titre, ils ont confirmé l'initiative des ministres francophones de la Justice, au sein de la résolution sur la justice et le développement, de faire de la décennie 1995-2005 la « Décennie de la justice dans l'espace francophone ».

Le Programme de Coopération Juridique et Judiciaire, mis en place lors du Sommet de Dakar par la résolution n° 6, devient un programme mobilisateur « pour un espace de liberté, de démocratie et de développement ». Il se structure en plusieurs volets :
- amélioration des conditions d'exercice de la justice ;
- publication des instruments juridiques nationaux ;
- appui aux processus démocratiques, notamment électoraux ;
- coopération interparlementaire ;
- appui aux initiatives de paix.

Le sommet de Hanoï

À Hanoï, les chefs d'État et de Gouvernement des pays ayant le français en partage ont demandé au secrétaire général de la Francophonie d'intensifier la coopération avec les organismes internationaux et régionaux œuvrant notamment dans le domaine des Droits de l'homme. Ils lui ont confié en outre la mission de contribuer, en tant que de besoin, par l'entremise des instruments de l'Agence de la Francophonie mis à sa disposition à cet effet, à la consolidation de l'État de droit et du processus démocratique.

Par ailleurs, les grandes orientations ont été définies à travers les programmes mobilisateurs. Parmi ces derniers, une place importante est accordée aux préoccupations juridiques : le programme « Espace de liberté, démocratie et de développement » insiste sur la nécessité d'instaurer et de développer une *« culture de la justice au sein des relations internationales ».* À cet égard, la Francophonie insiste particulièrement sur les droits des femmes et des enfants *« grâce à la mise en réseau des institutions, à la formation et à la sensibilisation des populations ».*

De plus, une priorité doit également être accordée aux actions de coopération conduites en partenariat avec les cours constitutionnelles des pays ayant le français en partage, au renforcement de la justice pénale, à l'assistance judiciaire des pays en situation d'urgence, à l'intensification de la coopération interparlementaire, avec le concours de l'AIPLF reconnue comme l'assemblée consultative de la Francophonie et à la mise en place d'une coopération entre les administrations publiques francophones.

Relevons en outre au sein du programme mobilisateur « Francophonie, économie et développement » la préoccupation fondamentale d'établir un environnement juridique et institutionnel favorable à la coopération économique et notamment inter-entreprises.

Coopération multilatérale

Droit et dimension économique

La nécessité de sécuriser les transactions juridiques est apparue depuis quelques années déjà comme une des priorités à mettre en œuvre dans l'espace francophone. Cette préoccupation traduit certes la nouvelle teneur du tissus des relations internationales depuis la fin de la Guerre Froide ; elle manifeste aussi le réalisme des volontés francophones désireuses de répondre efficacement aux enjeux actuels, notamment en ce qui concerne l'attrait des investissements étrangers. Mais elle se place surtout dans une perspective plus vaste : l'État de droit en effet s'inscrit dans un contexte économique et cette considération doit être appréhendée à sa juste valeur, afin de promouvoir l'intégration régionale chaque jour plus poussée, ainsi que la mondialisation des rapports commerciaux.

La résolution du Sommet de Cotonou sur la « Justice et le Développement » insiste sur ce constat : *« la sécurité des personnes et des biens est l'une des conditions premières du développement économique et la sécurité juridique dans les échanges et les investissements est également une condition indispensable de ce développement »*

L'Organisation pour l'Harmonisation du Droit des Affaires (OHADA)

L'OHADA créée par le traité le 17 octobre 1993 à Port-Louis (Maurice), regroupe à ce jour seize États membres : le Bénin, le Burkina Faso, le Cameroun, la Centrafrique, la Côte-d'Ivoire, le Congo, les Comores, le Gabon, la Guinée, la Guinée-Bissau, la Guinée-Équatoriale, le Mali, le Niger, le Sénégal, le Tchad, et le Togo.

Mise en place des instances : le secrétaire permanent a commencé à exercer ses fonctions à partir de Yaoundé au Cameroun comme l'École Supérieure Régionale de la Magistrature qui ne devrait pas commencer à fonctionner avant le second semestre 1998. La Cour de Justice a été officiellement installée au début du mois d'avril 1997 et a déjà été consultée sur les premiers projets d'actes uniformes.

Réalisations : l'avant-projet relatif au droit commercial général a reçu l'agrément des commissions nationales lors de leur session tenue à Bangui (Centrafrique) les 7 et 8 février 1995. Le texte relatif au droit des sociétés commerciales a été agréé au cours de la session tenue à Bamako (Mali) du 11 au 17 octobre 1995. Les avant-projets de textes relatifs aux procédures collectives, aux voies d'exécutions, aux sûretés et au droit comptable, ont été agréés au cours de la session tenue du 11 au 16 décembre 1995 à Dakar (Sénégal). L'avant-projet sur le droit de l'arbitrage a été agréé au cours de la session tenue à Yaoundé du 15 au 16 juin 1998.

Les projets d'actes uniformes relatifs au droit commercial général, au droit des sociétés commerciales et aux sûretés ont été adoptés lors du Conseil des ministres de l'OHADA tenu à Cotonou (Bénin) le 17 avril 1997. Ils sont entrés en vigueur dans les seize pays parties au traité le 1er janvier 1998.

Les projets d'actes uniformes relatifs aux procédures collectives, aux procédures de recouvrement, et aux voies d'exécution, ont été adoptés lors du Conseil des ministres de l'OHADA tenu à Libreville (Gabon) le 10 avril 1998.

Dans ces domaines, plusieurs États non-membres se sont déclarés intéressés par les actes uniformes existants et devraient s'en inspirer dans le cadre de la réforme de leur propre droit des affaires (Éthiopie, Haïti, Madagascar).

D'autres avant-projets de textes devraient être mis en chantier dans le courant de l'année 1998, notamment pour le droit du transport, le droit de la vente (décision du Conseil des ministres à Lomé (Togo) le 30 janvier 1998), le droit du travail et le droit de la concurrence.

Agence de la Francophonie (ex ACCT)

La coopération juridique et judiciaire développée par l'Agence de la Francophonie intègre dans son programme la dimension économique de l'État de droit.

Il s'agit aussi bien d'actions d'information et de formation au droit des affaires que de concertations entre juristes spécialisés dans le traitement du contentieux tant civil que pénal, économique, commercial ou financier. Des sessions de formation associant des opérateurs économiques sont également organisées à l'intention des magistrats et auxiliaires de justice. En outre, des ateliers réunissant des participants du Sud et du Nord permettent l'échange sur des thèmes de droit économique et financier tels que la protection des investisseurs et le suivi des activités et des décisions de l'Organisation Mondiale du Commerce (OMC).

Par ailleurs, l'Agence appuie des séminaires sur l'harmonisation du droit dans les divers domaines de l'activité économique ainsi que le développement de la procédure d'arbitrage comme mode de règlement des conflits. L'ouvrage *Justice et développement : le rôle de l'arbitrage commercial international* regroupe les actes du séminaire de perfectionnement sur le rôle de l'arbitrage commercial international, organisé au Caire par la délégation générale à la coopération juridique et judiciaire de l'Agence du 14 au 21 décembre 1996. L'Agence a aussi participé à la mise à jour du répertoire pratique sur l'arbitrage commercial.

Enfin, l'Agence a accompagné la mise en place des politiques d'intégration ou de coopération régionales, en apportant un concours en documentation ou en équipements à des institutions comme l'Union Économique et Monétaire Ouest-Africaine, la Communauté Économique des États de l'Afrique de L'Ouest, l'Organisation pour l'Harmonisation en Afrique du Droit des Affaires.

Pour le biennum 1998-1999, le projet « Droit, Justice et développement » a été défini autour des objectifs suivants :
- susciter ou conforter l'expertise juridique francophone en matière de droit économique et de droit des affaires, indispensable dans l'élaboration et l'application de lois et de règlements, notamment dans le domaine commercial ;
- appuyer les négociations d'accords bilatéraux, la participation aux négociations multilatérales ou la conclusion de transactions privées internationales ainsi que le règlement des différends commerciaux ;
- adapter le droit aux exigences de sécurité que requièrent la promotion des investissements et le développement du commerce international, dans le respect du principe de la liberté contractuelle ;
- contribuer au renforcement des capacités des institutions judiciaires régionales, appelées à jouer un rôle prépondérant dans la mise en place des politiques d'intégration et de coopération régionales.

Ainsi l'Agence poursuivra-t-elle l'organisation de sessions de formations spécialisées à l'intention des magistrats, des juristes et des auxiliaires de justice afin de favoriser la formation d'un corps judiciaire et de juristes spécialisés, en y associant des opérateurs économiques et en mettant l'accent sur l'élaboration d'outils méthodologiques et de vulgarisation du droit positif à leur intention. Elle poursuivra également l'organisation d'ateliers entre participants des pays du Nord et du Sud ainsi que la saisie et la diffusion des principaux textes relatifs au droit des affaires, qui constituent une des priorités du programme COGEDI[1].

De même, l'Agence appuiera les activités de l'École Régionale du Droit des affaires (OHADA) et continuera à soutenir l'organisation, par ses partenaires socioprofessionnels, de séminaires sur les règles relatives à l'harmonisation du droit des affaires. Elle s'attachera au développement de la procédure d'arbitrage comme mode de règlement des conflits, notamment en renforçant la connaissance et l'expertise des règles applicables aux litiges commerciaux, par l'organisation de sessions de formation dans ce domaine et l'envoi de stagiaires auprès des centres actifs dans l'espace francophone. A cet effet elle poursuivra ses efforts en vue de la circulation de l'information relative à l'arbitrage par le biais du programme COGEDI.

NOTE

[1] CEGEDI : Programme de modernisation de la collecte, de la gestion et de la diffusion du droit.

Droit et dimension économique dans les États

Burkina Faso

La Conférence Internationale des Barreaux de tradition juridique commune a réuni du 10 au 13 décembre 1996 à Ouagadougou son XIe congrès. À cette occasion, un certain nombre d'éléments de réflexion ainsi que des propositions ont été avancés en matière d'arbitrage dans le traité de l'OHADA et de procédures d'élaboration des actes uniformes. Les relations entre le juge et l'avocat ont également attiré l'attention des participants.

Cameroun

Les projets d'adaptation du droit interne commercial aux actes uniformes de l'OHADA ont engagé le Cameroun dans l'élaboration de textes juridiques nouveaux. Un poste de coopérant du service national, avec un profil de juriste (3e cycle droit des affaires) a en outre été pourvu par la France au mois d'avril 1997 auprès du secrétariat permanent à Yaoundé.

Cap-Vert

Le gouvernement s'est intéressé à la création et au fonctionnement de l'OHADA.

Côte-d'Ivoire

La Chambre d'Arbitrage de Côte-d'Ivoire (CACI) a récemment été créée.

Congo

Le Congo doit promulguer sous peu la loi de ratification du traité instaurant l'OHADA.

Égypte

En 1997 a eu lieu au Caire un séminaire sur l'arbitrage commercial international qui a réuni vingt participants (magistrats, avocats et conseillers juridiques) de quinze pays.

Guinée

Seule la Guinée, parmi les États membres de l'OHADA, n'a pas encore à ce jour ratifié le traité.

Guinée-Équatoriale

La Guinée-Équatoriale doit déposer à Dakar les instruments de sa ratification du traité instaurant l'OHADA.

Mali

La diffusion des actes uniformes de l'OHADA se constate avec régularité. Par ailleurs, la Conférence Internationale des Barreaux (CIB) a organisé avec l'aide de l'Agence de la Francophonie des séminaires de sensibilisation aux structures et mécanismes de l'OHADA.

Maroc

Le XIIe congrès de la Conférence Internationale des Barreaux (CIB) s'est tenu à Meknès du 16 au 19 septembre 1997. À cette occasion et avec le soutien de l'Agence de la Francophonie, une conférence sur le thème des accords de l'OMC et du GATT a été organisée.

Niger

La diffusion du traité de l'OHADA a été appuyée par le biais de la Direction du Journal officiel.

Appui aux processus démocratiques et aux Droits de l'homme

La résolution de Cotonou sur l'appui à la démocratisation, à l'État de droit et aux Droits de l'homme a engagé les chefs d'État et de Gouvernement dans l'appui à la démocratisation en cours dans l'espace francophone, notamment par le soutien au déroulement des consultations électorales.

L'Agence de la Francophonie (ex ACCT)

L'Agence de la Francophonie, intervient directement dans le cadre de la « Promotion des Droits de l'homme et de l'appui aux processus démocratiques et de la paix ».

En matière d'appui aux processus démocratiques, l'Agence a mené essentiellement des actions de trois ordres :

- une contribution aux travaux du Conseil Permanent de la Francophonie, au terme desquels a été adopté par la Conférence Ministérielle de la Francophonie à Marrakech en décembre 1996 un *nouveau texte intégrant les directives complémentaires de 1994 complétant et actualisant les principes « devant guider l'envoi d'une mission d'observation »* ;
- une aide pour le bon déroulements des consultations électorales. À ce titre, elle s'est efforcée d'apporter son concours dans le perfectionnement des agents électoraux, ainsi que dans le soutien aux institutions impliquées dans l'organisation et le contrôle des scrutins, par la mise à disposition d'experts, de documentation et de matériels informatiques et de communication. Elle a par ailleurs développé des actions d'information et de sensibilisation relatives à la citoyenneté et à l'observation nationale tout en appuyant des initiatives d'échanges et de réflexions ;
- une participation à des missions d'observation des élections, conjointement avec l'AIPLF.

En terme de contribution de la Francophonie aux efforts internationaux en faveur des Droits de l'homme, l'Agence a intensifié, par la conclusion d'accords-cadre, sa coopération avec les Nations unies et ses insti-tutions spécialisées. Elle a poursuivi l'organisation de séminaires sur la rédaction des rapports nationaux relatifs aux Droits de l'homme, réalisé des documents d'information sur les sessions de la Commission des Droits de l'homme et de la Commission africaine des Droits de l'homme et des peuples et appuyé des rencontres comme les Journées de la Francophonie Syndicale ou le Symposium international sur la « bonne gouvernance et le développement ».

L'Agence est intervenue également, à travers le soutien à la formation de formateurs, la fourniture de documentation et l'octroi de bourses, dans le domaine des droits au quotidien. Elle a porté ses efforts sur le suivi de la conférence de Pékin, en soutenant notamment le développement du réseau de cliniques juridiques et a aidé à identifier des projets porteurs pour l'amélioration et le respect du droit des femmes par la tenue à Dakar de la réunion du Comité International Francophone « Femmes et Droit » (CIFFED).

Il convient de signaler la création en 1997 d'un site expérimental sur internet concernant l'espace constitutionnel francophone.

L'adoption des résolutions n° 6 sur le Rwanda, n° 7 sur le Burundi et n° 5 sur la prévention des conflits, la paix et la sécurité internationale lors du Sommet de Cotonou a traduit la volonté de la Francophonie de mener et d'amplifier les initiatives politiques et les programmes destinés à la prévention ou à la solution de certaines urgences, en appui aux efforts de l'ONU et des organisations régionales ; l'Agence a cherché à développer les fonctions de l'Observatoire Francophone de l'État de droit, de la Démocratie et de la Paix, tout en promouvant des plans d'actions intégrées en faveur de l'État de droit et des Droits de l'Homme dans les situations d'urgence, au Rwanda et au Burundi. Elle s'est par ailleurs attachée à la prévention des conflits.

Assemblée Parlementaire de la Francophonie (APF)

La XIVe session de l'Assemblée Internationale des Parlementaires de langue française s'est tenue à Abidjan du 6 au 9 juillet 1998. Cette session était la première depuis le Sommet de Hanoï qui a consacré l'AIPLF dans son rôle d'assemblée consultative de la Francophonie ; plusieurs résolutions fondamentales ont témoigné des nouvelles perspectives de l'assemblée. Parmi celles-ci, il faut tout d'abord relever le changement de dénomination de l'AIPLF qui devient désormais l'Assemblée Parlementaire de la Francophonie (APF) ; à ce titre, une intégration plus poussée dans la dynamique institutionnelle francophone ainsi qu'une participation et une visibilité accrues vont être engagées, parallèlement au désir d'imputation sur les budgets généraux de la Francophonie de son financement institutionnel. Par ailleurs, la suspension des sections de l'APF dont les parlements ne respectent pas la continuité institutionnelle a été prononcée. Enfin, il convient de saluer l'admission législative de l'Alberta (Canada) comme section associée.

Association des Cours Constitutionnelles ayant en Partage l'Usage du Français (ACCPUF)

Le 9 avril 1997 a été constituée l'ACCPUF sous l'influence de Roland Dumas président du Conseil constitutionnel français qui a pour but de favoriser l'approfondissement de l'État de droit par un développement des relations entre les institutions qui, dans les pays concernés, ont dans leurs attributions ou compétences de régler en dernier ressort avec l'autorité de la chose jugée les litiges de conformité à la Constitution (article 3). Elle développe à cet effet entre les institutions membres des échanges d'idées et d'expériences, elle organise une étroite coopération en matière de formation et d'assistance technique, ainsi que des congrès thématiques et pourra publier tous bulletins ou revues.

Sont membres de l'association les institutions chargées de régler en dernier ressort les litiges de conformité à la Constitution de la Belgique, du Bénin, de la Bulgarie, du Burkina Faso, du Burundi, du Cambodge, du Canada, du Cap-Vert, de Centrafrique, des Comores, du Congo, de la Côte-d'Ivoire, de Djibouti, de l'Égypte, de la France, du Gabon, de la Guinée, de la Guinée-Bissau, de la Guinée-Équatoriale, de Haïti, du Liban, de Madagascar, du Mali, du Maroc (en tant que membre observateur), de Maurice, de Mauritanie, de Moldavie, du Niger, de la République Démocratique du Congo, de Roumanie (en tant qu'observateur), du Sénégal, des Seychelles, de la Suisse, du Tchad et du Togo.

Par ailleurs, six nouvelles institutions souhaitent se joindre aux travaux de l'Association en qualité d'observatrices (la Cour suprême du Cameroun, les Cours constitutionnelles de la Géorgie, du Luxembourg et de Slovénie, le Tribunal constitutionnel de Pologne et la Cour suprême du Rwanda)

Le premier congrès a eu lieu en avril 1997 autour du thème « Le principe d'égalité dans la jurisprudence des Cours Constitutionnelles ayant en partage l'usage du Français » ; les actes de ce congrès ont été disponibles pour le Sommet de Hanoï en novembre 1997. L'Association a récemment organisé sa Conférence des chefs d'Institutions à Beyrouth au Liban en septembre 1998.

Association Internationale des Maires et Responsables des Capitales et Métropoles partiellement ou Entièrement Francophones (AIMF)

L'Association contribue, **en participant à la modernisation de la gestion des collectivités locales, au renforcement de la démocratie locale**, notamment par l'informatisation des états civils, gage d'une plus grande fiabilité des listes électorales et donc de la légitimité des résultats des processus électoraux. À ce jour, l'état civil informatisé a été installé à Bangui, Bouaké, Libreville, Phnom Penh, Yamoussoukro, Tunis, Monastir et Abidjan. Parallèlement, l'AIMF projette la mise en place de séminaires de formation réservés aux maires et responsables des villes membres.

Appui aux processus démocratiques et aux Droits de l'homme dans les États

Bénin

L'Agence de la Francophonie appuie l'Association Internationale des Juristes Démocrates en vue de la création d'un centre « Démocratie et droit » au Bénin ; de même elle a aidé le Groupe d'Étude et de Recherche sur la Démocratie et le Développement Économique et Social en Afrique (GERDDES) pour l'organisation de son séminaire à Cotonou du 20 au 23 juillet 1998, sur le renforcement des capacités de médiation de la société civile.

L'Agence contribue également à l'élaboration de textes juridiques et à la mise en place de banques de données juridiques.

Bulgarie

Du 21 au 23 janvier 1998, un 8e séminaire a été organisé à Sofia par l'AIPLF. Il a rassemblé des parlementaires de Roumanie et de Bulgarie ; les conférenciers sont venus de la Communauté française de Belgique, du Canada, de France, du Niger, du Gabon, du Québec et du Togo. Le thème retenu, « Le consensus parlementaire », regroupait trois sous-thèmes : « Les relations entre majorité et opposition », « Quel rôle pour les groupes de pression au sein du Parlement ? » et « Les partis politiques : représentation et rôle ».

La Bulgarie est par ailleurs bénéficiaire du programme Pardoc depuis 1998.

Burkina Faso

La Cour suprême du Burkina Faso a été à l'initiative d'un séminaire régional à Ouagadougou en mars 1997, regroupant des représentants des Cours chargées du contrôle de constitutionnalité ; le thème abordé avait trait au contentieux électoral.

À Ouagadougou s'est déroulé, du 2 au 4 juillet 1997, à l'initiative du GERDDES et avec le concours de l'Agence de la Francophonie, un séminaire sur le rôle des forces armées africaines dans le processus démocratique.

La réunion de la Commission politique et de l'administration générale de l'AIPLF s'est tenue les 16 et 17 avril 1998 à Ouagadougou. Les travaux ont porté sur le rôle des parlementaires sur la scène internationale (bilan de la mission au Burundi et éventuelles suites à donner), sur la prévention des conflits dans la région des Grands Lacs. Les rapports sur le rôle des parlementaires sur la scène internationale ainsi que celui sur la prévention du règlement des conflits ont été également adoptés.

De plus, l'AIPLF développe une aide à l'installation des services de compte rendu des travaux parlementaires, qui a notamment permis la formation de deux secrétaires de l'Assemblée nationale venues à Paris, suivre des cours.

Burundi

Du 28 au 30 janvier 1998 s'est déroulée une mission d'information composée de parlementaires des différentes régions francophones, à l'initiative de l'AIPLF ; ses objectifs consistaient en une information sur le processus de réconciliation nationale en écoutant l'ensemble des parties prenantes et les représentants des différentes organisations internationales présentes à Bujumboura et en un soutien à l'action de l'assemblée nationale locale.

Cameroun

La Constitution de 1996 crée des juridictions administratives ainsi qu'un Conseil constitutionnel ; cependant aucun texte réglementaire n'a été pris à ce jour.

La VIIe Assemblée Régionale Afrique de Yaoundé s'est tenue du 28 au 30 mai 1998 pour examiner les résultats de la conférence de Libreville sur le bilan de la démocratie en Afrique, la situation socio-politique en Afrique centrale et l'évolution du processus de paix au Proche-Orient.

République Centrafricaine

Une mission d'identification des besoins des services documentaires du Parlement a été menée en janvier 1998 par l'AIPLF dans le cadre du programme PARDOC. Une convention a été signée au mois de mars 1998, permettant d'engager d'ici peu les dotations documentaires et matérielles, ainsi que les formations. En mars 1998, PARDOC a déjà financé le stage à Paris du Directeur des Études de la Documentation et des Archives.

Égypte

Une mission d'identification a été réalisée fin 1996 auprès de l'assemblée du peuple d'Égypte par l'AIPLF dans le cadre du Programme d'Appui à l'Organisation des Services Documentaires des Parlements du Sud (PARDOC) et une convention devrait être signée ; une coopération de fait existe entre l'équipe de PARDOC et le service de documentation étrangère de cette assemblée.

Au Caire se sont tenues du 17 au 21 décembre 1997, avec la collaboration de l'Agence de la Francophonie, le XXVe congrès de l'Institut International de Droit d'Expression et d'Inspiration Française et le IIe congrès de l'Association Égyptienne des Juristes Francophones. Plus de cent congressistes venant de trente-deux pays ont participé à huit ateliers dont les travaux ont porté respectivement sur les thèmes suivants :
– le juge de l'administration et les normes internationales en matière de droits fondamentaux ;
– le juge de l'administration et les normes internes, constitutionnelles ou infra-constitutionnelles en matière de droits fondamentaux : la liberté, l'égalité, la propriété, les droits économiques et sociaux, la transparence administrative, l'équité de la justice.

En outre, quatre séances de synthèse et une séance de synthèse générale ont permis de préciser la problématique et d'approfondir les réflexions.

Gabon

Une conférence sur le bilan de la démocratisation en Afrique s'est tenue à Libreville du 30 mars au 2 avril 1998. Une documentaliste de l'AIPLF a, en juin et juillet 1998, appuyé le centre de documentation de l'Assemblée nationale afin d'optimiser son organisation et son fonctionnement dans le cadre du programme PARDOC.

Guinée

La Guinée est bénéficiaire du programme PARDOC depuis 1998.

Haïti

La mise en application des conventions internationales relatives à la protection des Droits de l'homme et de la constitution démocratique de 1987, est au centre des préoccupations de coopération. Haïti est par ailleurs bénéficiaire du programme PARDOC depuis 1998.

Liban

Le congrès des conseils constitutionnels des pays francophones s'est tenu du 11 au 13 septembre 1998 au Liban. Les Conseils et tribunaux de trente-quatre pays ont participé à ce congrès. La complémentarité juridique entre les pays concernés devra aboutir au lancement d'un bulletin juridique qui couvrira toutes les nouveautés dans le domaine du droit constitutionnel. Cette initiative, combinée avec la création d'un site internet, est destinée à offrir aux pays francophones, une vision francophone globale, en matière de Droits de l'homme.

Madagascar

Au cours du biennum 1996-1997, du matériel informatique et bureautique a été financé par l'AIPLF dans le cadre du programme PARDOC. Une coopération entre la mission française de coopération et l'Agence de la Francophonie dans un projet pilote de connexion des institutions malgaches au réseau internet est en définition.

Mali

À l'occasion des élections législatives et présidentielles de 1997, l'Agence de la Francophonie a fourni du matériel informatique et des télécopieurs, entre autres, à la Commission Nationale Électorale Indépendante (CENI) et à la Cour constitutionnelle. Dès la mise en place de la CENI malienne, un séminaire d'échange avec les responsables de l'organisation des élections de plusieurs autres pays de la région a été organisé à Bamako.

L'Association pour la Défense du Droit des Femmes a appuyé un programme de sensibilisation des femmes au vote au mois de juin 1997 ; et l'association JAM-SAHEL a contribué en 1997 au déploiement du programme d'éducation civique et de formation au droit de la citoyenneté. Ces deux actions ont bénéficié du concours de l'Agence de la Francophonie.

Enfin, du 2 au 8 novembre 1998 s'est tenu à Bamako le XIIIe congrès de la Conférence

Internationale des Barreaux (CIB), placé sous le signe de la commémoration du 50ᵉ anniversaire de la Déclaration universelle des Droits de l'homme.

Maroc

Au cours du XIIᵉ congrès de la Conférence Internationale des Barreaux (CIB) qui s'est tenu à Meknès du 16 au 19 septembre 1997 a été organisée une conférence sur le thème du rôle des barreaux dans les situations d'urgences.

Mauritanie

Une mission exploratoire s'est rendue à Nouakchott, du 25 février au 1ᵉʳ mars 1998 afin de mettre en place une aide de l'AIPLF en matière d'installation des services de compte rendu des travaux parlementaires.

L'Agence de la Francophonie a appuyé à Nouakchott du 19 au 21 mai 1998 la réunion constitutive de l'Association des Médiateurs Francophones à laquelle participait le nouveau médiateur français, Bernard Stasi. Au cours du biennum 1996-1997, du matériel informatique et bureautique a été financé par l'AIPLF dans le cadre du programme PARDOC ; ce dernier a également financé le suivi du centre de documentation installé au Sénat par une consultante locale, pouvant intervenir ainsi régulièrement pendant plusieurs mois, pour la formation et le conseil de l'équipe mauritanienne.

Niger

La création d'une Commission nationale des Droits de l'homme est à l'étude. Signalons que l'Assemblée nationale est membre de l'AIPLF avec laquelle elle entretient des rapports directs.

Roumanie

Une mission d'identification des besoins des services documentaires du Parlement a été menée en novembre 1997 par l'AIPLF dans le cadre du programme PARDOC. La spécificité des besoins constatés a conduit à la proposition de mettre en place un espace documentaire francophone dans chacune des Chambres et de mettre un accent particulier sur la formation. Des abonnements et des dotations d'ouvrages ont été envoyés à la Chambre des députés et au Sénat.

Russie

Le Parlement français est par ailleurs l'opérateur du PNUD en matière de soutien à l'activité du Parlement russe. Le deuxième volet de cette opération doit s'effectuer en 1998 au profit des assemblées législatives régionales de Russie, cette fois-ci avec un cofinancement du ministère français des Affaires étrangères et des parlements finlandais et néerlandais.

Sénégal

L'Association Cape Africa avec le soutien de l'Agence de la Francophonie a contribué à la tenue à Dakar en 1996 d'un séminaire international sur la prévention des conflits et le processus de démocratisation en Afrique de l'Ouest. La Fédération Internationale des Droits de l'Homme (FIDH) et l'Agence de la Francophonie ont apporté leur concours au congrès sur le thème « Agir pour le respect des droits économiques et sociaux » à Dakar en décembre 1997.

Par ailleurs, l'Institut Africain pour la Démocratie et l'Agence de la Francophonie ont contribué à l'édition de la revue *Démocraties africaines*.

Enfin a été organisée à Dakar en juin 1997, une session de bilan et de prospective sur l'implication de la Francophonie en Afrique, à partir de l'analyse des processus électoraux, de 1992 à 1997.

Seychelles

En réponse à l'invitation du Gouvernement des Seychelles adressée à la Francophonie et au Commonwealth, les deux organisations ont envoyé une mission conjointe d'observation des élections. Il a été décidé de n'envoyer qu'un seul parlementaire (camerounais) représentant la région Afrique. Il a été observé que le processus électoral avait été bien organisé ; cependant, des réserves ont été émises sur la politisation toujours vivace, de l'appareil d'État au profit du parti au pouvoir. Mais, elle a considéré que le secret du vote avait été largement respecté.

Togo

Du 17 au 19 octobre, un septième séminaire parlementaire a été organisé à Lomé sur le thème du statut de l'opposition parlementaire. Il a permis à cinquante-neuf parlementaires venant du Togo, du Burkina Faso, du Cameroun, de la Guinée et du Mali d'échanger leurs expériences acquises au sein d'une même zone régionale et d'affiner leurs réflexions en ateliers à partir d'exposés très complets présentés par cinq parlementaires des régions Afrique, Amérique et Europe. Il est résulté d'une table ronde réunissant les présidents des cinq assemblées présentes et des membres de l'opposition une synthèse qui sous forme de projets de résolution a été présentée à la Commission des affaires parlementaires. À la demande des autorités de la République du Togo, la Francophonie et l'OUA y ont organisé une mis-

290

sion conjointe, du 15 au 25 juin 1998, afin d'observer le déroulement du premier tour de l'élection présidentielle. Deux parlementaires de l'AIPLF du Gabon et du Canada ont participé à cette mission. Cette mission a été précédée du 22 au 30 avril 1998 d'une mission exploratoire en vue de procéder à une étude circonstanciée de l'état de préparation du scrutin et du fonctionnement des institutions impliquées dans l'organisation et le contrôle des élections.

Le Parlement du Togo est un des bénéficiaires du programme PARDOC depuis 1998 ; une mission d'identification a été menée auprès de l'Assemblée nationale en mars

1998. Une convention devrait être prochainement signée.

L'Observatoire Africain de la Démocratie (OAD) a organisé en 1998 avec la collaboration de l'Agence de la Francophonie un colloque sur « Les partis politiques africains, majorité opposition : consensus national ».

Vietnam

Des cours de français ont été pris en charge durant quatre mois par l'AIPLF dans le cadre du programme PARDOC, ainsi que des dotations d'ouvrages, d'abonnements et de fourniture.

Appui à la justice et aux juridictions

Agence de la Francophonie (ex ACCT)

L'Agence de la Francophonie développe des actions dans le domaine de la consolidation des institutions de l'État de droit et de la démocratie. À ce titre, elle a appuyé de façon conséquente l'élaboration de textes juridiques nouveaux, la collecte, la gestion et la diffusion du droit, ainsi que la formation de professionnels du droit (avocats, magistrats et auxiliaires de justice).

Un fonds de soutien pour la modernisation de la justice a été créé en 1996. Sur la base du budget affecté à ce dernier et d'un document fixant les critères de recevabilité et d'éligibilité, quatorze projets touchant les domaines de la réforme des textes, la documentation et les équipements des juridictions et concernant douze pays (Bénin, Cambodge, Cap-Vert, Égypte, Mali, Maroc, Maurice, Niger, Roumanie, Sénégal, Tchad et Togo) ont été retenus. L'Agence a également procédé au renouvellement des abonnements aux revues et périodiques juridiques, au profit des ministères de la Justice et des centres de formation des magistrats.

Le réseau des responsables nationaux chargés de la formation judiciaire dans l'espace francophone, propre à favoriser une rationalisation et une mobilisation accrues de l'expérience acquise depuis 1992, a été structuré en 1997, de manière à appuyer les actions nationales et régionales de formation continue et spécialisée (séminaires sur le contentieux administratif au Maroc et en Égypte, sur le processus du jugement en matière civile au Vietnam, sur la pratique judiciaire des magistrats, du ministère public et le lien entre le parquet et la police judiciaire au Cambodge, sur la gestion du contentieux civil et pénal au Laos). Le séminaire de formation de formateurs, axé sur l'élaboration d'outils pédagogiques adaptés, s'est inscrit dans la politique de constitution d'un corps francophone de formateurs.

Par ailleurs, un projet est actuellement développé pour mettre en place, au sein du serveur internet de l'Agence de la Francophonie, un site juridique général. Ce dernier a vocation à offrir un accès direct au texte intégral du droit positif des États membres et aux informations disponibles sur la « vie juridique » des États membres, des institutions nationales partenaires, des associations, réseaux et organismes francophones ; il permettra en outre l'accès aux sites internet présentant des informations juridiques fiables et contrôlées, et aux forums de discussion et d'échanges créés et animés par l'Agence ou par ses partenaires.

Agence Universitaire de la Francophonie (ex AUPELF-UREF)

Les actions de l'Agence Universitaire de la Francophonie répondent aux objectifs majeurs que constituent :
- la coopération nord-sud et sud-sud grâce au partage des acquis scientifiques et techniques ;
- la vocation professionnalisante des formations et les débouchés francophones ;
- le soutien au développement et à l'ouverture économique ;
- la contribution au développement et au renforcement de l'environnement juridique.

Ces actions sont conduites à travers trois programmes majeurs :
- le fonds francophone de la formation. Des filières universitaires francophones sont créées au sein d'universités nationales, avec le concours de différents consortiums multilatéraux d'universités partenaires (universités d'Aix-Marseille III et de Bordeaux IV, université Libre de Bruxelles, universités de Liège, de Montpellier I, de Paris II, de Rennes I et de Tunis III). Par ailleurs, des instituts francophones, créés à la demande du pays d'accueil, proposent des formations d'excellence en français, répondent aux priorités francophones et financent des projets d'études et de recherche-développement pour les pays de la région ;
- le fonds francophone de la recherche. Les réseaux thématiques de recherche partagée « Droit de l'environnement » et « Droit des entreprises culturelles » renforcent la coopération entre les chercheurs francophones. De plus, les Jeunes Équipes de Recherche Francophone (JER) encouragent de nouvelles dynamiques de recherche collective, notamment en matière de droit de l'environnement et de droits fondamentaux ;
- le fonds francophone de l'information. L'Agence Universitaire de la Francophonie mène une politique éditoriale tant sur des supports traditionnels que nouveaux ; citons entre autres *Droit du travail en Afrique*, *Droit de l'urbanisme*, ou encore *Droit, forêts et développement durable*. En outre, des bibliothèques sont constituées ainsi que des sites de consultation juridique (dans le cadre du Système d'Information Francophone ou SYFED). Enfin, le projet de l'Université Virtuelle Francophone accordera au droit une attention prioritaire.

L'Institut International de Droit d'Expression et d'Inspiration Française (IDEF)

L'IDEF, dans la perspective de resserrer les liens existant entre les juristes des pays où le droit français occupe une place particulière, met en place sur les plans technique et scientifique un cadre de concertations et d'échanges particulièrement actif, à l'occasion notamment de travaux où l'association est sollicitée ou encore à travers des consultations et des demandes de documentation qui lui sont adressées.

L'IDEF lors de ses congrès consacre une partie de ses travaux a des questions juridiques importantes. Son XXVe Congrès qui s'est tenu au Caire en décembre 1997 a traité du thème « Le juge de l'Administration ». Par ailleurs, elle publie un *Bulletin* qui contient des études d'intérêt général.

Appui à la justice et aux juridictions dans les États

Cameroun

De nombreux séminaires de formation pour les magistrats et les greffiers, complétés par la formation de formateurs, sont organisés par l'Agence de la Francophonie.

Égypte

L'Agence de la Francophonie a procédé à la signature d'un accord-cadre avec l'Égypte en matière de collecte, de gestion et de diffusion du droit (programme COGEDI) et en symbiose avec toutes les autres actions propres à la modernisation de la justice.

Guinée

L'Agence de la Francophonie apporte une aide à l'Association des Femmes Juristes de Guinée à travers un soutien à la création d'un centre d'aide et d'assistance judiciaire.

Haïti

Avec le concours des coopérations française et canadienne, l'Agence de la Francophonie met actuellement en place une banque informatisée de données juridiques. Cette banque de données sera notamment reliée au greffe informatisé de la Cour de Cassation pour la prise en compte de la jurisprudence de la juridiction suprême du pays.

Laos

Au cours du biennum 1997-1998, quarante étudiants laotiens sont allés suivre des enseignements en droit au sein de l'École Supérieure de Droit de Hô Chi Minh-Ville dans le cadre des filières universitaires mises en place par l'Agence Universitaire de la Francophonie.

Liban

L'université libanaise a accueilli au cours du biennum 1997-1998 quatre-vingt-dix-huit étudiants en droit dans le cadre des filières universitaires francophones.

Macédoine

Un projet est en cours pour l'adaptation à la législation française du droit de la concurrence. Le financement est assuré dans le cadre du programme PHARE par l'Union européenne, la France en est l'opérateur. Par ailleurs, des stages de formation sont offerts à de jeunes juristes par le Conseil de l'Europe.

Madagascar

L'Agence de la Francophonie a passé un accord-cadre pour la réalisation d'actions du programme COGEDI.

Mali

En février 1997 a été créée à Bamako, avec l'appui de l'Agence de la Francophonie, la conférence des bâtonniers africains.

Maroc

Un bilan des années de déploiement du programme COGEDI a été dressé, à la fois par l'Agence de la Francophonie et les principaux États qui y participent, au cours d'un séminaire qui s'est déroulé à Marrakech en mars 1997.

Moldavie

L'université d'État de Moldavie a accueilli au cours du biennum 1997-1998 quarante étudiants en droit dans le cadre des filières universitaires francophones.

Roumanie

Un programme du PNUD auquel se sont associés la France et les États-Unis est mis en place en matière de lutte contre la criminalité organisée. Le projet portera sur la préparation de textes législatifs et réglementaires, l'introduction de techniques de lutte adaptées, l'installation d'unités de coordination aux niveaux central et local, la formation de formateurs et le développement de pratiques d'échanges d'informations et d'expériences avec les services d'autres pays et/ou agences internationales, ainsi que sur la constitution d'une base de données sur les activités relevant de la criminalité organisée.

Rwanda

Le barreau du Rwanda a été officiellement constitué le 30 août 1997 : quarante-quatre avocats ont ainsi prêté serment à l'Assemblée nationale. À cette cérémonie ont assisté plusieurs personnalités, dont le représentant de l'association Avocats Sans Frontières (ASF) chargé de délivrer un message au nom de la Conférence Internationale des Barreaux (CIB), ainsi que le bâtonnier du Val-d'Oise, un des parrains du jeune Barreau.

Par ailleurs, en 1997 a été engagée par l'Agence de la Francophonie une action d'appui à la formation des magistrats et des personnels auxiliaires de justice, sur des fonds liés canadiens et français ; dans ce même élan, l'Agence a équipé les cours d'appel en documentation et en matériel informatique.

Il convient aussi de souligner le travail réalisé par l'association Avocats Sans Frontières : celle-ci s'est attachée à mener à bien le projet « Justice Pour Tous » au Rwanda, dont le financement est assuré par l'Union européenne, l'Agence Générale de la Coopération et du Développement de Belgique, la Coopération Suisse ainsi que les barreaux d'Anvers, de Bruxelles, de Liège et de Madrid.

Enfin, une mission a été effectuée par un groupe d'experts pour le compte de la CIB du 9 au 16 mai 1998. La CIB s'est efforcée de multiplier les contacts avec le barreau du Rwanda, tant avec son bâtonnier qu'avec les membres de son Conseil de l'Ordre ; elle a également cherché à partager l'existence des avocats d'ASF en s'associant aux défenses des accusés et des parties civiles et en participant pour chacun des membres de la délégation, à la conduite de certains dossiers et aux audiences correspondantes à Kigali, à Guikongoro, à Butare ou à Guitarama.

Tchad

La banque de données juridiques tchadienne est gérée par une association, le CEFOD, en coopération avec l'Agence. Cette dernière participe ainsi à la gestion, à des actions de formation et à la dotation en biens d'équipement. La diffusion des textes juridiques est assurée sur le financement conjoint de l'Agence et de la coopération française.

Vietnam

L'université de Huê, l'université nationale de Hanoï et l'École de Droit de Hanoï ont accueilli respectivement quatre-vingts, cent trente-trois et quarante étudiants en droit dans le cadre des filières universitaires développées par l'Agence Universitaire de la Francophonie. Par ailleurs, l'École Supérieure de Droit de Hô Chi Minh-Ville a accueilli cent vingt-six étudiants vietnamiens.

Coopération bilatérale

Appui à la justice et aux juridictions dans les États

Arabie Saoudite

Le pays développe une coopération avec la France pour la formation de juristes ; dans ce cadre trois bourses d'étude, dont deux nouvelles en 1998, et trois bourses de stage ont été octroyées.

Arménie

Un programme Tempus liant l'université d'Angers à l'université d'État d'Erevan, en matière de formation de juristes, n'a pu se faire ; un deuxième essai a été tenté en 1998 avec l'université Paris XII à travers la constitution du programme Compact.

Azerbaïdjan

Suite à une mission du ministère français de la Justice en 1996, une coopération en matière juridique s'est amorcée en 1997 et un magistrat et trois notaires français ont ainsi participé à un séminaire sur le notariat à Bakou. En 1998 un magistrat français a réalisé une mission à Bakou et un accord de coopération est à l'étude. Le pays est demandeur de soutien technique pour la création d'un centre de formation de magistrats et de stages en France pour les notaires et magistrats.

Bénin

Le projet « Appui au service public de la justice » mis en place du 10 février 1994 jusqu'à la fin juillet 1998 par le ministère français chargé de la Coopération, dans le cadre du Fonds d'Aide à la Coopération (FAC), a porté essentiellement sur quatre plans :
– la formation et le perfectionnement des personnels de justice et du personnel pénitentiaire, à travers des séminaires sur place dispensés par des experts français ou à travers des stages en France ; les thèmes abordés touchaient aux domaines du recou-

vrement bancaire national et international, des délits économiques et financiers, du contrôle des comptes, des délits de presse. Une formation générale destinée aux greffiers et au personnel pénitentiaire a été proposée, en partenariat avec l'École Nationale de la Magistrature, l'École des Greffes de Dijon et l'École Nationale d'Administration Pénitentiaire ;

– la documentation et l'équipement des tribunaux : des bibliothèques et des centres de documentation juridique ont pu ainsi être constitués, et les fonds de la bibliothèque commune à la Cour constitutionnelle, à la Cour suprême et au ministère de la Justice, tout comme ceux de la bibliothèque commune à la Cour d'appel et au Tribunal de Grande Instance de Cotonou, ont été enrichis ;

– l'humanisation et la réhabilitation des prisons, conjuguées à la création de projets pilotes, notamment d'une prison-ferme ;

– la codification et la diffusion du droit béninois.

Burkina Faso

On constate une coopération en matière d'élaboration des textes juridiques et de leur diffusion, soutenue par le FAC « Appui à la justice » : la refonte puis l'adoption et la diffusion d'un nouveau code pénal au début de 1997 ont été entreprises ; un nouveau code de procédure civile est en cours d'adoption pour la fin de 1998. Par ailleurs, vingt-neuf documents de nature diverse ont été élaborés et diffusés.

La coopération française a également soutenu des formations initiales ou continues de juristes (notamment greffiers et magistrats), assurées sur place à l'ENAM, et octroyé des bourses pour l'ENM.

Enfin, la formation des huissiers, appuyée initialement par le FAC, le sera par la suite par l'Union européenne.

Cambodge

La coopération française appuie les réformes et la finalisation des textes juridiques de base : adoption du code du travail, projet de loi sur les successions, poursuite des travaux sur le code de procédure pénale (achèvement prévu en avril) et le code pénal (achèvement prévu en juin 98). Un travail de fond reste à poursuivre sur le code de procédure civile et le code civil.

Par ailleurs, elle a apporté sa participation à la constitution d'une banque de données (projet du Programme des Nations unies pour le Développement (PNUD) constituée de textes législatifs, réglementaires et jurisprudentiels. Une aide à la publication bilingue de code (code du travail et code des marchés publics) ainsi qu'un soutien au centre de traduction

des textes juridiques de la faculté de droit doivent également être relevés.

En matière de formation, un appui à la faculté de droit de Phnom Penh (programmes d'études de licence en droit, diversification des filières, formation d'enseignants, bourses de stages en France) est développé dans le cadre d'une coopération universitaire en liaison avec Lyon II. La formation continue des magistrats dans les tribunaux de province se poursuit, quant à elle, avec l'appui des magistrats-formateurs sélectionnés et formés en 1996. En ce qui concerne la formation des avocats, le barreau de Lyon est associé à l'Ordre des Avocats du barreau national du Cambodge pour organiser des sessions de formation.

Cameroun

Dans la perspective d'un appui à la modernisation de la législation, il convient de relever la participation d'un assistant technique français à la commission de réforme du code civil. Par ailleurs et ce jusqu'en septembre 1998, un renforcement des moyens de la police camerounaise et de la gendarmerie a été poursuivi (informatisation des services et du fichier central, appui à la formation, développement des transmissions).

La loi sur les stupéfiants, un recueil sur les conventions internationales auxquelles est partie le Cameroun et un recueil des circulaires du ministère de la Justice ont fait l'objet de travaux en 1997.

En matière de formation de juristes, trois bourses d'un mois à l'École Nationale de l'Administration de Paris pour des magistrats camerounais (rédaction des décisions de justice) ont été octroyées en 1997, ainsi que deux stages de dix jours à l'ENA (formation de formateurs) et de nombreux projets de séminaires de formation pour les magistrats et greffiers. De plus, six séminaires régionaux de formation des greffiers et personnels de parquet ont vu le jour dans cette même période.

Cap-Vert

Une demande de coopération avec l'espace francophone est formulée en matière juridique et judiciaire.

Chili

Une coopération franco-chilienne a été menée dans le cadre de la réforme du système judiciaire, ainsi qu'en matière de justice familiale. De plus, une coopération entre l'Académie Judiciaire Chilienne et l'ENM a permis la mise en place de formations de magistrats. Des échanges entre la faculté de Paris-Assas et la faculté de droit de l'université du Chili existent, sous forme de cours annuels en droit pénal.

Chine

L'université d'Aix-en-Provence conduit une coopération dans le domaine du droit économique en vue de l'information et de la formation (droit des contrats, droit commercial, droit fiscal et droit comparé) : séminaires, colloques, échanges de spécialistes en droit fiscal et comparé et échange de documentation sont ainsi proposés. Par ailleurs, le Centre de Formation des Juges à Pékin, soutenu par le PNUD jusqu'en 1997, l'est actuellement par l'Agence Canadienne pour le Développement (ACDI). Une formation en droit européen pour douze juristes chinois de l'université du peuple cofinancée par la Commission européenne, Paris I et le ministère français des Affaires étrangères a vu le jour en 1997 ; celle-ci est soutenue par un programme de bourses d'études en France. Enfin, des colloques, séminaires et formations ont lieu en France avec le Tribunal de Commerce de Paris, le ministère de la Justice, l'Ordre des Avocats et la Cour de Cassation.

Comores

La coopération française, de juin 1996 à juin 1998, a financé des formations spécialisées à l'étranger (ENM, ENAM, ENG de Dijon, juridictions régionales) à destination de magistrats et de greffiers comoriens ; elle a également aidé à l'organisation sur place de stages de perfectionnement confiés à des praticiens du droit exerçant dans la région (Réunion, Madagascar, Maurice). Dans ce même élan, des missions d'experts, l'impression des codes et leur diffusion, des dotations d'ouvrages juridiques pour la bibliothèque du palais de justice de Moroni, ainsi que la duplication ou l'acquisition d'une partie des archives de Paul Guy, spécialiste français du droit coranique applicable aux Comores, ont contribué à l'appui à la justice. Constatons en outre la réorganisation de l'administration pénitentiaire, avec le concours de l'UE, et le renforcement des moyens de la police (aide à la formation continue, informatisation du traitement des documents administratifs, appui au réseau de transmission des services spécialisés).

Congo

Une aide en faveur de la modernisation et de la diffusion du droit sous forme d'expertises et d'appuis à la publication est engagée depuis décembre 1996 par la coopération française. Celle-ci est complétée par des actions de formation (perfectionnement des magistrats, spécialisation, gestion des tribunaux et des greffes) sur place au sein de l'ENAM et du CEFOD, ou éventuellement en France ou encore dans la future École Régionale Supérieure de la Magistrature (érigée dans le cadre de l'OHADA) pour les matières concernées. La section de recouvrement des greffes des juridictions de Brazzaville s'est vue doter d'équipements informatiques ; le casier judiciaire a par ailleurs été informatisé et le tribunal de commerce de Brazzaville réorganisé.

Côte-d'Ivoire

La coopération française participe à la formation des magistrats et des auxiliaires de justice, par la constitution d'une équipe de formateurs, le soutien à la formation initiale en partenariat avec l'ENA, l'ENM, l'ENAP (missions d'enseignement, stages en France) et la mise en œuvre d'un programme de formation continue (recyclage, spécialisation) élaboré par l'ENM et les autorités locales. Un des aspects de l'action déployée touche également à l'articulation de la réforme des greffes. Des études et des expertises pour l'adaptation et l'amélioration des programmes informatiques de gestion des greffes complètent en ce sens la formation au traitement de textes, la réalisation de programmes et la fourniture d'équipements.

Enfin, une aide conséquente est apportée sur le plan de la diffusion du droit, notamment auprès du service national des archives, du Centre National de Documentation Juridique, de quatre centres de documentation au niveau de la Cour suprême, de trois Cours d'appel et de la revue universitaire de droit.

Ont participé à la première phase de ces actions, la Banque Mondiale dans le cadre du volet « Réforme juridique et judiciaire » de son Projet d'Appui à la Gestion Économique, l'Agence de la Francophonie et l'ambassade de Belgique.

Cuba

L'ambassade du Canada a financé la publication en espagnol de quelques livres édités par l'Union de Juristes Cubains. Le nouveau code de procédure pénale et le code pénal cubains ont été imprimés en France sur initiative privée ; de même, la loi sur les procédures civiles et administratives a pu être imprimée grâce à la fourniture à titre privé de la matière première.

Par ailleurs, des actions portant sur les systèmes légaux et judiciaires et le droit de la personne (droit de la femme et droit de l'enfant) ont été soutenues par le Canada. Des liens ont été établis entre la Chambre des Huissiers Français et le Tribunal Suprême de la Havane. Ce dernier, ainsi que le ministère public cubain, sont également associés à l'ENM au sein d'un programme de coopération mis en place par l'ambassade de France (séminaires sur les droits économique et commercial et invitation en France de magistrats cubains).

Djibouti

Une coopération existe en matière de formation des magistrats et des greffiers (en France à l'ENM et à l'ENG puis auprès des juridictions pour le volet pratique) ; un effort a été consenti également sur le plan du matériel et de l'équipement des juridictions.

Il convient de souligner en outre l'appui de la coopération française à la réforme judiciaire, qui porte sur la réforme de l'organisation judiciaire, la promulgation d'un statut de la magistrature, l'élaboration d'un régime du personnel pénitentiaire et la réforme du régime de l'aide judiciaire. Par ailleurs, la modernisation des textes a été au centre des attentions : une aide a contribué à la modernisation du code civil, du code pénal, du code de procédure civile et du code d'instruction criminelle ; les législations sur la propriété individuelle, sur la concurrence et la consommation ont vu le jour. De plus, la convention de l'ONU sur le Droit de l'enfant a été introduite dans le droit interne.

Égypte

Un cycle complet d'enseignement supérieur francophone à dominante juridique a été mis en place auprès de la faculté de droit de l'université du Caire dans le cadre de l'Institut de Droit des Affaires Internationales.

Pour 1996 et 1997, trois magistrats ont effectué un stage de deux mois en France et en 1997, un jeune auditeur de justice français a effectué son stage de l'ENM au Centre National d'Études Judiciaires. Le poste diplomatique français a en outre participé financièrement à l'organisation d'un colloque célébrant le cinquantenaire du code civil égyptien.

El Salvador

Une coopération existe entre l'ENM et son équivalent salvadorien.

Émirats Arabes Unis

Un accord de coopération a été signé en avril 1997 à l'initiative de l'ambassade de France entre l'Institut Judiciaire de Dubaï d'une part et l'ENM (Bordeaux) et l'ENG (Dijon) d'autre part.

Équateur

La France a initié, fin 1997, une coopération dans le domaine juridique. Le ministère de la Justice a envoyé un expert en vue de procéder à un audit-conseil sur le ministère public, pour aider à la création d'un centre de formation pour les procureurs, et à un meilleur développement des relations entre la police judiciaire et le ministère public.

Le Canada s'implique dans l'élaboration de lois sur les droits de la femme, la Suisse intervient également pour la protection de l'environnement.

Gabon

La coopération française a mis en place depuis octobre 1997 pour trente-six mois un projet en vue de contribuer d'une part à la formation des professionnels du droit et d'autre part au renforcement des capacités nationales pour le pilotage des réformes et de la diffusion du droit.

Dans le cadre du premier volet, un assistant technique français est chargé de conseiller le directeur des études de l'ENM locale ; des programmes de formation initiale et continue ont été élaborés avec l'appui d'experts de l'ENM de Bordeaux et de l'ENG de Dijon. Les formations seront assurées sur place ; elles bénéficieront de missions d'enseignement dans le cadre de cinq séminaires et des outils pédagogiques seront fournis. Pour la formation au droit des affaires, les programmes seront définis en référence à l'École Régionale mise en place par les accords de l'OHADA.

Au sein du second volet, des actions seront menées auprès du ministère de la Justice pour une meilleure gestion des emplois et des carrières des magistrats. Il doit être procédé à l'informatisation du casier judiciaire, du greffe du Tribunal Correctionnel de Libreville et du greffe commercial ; des missions d'experts accompagneront ces mesures. Des ouvrages, et des abonnements pour les bibliothèques de la Cour judiciaire, de la Cour administrative, de la Cour des comptes et des trois Cours d'appel seront également donnés. Les magistrats de première instance recevront en outre des mallettes juridiques. Relevons enfin un appui en matière de codification et de publication de recueils de jurisprudence, et de formation sur place de documentalistes.

Par ailleurs, une banque de données juridiques et judiciaires au sein d'une structure rattachée au ministère de la Justice gabonaise est créée, des documents (ouvrages et abonnements) sont fournis ainsi qu'une aide à la diffusion du droit auprès des juridictions et des personnels de justice ; la publication de recueils de jurisprudence est aussi prévue.

La coopération française organise également des rencontres et des séminaires pour les avocats du Gabon.

Guinée

De juillet 1996 à juin 1998 la coopération française a soutenu un projet d'appui à la restructuration du système judiciaire. Dans ce cadre, des missions d'experts ont contribué à l'achèvement du code civil, du code pénal, du code de procédure pénale et du code de procédure civile. Afin de renforcer l'accès du justiciable au droit, des actions d'information ont été menées auprès des populations (distributions de brochures, organisations de débats). Les juridictions et les greffes se sont vues doter de matériels et de la documentation a été fournie pour les centres de documentation qui seront créés auprès des juridictions provinciales. En terme de formation des magistrats et auxiliaires de justice, la coopération franco-guinéenne permettra la participation de missions d'enseignement sur place et d'éventuels stages en France, ou dans des pays africains limitrophes.

Guinée-Équatoriale

Quelques juristes ont été formés dans des universités françaises mais uniquement jusqu'à un niveau de maîtrise ; il n'y a donc pas vraiment de corps solide de juristes de haut niveau, surtout pour les auxiliaires de justice.

Haïti

La coopération française a relancé la publication des arrêts de la Cour de Cassation, interrompue en 1993 et a rédigé, publié et diffusé en 1997 un ouvrage consacré à l'organisation judiciaire haïtienne : celui-ci réunit les principaux textes juridiques relatifs tant à l'organisation qu'aux professions judiciaires.

Des formations en France sont organisées, avec le concours de l'ENM, à travers notamment des sessions de formation de formateurs haïtiens, des cycles de formation initiale pour de jeunes juristes et des sessions de perfectionnement (partagées entre une formation théorique à l'ENM et une formation pratique en juridictions). En Haïti, avec le concours de la coopération, des sessions de formation continue (vingt-cinq sessions de 1995 à 1997 soit 550 magistrats) et des cycles de formation initiale au profit de soixante élèves-magistrats (depuis le 1er octobre 1997) sont mis en place. Par ailleurs, le directeur des études de l'École de la Magistrature de Port-au-Prince a bénéficié au mois de décembre 1996 d'un stage de perfectionnement à l'ENM et un conseiller technique français, magistrat, apporte son aide et son expertise au directeur de l'École de la Magistrature haïtienne depuis le mois d'août 1997. Une session de formation de formateurs va être organisée à l'ENG de Dijon au profit de six greffiers en chef en 1998. De plus, des échanges ont été établis en 1997 entre des organisations d'huissiers de justice françaises et l'association haïtienne des huissiers de justice. Dans ce cadre, deux huissiers de justice haï-

tiens ont pu se rendre à Paris pour participer à un important colloque au mois de décembre 1997.

Relevons enfin l'amorce d'échanges prometteurs entre les barreaux de Port-au-Prince (Haïti), de Fort-de-France et de Pointe-à-Pitre.

Hongrie

Un programme de formation au droit français en deux ans, débouchant sur la délivrance de deux certifications universitaires, a été créé à Szeged par l'université Jate et l'université de Paris X Nanterre (1997-1998). Un module de formation à la terminologie juridique a été intégré dans le cursus du département de français de l'université Eötvös Lorand de Budapest. De plus, des juristes hongrois francophones participent aux séminaires organisés par l'Association pour le Renouveau et la Promotion des Échanges Juridiques Internationaux et des magistrats bénéficient de stages de l'ENM. Par ailleurs, une association de magistrats francophones existe en Hongrie ; des journées franco-hongroises sont organisées annuellement, alternativement en France et en Hongrie.

Iran

Des juristes bénéficient de bourses d'étude de la part du gouvernement français à travers un programme inauguré en 1997.

Jordanie

Des échanges entre l'ENM et l'Institut Judiciaire Jordanien existent : ainsi en 1997 est sortie une publication bilingue français-arabe rendant compte du colloque relatif au droit des adolescents en Jordanie (décembre 1996) ; ainsi encore l'invitation du directeur de l'Institut Judiciaire Jordanien (IJJ) à l'ENM du 15 au 18 juillet 1997 et l'organisation d'un échange avec une auditrice de justice de l'ENM à l'IJJ (février-avril 1998). La venue d'un juge jordanien à l'ENM fin 1998 est également prévue. De plus, quelques étudiants boursiers français ont été envoyés à l'université de Yarmouk et par ailleurs, un protocole financier prévoyant l'équipement systématique du Palais de Justice a été signé en janvier 1998 entre la France et la Jordanie.

Kazakhstan

Un projet de formation de juristes est envisagé avec le concours du ministère de la Justice et du Tribunal de Grande Instance de la ville de Rennes (jumelée avec Almaty). Mais il manque des candidats francophones.

Laos

La publication d'un *Journal officiel* en version française et anglaise est constatée, mais celle-ci est irrégulière du fait d'un manque de fonds. Une sélection est par ailleurs opérée parmi les meilleurs étudiants de la faculté de droit et d'administration pour poursuivre des études en France. Enfin une coopération en matière de formation d'auxiliaires de justice serait utile.

Lettonie

Il existe une coopération très importante entre le département des huissiers de justice lettons et la Chambre Nationale des Huissiers de Justice ; cette dernière est d'ailleurs consultée sur l'élaboration d'un projet de loi sur la réforme de la profession d'huissier de justice. Une assistance technique a aussi été demandée à la France pour la révision du nouveau code de commerce.

Le poste a également organisé une dizaine de cours et séminaires adressés soit à des étudiants de l'université de Lettonie, soit à des fonctionnaires, sur des thèmes juridiques variés : droit communautaire, droit de la concurrence, droit de l'environnement et droit des contrats.

Liban

Le Centre d'Information Juridique est bilingue français et arabe. Par ailleurs, il existe une très ancienne coopération avec les facultés françaises en matière de formation ainsi qu'une très fréquente coopération entre juristes au niveau des avocats et membres de conseils ; cette formule est en revanche moins suivie entre les magistrats ou les notaires.

De nombreux colloques et échanges entre barreaux et associations peuvent être également constatés.

Luxembourg

Les juristes sont formés en majorité en France (universités de Paris, Metz, Nancy, Strasbourg, Aix et Montpellier).

Macédoine

L'ambassade de France transmet aux ministères macédoniens de tutelle les textes législatifs pouvant servir d'exemple et de modèle. Par ailleurs, des stages de formation sont offerts à de jeunes juristes par le Conseil de l'Europe (Strasbourg) et des cours de français pour juristes sont dispensés à Bitola ; des cours de Français juridique sont également mis en place au Centre Culturel Français de Skopje. Enfin, une Association de Juristes Francophones est en outre en voie de constitution.

Madagascar

La coopération française a mis en place un projet d'appui à la justice et au droit commercial. Dans ce cadre, une contribution à la rénovation et à la codification du droit des affaires est apportée (études relatives à l'élaboration et à la mise à jour des textes autres que les matières traitées par l'OHADA, missions d'experts pour un soutien technique aux travaux, dotation d'une documentation à la Commission de réforme juridique). La coopération se traduit également par un appui au greffe de commerce, sur les plans de la formation de personnel et de l'informatisation des services. Enfin, concernant la formation des magistrats il est proposé, avec le concours de la Banque Mondiale, des formations aux formateurs, soit à l'ENM, soit à la Réunion.

Mali

Des bourses sont octroyées pour des stages à l'ENM de Bordeaux. De plus, une participation francophone au financement d'un séminaire pour les barreaux maliens est engagée.

Maroc

Le code du commerce marocain a été adopté entre 1996 et 1997 après des échanges et une coopération avec des experts français.

L'engagement en 1998 d'une coopération destinée à soutenir la mise en place d'une banque de données juridiques informatisées doit être constaté (tribunaux et cours d'appel de commerce plus particulièrement). De plus, un projet d'informatisation du casier judiciaire est envisagé.

En outre, à l'occasion de l'ouverture des tribunaux et cours de commerce en 1998, dix-huit présidents et procureurs des tribunaux de commerce, douze présidents de chambre et dix greffiers ont été invités en France pour une formation avec un volet théorique et un volet pratique en juridiction ; ces actions sont complétées par l'achat de documentation pour les tribunaux de commerce. Par ailleurs, quatre commissaires judiciaires (mandataires liquidateurs), responsables des registres de commerce, seront formés en France sur une durée d'un mois en 1998.

Une coopération entre la Cour de Cassation française et la Cour suprême marocaine pour le développement de l'État de droit et la mise en place de juridictions commerciales est établie. L'organisation de séminaires sur le droit bancaire, le droit et le transport maritime et l'arbitrage commercial international va mobiliser une mission de six experts français.

Enfin, trois magistrats sont invités pour un cycle de perfectionnement de six mois, à l'ENM en 1998 et six directeurs d'établissements pénitentiaires seront formés au ministère de la Justice dans la même année. Un projet de convention entre l'Institut National d'Études Juridiques et l'ENM est à l'étude.

Mauritanie

Un projet d'élaboration d'une banque de données juridiques est à l'étude. Des demandes ponctuelles en matière de formation de magistrats et d'auxiliaires, surtout pour notaires, sont formulées auprès de la coopération française.

Niger

Un assistant technique français, détaché en tant que conseiller du ministre de la Justice, a appuyé le département ministériel pour la rédaction d'un projet de loi portant création d'une juridiction spécialisée pour mineurs et de divers autres textes d'organisation de la justice. Il prend en compte également le financement de la formation de six juges des mineurs.

Par ailleurs, la coopération française entend achever en 1998, la mise en place d'une banque de données juridiques (direction du journal officiel) et d'une banque de données judiciaires (Journal officiel ministère de la Justice, Cour supérieure, et Cours d'appel de Niamey et de Zinder). Cette mise en place sera assurée de pair avec l'installation de centres de documentation (auprès du ministre de la Justice et de la Cour d'appel de Niamey). Dans ce même cadre, un appui est apporté aux travaux de la Commission de la réforme des textes de loi (refonte des textes sur l'organisation judiciaire ainsi que des codes de procédure pénale et civile) et les membres de cette Commission bénéficieront de stages en France.

Des séminaires sur place sont organisés à destination de magistrats (contentieux économique et financier, trafic de stupéfiants, droit des mineurs avec notamment la tenue du 4 au 7 mars 1997 à Niamey du colloque national préparatoire à la création d'une juridiction pour mineurs). De plus, la coopération française assure le financement de la formation de greffiers en 1998 au Centre de Formation judiciaire de Dakar.

Enfin, le barreau de Paris organise chaque année un stage de trois mois au profit de jeunes avocats africains, dont un est nigérien.

Roumanie

Compte tenu de la très grande proximité des codifications des deux pays, un appui documentaire est fourni par le ministère français de la Justice, sous forme de codes et d'ouvrages de doctrine, au bénéfice de son homologue roumain, pour faciliter les réformes législatives en cours en Roumanie.

Des actions sont par ailleurs menées en matière de formation. La Conférence des bâtonniers de France organise chaque année un programme de stages de formation dans des cabinets français pour de jeunes avocats roumains et des universités d'automne en Roumanie sur le droit européen contribuent à l'évolution de la profession d'avocat. À l'égard de la formation des magistrats, l'Institut National de la Magistrature nouvellement créé a demandé l'appui de l'ENM pour mettre en place un système de formation initiale et continue ; cette dernière assure ainsi des cycles de formation de formateurs en France, au bénéfice des magistrats qui dirigent l'Institut National de la Magistrature et de ceux qui sont responsables du fonctionnement du système de formation en Roumanie, et des missions de conseils et d'appui en vue de la réorganisation de l'Institut et de la programmation de ses activités. En outre, dans le domaine de la police et de la sécurité, les ministères de l'Intérieur français et roumain développent une coopération en matière de lutte contre les trafics d'armes et de stupéfiants, de surveillance des courses et des jeux, de la police des étrangers et de l'immigration clandestine.

Russie

Une assistance française est sollicitée afin de contribuer à l'expertise de certains projets de loi en matière de propriété intellectuelle ; ce volet, en 1997 a permis des échanges entre des professionnels chargés de l'enregistrement des personnes morales. L'ambassade de France à Moscou s'est dotée de programmes d'aide à la publication en langue russe d'ouvrages spécialisés comme la collection « Collection franco-russe » et le « Programme d'Alembert » ; à ce titre relevons notamment la parution de la *Justice en France* de la *Présentation générale des tribunaux en France* ou encore des *Principes généraux du droit civil en France*.

Par ailleurs, deux nouvelles structures judiciaires vont solliciter une contribution française : le département judiciaire d'une part, créé près la Cour suprême et chargé de la formation des juges russes, (auprès de l'ENM pour la procédure de sélection et l'élaboration des cursus pédagogiques et méthodologiques) ; la constitution des exécuteurs judiciaires d'autre part (pour la mise en place de nouveaux cursus de formation).

Des spécialistes russes, dans la perspective de l'élaboration d'une base législative aux transactions immobilières, à l'évaluation des biens immobiliers et à l'enregistrement des transactions, s'intéressent à l'organisation du marché français de l'immobilier et souhaitent se familiariser avec le cadastre foncier, le plan d'occupation des sols, la garantie des droits de propriété immobilière ou encore les mécanismes hypothécaires.

Enfin, la formation et le perfectionnement de magistrats fait l'objet chaque année d'une coopération soutenue entre l'Académie Juridique de Russie et l'ENM. Cette année, trois séminaires spécialisés seront organisés dans le domaine du droit de la propriété intellectuelle et du droit des contrats ; outre ces échanges, des programmes sont montés au profit des tribunaux de Moscou, de Saint-Pétersbourg, de Saratov et Rostov-sur-le-Don qui bénéficient respectivement d'échanges avec les cours d'appel de Paris, de Versailles et de Lyon et avec le Tribunal de Grande Instance du Mans. Un membre du collège d'avocats de Moscou a bénéficié en 1997 d'un stage de trois mois auprès de l'École de Formation Professionnelle du Barreau de Paris. La Chambre Régionale des Notaires de Versailles a par ailleurs développé sur financements propres des échanges avec les notaires de Moscou, Saint-Pétersbourg et Nijni-Norvgorod.

Rwanda

La coopération française participe depuis le mois de septembre 1997 à un projet visant à contribuer à la reconstruction du pays en matière juridique et judiciaire. Les actions sont menées à la fois sur les plans de la formation (financement de stages en France et notamment à l'ENM, venue d'experts chargés de formation, réalisation de manuels et d'outils pédagogiques), de la documentation et de la diffusion du droit (création d'un centre de documentation auprès de la Cour suprême et de quatre bibliothèques au niveau des cours d'appel, appui aux centres de documentation du Centre de Formation Judiciaire et du ministère de la Justice), ainsi que de la réforme du droit (financement de l'expertise étrangère d'appui à la cellule législative du ministère de la Justice).

La coopération belge quant à elle, intervient surtout sur le plan de la formation de magistrats, elle a ainsi mis en place des formations accélérées de six mois afin de répondre à la charge exceptionnelle des procès à engager.

Sénégal

La coopération française participe à un projet d'« Appui à la réforme du système judiciaire ». Celui-ci porte notamment sur l'élaboration et la diffusion d'une documentation juridique adaptée aux besoins des juridictions sénégalaises, au travers de la restauration des services de documentation et des bibliothèques dans les juridictions : réorganisation et informatisation des services de documentation de la Cour de Cassation et de la cour d'appel, appui à la production du bulletin périodique de la jurisprudence de la Cour de Cassation. La Cour de Cassation dispose désormais de trois bases de données informatisées, portant sur la jurisprudence, le fonds documentaire de la Cour et les références des textes législatifs et réglementaires publiés au *Journal officiel* depuis 1960. Un fonds documentaire d'environ 600 ouvrages a été mis à la disposition de l'ensemble des juridictions du Sénégal.

En outre, de 1995 à 1997, 5 500 jours de formation ont été pris en charge, pour 1 149 participants, dont 164 magistrats et l'ensemble des 117 greffiers en chef et greffiers du Sénégal. Des appuis de l'ENM et de l'ENG, à la fois pour l'animation de sessions au Sénégal et pour l'accueil des stagiaires en France ont contribué à cette action. La formation de formateurs a permis de constituer une équipe pédagogique permanente auprès du Centre de Formation Juridique (CFJ), dont l'importance est toute particulière au regard du recrutement exceptionnel de près de cent élèves magistrats en 1997 et 1998. Le programme de formation continue du CFJ a permis de spécialiser les professionnels de la justice sur des thèmes tels que les contentieux économiques et sociaux, les procédures collectives ou la coopération internationale en matière pénale.

Le projet a également permis l'achat d'équipements mobiliers et bureautiques pour les juridictions, l'informatisation de certains services centraux et secrétariats de chefs de haute juridiction, avec en parallèle un accent mis sur la formation à l'informatique des personnels de justice.

Seychelles

La coopération française soutient la formation d'un ou deux juristes qui participent à un stage régional à Madagascar. De plus et ce depuis 1998, des cours de Français sont dispensés par l'assistance technique française à quinze auxiliaires de justice.

São Tomé E Principe

Dans le cadre de l'appui au ministère de la Justice, une action de la coopération française vise à l'amélioration du fonctionnement de l'administration du ministère de la Justice, à la rédaction de nouveaux codes ainsi qu'à leur publication, et à la parution plus rapide du *Journal officiel*. Des équipements informatiques sont par ailleurs fournis aux juridictions de São Tomé. Des séminaires de formation et de perfectionnement sur place à destination des magistrats, des personnels administratifs judiciaires et éventuellement des avocats et des agents de police d'investigation criminelle sont également activés. En matière de police d'investigation criminelle, des équipements de laboratoire et la formation sur place par des policiers de Libreville (Gabon), assurent la modernisation des services.

Tchad

La coopération française a engagé un projet pour la réhabilitation de l'appareil judiciaire, au sein duquel il contribue au développement de missions d'experts participant à la refonte des textes, notamment du code pénal et du code de procédure pénale.

Le projet « Justice » finance également la diffusion d'un bulletin des arrêts de la Cour d'appel de N'Djamena et la fourniture de matériels informatiques aux tribunaux.

Par ailleurs des séminaires locaux et régionaux pour les avocats et les agents de police judiciaire, les assesseurs coutumiers et le personnel pénitentiaire sont organisés ; des stages de perfectionnement en France de magistrats et de greffiers sont prévus. Enfin, des bourses pour les magistrats en droit des affaires seront octroyées dans le cadre de la future École Régionale Supérieure de la Magistrature.

Togo

Depuis février 1998, un magistrat français a été mis auprès du Garde des Sceaux au titre de conseiller pour l'élaboration de textes juridiques.

Par ailleurs, la coopération française participe à des activités destinées à contribuer notamment au renforcement des capacités juridiques et judiciaires. À cet égard, et avec une collaboration conséquente de l'ENM, des formations en droit harmonisé des affaires sont proposées aux magistrats à Porto Novo (Bénin) et, au Togo, quatre séminaires de perfectionnement sont organisés à Lomé avec l'assistance d'experts français et des aides en matière de pédagogie sont fournies (élaboration de programmes pédagogiques, financement de matériels informatiques et de reprographie pour l'ENA locale). Soulignons que les magistrats effectuent à leur sortie de l'ENA du Togo un stage de perfectionnement à l'ENM.

De plus, un accord de parrainage entre les associations professionnelles des magistrats de France et du Togo est mis en place.

Tunisie

La célébration du centenaire du barreau tunisien a entraîné d'importantes manifestations les 26 et 27 mars 1998 à Tunis : de nombreuses interventions, études et réflexions ont été présentées ; certaines ont même été publiées, comme celles consa-

crées à l'avocature et au droit des sociétés en Tunisie. Quelque 600 avocats et personnalités du monde entier ont participé à cet événement.

Ukraine

Des stages à l'ENM sont proposés à des juges ukrainiens. Par ailleurs, la Cour d'appel de Toulouse aide à la mise en place d'une structure analogue à Kiev (il n'y a pas de second degré de juridiction en Ukraine).

Uruguay

Un projet naissant est en cours entre l'ENM et la suprême Cour de Justice, l'organe de formation des juges en Uruguay.

Vietnam

La Maison du Droit vietnamo-française sise à Hanoï est l'organe privilégié de la coopération juridique francophone. L'assistance au processus d'élaboration des textes normatifs a permis à ce jour d'accompagner de nombreux nouveaux textes, dont le code civil vietnamien, entré en vigueur en juillet 1996 et la loi sur le commerce en janvier 1998. En outre, la Maison du Droit offre un service de consultation juridique, ouvert à tout juriste, ainsi que des cours de français juridique quotidiennement pour 200 auditeurs (en 1998).

Des stages pour des boursiers vietnamiens sont organisés dans les professions en France (notaires, huissiers, avocats et ENM). En novembre 1997 a été signé un accord de coopération pour la création d'un 3e cycle en droit à l'université de droit de Hanoï pour une formation sur les droits vietnamien et français, dont l'enseignement sera progressivement dispensé uniquement en français. Une importante coopération entre le notariat français et le ministère de la Justice du Vietnam qui a en charge le notariat d'État vietnamien existe. En 1997 a été signé un mémorandum de coopération entre la Chambre Nationale des Huissiers de Justice français et le Vietnam pour la création du statut de l'huissier de justice au Vietnam. Un projet de coopération entre le barreau de Paris et le barreau de Hanoï est également à l'étude.

Soulignons enfin qu'en 1998 sont parus en Français deux ouvrages *L'Appareil d'État au Vietnam* et le *Droit Économique au Vietnam*.

Yougoslavie (Serbie-Monténégro)

La faculté de droit de Belgrade a un accord de coopération avec l'université de Bordeaux où deux jeunes assistants de l'UFR de droit civil préparent leur thèse de doctorat. Dans le cadre de l'accord Faculté de droit-CEU-Nancy, deux bourses sont régulièrement accordées aux jeunes juristes yougoslaves pour préparer leur mémoire de DEA.

Appui aux processus démocratiques et aux Droits de l'homme dans les États

Angola

Des actions ont été menées, dans le cadre de la coopération française, en matière de formation de parlementaires avec le concours de l'Institut International d'Administration Publique (IIAP), et de formation au travail gouvernemental (à Libreville au Gabon). Une coopération avec l'Assemblée nationale française peut également être citée.

Azerbaïdjan

L'ambassade de France organise des cours de français à l'intention de fonctionnaires azerbaïdjanais du ministère de la Justice.

Bénin

L'Association pour la Promotion de l'Éducation et de la Formation à l'Étranger (APEFE), en synergie avec les axes de coopération arrêtés par la Communauté française de Belgique, développe une action de soutien de l'État de droit. L'APEFE a appuyé la création du Centre Démocratie et Droits où un formateur met en place un système de documentation et de consultation sur les législations et réglementations dans les secteurs de l'économie sociale, du mouvement associatif et les initiatives de démocratie participative. Un expert en sciences politiques et en droit international est également chargé de concevoir et de réaliser une banque de données informatisée.

Biélorussie

En 1996 et en 1997 trois membres du Conseil constitutionnel de la Biélorussie sont venus en France à l'invitation du Conseil constitutionnel.

Bolivie

Des contacts entre l'Assemblée nationale et le Parlement bolivien ont conduit à la définition d'un programme de coopération structuré autour d'un renforcement des relations entre les deux parlements et d'une réflexion sur la bioéthique et les Droits de l'homme. Mais cette dernière n'a pas encore été mise en œuvre.

Burkina Faso

Une base de données juridiques est mise en place auprès du secrétariat général du Gouvernement par la coopération française qui développe par ailleurs des actions de formation de parlementaires. Relevons également que l'APEFE mène une action contribuant au renforcement de l'État de droit auprès de la faculté de droit et de sciences politiques de l'université de Ouagadougou. Cette action consiste à appuyer l'élaboration et la diffusion des codes de lois et à élargir le champ de la recherche à l'activité des juridictions et au droit vécu au sein des entreprises, ainsi que la diffusion des résultats de la recherche. Ce second volet se concrétise notamment au niveau du département de 3e cycle par l'organisation d'un DESS en droit des entreprises et en droit économique international. Par ailleurs, dans le domaine de la codification, il convient de constater que la finalisation des codes civil, de commerce, de procédure pénale et de droit social a été réalisée.

Cambodge

La coopération française apporte un soutien au centre de traduction des textes juridiques de la faculté de droit et à la cellule de traduction et de publication de l'École Royale d'Administration (cours juridiques, documents administratifs). L'invitation en France de quatre administrateurs coïncide avec un appui à l'adhésion du Royaume du Cambodge à l'AIPLF. De plus, un cycle de formation francophone à destination de hauts et moyens fonctionnaires est mis en place (dix missions par an de l'IIAP et deux bourses de stage sont octroyées).

Par ailleurs, le Fonds de Consolidation de la Paix du Centre Parlementaire du Canada a appuyé le déploiement en août 1997 d'une mission d'évaluation des besoins au Cambodge par l'Agence Canadienne de Développement International (ACDI). Cette dernière réalise en outre de petits projets de consolidation de la paix, par l'entremise du Fonds canadien d'initiatives locales, pour appuyer la formation en « droits de la personne et en règlement des conflits », la réforme gouvernementale et l'organisation d'élections.

Cameroun

La coopération française a développé de septembre 1996 à septembre 1998 une coopération en matière de décentralisation et de déconcentration. À ce titre, elle a organisé des séminaires sur place, des séjours d'étude et des interventions ponctuelles d'appui à la conception de réformes et à l'élaboration d'un statut de la fonction publique territoriale. Un fonds documentaire, l'achat de matériels pédagogiques et un dispositif de formation ont été engagés à destination du personnel municipal.

Cap-Vert

Une demande de coopération en matière de droit constitutionnel et de droit administratif est formulée ; il faut noter à cet égard que la Constitution a été publiée en français et en portugais.

Chili

Des échanges entre l'université de Pau et l'université catholique, à travers le projet ECOS, sont établis en matière de mutation du droit public.

Par ailleurs, en 1998 a débuté une coopération entre le *Diario official* chilien et le *Journal officiel* français en vue d'informatiser les données et de confectionner des cédéroms. Relevons également que le Canada travaille conjointement avec le Chili sur les systèmes de protection de la jeunesse, à travers le fonds de réforme du secteur public de l'ACDI. En 1997, trois Chiliens sont partis au Québec pour recevoir une formation sur des questions relatives à la protection de la jeunesse ainsi qu'au traitement de jeunes délinquants.

Congo

La coopération française a mis en place depuis décembre 1996 un projet visant notamment à appuyer le travail gouvernemental et parlementaire. À cet effet, le secrétariat général du Conseil des ministres et du Gouvernement s'est vu doté d'équipements informatiques et des formations ont été organisées, sous forme de séminaires sur place ou de stages à Paris. Le centre de reprographie de l'Assemblée nationale et du Sénat a été installé et des stages à Paris ont été proposés aux parlementaires.

Par ailleurs, la fourniture de matériel de reprographie et l'élaboration de formations d'éducateurs civiques sont venus renforcer l'action du haut commissariat à la culture démocratique. Des appuis ont été également fournis aux associations de défense des Droits de l'homme.

Côte-d'Ivoire

Quelques bourses ont été prises en charge pour la formation de personnel parlementaire en France.

Djibouti

La coopération française finance pour les administrateurs quelques formations en France, notamment à l'IIAP.

Égypte

Le service culturel du poste diplomatique français au Caire assure un relais entre les différentes administrations égyptiennes et les écoles d'application françaises comme l'ENA, l'IIAP, et l'École Nationale des Douanes. Des Égyptiens participent pratiquement chaque année à des cycles de formation de ce type.

Gabon

Un assistant technique français affecté à la présidence de la République, participe occasionnellement à l'examen de certains projets de textes de nature juridique.

Un projet de partenariat entre les Sénats français et gabonais devrait également prochainement voir le jour.

Haïti

La Commission préparatoire à la réforme de la justice et du droit, mise en place au mois de février 1997, a rendu son rapport dit de politique générale en décembre 1997 où les grandes orientations de la réforme ont été décrites. Un premier examen de celles-ci permet d'observer un attachement certain au système juridique français, conjugué à une forte volonté de modernisation et de démocratisation des textes et de la justice dans son ensemble.

À travers ses conventions d'appui à la justice signées avec le gouvernement Haïtien le 26 mai 1995 et le 19 novembre 1997, la France participe à l'instauration de l'État de Droit et aux réformes en cours.

En outre, l'ACDI participe à des projets de consolidation de la paix visant à appuyer le déploiement de la police civile des Nations unies et d'observateurs des droits de la personne ; elle contribue en outre à la participation de la société civile à la réforme du système juridique, au renforcement de la réconciliation par l'entremise d'un appui à la commission sur la vérité et la justice, ainsi qu'à des élections justes et libres. De plus, des actions sont menées avec le concours du Fonds canadien d'initiatives locales afin de populariser la Constitution et d'appuyer les recours légaux des victimes de violations des droits de la personne.

Lituanie

Un groupe d'amitié parlementaire existe tant en France qu'en Lituanie mais les liens, pouvant notamment conduire à des actions de formation pour parlementaires lituaniens, ne sont pas exploités. L'ambassade de France offre néanmoins quelques stages en France à des juristes locaux.

Macédoine

Un projet visant à inviter des parlementaires macédoniens à l'Assemblée nationale pour compléter leur formation est en cours d'élaboration.

Mali

Un appui à la Cour constitutionnelle du Mali est engagé au terme duquel trois séminaires en 1996 et en 1998 ont été organisés, avec le concours du Conseil constitutionnel. Par ailleurs, le conseil régional Rhône-Alpes, avec l'aide de la coopération française, a lancé un programme de coopération avec le *gouvernorat* de Tombouctou en matière d'appui institutionnel et de développement local dans la zone.

En outre, le Mali est bénéficiaire du Programme Régional des Droits de la Personne, mis en œuvre par le Centre Canadien d'Étude et de Coopération Internationale (CECI).

Maroc

Le conseil régional de l'Hérault a développé une assistance technique destinée à la formation des élus dans la ville de Mohammedia en 1997.

Maurice

Des échanges interparlementaires et quelques rares bourses d'études pour des stages en France peuvent être constatés.

Mauritanie

La coopération française appuie les institutions telles que le médiateur de la République (participation à l'organisation du congrès des médiateurs francophones à Nouakchott en mai 1998) ou le Parlement (bourses de stages en France pour les personnels de la fonction publique parlementaire).

Mozambique

Un assistant technique français et enseignant à la Faculté de droit a publié en Portugais et en version bilingue (français-portugais) des ouvrages, en particulier sur la décentralisation et les tribunaux administratifs.

Niger

La création d'une Commission Nationale des Droits de l'Homme est à l'étude ; le ministère de la Justice nigérien a traité directement, lors de la préparation de ce texte avec la Commission française équivalente.

La coopération française dans le cadre du projet « Appui à l'État de droit au Niger » participe à la construction, à l'équipement et à la dotation en ouvrages d'un Centre de Documentation Parlementaire. Par ailleurs, elle contribue au développement d'un service d'information auprès des élus et à la formation de fonctionnaires parlementaires, jusqu'en août 1998, avec le concours de l'AIPLF à travers le PARDOC et l'IIAP.

Relevons également l'aide apportée au financement de la formation à l'ENA de Ouagadougou, de dix-huit magistrats, entre 1996 et 1997 et de la formation supplémentaire de deux juges de la Cour suprême (contentieux administratif, contrôle des comptes à la Cour des Comptes) ainsi que de la Direction des Douanes.

Palestine

L'APEFE a contribué à la mise sur pied du programme de maîtrise en droit international. La formatrice en charge du projet assure maintenant la coordination du programme (tutorat, coordination des cours et conférences, échanges de programme avec les universités étrangères, recrutement...). Elle suit la coopération avec les universités étrangères et encadre des travaux pratiques. Par ailleurs, deux formateurs de l'APEFE ont été chargés de former de jeunes chercheurs en droit.

Paraguay

Un expert français participe à l'élaboration de la loi sur la gestion des ressources juridiques (1997) et quelques parlementaires paraguayens ont par ailleurs effectué un voyage en Europe, et notamment en France, et un juriste a été formé en 1997 à l'IIAP sur le contrôle de l'action publique de l'État.

République Dominicaine

Dans le cadre d'un projet mené par le ministère français des Affaires étrangères autour de la réforme et la modernisation de la justice en République Dominicaine, une aide est apportée à la création d'une École Nationale de la Magistrature. Dans cette même perspective, une collaboration est engagée en matière d'élaboration de textes juridiques, de mise en place de banques de données, de publication et de diffusion de textes. Par ailleurs, des magistrats français contribuent à la formation sur place de magistrats dominicains et des formations sont proposées à l'ENM.

Roumanie

Des actions sont menées dans le cadre de la coopération décentralisée, avec le concours du ministère français des Affaires étrangères dans les domaines des libertés publiques et de la démocratie.

Ainsi la ville de Romans-sur-Isère pilote un projet d'aide à la consolidation de la démocratie locale en partenariat avec une dizaine de communes roumaines. Cette opération qui consiste en des échanges d'élus, vise à faciliter la pratique et le fonctionnement de la démocratie locale en Roumanie. Elle prévoit des stages dans les administrations nationales ou territoriales françaises afin d'acquérir des compétences en matière de gestion financière, de gestion du personnel et de gestion du patrimoine. La ville de Besançon s'attache également à la formation de fonctionnaires et d'élus de la ville de Bistrita.

L'Association Échanges Solidarité Territoires Est propose, avec l'aide du programme PHARE démocratie (de l'Union européenne) et de l'ambassade de France de Bucarest, une formation à destination de jeunes élus roumains pour une pratique du pouvoir local en milieu rural : cette opération prévoit l'organisation de séminaires, complétés par des séjours dans des communes en France.

Russie

La Fondation Saint-Simon organise régulièrement en association avec l'École de Recherches Politiques de Moscou des séminaires spécialisés destinés aux parlementaires russes.

Sénégal

La coopération française dans le cadre du projet « Appui à la réforme du système judiciaire » contribue à l'élaboration et à la diffusion d'une documentation juridique adaptée aux besoins des juridictions sénégalaises au travers de la restauration des services de documentation et des bibliothèques dans les juridictions : réorganisation et informatisation des services de documentation du Conseil d'État et appui à la production du bulletin périodique de la jurisprudence du Conseil d'État.

Par ailleurs, la coopération, en appuyant la structuration et la modernisation des centres de documentation des institutions sénégalaises de représentation démocratique, aide à l'amélioration des systèmes d'information, notamment au plan juridique, des membres de l'Assemblée nationale et du Conseil Économique et Social.

En 1998, à travers un Projet d'Appui à la Décentralisation et au Développement Local (PADDEL), la coopération a également participé à l'adoption et à la mise en œuvre des lois de 1996 renforçant la décentralisation de l'administration sénégalaise.

Tchad

Des stages en France de spécialisation de magistrats dans les domaines du contentieux administratif et électoral ont été mis en place par la coopération française.

Togo

La coopération française finance depuis mars 1998 une action en matière de renfor-

cement de l'État de droit et de promotion des Droits de l'homme.

Celle-ci se traduit d'une part par l'appui à la formation des magistrats en droit administratif et en droit constitutionnel, notamment à travers des stages proposés en France. D'autre part, sur le plan de la documentation et de la diffusion du droit, le Centre de Documentation de la Cour constitutionnelle sera enrichi de nouveaux équipements et d'ouvrages. Un appui à l'édition et à la diffusion des jurisprudences de la Cour constitutionnelle et de la Cour suprême sera également fourni.

La réforme des textes et l'appui au renforcement des capacités togolaises dans le processus d'élaboration des lois sont intégrés au projet ; en ce sens, des études et des expertises compléteront la formation des élus, des magistrats et des fonctionnaires.

Enfin, concernant les Droits de l'homme, il est prévu d'appuyer la Commission nationale des Droits de l'homme et la Direction Générale des Droits de l'Homme du ministère de la Justice, par la fourniture de matériel, de formations et le financement de campagnes d'information. Dans ce même élan, une documentation sera constituée en matière de Droit de l'homme auprès du Centre de Documentation sous la tutelle du ministère de la Justice et des associations concernées.

Ukraine

Le Conseil constitutionnel français fournit de la documentation au Tribunal Supérieur ukrainien. Par ailleurs, l'ambassade de France soutient la traduction de manuels français de droit administratif et de droit international en ukrainien.

Uruguay

Une coopération active permet aux élèves du cours de formation des hauts fonctionnaires uruguayens d'effectuer des stages en France. Relevons aussi qu'un projet est en cours entre l'Institut Droit et Informatique de l'université de Montpellier I, la Cour suprême de Justice d'Uruguay, le Conseil d'État uruguayen et la bibliothèque du Parlement uruguayen.

Vietnam

L'assistance au processus d'élaboration des textes normatifs est l'un des domaines d'action privilégiés de la Maison du Droit à Hanoï. En relation avec le programme législatif de l'Assemblée nationale, dix thèmes sont traités chaque année sous forme de séminaires animés par des experts français à l'intention des rédacteurs de textes et des décideurs (directeurs d'administration centrale, instances diverses). Les séances de travail en comité restreint sur la base des textes français existants et des projets locaux traduits dans l'autre langue ont permis à ce jour d'accompagner l'adoption de nombreux textes, comme la nouvelle loi sur la nationalité, ou l'ordonnance sur l'expertise préalable des projets d'actes normatifs.

Le conseil régional des Côtes-d'Armor a mis en place une coopération en matière de formation destinée à six administrateurs et a accueilli les présidents des provinces de Ha-Tinh et Vin en France.

Les formateurs de l'APEFE, dans le cadre d'un projet de la faculté de l'ULB, interviennent à la faculté de droit de l'université des sciences sociales et humaines, ainsi qu'à l'université de droit de Hanoï, y dispensant des cours, y animant des séminaires dans diverses matières juridiques (international, maritime, ...). Par ailleurs un formateur est intervenu en 1997 en droit administratif pendant cinq semaines auprès de la faculté de droit de l'université de sciences sociales et humaines de Hanoï. La création d'un secrétariat à la coopération juridique, sous l'impulsion d'un formateur de l'APEFE, en relation avec la Maison franco-vietnamienne du Droit ou avec l'université du Droit, est en négociation.

Relevons enfin que le Centre Parlementaire Canadien conseille le Comité législatif des affaires sociales de l'Assemblée nationale sur des problèmes juridiques, administratifs, voire politiques, et qu'un projet de formation axée sur le renouvellement de la gestion dans le service public a fait appel à un partenariat entre l'École Nationale d'Administration Publique du Québec et l'Institut National d'Administration Publique du Vietnam.

onclusion

Ce chapitre consacré à l'espace juridique francophone atteste du dynamisme de la Francophonie dans le domaine juridique à travers les coopérations bilatérales et multilatérales ; il fait ressortir aussi combien le droit porté en terres francophones ou étrangères peut être un formidable vecteur linguistique et culturel ; il permet aussi de prendre conscience que l'éthique francophone s'affirme fortement dans les actions en faveur de l'État de droit et de la défense des Droits de l'homme et ce n'est pas un hasard si le premier *Dictionnaire pratique du droit humanitaire*, éditions La Découverte) est publiée par Madame Françoise Bouchet-Saulnier, responsable juridique de Médecins sans Frontières.

On doit remarquer également la diversité des coopérations francophones qui vont du conseil pour l'élaboration des textes constitutionnels, législatifs ou réglementaires, à la formation de juristes, de magistrats, d'avocats ou d'auxiliaires de justice, en passant bien évidement par la mise en place de centres de documentation et de centres de ressources juridiques sans oublier l'équipement en nouvelles technologies des parlements, des tribunaux et des greffes.

Cependant si l'on note une forte volonté de porter la coopération juridique francophone dans toutes ses composantes (droit civil, droit constitutionnel, droit administratif), un savoir-faire certain et des réussites pertinentes et intéressantes dans des pays non francophones, il faut aussi prendre conscience qu'à l'exception de certaines interventions en Afrique dans le cadre du traité OHADA, les francophones ne sont pas performants dans le domaine du droit des affaires, et trop souvent les cabinets anglo-saxons occupent une place privilégiée dans de nombreux pays notamment en Asie. Bien évidemment les réussites économiques des États-Unis dynamisent le développement du droit anglo-saxon dans le monde et le succès des cabinets anglo-saxons ; mais les pays francophones sont aussi des exportateurs importants dans le commerce mondial et cette réalité devrait les rendre plus vigilants sur un environnement juridique qui doit privilégier le droit français ou le droit francophone dans les relations commerciales.

Par ailleurs, le regroupement dans un cadre francophone d'instances juridictionnelles a des conséquences intéressantes, ainsi l'Association des cours Constitutionnelles ayant en Partage l'Usage du Français a invité plusieurs pays comme le Bénin, le Cameroun, le Cap-Vert et le Togo à introduire dans leur ordre juridique interne un échelon de contrôle de constitutionnalité des lois.

Il convient aussi de souligner la participation des pays francophones à des concertations sur les questions internationales fondamentales. La réunion, le 26 mai 1998 par l'Agence de la Francophonie, d'experts d'une dizaine de pays (Belgique, Canada, Comores, France, Guinée, Haïti, Niger, Sénégal et Suisse) sur la création d'une Cour Criminelle internationale (CCI) et ce avant la tenue de la conférence diplomatique des plénipotentiaires des Nations unies, illustre parfaitement ce type d'intervention. Enfin, il est déterminant que des actions témoignent de la volonté francophone d'encourager la prévention des conflits et l'assainissement de certaines situations nationales à travers une approche avant tout professionnelle. La mission au Rwanda du 9 au 16 mai 1998 effectuée par des personnalités, toutes expertes en droit, pour le compte de la Conférence Internationale des Barreaux, entre parfaitement dans ce cadre.

Au niveau bilatéral, il est intéressant de noter le caractère multidirectionnel des coopérations déployées ; l'esprit juridique francophone est alors insufflé ou ravivé, au travers de partenariats multiples et composites, auprès de populations et dans des secteurs qui ne s'inscrivent pas forcément dans de grands ensembles francophones. La coopération francophone en effet ne se limite pas aux rapports entre pays francophones.

Enfin, l'articulation entre les niveaux multilatéral et bilatéral est une donne incontournable et constante et de véritables réseaux de partenariat se sont ainsi constitués ; ces derniers associent malheureusement essentiellement des opérateurs bilatéraux français aux institutions multilatérales. Il est en outre à regretter que les actions francophones, quels que soient les schémas de coopération et les pays et groupes de pays dont elles sont originaires, ne s'articulent pas mieux les unes avec les autres, et que leur existence même ne soit pas plus connue. L'importance des rapports humains directs qui sont tissés est telle que ceux-ci doivent bénéficier non pas uniquement à une structure ou à des réseaux mais à la Francophonie dans son ensemble. La grande diversité des sources de coopération est un élément positif ; la multiplication des chapelles au contraire peut se révéler un frein à la mise en place des actions et à leur réussite.

Par ailleurs, il est intéressant de remarquer ici que l'Union européenne dans ses projets de coopération avec les pays de l'Est francophones sollicitent souvent la France pour la réalisation des opérations.

La nature diverse et évolutive des coopérations juridiques et judiciaires est un autre élément à souligner. Le droit est une fondation propre à supporter toute entreprise et toute institution. Le droit d'inspiration française, en particulier, permet dans une certaine mesure une assise juridique et une définition stable des orientations et des options, que le droit anglo-saxon ne peut offrir du fait même de la place extrême accordée aux jurisprudences par ce dernier. La multiplication des domaines d'action, économique, constitutionnel, civil ou éthique, exige à la fois cohérence et plénitude des différentes implications de l'esprit juridique francophone.

De plus en plus ces implications recherchent à relayer auprès d'acteurs locaux les impulsions des initiatives. Afin de réunir véritablement les conditions nécessaires à cet élan, il est d'un intérêt crucial de mettre en contact ces acteurs les uns avec les autres et de diffuser l'esprit juridique au sein même des populations et non pas uniquement d'améliorer les aptitudes et les moyens des professionnels. Des associations présentent à cet endroit des formules singulières à travers des enjeux judicieux : d'une part elles identifient des personnes et des groupes susceptibles d'apporter aux communautés de base une information juridique simple et accessible afin de développer en chacun le sentiment, particulièrement fondamental, de se considérer comme sujet de droit ; et d'autre part, elles mettent en relation leurs membres afin qu'ils échangent les expériences et le savoir-faire dont ils sont porteurs, et favorisent ainsi l'émergence de projets collectifs visant à renforcer les pratiques et à socialiser la réflexion.

Enfin la coopération juridique et judiciaire francophone structure l'ensemble des secteurs de la vie civile et de la vie publique en affirmant des valeurs touchant directement l'État de droit. Elle donne également aux pays bénéficiant de cette coopération des cadres d'intervention susceptibles de répondre d'une manière efficace à leurs préoccupations présentes et futures et procure également des cadres de références aux investisseurs étrangers pour faciliter les échanges et sécuriser les transactions.

CHAPITRE 10

Espace sport

sport dans les pays francophones développement ou en transition

Le sport tient une place importante dans la société ; il est a la fois un spectacle, une activité physique, une pratique culturelle et un moyen d'insertion des jeunes dans la vie sociale et économique.

Le sport dans le monde francophone est également un vecteur de Francophonie par les liens qui se tissent à travers la coopération bilatérale et multilatérale ; c'est aussi un domaine qu'il est important de mieux connaître, et de faire connaître si l'on veut rendre la Francophonie populaire et cimenter une solidarité entre les jeunes du monde francophone.

Le questionnaire proposé aux postes diplomatiques français et adressé aux seuls pays francophones en développement ou en transition, comportait quatre grandes rubriques : la pratique sportive, l'organisation du sport, le sport et la Francophonie, le sport et la société.

Les disciplines sportives pratiquées

En ce qui concerne la pratique des disciplines sportives, trente et une réponses ont été exploitées et quatre sports sont très souvent cités ; il s'agit du football (vingt-six), ce qui explique l'impact extrêmement important de la Coupe du Monde 1998 dans de nombreux pays, de l'athlétisme (dix-neuf), du basket (dix-sept), et enfin du volley-ball (quinze). Puis vient tout un ensemble de sports cités entre six et neuf fois : le karaté, le handball, le judo, le tennis, le tennis de table, la boxe, la lutte.

Cependant aucune donnée ne permet de mesurer le nombre exact de pratiquants, et cela pour deux raisons : l'absence de statistiques précises au niveau des États ou des fédérations sportives et, par ailleurs, une pratique diffuse, non répertoriée dans les villes et les villages.

Quelques chiffres peuvent cependant être cités ; ainsi en Mauritanie, le football compte 10 000 pratiquants, le basket 1 500, et la pétanque 1 000 ; en Haïti le nombre de pratiquants de football est de 500 000, de basket 10 000, athlétisme, volley-ball, karaté, 5 000, l'haltérophilie 4 000, enfin le cyclisme 1 000 ; aux Seychelles, le nombre de pratiquants de football est de 3 200, de volley-ball de 1 100 ; au Mali, le nombre de licenciés de football est évalué à 150 000, de basket à 7 500 ; enfin, à Djibouti, les pratiquants de football sont 10 000 et en athlétisme 2 000. On doit faire aussi mention de la lutte qui est citée dans plusieurs pays : Bulgarie, Côte-d'Ivoire, Cameroun, Tchad, Maurice, Niger.

L'organisation du sport

L'État participe à l'organisation du sport d'une manière déterminante par la réglementation, la création d'équipements sportifs, la fourniture de matériels, le développement des activités physiques et sportives à l'école, la formation de l'encadrement, et enfin la promotion ; mais cela ne se traduit pas toujours par la mise en place d'une structure de gestion spécifique de type ministère ou secrétariat d'État à la Jeunesse et aux Sports. Le rattachement administratif du sport varie selon les pays, ainsi pour le Maroc, le sport scolaire et universitaire relèvent de l'Éducation nationale et de l'Enseignement supérieur, le sport civil dépend de la Jeunesse et des Sports ; par contre au Vanuatu, un ministère délégué à la Jeunesse et aux Sports vient d'être créé.

Le mouvement sportif, quand il est organisé, participe également à la gestion du sport, mais bien souvent cela ne concerne que quelques fédérations pour des disciplines dont la pratique est très développée ; ainsi, au Mali, les fédérations assurent l'encadrement technique et administratif du sport concerné ; au Cameroun, chaque fédération est chargée d'organiser la pratique sportive nationale et internationale mais la plupart d'entre elles n'ont pas les moyens financiers pour mener à bien ces missions ; au Bénin, le mouvement sportif est le principal organisateur pour les compétitions nationales ; au Cap-Vert, les fédérations nationales et les associations régionales organisent les compétitions internationales, nationales et régionales ; au Togo, les fédérations et les associations sont les vrais animateurs du sport ; en Mauritanie, les fédérations sportives gèrent les compétitions nationales ; au Niger, l'État a donné une délégation aux fédérations ; au Vanuatu, le Comité olympique national organise, avec le ministère délégué, les rencontres régionales (mini-jeux du Pacifique, rencontres mélanésiennes) ou internationales (Jeux olympiques) ; enfin, en Haïti, le mouvement sportif assure la promotion des différentes disciplines, forme les cadres, et organise les compétitions.

Le financement du sport

L'État finance majoritairement le domaine sportif ; si l'on élimine deux réponses atypiques (pour lesquelles l'État finance totalement ou pas du tout), l'écart varie entre 60 et 100 %, pour se situer en moyenne à 82,5 %.

Le secteur privé intervient comme deuxième financeur avec une moyenne de 8,5 % ; les collectivités territoriales, faute de moyens financiers suffisants, ne représentent que 7,5 % des financements, cependant les postes diplomatiques signalent que cette influence est croissante, sans que cela soit toujours facilement quantifiable.

Enfin, les droits de retransmission restent marginaux dans le financement du sport.

La place du sport dans la société

Dans vingt et un pays, le sport est enseigné à l'école, mais cela recouvre très souvent des situations très variables tant au niveau de la durée consacrée à cette discipline que de la localisation de l'établissement scolaire. En effet, les réalités sont très différentes dans les zones rurales et les zones urbaines et beaucoup de pays souffrent d'une pénurie d'encadrement qualifié. Enfin, il peut y avoir un décalage entre l'affirmation politique de l'intérêt du sport qui le fait figurer dans les programmes officiels, et les moyens mis en œuvre.

Dans treize pays, le sport est perçu comme un facteur de l'intégration sociale et culturelle des jeunes, cette priorité s'affiche dans les besoins exprimées par nos représentations diplomatiques. En effet, le besoin en équipements sportifs est cité vingt-cinq fois, celui de la formation de l'encadrement dix-neuf fois, enfin, la fourniture de matériels est évoqué dix fois. Ces demandes sont-elles en concordance avec les actions de coopération menées dans un cadre bilatéral ou multilatéral ?

La coopération

La coopération dans le domaine sportif est très développée ; sur les trente et un questionnaires exploités, trente font état d'une coopération bilatérale ou multilatérale.

La coopération bilatérale se fait principalement avec la France (vingt-huit citations), puis viennent le Canada et la Belgique (quatre citations), enfin le Japon (trois citations). Ces résultats sont significatifs à plusieurs titres : ils illustrent l'importance de l'aide publique au développement accordée par la France au pays francophones mais aussi l'existence d'un savoir-faire français dans le domaine sportif. On doit aussi remarquer l'absence dans ce domaine de coopération spécialisé, de grands pays cumulant richesse et savoir-faire sportif comme les États-Unis, la Grande-Bretagne ou l'Allemagne. Le facteur linguistique est-il le seul facteur explicatif ? À l'inverse, la présence du Japon illustre parfaitement l'effort consenti par ce pays en matière de coopération internationale.

La coopération bilatérale s'effectue dans sept domaines différents ; le premier secteur visé concerne la formation à l'encadrement (vingt-six citations), puis la formation des athlètes de haut niveau (vingt et une citations), la construction d'équipements sportifs et la fourniture de matériels (dix-sept citations), l'aide financière directe (quatorze citations), le conseil en matière d'organisation (onze citations), enfin la médecine du sport (neuf citations).

La coopération multilatérale touche douze pays différents, les organismes suivants sont évoqués : la CONFEJES, l'Agence de la Francophonie, le COI, le PNUD, la BID, l'UNESCO, l'UNICEF, l'UE, mais c'est la CONFEJES qui intervient le plus fréquemment.

Les domaines de coopération sont les suivants : la formation de l'encadrement (douze citations), l'entraînement des athlètes de haut niveau (douze citations), l'aide financière (sept citations), la construction d'équipements (cinq citations), la médecine du sport et la fourniture de matériels (quatre citations).

L'analyse de ces deux types de coopération dans le domaine sportif illustre parfaitement l'importance de la coopération bilatérale par rapport à la coopération multilatérale et les liaisons privilégiées des pays francophones avec les organisations internationales francophones. Par ailleurs, on ne note pas d'écarts entre les besoins exprimés par les pays et les domaines de coopération engagés.

Sport et Francophonie

Les manifestations sportives internationales suscitent un grand intérêt dans le public ; la radio, la télévision et la presse écrite jouent à cet égard un rôle important. Dans les manifestations les plus suivies viennent : la Coupe du Monde de football (vingt-six citations), les Jeux olympiques (quatorze citations), les divers championnats du monde (treize citations) ; l'intérêt se porte ensuite sur les compétitions régionales : jeux du Sud-Est asiatique, copa-america, jeux des îles, jeux de la Francophonie, coupe d'Afrique des nations de football.

On doit remarquer que les athlètes de haut niveau de nombreux pays francophones participent aux jeux de la Francophonie, ce qui suscite curiosité, enthousiasme ou passion au moment ou ils se déroulent. La participation à ces jeux pose assez souvent des problèmes financiers aux États et aux fédérations nationales, pour assurer le déplacement et l'hébergement des athlètes, mais cela reste un excellent vecteur d'identification d'une communauté.

Les grandes manifestations sportives francophones (à l'exception des jeux de la Francophonie) ne semblent pas mobiliser particulièrement les populations des États étudiés et c'est plus souvent une solidarité continentale (solidarité du continent africain) qui s'exprime avant la solidarité francophone. Cependant, ce constat global mérite d'être nuancé ; en effet, les retransmissions télévisées de compétitions sportives françaises sont très appréciées, notamment en République Démocratique du Congo, en Centrafrique... Mais, c'est souvent l'intérêt pour la discipline et la qualité de la pratique qui intéressent avant tout les téléspectateurs, c'est le cas pour : Maurice, le Niger, le Maroc, le Vanuatu, le Sénégal.

La Coupe du Monde de football 1998, qui s'est déroulée postérieurement aux réponses des postes diplomatiques, nuance plus encore le premier constat. En effet, la superbe victoire de l'Équipe de France et, surtout, sa composition plurielle qui honorait plusieurs continents, a entraîné une appropriation de la réussite et une osmose avec l'équipe gagnante dans de très nombreux pays. On notera aussi que, lors de certaines compétitions internationales, des manifestations de sympathie peuvent se manifester en faveur des équipes francophones.

Sport et publicité

L'intérêt pour le sport (à la fois spectacle et pratique sportive), fait qu'il est de plus en plus utilisé comme vecteur publicitaire dans la presse écrite, à la radio, à la télévision et sous forme d'affichage. Cet aspect est renforcé lors des grandes compétitions internationales. Ainsi, pour vingt-trois pays, le sport est un vecteur publicitaire largement utilisé. Les marques qui utilisent le sport pour commercialiser leurs produits ou leurs services sont avant tout des marques nationales ; les produits alimentaires viennent en tête (dix-sept citations), suivis par les marques de tabac (la réglementation de la publicité sur les alcools et le tabac est la plupart du temps inexistante dans les pays étudiés), les compagnies aériennes, la téléphonie, les banques, les carburants, les cosmétiques, les jeux de hasard, et les vêtements.

Sport et éthique

La violence au cours des manifestations sportives, citée par douze pays, est un phénomène qui semble se développer. Les remèdes à cette déviance de l'esprit sportif vont de la sanction à la prévention. Pour la sanction, l'utilisation de forces de police sur le stade, ou autour du stade, est largement évoquée, la sanction sportive qui frappe le joueur ou l'équipe est aussi citée ; en Bulgarie, on note une grève des arbitres de football. Dans le domaine de la prévention les mesures utilisées sont diverses : grillage de protection sur les stades, campagne pour le développement du *fair-play*, éducation des supporters, actions de sensibilisation de la part des fédérations.

Conclusion

Cette rapide étude permet de constater que le sport tient une place importante dans de nombreux pays francophones ; elle tend à se renforcer du fait des progrès réalisés dans le domaine des télécommunications : les manifestations sportives internationales peuvent toucher désormais des centaines de millions de téléspectateurs, la Coupe du Monde 1998 de football en est la parfaite illustration. Cet impact mérite réflexion : le sport est-il porteur d'une éthique qui amène l'homme à se dépasser dans la pratique de la compétition ? ou est-il l'illustration d'un chauvinisme malsain, voire porteur de nationalisme ? Les politiques nationales menées par les États et les politiques de coopération seront à cet égard déterminantes.

On peut aussi remarquer combien certains sports ont tendance a devenir universels : le football comme le basket hantent les rêves d'une multitude de jeunes sur tous les continents ; les champions sont les vecteurs de diffusion d'une pratique sportive, mais également le symbole d'une réussite sociale. L'impact de l'athlète de haut niveau est le même, en terme d'insertion sociale des jeunes dans les pays en développement, que dans les quartiers défavorisés des pays développés.

Il est important de noter la place que tient le sport dans la politique d'aide publique au développement des pays francophones, tant au niveau bilatéral que multilatéral, c'est à travers celle-ci que peut s'exprimer une véritable solidarité.

Il faut aussi souligner les demandes prioritaires exprimées par les pays : la formation des hommes, tant en ce qui concerne les athlètes de haut niveau que celle de l'encadrement, et il est rassurant de constater que ces besoins sont au cœur des coopérations bilatérales et multilatérales, notamment par la mise à disposition de cinquante-deux assistants techniques. Enfin, on peut dire que l'engouement pour le sport et le fait que beaucoup de retransmissions radios ou télévisées sont réalisées en français ont pour effet de favoriser la Francophonie.

IIIes jeux de la Francophonie[1]

Présentée le 30 septembre 1992, la candidature de Madagascar pour l'organisation des IIIes jeux de la Francophonie a connu une très grande période d'incertitude.

La décision finale n'a été prise que le 27 avril 1996, lors de la session extraordinaire de la CONFEJES tenue à Cotonou *« fixant définitivement l'organisation des IIIes Jeux de la Francophonie du 27 août au 8 septembre à Madagascar ».*

Les premières éditions se sont tenues au Maroc, en 1989, et à Paris, en 1994, et n'avaient pas tenu toutes leurs promesses. De l'avis général, les Malgaches sont parvenus à faire des jeux de la Francophonie le grand rendez-vous de la jeunesse francophone. Pour certains observateurs, l'esprit et le concept même des jeux ont trouvé leur dimension à Tananarive.

Les jeux ont accueilli 2 312 personnes dont près de 1 450 sportifs et artistes, 407 encadreurs et 455 personnalités et officiels techniques.

La spécificité des jeux est de conjuguer épreuves sportives et épreuves culturelles. Les compétitions sportives comprenaient les disciplines suivantes : l'athlétisme, le basket-ball, la boxe, le football, le judo, le tennis.

438 athlètes (260 hommes, 178 femmes) ont participé aux compétitions, représentant trente-quatre pays. Les compétitions ont été organisées dans des conditions très satisfaisantes, sur des installations de qualité.

Les compétitions culturelles ont rassemblé 400 participants représentant vingt-huit États et gouvernements ; les disciplines artistiques suivantes ont été retenues : chanson, conte et conteur, danse traditionnelle, littérature, peinture, photographie, sculpture.

« De l'avis unanime des délégations, particulièrement des pays du Nord, les IIIes jeux de la Francophonie auront laissé un souvenir très marquant chez tous les participants, constituant une occasion privilégiée d'échanges entre cultures différentes, une expérience humaine très enrichissante et un carrefour appréciable entre le monde du sport et celui de la culture ».

Cependant de nombreux facteurs limitatifs (réduction du budget, court délai de préparation, médias...), s'ils n'ont pas nui à la qualité de la manifestation grâce à l'action du Comité Organisateur des jeux de la Francophonie (COJF), n'ont pas permis à l'environnement des Jeux d'atteindre sa plénitude.

Pour les IVes jeux, le Comité International des jeux de la Francophonies (CIJF) et le COJF vont bénéficier pour la première fois d'une période normale de quatre ans pour définir et mettre en œuvre leur programme.

C'est dans les villes de Hull et Ottawa , situées de part et d'autre de la rivière des Outaouais, à la frontière des provinces du Québec et de l'Onta-

NOTE

[1] Tananarive, 27 août au 8 septembre 1997.

rio que se dérouleront les IVes jeux de la Francophonie en 2001. Le ministre canadien, Don Boudria, chargé des rapports avec le Parlement s'est vu confier la mission de conduire à bien la préparation de cette grande rencontre internationale.

La coopération multilatérale et bilatérale avec les pays francophones dans le domaine de la jeunesse et des sports

L'aide publique extérieure au sport est financée en France principalement par deux ministères : le ministère de la Jeunesse et des Sports et le ministère des Affaires étrangères, qui peuvent contribuer conjointement ou séparément à certaines actions, ceci apparaît dans les encadrés qui concernent les politiques de coopération mise en place.

Le ministère de la Jeunesse et des Sports français en collaboration avec le ministère français des Affaires étrangères développe et soutient des programmes d'actions dans le domaine de la jeunesse et du sport.

Sur le plan multilatéral

La contribution française au développement des pays francophones dans le domaine de la jeunesse et du sport est instaurée essentiellement au travers de la CONFEJES. Grâce à un soutien financier des membres de cette organisation francophone, un programme d'activités est mis en place dans le secteur de la jeunesse et du sport.

Les actions soutenues par la France pour la jeunesse concernent :

1) La formation des cadres de jeunesse :
– formation de cadres aux techniques d'animation et de gestion des maisons de jeunes ;
– élaboration de documents pédagogiques destinés à la formation des dirigeants de groupes de jeunes.

2) La formation de formateurs en entrepreneuriat :
– aider les entreprises artisanales à former de jeunes apprentis ;
– former de futurs cadres chargés du secteur de l'insertion professionnelle des jeunes ;
– former des coordinateurs nationaux du FIJ (Fonds d'Insertion des Jeunes).

Les actions soutenues par la France dans le domaine du sport sont contenues dans un programme sport élaboré en pleine cohérence avec les Confédérations sportives africaines et s'articulent autour de deux grands thèmes :

1) Mobilisation des jeunes par la pratique sportive de proximité :
– formation d'animateurs polyvalents de quartiers ;
– présentation d'un programme d'animations annuelles dans les grandes zones urbanisées ;
– organisation de la fête des sports ;
– dotations en équipements et matériels sportifs pour les animateurs.

2) Le sport de haut niveau et développement des pratiques sportives :
– stage de préparation terminale aux jeux des Îles de l'océan Indien ;
– rencontres internationales d'athlétisme, de boxe et de judo. Ces compétitions constituent une -première approche d'une politique sportive francophone en vue des IVe jeux de la Francophonie ;
– séminaires de perfectionnement de la presse sportive francophone.

3) Par ailleurs, il existe un Fonds Francophone de Préparation Olympique. Ce programme réservé initialement à l'athlétisme s'élargit à d'autres disciplines individuelles (boxe, judo, lutte) ; il est reconnu par les fédérations africaines des sports considérés. Il comprend trois axes :
– bourses attribuées aux meilleurs athlètes africains ;
– clubs CONFEJES qui regroupent l'élite africaine en « devenir » ;
– appuis techniques nationaux : environ 170 jeunes sportifs africains bénéficient d'une aide financière et matérielle.

Sur le plan bilatéral

Parallèlement, la coopération sportive est développée avec quelques pays francophones (Maroc, Tunisie, Égypte, Liban...) dans le cadre de programmes d'échanges sportifs bilatéraux.

Ces programmes soutiennent en particulier des échanges de formation de cadres techniques dans le domaine de l'entraînement des sportifs, des équipements sportifs et de la gestion administrative et financière.

Les jeux de la francophonie

La France est avec 4 130 730 FF/7 100 000 FF (sur quatre ans) le principal contributeur du Comité International des jeux de la Francophonie[a] ; le ministère de la Jeunesse et des Sports met à disposition du CIJF le secrétaire exécutif et finance le fonctionnement de son secrétariat.

Le ministère français des Affaires étrangères – Coopération et Francophonie mène des actions, dans les domaines de la Jeunesse et des Sports, à plusieurs niveaux :
– au plan bilatéral, avec vingt-cinq pays francophones d'Afrique, de l'océan Indien et des Caraïbes ;
– au plan multilatéral avec principalement la CONFEJES (Conférence des Ministres de la Jeunesse et des Sports des Pays d'Expression Française), qui rassemble trente-cinq pays membres, et le CIJF (Comité International[2] des jeux de la Francophonie).

L'intervention de la coopération française en faveur de la jeunesse africaine et caraïbe s'inscrit dans une démarche de développement visant à favoriser l'insertion sociale, la cohésion et l'identification nationale.

Les actions de coopération bilatérale, qu'elles concernent les associations de jeunesse ou le mouvement sportif, se mettent en œuvre de gouvernement à gouvernement, c'est-à-dire entre le ministère de la Jeunesse et des Sports du pays et la mission française de Coopération. Cette intervention française bilatérale représente un volume financier évalué à environ 62 millions de francs de projets, imputé sur le Fonds d'Aide à la Coopération FAC) sur une durée de trois ans et à cinq millions annuels de financements sur le titre IV.

Les actions de coopération multilatérale se développent essentiellement avec la CONFEJES. Elles comportent deux volets de financement :

***Les programmes « Jeunesse » et « Sport »** élaborés annuellement par la CONFEJES et adoptés par les ministres de la Jeunesse et des Sports à l'occasion de la session de l'organisme multilatéral. La France intervient par des financements apportés aux ministères de la Jeunesse et des Sports ; ces moyens financiers mis à la disposition de la CONFEJES, notamment par les ministères français de la Jeunesse et des Sports et de la Coopération et de la Francophonie, font l'objet, au préalable, d'une concertation entre les deux ministères qui définissent les priorités d'actions. Depuis quatre années, l'accent est mis sur les secteurs suivants :*

NOTE

[2] Voir notre étude sur le financement de la Francophonie, à la rubrique CONFEJES.

– mobilisation des jeunes par les pratiques sportives de proximité (animation de masse des jeunes dans les quartiers près des lieux de vie des populations, formation d'animateurs, organisation « découvertes-sports », ateliers d'insertion professionnelle) ;

– actions en faveur du développement de la vie associative et des maison de jeunes (notamment dans le domaine de la formation d'animateurs).

– le Fonds d'Insertion des Jeunes (FIJ) avec la mise en œuvre de FIJ « nationaux » visant à développer les initiatives de créations de micro-entreprises par les jeunes (emploi) ;

– le développement du sport de haut niveau. Il concerne surtout les actions de formation de cadres et de concertation entre l'institutionnel sportif francophone (CONFEJES), le mouvement olympique international (CIO et solidarité olympique), les confédération sportives africaines ;

– la mise en œuvre de centres de fabrication des matériels sportifs (en Afrique) par les jeunes, notamment dans le domaine des équipements d'aires sportives (buts de handball, de basket, de football, poteaux de volley-ball, filets, etc..), de bonneterie sportive, de ballons et chaussures de sport, d'ateliers de sérigraphie, etc.

Cette approche nouvelle de la CONFEJES, due à l'initiative de la France, devra nécessairement s'impliquer dans la démarche du fonds d'insertion des jeunes.

La France apporte un financement global à la CONFEJES, dans le cadre de ces programmes et de son fonctionnement, d'environ six millions de francs avec les bourses du FFPO (Fonds Francophone de Préparation Olympique). Il représente la majeure partie du budget général de la CONFEJES, qui a pu constater une baisse sensible ces dernières années des financements notamment ceux du Canada-Québec.

Les moyens du FAC d'intérêt général « développement du sport de haut niveau », en 1998, s'élèvent à 7,5 millions. La CONFEJES intervient comme opérateur du ministère des Affaires étrangères et la gestion de l'ensemble des fonds, qui fait l'objet d'une convention adoptée par les ministres de la Jeunesse et des Sports, est assurée par le secrétaire général de l'institution sportive francophone.

Ces crédits sont destinés à soutenir des actions de détection des jeunes talents, de formation et de perfectionnement des cadres techniques et des élites sportives africaines.

Chaque année, à l'initiative de la CONFEJES, une réunion de concertation (en octobre/novembre) est organisée avec l'ensemble des confédérations sportives africaines (qui rassemblent les fédérations nationales dans chacune des disciplines sportives) pour élaborer les calendriers des compétitions et des stages (au niveau régional et continental) de l'année suivante. Ces programmations sportives sont également abondées par les instances olympiques, les fédérations sportives internationales, diverses Organisations Non Gouvernementales et les ministères africains de la Jeunesse et des Sports.

Il est important de souligner l'effet de levier considérable qu'ont provoqué ces moyens financiers du FAC et la présence des cinquante-deux assistants techniques français « jeunesse et sport » sur le sol africain puisque l'intervention de la coopération française, maintenue sensiblement au même niveau financier depuis quatre ans, représente désormais 20 % (au lieu de 60 % en 1995) du montant total des crédits consacrés au sport de haut niveau. Le Comité International Olympique, quant à lui, consacre, annuellement, 66 millions de francs pour le sport africain.

Dans l'avenir, des moyens financiers supplémentaires pourraient être consacrés au sport africain ; des démarches sont entreprises dans ce sens auprès de l'Union européenne, mais aussi du PNUD, de l'UNESCO et de la Banque Mondiale.

Le ministère a aussi organisé un vaste concours Coope-Coupe 98 , pour les jeunes africains francophones de moins de 16 ans, qui a été labellisé par le comité français d'organisation de la Coupe du Monde de football. Cette vaste opération de mobilisation des jeunes, qui a concerné plusieurs millions de jeunes de vingt et un pays d'Afrique pendant près d'un an, a permis à cent jeunes (cinq équipes : Haïti, Guinée, Burkina Faso, Gabon, Madagascar) de séjourner trois semaines en France et d'assister à cinq rencontres du Mondial. Cette opération Coope-Coupe 98, particulièrement bien réussie et bien ressentie par nos partenaires africains, s'inscrit dans la politique sportive de mobilisation des jeunes des quartiers menée par le ministère. Un budget de 2,75 MF a été consacré pour cette initiative sur les crédits du titre IV.

Il convient d'ajouter à cette note essentiellement bilatérale ce que le ministère apporte à la coopération multilatérale francophone (cf. la partie du rapport consacrée au financement de la Francophonie).

Études

Dénombrement
des francophones

s francophones en question

Le rapport 1990 du Haut Conseil de la Francophonie s'ouvrait sur un chapitre intitulé « Les francophones dans le monde » et s'appuyait sur des données chiffrées qui, aujourd'hui encore servent de référence, mais qu'il convenait de réactualiser afin de répondre à une triple nécessité : satisfaire une demande à la fois ciblée et vaste (institutions, médias, professeurs, particuliers...), préciser certaines notions et, enfin, tenter de saisir les évolutions en cours. Toutefois à question simple, réponse bien difficile... En effet, des chiffres variés circulent concernant le nombre de francophones dans le monde, suivant que l'on considère l'ensemble de la population des pays ayant le français en partage (ce qui peut aboutir à des chiffres considérables), ou que – plus sérieusement – l'on tente des estimations plus réalistes. Ainsi, l'*Encyclopédia Universalis* classe le français en neuvième position dans la « hiérarchie » des langues en tant qu'il comprendrait 122 millions de locuteurs. *L'Atlas de la langue française*[1] dénombrait un peu plus de 131 millions de locuteurs. D'après M. Malherbe[2] le français est utilisé par 75 millions de personnes comme langue maternelle et par 60 millions de locuteurs comme deuxième langue de communication. Enfin, le rapport 1990 du HCF évaluait les « francophones réels » à 105 millions, les « francophones occasionnels » à 55 millions et les francisants – soit ceux qui ont une connaissance du français comme langue étrangère – à cent millions.

Si, pour le présent rapport, on a pris soin de parler de dénombrement des francophones, c'est bien qu'il ne s'agit en aucun cas de prétendre se livrer à un recensement ou à une étude scientifique, ce qui – on s'en doute – nécessiterait bien d'autres moyens à mobiliser, voire à créer. Par ailleurs, la question du statut et de la place des langues est lourde d'enjeux et de conflits. On l'a vu avec la suppression totale des questions sur les langues dans le recensement de 1961 en Belgique ; on le voit aujourd'hui avec l'arabisation en Algérie. Dans un article intitulé « Qu'est-ce qu'un francophone ? »[3] Francine Van de Walle s'interroge, à partir d'exemples historiques, sur l'attitude des États quant aux questions sur les langues dans les recensements : « *La présence d'une question sur les langues dans le recensement, et son énoncé sont le reflet de situations politiques souvent délicates. Des nations fortement centralisatrices ont tendance à traiter les*

NOTES

[1] *L'Atlas de la langue française*, sous la direction de Philippe Rossillon, 1995, Bordas, Paris.

[2] *Les langages de l'humanité*, rééd. 1995, Seghers, Paris.

[3] *In : Démographie et destin des sous-populations*, colloque de Liège, 21-23 septembre 1981, n° 1, AIDLF.

langues des sous-populations[4] *comme des dialectes qui ne méritent pas l'attention du recensement. Les États pluralistes se méfient du potentiel diviseur de la question. Les États fédéraux la tolèrent* ».

De fait, d'après Roland Breton[5], le tiers des États actuels fait un recensement linguistique. Parmi eux, beaucoup relèvent la langue maternelle, mais le recensement des langues secondes est moins fréquent. Il faut, à ce propos, saluer la nouveauté qui va être introduite dans le dernier recensement du siècle en France en mars 1999, sur un échantillon de 400 000 personnes dans le cadre de l'étude de l'histoire familiale. Il comportera, en effet, pour la première fois, des questions sur les langues, tant en termes de rétrospective quant aux langues utilisées dans les familles des recensés et leur transmission ou non, qu'en termes de pratiques actuelles.

Les concepts linguistiques sont complexes, mouvants et fonctionnent en interaction forte avec les évolutions sociales et géopolitiques ainsi qu'avec des phénomènes subjectifs liés à la conscience linguistique, au sentiment et à l'image de la langue. Ainsi, plusieurs auteurs se sont interrogés sur les statuts des langues, leurs différentes fonctions et leurs différents niveaux.

Geneviève Vermès – citée par Gérard Noiriel[6] souligne qu'« *une identité linguistique n'est jamais définissable une fois pour toutes. Deux groupes sociaux peuvent parler une même langue, sans partager la même identité linguistique. Seule une analyse des contextes et des usages sociaux de la langue peut permettre de comprendre le rôle que celle-ci joue dans la construction des identités* ».

Pour Roland Breton, la définition de la langue maternelle « *hésite entre deux critères, celui d'antériorité chronologique (langue première, c'est le critère retenu dans les recensements en Inde, au Mexique, à Maurice, au Canada, aux Philippines), et celui d'antériorité psychique (la langue que l'on continue à parler et dans laquelle on pense) ; c'est le critère choisi dans les recensements en Suisse* ». C'est ainsi qu'en Suisse justement, selon Francine Van de Walle[7], il y a eu confusion dans le recensement de 1900 entre langue usuelle et langue maternelle, autrement nommée « naturelle ». Dans le recensement américain de 1970, la langue maternelle était définie par la langue, autre que l'anglais, parlée à la maison, quand le recensé était enfant. Les « recenseurs » de l'île Maurice usaient du même type de définition en 1962. Francine Van de Walle, par ailleurs, définit trois formes plus ou moins distinctes dans la question des langues dans les recensements : langue maternelle/langue officielle/langue usuelle.

La définition de la place et des fonctions du français dans les différentes régions du monde a, elle aussi, donné lieu à de nombreux débats et classifications.

NOTES

[4] Nd : sous-populations = un groupe d'individus ayant en commun un caractère culturel, religieux, linguistique ou ethnique… qui leur confère souvent une identité, des valeurs collectives différentes de celles du reste de la population.

[5] *Géographie des langues*, 1995, Que sais-je ? PUF.

[6] *Les désignations ethnico-nationales, approches interdisciplinaires*, rapport de recherche publié par la MIRE (Mission Recherche Expérimentation). Ministère de l'Emploi et de la solidarité.

[7] Francine Van de Walle, *op. cit.*

Selon Louis Porcher[8], le français langue seconde n'est ni langue maternelle, ni langue étrangère ; c'est bien là le statut du français en Afrique francophone selon Kouadio N'Guessan (Assises sur l'enseignement du français à Huê. Octobre 1997). C'est aussi ce que souligne une autre intervenante aux Assises de Huê, Katia Haddad, en précisant les différences *« entre l'apprentissage d'une langue étrangère qui laisse à l'extérieur des mécanismes et de la culture et la langue seconde qui amène à intérioriser la langue en question »*.

Pour Louis Porcher, le terme de francophonie recouvre trois réalités différentes :

– le français, langue native ou maternelle et langue officielle (France – Belgique – Suisse – Québec, où il s'agit de la langue première d'une très grande partie de la population ; Afrique francophone et Dom-Tom où il s'agit de la langue de l'État et de l'administration) ;

– le français, langue résiduelle dans des pays comme l'Égypte ou le Vietnam pour lesquels l'appartenance à la francophonie se situe plus en termes de volonté de faire partie d'un ensemble géopolitique qu'en termes de pratique de la langue française ; dans des pays d'Europe centrale (par exemple, en Roumanie) où la francophonie s'appuie sur une francophilie forte et un attachement certain à la langue française ; dans certaines régions de l'Amérique du Nord (Louisiane, Nouveau-Brunswick, Manitoba...) dans lesquelles la francophonie se revendique comme langue de minorités ;

– le français, langue acquise qui comprend les apprenants et, bien sûr, les professionnels du français (professeurs, interprètes-traducteurs...)

Louis-Jean Calvet[9] établit une typologie sociolinguistique des situations de francophonie :

– le français, langue première ne coexiste avec aucune autre langue (situation extrêmement rare, qui ne peut apparaître que dans de très petits groupes) ;

– le français, langue première ou seconde, mais langue « endogène », c'est-à-dire issue d'un développement local, coexiste avec une ou d'autres langues locales (il va s'agir en France, par exemple, d'une coexistence verticale avec les langues régionales ; en Belgique, en Suisse, au Canada... d'une coexistence horizontale) ;

– le français, langue seconde, coexiste avec de nombreuses langues locales (Afrique francophone).

Dans toutes ces situations, le français a statut de langue officielle. Il en est d'autres, bien sûr, où le français n'est plus (Maghreb) ou n'est pas (Louisiane) langue officielle, même si la francophonie de ces régions du monde est réelle.

Nicolas van Schendel[10], quant à lui, synthétisant les apports de différents chercheurs, définit des cercles concentriques correspondant chacun à un niveau d'usage de la langue et tenant compte de son statut et de son ancrage historique :

NOTES

[8] *Le français, langue étrangère*, 1995, CNDP, Hachette Éducation.

[9] *Les Cahiers de la Francophonie* n° 2, « Langues et Identités », Haut Conseil de la Francophonie 1994.

[10] *Les migrants, passeurs de francophonie* : le cas québécois, rapport réalisé pour le compte du ministère des Relations avec les Citoyens et de l'Immigration, 1998, Québec.

- le premier cercle concerne des pays ou régions dans lesquels le français est à la fois langue première (ou maternelle) de la majorité de la population et langue officielle de l'État (France, Wallonie, Suisse romande, Québec). Ce premier cercle comprend des francophones réels ; autrement dit des personnes ayant une maîtrise courante et un usage habituel du français ;

- dans le deuxième cercle, le français est langue seconde pour une majorité de la population, tout en jouissant du statut de langue officielle ; ou, à défaut, d'une position privilégiée dans la société en raison de l'héritage colonial (Maghreb, Afrique sub-saharienne, Liban, Haïti, Maurice, Seychelles, Dom-Tom). Les francophones réels seraient minoritaires dans ces espaces ; ils comprendraient surtout des francophones occasionnels ou - selon l'expression de Robert Chaudenson - des « francophonoïdes », c'est-à-dire des personnes qui ont une compétence partielle, rudimentaire ou circonstancielle du français[11] ;

- le troisième cercle est composé de pays non francophones du point de vue sociolinguistique, mais qui, pour des raisons historiques, ont souhaité leur rattachement à la francophonie (Égypte, pays d'Asie du Sud-Est et d'Europe centrale). On trouverait dans ces pays principalement des « francoaphones » définis par Robert Chaudenson comme n'ayant aucune compétence en français mais vivant dans un État réputé francophone ; et des francophones pratiquant un français d'élite ;

- enfin dans le quatrième cercle se trouvent des pays non francophones, au plan sociolinguistique autant que géopolitique, dans lesquels le français, langue étrangère, est considéré comme une langue de culture et tient une place de choix dans l'enseignement. Il s'agirait donc là, non de francophones, mais de francisants.

Pour sa part, le Haut Conseil de la Francophonie avait, dans son rapport de 1990, défini deux catégories de francophones :

- les francophones réels pour lesquels le français est langue première, langue seconde ou langue d'adoption ;

- les francophones occasionnels pour lesquels l'usage et la maîtrise du français sont limités par les circonstances ou les capacités d'expression.

Nous avons fait le choix, dans ce présent rapport, de garder le même mode de classement afin de pouvoir établir des comparaisons entre les chiffres et les données des deux années de référence : 1990 et 1998. Nous avions, dans le questionnaire adressé aux postes diplomatiques, introduit un troisième groupe en considérant les « francophones d'élection », soit ceux pour lesquels le français est langue d'éducation et de culture. Mais, les réponses des postes ne nous ont pas permis de « nourrir » cette catégorie de façon exhaustive et claire. Aussi, les rares fois où les postes ont fait référence explicitement aux francophones d'élection, les avons-nous rangés dans la catégorie des francophones réels, considérant que leur niveau de maîtrise de la langue le permettait. Nous avions, enfin, demandé aux postes diplomatiques des informations sur les apprenants de français.

NOTE

[11] Il convient cependant d'ajouter, à ce sujet, que l'importance des effectifs d'élèves enseignés en français comme première langue étrangère et la vitalité du français dans la vie quotidienne sont bien plus grandes qu'à l'époque coloniale.

ialyse des réponses
es postes diplomatiques[12]

128 postes diplomatiques ont renvoyé le questionnaire sur le dénombrement des francophones, qui avait été adressé à l'ensemble des postes français dans le monde en novembre 1997.

Sachant que nous avons clairement choisi de baser nos questionnements, non pas sur la qualité, mais sur l'usage de la langue, plusieurs catégories de questions étaient abordées : les outils de connaissance sur les langues pratiquées dans le pays considéré ; les indices (culturels, scolaires, médiatiques...) de l'environnement francophone ; des données quantitatives sur le nombre et le profil des francophones ; des données qualitatives sur l'évolution de la place du français. Ce questionnaire (en annexe) a été testé auprès de plusieurs experts, et réalisé avec le concours - notamment - de l'Association Internationale des Démographes de Langue Française.

Les sources d'information sur l'usage du français par la population

Sur cent réponses pour cette rubrique, pays francophones et non-francophones, les sources sont principalement, mais non exclusivement (plusieurs réponses étaient possibles) :

- scolaires dans 65 % des cas ;
- académiques (universités, instituts statistiques, centres de recherche...) : 62 % ;
- administratives (essentiellement ministères de l'Éducation natio-nale) : 44 % ;
- associatives : 38 % ;
- médiatiques : 27 % ;
- réseaux d'affaires (chambres de commerce et d'industrie, postes d'expansion économique...) : 17 %.

Par rapport à ces moyennes, quelques différences apparaissent suivant les zones. Le pourcentage d'informations provenant des réseaux d'affaires est un peu plus important en Asie. Les sources associatives paraissent plus fructueuses en Europe, notamment centrale et orientale, et en Amérique alors qu'à Maurice et au Maroc, ce sont les sources médiatiques qui offrent un meilleur « rendement » qu'ailleurs.

Dans plusieurs cas, les réponses des postes s'appliquent - comme le soulignent le Cambodge et le Chili par exemple - à des sources d'information sur l'apprentissage et non sur l'usage du français.

NOTE

[12] Les indications de tendances qui sont mentionnées dans les lignes qui suivent sont à rapprocher des indications souvent chiffrées des chapitres « Langue » et « Pédagogie » et des bilans de synthèse figurant dans la « Conclusion ».

Les questions sur la pratique des langues dans les recensements

Sur 94 postes diplomatiques ayant répondu sur ce point, une trentaine de pays pose des questions sur les langues dans les recensements, aussi bien dans les pays francophones, que non francophones :
- Bénin, Burkina Faso, Cameroun, Côte-d'Ivoire, Canada, Gabon, Luxembourg, Macédoine, Madagascar, Maroc, Maurice, Mauritanie, Pologne, Sénégal, Seychelles, Suisse, Togo ;
- Arménie, Australie, Espagne, Estonie, Fidji, Hongrie, Inde, Iran, Malaisie, Mozambique, Népal, Nicaragua, Pérou, Philippines, Yougoslavie, Zimbabwe.

Ces questions sont plus rares dans les grandes enquêtes sur les conditions de vie des ménages où elles concernent une dizaine de pays : Allemagne, Australie, Estonie, Inde, Luxembourg, Madagascar, Maroc, Philippines, Sénégal, Yougoslavie ; et dans les statistiques militaires avec neuf pays : Djibouti, Inde, Iran, Israël, Japon, Madagascar, Philippines, Roumanie, Yougoslavie.

Par ailleurs, le Maroc a mis en place un observatoire des langues à la faculté des sciences de l'éducation de Rabat. Au Luxembourg, les critères utilisés pour définir les francophones et leur degré de connaissance du français concernent la vie courante, le travail et l'utilisation des médias ; au Vietnam, la conversation courante et le cadre professionnel. Au Canada, langue maternelle, langue seconde et langue d'usage au domicile sont distinguées ; des pratiques d'auto-évaluation des connaissances sont utilisées et le développement d'indicateurs sur l'usage du français dans la vie publique est projeté.

Aux questions posées sur les **différentes langues utilisées localement**, 89 postes ont répondu. Deux langues se détachent nettement, laissant à penser qu'il y a parfois eu confusion dans les réponses entre langues enseignées et langues locales. Il s'agit de l'anglais dans plus de cinquante pays et de l'allemand dans vingt-six ; suivent l'arabe et l'italien dans, chacun, dix pays. Il y a, bien sûr, des exceptions d'évidence : la place du chinois en Asie francophone ; la place de l'arabe et des grandes langues africaines (en particulier afrikaans, soninké, wolof...) en Afrique subaharienne avec – par exemple – onze langues officielles en Afrique du Sud ; l'usage des langues berbères au Maroc (officialisées depuis 1994 dans les bulletins d'information de la radio-télévision) ; le créole – « seule langue comprise par la quasi-totalité de la population » – ainsi que les langues asiatiques (et bien sûr l'anglais qui, là, est bien « local ») à Maurice ; et une diversité très prégnante en Australie où une quarantaine de langues sont utilisées et au Canada avec, en particulier, la présence forte de l'italien, du chinois et du créole. Le Québec souligne, par ailleurs, que « le taux de survivance et d'enseignement des langues autochtones dans les communautés du Québec est le plus élevé sur l'ensemble du Canada ».

Les principaux contextes d'utilisation du français

Pays francophones et non francophones confondus (109 réponses), ils sont dans l'ordre (plusieurs réponses possibles) :
- éducatif : 88 % ;
- culturel et diplomatique : 65 % ;

- professionnel : 47 % ;
- familial : 38,5 % ;
- médiatique et juridique : 35 % ;
- administratif : 28,5 % ;
- sportif et publicitaire : 20 %.

Quand l'utilisation du français est le fait de couches sociales parti-culières, dans plus de trente pays répartis sur l'ensemble de la planète (Bolivie, Japon, Laos, Madagascar, Mauritanie, Mozambique, Népal, Niger, Pakistan, Panama, Paraguay, République tchèque, Roumanie, Slovénie...), il s'agit le plus souvent d'une élite socio-culturelle ; élite mais aussi classe moyenne au Maroc, petite bourgeoisie de formation universitaire au Nigeria ; et, plus rarement, locuteurs de milieu plus populaire : les plus de quarante ans au Portugal, les migrants originaires de pays francophones en Tanzanie, un milieu cajun essentiellement pauvre et rural et le milieu indien Houma en Louisiane.

Dans les pays non francophones, l'utilisation du français est un peu plus fréquente dans le domaine juridique que dans la moyenne générale ; l'utilisation du français dans un contexte médiatique est en revanche plus faible.

Dans les pays francophones, l'utilisation du français est beaucoup plus répartie à l'intérieur d'un ensemble d'items : autour de 80 % pour l'édu-catif, le culturel, le médiatique (classé en premier par Maurice), le diplomatique ; 70 % pour l'administratif et le professionnel ; ou se tient entre 50 et 60 % pour le familial, le publicitaire, le juridique et le sportif.

L'utilisation du français à l'intérieur de la famille passe au premier plan au Moyen-Orient (même non francophone) et en Asie francophone. En revanche, en Haïti par exemple, dans tous les domaines « le créole est concurremment utilisé avec le français, le contexte familial étant très majori-tairement créolophone ».

La langue française reste très largement langue diplomatique dans tous les pays et sur tous les continents. Dans le cadre de l'utilisation du fran-çais dans le milieu professionnel, sont particulièrement mentionnés les ser-vices, les métiers du tourisme, les journalistes, les cadres, les chercheurs et les immigrés.

Les moyens de diffusion médiatiques et culturels du français (98 réponses)

Ceux qui ont le plus d'impact, sont un reflet, d'une part, de la mondialisa-tion dans l'importance accordée au secteur audio-visuel ; d'autre part, des réalités socioculturelles et économiques spécifiques des pays. Dans les pays non francophones la télévision est largement en tête des citations (66 %) ; viennent ensuite – et dans l'ordre – la radio (56 %), le livre et le cinéma (55 %), la chanson (49 %), la presse (34 %), les nouvelles technologies de la communication (29 %) et enfin le théâtre (25 %).

Dans les pays francophones en revanche, la radio et la télévision sont à égalité (plus de 90 %), la presse (84 %) passe avant le livre et le cinéma (78 %), le théâtre (53 %) avant les nouvelles technologies (46 %).

Si l'on affine le trait, quelques lignes de fond apparaissent : le moindre impact de la presse et du théâtre en Asie ; l'importance de la radio au Moyen-Orient non francophone ; l'influence plus forte encore qu'ailleurs de la télévision et également du livre en Amérique non francophone alors qu'en Europe non francophone, c'est le cinéma qui est cité le plus souvent, suivi par le livre et la télévision. En Afrique, la radio est, avant la télévision, le premier moyen de diffusion du français ; en Afrique francophone, la presse obtient le même rang que la télévision ; enfin, pour toute l'Afrique, la place du théâtre est notable puisqu'il s'agit du seul continent où son impact est souligné par plus de la moitié des pays.

Les facteurs sociaux de diffusion du français
(69 réponses)

Sont mentionnés le plus souvent : l'immigration, les mariages mixtes, la scolarisation ; puis secondairement, les contacts avec la culture française ; enfin, le tourisme, l'urbanisation, la présence économique française, les échanges internationaux, l'intégration dans l'Union européenne. Dans les pays francophones, la scolarisation vient en premier lieu, suivie de l'immigration, des mariages mixtes et de l'urbanisation ; dans les pays non francophones, les mariages mixtes (Europe en tête), l'immigration et l'attrait pour la culture française, suivis par la scolarisation, l'intégration dans l'Union européenne, la présence économique française, le tourisme en France.

En Afrique, après la scolarisation, le phénomène migratoire est largement en tête des facteurs sociaux de diffusion du français ; il tient une place déterminante également pour l'Europe et quelques pays répartis sur les autres continents.

Il en est ainsi : en Côte-d'Ivoire où le français devient alors langue de communication – ce qui n'est pas le cas dans d'autres pays comme le Niger ou le Nigeria où des langues locales sont transfrontalières ; en Gambie où le poste diplomatique signale la présence de fortes communautés d'origine sénégalaise et mauritanienne et l'existence, par exemple d'un lycée sénégalais de 1 500 élèves ; au Gabon avec de nombreux immigrés d'Afrique de l'Ouest ; en Zambie où beaucoup de réfugiés et d'immigrés d'origine francophone sont devenus enseignants ; en Pologne, c'est le cas de certains immigrés algériens et au Vietnam (où le poste signale également la présence de nombreux domestiques francophones...) de Cambodgiens ; au Liban, le retour d'Afrique de l'Ouest d'une communauté chiite est à l'origine de la création d'un lycée francophone ; au Luxembourg, car de nombreux Français y travaillent et les populations immigrées de diverses origines utilisent le français pour communiquer entre elles ; en Libye, où « sans contribuer au développement de la francophonie, la présence de personnes d'origine francophone, a maintenu l'usage du français et rappelé l'existence d'un espace francophone » ; enfin, le poste du Québec rappelle les mesures prises en 1995 pour favoriser l'accueil de francophones, quant à la catégorie des immigrants dits « indépendants » sur lesquels la Province a un pouvoir de sélection – les réfugiés et regroupements familiaux étant du ressort du gouvernement fédéral –, et « l'apport décisif » que constituent pour le Québec ces migrants francophones qui sont « en sensible augmentation ».

En Égypte, ce sont les femmes de milieu socioculturel aisé qui sont les meilleurs vecteurs du français. Au Liban, la religion est un moyen de diffusion privilégié. Au Cambodge, au Portugal et en Roumanie, les plus de quarante ans sont porteurs d'une Francophonie qui n'est que très partiellement transmise aux générations suivantes.

En Amérique, c'est la scolarisation et l'attrait pour la culture française qui l'emportent ; en Asie, c'est le tiercé : culture française, échanges internationaux, tourisme en France. En Europe, ce sont les mariages mixtes qui ont le plus d'impact ; ils en ont également un peu en Asie et en Amérique non francophone, mais quasiment pas en Afrique. Enfin, le développement des échanges économiques avec des pays francophones, la France notamment, est évoqué par quelques pays (Inde, Slovénie, Turquie..) ; ainsi que les échanges d'étudiants et de stagiaires (Bolivie, Pologne, Venezuela...).

Le secteur associatif francophone

Soixante-sept postes diplomatiques ont répondu à des questions posées sur le secteur associatif francophone.

Les associations mentionnées sont, en premier lieu, les associations de professeurs de français ; celles d'anciens élèves et étudiants de français ; les alliances françaises et les centres culturels, ainsi que les associations de Français expatriés, sont, bien sûr, citées ; les associations d'amitié franco-... sont présentes dans de nombreux pays et, particulièrement nombreuses, par exemple, en Allemagne, au Canada, en Finlande ou en Lituanie...

Il existe beaucoup d'amicales, de clubs... très informels et dont l'impact est, souvent, très faible.

Plus d'une vingtaine de pays signalent l'existence d'associations d'anciens boursiers ou stagiaires d'États francophones, principalement de France ; on les trouve notamment à Haïti, en Amérique latine (Argentine, Bolivie, Chili, Colombie, Équateur, Nicaragua, Salvador) ; dans plusieurs pays européens (Chypre, Norvège, Portugal, Roumanie, Russie, Slovénie, Slovaquie, Yougoslavie...) ; en Asie (Bangladesh, Indonésie, Syrie, Thaïlande) et enfin en Afrique (Cap-Vert, Côte-d'Ivoire, Maurice). Au Maroc, « les associations ou groupes d'anciens élèves de grandes écoles jouent un rôle important dans la constitution de pôles de compétence et d'influence dans l'économie et la société marocaine ».

Une quinzaine de pays signale des associations d'anciens boursiers en cours de création avec l'appui des ambassades françaises et dans des pays aussi divers que : l'Angola, la Chine, le Kazakhstan, la Macédoine, le Mozambique, Panama, le Pérou, les Philippines, la Pologne, les Seychelles, le Soudan ou la Turquie. Enfin, souvent, même en dehors de l'existence d'associations, les ambassades françaises tentent de faire vivre un réseau en constituant des fichiers et en adressant informations et invitations diverses aux anciens boursiers.

Quelques associations professionnelles regroupent, par exemple, des médecins au Moyen-Orient (Égypte, Jordanie, Iran), au Cambodge, au

Pérou et en Pologne ; des ingénieurs (Égypte, Turquie, Venezuela) ; des juristes (Égypte encore, en cours de création au Cambodge).

Certaines associations ont un objectif économique en Slovaquie ou en Birmanie, par exemple, où l'association francophone des affaires est à l'origine de la création d'une école maternelle française, d'une école professionnelle francophone et d'un projet de bourses d'études.

Dans quelques pays, même si le nombre d'associations ou d'adhérents n'est pas très élevé, c'est la position sociale de ses militants qui donne poids à ce secteur associatif (Autriche, Malte, Macédoine, République tchèque...).

Dans beaucoup de pays, l'influence du secteur associatif francophone dans la société locale est assez faible, voire nulle. À l'opposé, quelques exemples donnés par les postes sont significatifs.

Australie, une quarantaine d'associations et « un poids communautaire certain qui a sa place dans l'ensemble du monde associatif ».

Cambodge, « un pouvoir d'influence et d'impulsion, des réseaux d'intérêt professionnel, des relais pour la coopération française ou francophone ».

Canada, un impact important lié au poids culturel et politique du secteur associatif francophone ; mais paradoxalement, une cinquantaine d'associations seulement au Québec, ce que le poste juge faible « au regard du nombre considérable d'associations présentes » dans la Province, avec néanmoins quelques associations internationales dont certaines très actives (Vues d'Afrique).

Finlande, une influence réelle dans de nombreux secteurs de la vie économique, universitaire, scientifique et politique.

Liban, une trentaine d'associations francophones, représentant un facteur certain de cohésion sociale.

Norvège, des associations ou cercles le plus souvent informels mais actifs qui contribuent à sortir la langue française du « tout culturel ».

Évolution du nombre de locuteurs en français ces dernières années et perspectives[13]

Sur plus de 85 réponses, le nombre de locuteurs en français serait (en ayant, toutefois, présent à l'esprit que la base de départ peut être très faible dans certains pays comme, par exemple, la Chine ou la Namibie ; ou, au contraire, très forte comme par exemple en Roumanie) :
- en hausse dans plus de cinquante pays ;
- stationnaire dans une vingtaine de pays ;
- en baisse dans une quinzaine de pays ;

NOTE

[13] Attention : les évolutions constatées et commentées par les postes diplomatiques ne distinguent pas toujours francophones et francisants (c'est-à-dire apprenants de français, langue étrangère). Il nous a toutefois semblé utile de les faire apparaître dans leur totalité afin d'avoir une vue d'ensemble.

Afrique

● L'**augmentation** du nombre de francophones, dans autant de pays francophones que non francophones, paraît liée essentiellement à cinq facteurs plus ou moins dépendants : la croissance démographique, l'amélioration de la scolarisation, les mouvements de réfugiés et immigrés francophones et la proximité de pays francophones ; enfin, l'urbanisation et l'impact des radios et télévisions.

■ *Dans les pays non francophones*

Angola, une hausse due au retour de réfugiés qui a provoqué l'augmentation du nombre d'élèves de français et le développement de l'Alliance française ; mais « la disparition de la langue française est programmée, si aucun effort n'est fait pour la sauvegarder ».

Éthiopie, légère hausse.

Gambie, « la situation de la Gambie, enclose dans le Sénégal, et la pression des pays francophones alentour, plaident pour une croissance du nombre de locuteurs en français ; d'autant que la Gambie, pays exportateur, commerce avec la Mauritanie, le Mali et la Guinée ».

Ghana, « Il y a depuis quelques années une prise de conscience politique de la nécessité d'enseigner le français en raison de la situation géopolitique en Afrique de l'Ouest et des progrès de notre coopération régionale ».

Mozambique, hausse du nombre d'apprenants dans les dernières années et prévisions de doublement des effectifs dans un délai de cinq ans.

Namibie, l'urbanisation a favorisé l'accroissement du nombre de francophones.

Ouganda, le nombre de francophones devrait augmenter dans l'avenir en lien avec l'ouverture des frontières avec la République Démocratique du Congo.

Soudan, nouveau statut du français dans le cycle secondaire.

Zambie, afflux de réfugiés de la région des grands lacs et de l'ex-Zaïre, mais il y a des facteurs négatifs qui risquent d'obérer l'avenir : la très forte concurrence de l'anglais et de l'allemand et la faiblesse des moyens du poste.

Zimbabwe, croissance de l'enseignement du français et présence de réfugiés de la région des grands lacs.

■ *Dans les pays francophones*

Bénin, accroissement démographique et amélioration du taux de scolarisation dans le primaire avec un objectif de 78 % pour l'an 2002.

Burkina Faso, urbanisation.

Burundi, où la francophonie devrait aller en « s'accroissant car le pays reste le dernier bastion francophone de la région des grands lacs ».

Cameroun, situation stationnaire en ce qui concerne les francophones, mais augmentation de l'apprentissage du français par les anglophones.

Côte-d'Ivoire, accroissement démographique et densification du réseau scolaire.

Gabon, une évolution positive liée à l'urbanisation, la scolarisation et l'afflux d'immigrés d'Afrique de l'Ouest.

Guinée-Équatoriale, une constante progression du nombre de francophones, résultat d'une politique volontariste des autorités, de la généralisation de l'enseignement du français et du développement de l'implantation de filiales d'entreprises étrangères originaires de pays francophones.

Madagascar, inversion du mouvement de chute enregistré jusqu'en 1991, qui était lié à la malgachisation de l'enseignement ; depuis 1991-1992, et surtout 1993, hausse du nombre de locuteurs en français.

Mauritanie, « si la nouvelle politique mise en œuvre par les autorités se poursuit, le nombre de locuteurs en français pourrait augmenter sensiblement ».

Niger, une légère augmentation du nombre de francophones qui devrait s'accentuer avec l'amélioration de la scolarisation et de l'alphabétisation des adultes.

Seychelles, une hausse ces trois dernières années dans tous les secteurs, y compris dans l'administration ; et « avec la mise en place de programmes TV en français, les 100 % – de locuteurs en français – seront atteints très rapidement ».

● Le nombre de francophones est stationnaire :

Nigeria, où les nouvelles politiques d'enseignement du français n'ont pas encore eu le temps de faire effet, mais où l'augmentation devrait être très sensible les prochaines années puisque le français sera une matière d'enseignement obligatoire dès 1998, du primaire au secondaire, et sa connaissance sera exigée dans l'administration.

Sénégal, où le poste signale une baisse du taux de scolarisation.

● Enfin, le nombre de francophones est en **baisse** :

Cap-Vert, « cette régression est susceptible de s'accentuer dans les années qui viennent ».

Djibouti, où la baisse est constatée depuis dix ans – en lien avec un afflux de population de pays voisins non francophones et avec la diversification des échanges économiques et culturels – et où être francophone devient un « particularisme ». « Pour l'avenir, le français devra son salut à sa capacité de se greffer profondément au monde des affaires et à la société civile ».

Malawi, le poste évoque, en revanche, une évolution positive possible pour l'avenir, si les échanges commerciaux se développent avec les pays francophones.

Asie - Océanie

● C'est l'accroissement du nombre d'apprenants, ainsi que, dans certains cas, un contexte de relations économiques et géopolitiques avec la France ou d'autres pays francophones – qui peuvent expliquer l'**augmentation** du nombre de francophones dans une dizaine de pays asiatiques et aux Fidji, en Océanie.

Azerbaïdjan, du fait de l'ouverture sur l'Europe, le français redevient progressivement un centre d'intérêt auprès de certaines couches de la population.

Bangladesh, une légère hausse due au développement des cours de français au niveau primaire et universitaire ainsi qu'une tendance continue liée au développement de la classe moyenne.

Birmanie, installation d'entreprises françaises et augmentation du nombre d'étudiants en français.

Brunéi, augmentation de la population française expatriée.

Cambodge, un effet de la forte coopération bilatérale avec la France et multilatérale francophone, mais la poursuite d'une sensible augmentation est cependant moins rapide que celle du nombre de locuteurs anglophones.

Inde, hausse du nombre d'inscriptions dans les alliances françaises – de 9 000 en 1986 à 22 000 en 1996 – et du nombre de professeurs en formation dans les départements de français – de 700 en 1986 à 2 000 en 1996 ; toutefois et étant donné la crise de l'enseignement public dans le pays, « il ne paraît pas possible d'imaginer un retournement positif de la demande de français dans l'enseignement sauf mesure artificielle et contraignante, alors que la demande privée devrait continuer de croître ».

Malaisie, sans toutefois qu'une évolution positive soit prévisible dans la mesure où les moyens consacrés à la diffusion du français ne cessent de diminuer.

Pakistan, le nombre de locuteurs pourrait augmenter avec l'ouverture progressive du pays.

Thaïlande, une hausse que le poste estime liée aux perspectives européennes.

● Dans deux pays, le nombre de locuteurs en français
est stationnaire :

Chine, avec, toutefois, « un léger décollage lié à l'augmentation de la présence économique française dans le pays ».

Népal, « pas d'évolution prévisible car l'anglais reste la langue maîtresse ».

● Il est en baisse

Ouzbékistan, dégradation du niveau culturel, concurrence avec d'autres langues, faible développement des activités économiques françaises.

Pondichéry, cette tendance va s'accentuer du fait de la diminution du nombre de Français d'origine indienne et l'affaiblissement du français dans les écoles bilingues face au tamoul et à l'anglais.

Vietnam, qui est passé d'une hausse jusqu'en 1990 à une baisse depuis 1994 ; ce qui ne devrait pas s'améliorer sauf si l'enseignement d'une deuxième langue est créé et si l'important programme de classes bilingues reçoit des financements supplémentaires.

Moyen-Orient-Maghreb

● Le nombre de locuteurs en français est en **hausse**
pour des raisons diverses et parfois non expliquées en :

Jordanie, une légère augmentation.

Iran, augmentation du nombre d'apprenants de français.

Liban, un accroissement de 2 à 3 % du nombre de francophones.
« Bien servi par les programmes scolaires, le français devrait parvenir à se
maintenir dans la population » ; il faudrait, toutefois, développer sa présence
dans les médias.

Maroc, « L'accroissement démographique, le renforcement de la
scolarisation et l'amélioration de l'efficacité de l'apprentissage du français,
ainsi que le retour d'un certain nombre d'émigrés et la poursuite de l'urbanisation, devraient aller dans le sens d'un accroissement net du nombre des
francophones réels ».

Qatar, arrivée massive d'immigrés francophones, notamment Tunisiens.

Yémen, une hausse considérable liée à l'engouement pour le français, comme alternative à l'anglais, et aux excellentes relations existant avec
la France.

● Il est stationnaire

Arabie Saoudite, où dans le même temps, la pression de l'anglais
est constante.

Égypte, mais « avec la création des écoles expérimentales ou pilotes, des filières universitaires francophones et le projet de création d'une
université française, il y a de fortes chances pour un accroissement du nombre de francophones ».

Libye, seule la réintégration du français dans l'enseignement, envisagée par les autorités, pourrait permettre une évolution positive.

Syrie, où une augmentation peut être envisagée, les Syriens s'intéressant de plus en plus à la France.

● Il est, enfin, en baisse

Israël, en particulier chez les nouvelles générations issues de
l'immigration francophone du Maghreb ; par ailleurs, les politiques linguistiques sont peu favorables au français et des mesures administratives visent
à privilégier l'hébreu et l'anglais comme langues de communication ainsi
que l'arabe dans le milieu scolaire.

Oman, la majorité des Omanais francophones, précédemment installés en Afrique, ne parlent pas français dans la vie courante.

Europe

● Le nombre de locuteurs en hausse dans huit pays non francophones est probablement dû, en bonne partie, à une augmentation du nombre
d'apprenants de français, en particulier en Europe du Nord et en Europe
centrale et orientale, ainsi qu'à des perspectives politico-économiques plus
larges :

Allemagne, le français est très étudié dans l'enseignement ; nombreuses sociétés franco-allemandes.

Estonie, attrait pour l'Union européenne.

Finlande, augmentation globale du nombre d'apprenants ; le français n'est plus considéré comme une langue rare ; « l'intégration dans l'Union européenne génère des besoins importants en personnels capables de négocier avec les interlocuteurs francophones, soit localement, soit dans le cadre de la mobilité professionnelle ».

Lettonie, regain d'intérêt pour le français, lié à l'image traditionnelle de la France et aux perspectives d'entrée dans l'Union européenne.

Lituanie, francophilie traditionnelle et perspectives européennes.

Norvège, une tendance à l'augmentation, même légère ; le poste reçoit un nombre croissant de demandes d'emploi de francophones de France ou d'Afrique désireux de s'installer dans le pays.

Royaume-Uni, la population expatriée française a augmenté de 10 % par an ces trois dernières années ; en revanche, le poste prévoit une stagnation, voire un recul de l'enseignement du français dans les années à venir du fait de la concurrence de l'espagnol.

Slovaquie, augmentation du nombre d'expatriés francophones, hausse des investissements des sociétés françaises, séjours d'études dans des pays francophones, perspectives européennes.

● La hausse est présente aussi dans quatre pays et région francophones :

Luxembourg, constat d'une grande vitalité du français, deuxième langue parlée et première langue écrite, et langue de communication entre immigrés de nationalités différentes.

Macédoine, la hausse du français est due au développement de l'enseignement des langues étrangères, mais cette hausse est relative par rapport à l'anglais et à l'allemand ; toutefois, les programmes de coopération en cours devraient avoir un effet encore plus positif à l'avenir.

Pologne, légère hausse du nombre d'apprenants ; cette évolution devrait s'accentuer à l'avenir du fait du fort accroissement du nombre d'entreprises françaises, d'une plus grande place accordée aux « humanités » dans l'enseignement public et des perspectives européennes.

Val d'Aoste, augmentation du nombre de francophones de 20 % de 1988 à 1998.

● Le nombre de francophones est stationnaire

Bulgarie, on observe « l'existence de viviers francophones de haut niveau, mais se profile également la concurrence de l'anglais » ; de la présence économique française dépendra l'avenir.

Hongrie, après une période d'expansion de l'enseignement du français entre 1989 et 1993, s'est installé un phénomène de stagnation du français et de diversification des langues ; toutefois, l'intégration européenne, l'importance des investissements français et le développement des échanges scolaires et universitaires devraient aboutir à une légère augmentation du nombre de locuteurs de français.

Islande, le « *statu quo* » se maintiendra sauf si le français permet enfin d'accéder au marché du travail dans de bonnes conditions ».

Malte, où le nombre d'apprenants de français reste élevé.

Monaco, beaucoup de nouveaux résidents ne sont pas francophones, mais leurs enfants le deviennent par la scolarisation.

En Roumanie, où le français est la première langue enseignée, les analyses du poste diplomatique et du démographe, correspondant de l'Association Internationale des Démographes de Langue Française (AIDLF), convergent toutefois vers un certain pessimisme : « l'anglophonie bénéficiant de la sublimation par la distance, mais aussi d'une progression concrète liée à l'adhésion à un certain mode de vie, surtout chez les moins de trente ans » selon l'un ; « une évolution prévisible à la baisse » liée à une forte présence, voire une « agression », de l'anglo-américain (via l'audiovisuel, la publicité, les nouvelles technologies et l'ouverture des États-Unis à l'immigration), et, en revanche, à une faible présence économique française et « aux difficultés incroyables pour obtenir un visa pour la France », selon l'autre... Il ne faut toutefois, pas oublier qu'en Roumanie, le français reste la première langue étrangère enseignée.

Le poste diplomatique suisse n'a pas renvoyé de questionnaire, mais selon un démographe affilié à l'AIDLF, la proportion de francophones en **Suisse** est relativement stable, mais son poids politique en diminution ; par ailleurs, le rôle de l'anglo-américain comme « langue universelle » est de plus en plus marqué, notamment en informatique.

Turquie, la possibilité de développement du français spécialisé, à usage professionnel, juridique, commercial, technique, médical – ce qui supposerait la formation de professeurs – est attestée par des enquêtes.

● Enfin, ce nombre est en baisse dans trois pays au profit, notamment, de l'apprentissage de l'anglais :

Arménie, hausse de l'anglais, départ d'ex-rapatriés, baisse générale du niveau de l'enseignement pour le moment présent ; à l'avenir la stabilisation ou la poursuite du déclin dépendra de la capacité et des moyens engagés pour une utilisation professionnelle ou scientifique du français.

Portugal, la baisse est nette chez les jeunes générations à un niveau, toutefois, moins numérique que qualitatif ; néanmoins, le français reste langue de communication dans de nombreux congrès organisés par le pays et le poste prévoit une relative stabilité de la présence du français et du nombre de locuteurs dans les années à venir.

Slovénie, hausse de l'enseignement de l'anglais et de l'allemand.

Il est à signaler que pour le poste en **Belgique**, le nombre de locuteurs de français dans la communauté flamande sera plutôt à revoir à la baisse dans l'avenir...

Amérique

La situation est contrastée au **Canada** : sur les vingt dernières années, l'augmentation nominale et la baisse relative du nombre de francophones est sensible ; avec au Québec, une légère hausse du nombre de personnes ayant le français pour langue d'usage, c'est-à-dire parlée au domicile. Cette évolution devrait plutôt aller en se confirmant, avec la hausse significative du nombre des allophones (locuteurs d'une langue autre que l'anglais ou le français) qui, au Canada, hors Québec, apprennent plutôt l'anglais. Par ailleurs, l'essor du bilinguisme anglais- français est surtout le fait des populations du Québec et des provinces comportant des minorités francophones.

Louisiane, le français se renforce dans le primaire mais semble marquer le pas face à l'espagnol dans le secondaire.

● L'évolution est favorable dans les Caraïbes

Cuba, accroissement du tourisme francophone.

Trinité et Tobago, l'implantation de sociétés françaises a provoqué une évolution positive significative au cours des deux dernières années.

Sainte-Lucie et **Dominique,** augmentation du nombre de locuteurs de français du fait de l'accroissement des échanges, du tourisme et de l'introduction du français dans le primaire.

En revanche, la stagnation est patente et, parfois, la chute sévère dans le centre et le sud du continent américain.

● En effet, le nombre de locuteurs en français est stationnaire

Bolivie, réforme éducative visant à réduire la place des langues étrangères dans l'enseignement ; néanmoins, le poste signale l'attachement des intellectuels et décideurs du pays au pluralisme culturel face à l'influence hégémonique de la culture nord-américaine.

Brésil, « pas d'évolution significative ».

Chili, réforme éducative négative pour l'enseignement des langues étrangères.

Costa Rica, où le statut obligatoire du français dans l'enseignement est précaire.

Équateur, le français reste la langue la plus présente après l'anglais mais sa disparition progressive est possible dans le secteur public, faute de moyens et de personnels ; en revanche, l'évolution est positive dans le privé grâce au tourisme notamment et à l'implantation du plurilinguisme.

Paraguay, présence économique française quasiment nulle ; prédominance de l'anglais.

Venezuela, la tendance pourrait être positive si l'enseignement du français pouvait s'étendre au baccalauréat scientifique.

● Il est en baisse

Argentine, hausse de l'enseignement de l'anglais et cette tendance devrait s'accentuer.

Colombie, baisse dans le secondaire, mais hausse en revanche dans le supérieur.

Panama, suppression des bourses ; nécessité de soutenir les efforts du poste pour le maintien de l'enseignement du français.

En résumé, l'on pourrait dire que l'évolution du nombre de locuteurs de français dans le monde est fortement corrélée à des facteurs multiples et dépendants de la situation socio-économique des pays. Facteurs démographiques, sociaux et scolaires en Afrique et au Maghreb ; facteurs géopolitiques liés à l'intégration européenne en Europe du nord, centrale et orientale ; les facteurs culturels et médiatiques sont moins explicitement invoqués (sauf au Japon et aux Seychelles), mais ils l'ont été plus hauts (*cf.* : les facteurs sociaux de diffusion du français). Enfin, plusieurs postes insistent sur l'importance des coopérations, notamment dans certains pays d'Afrique, d'Asie, d'Europe centrale et orientale ou d'Amérique latine.

Estimation du nombre de francophones dans le monde

Après avoir tenté d'approcher cette réalité de la « population francophone » par des questions diverses, il faut maintenant accoster le rivage des chiffres... Rappelons, d'entrée de jeu, comme nous l'avons déjà indiqué en introduction de cette étude, qu'il s'agit d'estimations basées sur les réponses aux questionnaires mais il faut bien voir que très peu d'entre eux comportent des informations chiffrées et précises selon des catégories normalisées et des indices universellement pertinents. En effet, la plupart des 128 postes diplomatiques, qui ont répondu, n'ont pas eu les moyens d'effectuer des recherches de données approfondies et la plupart des pays ne disposent pas de données actuelles sur l'usage du français, en dehors du Canada qui fait état de données émanant du recensement de 1996. Dans quelques pays africains (Bénin, Gabon, Mauritanie...) les derniers recensements datent de la fin des années 80 ou du tout début des années 90. Dans certains pays (Israël, Maroc, Maurice) les estimations sont faites à partir de sondages ou d'enquêtes ponctuelles sur le français. Beaucoup évoquent des « statistiques peu fiables » ou des « chiffres donnés avec réserve ». Par ailleurs, certains postes avancent des chiffres où il n'est pas facile de discerner le nombre d'apprenants de français du nombre de locuteurs.

C'est pourquoi nous avons, devant certaines carences d'informations- notamment en termes de chiffres- d'une part, croisé plusieurs sources : données émanant d'études ou d'articles divers, statistiques du ministère des Affaires étrangères sur les expatriés français, questionnaires renseignés par des démographes pour certains pays, réponses à d'autres parties du questionnaire du HCF... ; d'autre part, procédé à des pondérations et des estimations en nous servant d'indicateurs statistiques (taux brut de scolarisation) et des tables démographiques (population totale, taux moyen d'accroissement de la population) tirés de *L'état du monde 1998*[14].

La comparaison avec les chiffres donnés dans le rapport 1990 du Haut Conseil de la Francophonie ne peut être performante que pour certains pays, et singulièrement pour des pays francophones. En effet, les tableaux présentés dans le chapitre « Les francophones dans le monde » du rapport 1990 comprenaient trois catégories : États ou régions de la Francophonie/ pays ou régions à tradition francophone ou francophile/reste du monde.

Or, la Francophonie est une réalité mouvante. Depuis 1990, plusieurs pays dits « à tradition francophile ou francophone » sont entrés dans

NOTE

[14] *L'État du monde 1998*, La Découverte, Paris.

l'organisation des pays ayant le français en partage (Bulgarie, Cambodge, Pologne, Roumanie, São Tomé E Principe). D'autres, cités en 1990 dans cette catégorie, semblent, selon les informations fournies par les postes, ne plus devoir en faire partie ; c'est le cas en particulier des pays d'Amérique latine. Nous avons donc choisi de ne plus opérer ce partage et de présenter les trois catégories suivantes :
– I : États et régions de la francophonie ;
– II : États non francophones ;
– III : Monde entier.

En revanche, nous avons inclus dans le premier tableau quelques pays ou régions du monde, auxquels d'ailleurs sont adressés des questionnaires « pays francophones », parce que le statut ou la place du français y est forte ou encore importante, même s'ils n'ont pas – pour des raisons politiques en général – adhéré au Sommet des chefs d'État ayant le français en partage (Algérie et Israël par exemple).

Par ailleurs nous avons également dressé sur la base des informations fournies par les postes diplomatiques :
– un tableau des francophones dans les pays non francophones, sachant que, concernant les pays pour lesquels les postes n'ont adressé aucune donnée, nous avons indiqué uniquement les chiffres d'expatriés français fournis par le ministère des Affaires étrangères. En conséquence, ce tableau ne représente pas le total du « II : pays non francophones ». En effet, pour des pays aussi importants que le Portugal, par exemple, nous avons été amené à rechercher une estimation du nombre de francophones qui dépasse de loin le nombre des seuls expatriés français ;
– un tableau des apprenants de français dans les pays non francophones, sachant que les chiffres donnés ne sont pas homogènes. Certains en effet, représentent les apprenants de français sur une année scolaire récente ; d'autres un rappel des données du rapport 1994 quand le poste diplomatique n'en a pas fourni de plus récentes. Enfin, quelques postes nous ont transmis une estimation des apprenants de français sur plusieurs années, classés dans la colonne « Francisants ».

Tableau 1 - Estimation du nombre de francophones dans le monde

I - États et régions de la Francophonie

	Population en 1998 *	Francophones réels		Francophones occasionnels	
		Nombre	% par rapport à la population	Nombre	% par rapport à la population
Afrique	**250 948 000**	**31 809 500**	**12,68**	**46 290 000**	**18,45**
Afrique subsaharienne	*166 258 000*	*15 292 500*	*9,2*	*24 120 000*	*14,51*
Bénin	5 700 000	500 000	8,77	950 000	16,67
Burkina Faso	11 100 000	700 000	6,31	1 500 000	13,51
Burundi	6 400 000	170 000	2,66	560 000	8,75
Cameroun	13 900 000	2 490 000	17,91	3 600 000	25,9

Suite I

	Population en 1998 *	Francophones réels		Francophones occasionnels	
		Nombre	% par rapport à la population	Nombre	% par rapport à la population
Cap-Vert	396 000	5 000	1,26	15 000	3,79
Centrafrique	3 400 000	420 000	12,35	1 320 000	38,82
Congo	2 700 000	850 000	31,48	710 000	26,3
Côte-d'Ivoire	14 300 000	4 000 000	27,97	4 000 000	27,97
Djibouti	617 000	30 000	4,86	120 000	19,45
Gabon	1 100 000	400 000	36,36	600 000	54,54
Guinée	7 600 000	360 000	4,74	720 000	9,47
Guinée Bissau	1 100 000	1 000	0,09		
Guinée-Équatoriale	410 000	500	0,12		
Mali	11 500 000	1 100 000	9,56	1 100 000	9,56
Mauritanie	2 400 000	130 000	5,42	100 000	4,17
Niger	9 800 000	200 000	2,04	700 000	7,14
République Démocratique du Congo	48 000 000	2 090 000	4,35	4 300 000	8,96
Rwanda	5 900 000	175 000	2,97	295 000	5
São Tomé E Principe	135 000	1 000	0,74		
Sénégal	8 800 000	790 000	8,98	1 210 000	13,75
Tchad	6 700 000	200 000	2,98	1 100 000	16,42
Togo	4 300 000	680 000	15,81	1 220 000	28,37
Maghreb	*66 300 000*	*15 650 000*	*23,6*	*18 730 000*	*28,25*
Algérie	29 500 000	8 470 000	28,71	8 470 000	28,71
Maroc	27 500 000	4 610 000	16,76	6 800 000	24,73
Tunisie	9 300 000	2 570 000	27,63	3 460 000	37,2
Océan Indien	*18 390 000*	*867 000*	*4,71*	*3 440 000*	*18,71*
Comores	632 000	45 000	7,12	140 000	22,15
Madagascar	15 800 000	90 000	0,57	2 500 000	15,82
Maurice	1 100 000	165 000	15	635 000	57,73
Mayotte	120 000	35 000	29,17	35 000	29,17
Réunion	664 000	527 000	79,37	100 000	15,06
Seychelles	74 000	5 000	6,76	30 000	40,54
Amérique	**56 388 000**	**8 697 000**	**15,42**	**4 067 000**	**7,21**
Amérique du Nord	*47 806 000*	*6 966 000*	*14,57*	*3 176 000*	*5,7*
Canada	29 900 000	6 700 000	22,41	3 000 000	10,03
Nouveau-Brunswick	*783 000*	*250 000*	*31,93*		
Québec	*7 139 000*	*5 830 000*	*81,66*		

(*) *L'État du Monde 98*, La Découverte, Paris.

Suite I

	Population en 1998	Francophones réels		Francophones occasionnels	
		Nombre	% par rapport à la population	Nombre	% par rapport à la population
Louisiane	4 400 000	110 000	2,5	176 000	4
Nouvelle-Angleterre	13 500 000	150 000	1,11		
St-Pierre-et-Miquelon	6 000	6 000	100		
Caraïbes	*8 582 000*	*1 731 000*	*20,17*	*891 000*	*10,38*
Dominique	71 000	1 500	2,11		
Guadeloupe	431 000	346 000	80,28	64 000	14,85
Guyane française	152 000	111 000	73,03	30 000	19,74
Haïti	7 400 000	962 000	13	740 000	10
Martinique	384 000	308 000	80,21	57 000	14,84
Sainte-Lucie	144 000	2 500	1,74		
Asie	166 400 000	1 425 000	0,86	1 560 000	0,94
Extrême-Orient	*93 000 000*	*125 000*	*0,13*	*277 000*	*0,3*
Cambodge	10 500 000	20 000	0,19		
Laos	5 200 000	4 000	0,077		
Pondichéry	800 000	1 000	0,125	2 000	0,25
Vietnam	76 500 000	100 000	0,13	275 000	0,36
Proche et Moyen-Orient	*73 400 000*	*1 300 000*	*1,77*	*1 283 000*	*1,75*
Égypte	64 500 000	220 000	0,34	103 000	0,16
Israël	5 800 000	300 000	5,17	460 000	7,93
Liban	3 100 000	780 000	25,16	720 000	23,23
EUROPE	**156 263 000**	**66 088 500**	**42,29**	**8 200 000**	**5,25**
Europe Centrale et Orientale	*79 600 000*	*1 105 500*	*1,39*	*3 000 000*	*3,77*
Albanie	3 400 000				
Bulgarie	8 400 000	100 000	1,19		
Macédoine	2 200 000	500	0,023		
Moldavie	4 400 000				
Pologne	38 600 000	55 000	0,14		
Roumanie	22 600 000	950 000	4,2	3 000 000	13,27
Europe de l'Ouest	*76 663 000*	*64 983 000*	*84,76*	*5 200 000*	*6,78*
Belgique	10 200 000	4 600 000	45,1	3 000 000	29,41
France métropolitaine	58 600 000	58 458 000	99,76		
Luxembourg	412 000	400 000	97,09		
Monaco	32 000	30 000	93,75		
Suisse	7 300 000	1 460 000	20	2 200 000	30,14

Suite I

	Population en 1998	Francophones réels		Francophones occasionnels	
		Nombre	% par rapport à la population	Nombre	% par rapport à la population
Val d'Aoste	119 000	35 000	29,41		
Océanie	**634 000**	**399 000**	**62,93**	**45 000**	**7,1**
Nouvelle-Calédonie	200 000	160 000	80	20 000	10
Polynésie française	220 000	176 000	80	22 000	10
Vanuatu	200 000	53 000	26,5		
Wallis-et-Futuna	14 000	10 000	71,43	3 000	21,43
Total	**630 633 000**	**108 419 000**	**17,19**	**60 162 000**	**9,54**

II - États non francophones

	Population en 1998	Francophones réels		Francophones occasionnels	
		Nombre	% par rapport à la population	Nombre	% par rapport à la population
Afrique	*442 403 000*	*380 000*	*0,086*	*450 000*	*0,102*
Amérique	*737 119 000*	*1 784 000*	*0,242*		
Amérique du Nord	253 700 000	1 630 000*	0,642		
Amérique centrale et Caraïbes	156 447 000	29 000	0,018		
Amérique du Sud	326 972 000	125 000	0,038		
Asie	*3 322 382 000*	*247 000*	*0,007*		
Extrême-Orient	3 163 554 000	47 000	0,001		
Proche et Moyen-Orient	158 828 000	200 000	0,126		
Europe	*708 041 700*	*1 768 000*	*0,25*		
Europe Centrale et Orientale	398 000 000	28 000	0,007		
Europe de l'Ouest	310 041 700	1 740 000	0,561		
Océanie	*29 142 200*	*68 000*	*0,233*		
Total	**5 239 087 900**	**4 247 000**	**0,081**	**450 000**	**0,009**

(*) *Statistical Abstract of the United States 1997*, 117th Edition : enquête 1990 sur les langues, autres que l'anglais, parlées à domicile.

III - Monde entier

	Population en 1998	Francophones réels		Francophones occasionnels	
		Nombre	% par rapport à la population	Nombre	% par rapport à la population
Afrique	*693 351 000*	*32 189 500*	*4,643*	*46 740 000*	*6,741*
Afrique subsaharienne	608 661 000	15 672 500	2,575	24 570 000	4,037
Maghreb	66 300 000	15 650 000	23,6	18 730 000	28,25
Océan Indien	18 390 000	867 000	4,71	3 440 000	18,71
Amérique	*793 507 000*	*10 481 000*	*1,321*	*4 067 000*	*0,51*
Amérique du Nord	301 506 000	8 596 000	2,851	3 176 000	1,05
Amérique centrale et Caraïbes	165 029 000	1 760 000	1,066	891 000	0,54
Amérique du Sud	326 972 000	125 000	0,038		
Asie	*3 488 782 000*	*1 672 000*	*0,048*	*1 560 000*	*0,045*
Extrême-Orient	3 256 554 000	172 000	0,005	277 000	0,008
Proche et Moyen-Orient	232 228 000	1 500 000	0,646	1 283 000	0,552
Europe	*864 304 700*	*67 856 500*	*7,851*	*8 200 000*	*0,949*
Europe Centrale et Orientale	477 600 000	1 133 500	0,237	3 000 000	0,628
Europe de l'Ouest	386 704 700	66 723 000	17,254	5 200 000	1,34
Océanie	*29 776 200*	*467 000*	*1,568*	*45 000*	*0,15*
Total	**5 869 720 900**	**112 666 000**	**1,919**	**60 612 000**	**1,033**

Tableau 2 - Quelques données sur les francophones dans les pays non francophones

États	Nombre de Franco-phones	Dont expatriés français *	États	Nombre de Franco-phones	Dont expatriés français *
Afrique du Sud	100 000	7 600	Kenya		900
Allemagne	200 000	165 000	Koweït		600
Andorre		4 400	Lettonie	1 500	100
Angola	2 000	1 200	Libye		500
Arabie Saoudite		4 500	Lituanie	8 000	300
Argentine		20 000	Malaisie		1 500
Arménie		600	Malawi	50 200	
Australie	65 000	41 800	Malte		300
Autriche		6 000	Mexique		15 400
Azerbaïdjan		100	Mozambique		400
Bahreïn		400	Namibie		200
Bangladesh	300	200	Népal	600	200
Biélorussie		100	Nicaragua	1 500	400

* Immatriculés et dispensés d'immatriculation + évaluation des non-immatriculés ; source : MAE, 1997.

345

États	Nombre de Franco-phones	Dont expatriés français *	États	Nombre de Franco-phones	Dont expatriés français *
Birmanie		400	Nigeria	7 500	3 000
Bolivie	5 000	900	Norvège	4 500	3 000
Bosnie-Herzégovine		3 700	Nouvelle-Zélande		2 300
Brésil	30 000	25 000	Oman	3 000	500
Brunéï		200	Ouganda	200 000	200
Chili	10 000	6 500	Ouzbékistan		200
Chine		4 200	Pakistan	6 000	700
Chypre		1 100	Panama	3 000	500
Colombie	20 000	3 900	Papouasie-Nouvelle-Guinée		100
Corée du sud		900	Paraguay		1 100
Costa Rica	4 000	1 500	Pays-Bas	213 000	20 300
Croatie		1 100	Pérou	7 600	2 500
Cuba		400	Philippines	3 000	1 600
Danemark		4 200	Portugal		39 100
Émirats Arabes Unis		3 100	Qatar	10 000	700
Équateur	5 000	1 400	République Dominicaine		1 600
Espagne		72 400	République tchèque		2 600
Estonie	400	100	Royaume-Uni		180 000
États-Unis	1 630 000	233 300	Russie		3 100
Éthiopie	1 000	600	Salvador		600
Fidji		200	Singapour		3 300
Finlande		1 500	Slovaquie		500
Gambie	45 000		Slovénie		400
Géorgie		200	Soudan	400 000	500
Ghana		600	Sri Lanka		300
Grèce		8 600	Suède		4 700
Guatemala		700	Surinam		300
Honduras		400	Syrie	65 000	1 900
Hongrie	3 000	1 900	Tanzanie		400
Inde		11 000	Thaïlande		3 900
Indonésie		2 800	Trinité-et-Tobago	800	600
Irak		200	Turquie	100 000	3 400
Iran		700	Ukraine		500
Irlande		6 000	Uruguay		2 200
Islande	2 000	200	Venezuela	20 000	5 800
Italie	60 000	48 000	Yémen	3 000	300
Japon		7 000	Yougoslavie		600
Jordanie		1 000	Zambie		300
Kazakhstan		200	Zimbabwe	700	400

Tableau 3 - Données sur les apprenants de français et les francisants dans les pays non francophones

États	Apprenants de Français	Francisants	États	Apprenants de Français	Francisants
Afrique du Sud	15 000		Koweït	14 000	
Allemagne	1 900 000		Lettonie	5 300	10 000
Andorre	5 700		Libye	1 000	
Angola	29 000	1 200 000	Lituanie	32 300	50 000
Antigua-et-Barbuda	700*		Malaisie	4 500	
Arabie Saoudite	2 000		Malawi	11 000	
Argentine	250 000*		Malte	13 100	56 000
Arménie	102 900		Mexique	38 100*	
Australie	185 000		Mozambique	5 800	6 400
Autriche	96 000	912 000	Namibie	100	
Azerbaïdjan	66 700	7 000	Népal	1 700	
Bahreïn	7 300*		Nicaragua	9 200*	
Bangladesh	1 000	7 300	Nigeria	1 800 000	
Biélorussie	72 600		Norvège	33 200	
Birmanie	200	700	Nouvelle-Zélande	58 600	
Bolivie	61 500	300 000	Oman	300	29 000
Brésil	250 000	500 000	Ouganda	34 600	
Brunéi	300*		Ouzbékistan	300 000	
Chili	108 300		Pakistan	2 600	
Chine	11 800*	150 000	Panama	12 500	
Chypre	59 500		Paraguay	5 800	
Colombie	31 500		Pays-Bas	245 100*	
Corée du sud	380 000		Pérou	37 300*	
Costa Rica	161 000		Philippines	2 000	
Cuba	8 300		Portugal	400 000	
Danemark	43 800		Qatar	3 600	
Émirats Arabes Unis	20 000		République Dominicaine	440 000	
Équateur	23 000		République tchèque	45 000	
Espagne	865 000		Royaume-Uni	5 000 000	
Estonie	3 500		Russie	1 046 100	
États-Unis	1 200 000		Saint-Christophe-et-Niévès	900*	
Éthiopie	5 700		Saint-Vincent-et-les Grenadines	1 400*	
Fidji	400		Salvador	5 000	
Finlande	99 000		Singapour	1 900*	
Gambie	5 000		Slovaquie	34 500	
Ghana	286 500	3 000 000	Slovénie	3 800	

* Nombre d'enseignés de français tous niveaux confondus, *État de la Francophonie dans le monde*, La Documentation française, 1994, p. 123 à 130.

États	Apprenants de Français	Francisants	États	Apprenants de Français	Francisants
Grèce	218 800		Soudan	86 600	
Grenade	2 100*		Sri Lanka	1 700	
Guatemala	2 400*		Suède	126 500	
Honduras	1 300		Swaziland	2 300*	
Hongrie	56 100	92 000	Syrie	300 000	415 000
Inde	260 000		Tanzanie	9 100	
Indonésie	44 000		Thaïlande	44 800	
Iran		50 000	Tonga	100*	
Irlande	247 400		Trinité-et-Tobago	3 200*	
Islande	12 000		Turquie	38 000	
Italie	1 700 000		Ukraine	239 200	2 570 000
Jamaïque	7 800*		Uruguay	12 500	
Japon	270 000		Venezuela	30 400	
Jordanie	32 300	200 000	Yémen	5 400	
Kazakhstan	257 400		Yougoslavie	330 800	119 000
Kenya	28 000		Zambie	4 300*	
Kiribati	100*		Zimbabwe	14 200	

Conclusion

On constate, dans les **pays francophones** d'Afrique, une augmentation des francophones en nombre brut, et dans ceux du Maghreb et des Caraïbes une augmentation également en proportion, liées pour partie à la croissance démographique et à de meilleurs taux de scolarisation dans certains pays. Un pays, comme le Rwanda, voit au contraire, et pour des raisons évidentes, une baisse importante du nombre de locuteurs en français. Au Niger, le poste signale une augmentation des francophones alors même que les chiffres donnés sont en baisse par rapport à ceux de 1990 ; il semble qu'ils aient pu être surestimés dans le passé car là où le rapport 90 indiquait plus d'un million de francophones, le poste estime aujourd'hui que le nombre de francophones était à cette date de 750 000. Certains déplacements se font jour, en particulier à Madagascar où un transfert semble s'être opéré entre francophones réels et occasionnels au profit de ces derniers, par rapport aux chiffres donnés en 1990. Faut-il y voir un effet de la « malgachisation » de l'enseignement à l'œuvre dans les années 80 ?

En Amérique du Nord, c'est la stabilité qui prévaut, avec l'augmentation nominale et une légère baisse relative des francophones.

En Europe de l'Ouest, le pourcentage de francophones demeure à valeur égale.

En Asie, des écarts très importants apparaissent dans certains pays par rapport aux estimations effectuées en 1990. Si l'on se réfère aux données récentes des postes diplomatiques, il semble qu'il y ait eu surestimation du nombre de francophones en 1990 dans le cas de l'Égypte et, dans une moindre mesure, du Liban ; et, en revanche, une certaine sous-estimation au Vietnam.

Dans les **pays non francophones**, les écarts sont importants par rapport aux données de 1990, en particulier pour l'Afrique où la hausse semble considérable, du fait de l'extension du français dans quelques pays par capillarité avec des pays francophones voisins et/ou du fait de l'intensification des mouvements intercontinentaux de réfugiés et immigrés en provenance de pays francophones ; ce qui nous a amené à considérer l'existence d'une francophonie occasionnelle dans cette région du monde. Aux États-Unis, les données dont nous disposons montrent une forte sous-évaluation du nombre de francophones dans le rapport 1990. Dans les autres continents, les différences par rapport aux données de 1990 sont formelles dans la mesure où elles relèvent essentiellement d'une répartition différente des pays dans les tableaux.

Il y aurait donc dans le monde en 1998 : 112 666 000 francophones réels – soit une augmentation de 7,7 % par rapport aux données de 1990 – et 60 612 000 francophones occasionnels – soit une augmentation de 11,8 %.

Les dix pays où l'on trouve le plus de francophones restent la France métropolitaine, l'Algérie, le Canada, le Maroc, la Belgique, la Côte-d'Ivoire, la Tunisie, le Cameroun, la République Démocratique du Congo et la Suisse ; et les régions du monde les plus francophones, le Maghreb et l'Europe de l'Ouest.

Par ailleurs, il est bien évident qu'en dehors de ces catégories dites « francophones », il y a, de par le monde, un nombre très important d'apprenants de français dans un cadre scolaire ou de formation continue (voir tableau), dans la mesure où le français est, avec l'anglais, la seule langue enseignée dans tous les pays du monde, à des titres et à des degrés divers.

De ce fait, des personnes qui ont appris le français durant plusieurs années et en ont gardé une maîtrise variable ou celles qui, de par leur métier, sont amenées à le pratiquer, même partiellement, peuvent être considérées comme des « **francisants** ». **Nous les estimons à quelque 100 à 110 millions de personnes**. Mesurer ce phénomène est bien problématique, mais il faut l'avoir à l'esprit pour savoir qu'un dénombrement des francophones ne saurait être exhaustif…

nexe : questionnaire du HCF envoyé
x postes diplomatiques français

Avertissement

Le HCF avait dans son rapport de 1990 fait une étude sur ce thème et donné des chiffres fiables qui, encore aujourd'hui , servent de référence. Toutefois, presque dix ans ont passé depuis la récolte d'information et des données actualisées nous sont demandées quasi-quotidiennement par des interlocuteurs divers (presse, institutions et acteurs en général de la Francophonie).

Il nous a paru fondamental d'y revenir à l'occasion de ce rapport 1997-1998, en prétendant, non pas faire œuvre totalement scientifique, ce qui supposerait bien d'autres moyens de recherche, mais intervenir avec un maximum de rigueur. Ainsi, le questionnaire qui vous est adressé a-t-il été testé, non seulement auprès d'un certain nombre de correspondants, d'administrations et d'organismes concernés, mais aussi auprès d'experts, notamment linguistes et démographes.

Il s'agit, dans cette étude sur le dénombrement des francophones, de chercher les variables qui caractérisent la population des francophones et surtout de saisir son évolution ; autrement dit, on va chercher, au-delà des « stocks », à identifier des flux.

Nous avons choisi également de croiser plusieurs sources, en envoyant notamment ce questionnaire à des démographes résidant dans quelques-uns des pays francophones par l'intermédiaire de l'Association Internationale des Démographes de Langue Française.

Nous avons décidé d'envoyer le même questionnaire à tous les pays – francophones et non francophones – car nous souhaitons recueillir le maximum d'informations possible, mais en sachant que certaines rubriques seront plus difficiles à remplir pour les pays non francophones (par exemple, la question II,2 sur les catégories de francophones) et que d'autres, en revanche, les concernent plus particulièrement (par exemple, la question II,6 sur les boursiers et II,7 sur les réfugiés et immigrés francophones).

Nous cherchons, bien sûr, par cette étude à préciser la notion de francophone. Dans le rapport du HCF de 1990, nous avions retenu trois catégories : francophones réels, francophones occasionnels et francisants. Les quatre catégories (voir question II,2) que nous avons définies pour ce rapport 97-98 devraient nous permettre, à la fois de faire des comparaisons avec les chiffres précédents et d'affiner notre approche. Nous vous demandons, également dans ce cadre, de veiller à bien établir la distinction – particulièrement pertinente pour les pays en développement- entre milieu rural et milieu urbain.

Le questionnaire est organisé en deux parties : un cadrage général de l'environnement francophone et des données chiffrées, avec dans chaque partie des questions ouvertes et fermées.

Plusieurs partenaires peuvent être mis à contribution dans votre pays pour vous aider à renseigner ce questionnaire : instituts de recherche, universités, administrations, associations, ONG, réseaux d'affaires (via les conseillers du commerce extérieur, les chambres de commerce, les clubs ACTIM...), réseaux du milieu artistique...

Pays

Cadrage général de l'environnement francophone

1 ▪ Quelles sont les sources d'information sur l'usage du français par la population ? (Vous pouvez cocher plusieurs cases)

1-1 ▪ Académiques ☐
(préciser : universités, centres de recherche, instituts statistiques...)

. . . .
. . . .
. . . .
. . . .

1-2 ▪ *Administratives* ☐

1-3 ▪ *Scolaires* ☐

1-4 ▪ *Associatives* ☐

1-5 ▪ *Médiatiques* ☐

1-6 ▪ *Réseaux d'affaires* ☐

1-7 ▪ *Autres (préciser)* ☐

2 ▪ *Y a-t-il des informations sur les autres langues utilisées localement ?*

oui ☐   non ☐

2-1 ▪ *Si oui, quelles sont ces autres langues*

. . . .
. . . .
. . . .
. . . .

2-2 ▪ *Quelles sont les sources d'information sur ces langues ?*

. . . .
. . . .
. . . .
. . . .
. . . .
. . . .

3 ▪ *Y a-t-il des questions sur la pratique des langues ?*

3-1 ▪ *Dans les recensements de population*

oui ☐   non ☐

3-2 ▪ *Dans de grandes enquêtes sur les conditions de vie des ménages*

oui ☐   non ☐

3-3 ▪ *Dans les statistiques militaires*

oui ☐   non ☐

3-4 ▪ *Autres (préciser) :*

. . . .
. . . .
. . . .
. . . .
. . . .

4 ▪ Y a-t-il des questions se rapportant spécifiquement à l'usage du français ?

oui ☐   non ☐

4-1 ▪ Si oui, quels sont les critères utilisés pour définir les francophones et leur degré de connaissance du français ?

. . . .
. . . .
. . . .
. . . .
. . . .
. . . .
. . . .
. . . .

4-2 ▪ Sinon, y a-t-il des questions indirectes permettant de repérer l'usage du français ?

. . . .
. . . .
. . . .
. . . .
. . . .
. . . .
. . . .

5 ▪ Préciser le ou les contextes principaux d'utilisation du français dans votre pays :
(Attribuer un ordre d'importance en chiffrant les cases)

5.1 ▪ Familial ☐

5.2 ▪ Educatif ☐

5.3 ▪ Administratif ☐

5.4 ▪ Culturel ☐

5.5 ▪ Sportif ☐

5.6 ▪ Médiatique ☐

5.7 ▪ Publicitaire ☐

5.8 ▪ Professionnel ☐

5.9 ▪ Juridique ☐

5.10 ▪ Diplomatique ☐

5.11 ▪ Couches sociales particulières (préciser) ☐

5.12 ▪ Autres (préciser) ☐

. . . .
. . . .
. . . .
. . . .

6 ▪ Quels sont les moyens de diffusion médiatiques et culturels du français qui ont le plus d'impact ?
(Attribuer un ordre d'importance en chiffrant les cases)

6.1 ▪ Radio ☐

6.2 ▪ Télévision ☐

6.3 ▪ Presse ☐

6.4 ▪ Livre, traductions ☐

6.5 ▪ Cinéma ☐

6.6 ▪ Chanson ☐

6.7 ▪ Théâtre ☐

6.8 ▪ Nouvelles technologies ☐

6.9 ▪ Autres (préciser)

. . . .
. . . .
. . . .
. . . .

7 ▪ Quels sont, à votre avis, les principaux facteurs sociaux de diffusion du français (urbanisation, immigration, mariages mixtes...) ?

. . . .
. . . .
. . . .
. . . .
. . . .
. . . .
. . . .

353

Les chiffres

1 ▪ Nombre de locuteurs en français

	1997-1998	Vers 1990	Vers 1980
Population totale de locuteurs en français dont communauté francophone expatriée			
Moins de 20 ans			
Entre 20 et 60 ans			
60 ans et plus			

2 ▪ Catégories de locuteurs en français : donner si possible des effectifs, ou, à défaut, une estimation des proportions par rapport à l'ensemble de la population du pays :

	1997-1998	Vers 1990	Vers 1980
Le français est langue première et usuelle			
Le français est langue d'éducation et de culture (majeure partie du cursus scolaire ou universitaire suivi en français)			
L'utilisation du français est occasionnelle et limitée (usage professionnel, administratif, etc)			
Le français a été enseigné comme langue étrangère : – moins de 5 ans dans le cadre scolaire – plus de 5 ans dans le cadre scolaire Dans le cadre de la formation adulte : – moins de 3 ans – plus de 3 ans Total			

3 ▪ Quels que soient les éléments chiffrés que vous avez pu donner, y a-t-il eu, à votre avis, une évolution significative du nombre de locuteurs en français ces dernières années et dans quel sens ?

. . . .

. . . .

. . . .

. . . .

. . . .

. . . .

. . . .

. . . .

. . . .

*4 ▪ Quelle est, à votre avis, l'évolution prévisible du nombre
de locuteurs en français et pour quelles raisons ?*

. . . .
. . . .
. . . .
. . . .
. . . .
. . . .
. . . .

5 ▪ Y a-t-il des associations francophones ?

oui ☐ non ☐

*5.1 ▪ Si oui, combien sont-elles et quel est leur poids
dans l'ensemble du monde associatif ?*

. . . .
. . . .
. . . .
. . . .
. . . .
. . . .
. . . .

*5.2 ▪ Quel est, selon vous, l'impact de ces associations dans la
société ?*

. . . .
. . . .
. . . .
. . . .
. . . .
. . . .
. . . .

*6 ▪ Y a-t-il des éléments d'information sur les anciens étudiants,
boursiers ou stagiaires d'États francophones ?*

oui ☐ non ☐

6.1 ▪ Si oui, combien sont-ils ?

. . . .
. . . .
. . . .
. . . .

*6.2 ▪ Quel est leur mode d'organisation
(réseau, association...) ?*

. . . .

. . . .

. . . .

. . . .

. . . .

. . . .

*6.3 ▪ Quelles activités de suivi leur permettant de pratiquer la
langue française sont organisées à leur intention ?*

. . . .

. . . .

. . . .

. . . .

. . . .

. . . .

*7 ▪ Y a-t-il un nombre significatif de réfugiés et d'immigrés origi-
naires de pays francophones ?*

oui ☐   non ☐

*7.1 ▪ Si oui, leur présence a-t-elle, à votre connaissance, con-
tribué à développer la Francophonie ?*
(préciser)

. . . .

. . . .

. . . .

. . . .

. . . .

. . . .

. . . .

. . . .

*8 ▪ Voyez-vous d'autres données chiffrées ou éléments d'informa-
tion pertinents sur le sujet (études, rapports, évaluations des
niveaux de compétence linguistique...) ?*

. . . .

. . . .

. . . .

. . . .

. . . .

. . . .

. . . .

CHAPITRE 2

Le financement de la Francophonie

Il est préférable d'aborder le financement des institutions francophones sous l'angle de leurs budgets plutôt qu'en examinant uniquement les contributions gouvernementales. Cette orientation nous permettra de dégager les moyens d'action dont dispose réellement la Francophonie sur le plan budgétaire. En effet, certains opérateurs comme l'Association Internationale des Maires et Responsables des Capitales et des Métropoles Partiellement Ou Entièrement Francophones (AIMF) tirent la majorité de leurs recettes de contributions volontaires versées par les municipalités participantes ; c'est également le cas de l'AUPELF-UREF[1] qui reçoit des contributions d'établissements d'enseignement supérieur.

Au-delà d'un éclairage, cette présentation nous permettra de décrire les mécanismes de financement de la Francophonie, de connaître les principaux bailleurs de fonds et les principaux programmes, d'établir un tour d'horizon des forces et des faiblesses de l'ensemble du dispositif.

Nous nous limiterons ici volontairement au volet multilatéral. Une étude exhaustive du « coût » de la Francophonie devrait comprendre les actions bilatérales des États-membres (l'Agence Française pour l'Enseignement du Français à l'Étranger, qui dispose d'un budget d'1,5 milliard de FF en 1998, l'action culturelle de la Communauté Française de Belgique...) et les budgets des institutions en charge de la Francophonie (Délégation Générale à la Langue Française, les Conseils de la langue française, les Commissions nationales de la Francophonie...).

s mécanismes institutionnels concernant
financement de la Francophonie

La charte de la Francophonie, adoptée par la Xe session de la Conférence Ministérielle de la Francophonie agissant comme conférence générale de l'Agence de la Francophonie à Hanoï le 16 novembre 1997, est une référence incontournable ; même si on ne peut lui reconnaître la qualité de traité constitutif d'une organisation internationale (au regard de la conven-

NOTE

[1] Appellation au moment du vote des budgets. Désormais, le nom de l'AUPELF-UREF est l'Agence Universitaire de la Francophonie (depuis la XIIe assemblée générale qui s'est tenue à Beyrouth du 27 au 30 avril 1998).

tion de Vienne de 1969, complétée en 1986, codifiant le droit des traités) dans la mesure où elle ne sera pas ratifiée. Elle « toilette » néanmoins le traité de Niamey de 1970, lui-même ratifié par les États, précise les institutions et les opérateurs de la Francophonie et fixe les règles relatives au financement.

Les institutions et les opérateurs de la Francophonie

Selon l'article 2 de la charte les institutions de la Francophonie sont :

1) Les instances de la Francophonie :

- la conférence des chefs d'État et de Gouvernement des pays ayant le français en partage (le « Sommet ») ;

- la Conférence Ministérielle de la Francophonie (CMF) ;

- le Conseil Permanent de la Francophonie (CPF).

2) Le secrétariat général de la Francophonie.

3) L'Agence de la Francophonie[2].

4) L'Assemblée Internationale des Parlementaires de Langue Française (AIPLF)[3].

5) Les opérateurs directs et reconnus du Sommet (dont la liste figure à l'annexe 2 de la charte) :

- l'Association des Universités Partiellement ou Entièrement de Langue Française/Université des Réseaux d'Expression Française (AUPELF-UREF) ;

- TV5, la télévision internationale francophone ;

- l'université Senghor d'Alexandrie ;

- l'Association Internationale des Maires et Responsables des Capitales et des Métropoles Partiellement ou Entièrement Francophones (AIMF).

Le processus décisionnel au sein des instances de la Francophonie

L'une des particularités de la Francophonie quant à son financement remonte au Sommet de Dakar (1989) au cours duquel un Fonds Multilatéral Unique (FMU) a vu le jour dans le but de réaliser des programmes communs de coopération. Par ce Fonds transitent des contributions volontaires à destination des différents opérateurs, dont l'Agence de la Francophonie.

On constate une hiérarchie des « pouvoirs » en ce qui concerne les budgets du Fonds Multilatéral Unique et ceux de l'Agence de la Francophonie. Le rôle décisionnel revient à la Conférence Ministérielle de la Francophonie, le rôle d'orientation et d'ordonnance revient au secrétaire général et le rôle consultatif au Conseil Permanent de la Francophonie.

NOTES

[2] L'appellation de l'Agence sera désormais Agence Intergouvernementale de la Francophonie.

[3] Appelée désormais Assemblée Parlementaire de la Francophonie (depuis la XXIVe session ordinaire qui s'est tenue à Abidjan du 6 au 9 juillet 1998).

Le FMU

La charte précise les mécanismes institutionnels relatifs au Fonds Multilatéral Unique dont les principaux acteurs sont :

● La Conférence ministérielle (article 4)

Elle se prononce sur l'affectation et l'exécution du FMU. Elle adopte les rapports financiers et examine les prévisions budgétaires de l'Agence et des opérateurs précités, ainsi que les grands axes de l'action multilatérale francophone. De plus, elle nomme le commissaire aux comptes du FMU ; définit les conditions dans lesquelles sont désignés les commissaires aux comptes des opérateurs, ainsi que les conditions de contrôle de l'utilisation des fonds de ces opérateurs ; définit également les conditions dans lesquelles les commissaires aux comptes des opérateurs sont appelés à coopérer avec le commissaire aux comptes du FMU.

Les modalités de fonctionnement de la CMF apparaissent en annexe 4 de la charte.

● Le Conseil Permanent de la Francophonie (article 5)

C'est l'instance chargée de la préparation et du suivi du Sommet, il est placé sous l'autorité de la Conférence ministérielle et présidé par le secrétaire général de la Francophonie (article 2). Il a pour mission, entre autres, d'arrêter les décisions d'affectation du FMU et d'en examiner l'exécution ; d'examiner et d'approuver les projets ; de procéder aux évaluations des programmes des opérateurs.

Les modalités de fonctionnement du CPF figurent en annexe 5 de la charte.

● Le secrétaire général : un nouvel acteur

Parmi ses fonctions en matière de coopération (énumérées à l'article 8), on retiendra qu'il propose la répartition du FMU et qu'il ordonne les décisions budgétaires et financières qui s'y rapportent. D'autre part, le secrétaire général est responsable de l'animation et de l'évaluation de la coopération multilatérale francophone financée par le FMU.

L'Agence de la Francophonie

L'Agence de la Francophonie est l'unique organisation intergouvernementale de la Francophonie. C'est l'opérateur principal des coopérations culturelle, scientifique, technique, économique et juridique décidées par le Sommet.

● La conférence générale

La conférence ministérielle siège comme conférence générale de l'Agence. En vertu de l'article 14, la conférence générale contrôle la politique financière, examine et approuve l'arrêté des comptes, le budget et le règlement financier ; fixe les barèmes des contributions statutaires ; nomme le commissaire aux comptes et les liquidateurs.

De plus, comme le mentionne l'article 16, elle nomme l'administrateur général, sur proposition du secrétaire général.

● Le conseil d'administration

Le Conseil Permanent de la Francophonie est le conseil d'administration de l'Agence (article 15). À ce titre, il rend compte à la conférence générale du fonctionnement de l'Agence, du développement de ses programmes et du résultat de ses missions, ainsi que de l'utilisation de ses ressources budgétaires.

Dans le cadre de notre étude, nous retiendrons qu'il examine les rapports financiers et les prévisions budgétaires de l'Agence ; donne un avis à la conférence générale sur les orientations des politiques générales de l'Agence ; nomme le contrôleur financier de l'Agence et crée, en son sein, une commission administrative et financière.

● L'Administrateur général

Il a le statut de fonctionnaire international. Selon l'article 16, il prépare les rapports budgétaires et financiers de l'Agence, qu'il présente à l'approbation des instances. D'autre part, il propose au conseil d'administration les programmes de l'Agence et il est responsable de leur exécution. Il participe de plein droit, avec voix consultative, aux travaux de la conférence générale et du conseil d'administration.

Les budgets des institutions et des opérateurs de la Francophonie

La place centrale du Fonds Multilatéral Unique (FMU)

La caractéristique essentielle du FMU est la nature volontaire des contributions, que l'on peut scinder en trois catégories :

– les contributions déliées versées à l'Agence en vue de sa programmation générale ;

– les contributions liées, finançant certaines programmations de l'Agence ou des projets nouveaux ;

– les contributions spécifiques, consenties à des opérateurs spécialisés pour financer les programmes qu'ils sont chargés de mettre en œuvre.

● Budget des recettes

Lors de sa XIe session, conformément à l'article 4 de la charte, la conférence ministérielle a adopté le 10 février 1998 à Paris le projet de budget des recettes du FMU pour le biennum 1998-99 (CMF-11/98/n° 32).

Tableau des contributions volontaires au FMU
(en milliers de FF)

	1998	1999	Cumul biennum 1998-1999	Part allouée (en %) biennum 1998-1999
1. Agence intergouvernementale de la Francophonie	142 940	141 735	284 675	38,9
Contributions volontaires déliées	68 060	68 060	136 120	18,6
Contributions volontaires liées	74 880	73 675	148 555	20,3
2. AUPELF-UREF	**144 811,5**	**144 811,5**	**289 623**	**39,5**
3. Université Senghor	**14 114**	**14 114**	**28 228**	**3,8**
4. AIMF	**12 863,5**	**12 863,5**	**25 727**	**3,5**
5. TV5 Afrique	**3 258**	**3 258**	**6 516**	**0,9**
6. Autres fonds de concours *	**50 362**	**46 985**	**97 347**	**13,4**
6.1. Fonds Inforoutes	28 287	24 910	53 197	7,3
6.2. Français dans les organisations internationales	15 000	15 000	30 000	4,1
	4 000	4 000	8 000	1,1
6.3. Appui au processus démocratique et à la paix	3 075	3 075	6 150	0,9
6.4. Autres				
Total FMU	368 349	363 767	732 116	100

* Sont identifiées sous ce vocable, les contributions dont le gestionnaire n'est à ce jour pas désigné, excepté le fonds Inforoutes géré par l'Agence.

Poids et destinations des contributions des pays donateurs

	Part dans le budget du FMU (en %)	1	2	3	4	5	6.1	6.2	6.3	6.4
France	77,00	×	×	×	×		×	×	×	
Canada	11,76	×	×	×	×	×				
Canada/Québec	4,52	×	×	×	×	×				×
Canada/Nouveau Brunswick	0,27	×	×				×			
Communauté Française de Belgique	4,00	×	×		×		×			
Suisse	1,63	×		×			×			
Monaco	0,2	×					×			
Burkina Faso	non significatif	×				×				
Cameroun	n.s		×							
Côte-d'Ivoire	n.s						×			
Gabon	n.s						×			
Liban	n.s		×							
Maurice	n.s		×							
Sénégal	n.s		×							

Il faut noter que les contributions versées par les États proviennent de différents ministères (pour la France, les ministères des Affaires étrangères, de la Coopération et de la Francophonie, de la Culture, de l'Éducation nationale, de la Recherche et de la Technologie, de la Jeunesse et des Sports, de la Justice).

On constate qu'à elles seules, l'AUPELF-UREF et l'Agence reçoivent, dans des proportions quasi égales, plus des trois quarts des contributions volontaires versées au FMU.

On dénombre quatorze donateurs (sur les quarante-neuf États et gouvernements membres de la Francophonie) et on constate une prédominance des contributions émanant du Nord (environ 98 % du budget du FMU).

Pour le biennum 1998-1999, des contributions spécifiques ont été accordées à l'AUPELF-UREF, l'université Senghor, l'AIMF, et TV5 Afrique.

Alors que l'AUPELF-UREF est le plus important récipiendaire – près de 40 % du budget des recettes du FMU et neuf donateurs (dont quatre pays du Sud) – les trois autres opérateurs se contentent de 8 %, ce qui représente néanmoins plus de 30 millions de FF par an.

Le Fonds de Développement des Inforoutes se distingue à la fois par l'importance des sommes qui lui sont consacrées (plus de 53 millions de FF pour le biennum) mais aussi par le fait qu'il rassemble sept bailleurs de fonds, ce qui en fait un projet ambitieux et mobilisateur. Rattaché à l'Agence, il est présidé par l'administrateur mais relève, sur le plan décisionnel, du secrétaire général.

L'Agence de la Francophonie

■ Le budget des recettes de l'Agence de la Francophonie

Conformément à l'article 14, le projet de budget pour le biennum 1998-1999 a été présenté par la XIe conférence ministérielle siégeant comme XVIIe session de la conférence générale de l'Agence le 9 février 1998 à Paris (CMF-11/98/n° 18).

L'Agence de la Francophonie peut recevoir des dons, legs et subventions des gouvernements, des institutions publiques ou privées ou des particuliers (article 10).

Le budget des recettes est divisé en deux sections :

– les recettes de l'Agence : dont nous n'étudierons que les contributions statutaires (laissant de côté les recettes directes liées à la gestion courante ainsi que les produits de gestion du FMU et les prélèvements sur le Fonds de réserve) ;

– les recettes en provenance du FMU : des différences subsistent par rapport aux chiffres donnés dans la section précédente. En effet, les montants que l'on va présenter sont les montants nets après prélèvements par l'Organisation des frais de gestion autorisés (5 %).

Tableau du budget des recettes

	Cumul biennum 1998/1999 *(en FF)*	Variation/ biennum précédent
Recettes Agence	**364 403 565**	**– 2,12 %**
Contributions statutaires	316 471 814 *(49 %)*	4,45 %
Arriérés contributions statutaires	6 000 000	0,00 %
Recettes directes	17 800 000	– 23,28 %
Produits de gestions fonds spéciaux	14 131 750	4,64 %
Fonds de réserve	10 000 000	– 62,43 %
Recettes FMU Agence	**283 423 750**	**10,46 %**
Contributions volontaires déliées (montants nets)	129 276 000 *(20 %)*	– 3,90 %
Contributions volontaires liées (montants nets)	154 147 750 *(24 %)*	26,28 %
Total général *	**647 827 315** *(100 %)*	**3,01 %**

* Y compris le budget de fonctionnement du secrétariat général de la Francophonie.

– Les contributions statutaires

Elles ont augmenté de plus de 4 % par rapport au biennum 1996/1997, soit plus que le total général, et représentent désormais la moitié des recettes de l'Agence. Elles sont calculées selon un barème fixé par la conférence ministérielle qui précise la quote-part de chaque pays membre.

Quelques pays fournissent 89 % de ces recettes. La France est le plus gros contributeur avec 40 % (barème fixé à 40,3798), ce qui représente pour 1998 près de 63 millions de FF. On trouve ensuite le Canada (27,6047), la Communauté Française de Belgique et la Suisse (10,6679 chacun). Ensuite, deux groupes se dégagent : vingt pays ont un barème de 0,1971 (soit 306 962 FF en 1998) et dix-sept autres se situent à 0,1479 (soit 230 226 FF en 1998).

– Les contributions volontaires

L'augmentation de leur valeur doit être mise à l'actif des crédits liés qui ont connu une hausse de plus de 26 % par rapport au biennum précédent.

Les contributions volontaires déliées représentent 45 % de l'ensemble des contributions volontaires.

■ *Le budget des dépenses*

C'est sur les fonds alloués à l'Agence que le secrétariat général puise son budget de fonctionnement (40,5 millions de FF pour le biennum en cours répartis comme suit : 20,1 millions de FF en 1998 et 20,4 pour 1999).

Il est de règle de bonne gestion, notamment dans les organisations internationales, que le ratio admissible des dépenses de fonctionnement ne dépasse pas 30 % du total des crédits. Pour l'Agence, les dépenses de fonctionnement, en baisse de 6,5 % par rapport au biennum 1996-1997, atteignent 31,7 %. Néanmoins, 68,3 % des crédits sont affectés à des dépenses de programmes ; de plus cette proportion est susceptible d'augmenter puisque d'autres crédits liés peuvent être distribués par les États en cours de biennum (ce chiffre ne tient pas non plus compte du Fonds pour les Inforoutes).

Affectations	Total biennum 1998-1999 (en FF)
Secrétariat général de la Francophonie	40 500 000

Affectations	Total biennum 1998-1999 (en FF)
Agence de la Francophonie	607 327 315
Programmation Sommet	391 695 515
Programmes déliés	259 519 165
Programmes liés	132 176 350
Autres programmes liés	7 050 900
Autres programmes de l'Agence (déliés)	16 000 000
Total programmes	**414 746 415**
Fonctionnement	**192 580 900**
Total général	**647 827 315**

Les programmes mobilisateurs (et leurs grandes orientations) ont été décidés à Hanoï. L'Agence est l'opérateur chargé de mener des actions en adéquation avec ce plan d'action.

On distingue cinq grandes orientations desquelles découlent quelques programmes mobilisateurs.

Un espace de savoir et de progrès (52 305 034 FF)[4] :
– des interventions directes (édition scolaire, formation professionnelle et technique) ;
– un programme spécial (consortium international francophone de formation à distance).

Un espace de culture et de communication (146 291 434 FF) [3] :
– centre de lecture et d'animation culturelle ;
– contenus culturels et audiovisuels (comme le Fonds de Soutien à la Production Audiovisuelle du Sud) ;
– inforoutes et technologies de l'information (Banque Internationale d'Information sur les États Francophones, ...).

Un espace économique et de développement (65 873 548 FF) [3] :
– création et développement d'entreprises (Fonds Francophone de Développement, Fonds Francophone de Soutien à la PME). Le Forum Francophone des Affaires peut être considéré aussi comme un « programme » de l'Agence dans la mesure où un protocole d'accords financiers les lie ;
– développement durable et énergie (Institut de l'Énergie des Pays Francophones, ...).

NOTE
[4] Les montants sont donnés pour le biennum 1998-1999.

Un espace de liberté, de démocratie et de développement (42 825 901 FF) [3] :

– appui à la justice (fonds d'appui à la justice, …) ;

– coopération parlementaire (dont le programme de restructuration des services documentaires des parlements du Sud, appelé PARDOC).

La Francophonie dans le monde (12 054 128 FF) [3] :

– bureaux de liaison de Bruxelles, Genève et New York auprès des institutions internationales (aide à la traduction et à l'interprétation, formation des fonctionnaires internationaux).

On aboutit à un total de 319 350 045 FF, auquel il convient d'ajouter les « réserves à affecter » (72 345 469 FF), ce qui porte le total des sommes allouées aux programmes mobilisateurs à 391 695 515 FF.

Lors du Sommet de Cotonou (1995), une résolution précisait la volonté d'atteindre 70 % de crédits déliés au sein de la Francophonie. En ce qui concerne l'Agence, pour le biennum 1998-1999, la part des contributions « déliées » (statutaires et volontaires déliées) atteint 66,5 % des dépenses de programmes.

L'Assemblée Parlementaire de la Francophonie (anciennement AIPLF)

Depuis Hanoï, l'AIPLF est l'assemblée consultative de la Francophonie (article 2 de la charte).

● Le budget réalisé en 1997 : des recettes variées (cotisations statutaires, subventions annuelles, recettes pour programmes spécifiques). L'AIPLF en tant qu'organisation intergouvernementale reçoit des cotisations annuelles. On distingue plusieurs paliers en 1997 : 13 000 FF (neuf pays), 25 930 FF (vingt-cinq pays), les dix-huit restants versent entre 29 130 FF (Burkina Faso, Rwanda) et 105 920 FF (France). En 1997, leurs montants théoriques s'élevaient à 1 624 210 FF même si les cotisations réellement perçues ont été de 1 116 140 FF. Le montant cumulé des cotisations impayées depuis 1989 s'élève à 2 millions de FF et concerne la moitié des membres de l'AIPLF.

Le ministère des Affaires étrangères français a versé une subvention de 850 000 FF. En 1997, l'Agence Intergouvernementale de la Francophonie a financé des programmes spécifiques de coopération interparlementaire à hauteur de 808 427 FF (stages pour les fonctionnaires parlementaires, deux séminaires parlementaires au Togo et en Bulgarie).

Le programme le plus important est celui de la restructuration des services documentaires des parlements du Sud appelé PARDOC. Pour 1997, la contribution allouée à l'AIPLF par l'Agence pour celui-ci a été de 1 749 660 FF.

Si l'on ajoute les recettes diverses (revue, produits financiers), les droits de chancellerie, la subvention d'exploitation versée par la section française pour couvrir les frais de loyer (240 000 FF), on aboutit à un budget réalisé, pour 1997, de 5 429 860 FF.

● Projet de budget 1998

Récapitulatif (en FF)	Budget 1997 (réalisé)	Projet de budget 1998
Recettes propres *	2 582 773	2 825 900
Recettes pour ordre **	2 847 087	3 732 500
Total	5 429 860	6 558 400

* Cotisations, subventions, revue, recettes diverses.
** Subvention d'exploitation, recettes pour programmes spécifiques.

En raison de la nouvelle dimension prise par l'AIPLF à Hanoï, devenue instance consultative, les Sommets pourraient décider de lui accorder une subvention de fonctionnement comme pour les autres instances et opérateurs de la Francophonie. Elle pourrait se substituer à celle du ministère des Affaires étrangères français.

L'Agence Universitaire de la Francophonie (anciennement AUPELF-UREF)

Ressources	1998 Propositions (en FF)
Contributions du Sommet (FMU)	**154 480 000**
CF de Belgique	720 000
Cameroun	250 000
Canada	6 000 000
Canada-Québec	2 220 000
Canada-Nouveau-Brunswick	240 000
France	136 000 000
Liban	200 000
Maurice	250 000
Monaco	200 000
Sénégal	200 000
Suisse	2 000 000
Fonds Inforoutes	6 000 000

Contrats et autres contributions	24 002 373
Union européenne	10 839 446
FFR/REFER-France-ministère de la Coopération	6 000 000
FFR/REFER-France, CNRS	500 000
Classes bilingues - Collectivités locales	2 500 000
Fonds des Inforoutes	3 000 000
Autres	1 162 927
Ressources propres	2 100 000
Retour au fonds	4 017 627
Total des ressources	184 600 000

Il existe un décalage entre le montant global des contributions volontaires promises au FMU en février 1998 (neuf contributeurs pour 144 811 500 FF en 1998) et celles adoptées lors de l'Assemblée générale de l'AUPELF-UREF en avril 1998 (onze participants pour 148 480 000 FF auxquels s'ajoutent 6 millions de FF en provenance du Fonds Inforoutes géré par l'Agence de la Francophonie). Les nouvelles contributions transitent néanmoins par le FMU.

À ces 154 480 000 FF de contributions « Sommet » viennent s'ajouter 24 002 373 FF de « contrats et autres contributions », soit donc un total de 178 482 373 FF (hors ressources propres et retour de fonds).

Le budget global s'élève à 184,6 millions de FF pour 1998.

Dépenses	1998 *(en FF)*
Fonds Francophone de la Recherche	40 445 000
Fonds Universitaire Régional	7 780 000
Fonds Franco Universitaire de la Formation	56 200 000
Fonds Franco Universitaire de l'Information	30 800 000
Autres programmes	9 700 000
Contrats (moins les frais de gestion)	21 842 159
Total dépenses Programmes	**166 767 159**
Fonctionnement scientifique	6 180 000
Gestion des programmes	11 652 841
Total dépenses fonctionnement	**17 832 814**
Total dépenses	184 600 000

Le budget de fonctionnement proposé pour 1998 est peu élevé puisqu'il ne représente que 9,6 % du budget total de l'AUPELF-UREF.

À ces programmes, on doit rajouter le Fonds International de Coopération Universitaire (FICU). En effet, jouissant d'une pleine autonomie au sein de l'AUPELF, le FICU bénéficie de structures de gestion qui lui sont propres et accorde des crédits et des bourses grâce aux contributions volontaires mises annuellement à sa disposition par des gouvernements et agences gouvernementales. Les membres du Comité de gestion du Fonds comprennent les représentants des bailleurs de fonds gouvernementaux, soit l'Agence Canadienne de Développement International, la Communauté Française de Belgique, les gouvernements de l'Ontario et du Nouveau-Brunswick, le ministère de l'Éducation et le ministère des Relations Internationales du Québec, ainsi que, pour la France, le ministère des Affaires étrangères, le ministère délégué à la Coopération et à la Francophonie et le ministère de l'Éducation nationale, de la Recherche et de la Technologie.

Le budget pour la programmation 1998 du FICU s'élève à 2 425 840 dollars canadiens (9 703 360 FF)[5].

L'université Senghor

Ressources (subventions 1998)	Budget 1997/1998 * (en milliers de FF)
France	12 000
Canada	2 000
Suisse	400
Québec	200
Côte-d'Ivoire	100
CF de Belgique	250
AUPELF	100
Ville de Paris	100
EDF	500
Power Corporation	500
Total	**16 150**

* L'exercice financier court du 1er septembre au 31 août de l'année suivante.

Six États et gouvernements ont versé 14 950 000 FF pour l'année universitaire 1997/1998, soit 92,5 % du budget total.

Deux partenaires privés contribuent au financement de l'université : EDF (France) et Power Corporation (Canada).

L'AUPELF apporte une contribution ainsi que la mairie de Paris.

NOTE

[5] Taux de conversion : 1 dollar canadien = 4 FF.

Ce budget a permis d'accueillir quatre-vingt-neuf auditeurs lors de l'exercice 1997/1998 (contre soixante-dix durant l'exercice précédent).

Les contributions volontaires, présentées en février 1998 dans le cadre du projet de budget du FMU, s'élèvent à 14 114 000 FF pour 1998 (*idem* pour 1999). On peut s'attendre, comme pour l'AUPELF-UREF à l'arrivée d'autres bailleurs de fonds durant le biennum (seulement quatre étaient recensés en février 1998).

L'AIMF

Les principales ressources (en FF)

Nature des ressources	1997	1996
Ressources de fonctionnement (total)	9 628 765	9 967 265
Subvention de fonctionnement	7 710 010	7 750 010
Cotisations et droits d'entrées	1 323 288	1 281 088
Participation du ministère de la Coopération aux frais d'assemblée		871 949
Rémunération mandataire	532 000	
Autres produits	63 467	64 218
Ressources des actions de coopération (total)	22 024 334	14 230 974
Subventions de l'exercice	20 088 972	9 376 045
- Fonds de coopération	8 270 972	
- Plan de coopération informatique	3 001 000	
- FMU	5 700 000	
- Autres ressources	3 117 000	4 016 269
Reprise de subventions sur exercices antérieurs	1 397 235	838 660
Produits financiers	538 127	
Total	**31 653 099**	**24 198 238**

En 1997, la part des ressources en fonctionnement dans le budget total est passée de 41,1 % à 30,4 %. Elles sont restées sensiblement du même ordre en valeur nominale tandis que les ressources en action de coopération ont augmenté de plus de 50 %.

La subvention de fonctionnement est versée chaque année par la mairie de Paris. Les quatre-vingt-onze métropoles membres issues de quarante-quatre pays apportent également leur participation par le biais de cotisations voire de droits d'entrée pour les nouveaux adhérents. Elle est notamment utilisée pour la formation de stagiaires dans les villes membres et pour l'animation du réseau.

Le Fonds de coopération est le fruit de contributions volontaires non liées d'organismes et institutions divers tels que l'Agence Canadienne de Développement International, la région Île-de-France, la municipalité de Liège, etc. Il a financé neuf projets en 1997.

Le plan de coopération informatique a été financé par le ministère de la Coopération français. En sa qualité d'opérateur, l'AIMF a perçu

d'autres ressources en provenance de ministères français (Affaires étrangères, Éducation nationale et Coopération) pour des programmes spécifiques
(par exemple la réhabilitation des jardins et des rues du quartier de l'Opéra
à Hanoï). Par contre, elle n'a reçu que 5,7 millions de FF du FMU en 1997
sur les 12 prévus par le Sommet de Cotonou.

Pour le biennum à venir, les programmes s'inscrivent autour de
deux grands axes : favoriser le développement durable et maîtriser l'état
civil. Pour se faire, les contributions volontaires attendues du FMU s'élèvent
à 25 727 000 FF pour 1998-1999 ; elles proviennent de la France (93 %), du
Canada (3,2 %), de la Communauté Française de Belgique (2,4 %) et du
Québec (1,1 %).

TV5

TV5 rassemblant plusieurs chaînes disposant de statuts particuliers et organisées en sociétés distinctes sur le plan de la gestion et de la comptabilité,
il est nécessaire d'étudier les budgets consolidés dans la mesure où ils donnent un panorama plus complet des ressources de la chaîne francophone.

Financement de l'ensemble des TV5 en 1998

	Montants (en millions de FF)	Part
Ressources propres	64	14 %
États et Gouvernements	378	85 %
France	272	60 %
Québec-Canada	47	11 %
Suisse	30	7 %
CF de Belgique	29	7 %
Agence de la Francophonie	4	1 %
Total	446	100 %

Les contributions des États représentent 85 % des ressources de
l'ensemble des TV5.

Budget consolidé de l'ensemble des TV5 (en millions de FF)

TV5 Europe	224
TV5 Québec-Canada	65
TV5 Amérique latine-USA	65
TV5 Orient	34
TV5 Afrique	30
TV5 Asie	28

■ *La spécificité de TV5 Afrique*

Le montant versé par l'Agence (exactement 4 195 000 FF) correspond aux 3/18ᵉ du budget TV5 Afrique. Ce financement a été confirmé par la conférence annuelle des ministres responsables de TV5.

Les autres montants transitant par le FMU et attribués à TV5 Afrique sont versés par le Québec et le Canada. Sont également versées au FMU des contributions volontaires venant d'États africains (Burkina Faso, Cameroun, Congo, Côte-d'Ivoire et Sénégal) pour le biennum 1998-99 à hauteur de 1,3 M FF) qui sont budgétairement prévues dans la ligne « ressources propres » de TV5 Afrique.

La CONFEMEN et la CONFEJES : partenaires institutionnels

Dans la charte, la Conférence des Ministres de l'Éducation des Pays ayant le Français en Partage (CONFEMEN) et la Conférence des Ministres de la Jeunesse et des Sports des Pays d'Expression Française (CONFEJES) n'apparaissent pas au sein des instances de la Francophonie. Néanmoins, leur statut de conférences ministérielles permanentes en fait des partenaires institutionnels.

CONFEMEM

Contributions statutaires des États membres (1998)

Barème des contributions 100 %	Contributions statutaires 660 945 FF [1]	Nombre de pays 32
29,9 %	197 622	France
10,6, %	70 060	Canada Québec-Canada
6,3 %	41 639	Nouveau-Brunswick Canada CF de Belgique Suisse
1,2 %	7 931	25 pays[2]

[1] Les chiffres ont été arrondis à l'unité car ils résultent de la conversion francs CFA/francs français.
[2] Bénin, Burkina Faso, Burundi, Cameroun, Cap-Vert, Centrafrique, Comores, Congo, Côte-d'Ivoire, Djibouti, Gabon, Guinée, Guinée-Bissau, Haïti, Luxembourg, Madagascar, Mali, Maurice, Mauritanie, Niger, République Démocratique du Congo (ex-Zaïre), Rwanda, Seychelles, Tchad, Togo.

Les contributions statutaires des États membres – à l'exception du Sénégal qui prend en charge les frais de loyer des locaux du Secrétariat Technique Permanent (STP) – constituent les recettes de budget de fonctionnement 1998 du STP.

Le rôle de la CONFEMEN, re-précisé au Sommet de Maurice en 1993, est de contribuer à élaborer et évaluer les politiques éducatives au sein des États membres, et de définir les programmes d'éducation et de formation soumis à l'approbation des chefs d'État.

De ce fait, le principal programme de la CONFEMEN est le Programme d'Analyse des Systèmes Éducatifs (PASEC) dont le budget pour l'intersaison 1996-1998 était fixé à 1 835 000 FF ; il sera complété à hauteur de 560 000 FF pour l'intersaison 1998-2000.

Engagements financiers souscrits lors de la 47e session par les bailleurs de fonds pour le financement de la programmation 1997-1998 (situation au 8 juin 1998)

Pays	Engagements (en FF)	Versements reçus
Canada	300 000	360 363
Canada-Québec	300 000	300 000
Canada Nouveau-Brunswick	140 000	82 374
CF de Belgique	580 000	580 272
France	300 000	400 000
Suisse	320 000	239 778
Total	**1 940 000**	**1 962 787**

Le montant des engagements permet de couvrir les besoins du programme PASEC.

CONFEJES

Budget pour l'année 1998 (en FF)

Fonctionnement	930 000
Fonds commun	1 357 101
Programme EPS/sport	2 205 000
Programme Jeunesse et Fonds Insertion des Jeunes	3 006 900
Fonds francophone de Préparation Olympique	2 500 000*
Programme de bourse canadienne	1 413 000*
Total	**11 412 001**

(*) Données 1997.

Les budgets sont adoptés par la Conférence Ministérielle de la Jeunesse et des Sports.

La répartition des charges entre les pays membres du Secrétariat Exécutif Permanent est précisée dans la résolution n° 72-01 adoptée par la Commission des ministres en 1972 ; à savoir France (46 %), Canada (35 %), Belgique (12 %) et autres pays (7 %).

La Conférence des Ministres de la Jeunesse et des Sports des Pays d'Expression Française, instituée en 1969, a vu son rôle confirmé par le Sommet de Cotonou (1995) : renforcer les échanges et les liens entre les jeunes des pays francophones, en favorisant leur insertion sociale et professionnelle et en valorisant le sport comme moyen de mobilisation, de formation et de solidarité.

Dans ce cadre, des programmes spécifiques (Fonds Français de Préparation Olympique, Programme de bourses canadiennes, Fonds pour l'insertion des jeunes, Programme EPS/Sport), sont réalisés avec des partenaires comme l'Agence Intergouvernementale de la Francophonie, l'UNESCO, la CONFEMEN, TV5. Ils représentent 80 % du budget total.

Les jeux de la Francophonie disposent d'un budget distinct, géré par le Comité International des jeux de la Francophonie. Pour la IVe édition qui aura lieu en 2001 à Hull au Canada la demande de contributions aux pays du Nord émanant du Comité International des jeux de la Francophonie est de 7,1 millions de FF sur quatre ans, répartis comme suit : France (4 130 780 FF), Canada (2 392 050 FF), Communauté Française de Belgique (255 600 FF), Québec (232 170 FF), Nouveau-Brunswick (23 430 FF), Luxembourg (51 120 FF), Monaco (24 850 FF). Ces budgets devraient être entérinés lors de la prochaine Conférence des Ministres de la Jeunesse et des Sports qui se tiendra à Bamako en février 1999.

onclusion

Des tendances communes se dégagent après un aperçu des différents acteurs de la Francophonie institutionnelle.

De par l'importance des contributions volontaires liées (elles représentent par exemple 54 % des contributions volontaires versées à l'Agence de la Francophonie pour le biennum 1998-1999, en augmentation de plus de 26 % par rapport au biennum précédent), devant le nombre restreint des bailleurs de fonds, voire la part prépondérante des financements bilatéraux dans certains cas (AIMF par exemple), le caractère multilatéral du financement de la Francophonie doit être relativisé.

Au niveau des institutions intergouvernementales, qui par définition reçoivent des contributions statutaires, on constate d'importants arriérés (notamment à l'Agence de la Francophonie et à l'Assemblée Parlementaire de la Francophonie).

Dans l'ensemble, des décalages temporels existent entre la promesse d'une contribution et son versement, ce qui peut avoir pour conséquence la paralysie de certaines programmations.

Ces deux dernières constatations ont tendance à donner l'impression que la Francophonie manque de moyens de financement pour mener à bien ses objectifs.

Il est difficile d'estimer le budget global des institutions et des opérateurs de la Francophonie, et plus précisément le montant global des fonds débloqués par les pays et les Gouvernements membres de la Francophonie. Trois éléments d'importance inégale tendent à s'y opposer.

Tout d'abord, on constate des disparités, plus ou moins importantes selon les opérateurs, entre les projets de budget et les réalisations.

Ensuite, on peut être amené à comptabiliser des crédits alloués deux fois quand ils transitent par l'Agence ou le FMU (ce peut être le cas par exemple du fonds Inforoutes qui est versé à l'Agence *via* le FMU et dont une partie est ensuite affectée à l'Agence Universitaire de la Francophonie).

Enfin, on peut citer les différences de pratique comptable dans la mesure où certains opérateurs raisonnent sur deux ans (biennum de l'Agence), alors que la tendance est à l'annualité (là encore subsistent des différences puisque pour l'Université Senghor l'exercice débute le 1er septembre).

Face au relatif manque de moyens ressenti par certains opérateurs et à la difficulté d'établir avec précision le budget global de la Francophonie multilatérale, apparaissent d'autres organismes, distincts de la Francophonie institutionnelle mais néanmoins promoteurs, relais et maillons essentiels.

En effet, il existe des participations financières d'États dans des structures comme les Organisations Non Gouvernementales (ONG), voire dans des Organisations Internationales Non Gouvernementales (OING).

L'Association Francophone d'Amitié et de Liaison (AFAL), ONG siégeant à Paris et regroupant environ cent vingt-cinq associations, a reçu au cours de l'exercice 1997 deux subventions du ministère français des Affaires étrangères (soit 210 000 FF) et une de la mairie de Paris (50 000 FF). Autre exemple : établi au Nouveau-Brunswick, le Centre International pour le Développement de l'Inforoute en Français (CIDIF) est un organisme canadien à but non lucratif chargé de consolider la présence du français sur les inforoutes. Le gouvernement canadien appuie financièrement le CIDIF par des programmes des ministères du Patrimoine, des Affaires étrangères et du Commerce international et le Nouveau-Brunswick apporte sa contribution par la voie du ministère des Affaires intergouvernementales et autochtones. Le montant des subventions provinciales et fédérales s'élevait à 450 000 dollars canadiens soit, en 1997, environ 1 710 000 FF[6]. L'Agence de la Francophonie fait appel à lui pour certaines missions, comme la réalisation d'un cédérom sur l'« état du développement et de l'utilisation des inforoutes dans l'espace francophone ».

Le secrétariat international du Forum Francophone des Affaires, par le biais de protocoles d'accords financiers, perçoit des subventions de l'Agence de la Francophonie (384 055 dollars canadiens soit 1 536 220 FF[6] en 1997) pour mettre en place des programmes. Il est également financé par le gouvernement du Québec (via le ministère des Affaires internationales et le ministère des Affaires extérieures à hauteur de 212 500 dollars canadiens soit 850 000 FF[6] en 1997) et par le ministère délégué à la Coopération et à la Francophonie français (pour la première fois en 1998, un million de FF alloués). Le total des revenus (revenus de subventions plus autres revenus) du secrétariat international s'élevait en 1997 à 2 386 220 FF[6].

Les comités nationaux du FFA sont financés de façon indépendante selon les États et les gouvernements dans lesquels ils sont établis.

NOTE

[6] Selon la parité moyenne sur 1997 : 1 $ canadien = 4 FF.

Au bout du compte, pour avoir un ordre de grandeur, on peut dire que le niveau global de financement des seules institutions francophones en 1998 est supérieur aux 850 millions de FF estimés en 1995[7].

En 1996, le montant total des crédits, tous bailleurs de fonds et toutes affectations confondus, de la coopération multilatérale francophone était de 1 000 millions de FF[8] soit :
- plus de 400 % du montant de 1986, année du premier Sommet de la Francophonie (à Paris) ;
- moins de 4 % du total des contributions des pays francophones du Nord aux diverses institutions internationales multilatérales : ONU (dont UNESCO), FMI et Banque Mondiale, Union européenne et autres.

Malgré les difficultés évoquées et les réserves répétées, nous pouvons établir une estimation des moyens financiers dont dispose la Francophonie institutionnelle.

Tableau synthétique du budget de la Francophonie

Opérateurs	Année de référence	Ressources *(en FF)*
Agence Intergouvernementale de la Francophonie	1998	321 275 690
FMU : Autres fonds de concours *(dont fonds Inforoutes)*	1998	50 362 000 *(28 287 000)*
Assemblée Parlementaire de la Francophonie *(hors recettes pour ordre versées par l'Agence)*	1998	2 825 900 *(3 732 500)*
Agence Universitaire de la Francophonie (hors Fonds Inforoutes) – FICU	1998	171 600 000 *(9 000 000)* 9 703 360
Université Senghor *(hors contributions de l'AUPELF)*	1997-1998	16 150 000 *(100 000)*
AIMF	1997	31 653 099
TV5 *(hors contribution de l'Agence)*	1998	442 000 000 *(4 000 000)*
CONFEMEM	1998	2 623 732
CONFEJES	1998	11 412 001
Jeux de la Francophonie	1998	1 775 000
TOTAL		1 061 380 782

NOTES

[7] Par M. Xavier Michel dans son article « le financement des institutions francophones » publié dans *La Francophonie, fresque et mosaïque,* Centre National de Documentation Pédagogique et HCF, Paris, 1996.

[8] D'après la réponse du ministère français délégué à la Coopération et à la Francophonie à une question posée par la Commission des finances du Sénat, dans le cadre des questions parlementaires pour le projet de loi de finances 1999.

Certaines ressources apparaissent mais sont soustraites dans le tableau afin d'éviter de comptabiliser deux fois les mêmes allocations de fonds (contributions versées à un opérateur et ensuite distribuées à d'autres opérateurs).

À partir de ces éléments, on peut évaluer, pour 1998, le budget de la Francophonie à plus d'1 milliard de FF.

Les questions relatives à son financement constituent un enjeu important pour la Francophonie dans son ensemble. Les États et gouvernements participants semblent y être sensibilisés comme en témoigne la création d'un groupe *ad hoc* mis en place par le Conseil Permanent de la Francophonie lors de sa XXVIe session en juillet 1997.

Des constatations présentées les 3 et 4 septembre 1997 sur le financement de la coopération francophone, on retiendra surtout les difficultés financières et techniques que connaissent les organisations pour mettre en œuvre les programmes décidés par le Sommet.

Des propositions avancées pour contribuer au redressement rapide et durable de la situation, on peut extraire les suivantes :
- les engagements des pays membres au Sommet doivent être irréversibles et durables pour permettre la continuité des programmations ;
- chaque opérateur doit avoir les moyens de se constituer un fonds de roulement pour préserver sa programmation d'une interruption éventuelle ;
- les contributions statutaires doivent être versées en totalité, à temps et sans condition par tous les États et les gouvernements membres ;
- un budget consolidé de la Francophonie, réparti par programme mobilisateur doit être déposé à l'occasion de chaque Sommet ;
- le Conseil Permanent de la Francophonie doit, à l'occasion de chacune de ses sessions, examiner l'état d'exécution de l'ensemble de la programmation multilatérale et des budgets.

CHAPITRE 3

Couverture médiatique du Sommet de Hanoï

roduction

Constatant, au terme de son étude sur la promotion de la Francophonie dans le monde (rapport 1995-1996), le manque d'intérêt des médias généralistes (en particulier français) pour la Francophonie, le Haut Conseil de la Francophonie a souhaité mesurer l'impact médiatique du Sommet de Hanoï de novembre 1997.

Les sommets sont, en effet, parmi les rares événements francophones à bénéficier d'une assez large audience internationale. Or, celui de Hanoï – le premier à se dérouler en Asie et où a été élu le premier secrétaire général de la Francophonie – revêtait une importance politique et symbolique particulière. D'où, l'opportunité d'analyser sa couverture médiatique et de tenter d'apprécier la vision de la Francophonie, telle qu'elle se dégage de cette revue de presse internationale.

Chargé de réaliser cette étude, le Centre de Recherche de l'École Supérieure de Journalisme de Lille, afin de cerner en termes quantitatifs et qualitatifs la place accordée à cet événement dans les pays francophones et non francophones, a d'abord établi, en liaison avec le Haut Conseil de la Francophonie, un questionnaire destiné à chaque pays. L'objectif était de découvrir quels étaient les médias qui avaient couvert le Sommet (presse écrite, radios, télévisions, sites Internet) et quelle vision globale de la Francophonie ils avaient donnée (les thèmes retenus, les points de vue choisis, les tons adoptés pour les reportages). Le Haut Conseil de la Francophonie a ensuite transmis le questionnaire, via le service des Affaires francophones du ministère des Affaires étrangères, à toutes les ambassades françaises à l'étranger, celles-ci étant chargées d'apporter des réponses très précises sur le traitement médiatique du Sommet de Hanoï.

Cent onze ambassades ont répondu au questionnaire. Le Centre de recherche a ensuite procédé au classement des données recueillies. Un travail d'harmonisation a été nécessaire puisque les ambassades n'ont pas toutes répondu au questionnaire de la même façon. La majorité des ambassades ont, certes, apporté des informations sur toutes les questions posées, mais d'autres ont choisi de rédiger une revue de presse à partir de reportages sélectionnés, ou ont omis de mentionner des renseignements sur les médias audiovisuels ou sur la vision globale de la Francophonie. Il faut aussi préciser qu'aucune indication sur le traitement du Sommet par les sites d'internet n'a été transmise.

Pour la présentation de cette enquête, nous avons choisi, d'une part, d'établir, pour chaque pays, une fiche signalétique en trois parties :

dans la première, nous dressons la liste des médias qui ont relaté l'événement (presse écrite, radios, télévisions), le nombre de reportages effectués, et la tonalité de chacun d'entre eux (positive, neutre, critique, négative) ; dans la deuxième partie, nous énumérons les thèmes privilégiés lors de la couverture du Sommet ; dans la troisième partie, nous présentons la vision globale de la Francophonie qui se dégage du traitement médiatique de l'événement. D'autre part, pour classer les pays, nous avons d'abord distingué les pays francophones des pays non francophones, et, dans chacun des deux grands ensembles obtenus, nous avons rassemblé les pays par continent, puis par zone géographique. En conclusion, nous résumons les principales tendances du traitement médiatique du Sommet de Hanoï.

Le traitement médiatique du Sommet de Hanoï

Les pays francophones

Afrique

Afrique centrale

■ *Rwanda*

● *Médias*

Presse écrite :

La Nouvelle relève, bimensuel gouvernemental, 1 500 exemplaires, un article (long) ton critique, voire négatif.

Imvaho Nshya, hebdomadaire gouvernemental, 3 500 exemplaires, un article ton positif (le journal évoque un concours musical organisé en marge du Sommet).

Radio :

Radio Rwanda, radio nationale et publique, deux reportages, ton neutre.

Télévision :

La télévision n'a donné aucun écho du Sommet.

● *Thèmes*

Relations entre les pays francophones (retrait du République Démocratique du Congo des instances de la Francophonie).

■ *République Centrafricaine*

● *Médias*

Presse écrite :

Le Novateur, quotidien (parution irrégulière), environ 1 000 exemplaires, un article ton neutre.

Le Citoyen, quotidien (parution irrégulière), moins de 1000 exemplaires, six articles et trois unes ton positif (la Francophonie est « *synonyme d'ouverture, de démocratie, de liberté, de tolérance, de dialogue.* »

Vouma La Mouche, hebdomadaire (parution irrégulière), entre 500 et 1 000 exemplaires, un article (critiquant le déplacement du chef d'État Patasse).

Radio :

Radio Centrafrique, radio nationale et publique, quatre reportages de moins de 5 minutes. Ton neutre et descriptif.

Télévision :

Télé Centrafrique (unique chaîne de télé) télé nationale et publique, deux reportages de 5 minutes (rediffusion de reportages de AITV/RFO) et un reportage de 20 minutes (entretien entre le Président Patasse et le secrétaire d'État à la coopération et avec le Président Chirac. Le reportage insiste sur le caractère exceptionnel et historique de cette rencontre).

• *Thèmes*

1) Déplacement du président Patassé.

2) Relations entre les pays francophones (retrait du République Démocratique du Congo des instances de la Francophonie).

3) Nomination du secrétaire général de la Francophonie.

4) Questions économiques (retombées économiques du Sommet pour la République Centrafricaine).

• *Visions*

« *Les médias donnent une bonne image de la Francophonie, mais les difficultés politiques et financières de la République Centrafricaine ont occulté toute réflexion ou analyse sur l'organisation et l'avenir de la Francophonie.* » (Ambassadeur).

■ *Tchad*

• *Médias*

Presse écrite :

Agence Tchadienne de Presse, publication quotidienne du ministère de l'Information, 500 exemplaires, trois articles ton contrasté (le choix d'une capitale asiatique est perçu comme novateur, tandis que la nomination de Boutros-Ghali au – poste de secrétaire général de la Francophonie est critiquée).

N'Djamena Hebdo, hebdomadaire journal de l'opposition, 5 000 exemplaires, un article (état de la Francophonie qui est un extrait de l'*Atlas de la langue française*).

Le Progrès, hebdomadaire indépendant, 2 500 exemplaires, un article ton critique (choix du secrétaire dont l'action à la tête de l'ONU est condamnée).

Contact, bimensuel d'opposition (souvent critique à l'égard de la France), 3 000 exemplaires, deux articles ton critique.

Le Temps, hebdomadaire d'opposition, 3 000 exemplaires, un article ton critique (les mots « *colonie* » et « *colonisation* » reviennent à quatre reprises).

N'Djamena Al Nayoum, hebdomadaire d'expression arabe, quelques centaines d'exemplaires, un article ton critique (le concept de Francophonie, « *un instrument d'intimidation qui reflète la domination française sur ses anciennes colonies* ».)

Remarque : seul *L'Observateur*, bimensuel, du fait de son rythme de parution, a passé sous silence le Sommet de Hanoï.

Radio-Télévision :

Les médias audiovisuels publics, Radio Tchad et TV Tchad, se sont contentés de faire état de l'intervention à Hanoï du chef de la délégation tchadienne. « *L'abondante couverture par la presse du Sommet de la Francophonie contraste avec la discrétion des médias audiovisuels.* » (Ambassadeur).

• *Thèmes*

1) Nomination du secrétaire général de la Francophonie.

2) Relations entre les pays francophones.

• *Vision*

« *La perception de la Francophonie qui prévaut dans les médias tchadiens est celle d'un instrument au service de la politique extérieure française.* » (Ambassadeur).

Afrique équatoriale

■ *Cameroun*

• *Médias*

Presse écrite :

Cameroon Tribune, quotidien officieux du pouvoir, 15 000 exemplaires, quatre articles. Ton neutre (enjeux de la Francophonie).

L'Expression, tri-hebdomadaire d'opposition, 10 000 exemplaires, huit articles (cinq neutres et trois critiques). Les critiques visent la « *volonté hégémonique de la France* », qui se manifeste par la nomination de Boutros-Ghali au poste de secrétaire général de la Francophonie et par l'entrée dans les instances de la Francophonie de pays qui ne sont pas historiquement francophones. Le quotidien compare la Francophonie au Commonwealth, à laquelle le Cameroun appartient, présentant la première comme « *le recul de l'espoir démocratique cautionné par Paris* » tandis que la seconde institution mène « *une lutte acharnée contre la violation des Droits de l'homme* ».

Le Messager, tri-hebdomadaire d'opposition, 10 000 exemplaires, trois articles (dont une Une) ton neutre pour deux articles et critique pour le troisième (les critiques formulées sont les mêmes que celles de *L'Expression*).

Radio :

Cameroon Radio Télévision, radio publique et nationale, deux à trois reportages par jour, de moins de deux minutes, durant le Sommet (surtout des reprises d'agence). Ton neutre.

Télévision :

Cameroon Radio Télévision, télé publique et nationale, un reportage par jour durant le Sommet (reprise des images d'AITV), plus un magazine d'une heure auquel a participé le conseiller culturel de l'ambassade. Ton neutre.

• Thèmes

1) Place et rôle de la France dans la Francophonie.

2) Nomination du secrétaire général de la Francophonie.

3) Situation et avenir de la langue française dans le monde.

• Visions

« Comme souvent ici s'opposent deux traitements de l'information. Celui des organes d'information publique (Cameron et Ctrv) qui ont généralement une vision assez neutre et factuelle des événements et celui de la presse privée. Celle-ci, outre des éléments factuels (dates, organismes), a de nouveau saisi cette occasion pour tourner ses critiques contre la France, accusée d'impérialisme et d'hégémonie dans le mouvement francophone. » (Ambassadeur).

■ Gabon

• Médias

Presse écrite :

L'Union, quotidien pro-gouvernemental, 13 000 exemplaires, nombreux articles ton contrasté (la rencontre est qualifiée « *d'historique* », le passage au stade politique via la nomination du secrétaire général de la Francophonie est souligné, de même que la vitalité de la Francophonie. En revanche, la nomination de Boutros-Ghali au poste de secrétaire général de la Francophonie est critiquée).

La Griffe, hebdomadaire satirique indépendant, entre 10 et 12 000 exemplaires, au moins un article ton critique (par la Francophonie, la France cherche à agrandir « *son empire colonial* », à « *s'octroyer un plus large champ de débouchés et s'assurer de vastes réserves de produits primaires, avec pour appât le paternalisme et la générosité.* »)

Misamu, hebdomadaire indépendant, 3000 exemplaires, au moins un article ton critique (l'hebdomadaire parle de la Francophonie comme d'un « *coup de force* » et d'un « *diktat* » de la France. « *On a parlé de démocratie [...] or la légitimation par la France de la prise de pouvoir par la force de*

M. Sassou Nguesso, la présence même du nouvel homme fort du Congo, ne constituaient-elles pas en soi un démenti formel de ces belles déclarations ? »).

Le Progressiste, hebdomadaire du parti d'opposition PGP, parti gabonais du progrès, 3 000 exemplaires, au moins un article ton critique (le journal parle de « *délire hégémoniaque français* »).

• Thèmes

1) Nomination du secrétaire général de la Francophonie.

2) Situation et avenir de la langue française dans le monde.

3) Relations entre les pays francophones (retrait du République Démocratique du Congo des instances de la Francophonie).

4) Place et rôle de la France dans la Francophonie.

• Visions

La vision de la Francophonie est positive pour les médias proches du pouvoir, négative pour les journaux indépendants ou proches de l'opposition.

■ Congo

• Visions

« D'une manière générale, le Sommet de Hanoï s'étant tenu un mois après la fin du conflit [l'arrivée au pouvoir de Sassou Nguesso], alors que les médias audiovisuels au Congo n'avaient pas significativement repris leurs émissions et que la presse écrite, à la diffusion

confidentielle ne reprenait que timidement quelques parutions, on peut considérer que son impact médiatique a été quasiment nul en raison des circonstances locales, et ceci bien qu'il ait constitué la première manifestation internationale à laquelle participait le nouveau chef d'État. »* (Ambassadeur).

Afrique occidentale

■ *Bénin*

• *Médias*

Presse écrite :

La Nation, quotidien gouvernemental, 5 000 exemplaires, six articles (plus une manchette) ton neutre pour cinq articles et critique pour le sixième (couverture relativement limitée et factuelle malgré la présence d'un envoyé spécial.

Le Matin, premier quotidien indépendant, 3000 exemplaires, six articles (plus une manchette) ton critique (à propos du rôle de la France dans la nomination du secrétaire général de la Francophonie, Boutros-Ghali. Le retrait de la République Démocratique du Congo des instances de la Francophonie est perçu comme un refus de se plier à « *l'allié docile* » de la France que serait l'ancien secrétaire de l'ONU, Boutros-Ghali.)

Les Échos du Jour, quotidien généraliste, 2500 exemplaires, deux articles ton critique (le quotidien reproche ouvertement à la France d'avoir soutenu la candidature de Boutros-Ghali au poste de secrétaire général de la Francophonie au détriment du candidat du Bénin).

Le Citoyen, quotidien, 2 000 exemplaires, huit articles (plus trois manchettes) ton neutre pour trois articles et une manchette, critique pour cinq articles et deux manchettes (quotidien traditionnellement hostile à la France. Les critiques portent sur la domination de la France au sein des instances de la Francophonie).

Le Forum de la Semaine, hebdomadaire, 3 000 exemplaires, un article (plus une manchette). Ton critique.

Radio-Télévision :

ORTB, (Office de Radiodiffusion et de Télévision du Bénin), radios et télévisions nationales et publiques plusieurs reportages par jour pendant le Sommet. Ton neutre.

Remarque : « *Assurée par l'ORTB, organe d'État qui détient encore un monopole dans le domaine de l'audiovisuel, la couverture du Sommet s'est largement limitée à la diffusion de reportages des grands médias francophones. Le fonctionnement défectueux des installations de télévision durant la période du Sommet a du reste réduit la couverture télévisuelle à la portion congrue.* » (Ambassadeur).

• *Thèmes*

1) Nomination du secrétaire général de la Francophonie.

2) Relations entre les pays francophones.

3) Place et rôle de la France dans la Francophonie.

4) Aspects institutionnels de la Francophonie.

• *Visions*

« *La vision dégagée par la couverture de presse du Sommet paraît globalement négative. Le retrait de la candidature béninoise au poste de secrétaire général de la Francophonie a manifestement froissé la susceptibilité des commentateurs béninois. La Francophonie apparaît comme un instrument au service des ambitions hégémoniques de la France, ce qui n'était pas toujours le cas auparavant. Le refus du Président Kabila de participer au Sommet est perçu comme une manifestation de fierté nationale dont la presse déplore l'absence chez les dirigeants béninois. Malgré ces rancœurs, l'appartenance du Bénin à la Francophonie reste indiscutée, la langue française demeurant un instrument indispensable de communication au sein même du pays.* » (Ambassadeur).

■ *Burkina Faso*

• *Médias*

Presse écrite :

Sidwaya, quotidien gouvernemental, 3 000 exemplaires, cinq articles ton neutre (couverture superficielle, pas d'analyse et de prise de position).

L'Observateur Paalga, premier quotidien du pays, 9 000 exemplaires, trois articles (plus deux manchettes) ton critique (les articles insistent sur la nomination du secrétaire général de la Francophonie et sur le retrait du République Démocratique du Congo des instances de la Francophonie).

Le Pays, quotidien indépendant, 4 000 exemplaires, quatre articles ton critique pour trois articles et neutre pour un article (un éditorial évoque le « *diktat élyséen* » à propos du rôle de la France dans l'élection du secrétaire général de la Francophonie).

Le Journal du Soir, quotidien indépendant, 3 000 exemplaires, un article ton critique (élection du secrétaire général de la Francophonie).

Radio :

Radio Nationale du Burkina (RNB), radio nationale et publique, deux reportages par jour durant le Sommet ton neutre (les reportages sont avant tout des reprises des dépêches de l'AFP, un seul éditorial, critique à l'égard de la Francophonie, « *au service de la France* »).

Télévision :

Television Nationale du Burkina, télé nationale et publique, trois reportages par jour durant le Sommet, plus deux magazines au total (couverture assez large). Ton neutre (mis à part sur le sujet de la nomination du secrétaire général de la Francophonie).

• Thèmes

1) Nomination du secrétaire général de la Francophonie.

■ Îles du Cap-Vert

• Médias

Presse écrite :

Novo Jornal de Cabo Verde, bi-hebdomadaire officieux du gouvernement, 5 000 exemplaires, deux articles. Ton neutre.

A Semana, bi-hebdomadaire proche de l'opposition, 5 000 exemplaires, un article. Ton neutre.

Radio :

RTC, radio publique et nationale quelques brèves. Ton neutre.

Radio Nova, radio privée chrétienne liée à la BBC quelques brèves. Ton neutre.

■ Côte-d'Ivoire

• Médias

Presse écrite :

Fraternité Matin, journal gouvernemental quelques articles ton contrasté ; critiques sur la nomination du secrétaire général de la Francophonie, Boutros-Ghali : « *N'y a-t-il pas dans cette désignation voulue par Paris les germes d'une autorité hypertrophiée qui pourrait gâcher la dynamique francophone ?* ».

La Nouvelle République, journal gouvernemental au moins un article ton positif (« *La Côte-d'Ivoire est favorable à une orientation économique de la Francophonie.* »)

Le Démocrate, journal gouvernemental au moins un article ton positif (à propos d'une déclaration du Président Jacques Chirac : « *Les visas seront simplifiés.* »)

Les journaux indépendants ont peu relaté le Sommet, et toujours avec un ton négatif, à l'inverse des journaux proches du pouvoir :

2) Retrait du République Démocratique du Congo des instances de la Francophonie.

3) Place et rôle de la France dans la Francophonie.

• Visions

« *Dans l'ensemble, le Sommet de Hanoï a suscité moins d'intérêt que les précédents sommets dans les médias burkinabè, ceux-ci esquivant toute question de fond et focalisant leur attention sur les circonstances qui ont conduit à l'élection de M. Boutros-Ghali. D'une manière générale, le Sommet de Hanoï a fait l'objet d'une couverture superficielle et plutôt critique de la part des médias, agacés de voir un « arabo-anglophone » accéder au poste de secrétaire général de la Francophonie.* » (Ambassadeur)

Télévision :

RTC, télé publique et nationale quelques brèves dans le journal de 20 h 00. Ton neutre.

• Thèmes

La participation du Cap-Vert.

• Visions

« *Il se dégage l'impression que la Francophonie est encore une entité peu connue, ne suscitant aucun rejet, mais pas non plus beucoup de curiosité. Le Cap-Vert a seulement adhéré l'an dernier à la Francophonie.* » (Ambassadeur).

Le Jour, au moins un article ton critique (sur la nomination du secrétaire général de la Francophonie).

Le Populaire, au moins trois articles ton critique (la Francophonie, « *cette version réaménagée de la mission civilisatrice pour préserver des intérêts politiques et économiques en Afrique, alors que* [la politique d'immigration de la France] *compromet dangereusement les échanges et les contacts humains.* »)

Soir Info au moins un article. Ton critique.

La Voie, au moins un article. Ton positif.

• Thèmes

1) Nomination du secrétaire général de la Francophonie.

2) Questions économiques.

3) Place et rôle de la France dans la Francophonie.

• *Visions*

« *La presse gouvernementale est résolument positive dans ses comptes rendus du Sommet (le fait qu'on ait parlé des préoccupations ivoiriennes comme les questions économiques et celles de l'enseignement).*

En revanche, la presse indépendante s'est focalisée sur l'imposition de Boutros-Ghali par la France au poste de secrétaire général de la Francophonie et sur la façon dont la France préserve ses intérêts économiques. » (Ambassadeur).

■ *Guinée-Bissau*

• *Médias*

Presse écrite :

La presse n'a assuré aucune couverture du Sommet de Hanoï.

Radio :

Radio-Télévision Nationale, radio nationale publique, brèves et reportages courts (diffusion de dépêches d'agences, celles de Lusa, de l'AFP, et des bulletins de RFI, station par ailleurs très écoutée.). Ton neutre.

Radio Pindjiguiti, radio nationale privée brèves et reportages courts (diffusion de dépêches d'agences, celles de Lusa, de l'AFP, et des bulletins de RFI). Ton neutre.

Télévision :

Radio-Télévision Nationale, télévision nationale et publique diffusion irrégulière de reportages factuels. Ton neutre.

• *Thèmes*

La participation de la Guinée-Bissau.

• *Visions*

« *La couverture du Sommet a été médiocre (seulement par la radio et la télévision). Les raisons en sont : l'absence d'ouverture internationale de la presse locale, la formation rudimentaire des journalistes et leur ignorance du français, liée à l'usage exclusif de la langue portugaise par la presse locale. Le sentiment global est une méconnaissance de la Francophonie.* » (Ambassadeur).

■ *Niger*

• *Médias*

Presse écrite :

Le Sahel, quotidien, 2 500 exemplaires, trois articles (deux neutres et un favorable).

Le Citoyen, hebdomadaire, 3 000 exemplaires, un article ton positif (sur le rôle politique de la Francophonie et la volonté de la France d'accroître la formation des jeunes francophones).

Haske, hebdomadaire, 3 000 exemplaires, un article (éditorial) ton critique : « *Comment tenir un discours francophile à une jeunesse qui a de plus en plus de difficultés à aller étudier dans les universités françaises. La Côte-d'Ivoire, le Gabon, le Sénégal ont depuis longtemps choisi d'envoyer la relève en quantité appréciable dans les pays anglophones. Si le français demeure un outil exceptionnel pour un espace géographique restreint, il est peut-être temps que nos gouvernants songent à prendre le cours de l'histoire.* »

Radio :

Radio Sahel, radio nationale et publique, un reportage factuel. Ton neutre.

Télévision :

La télévision n'a pas fait état du Sommet.

• *Thèmes*

1) Nomination du secrétaire général de la Francophonie.

2) Relations entre les pays francophones.

3) Situation et avenir de la langue française dans le monde.

• *Visions*

« *Si l'on en juge par la seule presse, le Niger a accueilli avec satisfaction le Sommet de Hanoï.* » (Ambassadeur).

■ *Togo*

• *Médias*

Presse écrite :

Togo Presse, quotidien gouvernemental, 8 000 exemplaires, quatre articles (ton positif) et cinq manchettes (deux neutres, trois positives) couverture considérée comme importante.

Crocodile, hebdomadaire, 2 500 exemplaires, deux articles (un neutre et un critique).

Le Regard, hebdomadaire proche de l'opposition, 2 000 exemplaires, un article et une manchette. Ton critique. Couverture considérée comme acceptable.

Carrefour, hebdomadaire d'opposition, 2 000 exemplaires, un article et une manchette. Ton critique.

Nouvel Écho, hebdomadaire d'opposition, 2 000 exemplaires, deux articles et une manchette. Ton critique.

L'Éveil du Peuple, hebdomadaire proche de l'opposition, 1 500 exemplaires, trois articles, ton critique (à propos de « *l'impérialisme français* »).

Tingo Tingo, hebdomadaire, 1 000 exemplaires, un article ton critique (à propos du retrait du République Démocratique du Congo des instances de la Francophonie).

Radio :

Radio Lomé, radio nationale et publique reportages de deux minutes diffusés plusieurs fois par jour durant le Sommet. Ton positif.

Afrique orientale

■ *Djibouti*

• *Médias*

Presse écrite :

Le Renouveau, hebdomadaire d'opposition modéré et francophile, 1 000 exemplaires, un article (dont une Une). Ton positif (progrès de la Francophonie).

Liberté, hebdomadaire proche du Gouvernement, 1 000 exemplaires, un article ton positif (à propos de la dimension politique du Sommet).

La Nation, hebdomadaire gouvernemental, 3 500 exemplaires, un article (ton négatif, sur la politique d'immigration de la France et sur la nomination du secrétaire général de la Francophonie) et une brève (ton positif).

Radio :

Radio Djibouti, (unique radio) radio nationale et publique brèves factuelles dans les journaux des 14 et 16 novembre. Ton neutre.

Îles de l'océan Indien

■ *Maurice*

• *Médias*

Presse écrite :

Le Mauricien, quotidien, 31 000 exemplaires, douze articles (plutôt neutres, dont trois Unes au ton critique).

Télévision :

TVT, télévision nationale et publique, trois journaux télévisés dont deux de 45 minutes consacrés exclusivement au Sommet, l'un d'entre eux traitant de la nomination du secrétaire général de la Francophonie et du contenu de la charte. Ton positif.

• *Thèmes*

1) Nomination du secrétaire général de la Francophonie.

2) Place et rôle de la France dans la Francophonie.

3) Relations entre les pays francophones.

• *Visions*

« *La vision globale est positive pour les médias d'État, négative pour les médias d'opposition : la presse privée a trouvé l'occasion de renouer avec sa verve antifrançaise, notamment à propos de la désignation du secrétaire général.* » (Ambassadeur).

Télévision :

RTD, (unique télé) télévision nationale et publique deux reportages. Ton neutre.

• *Thèmes*

1) Questions économiques.

2) Culture francophone et ses spécificités.

3) Nomination du secrétaire général de la Francophonie.

4) Retrait du République Démocratique du Congo des instances de la Francophonie.

• *Visions*

« *À s'en tenir à la couverture réalisée par les médias djiboutiens, la vision globale de la Francophonie qui est présentée révèle une tension entre un attachement profond à celle-ci et une interrogation des élites djiboutiennes quant à sa rentabilité pour leur pays (débat sur l'octroi des visas et bourses d'études pour la France).* » (Ambassadeur).

L'Express, quotidien, 35 000 exemplaires, onze articles ton positif.

Le Quotidien, quotidien, 17 000 exemplaires, six articles (deux neutres, deux positifs, deux négatifs).

Week End, hebdomadaire, 80 000 exemplaires, un article ton positif.

Les deux principaux quotidiens nationaux (*Le Mauricien* et l'*Express*) ont fait relativement bon écho du Sommet de la Francophonie. Leur couverture de l'événement a été équilibrée, combinant une vision mauricienne (faisant une large part à l'allocution du premier ministre Ramgoolan) et une analyse plus générale en traitant des enjeux du Sommet et des grandes lignes de la Francophonie. *Le Quotidien*, troisième quotidien mauricien francophone, s'est distingué par l'importance des illustrations photos. Comme dans beaucoup d'autres pays, la couverture des quotidiens et magazines non-francophones (anglais ou chinois) a été factuelle, soulignant dans quelques très rares cas l'élection de Boutros-Ghali.

Radio-Télévision :

Le traitement du Sommet par les radios et les télévisions (trois chaînes au total) a été identique à Maurice puisqu'elles dépendent de la même centrale nationale, la MBC. La télévision, comme chaque jour, a repris certains reportages de France 2 ou TF1. Reportages réguliers durant le Sommet. Ton positif.

• *Thèmes*

1) Participation du chef de l'État de Maurice.

2) Nomination du secrétaire général de la Francophonie.

• *Visions*

« La vision globale de la Francophonie rejoint celle déjà constatée dans d'autres pays, à savoir celle d'une organisation indissociable de la France sur la scène internationale. En marge de l'actualité, Hanoï aura servi à faire un état des lieux relativement optimiste du français à travers le monde. On soulignera enfin que l'image mauricienne du Sommet restera positive car le premier ministre Navin Ramgoolam et le président français Jacques Chirac ont conforté l'image de bonnes relations bilatérales au-delà des seuls enjeux de la Francophonie. » (Ambassadeur).

■ *Seychelles*

• *Médias*

Presse écrite :

Seychelles Nation, quotidien, 3 500 exemplaires, deux manchettes (ton positif), deux articles (un neutre, un positif).

Radio :

SBC, radio nationale et publique reportages irréguliers durant le Sommet. Ton neutre.

Télévision :

SBC, télé nationale et publique deux reportages au total. Ton neutre.

• *Thèmes*

1) Retombées bénéfiques des relations bilatérales francophones pour les Seychelles.

2) Dimension politique de la Francophonie.

3) Nomination du secrétaire général de la Francophonie.

• *Visions*

« La couverture de ce sommet n'a pas été à la hauteur des ambitions affichées du gouvernement seychellois à l'égard de la langue française. Cette manifestation a été ressentie comme trop lointaine pour un petit pays insulaire. Par contre, les Jeux de la Francophonie à Madagascar, plus proches, ont reçu plus d'enthousiasme, de même que la Semaine de la Francophonie chaque année. » (Ambassadeur).

■ *Îles Comores*

• *Médias*

Presse écrite :

Al Atwan, hebdomadaire proche du Gouvernement, 2 500 exemplaires, deux articles. Ton neutre.

Al Atwan est le seul journal à avoir relaté le Sommet.

Radio :

ORTC, radio nationale et publique brèves tirées des informations de RFI. Ton neutre.

Télévision :

Aucune des chaînes de télé n'a assuré de couverture médiatique du Sommet.

• *Thèmes*

1) Nomination du secrétaire général de la Francophonie.

2) Dimension politique de la Francophonie.

• *Visions*

« Si les médias nationaux semblent avoir fait l'impasse sur le Sommet de la Francophonie,

c'est évidemment en raison de l'actualité politique prenante de la période concernée, toujours marquée par le problème de la sé- *cession de l'île d'Anjouan et l'organisation de la conférence de réconciliation nationale d'Addis. »* (Ambassadeur).

Afrique du Nord

■ *Égypte*

• *Médias*

Presse écrite :

Le Progrès Égyptien, seul quotidien francophone, douze articles.

Al Ahram Hebdo, hebdomadaire francophone, une page quotidienne pendant quinze jours.

Al Ahram, premier quotidien de langue arabe (pro-gouvernemental), six articles et de nombreux entrefilets.

Al Akhbar, quotidien gouvernemental, un article (éditorial).

Al Goumhouriya, quotidien gouvernemental, un article (éditorial).

Al Wafd, quotidien de l'opposition nationaliste et libérale deux articles (très longs).

Radio-Télévision :

Les médias audiovisuels ont assuré une couverture factuelle de l'événement.

■ *Maroc*

• *Médias*

Presse écrite :

Le Matin du Sahara et du Maghreb, quotidien pro-gouvernemental de langue française, 80 000 exemplaires trois articles. Ton neutre.

Al-Maghrib, quotidien du parti du Rassemblement national des indépendants (centriste) de langue française, 2 000 exemplaires, un article. Ton positif.

Libération, quotidien du parti de l'Union Socialiste des Forces Populaires (gauche), 15 000 exemplaires, un article. Ton critique (constructif).

Rissalat Al Oumma, quotidien de l'Union Constitutionnelle (droite), 800 exemplaires, un article. Ton neutre.

Al Ittihad Al Ichtiraki, quotidien du parti de l'Union Socialiste des Forces Populaires (gauche) de langue arabe, 45 000 exemplaires, un article. Ton neutre.

Al Alam, quotidien du parti de l'Istiqlal de langue arabe, 35 000 exemplaires, un article. Ton neutre.

• *Thèmes*

1) Nomination du secrétaire général de la Francophonie.

2) Dimension politique de la Francophonie.

• *Visions*

« Sans l'élection de Boutros-Ghali, le Sommet de Hanoï aurait probablement été ignoré. Toutefois, les Égyptiens se sont rendu compte à cette occasion que l'esprit d'Hanoï pouvait bien leur plaire. La façon dont la presse locale a traité le Sommet rejoint l'attention avec laquelle elle avait couvert la visite du Président Jacques Chirac en Chine, l'interprétant en termes de construction d'un nouvel ordre mondial multipolaire, multipolarité que Le Caire ne cesse d'appeler de ses vœux. La Francophonie est ainsi perçue comme l'émergence d'un instrument de rééquilibrage des rapports internationaux. La dimension politique est l'aspect qui revient le plus dans les médias. » (Ambassadeur).

Le Quotidien du Maroc, quotidien indépendant de langue anglaise, un article. Ton neutre.

Al Bayane, quotidien du parti du Progrès et du Socialisme de langue française, 25 000 exemplaires, trois articles. Ton neutre.

Temps Présent, hebdomadaire du parti Socialiste Démocrate de langue française, 10 000 exemplaires, un article. Ton positif.

Téléplus, hebdomadaire culturel de langue française, un article. Ton positif.

Radio :

RTM Chaine Inter, radio nationale et publique flash de moins de deux minutes.

Télévision :

RTM Télévision, télé nationale et publique, brèves de moins de deux minutes.

2M, télé nationale et semi-publique, brèves de moins de deux minutes.

• *Thèmes*

1) Nomination du secrétaire général de la Francophonie.

2) Francophonie et nouvelles technologies.

3) Situation et avenir de la langue française dans le monde.

4) Questions économiques.

5) Place et rôle de la France dans la Francophonie.

• *Visions*

« *Toute la presse locale a pratiquement fait l'impasse sur cet événement, à part quelques articles sans couleur et sans saveur que* nous avons relevés. Deux raisons expliquent ce traitement : les élections législatives se sont déroulées à la même période et la relation d'amour-haine qui fait qu'il n'y a pas eu d'articles négatifs et pas de couverture importante non plus. De façon générale, le Sommet de la Francophonie a suscité le même intérêt que les autres Sommets, c'est-à-dire très peu. L'intérêt des Marocains pour la Francophonie se manifeste par l'utilisation de la langue française.* » (Ambassadeur).

■ *Mauritanie*

• *Médias*

Presse écrite :

Horizons, quotidien, 1 500 exemplaires, un article. Ton positif.

Nouakchott Info, hebdomadaire, 1 500 exemplaires, deux articles (un neutre et un négatif). Ton négatif.

L'Éveil, hebdomadaire, 1 000 exemplaires, un article. Ton négatif.

Maghreb Hebdo, hebdomadaire, 1 000 exemplaires, deux articles. Ton positif.

Radio :

Il n'y a pas de radio indépendante. La radio nationale et publique a rendu compte de manière purement factuelle du Sommet dans son journal d'information.

Télévision :

Il n'y a pas de télé indépendante. La télé nationale et publique a rendu compte de manière purement factuelle du Sommet dans ses journaux d'information.

■ *Tunisie*

• *Médias*

Presse écrite :

La Presse, quotidien gouvernemental, 45 000 exemplaires, un article (neutre) et reprise de six dépêches de l'agence de presse tunisienne TAP. Extrait de l'article : « *La coopération et le développement ont pris le pas sur la question des Droits de l'homme* ».

Le Temps, quotidien indépendant, 40 000 exemplaires, un article (critique) quatre reprises de dépêches TAP, trois reprises de dépêches AFP, une reprise de dépêche Reuter.

Le Renouveau, journal gouvernemental, 30 000 exemplaires, deux articles (positifs) et neuf reprises d'agence. Extrait d'article : « *La Francophonie a pris son envol à Hanoï*

• *Thèmes*

1) Nomination du secrétaire général de la Francophonie.

2) Retrait du République Démocratique du Congo des instances de la Francophonie.

3) Discours du Président de la République.

4) Surprise quant au choix de Hanoï.

5) Interrogations sur l'invitation du Nigeria.

• *Visions*

« *La couverture médiatique du Sommet de Hanoï a été moins importante que celle du Sommet de Cotonou en raison de la non-participation du chef de l'État mauritanien, retenu à Nouakchott pour les échéances électorales. La vision mauritanienne de la Francophonie est que le mouvement est dominé par la France. Pour la presse gouvernementale, le Sommet s'est même pratiquement borné au seul discours du président de la République. Les difficultés rencontrées pour la nomination du secrétaire général et le départ annoncé du Congo démocratique sont ainsi analysés par la presse indépendante comme des insuccès pour la France.* » (Ambassadeur).

[garantissant] *l'efficacité du mouvement pour prévenir les conflits, en privilégiant la concertation et la coopération.* »

Radio :

Radio Nationale Tunisienne, radio nationale et publique, treize comptes rendus de moins de deux minutes au total. Ton neutre.

Radio Tunis Internationale, radio nationale et publique, vingt-cinq comptes rendus de moins de deux minutes. Ton neutre.

Télévision :

Télévision Nationale Tunisienne, télé nationale et publique, plusieurs reportages de moins de deux minutes. Ton neutre.

• **Thèmes**

1) Questions économiques.

2) Nomination du secrétaire général de la Francophonie.

3) Relations entre les pays francophones.

4) Situation et avenir de la langue française dans le monde.

• **Visions**

« Les commentaires sont mitigés. Ils dénoncent pour certains la « perte de vitesse » de la langue française dans le monde, pour d'autres « l'ouverture que représente le mouvement sur les pays membres, principalement au niveau économique ». La Tunisie est un pays dont la population se veut réellement francophone, mais le gouvernement ne fait pas de la Francophonie un « cheval de bataille ». La Tunisie est fidèle, selon les commentateurs, à sa tradition d'ouverture sur le monde extérieur en entretenant des relations étroites avec le monde francophone, mais sans renier sa culture ni son identité arabo-musulmane. » (Ambassadeur).

Amérique

Amérique du Nord

■ Canada (Québec)

• **Médias**

Presse écrite :

Le Journal de Montréal, quotidien, 275 000 exemplaires, sept 7 articles (positifs).

Le Soleil de Québec, quotidien, 98 400 exemplaires, douze articles (positifs), deux manchettes (positives).

Le Journal de Québec, quotidien, 101 400 exemplaires, dix articles (positifs).

• **Thèmes**

1) La démocratie et les Droits de l'homme.

2) Situation et avenir de la langue française dans le monde (la presse québécoise s'est étonnée de voir ce Sommet se tenir dans un pays ou 1 % de la population parle le français).

• **Visions**

« La presse québécoise a privilégié la question de la démocratie et de l'État de droit, sur laquelle sont venues se greffer les querelles fédéral-provincial (sur l'initiative de proposer que des sanctions soient imposées en cas de manquement au respect des droits fondamentaux), et franco-canadienne (sur la pertinence de cette initiative). La réaction française, négative, aux tentatives de MM. Bouchard et Chrétien pour instaurer des sanctions contre les pays qui violeraient les droits de l'Homme et les principes démocratiques a retenu l'attention. Les médias ont parlé de dispute entre les deux pays. En dehors de cet aspect, les véritables enjeux de la Francophonie politique ont été relégués au second plan, comme si le sujet était impropre à provoquer les tiraillements Canada-Québec qui restent le sujet de prédilection des médias. En outre, l'annonce du prochain Sommet à Moncton a été très bien accueillie. » (Ambassadeur).

Amérique du Sud

■ Haïti

• **Médias**

Presse écrite :

Le Nouvelliste, quotidien, 10 000 exemplaires, trois articles. Ton positif ou neutre.

Radio :

Radio Métropole, radio nationale privée, reportages courts et irréguliers. Ton positif.

Radio Vision 2000, radio nationale privée, reportages courts et irréguliers. Ton positif.

Radio Haïti Inter, radio nationale privée, reportages courts et réguliers (chronique quotidienne pendant cinq jours).Ton positif.

Télévision :

Télé Haïti, télé nationale privée, reportages courts et irréguliers, et un magazine (revue de la presse française). Ton neutre.

• **Thèmes**

1) Questions économiques.

2) Nomination du secrétaire général de la Francophonie.

3) Conséquences du Sommet pour Haïti.

Antilles

■ *Sainte-Lucie et Dominique*

• *Médias*

Presse écrite :

Aucun journal n'a relaté l'événement

Radio :

DBS (Dominica Broadcasting System), radio nationale, un reportage sur le déplacement du premier ministre Edison James.

RCI (Radio Caraïbe Internationale, à Sainte-Lucie), radio qui retransmet les informations de RFI (le Sommet, sur cette radio, a donc été bien couvert).

Télévision :

Télévision Nationale de la Dominique, 1 reportage au total.

À Sainte-Lucie, l'événement n'a pas été couvert par la télévision.

• *Visions*

Il n'y a pas de vision globale de la Francophonie. Le Sommet a été très peu couvert.

■ *Trinité et Tobago*

• *Médias*

Presse écrite :

« *La lecture des deux principaux quotidiens,* l'Express *et* Trinidad Guardian, *n'a permis de ne relever qu'un seul article consacré au Sommet (sur la langue française). Celui-ci ne fait que reprendre une dépêche de l'AFP :* « La France n'est pas gagnante dans la guerre des mots ». (Ambassadeur).

• *Thèmes*

Situation et avenir de la langue française dans le monde.

• *Visions*

« *Le Sommet a été très peu couvert. L'anglophonie dominant dans la Caraïbe orientale, l'éloignement du Vietnam et l'absence de relations entre ce pays et Trinité et Tobago tendent à expliquer ce mutisme.* » (Ambassadeur).

sie

Asie occidentale

■ *Liban*

• *Médias*

Presse écrite :

L'Orient-Le Jour, quotidien, 23 000 exemplaires, vingt-huit articles. Ton positif.

La Revue du Liban, hebdomadaire, 35 000 exemplaires, deux articles. Ton positif.

Magazine, hebdomadaire, 35 000 exemplaires, un article. Ton positif.

The Daily Star, quotidien, 10 000 exemplaires, trois articles (trois reprises de dépêches d'agences). Ton neutre.

Beirut Times, quotidien 7 000 exemplaires, deux articles (deux dépêches d'agences). Ton positif.

An Nahar, quotidien, 50 000 exemplaires, six articles. Ton positif.

Al Liwa, quotidien, 20 000 exemplaires, huit articles. Ton positif.

As Safir, quotidien, 55 000 exemplaires, dix articles. Ton positif.

Ad Dyar, quotidien, 25 000 exemplaires huit articles. Ton positif.

Al Anouar, quotidien, 30 000 exemplaires six articles. Ton positif.

Nida Al Watan, quotidien, 20 000 exemplaires, sept articles. Ton positif.

Al Bayrak, quotidien, 10 000 exemplaires, sept articles. Ton positif.

Al Hayat, quotidien, 30 000 exemplaires, quatre articles. Ton neutre.

Al Kifah Al Arabi, quotidien, 37 000 exemplaires, quatre articles. Ton neutre.

Ach Chaab, quotidien, 25 000 exemplaires, cinq articles. Ton neutre.

Ach Chark Al Awssat, quotidien, 5 000 exemplaires, quatre articles. Ton neutre.

Al Afkar, hebdomadaire, 20 000 exemplaires, un article. Ton positif.

As Sayyad, hebdomadaire, 11 000 exemplaires au Liban, un article. Ton positif.

Al Hawadess, hebdomadaire, 10 000 au Liban deux brèves. Ton neutre.

Radio :

Radio Liban, radio nationale et publique en arabe reportages toutes les heures pendant trois jours. Ton positif.

Radio Liban, radio nationale et publique en français reportages toutes les heures pendant quatre jours, plus deux émissions spéciales. Ton positif.

Radio Orient, radio nationale et privée, reportages toutes les heures pendant cinq jours, plus trois émissions spéciales par jour. Ton positif.

La Voix du Liban, radio nationale et privée, reportages toutes les heures pendant trois jours, plus deux émissions spéciales par jour. Ton positif.

Radio Liban Libre, radio nationale et privée, reportages toutes les heures pendant trois jours, plus deux émissions spéciales par jour. Ton positif.

Télévision :

Télé Liban, télé nationale et publique, plusieurs reportages d'environ cinq minutes. Ton positif.

Future TV, télé nationale et privée, plusieurs reportages d'environ cinq minutes, plus une diffusion d'une interview du Président Jacques Chirac et un magazine spécial avec Boutros-Ghali.

LBCI, télé nationale et privée, plusieurs reportages de quatre minutes. Ton positif.

MTV, télé nationale et privée, plusieurs reportages de trois minutes. Ton positif.

• Thèmes

1) Nouvelle dimension politique de la Francophonie.

2) Nomination du secrétaire général de la Francophonie.

3) Place et rôle du Liban dans la Francophonie.

4) Culture francophone, ses spécificités et le plurilinguisme.

5) La tenue du Sommet de la Francophonie au Liban en 2001.

• Visions

« *C'est sur la nouvelle dimension politique de la Francophonie que la presse s'est surtout étendue. On a parlé de « commen-cement d'une nouvelle page »* (Magazine)*, d'un « mouvement mondial qui grandira au fil des jours »* (Al Afkar)*, du« seul espace mondial qui ne serait pas sous l'hégémonie américaine ».* (La revue du Liban)*. La Francophonie est ainsi présentée comme un « cercle de solidarités pour la paix et le développement économique et social dans un monde devenu village global ».* (La revue du Liban) *La Francophonie, espace culturel, a aussi été perçu sous l'angle du pluralisme. « La Francophonie n'est pas un colonialisme culturel, mais permet de comparer les goûts et de favoriser un certain pluralisme linguistique enrichissant »* (As Safir) *»* (Ambassadeur).

Asie orientale

■ *Cambodge*

« *Le Sommet a été très peu couvert (en raison de la traditionnelle fête des eaux). Ce manque d'intérêt des médias, alors que l'événement se déroulait dans le pays voisin, s'explique sans doute en partie par la mé-connaissance de l'institution francophone multilatérale que les dirigeants cambodgiens eux-mêmes jugent particulière-ment complexe.* » (Ambassadeur).

■ *Laos*

• Médias

Presse écrite :

Vientiane Times, bi-hebdomadaire en langue anglaise, 3 000 exemplaires, trois articles et deux manchettes. Ton positif.

Bulletin Quotidien, quotidien en langue anglaise de l'agence gouvernementale de presse KPL, 300 exemplaires, dix articles (huit positifs, deux neutres), trois manchettes (deux positives, une neutre).

News Bulletin, quotidien en anglais, 540 exemplaires, six articles (trois positifs, trois neutres), deux manchettes (positives).

Passason, quotidien du parti Unique qui reprend les dépêches de l'agence KPL, 12 000 exemplaires, huit articles (trois positifs, cinq neutres), trois manchettes (une positive, deux neutres).

Ventiane May, quotidien en langue laotienne, 4 400 exemplaires, sept articles (trois positifs, quatre neutres), deux manchettes (neutres).

Radio :

Radio Nationale Lao, radio nationale et publique, quinze reportages. Ton factuel (20 %) et positif (80 %).

Télévision :

TNL (Télévision Nationale Lao), télé nationale et publique, de nombreux reportages. Ton positif ou neutre.

• *Thèmes*

1) Nomination du secrétaire général de la Francophonie.

2) Culture francophone et ses spécificités.

3) Questions économiques liées à la Francophonie.

■ *Vietnam*

• *Médias*

Presse écrite :

1) Journaux en langue vietnamienne

Dai Donan Ket, deux fois par semaine, 30 000 exemplaires, deux articles (et deux titres). Ton positif.

Dau Tu, deux fois par semaine, 17 000 exemplaires, six articles (et deux titres), plus une édition spéciale. Ton positif.

Lao Dong, quatre fois par semaine, 90 000 exemplaires, vingt-six articles (plus quatorze titres). Ton positif (le journal présente en détail les institutions de la Francophonie).

Tuoi Tre, trois fois par semaine, journal des Jeunesses communistes, 300 000 exemplaires, neuf articles (et cinq titres). Ton positif (le journal souligne l'importance de maintenir une solidarité au sein de la Francophonie et de créer un nouvel espace économique. Ce Sommet est le point de départ pour le renforcement des relations entre les pays francophones).

Than Nien, trois fois par semaine (journal de l'Union de la jeunesse du Vietnam), douze articles (et deux titres). Ton neutre (les arti-

• *Visions*

« Ce Sommet a été bien couvert (mieux que les précédents) pour les raisons suivantes : proximité géographique ; appartenance du Laos à la même région sud-asiatique que le Vietnam ; proximité politique, voire alignement systématique du régime de Vientiane sur les positions du « grand frère » vietnamien ; participation du Président de la République du Laos. Sans enthousiasme excessif, les médias laotiens ont rendu compte de ce Sommet qui se déroulait à une heure de vol des rédactions. Solidaires de leurs amis vietnamiens, ils y ont perçu une volonté de valoriser l'Asie du Sud-Est, et de résister aux tentatives de mondialisation et d'uniformisation d'une culture anglo-saxonne jugée impérialiste (ce dernier concept ayant ici des connotations encore bien marquées, même plus de vingt ans après la fin du douloureux conflit indochinois). Le retentissement de cette rencontre aura aussi été amplifié par le renforcement des institutions de la Francophonie au Laos (AUPELF-UREF principalement) : arrangements administratif portant sur la création d'une chaîne de télévision francophone en 1998, création d'un premier hebdomadaire de langue francophone en 1998. Jusqu'alors plutôt considérée comme vieillissante, ou résiduelle, la Francophonie au Laos, en cette année du Sommet de Hanoï, aura donc en définitive, prouvé qu'elle pouvait encore se régénérer et se développer. » (Ambassadeur).

cles sont descriptifs et factuels – présentation des infrastructures du Sommet –. La diversité et le sentiment de solidarité au sein de la communauté francophone sont les thèmes les plus abordés).

Nhan Dan, quotidien du parti Communiste vietnamien, 180 000 exemplaires, vingt-six articles (et dix-neuf titres). Ton positif et neutre (le traitement est institutionnel).

Hanoï Moi, quotidien, 30 000 exemplaires, trente-quatre articles (et vingt-deux titres). Ton positif (le journal insiste sur la place grandissante de la Francophonie au sein de la communauté internationale).

Quoc Te, hebdomadaire du ministère des Affaires étrangères du Vietnam, 20 000 exemplaires, sept articles. Ton positif.

Quan Doi Nhan Dan, quotidien de l'armée populaire du Vietnam, 80 000 exemplaires, vingt-six articles. Ton positif (le traitement est institutionnel).

2) Journaux en langue étrangère

Saïgon Times Daily, quotidien économique, 25 000 exemplaires, dix-huit articles. Ton

391

positif (sur les aspects économiques et politiques du Sommet).

Vietnam Economic Times, mensuel économique, 28 000 exemplaires (dont 20 000 à l'étranger), édition spéciale en supplément : neuf articles dont deux en français. Ton positif.

Vietnam Investment Review, hebdomadaire, destiné au cadres vietnamiens et à la communauté d'affaires étrangère, considérée comme peu francophile, 17 000 exemplaires (dont 10 000 à l'étranger),quinze articles. Ton positif.

Radio :

La Voix du Vietnam, radio nationale et publique. C'est essentiellement cette radio qui a couvert le Sommet, notamment grâce au journal en français en FM. Ce bulletin de dix minutes d'actualité a produit du 5 au 16 novembre une centaine de sujets qui ont généralement été repris dans les éditions en vietnamien de La voix du Vietnam. Ton positif.

La Voix du Peuple, radio régionale (Ho Chi Minh-Ville), plusieurs reportages.

Télévision :

La Télévision du Vietnam, télé nationale et publique : comme pour la radio, le journal en français de la Télévision du Vietnam, créé en partenariat avec Canal France International, a très bien couvert le Sommet. Entre le 14 et le 17 novembre, les deux éditions du journal étaient entièrement consacrées à l'événement. Les reportages ont été traduits et rediffusés par les autres journaux de la Télévision du Vietnam.

• *Thèmes*

1) Questions économiques.

2) Dimension politique de la Francophonie.

3) Nomination du secrétaire général de la Francophonie.

4) Nouvelle dimension du Vietnam.

• *Visions*

« Le Sommet a été très bien relaté même si la couverture est essentiellement factuelle et descriptive. Les médias ont eu le souci de faire connaître l'espace francophone et la diversité des pays qui le composent, d'expliquer l'évolution des institutions francophones. Le ton est généralement constructif et positif. C'est avec fierté que la presse vietnamienne rend compte du Sommet et du succès de son déroulement. Le ton positif s'explique par la réelle conviction des médias que ce Sommet a été important pour le Vietnam. L'analyse critique est en revanche totalement absente. La tension suscitée autour de l'élection du secrétaire général est passée sous silence. L'autocensure de la presse vietnamienne explique en grande partie ce traitement de l'information. De manière générale, celle-ci n'exprime que très rarement une opinion sur des sujets de politique étrangère. Le contexte socio-économique du moment a sans doute favorisé une telle couverture. À l'heure où la crise monétaire affecte l'Asie de l'Est, la présence à Hanoï de quarante-neuf chefs d'État et de Gouvernement a revêtu une valeur symbolique forte pour le Vietnam dont il a voulu tirer profit vis-a-vis de ses partenaires asiatiques. La France a largement bénéficié de cette couverture. » (Ambassadeur).

Une première à Hanoï[1]

En novembre 1997, à l'occasion du VIIe Sommet de la Francophonie, le Haut Conseil de la Francophonie et le réseau Théophraste ont organisé une opération commune :

Six jeunes journalistes, en dernière phase de formation, originaires de six pays francophones, ont été invités à Hanoï pour y couvrir le VIIe Sommet de la Francophonie. Ils ont vécu pendant dix jours tous les moments forts de cet événement international dont ils ont rendu compte en temps réel. Une première pour chacun d'entre eux.

L'opération a donné lieu à la production d'une trentaine d'articles et d'émissions de radio publiés ou diffusées dans leur pays d'origine, relayés par Radio France Internationale, partenaire de l'opération.

Sur le plan humain, c'est « un véritable dialogue des cultures » qui s'est instauré entre Diana Anghel (Roumanie), Varamla Asta (Cameroun), Hani Abdel Azim (Égypte), Anne Chae Rin-Vincent (France), Yoro Dia (Sénégal) et Claude Labbé (Canada).

Les jeunes journalistes ont su gagner la sympathie de tous. Le bon accueil dont ils ont bénéficié de la part des institutionnels francophones présents à Hanoï ainsi que l'aide des journalistes professionnels qui les ont épaulés sur le terrain ont largement contribué à leur succès. La magie intrinsèque de la ville de Hanoï et la légendaire hospitalité de ses habitants y ont aussi concouru, d'où des articles d'ambiance particulièrement réussis sur la Francophonie au quotidien sans laquelle la Francophonie institutionnelle manquerait cruellement d'âme.

Cette Francophonie de la rencontre et de la découverte mutuelle, les jeunes gens l'ont également expérimentée au sein de leur propre groupe. La confrontation des parcours, des apprentissages, des modes de vie et de la pratique des langues nationales de chacun (roumain, arabe, wolof, anglais, …) a été aussi passionnée qu'enrichissante. « Un mini sommet dans le Sommet », comme l'a formulé le jeune canadien.

Organisée à l'initiative du Haut Conseil de la Francophonie que préside le Président de la République française, et par le Réseau Théophraste qui fédère les centres francophones de formation au journalisme, l'opération « Jeunes journalistes à Hanoï » a bénéficié du soutien de l'Agence de la Francophonie et de la France.

Cette expérience ne s'arrêtera pas là puisqu'elle a suscité, chez les six jeunes, le désir et la volonté de persévérer en créant l'Agence Théophraste de jeunes journalistes francophones, axée sur l'actualité de la Francophonie.

Objectif atteint donc pour une opération dont l'ambition initiale était de sensibiliser, de façon durable, les fleurons des nouvelles générations de journalistes à la dynamique et aux grands défis du projet francophone.

NOTES

[1] Article publié dans le *Journal de l'Agence de la Francophonie*, n° 1, mars 1998.

[2] Présidence de la République, ministère délégué à la Coopération et à la Francophonie, ambassade de France.

Europe

Europe de l'Est

■ *Bulgarie*

• *Médias*

Presse écrite :

Demokratsia, quotidien (journal de l'UFD), au moins un article (ambitions politiques de la Francophonie).

Douma, quotidien socialiste, un article (long, sur le rôle de la Bulgarie au sein de la Francophonie).

Kontinent, au moins un article (questions économiques).

Standart, au moins un article.

• *Thèmes*

1) Place de la Bulgarie au sein de la Francophonie.

2) Questions économiques.

3) Ambitions politiques de la Francophonie.

• *Visions*

« Les maigres réactions enregistrées à Sofia sur l'événement d'Hanoï correspondent exactement au peu d'enthousiasme qui avait accueilli naguère l'annonce de l'entrée de la Bulgarie dans l'ensemble francophone. À aucun moment, le Sommet n'a été évoqué ou présenté dans son importance par l'actuel gouvernement ou par les médias. » (Ambassadeur).

■ *Macédoine*

• *Médias*

Presse écrite :

Nova Makedonija, quotidien 18 000 exemplaires, trois articles. ton positif.

Dnevnik, quotidien, 50 000 exemplaires, un article. Ton positif.

PULS, hebdomadaire, 5 000 exemplaires, deux articles. Ton positif.

Radio :

Des informations brèves reprenant les dépêches d'agence de presse ont été diffusées sur toutes les stations de radio.

Télévision :

Hormis la reprise de TV5, plus fréquente que d'ordinaire à l'occasion du Sommet, les stations de télévision ayant assuré une couverture médiatique du Sommet sont les suivantes : MTV (chaîne nationale publique) ; A1 (chaîne nationale privée) ; SITEL (chaîne nationale privée) ; TELMA (chaîne régionale privée).

■ *Moldavie*

• *Médias*

Presse écrite :

Moldava Suverana, quotidien, 10 000 exemplaires, quatre articles (dont deux à la Une). Ton positif.

Momentul, quotidien, 3 176 exemplaires, un article. Ton positif.

Flux, quotidien, 4 000 exemplaires, un article et un manchette. Ton positif.

Radio :

Radio Nationale Moldave, radio nationale et publique, un reportage en direct du Sommet et trois magazines. Ton positif.

Radio Moldava International, radio nationale et publique, un magazine. Ton positif.

Télévision :

Télévision Nationale de la République de Moldavie, radio nationale et publique, un reportage par jour durant le Sommet et trois magazines. Ton positif.

Catalan TV, télé régionale et privée, deux reportages sur le Sommet. Ton positif.

Les reportages fréquents (deux fois par jour) les vendredi, samedi et dimanche ont reproduit assez fidèlement les dépêches d'agence de presse.

• *Thèmes*

1) Nomination du secrétaire Général de la Francophonie.

2) Situation et avenir de la langue française dans le monde.

3) Relations politiques entre les États francophones.

• *Visions*

« La vision macédonienne de la Francophonie est globalement très favorable du fait de : 1) l'admission de la République de Macédoine à une organisation mondiale. 2) La Francophonie certaine des Macédoniens, cristallisée par cette nouvelle appartenance qui pourra donner lieu à des relations toujours plus étroites. » (Ambassadeur).

• *Thèmes*

Culture de la Francophonie (importance pour la Moldavie de la coopération culturelle dans le cadre francophone).

• *Vision*

« Le Sommet a été couvert par tous les grands médias du pays, et a suscité davantage d'intérêt que les précédents Sommets. Les médias ont essentiellement mis l'accent sur l'intérêt culturel et, le cas echéant, économique d'une coopération avec les pays membres de la Francophonie. » (Ambassadeur).

■ *Roumanie*

• *Visions*

« Le Sommet a été bien couvert. De nombreux comptes rendus se félicitent de la bonne organisation du Sommet par le Vietnam. Les commentaires écrits sont quant à eux plutôt critiques, tant à l'égard du président roumain, que s'agissant des autorités françaises et du rôle joué par la France.

Libertatea, plutôt neutre, *estime que les « échecs politiques essuyés par le président Constantinescou dans son pays comme à l'étranger prouvent qu'il était hasardeux de jouer la carte française. En allant à Hanoï, le président se tournait à nouveau vers la France, et lançait ainsi un message à*

Washington. Sa présence à Hanoï était interprétable, sinon discutable ». Pour National, *plutôt critique vis-à-vis du pouvoir, le président de la Roumanie est tombé « dans le piège de l'anti-américanisme qui a prévalu à Hanoï ». Le président roumain « à* la remorque de Paris, avait ignoré ceux des États qui décident du sort de la planète : les États-Unis et l'Allemagne ». Le quotidien Dimineata, *affilié au PDSR, critique du gouvernement actuel, partage ce point de vue. »* (Ambassadeur).

Union européenne

■ *Belgique*

• *Médias*

Presse écrite :

Le Soir, quotidien, 182 000 exemplaires, dix-neuf articles. Ton critique.

La Libre Belgique, quotidien, 87 557, seize articles (dont deux à la Une). Ton critique.

Le Vif-L'Express, hebdomadaire, 90 000 exemplaires, un article (long). Ton très critique.

Radio-Télévision :

Peu de reportages.

La RTBF, radio-télévision de la communauté française de Belgique, a retransmis en direct la conférence de presse du Président Chirac à Hanoï. Les autres stations ont repris les dépêches d'agence.

• *Thèmes*

1) Nomination du secrétaire général de la Francophonie.

2) Place et rôle de la France dans la Francophonie.

• *Visions*

« Le Sommet a été très bien couvert. Très commenté par les médias francophones, le Sommet de Hanoï n'a suscité pratiquement que des critiques : choix du pays organisateur, choix du nouveau secrétaire général, absence d'uniformité politique, risque d'hégémonie de la France sont autant de prétexte à exprimer inquiétude et déception. L'opportunité de voir demain le français devenir la langue du non-alignement et la satisfaction de la grande victoire remportée par la Belgique, à laquelle l'administrateur général Dehaybe assure désormais le contrôle de toute l'organisation, équilibrent tout de même les analyses. » (Ambassadeur).

■ *France*

• *Médias*

(Dossier réalisé avec les documents de l'Agence de la Francophonie).

Presse écrite :

Le Monde, quotidien, onze articles, accords commerciaux avec le Vietnam (neutre), Droits de l'homme (critique), ambition de la Francophonie (par Charles Josselin, secrétaire d'État à la coopération, chargé de la Francophonie) (positif), situation et avenir de la langue française dans le monde (positif), querelles sur les travaux préparatoires (critique), controverse sur la nomination du secrétaire général de la Francophonie (neutre), portrait de Boutros-Ghali *« un intellectuel brillant et francophile »* (positif), culture de la Francophonie (positif), communication audiovisuelle (article d'Hervé Bourges, positif), deux articles sur le bilan du Sommet *« la Francophonie est mal partie »* (très critiques sur la nomination du secrétaire général de la Francophonie, Boutros Boutros-Ghali).

Le Figaro, quotidien, dix-sept articles, relations avec le vietnam (neutre), deux sur les questions économiques (neutres), présentation du Vietnam (neutre), Droits de l'homme (neutre), deux sur la situation et l'avenir de la langue française dans le monde (un critique, un positif), lutte contre l'hégémonie américaine – la Francophonie au Canada - (positif), la Francophonie au Sénégal (négatif), la Francophonie en Louisiane (négatif), retombées économiques pour le Vietnam (positif), ambition de la Francophonie (positif), présentation de Canal France International (positif), présentation de TV5 (négatif), portrait de Boutros-Galhi (neutre), retrait du République Démocratique du Congo des instances de la Francophonie (neutre), bilan *« le spleen africain, pourquoi se voiler la face, le septième Sommet de la Francophonie s'est achevé sur une impression de malaise »* (négatif, rappelle les conditions de la nomination de Boutros-Ghali), interview de Denis Tillinac (représentant personnel de Jacques Chirac au Conseil Permanent de la Francophonie).

Le Figaro Magazine, hebdomadaire, un dossier de dix-sept pages sur la situation et l'avenir de la langue française dans le monde (positif).

Libération, quotidien, neuf articles, relations avec le Vietnam (neutre), deux sur la présentation du Vietnam (neutres), deux sur les Droits de l'homme « *Jacques Chirac, timide défenseur des Droits de l'homme* » (négatifs), deux sur la situation et l'avenir de la langue française dans le monde (positifs), deux articles sur le bilan du Sommet « *la Francophonie sans voix ni visage au final de Hanoï, contesté par les Africains, le nouveau secrétaire général a boudé la fin du Sommet* » (négatifs).

L'Humanité, quotidien, cinq articles, relations avec le Vietnam (neutre), présentation du Sommet (neutre), identité de la Francophonie (neutre, le journaliste s'interroge sur ce qu'est la Francophonie), interview de Boutros-Boutros-Ghali, interview de Charles Josselin.

La Croix, quotidien, deux articles entretien avec Charles Josselin, présentation du Sommet.

Le Parisien, quotidien, quatre, articles, Droits de l'homme (négatif), deux sur la nomination du secrétaire général de la Francophonie (neutres), situation et avenir de la langue française dans le monde (neutre).

France Soir, quotidien, cinq articles deux sur les relations avec le Vietnam (neutres), Droits de l'homme (neutre), couverture du Sommet (neutre), bilan du Sommet « *Irak, nomination de Boutros Boutros-Ghali, Droits de l'homme, la politique commune n'est pas pour demain, le Sommet s'est achevé dans une certaine cacophonie.* »

Les Échos, quotidien économique, trois articles, deux sur la nouvelle dimension de la Francophonie « *la force de frappe politique et économique* » (positif), bilan du Sommet (neutre).

La Tribune, quotidien économique, un article sur les questions économiques « *pour la première fois, les questions économiques seront discutées* » (positif).

Le Nouvel Observateur, hebdomadaire, deux articles, déclin de la langue française (négatif), bilan du Sommet sur les nouvelle relations avec l'Afrique « *Adieu à l'Afrique de papa, la mondialisation a rendu caduque le système des chasses gardées régionales* » (positif).

L'Express, hebdomadaire, un article sur le déclin de la langue française.

Marianne, hebdomadaire, trois articles sur la situation et l'avenir de la langue française dans le monde « *au sein de nos élites, il est de bon ton de se gausser de la Francopho-*

nie, cette marotte passéiste. Il ne s'agit pas simplement de rayonnement culturel mais aussi de parts de marché. Comme le résume Jean-Pierre Péroncel-Hugoz, « qui parle français achète français ». L'avenir de la Francophonie passe aussi par là. » (positif).

Radio :

Reportages sur toutes les radios. Plusieurs éditoriaux critiques (France Inter, remise en cause de l'utilité de la Francophonie), (RTL, critique de l'absence d'identité politique), éditorial positif sur Europe 1. Sur France Info, une semaine spéciale consacrée à la langue française dans le monde. Très bonne couverture du Sommet sur RFI.

Télévision :

Reportages courts dans les journaux de TF1, France 2, France 3, Canal +, M6, Arte. Le magazine de la Francophonie, Espace Francophone, de France 3, a diffusé cinq émissions spéciales, rediffusées par TV5 et RFO.

● *Thèmes*

1) Nomination du secrétaire général de la Francophonie.

2) Situation et avenir de la langue française dans le monde.

3) Questions économiques.

4) Droits de l'homme.

● *Visions*

La vision de la Francophonie est contrastée. Au début du Sommet, l'image de la Francophonie semble bonne. De nombreux articles présentent la Francophonie comme un moyen de lutter contre l'hégémonie américaine et de défendre la langue française. Certains médias qualifient d'avance ce Sommet d'historique en raison de la nomination d'un secrétaire général de la Francophonie. Pourtant, après le Sommet, la perception de la Francophonie n'est pas très bonne. Deux articles consacré au Sommet, « *la Francophonie est mal partie* » (Le Monde), « *pourquoi se voiler la face, le Sommet de la Francophonie laisse une impression de malaise* » (Le Figaro) résument bien l'état d'esprit des médias. Les nombreuses divergences qui sont apparues à Hanoï (nomination du secrétaire général de la Francophonie, retrait du République Démocratique du Congo des instances de la Francophonie, débats sur les Droits de l'homme) n'ont pas donnée une image positive du Sommet.

■ *Luxembourg*

• *Médias*

Presse écrite :

Luxemburger Wort, quotidien chrétien-social, deux articles. Ton neutre.
Tageblatt, quotidien, deux articles. Ton neutre.
Libéral, quotidien, un article (bref). Ton neutre.
Zeitung, quotidien communiste, un article (bref). Ton neutre.

• *Thèmes*

1) Nomination du secrétaire général de la Francophonie.

2) Droits de l'homme.

• *Visions*

« Le Sommet a été peu couvert Les médias n'ont même pas mentionné la présence du ministre de l'Intérieur luxembourgeois. Compte-tenu de leur intérêt habituel pour les affaires internationales et françaises, la place réservée au Sommet par les deux quotidiens de référence (Luxemburger Wort, Tageblatt) *apparaît décevante. Le lecteur moyen a pu comprendre que son pays n'était pas concerné. »* (Ambassadeur).

Les pays non francophones

Afrique

Afrique australe

■ *Afrique du Sud*

• *Médias*

Presse écrite :

Saturday Star, hebdomadaire, 138 000 exemplaires, un article (reprise d'une dépêche de l'agence Reuter). Ton neutre.
Saturday Citizen, hebdomadaire, 117 000 exemplaires, un article (reprise de l'AFP). Ton neutre.
Business Day, 40 000 exemplaires, quotidien économique, un article (reprise de l'agence DPA). Ton neutre.
Pretoria News, quotidien, 25 000 exemplaires, un article (reprise de l'AFP). Ton neutre.
The Star, quotidien, 162 000 exemplaires, un article (reprise de l'agence Reuter). Ton critique.

Radio-Télévision :

Les médias audiovisuels d'État ont fait l'impasse sur le Sommet.

■ *Angola*

• *Médias*

Presse écrite :

Jornal de Angola, quotidien, environ 1 000 exemplaires, deux articles. Ton neutre.

Radio :

Radio Nationale d'Angola, radio publique et nationale, couverture irrégulière et rapide. Ton neutre.

• *Thèmes*

1) Retrait du République Démocratique du Congo des instances de la Francophonie.

2) Place et rôle de la France dans la Francophonie.

3) Nomination du secrétaire général de la Francophonie.

4) Relations entre les pays francophones.

• *Visions*

« L'héritage de l'apartheid et le manque de contact évident entre l'Afrique francophone et l'Afrique du Sud peuvent expliquer, en grande partie, le peu de cas accordé à ce Sommet, réunissant des pays lointains, qui se déroulait, de surcroît, en dehors du continent africain. » (Ambassadeur).

Radio Luanda Antenne Commerciale, radio privée, diffusant uniquement sur la capitale (3 millions d'habitants, soit 25 % de la population totale de l'Angola), couverture irrégulière et rapide. Ton neutre.

Télévision :

Télévision Publique d'Angola, (seule chaîne de télévision en service), télé nationale et publique, reportages courts et irréguliers. Ton neutre.

• **Thèmes**

1) Histoire du mouvement francophone.

2) Nomination du secrétaire général de la Francophonie.

■ Namibie

• **Médias**

Presse écrite :

Windhoek Advertiser, quotidien anglophone, 7 000 exemplaires, un article. Ton neutre.

Radio-Télévision :

Les médias audiovisuels n'ont pas couvert le Sommet.

■ Zambie

• **Médias**

Presse écrite :

Post, quotidien de l'opposition, un article.

Daily Mail, quotidien gouvernemental, un article.

Times, quotidien gouvernemental, deux articles.

Télévision :

ZNBC, télévision nationale et publique, reportages (rediffusion de reportages de CNN).

• **Thèmes**

1) Relations entre les pays francophones..

■ Zimbabwe

• **Médias**

presse écrite :

The Herald, quotidien, lectorat estimé à 1 100 000 personnes gouvernemental, trois articles (trois reprises de dépêches d'agence, une Reuter et deux AFP).

Télévision :

Trois chaînes sur quatre ont couvert l'événement :

TV 1 de la Zimbabwe Corporation (ZBC), télé nationale et publique, une séquence sans commentaire annonçant la nomination du secrétaire général de la Francophonie.

Monomopata Broadcasting Corporation (MABC), télé locale et privée (100 kms autour d'Harare), une séquence, identiques à celle de la ZBC.

• **Visions**

« Les médias angolais ne dégagent pas de vision globale à propos de la Francophonie. Ils ont privilégié une approche factuelle et neutre de l'événement. » (Ambassadeur).

• **Thèmes**

1) Retrait de la République Démocratique du Congo des instances de la Francophonie.

• **Visions**

Pas de vision globale.

2) Situation et avenir de la langue française dans le monde.

3) Retrait de la République Démocratique du Congo des instances de la Francophonie.

• **Visions**

« Dans sa vision de l'événement, la presse zambienne a, comme à son habitude pour couvrir l'actualité, recouru aux dépêches d'agence, en l'occurrence Reuter. Elle en a conservé le ton critique, faisant état des dissensions et des difficultés apparues à l'occasion de cette réunion. Elle a également repris le thème de la perte d'influence du français dans le monde. Elle a enfin interprété le Sommet de la Francophonie comme un moyen pour la France de conserver des liens de type colonial. » (Ambassadeur).

JOY TV, télé locale et privée (100 kms autour d'Harare), rediffuse certains bulletins de la BBC, deux séquences (point de vue britannique s'exprimant avec ironie et scepticisme sur l'utilité d'un tel rassemblement).

• **Thèmes**

1) Relations entre les pays francophones (conflits).

2) Situation et avenir de la langue française dans le monde.

3) Remise en cause de l'utilité du Sommet de la Francophonie.

• **Visions**

« La couverture limitée du Sommet ne permet pas de se prononcer. » (Ambassadeur).

Afrique occidentale

■ *Nigeria*

• *Médias*

Presse écrite :

Daily Times, quotidien gouvernemental, 140 000 exemplaires, trois articles.Ton neutre.

Guardian, quotidien, 100 000 exemplaires, un article. Ton neutre.

Vanguard, quotidien, 50 000 exemplaires, un article. Ton neutre.

Daily Champion, quotidien, 50 000 exemplaires, un article. Ton neutre.

Post Express, quotidien, 40 000 exemplaires, deux articles. Ton neutre.

Concord, quotidien proche de l'opposition, 40 000 exemplaires, un article. Ton neutre.

PM NEWS, quotidien d'opposition, une manchette, ton critique vis-à-vis des autorités politiques du Nigeria. (Le *PM News* est le seul à remarquer que contrairement à ce qui avait été noté dans un premier temps, le Nigéria ne figurait pas sur la liste des pays invités au Sommet de Hanoï.).

The Diet, quotidien, tirage non précisé, un article (ton neutre) et une manchette (ton critique).

The News, hebdomadaire d'opposition, 35 000 hebdomadaire, un article ton critique (*The News* est le seul journal à présenter le retrait de la République Démocratique du Congo des instances de la Francophonie comme la manifestation du refus de se soumettre au « *paternalisme* » de la France.).

Radio-Télévision :

La couverture des médias audiovisuels est pratiquement insignifiante et factuelle.

• *Thèmes*

1) Nomination du secrétaire général de la Francophonie.

2) Retrait du République Démocratique du Congo des instances de la Francophonie.

3) Non participation du Nigeria au Sommet.

• *Visions*

« *On ne peut pas parler d'une impasse délibérée, mais en dépit de l'orientation qu'est censé prendre le pays vers le bilinguisme, la presse nigérianne ne se sent tout simplement pas concernée par le Sommet de la Francophonie, ce qui explique la faiblesse de la couverture médiatique.* » (Ambassadeur).

Afrique orientale

■ *Éthiopie*

• *Médias*

Presse écrite :

Addis Tribune, hebdomadaire (langue anglaise), 5 000 exemplaires, une brève. Ton neutre.

The Monitor, paraît trois fois par semaine (langue anglaise), 5 000 exemplaires, un article (ton négatif) et trois brèves (une positive, une neutre, une négative).

Radio-Télévision :

Les radios et la seule télévision du pays n'ont pas relaté l'événement.

■ *Mozambique*

• *Médias*

Presse écrite :

Noticias, quotidien gouvernemental, deux articles (courts). Ton neutre.

Les autres journaux n'ont pas relaté le Sommet.

• *Thèmes*

1) Retrait du République Démocratique du Congo des instances de la Francophonie.

2) Nomination du secrétaire général de la Francophonie.

• *Visions*

« *L'impression qui se dégage de la couverture médiatique de l'événement est d'abord le peu d'intérêt que la Francophonie suscite en Éthiopie.* » (Ambassadeur).

Radio-Télévision :

La radio et la télévision ont de façon très brève relaté le Sommet.

• *Thèmes*

1) Nomination du secrétaire général de la Francophonie.

2) Retrait du République Démocratique du Congo des instances de la Francophonie.

• *Visions*

« *Il pourrait sembler surprenant que le Mozambique, qui s'ouvre chaque jour davantage, dans son enseignement et sa culture, à la Francophonie ait si peu couvert le sommet de Hanoï. Il est facile cependant d'expliquer ce manque patent d'intérêt : si le Mozambique avait été invité à participer à* ce sommet et si une personnalité l'avait représenté, l'impact de cet événement dans les médias aurait sans doute été différent. À l'évidence vexé et irrité d'être laissé à côté d'une manifestation culturelle à laquelle il s'était préparé au plus haut niveau à participer, le gouvernement mozambicain s'est bien gardé d'exercer la moindre pression, y compris sur sa presse-lige. Pour le Mozambique, le Sommet de Hanoï a été un non-événement.* » (Ambassadeur).

■ *Soudan*

• *Médias*

Presse écrite :

Al Anbaa, quotidien, 20 000 exemplaires, un article. Ton positif.

Radio :

Radio Omduran, radio nationale, une émission spéciale d'une heure. Ton positif.

Télévision :

La télévision nationale a consacré dix minutes dans un magazine et des reportages dans les journaux d'information. Ton positif.

• *Thèmes*

Lutte contre l'hégémonie américaine

• *Visions*

« *La Francophonie est perçue de façon bienveillante.* » (Ambassadeur).

Amérique

Amérique du Nord

■ *Canada (Ottawa)*

• *Médias*

Presse écrite :

Le Devoir, quotidien, 35 000 exemplaires, quinze articles (quatre positifs, deux neutres, neuf négatifs), quatre manchettes (deux positives, deux négatives).

La Presse, quotidien, 200 000 exemplaires, treize articles (trois positifs, cinq neutres, trois négatifs), uner manchette (négative).

Le Droit, quotidien 35 000 exemplaires, huit articles (un positif, quatre neutres, trois négatifs).

The Globe And Mail, quotidien, 310 000 exemplaires, cinq articles (deux positifs, un neutre, deux négatifs), une manchette (négative).

The Montréal Gazette, quotidien, 175 000 exemplaires, huit articles (un positif, deux neutres, cinq négatifs).

The Ottawa Citizen, quotidien, 175 000 exemplaires, six articles (un positif, deux neutres, trois négatifs).

The Toronto Star, quotidien, 550 000 exemplaires, quatre, articles (un neutre, trois négatifs).

The Telegraph Journal, quotidien, 67 000 exemplaires, trois articles (un positif, deux neutres), trois manchette (deux positives, une négative).

L'Acadie Nouvelle, quotidien, 18 000 exemplaires, dix articles (sept positifs, deux neutres, un négatif), une manchette (neutre).

The Toronto Sun, quotidien, 255 000 exemplaires, un article (négatif).

The Times Transcript, quotidien, 45 000 exemplaires, deux manchettes (deux positives).

Radio :

Société Radio-Canada, radio nationale et publique qui diffuse en français reportages : vingt (trois positifs, quinze neutres, deux négatifs). Magazines : douze (quatre positifs, quatre neutres, quatre négatifs).

Canadian Broadcasting Corporation, radio nationale et publique qui diffuse en anglais, reportages : onze (un positif, quatre neutres, six négatifs). Magazine : un (neutre).

Télévision :

Société Radio-Canada, télé nationale et publique qui diffuse en français, reportages : douze (trois positifs, six neutres, trois négatifs). Magazines : un (positif).

Canadian Broadcasting Corporation, télé nationale et publique qui diffuse en anglais. Reportages irréguliers.

• *Thèmes*

1) Divergences entre le Premier ministre du Canada et la Premier ministre du Québec.

2) Position du Président Jacques Chirac face à la proposition de Québec sur les sanctions.

3) Tenue du Sommet de 1999 à Moncton.

• *Visions*

La vision est négative dans la presse anglophone. « *Au Canada anglais, la notion de Francophonie continue d'inspirer scepticisme, voire de l'ironie* » (ambassadeur), étant perçue, d'après le *Globe and Mail* (premier quotidien national) comme « *une organisation qui s'élargit continuellement à mesure que l'usage du français décline dans le monde.* » « *Le fait que des pays où la* population ne parle pas le français, comme la Pologne ou la Moldavie, adhèrent à la Francophonie est raillé par les médias anglophones.* » (Ambassadeur).

« *La comparaison avec le* Commonwealth *est quasi permanente. Le* Commonwealth *a une cohérence issue, en plus d'une langue, d'un modèle d'intitutions politiques hérité de Londres, et peut compter sur des pays importants (Inde, Afrique du Sud, Australie). En revanche, la Francophonie est présentée comme un regroupement de « pays pauvres », et « majoritairement africains » (selon le* Toronto Star*), « dont le rôle consiste à injecter d'énormes sommes d'argent dans des programmes universitaires, TV5, et d'innombrables réunions ». (Les extraits sont tirés du* Toronto Star*). La nouvelle dimension politique avec la nomination du secrétaire général de la Francophonie n'a donc pas convaincu, et se perpétue l'image dans les médias anglophones du colonialisme dans la Francophonie.* » (Ambassadeur).

■ *États-Unis (Boston)*

• *Médias*

Presse écrite :

Boston Globe, premier quotidien de la Nouvelle-Angleterre, 471 000 exemplaires, un article (factuel). Ton neutre.

The Boston Sunday Globe, édition du dimanche du *Boston Globe,* 763 000 exemplaires, une dépêche (Reuter). Ton critique (à propos des Droits de l'homme au Vietnam).

Le second quotidien de Boston, *The Boston Herald*, a fait l'impasse sur l'événement.

Radio-Télévision :

Les médias audiovisuels de Boston n'ont pas relaté l'événement.

• *Visions*

« *La communauté franco-américaine de Nouvelle-Angleterre qui, dans les six États de la région, compte environ 1 700 000 personnes dont 360 000 parlent encore le français, reste divisée sur l'orientation qu'il convient de donner à la Francophonie nord-américaine. Une partie de cette communauté, la plus influente, a toutefois décidé de se désenclaver et d'aller au-delà des activités traditionnelles liées à leur héritage culturel. Ainsi, ce groupe a choisi de passer à une Francophonie active, moderne et économique. C'est cette vision qui se dégage des articles relatant la visite au Vietnam de la délégation des Franco-Américains du Maine* » (Ambassadeur).

■ *États-Unis (Washington)*

• *Médias*

Presse écrite :

La presse américaine a accordé une couverture essentiellement factuelle au Sommet. Seuls les commentaires du correspondant du *New York Times* en France qui avait suivi le déplacement du Président Chirac à Hanoï, portent une appréciation critique sur le Sommet, « *Le choix de Hanoï est une bizarrerie historique.* » et évoque le déclin de la langue française.

Le *Los Angeles Times* insiste sur les influences architecturales de la France au Vietnam : « *La France s'est conduite en bon* partenaire post-colonial dans l'aide à la reconstruction du pays.* »

Le *Wall Street journal* a traité du déclin de la langue française dans le monde.

Le *Washington Times* a mis l'accent sur la question des Droits de l'homme.

La presse de Louisiane a réservé le meilleur accueil au Sommet, et s'est réjouie du statut d'observateur accordé à M. Warren Perrin, représentant des Cajuns de Louisiane, qui l'a placé au même rang que l'envoyé du Québec. Le *Times Picayune* a relevé que le représentant cajun avait saisi l'occasion de ce Sommet « *pour souligner l'importance de la culture française aux États-Unis, et en particulier en Louisiane, et promouvoir les célébrations qui marqueront 300 ans de présence française en Louisiane , à partir du 1er janvier 1999 ».*

• **Visions**

« En règle générale, la presse américaine ne s'intéresse pas à la Francophonie.

Lorsqu'elle le fait, c'est souvent pour mettre en relief ce qu'elle estime être le recul de la langue française en Afrique ou au Canada par exemple, ou encore pour brocarder ce qu'elle juge être une manifestation de néo-colonialisme. » (Ambassadeur).

Amérique du Sud

■ *Argentine*

• **Médias**

Presse écrite :

La Prensa, quotidien, 30 000 exemplaires, un article. Ton neutre.

Buenos Aires Herald, quotidien, 15 000 exemplaires, un article.

Radio-Télévision :

Les médias audiovisuels n'ont pas assuré de couverture de cet événement.

■ *Brésil*

• **Médias**

Presse écrite :

Jornal do Brasil, quotidien, 200 000 exemplaires, un article. Ton neutre.

Folha, 800 000 exemplaires, un article. Ton critique.

O Estrado de Sao Paulo, un article. Ton critique.

• **Thèmes**

1) Situation et avenir de la langue française dans le monde.

2) Questions économiques.

3) Nomination du secrétaire général de la Francophonie.

• **Visions**

C'est la situation de la langue française qui a été le thème le plus évoqué. Un quotidien

• **Thèmes**

1) Dimension politique de la Francophonie (lutte contre l'hégémonie américaine).

2) Questions économiques (sur le fait que les pays en voie de développement sont plus intéressés par l'aspect économique que par l'aspect politique de la Francophonie).

(*Jornal do Brasil*) retient des propos du président français que *« le combat commun des pays francophones devrait leur permettre d'éviter un monde dans lequel le langage, la pensée, et la créativité obéiraient au même moule ».* Le même quotidien remarque que la France va consacrer 20 millions pour favoriser le développement de la Francophonie sur Internet et que les pays africains se sont montrés beaucoup plus intéressés par les questions économiques que par la constitution d'un front politique commun.

Un autre quotidien *Folha de Sao Paulo* remarque lui aussi que la France *« tente de ressusciter sa langue »,* et estime que le français *« a définitivement perdu son espace aussi bien dans le domaine culturel que commercial »,* et que la Francophonie permet juste de maintenir un *« lien sentimental entre 49 pays ».*

■ *Chili*

• **Médias**

Presse écrite :

El Mercurio, quotidien, 80 000 exemplaires, trois articles. Ton neutre.

La Segunda, quotidien, 60 000 exemplaires, un article. Ton neutre.

La Epoca, quotidien, 15 000 exemplaires, deux articles. Ton neutre.

Radio-Télévision :

Les médias audiovisuels n'ont pas relaté l'événement.

• **Thèmes**

1) Culture et Francophonie.

2) Place et rôle de la France dans la Francophonie.

3) Relations entre les pays francophones (conflits).

- **Visions**

« *L'ignorance par les radios et les télévisions de cet événement n'est pas surprenante dans un pays où les médias couvrent peu les événements qui ne concernent pas directement la région ou ne revêtent pas un caractère sensationnel. La vision globale de* la Francophonie dans la presse est à rapprocher de la vision de la France, c'est-à-dire d'un pays qui cherche à conduire une action en faveur du plurilinguisme, de la pluralité culturelle, de la lutte contre l'unipolarité. » (Ambassadeur).

■ Colombie

- **Médias**

Presse écrite :

« *Seule la presse de province a publié quelques articles factuels. Aucune analyse de fond n'a en tout cas été relevée, ni dans les* quotidiens, ni dans les magazines. » (Ambassadeur).

Télévision :

CARACOL, plusieurs reportages.

RCN, plusieurs reportages.

■ Costa Rica

- **Médias**

Presse écrite :

Aucun des grands quotidiens n'a commenté l'événement, ni même repris les dépêches d'agence.

Radio :

Aucune radio n'a évoqué le Sommet.

Télévision :

Seule TV5 Internationale, accessible par abonnement, par Cable Color, mais dont l'audience est limitée aux francophones, a offert une couverture médiatique du Sommet.

■ Cuba

- **Médias**

Presse écrite :

Granma, quotidien du parti Communiste cubain, 400 000 exemplaires, deux articles (reprises de dépêches d'agence). Ton neutre.

Radio :

Radio Reloj, radio nationale et publique, quelques reportages. Ton neutre.

Radio Habana, radio nationale et publique, quelques reportages. ton neutre.

Télévision :

TV Rebelde, télé nationale et publique, quelques reportages. Ton neutre.

Cubavision, télé nationale et publique, quelques reportages. Ton neutre.

- **Thèmes**

1) Arrivée du Président *Jacques Chirac* au Vietnam.

2) Relations entre les pays francophones (position des pays africains).

3) Nomination du secrétaire général de la Francophonie.

- **Visions**

« *Si l'on s'en tient aux informations de la presse écrite ou audiovisuelle cubaine, la Francophonie revêt essentiellement l'aspect d'un sommet de chefs d'État et de Gouvernements décidés à accroître la coopération pour le développement et la solidarité entre ses membres. La vision officielle cubaine revient alors à la vision d'une rencontre Nord-Sud.* » (Ambassadeur).

■ Équateur

- **Médias**

Presse écrite :

L'Expresso, quotidien, 70 000 exemplaires, trois articles (reprise des dépêches de l'agence de presse espagnole EFE). Ton neutre.

Il s'agit du seul journal à avoir évoqué le Sommet.

Radio :

La Luna 99.3 FM, radio nationale privée, émission d'une demi-heure.

Télévision :

Ecuavista, télé nationale privée, quelques reportages de moins de deux minutes une fois par jour durant le Sommet. Ton neutre.

Teleamazonas, télé nationale privée, quelques reportages de moins de deux minutes une fois par jour durant le Sommet. Ton neutre.

TC Television, télé nationale privée, quelques reportages de moins de deux minutes une fois par jour durant le Sommet. Ton neutre.

Gamavision, télé nationale privée, quelques reportages de moins de deux minutes une fois par jour durant le Sommet. Ton neutre.

Telesistema, télé nationale privée, quelques reportages de moins de deux minutes une fois par jour durant le Sommet. Ton neutre.

• **Thèmes**

1) Nomination du secrétaire général de la Francophonie.

2) Relations entre les pays francophones (divergences franco-canadiennes sur le problème des sanctions des pays qui violent les Droits de l'homme).

3) Questions économiques (coopérations entre les pays).

• **Visions**

« Les institutions de la Francophonie sont ici perçues comme des institutions concernant surtout les relations entre la France et l'Afrique pour lesquelles l'opinion locale n'éprouve que peu d'intérêt. » (Ambassadeur).

■ *Honduras*

« Le Sommet de la Francophonie n'a fait l'objet d'aucune couverture médiatique. Il est vrai qu'à l'époque le pays était en pleine campagne électorale. La presse écrite a *pourtant l'habitude de couvrir l'actualité internationale en reprenant des dépêches d'agence. »* (Ambassadeur).

■ *Mexique*

• **Médias**

Presse écrite :

El Financiero, quotidien, 100 000 exemplaires, un article. Ton négatif.

Reforma, quotidien, 100 000 exemplaires, un article. Ton négatif.

The News, quotidien, 25 000 exemplaires, un article. Ton neutre.

Radio :

Radio Centro, radio nationale et privée, reportages de trente secondes pendant trois jours. Ton neutre.

Télévision :

ECO, télé nationale et privée d'information en continu, reportages de moins de deux minutes pendant deux jours. Ton neutre.

• **Thèmes**

1) Nomination du secrétaire général de la Francophonie (divergences entre les pays sur le choix de Boutros Boutros-Ghali).

2) Liberté de la presse dans le monde.

■ *Nicaragua*

• **Médias**

Presse écrite :

La Prensa, quotidien, un article (reprise d'une dépêche d'agence – visite du Président Jacques Chirac au Vietnam. Ton neutre.

Radio-Télévision :

Les médias audiovisuels n'ont pas évoqué le Sommet.

• **Thèmes**

Visite du Président Jacques Chirac au Vietnam.

■ *Paraguay*

• **Médias**

Presse écrite :

ABC Color, quotidien, 88 000 exemplaires, deux articles (deux reprises de dépêches de l'agence de presse espagnole EFE). Ton neutre.

• **Thèmes**

1) Nomination du secrétaire général de la Francophonie.

2) Dimension politique de la Francophonie.

404

• *Visions*

« *Le Sommet a été très peu couvert. Les intellectuels paraguayens sont assez francophiles, s'intéressent à la langue française, mais la Francophonie est ici en position de faiblesse et ne rentre pas dans les préoccupations générales. Le Paraguay possède deux langues* officielles : l'espagnol et le guarani. Le Mercantur fait obligation aux écoliers d'apprendre le portugais. Enfin, l'influence de l'anglais est ici prédominante comme sur l'ensemble du continent. La concurrence pour les langues comme l'allemand ou le français est donc vive. » (Ambassadeur).

■ Pérou

• *Médias*

Presse écrite :

El Comercio, quotidien le plus important, 100 000 exemplaires, sept articles (cinq positifs, un neutre, un négatif – envers le Gouvernement vietnamien).

Gestion, quotidien économique, 52 000 (estimation des lecteurs), un article. Ton neutre.

El Sol, quotidien, 180 000 (estimation des lecteurs), un article. Ton critique.

Radio-Télévision :

« *Les médias audiovisuels se sont contentés d'un bref récit factuel du Sommet.* » (Ambassadeur).

• *Thèmes*

1) Questions économiques (coopération entre les pays).

2) Droits de l'homme.

3) Présence du Président Jacques Chirac.

• *Visions*

« *Le Pérou a montré à travers sa presse un certain désintérêt pour le Sommet francophone de Hanoï. Pourtant, l'image de la France et de son président ne sont pas en cause puisque les deux jouissent d'une image largement positive auprès des péruviens. Mais l'éloignement géographique du Sommet ainsi que les réalités politiques et sociales difficiles de ce pays non francophone font que ce type d'événement passe quelque peu inaperçu dans l'actualité. L'image de la Francophonie qui ressort de la presse péruvienne met en évidence trois éléments : d'une part, les efforts déployés pour freiner l'influence de la langue anglaise dans le monde qui s'étend au détriment du français. D'autre part la volonté de la France de consolider sa présence économique dans la région asiatique. Enfin la relation malaisée qui existe entre des valeurs universelles portées culturellement par la France, et par extension par la communauté francophone (le respect des Droits de l'homme) et la tenue de sommets peu respectueux, en pratique, de ces droits.* » (Ambassadeur).

■ Salvador

• *Médias*

Presse écrite :

El Diario de Hoy, quotidien, 100 000 exemplaires, un article ton positif (objectifs politiques de la Francophonie).

La Prensa Grafica, quotidien, 120 000 exemplaires, un article. Ton neutre.

Radio-Télévision :

Les médias audiovisuels n'ont pas relaté l'événement.

• *Thèmes*

1) Histoire de la Francophonie.

2) Dimension politique de la Francophonie.

■ Uruguay

• *Médias*

Presse écrite :

El Observator, quotidien, 30 000 exemplaires, un article. Ton neutre.

Radio-Télévision :

Les médias audiovisuels n'ont pas relaté l'événement.

• *Thèmes*

1) Nomination du secrétaire général de la Francophonie.

2) Situation et avenir de la langue française dans le monde.

• *Visions*

Les médias, en général, ont fait l'impasse sur le Sommet de la Francophonie.

■ *Venezuela*

• *Médias*

Presse écrite :

L'Unversal, quotidien, 100 000 exemplaires, deux articles. Ton neutre.

Le Nacional, quotidien, 80 000 exemplaires, une brève ton critique (sur la question des Droits de l'homme qui n'ont pas été évoqués).

Radio-Télévision :

Emisra Cultural FM, radio culturelle privée de Caracas retransmission deux fois par jour du journal de RFI.

• *Thèmes*

1) Questions économiques.

2) Présence du Président Jacques Chirac.

3) Droits de l'homme.

• *Visions*

« *Le Sommet a été très peu couvert. En cela, la couverture médiatique réservée au Sommet a montré le même désintérêt que les années précédentes. Les médias vénézuéliens dépendent totalement des dépêches d'agence pour la couverture de ce type d'événement assez éloigné de leurs préoccupations. Ces dépêches n'étaient pas dans l'ensemble très positives.* » (Ambassadeur).

Asie

Asie méridionale

■ *Bangladesh*

• *Médias*

Presse écrite :

Ajker Kagoj, hebdomadaire, 45 000 exemplaires, un article. Ton positif.

The Independant, quotidien, 49 000 exemplaires, deux articles. Ton critique.

Financial Express, quotidien, 15 000 exemplaires, un article. Ton neutre.

Daily Star, quotidien 35 000 exemplaires, un article (visite de Jacques Chirac).

Radio :

Bangladesh Bhetar, radio nationale, un reportage.

Télévision :

Bangladesh Télévision, télé nationale, un reportage.

• *Thèmes*

1) Nomination du secrétaire général de la Francophonie.

2) Situation et avenir de la langue française dans le monde.

• *Visions*

« *La langue française au Bangladesh n'a pas une position suffisante pour que les événements qui y sont liés aient ici des répercussions notables.* » (Ambassadeur).

■ *Inde*

• *Médias*

Presse écrite :

Times of India, un article.

The Indu, un article.

• *Thèmes*

1) Situation et avenir de la langue française dans le monde.

2) Questions économiques.

3) Dimension politique de la Francophonie.

4) Droits de l'homme.

• *Visions*

« *De manière générale, les informations sur la Francophonie diffusées en Inde le sont par les médias anglo-saxons, particulièrement britanniques, sur un mode ironique.* » (Ambassadeur).

■ *Népal*

• *Médias*

Presse écrite :

The Rising Nepal, quotidien de langue aglaise considéré comme l'organe officiel du Gouvernement, 35 000 exemplaires, trois articles (deux reprises de l'AFP, neutres, et un éditorial, positif, sur la visite de Jacques Chirac).

Radio-Télévision :

Les médias audiovisuels n'ont pas relaté l'événement.

• *Thèmes*

1) Liens entre la France et le Vietnam.

2) Situation et avenir de la langue française dans le monde (*Dictionnaire officiel de français* sorti pendant le Sommet).

■ *Pakistan*

• *Médias*

Presse écrite :

« *Entre le 12 et 27 novembre 1998, le Sommet de la Francophonie a donné lieu à la publication de dix-huit articles parus dans les quotidiens anglophones suivants :* Dawn, Nation, News, Frontier post, Muslim. *Quinze*

■ *Sri Lanka*

Le Sommet de la Francophonie n'a pas été traité par les médias du Sri Lanka. « *La Francophonie reste une notion lointaine au Sri*

3) Visite du Président Jacques Chirac.

• *Visions*

« *La plupart des journalistes méconnaissent totalement la Francophonie* ». (Ambassadeur).

articles sont des dépêches AFP, un une dépêche Reuter, et deux sont des reprises d'articles publiés par des journaux anglophones étrangers. » (Ambassadeur).

Télévision :

La chaîne nationale pakistanaise n'a pas abordé cet événement.

Lanka, pays membre du Commonwealth, *l'anglais étant la langue de travail et d'ouverture.* » (Ambassadeur).

Asie occidentale

■ *Bruneï*

• *Médias*

Presse écrite :

Bornéo Bulletin, quotidien, 18 000 exemplaires, cinq articles, un titre, et quatre manchettes. Ton neutre.

Radio :

Radio Bruneï, radio locale et publique, reportages irréguliers. Ton neutre.

■ *Émirats Arabes Unis*

• *Médias*

Presse écrite-radio-télévision :

« *Les sept principaux quotidiens (trois anglophones, quatre arabophones) et les deux principales chaînes de télévision (Abou Dabï et Dubaï) se sont surtout intéressés à la nomination du secrétaire général de la Francophonie, mais sans proposer de commentaire particulier. Le quotidien* Al Ittihad, *qui est le seul à avoir mobilisé son correspondant à Paris, a publié un entretien d'une page avec le secrétaire général de la Francophonie, intitulé* « La Francophonie peut mettre un terme au monopole unipolaire ». *Les titres placent le tenue du Sommet dans la perspective d'une guerre d'influence culturelle et politique entre la France et les États-Unis.* »

Télévision :

RTB, télé nationale et publique, reportages irréguliers. Ton neutre.

• *Visions*

« *Le Sommet a été très peu couvert. Cela montre le peu d'intérêt du Bruneï pour la Francophonie.* » (Ambassadeur).

• *Thèmes*

1) Nomination du secrétaire général de la Francophonie.

2) Situation et avenir de la langue française dans le monde.

3) Lutte contre l'hégémonie américaine.

• *Visions*

« *L'absence de véritable intérêt pour un événement international, certes suivi mais qui n'a pas généré de débat dans la presse, tient à la nature de ce pays où la Francophonie n'a pas de véritable enracinement. Néanmoins, la tentative de retour du français sur la scène internationale, comme vecteur d'une influence politique, est généralement bien perçu, car il coïncide avec le rejet d'un monopole américain de la diplomatie mondiale.* » (Ambassadeur).

■ *Iran*

• *Médias*

Presse écrite :

Teheran Times, quotidien anglophone, 25 000 exemplaires, trois articles (deux reprises de dépêches AFP, 1 éditorial). Ton positif (extrait de l'éditorial : « *La Francophonie est la bienvenue en tant que front anti-américain.* »).

Iran News, quotidien anglophone, 25 000 exemplaires, trois articles (reprises des dépêches d'agences AFP et Reuter). Ton positif.

Kayhan, quotidien anglophone, 25 000 exemplaires, un article (reprise d'une dépêche de l'AFP). Ton positif.

La presse en persan, très « irano-centrée », a fait l'impasse sur le Sommet.

Radio :

La radio nationale publique a rendu compte brièvement de l'ouverture du Sommet.

Télévision :

La télévision n'a pas fait mention du Sommet.

• *Thèmes*

1) Dimension politique de la Francophonie.

2) Dimension anti-américaine de la Francophonie.

• *Visions*

« *Il n'y a pas de vision globale. La couverture médiatique ne reflète pas la place privilégiée de la langue française en Iran, où les francophones demeurent nombreux dans divers domaines.* » (Ambassadeur)

■ *Israël*

• *Médias*

Presse écrite :

Haaretz, quotidien de centre gauche, 70 000 exemplaires, un article.

Jerusalem Post, quotidien de droite, 60 000 exemplaires, un article (compte rendu des travaux, inspiré par une dépêche de l'agence Associated Press).

Yediot Aharonoth, quotidien du centre, 450 000 exemplaires, un article (sur la défense de la langue française).

Jerusalem Post, edition française internationale, hebdomadaire, 12 000 exemplaires, deux articles (l'un d'entre eux évoque les difficultés d'Israël pour entrer dans la Francophonie, mentionnant notamment l'opposi-tion du Liban.)

Radio :

Voix d'Israël, radio nationale et publique, deux émissions (dont une de 10 minutes, sur l'histoire de la Francophonie en Israël)

Télévision :

La première chaîne de télévision a programmé dans une émission hebdomadaire un document de huit minutes sur l'apprentissage du français en Israël.

• *Thèmes*

1) Situation et avenir de la langue française dans le monde.

2) Nomination du secrétaire général de la Francophonie.

• *Visions*

« *Compte tenu de l'importance numérique de la communauté francophone et du souhait d'Israël d'entrer dans la Francophonie, la couverture peut paraître modeste.* » (Ambassadeur).

■ *Jérusalem (presse palestinienne)*

• *Médias*

Presse écrite :

Al Ayyam, trois articles.

Al QUDS, deux articles.

Al Hayat Al Jadida, trois articles.

Al Manar, un article.

Les articles insistent sur la nomination du secrétaire général de la Francophonie, Boutros Boutros-Ghali, et ses conséquences. Ce sont essentiellement des reprises de dépêches d'agence.

• *Thèmes*

Nomination du secrétaire général de la Francophonie.

■ *Jordanie*

• *Médias*

Presse écrite :

RAI, quotidien le plus important du pays, 80 000 exemplaires, cinq articles (dépêches d'agences). Ton neutre.

Al Arab Al Yaum, quotidien, 30 000 exemplaires, trois articles (dont une présentation d'une étude menée par le ministère jordanien de l'Éducation nationale relative aux difficultés auxquelles fait face l'enseignement du français en Jordanie – manque d'enseignants essentiellement).

Doustour, quotidien, 60 000 exemplaires, dix articles. Ton neutre.

Radio :

Radio Jordanienne, radio nationale et publique, reportages réguliers et factuels. Ton neutre.

Télévision :

La télévision jordanienne (deux chaînes, une arabophone, une francophone), propriété de l'État, dans son journal quotidien en français, a consacré chaque soir un sujet de cinquante secondes au Sommet. Les journaux arabophones et anglophones ont présenté des images du Sommet des chefs d'État. Le ton était neutre.

■ *Koweït*

• *Médias*

Presse écrite :

Al Qabas, quotidien indépendant, 100 000 exemplaires, un article. Ton neutre.

Al Watan, quotidien pro-gouvernemental et pro-islamiste, 91 000 exemplaires, un article (dont un titre). Ton négatif.

Al Anba, quotidien conservateur pro-islamiste, 43 000 exemplaires, trois articles. Ton neutre.

Al Seyassah, quotidien libéral, 105 212 exemplaires, quatre articles (un neutre, trois négatifs).

Al Rai Al Am, quotidien libéral indépendant, 85 000 exemplaires, un article. Ton neutre.

Arab Times, quotidien libéral pro-américain de langue anglaise, 42 000 exemplaires, deux articles. Ton neutre.

Koweït Times, quotidien pro-gouvernemental et libéral de langue anglaise, 42 000 exemplaires, trois articles. Ton neutre.

• *Thèmes*

1) Relations entre les pays francophones.

2) Nomination du secrétaire général de la Francophonie.

3) Dimension politique de la Francophonie.

4) Volonté de réduire l'hégémonie américaine.

• *Visions*

« *Dans le journal* Doustour*, on peut lire que l'élection de Boutros Boutros-Ghali est une tentative de mettre fin au monopole américain sur les relations internationales, que le Sommet, qui a une dimension politique, est présenté comme une lutte contre l'hégémonie culturelle anglo-saxonne, que la France est un des rares pays à appuyer financièrement la promotion de sa langue et de sa culture dans le monde. Dans le même journal, le monde francophone est opposé au monde arabe dont les solidarités linguistiques, historiques et religieuses ne débouchent sur aucun projet commun. L'élection de Boutros Boutros-Ghali et le choix du Liban pour le Sommet de 2001 ont donné une actualité arabe au Sommet à laquelle les médias arabes ont été sensibles. Ceux-ci ont semblé y voir un événement important, mais sans implication pour la Jordanie.* » (Ambassadeur).

Radio :

Radio Koweitienne, radio régionale publique de langue anglaise, reportages de moins de deux minutes. Ton neutre.

Télévision :

KTVI, télé publique régionale de langue arabe reportages de moins de deux minutes diffusés sur trois jours. Ton neutre.

KTVII, télé publique de langue anglaise reportages de moins de deux minutes diffusés sur trois jours.

• *Thèmes*

1) Nomination du secrétaire général de la Francophonie.

2) Place et rôle de la France dans la Francophonie.

3) Situation et avenir de la langue française dans le monde.

• *Visions*

Pas de vision globale de la Francophonie.

« *Le thème de la Francophonie n'a jamais été abordé avec un intérêt particulier au Koweït où le nombre des nationaux francophones est très limité* » (Ambassadeur).

409

■ *Syrie*

• *Médias*

Presse écrite :

« *Les trois quotidiens arabophones Al-Saoura, Tichrine, et Al-Baas, sont tous trois sous contrôle gouvernemental, et revendiquent chacun une diffusion de quelques dizaines de milliers d'exemplaires. Tous ont parlé du Sommet. La perception de celui-ci est très contrastée.* » (Ambassadeur) (voir vision).

• *Thèmes*

1) Nomination du secrétaire général de la Francophonie.

2) Tenue d'un prochain sommet au Liban.

• *Visions*

« *La revue de presse illustre bien la perception très contrastée de la Francophonie : malgré les inhibitions historiques qui, sur un mode comparable à celui de l'Algérie, interdisent toujours à la Syrie de rejoindre la communauté francophone, les journaux saluent la nomination d'une personnalité arabe au Secrétariat de la Francophonie et l'annonce de la tenue du Sommet de 2001 au Liban. C'est cependant surtout l'espoir de voir l'ensemble francophone constituer, sous l'impulsion de la France, un « bloc international efficace qui sous-tend les préjugés de la Syrie, soucieuse d'encourager toute résistance à l'« hégémonie américaine dans un monde unipolaire ».* » (Ambassadeur).

■ *Yémen*

• *Médias*

Presse écrite :

Al-Thaoura, quotidien officieux du gouvernement (principal tirage), deux articles (longs).Ton neutre.

Télévision :

Télé Yémen, télé nationale et publique, un reportage (court) quotidien du 14 au 16 novembre. Ton neutre.

• *Visions*

« *Compte tenu de l'environnement et de la spécificité du Yémen, on peut dire que la couverture médiatique du Sommet de la Francophonie y a suscité un intérêt non négligeable. Cette couverture a dégagé une vision globale plutôt positive et sympathisante.* » (Ambassadeur).

Asie orientale

■ *Birmanie*

• *Médias*

Presse écrite :

Myanmar Alin, quotidien, 220 000 exemplaires, un article. Ton neutre.

The New Light of Myanmar, quotidien, 30 000 exemplaires, quatre articles (deux positifs, un neutre, un négatif).

Radio :

Myanma Athan, radio nationale et publique, un reportage. Ton neutre.

Télévision :

Myanma TV, télévision nationale et publique, un reportage. Ton neutre.

• *Thèmes*

1) Relations entre la France et le Vietnam.

2) Situation et avenir de la langue française dans le monde.

3) Nomination du secrétaire général de la Francophonie.

4) Retrait de la République Démocratique du Congo des instances de la Francophonie.

• *Visions*

« *La maigre couverture du Sommet ne permet pas de dégager une vision globale de la Francophonie qui soit significative, si ce n'est l'indifférence et la méconnaissance du plus grand nombre. Cette pauvreté est à replacer dans le contexte birman où les médias sont placés sous le strict contrôle de la junte militaire. Les nouvelles internationales ont peu de place. Dans ce contexte très particulier, on peut noter que la Francophonie n'est pas dénoncée comme l'instrument d'un complot français ou des pays développés francophones à l'encontre des autres États ayant en commun l'usage du français.* » (Ambassadeur).

■ *Chine*

• *Médias*

Presse écrite :

China Daily, quotidien anglophone du parti Communiste à destination de la communauté étrangère

200 000 exemplaires, quatre articles. Ton positif.

L'Observateur, hebdomadaire, 300 000 exemplaires, un article. Ton neutre.

Quotidien du Peuple, quotidien du parti Communiste, 3 000 000 exemplaires, deux articles (un positif et un neutre).

Libération, quotidien, 600 000 exemplaires, deux brèves. Ton neutre.

Clarté, quotidien, 1 000 000 exemplaires, un article. Ton neutre.

Radio :

Les radios (Radio centrale de Chine et Radio Pékin), toutes publiques, ont assuré une couverture factuelle du Sommet.

Télévision :

Télévision centrale de Chine, télé nationale et publique, plusieurs reportages factuels dans les journaux télévisés pendant le Sommet.

Télévision de Pekin, télé régionale publique, plusieurs reportages factuels dans les journaux télévisés pendant le Sommet.

• *Thèmes*

1) Dimension politique de la Francophonie.

2) Situation et avenir de la langue française dans le monde.

3) Premier sommet en Asie.

4) Questions économiques.

5) Nomination du secrétaire général de la Francophonie.

• *Visions*

« *Les médias chinois présentent de la Francophonie l'image d'une entité culturelle et linguistique au départ, qui souhaite renforcer sa coopération politique interne. Face au défi de l'anglais, les médias chinois laissent peu d'illusions à leurs lecteurs sur le poids réel de la langue française dans le monde, mais rappellent souvent que la défense de la langue et de la culture sont des éléments primordiaux dans la lutte contre l'hégémonie des anglais qui est le canal de l'uniformisation. En ce sens, la Francophonie est présentée sous un jour très positif.* » (Ambassadeur).

■ *Corée du sud*

• *Médias*

Presse écrite :

Chosun Ilbo, quotidien, 2 000 000 exemplaires, cinq articles. Ton neutre.

The Korea Times, quotidien, 150 000 exemplaires, trois manchettes. Ton neutre.

Korea Herald, quotidien, 150 000 exemplaires, deux manchettes. Ton négatif.

Joongang, quotidien, 2 000 000 exemplaires, un article. Ton neutre.

Kyunghyang, quotidien, 800 000 exemplaires, un article. Ton neutre.

Hankook Kyungje, quotidien économique, 550 000 exemplaires, un article. Ton neutre.

Hankook, quotidien, 1 500 000 exemplaires, un article. Ton positif.

Dong-A, quotidien, 2 000 000, un article. Ton négatif.

Radio :

KBS, radio nationale et publique reportages de moins de deux minutes diffusés de façon irrégulière. Ton neutre.

Télévision :

KBS, télé nationale et publique, reportages de moins de deux minutes diffusés de façon irrégulière. Ton neutre.

• *Thèmes*

1) Questions économiques liées à la Francophonie.

2) Nomination du secrétaire général de la Francophonie.

3) Relations entre les pays francophones..

• *Visions*

« *La couverture médiatique factuelle du Sommet l'a emporté sur l'analyse. La plupart des médias s'intéressent cependant aux aspects économiques de ce Sommet, relevant que la coopération économique entre pays membres de la Francophonie dominera dorénavant toute autre forme de coopé-ration* » (Ambassadeur).

411

■ *Japon*

• *Médias*

Presse écrite :

Yomiuri Shimbun, quotidien conservateur, 11 000 000 exemplaires, deux articles (factuels). Ton neutre (le quotidien estime cependant que la Francophonie « *aura du mal à s'unir.* »).

Asahi Shimbun, quotidien de centre gauche, 8 000 000 exemplaires, un article. Ton positif (le journal évoque « *le danger que représente le monopole de l'anglais* » et la nécessité de défendre le français « *utilisé par des centaines de millions de personnes dans le monde.* »).

Nihon Keizai Shimbun, quotidien proche des milieux d'affaires, 3 000 000 exemplaires, un article (insiste sur la coopération économique).

Tokyo Shimbun, quotidien de centre droit, 700 000 exemplaires, un article (le journal parle de « *résistance à l'hégémonie de l'anglais* » avant de mettre l'accent sur les questions économiques de la Francophonie).

Le *Japan times*, 50 000 exemplaires, a publié six articles qui ne sont en fait que des reprises de dépêches d'agence (Reuter).

Sur ces six articles, quatre sont consacrés aux Droits de l'homme, et les deux autres rendent compte de la nomination du secrétaire général de la Francophonie.

Sankei Shimbun, quotidien conservateur, 2 000 000 exemplaires, un article (questions diplomatiques, comme le retour du Vietnam sur la scène internationale).

Les quotidiens en anglais des groupes Asahi (*Asahi evening news*), Yomiuri (*Daily Yomiuri*) et Mainichi (*Mainichi daily news*) ont publié chacun un article le 15 novembre. Ces articles se contentent de reprendre des dépêches de l'AFP.

Télévision :

NHK, une émission spéciale.

• *Thèmes*

1) Questions économiques.

2) Droits de l'homme.

3) Nomination du secrétaire général de la Francophonie.

4) Situation et avenir de la langue française dans le monde.

■ *Malaisie*

• *Médias*

Presse écrite :

1) Quotidiens de langue anglaise :

The Sun, quotidien, 60 000 exemplaires, cinq articles.

New Straits Times, quotidien, 190 000 exemplaires, trois articles (le journal insiste sur le caractère disparate des membres de la Francophonie).

Business Times, quotidien économique, 15 000 exemplaires, un article (le journal présente la Francophonie comme une tentative visant à contrer l'influence croissante de l'anglais).Ton positif.

Star, quotidien, 200 000 exemplaires, un article (le journal insiste sur le caractère disparate des membres de la Francophonie).

Malay Mail, quotidien, 75 000 exemplaires, un article.

2) Quotidiens de langue malaise :

Utusan Malaysia, quotidien, 270 000 exemplaires, deux articles (les questions économiques sont présentées comme les plus importantes).

Harian Watan, quotidien, 45 000 exemplaires, un article (sur les questions économiques).

3) Quotidien de langue chinoise :

Seul *China Press* a publié un article factuel sur le Sommet.

• *Thèmes*

1) Situation et avenir de la langue française dans le monde.

2) Nomination du secrétaire général de la Francophonie.

3) Questions économiques.

4) Dimension politique de la Francophonie.

5) Relations entre les pays francophones (disparité des membres de la Francophonie).

• *Visions*

« *Le Sommet a été bien couvert. Pour le* New Straits Times *(190 000 exemplaires) le mouvement francophone est très disparate. Il l'assimile de manière réductrice à la langue française et le présente comme une tentative visant à contrer l'influence croissante de l'anglais. Pour le* Star *(200 000 exemplaires), la pertinence du mouvement francophone est mal comprise par le reste du monde, d'autant que le groupe est confronté à un problème d'identité compte tenu des différences existant entre les pays ayant en commun l'usage du français. Pour le plus important journal de* langue malaise (Utusan Malaysia, 270 000 exemplaires), qui a publié deux articles sur le Sommet, c'est la coopération économique qui est le sujet le plus important. D'une manière générale, la Malaisie, ancienne colonie britannique, et membre du Commonwealth,

ignore radicalement la Francophonie et le mouvement qu'il représente. Il reste que le choix d'un pays asiatique, membre de l'Asean, pour accueillir ce sommet, a suscité un intérêt qui aurait fait défaut s'il s'était tenu ailleurs. » (Ambassadeur).

■ *Philippines*

« Le Sommet a été très peu couvert (concurrence de l'actualité intérieure des Philippines - élection présidentielle). Le seul thème traité,

par le biais de reprises de dépêches d'agences, a été la nomination du secrétaire général de la Francophonie. » (Ambassadeur).

■ *Singapour*

• *Médias*

Presse écrite :

Strait Times, quotidien de langue anglaise, 368 356 exemplaires, six articles (thème de l'un d'entre eux : l'importance pour les pays francophones de s'associer à l'Asie).

Business Times, quotidien économique en anglais 33 653 exemplaires, un article (sur les questions économiques de la Francophonie).

Radio-Télévision :

La radio et la télévision n'ont pas mentionné le Sommet. Toutefois, le voyage du Président de la République de Malaisie à Hanoï a

été couvert par deux fois dans les journaux télévisés.

• *Thèmes*

1) Questions économiques.

2) Nomination du secrétaire général de la Francophonie.

• *Visions*

« Dans l'ensemble, ce Sommet de la Francophonie a été correctement couvert, exception faite des médias audiovisuels. On note toutefois que le ton des deux dépêches de Reuter, selon son habitude, est plutôt désagréable et négatif pour la France, alors que les dépêches de l'AFP sont plus objectives. » (Ambassadeur).

Europe

Europe de l'Est

■ *Arménie*

• *Médias*

Presse écrite :

AZG, quotidien (journal du parti ramgavar/azatakan, une des trois formations politiques du pays – conservateurs pro-soviétiques dans le passé récent), 3 000 exemplaires un article (interview du ministre des Affaires étrangères d'Arménie).

Remarque : c'est le seul article de presse consacré au Sommet.

Radio-Télévision :

Les médias audiovisuels n'ont pas couvert l'événement.

• *Thèmes*

Interview du porte-parole du ministre des Affaires étrangères.

■ *Bosnie*

« Le Sommet de la Francophonie n'a fait l'objet d'aucune couverture de presse à Sarajevo. » (Ambassadeur).

■ *Georgie*

« Le Sommet de Hanoï n'a fait l'objet d'aucune couverture médiatique dans les médias géorgiens. » (Ambassadeur).

413

■ *Hongrie*

• *Médias*

Presse écrite :

Nepszbadsag, quotidien de centre gauche (lu par les élites), 250 000 exemplaires, quatre articles (plutôt factuels). Ton neutre.

Nepszava, quotidien de gauche (lu par les milieux populaires), 80 000 exemplaires, deux articles (l'un factuel, l'autre sur l'avenir de la Francophonie). Ton neutre.

Magyar Hirlap, quotidien de centre gauche (élitiste), 50 000 exemplaires, deux articles (remettant en cause l'unité et l'utilité de la Francophonie). Ton critique.

Magyar Nemzet, quotidien de centre droit (classes moyennes), 50 000 exemplaires, un article. Ton neutre.

Uj Magyarorszag, quotidien de droite, 20 000 exemplaires, quatre articles (dont trois brèves). Ton neutre.

Magyar Narancs, hebdomadaire du centre, 20 000 exemplaires, un article (seul hebdomadaire à évoquer le Sommet).

Radio-Télévision :

« *Le Sommet a fait l'objet d'une couverture quasi inexistante dans les médias audiovisuels.* » (Ambassadeur).

• *Thèmes*

1) Nomination du secrétaire général de la Francophonie.

2) Relations entre les pays francophones (retrait de la République Démocratique du Congo).

3) Place de la France au sein de la Francophonie.

• *Visions*

« *Le Sommet de la Francophonie a renvoyé une image lointaine et brouillée. La presse semble se demander ce qu'est la Francophonie aujourd'hui.* » (Ambassadeur).

■ *Ouzbékistan*

« *La presse ouzbeke, d'un contenu très pauvre, n'a pas traité le Sommet.* » (Ambassadeur).

■ *Russie*

• *Médias*

Presse écrite :

Izvestia, quotidien, 530 000 exemplaires, un article. Ton négatif (à propos de la perte d'influence de la France et de la Russie sur l'économie du Vietnam.)

Rousski Telegraf, quotidien libéral, 80 000 exemplaires, un article. Ton neutre (le quotidien estime que la France et le Vietnam vont tirer bénéfice du Sommet, mais s'interroge sur la présence de pays non-francophones au sein de cette manifestation.)

Télévision :

NTV, télé nationale et privée, un reportage d'une minute. Ton négatif (ironique, à propos de la pertinence d'un tel Sommet).

• *Thèmes*

1) Questions économiques.

2) Situation et avenir de la langue française dans le monde.

• *Visions*

« *Le quotidien* Izvestia *dresse un bilan amer sur les influences respectives à l'heure actuelle de la France et de la Russie au Vietnam. Le* Rousski Telegraf *s'étonne, quant à lui, de la présence de « délégations non francophones comme la Roumanie et la Moldavie, et de l'adhésion prochaine à la Franco-phonie de la Pologne, de la Macédoine et de l'Albanie. Si le rattachement des pays d'Afrique ou d'Asie aux blocs anglophones ou francophones s'explique par leur passé colonial, en revanche, les raisons linguistiques à l'invitation d'anciens pays du camp socialiste semblent passablement tirés par les cheveux ». La seule chaîne de télé a avoir parlé de l'événement, NTV, prétend que cette union inhabituelle, car fondée sur des critères linguistiques et non politiques, a un objectif clair : « Barrer la route à la culture anglophone et plus particulièrement amé-ricaine » et conclut que " la situation n'est pas encourageante. Ainsi, au Vietnam, la grande majorité des élèves étudient maintenant l'anglais. "* » (Ambassadeur).

■ *Slovaquie*

• *Médias*

Presse écrite :

PRACA, quotidien de gauche, antigouvernemental, 70 000 exemplaires, un article (sur les « *discrètes* » critiques de Jacques Chirac sur les Droits de l'homme au Vietnam). Ton neutre.

SME, quotidien de droite, antigouvernemental, 80 000 exemplaires, deux articles (longs et documentés sur l'ambition politique de la Francophonie et l'histoire du mouvement francophone). Ton positif.

Pravda, quotidien indépendant, 150 000 exemplaires, au moins deux articles. Ton critique (sur les conflits au sein de la Francophonie).

Narodna Obroda, quotidien libéral, 25 000 exemplaires, au moins deux articles. Ton critique (sur les conflits au sein de la Francophonie).

On notera que le journal pro-gouvernemental, *Slovenska Republika* (80 000 exemplaires), n'a consacré aucun article au Sommet. Ce quotidien ne s'intéresse qu'aux affaires intérieures de la Slovaquie.

■ *République tchèque*

• *Médias*

Presse écrite :

Mlada Fronta Dnes, premier quotidien du pays, libéral de centre droit, 500 000 exemplaires. Ton critique (le journal s'interroge sur l'unité du mouvement francophone et insiste sur la volonté française de protéger la langue française et de lutter contre l'hégémonie américaine).

Lidove Noviny, quotidien de centre droit, 100 000 exemplaires. Ton positif (le journal privilégie les aspects linguistiques du Sommet).

Pravo, quotidien de gauche, 250 000 exemplaires, trois articles (courts), le journal insiste sur les aspects linguistiques du Sommet.

Prace, quotidien de centre gauche, 100 000 exemplaires, le journal insiste sur les aspects linguistiques du Sommet.

Hospodarske Noniny, quotidien économique, 156 000 exemplaires, le journal insiste sur le retrait du République Démocratique du Congo des instances de la Francophonie.

Slovo, quotidien, 140 000 exemplaires, le journal insiste sur le retrait du République Démocratique du Congo des instances de la Francophonie.

Radio :

Slovensky Rozlhas, radio nationale et publique, nombreux reportages. Ton positif.

Télévision :

STV1 ET STV2, télévisions nationales et publiques, nombreux reportages. Ton positif.

• *Thèmes*

1) Dimension politique de la Francophonie.

2) Lutte contre l'hégémonie américaine.

3) Relations entre les pays francophones (conflits).

4) Nomination du secrétaire général de la Francophonie.

• *Visions*

« *Le Sommet a été bien couvert. La Francophonie est ici considérée comme un instrument capable de contrebalancer l'influence anglo-saxonne, essentiellement américaine, que l'on perçoit généralement à Bratislava comme étant hostile à la Slovaquie (cf. le Sommet de Madrid sur l'OTAN).* » (Ambassadeur).

Remarque : « *Avec 26 articles et 17 brèves, le Sommet a fait l'objet d'une couverture de presse honorable.* » (Ambassadeur).

Radio :

Les trois principales stations de la radio publique ont relaté correctement l'événement. Radiozurnal, consacrée à l'information, et la plus écoutée, a été la plus active. Radio Praha, radio de divertissement, quatrième radio du pays, a proposé plusieurs sujets, comme Radio Vltava, station culturelle, à l'audience plus modeste. Les stations privées (Fréquence 1, Radio d'Europe Développement) ont couvert brièvement le Sommet, à partir de dépêches de l'agence CTK.

Télévision :

Ceska Televize, télé nationale et publique, plusieurs reportages (davantage consacrés à l'ouverture du Sommet qu'à la clôture).

• *Thèmes*

1) Culture de la Francophonie et ses spécificités.

2) Situation et avenir de la langue française dans le monde.

• Visions

« Le Sommet a été bien couvert. Les médias tchèques présentent la Francophonie com-me un contrepoids à la domination améri-caine et un moyen de promouvoir la langue française. » (Ambassadeur).

■ Ukraine

• Médias

Presse écrite :

Oukraina Moloda, quotidien, 75 000 exem-plaires, un article. Ton neutre.

Novosty, hebdomadaire, 45 000 exemplai-res, un article. Ton neutre.

Radio-Télévision :

Les médias audiovisuels n'ont pas relaté l'événement.

• Thèmes

1) Situation et avenir de la langue française dans le monde.

• Visions

« L'écho du Sommet de la Francophonie a été très faible, comme on pouvait s'y atten-dre, dans ce pays où l'intérêt pour le fran-çais et le monde francophone se manifeste depuis quelques années seulement. » (Ambassadeur).

■ Yougoslavie

• Médias

Presse écrite :

Politika, quotidien, 300 000 exemplaires, deux articles. Ton neutre.

Blic, quotidien, 75 000 exemplaires, un en-trefilet. Ton neutre.

Nasa Borba, quotidien, 30 000 exemplaires, un article. Ton négatif.

Télévision :

Radio-Télévision de Serbie, télé nationale et publique, reportages irréguliers. Ton neutre.

BK, télé régionale et privée, reportages irré-guliers. Ton neutre.

• Thèmes

1) Nomination du secrétaire général de la Francophonie.

2) Relations entre les pays francophones.

3) Questions économiques liées à la Fran-cophonie.

• Visions

« Le Sommet a été peu couvert. Le mouve-ment francophone apparaît comme un en-jeu politique et culturel pour la France (combattre l'influence américaine), comme un moyen d'obtenir des subsides pour les pays du Tiers-Monde qui sont membres de ce mouvement. » (Ambassadeur).

Union européenne

■ Allemagne

• Médias

Presse écrite :

Pas de réponse détaillée. Le Sommet a donné lieu à la publication d'environ trente articles.

Radio :

Deutschland Funk, radio nationale et publi-que, plusieurs reportages (à propos de la si-tuation et de l'avenir de la langue française dans le monde et de l'influence de la France).Ton négatif.

Télévision :

ARD-ZDF-NTV, télévisions nationales et pu-bliques, un reportage (de trente secondes sur la nomination du secrétaire général de la Francophonie et le retrait du République Démocratique du Congo des instances de la Francophonie).

• Thèmes

1) Nomination du secrétaire général de la Francophonie.

2) Retrait de la République Démocratique du Congo des instances de la Francophonie.

3) Situation et avenir de la langue française dans le monde.

• Visions

Le Sommet a été bien couvert. La situation et l'avenir de la langue française dans le monde est le thème dominant. Globalement, le fran-çais est perçu comme une langue en perte de vitesse. « Le français est en passe de devenir ce que le grec était au temps des romains et le latin à la fin du Moyen âge. » (Frankfurter Allgemeine Zeitung). « La lutte en faveur de la langue française équivaudrait à un combat *d'arrière-garde en dépit des cinq milliards dépensés chaque année par le gouvernement, et la langue de la culture qu'est le français ne viendrait pas à bout de la langue commerciale qu'est l'anglais.* » (Bonner Rundschau). Même analyse pour Die Welt :

■ *Autriche*

• *Médias*

Presse écrite :

Der Standard, quotidien libéral de gauche, un article (sur le retrait du République Démocratique du Congo des instances de la Francophonie et sur la situation et l'avenir de la langue française dans le monde). Ton négatif.

Die Presse, quotidien libéral, un article (sur les nouvelles technologies).

Les autres quotidiens n'ont publié que des brèves très factuelles.

Radio-Télévision :

Le Sommet n'a été évoqué que lors de l'ouverture.

■ *Espagne*

• *Médias*

Presse écrite :

El Pais, quotidien, 420 000 exemplaires, trois articles. Ton neutre.

La Vanguarda, quotidien, 250 000 exemplaires, quatre articles. Ton neutre.

ABC, quotidien, 320 000 exemplaires, un article. Ton neutre.

Radio :

Radio Exterior de Espana, radio nationale et publique reportages de trente secondes pendant trois jours. Ton positif.

Radio Complutense, radio locale publique (universitaire), un reportage de trois minutes au total. Ton positif.

Radio Nacional de Espana, radio nationale et publique, reportages de dix secondes pendant deux jours. Ton neutre.

Télévision :

TVE, télé nationale et publique, brèves pendant deux jours. Ton neutre.

• *Thèmes*

1) Nomination du secrétaire général de la Francophonie.

« *L'ambitieux projet de Jacques Chirac de créer un pendant français au Commonwealth en faisant d'un ensemble culturel un instrument politique et économique n'aurait guère de chance de réussir. La Francophonie serait devenue une cacophonie.* » (Spiegel).

• *Thèmes*

1) Situation et avenir de la langue française dans le monde.

2) Retrait de la République Démocratique du Congo des instances de la Francophonie.

• *Visions*

« *Le Sommet a été très peu couvert. Le peu d'écho accordé par la presse autrichienne au Sommet peut s'expliquer autant par le manque d'intérêt général pour la Francophonie que par l'actuel contexte international au moment de l'événement (la crise irakienne). Ce profil bas ne saurait en aucune manière indiquer un recul de la curiosité des médias autrichiens pour notre pays. La preuve : la mort de Georges Marchais a pris une place plus importante que la réunion de Hanoï.* » (Ambassadeur).

2) Relations entre les pays francophones.

3) Place et rôle de la France dans la Francophonie.

• *Visions*

« *Ce Sommet a été bien couvert. Tout en reconnaissant bon gré mal gré une dynamique retrouvée, on se plaît ici à travestir nos intentions par des termes outrés :* « *esprit de croisade linguistique* » (La Vanguardia), « *créer un bloc politique au nom d'un impératif moral* » (El Païs). *À en croire les plus critiques des commentateurs, c'est parce que la France a perdu de l'influence, notamment en Afrique, (* « *défection de l'Algérie* », « *désertion de la République Démocratique du Congo* ») *qu'elle met les bouchées doubles en matière de politisation de l'enceinte. Les progrès sont rares, et ce n'est pas l'adhésion de la Guinée-Équatoriale qui inversera la tendance. Il y a quelques mois, la décision du président Obiang de placer le français au côté de l'espagnol comme langue officielle avait provoqué un déballage de griefs.* « *Paris phagocyterait même volontiers les pays lusophones comme l'Angola* » *pouvait-on lire dans ABC. En fait, l'Espagne réagit aussi de cette façon car elle n'arrive pas à faire fructifier son influence linguistique en Amérique du Sud.* » (Ambassadeur).

■ *Finlande*

• *Médias*

Presse écrite :

Demari, quotidien du parti social démocrate, 40 000 exemplaires. Ton neutre (sur la situation et l'avenir de la langue française dans le monde – la perte d'influence. Le journal estime que, la bataille culturelle étant perdue, l'organisation francophone se tournera bientôt vers les questions économiques.)

Helsinki Sanomat, quotidien libéral, 470 000 exemplaires, trois articles (trois reprises de dépêches d'agences).

Hufvudstadsbladet, quotidien libéral, 59 000 exemplaires, deux articles (deux reprises de dépêches d'agences).

■ *Grande-Bretagne*

• *Médias*

Presse écrite :

Près de dix articles importants ont été consacrés au Sommet.

Les journaux se sont essentiellement intéressés à la composition du mouvement francophone et au caractère « distendu » du lien qui unit les pays membres (*Daily Telegraph*, *The Economist*).

Les journaux, unanimes, ont noté que la cause francophone, purement culturelle et linguistique au départ, s'est déplacée sur un terrain davantage économique et politique. (*The Economist, Times*).

Radio :

BBC RADIO 4, radio nationale et publique.La station a évoqué le Sommet très tôt. Bien qu'ayant repris une grande partie des critiques formulées par la presse (présence du Nigeria et de pays aussi peu francophones que l'Albanie), le présentateur de l'émission Eurofile a voulu voir dans cet événement la moralisation de la politique étrangère française, avec en arrière-plan une redéfinition des rapports qu'entretient Paris avec les régimes africains.

BBC RADIO 5, une émission. Ton contrasté.

BBC (World Service), plusieurs reportages. Ton critique.

Télévision :

Mis à part le service international de la BBC, il semblerait qu'aucune mention significative n'ait été faite du Sommet. La couverture de BBC World a été essentiellement brève, factuelle, et neutre. Les journalistes ont surtout insisté sur les ambitions politiques et

Radio-Télévision :

Les bulletins d'information de la radio et de la télévision ont brièvement rendu compte de l'ouverture du Sommet, en insistant sur la participation du Président Jacques Chirac, ainsi que sur l'élection de Boutros-Ghali.

• *Thèmes*

1) Nomination du secrétaire général de la Francophonie.

2) Situation et avenir de la langue française dans le monde.

3) Relations entre les pays francophones.

économique de la Francophonie, ainsi que sur les Droits de l'homme.

• *Thèmes*

1) Relations entre les pays francophones.

2) Situation et avenir de la langue française dans le monde.

3) Questions économiques.

4) Nomination du secrétaire général de la Francophonie.

• *Visions*

« Si la défense de la langue française est perçue avec une certaine bienveillance parfois teintée de condescendance par les médias anglais, ceux-ci semblent en revanche considérer que le mouvement francophone perd en essence ce qu'il gagne en nombre. Tous critiquent l'élargissement à marche forcée du club des pays ayant le français en partage à des États sans rapport immédiat (linguistique ou historique) avec sa raison d'être, ainsi qu'à des régimes jugés peu respectueux des Droits de l'homme. Beaucoup y voient une entreprise néocolonialiste de la part de la France désireuse d'endiguer son déclin sur la scène internationale grâce à la constitution d'une aire d'influence privilégiée, où les aspects linguistiques ne sont en fait que secondaires. Il revient finalement à The Economist *de résumer le sentiment général :* " *La Francophonie, la communauté des pays ayant le français en partage, n'est pas une communauté et n'a plus vraiment non plus le français en partage. Mais cela reste une idée noble, qui n'a qu'un rapport partiel avec le français.* " *»* (Ambassadeur).

■ *Grèce*

• *Médias*

Presse écrite :

Eleftherotypia, quotidien, 88 930 exemplaires, un article. Ton positif.

To Vima, hebdomadaire, 233 460 exemplaires, un article (traduction d'un article du *Monde*).

Athens, quotidien, 10 000 exemplaires, deux articles.

Radio :

Era 1, radio nationale et publique, un reportage. Ton positif.

Era 2, radio nationale et publique un reportage. Ton positif.

■ *Irlande*

« *Aucune réaction au Sommet de la Francophonie n'a été enregistrée dans les médias irlandais. En revanche, le quotidien* Irish Times *(105 000 exemplaires) du 12 février 1998 a donné une large publicité à la nomi-*

• *Thèmes*

1) Situation et avenir de la langue française dans le monde.

2) Nomination du secrétaire général de la Francophonie.

3) Relations entre les pays francophones (politiques).

• *Visions*

« *D'une façon générale, le Sommet n'a pas suscité l'intérêt des médias grecs, sans doute parce que, d'une part, la Grèce ne fait pas partie du monde francophone, et que, d'autre part, des problèmes de politique intérieure et extérieure ont, au moment où se tenait le sommet, retenu l'attention de la presse parlée et écrite.* » (Ambassadeur).

nation du secrétaire général de la Francophonie. L'article insiste sur cet aspect et sur la situation et l'avenir de la langue française dans le monde. » (Ambassadeur).

■ *Italie*

• *Médias*

Presse écrite :

Repubblica, quotidien de gauche, 748 000 exemplaires au moins un article. Ton critique.

Corriere Della Sera, quotidien de gauche, au moins un article.

• *Thèmes*

1) Nomination du secrétaire général de la Francophonie.

2) Situation et avenir de la langue française dans le monde.

• *Visions*

« *La Francophonie est perçue quasi uniquement sous l'angle de la lutte contre l'hégémonie américaine : « La France n'a jamais digéré le fait de ne plus être une grande puissance et de voir l'anglais s'emparer de la planète. Pour lutter contre cette situation, elle se réfugie souvent dans la défense de sa langue suscitant un mélange d'ironie et de respect pour son incroyable détermination* » (Repubblica) » (Ambassadeur).

■ *Portugal*

• *Médias*

Presse écrite :

Publico, quotidien, 67 000 exemplaires, quatre articles (deux positifs, deux neutres).

Correio da Manha, quotidien, 90 000 exemplaires, quatre articles (deux positifs, deux neutres).

A Capital, quotidien, 50 000 exemplaires, deux articles. Ton positif.

Jornal de Noticias, quotidien, 90 000 exemplaires, un article. Ton neutre.

Radio :

Radio Paris Lisbonne, filiale de RFI, a diffusé les reportages de RFI.

Télévision :

RTP1, télévision nationale et publique, un reportage d'une minute et trente secondes diffusé au journal de 20 h.

• *Thèmes*

1) Situation et avenir de la communauté francophone.

2) Place et rôle de la France dans la Francophonie.

3) Relations entre les pays francophones (rapports politiques).

4) Dynamique de la communauté francophone comparé à l'atonie de la communauté lusophone.

5) Situation et avenir de la langue française dans le monde.

6) Retrait de la République Démocratique du Congo des instances de la Francophonie.

7) Nomination du secrétaire général de la Francophonie.

■ Suède

• *Médias*

Presse écrite :

Dagens Nyheter, quotidien, 377 000 exemplaires, un article. Ton neutre.

Svenska Dagbladet, 200 000 exemplaires, deux articles (un neutre, un négatif).

Métro, un article, 251 000, un article. Ton positif.

Goteborgspoten, quotidien, 268 000 exemplaires, un article. Ton négatif.

• *Thèmes*

1) Place et rôle de la France dans la Francophonie.

• *Visions*

« L'image de la Francophonie est dynamique et évolutive. Le développement de la communauté et l'évolution de ses structures, les nouvelles ambitions politiques, suscitent un intérêt certain dans les médias qui font le parallèle avec la Lusophonie, au détriment de cette dernière. (Certains États sont séduits par la Francophonie - le Cap-Vert, la Guinée-Bissau). Cette évolution traduit "l'apathie de la communauté lusophone" » (Correio de Manha). » (Ambassadeur).

2) Nomination du secrétaire général de la Francophonie.

3) Situation et avenir de la langue française dans le monde.

• *Visions*

« En raison de la non appartenance de la Suède à la Francophonie et son tropisme prononcé pour le monde anglo-saxon, les grands médias ne se sont guère impliqués dans la couverture du Sommet. Quelques commentaires ironiques comparent la Francophonie à un bastion face à l'hégémonie américaine. » (Ambassadeur).

Reste de l'Europe

■ Chypre

« Le Sommet a été totalement ignoré par les différents médias chypriotes, grecs ou turcs. » (Ambassadeur).

■ Islande

« Seul le quotidien le plus important, Morgunbladid *(52 000 exemplaires), a re-* produit des extraits de dépêches de l'agence Reuter. » (Ambassadeur).

■ Malte

Pas de réponse détaillée au questionnaire. Deux articles ont été publiés dans les deux quotidiens anglophones de Malte.

■ Norvège

• *Médias*

Presse écrite :

Aftenposten, quotidien conservateur, 283 915 exemplaires, deux articles (un positif, un négatif) et un dépêche d'agence (neutre).

Vaart Land, quotidien chrétien populaire, 30 000 exemplaires, un article. Ton négatif.

Dagens Naeringsliv, quotidien, 56 544 exemplaires, une dépêche d'agence. Ton neutre.

Klassenkampen, 7796 exemplaires, quotidien à tendance communiste, une dépêche d'agence. Ton neutre.

Radio :

NRK P2, radio publique, un reportage de trois minutes.

Télévision :

Aucune chaîne n'a évoqué le Sommet.

• Thèmes

1) Situation et avenir de la langue française dans le monde.

2) Nomination du secrétaire général de la Francophonie.

3) Place et rôle de la France dans la Francophonie.

■ *Turquie*

• Médias

Presse écrite :

Hürriyet, quotidien, 480 000 exemplaires, au moins un article (long entretien avec le Président Chirac pendant le Sommet publié le 15 novembre 1997, qui paradoxalement ne fait pas mention du Sommet, mais de la volonté de la Turquie d'adhérer à l'Union européenne).

AKIT, quotidien islamiste, 39 000 exemplaires, un article (relations entre la France et le Vietnam).

Turkish Daily News, quotidien de langue anglaise, 30 000 exemplaires, six articles (dont deux titres). Ton critique.

Liberal, quotidien, 5 400 exemplaires, deux articles.

Siyah Beyaz, quotidien, 2 100 exemplaires deux articles.

Radio-Télévision :

Les médias audiovisuels n'ont donné aucune information aux heures de grande écoute.

4) Francophonie et nouvelles technologies.

• Visions

« La vision de l'événement est mitigée. Le Sommet est perçu comme original, généreux, et courageux. Mais la Francophonie a ses limites dans un monde dominé culturellement par le monde anglo-saxon. Par ailleurs, le rôle de la France est généralement perçu comme une tentative déguisée d'hégémonie et comme la volonté de rivaliser avec le Commonwealth. »* (Ambassadeur).

• Thèmes

1) Politique française vis-à-vis du Vietnam.

2) Nomination du secrétaire général de la Francophonie.

3) Situation et avenir de la langue française dans le monde.

• Visions

« Voici les raisons pour lesquelles les grands médias nationaux ont fait l'impasse sur le Sommet : 1) La géopolitique francophone est assez éloignée des préoccupations actuelles de la Turquie dont l'objectif principal est d'entrer dans le cercle des pays engagés dans un processus d'adhésion à l'Union européenne. 2) La Francophonie institutionnelle est constituée en majorité de pays en voie de développement dont la Turquie veut absolument se démarquer. 3) Les liens avec les États arabes suscitent des réticences dans une Turquie qui se veut européenne et non moyen-orientale, qui est en concurrence avec l'Égypte pour le statut de puissance méditerranéenne et qui ne se trouve aucun point commun avec les pays d'Afrique du Nord » (Ambassadeur).

Océanie

■ *Australie*

• Médias

Presse écrite :

The Australian, quotidien, 122 500 exemplaires, un article (une reprise d'une dépêche de l'agence AFP). Ton neutre.

The Australian Financial Review, quotidien économique, 85 000 exemplaires, un article (le seul de la plume d'un correspondant australien). Ton négatif (remise en question de la pertinence de la Francophonie).

The Sidney Morning Herald, quotidien régional de Sidney, 231 500 exemplaires, un article (reprise du *New York Times*). Ton négatif (retrait du République démocratique du Congo des instances de la Francophonie).

The Age, quotidien régional de Melbourne, 207 000 exemplaires. Deux articles (reprise d'un article étranger et d'une dépêche Reuter).

The Canberra Times, quotidien de la capitale fédérale (Stokes), 42 600 exemplaires. Un article (reprise d'une dépêche de l'agence AP). Ton négatif (divergences politiques entre les Etats membres).

Radio :

ABC, radio nationale et publique. Brève mention du Sommet.

Télévision :

SBS, télé nationale publique. Brève mention du Sommet.

• **Thèmes**

1) Nomination du secrétaire général de la Francophonie.

2) Retrait du République démocratique du Congo des instances de la Francophonie.

3) Situation et avenir de la langue française dans le monde.

• **Vision**

« Le Sommet n'a suscité aucun intérêt médiatique. » (Ambassadeur).

■ *Nouvelle-Zélande*

« La totalité des grands médias nationaux, à l'exception du quotidien The NZ Herald *ont fait l'impasse sur le Sommet. (Le* NZ Herald, *qui tire à 226 000 exemplaires, a diffusé une dépêche de l'AFP plutôt négative quant aux résultats du Sommet, tant sur le plan politique qu'économique). D'une manière générale, le peu d'intérêt manifesté depuis plusieurs années par la presse néo-zélandaise pour tout ce qui a trait à la Franco-phonie contraste de manière saisissante avec d'une part le fait que le français est toujours la première langue étrangère enseignée en Nouvelle-Zélande et, d'autre part, qu'on note une amélioration de nos relations bilatérales. On ne peut que regretter la discrétion dont font preuve les médias néo-zélandais dès qu'il s'agit de rendre compte du rayonnement de la France. »* (Ambassadeur).

■ *Papouasie Nouvelle-Guinée*

« On ne peut pas à proprement parler de couverture médiatique en ce qui concerne le Sommet. Seuls les deux quotidiens locaux, le Post courrier *(tirage 35 000 exemplaires) et le* National *(21 000 exemplaires) ont chacun, dans un court article, rapporté la nomination du secrétaire général de la Francophonie. »* (Ambassadeur).

Conclusion

1) Pour l'ensemble des ambassades (112), les thèmes les plus traités lors du Sommet de la Francophonie sont : la nomination du secrétaire général de la Francophonie, M. Boutros Boutros-Ghali (cité à 63 reprises), la situation de la langue française dans le monde (32), les questions économiques (23), la place de la France au sein de la Francophonie (22), les relations entre les pays francophones (21), le retrait du République Démocratique du Congo des instances de la Francophonie (16), la dimension politique de la Francophonie (12), les Droits de l'homme (8), la culture francophone et ses spécificités (6), la lutte contre l'hégémonie américaine (6).

2) Pour les pays francophones (37), les thèmes les plus cités sont : la nomination du secrétaire général de la Francophonie, M. Boutros Boutros-Ghali (cité à 25 reprises), la place de la France au sein de la Francophonie (9), la situation de la langue française dans le monde (9), les questions économiques (9), les relations entre les pays francophones (6), le retrait du République Démocratique du Congo des instances de la Francophonie (6), la dimension politique de la Francophonie (6), la culture francophone et ses spécificités (4), les Droits de l'homme (2).

3) Pour les pays non francophones (75), les thèmes les plus cités sont : la nomination du secrétaire général de la Francophonie, M. Boutros Boutros-Ghali (cité à 38 reprises), la situation de la langue française dans le

monde (23), les relations entre les pays francophones (15), les questions économiques (14), la place de la France au sein de la Francophonie (13), le retrait de la République démocratique du République Démocratique du Congo des instances de la Francophonie (10), la dimension politique de la Francophonie (6), les Droits de l'homme (6), la lutte contre l'hégémonie américaine (6), la culture francophone et ses spécificités (2).

4) Dans les pays africains francophones (à l'exception de l'Afrique du Nord et de l'Afrique orientale), la nomination de M. Boutros Boutros-Ghali au poste de secrétaire général de la Francophonie a été critiquée (les médias du Bénin, par exemple, ont très mal perçu le retrait du candidat de leur pays à ce poste). Pour ces mêmes pays, on remarque que les médias proches du pouvoir ont généralement une vision positive de la Francophonie tandis que les médias de l'opposition la dénoncent souvent comme un instrument au service de la France. Au Gabon, on peut lire que, par la Francophonie, la France cherche à agrandir *« son empire colonial »*, à *« s'octroyer un plus large champ de débouchés et s'assurer de vastes réserves de produits primaires, avec pour appât le paternalisme et la générosité. »* Au Cameroun, les critiques visent la *« volonté hégémonique de la France »*, qui se manifeste par la nomination de M. Boutros Boutros-Ghali au poste de secrétaire général de la Francophonie. Au Tchad, le concept de Francophonie est défini comme *« un instrument d'intimidation qui reflète la domination française sur ses anciennes colonies »*.

Le retrait de la République Démocratique du Congo des instances de la Francophonie a été très commenté, et souvent ce pays est apparu dans les médias comme celui qui osait résister à la France. Peu de mois après, ce pays est revenu sur sa décision en maintenant son adhésion à la Communauté francophone.

5) Au Québec, ce sont les questions ayant trait aux Droits de l'homme et à la démocratie qui ont retenu l'attention des médias (liberté de la presse, libertés individuelles au Vietnam), les dirigeants canadiens ayant proposé de sanctionner les pays qui ne respectent pas les droits fondamentaux. Le thème des Droits de l'homme a été, dans l'ensemble, peu traité. Pour les pays membres de la Francophonie, seuls le Canada francophone et le Luxembourg semblent avoir mentionné ce thème de façon prioritaire. Les pays non francophones l'ont, de façon relative, davantage mentionné.

6) Au Liban, le Sommet a été très bien couvert. La nouvelle dimension politique de la Francophonie a été largement évoquée, de façon positive. On a parlé d'une nouvelle page, d'un mouvement mondial appelé à grandir, du seul espace mondial qui ne serait pas sous hégémonie américaine. La Francophonie est ainsi présentée comme un cercle de solidarités pour la paix et le développement économique et social dans un monde devenu village global.

La Francophonie, espace culturel, a aussi été perçue sous l'angle du pluralisme. Elle n'est pas présentée comme un colonialisme culturel, mais comme une institution qui permet de comparer les goûts et de favoriser un certain pluralisme linguistique enrichissant.

7) Au Vietnam, où se déroulait le Sommet, la couverture du Sommet a aussi été très bonne, mais essentiellement descriptive. Les médias ont présenté tous les aspects institutionnels de la Francophonie.

8) En Europe de l'Est francophone, la vision de la Francophonie est très contrastée. Les médias bulgares ont été indifférents au Sommet. Les

médias moldaves et macédoniens ont donné une image positive de la Francophonie tandis que les médias roumains, dans l'ensemble, se sont interrogés sur la pertinence de la présence de la Roumanie au sein des instances francophones.

9) En Europe de l'Ouest francophone, le bilan est mitigé. Les médias belges ont émis beaucoup de critiques sur le Sommet (choix du pays organisateur, hégémonie de la France, absence de cohérence politique). Les médias luxembourgeois ont, quant à eux, totalement ignoré le Sommet.

10) En Afrique australe (Afrique du Sud, Angola, Namibie, Zambie, Zimbabwe), en Afrique orientale (Éthiopie, Mozambique), en Amérique du Sud (mis à part quelques articles ou reportages exceptionnels au Brésil et à Cuba), en Asie méridionale (Bangladesh, Inde, Népal, Pakistan, Sri Lanka), et en Océanie (Australie, Nouvelle-Zélande, Nouvelle-Guinée Papouasie), le Sommet a été très peu couvert, et la Francophonie reste méconnue.

11) En Amérique du Nord (Canada anglophone et États-Unis), la vision de la Francophonie est négative. Les médias, quand ils en parlent, évoquent le déclin de la langue française. Au Canada, on ironise aussi sur l'élargissement de la Francophonie à des pays où le français n'est pas parlé.

12) En Israël, pays qu'on présente parfois comme souhaitant se rapprocher de la Francophonie, les médias ont moyennement couvert l'événement, et de façon neutre (un article rappelle le souhait d'Israël d'entrer dans la Francophonie et l'opposition du Liban).

13) En Asie orientale (Chine, Corée du sud, Japon, Malaisie, Singapour), les médias ont, davantage que dans les autres pays, insisté sur la nécessité d'une coopération économique entre les pays francophones.

14) En Macédoine, pays qui vient d'être admis au sein de la Francophonie, la vision de la Francophonie est globalement très favorable du fait de l'admission de la République de Macédoine à une organisation mondiale.

15) À Djibouti et en Côte-d'Ivoire, le Sommet a donné lieu à un débat sur l'octroi des visas et des bourses d'études, thème privilégié lors de la XIVe session du Haut Conseil de la Francophonie.

16) En France, où jamais un Sommet francophone n'a été aussi largement couvert, la vision de la Francophonie est contrastée. Au début du Sommet, l'image de la Francophonie semble bonne, voire sympathique. Certains articles présentent la Francophonie comme un moyen de lutter contre l'hégémonie américaine et de défendre la langue française. Certains médias qualifient d'avance ce Sommet d'historique en raison de la nomination d'un secrétaire général de la Francophonie. Pourtant, après le Sommet, le regard a changé. Deux articles consacrés au Sommet, « la Francophonie est mal partie », Le Monde, « Pourquoi se voiler la face, le Sommet de la Francophonie laisse une impression de malaise », Le Figaro résument bien l'état d'esprit des médias : les nombreuses divergences qui se sont exprimées à Hanoï (nomination du secrétaire général de la Francophonie, retrait de la République démocratique du Congo des instances de la Francophonie, débats sur les Droits de l'homme) sont mises en avant.

17) D'une manière générale, la perception de la Francophonie dépend des logiques géopolitiques. Il faut aussi noter que dans certains pays, les ambassades précisent que l'image de la Francophonie est à distinguer de l'image de la France (la Francophonie est méconnue tandis que l'image de la France est bonne en Autriche et au Pérou par exemple).

La perception du Sommet dépend aussi parfois de l'actualité de chaque pays, qui peut reléguer la Francophonie au second plan (Congo, Comores - événements graves -, Équateur, Maroc - élections -, Cambodge - fête)

Enfin, le rôle des agences de presse est lui aussi très important : certains pays (notamment en Afrique anglophone, à Singapour) reprennent uniquement les dépêches de Reuter, publiées sans aucun commentaire, et qui ont souvent une connotation négative.

18) Le choix du pays organisateur du Sommet est important. De nombreux pays asiatiques ont évoqué le Sommet en raison de leur proximité avec le Vietnam. Dans les pays arabes, on s'est félicité du choix du Liban pour un prochain Sommet. Le phénomène est identique au Canada avec le choix de Moncton pour le Sommet de 1999. En revanche, au Bénin, le Sommet a été beaucoup moins relaté que celui de 1995, qui s'était tenu à Cotonou.

19) La Francophonie est souvent considérée comme un moyen de résister à l'impérialisme américain (politique, économique, linguistique). Cette perception est, par exemple, évidente dans certains pays d'Asie occidentale (Émirats Arabes Unis, Iran, Jordanie, Syrie) mais aussi d'Asie du Sud-Est, où la Francophonie est, de façon assez nette, vue comme un instrument permettant de lutter contre l'hégémonie politique américaine. En Iran, on peut ainsi lire que la *« France est la bienvenue en tant que front anti-américain »*. En Syrie, les médias ont un espoir de voir l'ensemble francophone constituer, sous l'impulsion de la France, un *« bloc international efficace »*, la Syrie étant soucieuse d'encourager toute résistance à l'hégémonie américaine dans un monde unipolaire. En Afrique du Nord, comme en Égypte, la Francophonie est perçue comme participant de la construction d'un ordre multipolaire, et d'un rééquilibrage des rapports internationaux. Dans les pays d'Amérique du Sud, et aussi en Europe non francophone, la Francophonie est également perçue comme une institution de lutte contre l'hégémonie américaine, surtout d'un point de vue linguistique. La France est ainsi vue comme un pays qui, en défendant sa langue, combat l'uniformité linguistique et l'hégémonie de l'anglais.

20) Certains pays réagissent avec sarcasmes ou avec méfiance à l'élargissement de la communauté francophone. En Grande-Bretagne, on peut lire que *« la Francophonie perd en essence ce qu'elle gagne en nombre »*, et en Espagne que *« Paris phagocyterait même volontiers les pays lusophones comme l'Angola »*.

21) L'anti-Francophonie est omniprésente dans certains pays : en Roumanie, les médias écrivent que le président roumain est tombé dans le piège de l'antiaméricanisme qui a prévalu à Hanoï, et qu'il a ignoré les États qui décident du sort de la planète (les États-Unis, l'Allemagne). La Francophonie est aussi parfois réduite à un ensemble de pays africains (c'est le cas par exemple en Turquie, où la Francophonie est associée aux pays en voie de développement dont la Turquie souhaite absolument se démarquer).

22) La Francophonie par rapport aux autres ensembles linguistiques :
- dans les pays lusophones comme le Portugal, la Francophonie est perçue comme dynamique et évolutive par rapport à une lusophonie apathique ;
- dans les pays hispanophones comme l'Espagne, la volonté de la France d'associer des pays de langue non française est raillée ;

– au Cameroun, les médias de l'opposition comparent la Francophonie au *Commonwealth*, à laquelle le Cameroun appartient aussi, présentant la première comme « *le recul de l'espoir démocratique cautionné par Paris* » tandis que la seconde institution mène « *une lutte acharnée contre la violation des Droits de l'homme* ». En Allemagne, la Francophonie est opposée au Commonwealth qui, elle, réunit des pays importants (Afrique du Sud, Inde, Australie).

23) Globalement, les thèmes traités par les pays francophones et les pays non francophones sont identiques. Leur ordre d'importance est lui aussi similaire (la nomination du secrétaire général de la Francophonie, de façon nette, est le thème le plus cité dans les deux classements). On remarque cependant que le thème de la situation de la langue française dans le monde est très privilégié par les pays non francophones et occupe une part plus importante que dans les pays francophones.

24) La nomination du secrétaire général de la Francophonie, Boutros Boutros-Ghali, étant le thème le plus souvent cité, on peut considérer que cette élection a été un événement médiatique important. Même dans les pays ou le Sommet a été peu couvert, cette élection a souvent été mentionnée.

Formation francophone au journalisme – Le réseau Théophraste

Fondé en mars 1994, le réseau Théophraste, qui fédère des centres francophones de formation aux métiers du journalisme, regroupe aujourd'hui seize membres. L'École Supérieure de Journalisme de Lille (ESJ) en assure la présidence et le secrétariat général.

Devenu en 1996 un des réseaux institutionnels de l'Agence Universitaire de la Francophonie (AUPELF-UREF), Théophraste s'est fixé pour objectif de développer les échanges à caractère pédagogique entre ses membres et de promouvoir la Francophonie. Les écoles qui le composent partagent la même approche du métier et les mêmes exigences : la formation et le perfectionnement des journalistes est la seule garantie pour éviter les dérapages qui menacent la crédibilité et l'existence même des médias (et des professionnels) ; la formation au journalisme peut permettre, dans des pays non francophones ou partiellement francophones, à des étudiants en langue française d'acquérir un métier et de devenir des vecteurs du rayonnement de la Francophonie.
Liste des membres du réseau :

Belgique	**Bulgarie (Sofia)**	**Cameroun**
Université Catholique de Louvain	Université « Saint-Clément d'Ohrid »	ESSTIC (Yaoundé)
Canada	**Égypte**	**France**
Université de Moncton	Université du Caire	CFPJ (Paris)
Université Laval (Québec)		ESJ (Lille)
Maroc	**Pologne**	**Roumanie**
ISIC (Rabat)	ESD (Varsovie)	FJSC (Bucarest)
Sénégal	**Suisse**	**Tunisie**
CESTI (Dakar)	Centre romand de formation au journalisme (Lausanne)	CAPJC (Tunis)
		IPSI (Tunis)

Adresse du Site Internet (ouvert en février 1998 : www.theophraste.org.

CHAPITRE 4

Formation professionnelle et technique dans les pays en développement

Les informations qui ont nourri cette section du rapport ont été recueillies dans les mois qui ont précédé le déroulement de deux manifestations majeures concernant la formation professionnelle et technique francophone :

– les assises francophones qui ont été co-organisées sur ce thème par l'Agence de la Francophonie et la CONFEMEN (Conférence des Ministres de l'Éducation ayant le Français en Partage) à Bamako du 26 au 29 mai 1998 ;

– la 14ᵉ session du Haut Conseil de la Francophonie qui a eu lieu à Paris du 4 au 6 juin 1998. Cette session a été consacrée principalement au potentiel français de savoir et de savoir-faire technologique et à sa présence insuffisante sur le marché mondial de la formation.

Le lecteur voudra bien se reporter aux actes de ces réunions. Les indications qui suivent pourraient constituer une des grilles de lecture de ces deux documents qui serviront désormais de référence pour connaître la situation de la formation professionnelle et technique dans les pays francophones ainsi que les orientations des instances de la Francophonie dans ce domaine.

La nomenclature des niveaux, filières, diplômes de la formation professionnelle et technique est excessivement variable d'un pays à l'autre. Le parti a été pris ici, pour des raisons de simple commodité, d'utiliser pour tous les pays la terminologie française.

Ce choix ne signifie aucunement que la France soit en mesure de présenter au monde une formation exemplaire. Ministre, organisations professionnelles et syndicales ont décidé de procéder à une complète « remise à plat » de la formation professionnelle et technique française initiale et continue, durant l'été 1998.

rmation et Francophonie

La Francophonie, lorsqu'il est question des pays en développement, comprend principalement vingt États d'Afrique subsaharienne et de l'Océan indien où le français est la ou l'une des langues officielles et, par conséquent, la langue, unique ou dominante, de l'enseignement public.

Elle ajoute généralement à cet ensemble Haïti et la Mauritanie dont la situation linguistique et économique est estimée comparable, ainsi que les pays africains lusophones qui participent aux instances de la communauté francophone internationale.

La situation de ce « noyau » de la Francophonie du Sud reste au centre des préoccupations de la CONFEMEN.

Quant aux enquêtes organisées par le Haut Conseil de la Francophonie, malgré toute la richesse des données traitées, elles ne permettent guère pour l'instant de comparer ces données avec celles qui concernent les autres aires géopolitiques de la Francophonie, *a fortiori* avec la situation et la problématique de la formation dans les pays en voie de développement étrangers à l'espace francophone. À défaut de comparaison systématique, des indications seront cependant données sur d'autres « modèles » que celui qui a prévalu dans les pays francophones au Sud du Sahara.

La question de savoir ce que peuvent mettre en commun la cinquantaine de pays qui ont choisi de se rassembler autour de la langue française (comme d'autres, et parfois les mêmes, autour d'autres langues) est très concrète, car, un demi-siècle après la fin de l'ère coloniale, les pays en développement ne sont plus prisonniers des systèmes de formation qu'ils ont hérités de leurs anciennes métropoles. En attendant les immenses possibilités de choix que leur offriront demain la formation à distance et internet, ils peuvent, dès maintenant, trouver des références (accompagnées souvent d'aides) dans les modèles scandinave, allemand, américain, islamique, chinois, indien, japonais, etc., autant que français, canadien, suisse ou belge. Cette pluralité leur permet d'échapper aux dépendances exclusives du passé, d'accepter telle offre, de refuser telle autre, d'inventer des combinaisons inédites. Une liberté qui, certes, peut être limitée par les conditionnalités des prêts du FMI (Fonds Monétaire International) aux pays en crise financière. Mais cette éventualité ne peut que renforcer la nécessité de définir le modèle de formation que la coopération francophone, bi- et multilatérale, est prête à soutenir. Encore faudrait-il qu'elle offre des spécificités originales par rapport aux modèles dominants...

Cette question de la spécificité francophone étant donc réservée (ainsi que celle de la place qu'occupe la langue française dans la formation technique et professionnelle en dehors des pays où elle est la langue maternelle des apprenants et apprentis), on constate que la Francophonie n'a pas manqué de manifester l'intérêt qu'elle porte au développement de la formation dans les pays francophones en développement.

La CONFEMEN et Jomtien

Depuis le Sommet de Dakar en 1989, la Francophonie considère comme prioritaire la coopération francophone dans le secteur de l'éducation et de la formation, secteur qualifié de « stratégique » pour le développement endogène des Nations membres.

Les ministres francophones de l'Éducation, réunis dès 1960 au sein de la CONFEMEN, avaient, bien avant leurs chefs d'État et de gouvernement, recommandé que les systèmes éducatifs s'ouvrent aux activités de production et mettent l'accent sur l'enseignement de la technologie pour contribuer au développement.

Un *Guide d'initiation à la technologie dans l'enseignement primaire* a été élaboré en commun, donc en langue française, par des experts de la CONFEMEN. (Il a été réédité en 1996). Document de référence destiné aux enseignants généralistes du primaire, il vise à stimuler chez les élèves l'imagination et l'initiative nécessaires pour trouver des solutions techniques à des problèmes concrets. Par exemple, le besoin de se nourrir conduit à l'étude des ustensiles de la cuisine et de la cuisson ; le problème de la distribution de l'énergie électrique conduit à l'étude des groupes générateurs et des centrales, du transport du courant jusque dans les lieux de la consommation, industrielle autant que domestique.

Au cours de sa 41e session (Paris, avril 1989), la CONFEMEN avait déclaré (à l'intention des chefs d'État et de gouvernement qui allaient se réunir à Dakar) que le renouvellement des manières de produire, la complexification des circuits d'échange, l'aggravation des menaces pesant sur l'environnement appelaient la formation de *« techniciens qualifiés »*. Les ministres de l'Éducation des pays francophones prenaient ainsi leur distance à l'égard des organisations qui préparaient la conférence mondiale sur l'éducation de base pour tous. Leur objectif, beaucoup plus ambitieux, était que chaque jeune francophone, au Sud comme au Nord, reçoive de l'école les capacités nécessaires pour s'adapter aux évolutions de la vie professionnelle. C'est pourquoi l'école de base devait être « de qualité » et doter chaque enfant des instruments nécessaires aux acquisitions ultérieures indispensables, tant théoriques que pratiques.

Compte tenu de l'unanimité réalisée lors de la conférence mondiale de Jomtien, en 1990, en faveur du développement de l'éducation de base pour tous, y compris dans les pays francophones du Sud, la CONFEMEN insiste cependant de plus en plus nettement, à partir de cette date, sur la nécessité de *« restaurer la pertinence sociale et économique »* des systèmes éducatifs : l'école primaire doit non seulement préparer l'accès au cycle secondaire, mais préparer la majorité des élèves à s'insérer dans leur environnement économique immédiat. Cette réorientation conduit la CONFEMEN à prôner le partenariat de l'école avec les acteurs économiques locaux. Le plan décennal d'action qu'elle adopte en 1992 souligne que l'enseignement technique et la formation professionnelle doivent se donner pour objectif l'insertion des jeunes dans la vie active, donc de développer des compétences adaptées aux besoins du marché du travail et à son évolution.

Constatant que les pays francophones en développement n'ont plus besoin de former des cadres (que l'éducation nationale a remarquablement réussi à former en trois décennies pour décoloniser les administrations et les grandes entreprises modernes), la CONFEMEN recommande plus précisément de créer des filières courtes permettant aux jeunes de s'insérer rapidement sur le marché du travail.

Mais des gouvernements francophones commencent à poser la question plus radicale de la rentabilité des investissements qu'ils consentent en faveur de leurs systèmes éducatifs. Le Président de la République du Mali accuse de manière spectaculaire le système scolaire de son pays d'avoir été conçu pour former des agents subalternes de la colonisation. Devenu après trente ans d'indépendance *« une immense fabrique de chômeurs »*, il doit être *« cassé »* et remplacé par des centres où des lettrés traditionnels dispenseront, dans la langue locale et sous le contrôle des organisations populaires locales, un enseignement de base. Cette nouvelle école enseignerait certes la lecture, l'écriture et le calcul, mais comme moyens, pour chaque jeune, de s'insérer dans son milieu.

On reconnaît là les caractéristiques de l'éducation de base pour tous telle qu'elle a été définie à Jomtien par les représentants de la communauté mondiale en mars 1990. Cette éducation de base, qui peut être assurée par les apprentissages traditionnels dans la famille et les communautés villageoises aussi bien que dans les institutions scolaires « formelles », doit armer les jeunes des savoir-faire indispensables dans les domaines vitaux que sont, dans les pays en développement, la nutrition, les soins à donner aux enfants, la productivité agricole et artisanale, la commercialisation des produits.

C'est dans ces conditions que, à partir de 1994, la CONFEMEN décide de s'intéresser en priorité à l'école de base, parallèlement aux actions mises en œuvre par les pays francophones du Sud dans le cadre du plan mondial adopté à Jomtien. En 1995, à la demande des ministres de l'Éducation, le Sommet de Cotonou déclare que l'éducation de base sera placée *« au cœur des préoccupations et des actions »* des États et des gouvernements francophones.

En dehors de l'école

Mais, comme l'a souhaité la CONFEMEN, cette éducation de base restera « dans le cadre des systèmes éducatifs », estimés seuls capables d'assurer une insertion « véritable » dans la vie active.

Au contraire, les ministres chargés de l'Enfance dans les pays francophones (réunis pour la première fois en conférence en 1993 à Dakar) avaient recommandé que la Francophonie s'implique dans la formation « non formelle » en équipant des ateliers d'apprentissage pour les exclus du parcours scolaire, majoritaires dans la jeunesse africaine au Sud du Sahara.

La Conférence des Ministres de la Jeunesse et des Sports (CONFEJES) a, de son côté, très vite compris la gravité de la crise de l'emploi dans les secteurs public et « moderne » de l'activité économique qui avaient assuré pendant un quart de siècle des débouchés quasi-garantis aux formations scolaires et universitaires. Elle gère depuis 1988 un Fonds de formation extra-scolaire dont ont bénéficié plus de 2 500 jeunes francophones du Sud. Par des stages de formation à l'entrepreneuriat et par son soutien financier, elle a « ouvert la voie au dynamisme économique » de quelque 1 200 jeunes promoteurs (dont près de 500 jeunes filles) de micro-entreprises qui ont créé plus de 3 000 emplois (boutiques de jus de fruit ou boutiques de mode, petites unités d'horticulture, d'élevage ou de ramassage des ordures, etc.). Une résolution du Sommet de Cotonou, intitulée « Jeunesse et vie active », a apporté le soutien des chefs d'État et de gouvernement à ces initiatives de leurs ministres de la Jeunesse et des Sports en faveur de l'insertion sociale des jeunes (par la vie associative et les activités sportives) autant que de leur insertion professionnelle.

L'Agence (devenue Agence de la Francophonie en 1996) a mené de son côté, depuis sa création en 1970, une série d'actions en dehors du champ de compétence des ministres de l'Éducation.

Certaines de ces actions, qui répondent à des demandes précises des États membres, concernent des formations spécialisées qui auraient pu être assurées par des institutions scolaires et universitaires :

– perfectionnement et recyclage de cadres du secteur privé et d'administrateurs publics (1 250 bénéficiaires en 1997) à l'École Internationale de Bordeaux (EIB, devenue, depuis 1996, l'École Internationale de la Francophonie EIF) ;

– renforcement et mise à jour des connaissances de professionnels œuvrant dans le domaine du développement durable à l'Institut de l'Énergie et de l'Environnement des Pays Francophones (IEPF) situé à Québec. Ces formations, qui prennent la forme de séminaires de haut niveau ou d'ateliers de courte durée portent sur la maîtrise de l'énergie et la création d'entreprises éco-énergétiques (dans le cadre du plan mondial d'action adopté à Rio de Janeiro en 1991), mais également sur des technologies transférables dans les pays francophones du Sud pour valoriser leurs ressources naturelles : séchage solaire, micro centrales hydroélectriques, conversion énergétique de la biomasse, etc. ;

– formation aux métiers du livre (imprimerie, édition, librairie, distribution) au Centre Africain de Formation à l'Édition et à la Diffusion du Livre (CAFED) situé à Tunis. Entre 1991 et 1997, vingt-six sessions de formation ont bénéficié à quelque quatre cents participants francophones du Sud. L'objectif est de favoriser la création à terme d'une industrie africaine de l'édition qui soit en mesure de concurrencer sur le marché africain les puissantes maisons d'édition du Nord.

Mais d'autres actions de l'Agence se différencient très nettement des formations offertes par les systèmes éducatifs. Pour faire face aux difficultés de plus en plus graves d'insertion que rencontrent les jeunes, l'Agence a investi ses moyens (bourses de stages, fonds de garantie pour les jeunes entrepreneurs) pour soutenir les programmes de la CONFEJES, c'est-à-dire en faveur de la formation de jeunes, scolarisés, mal scolarisés ou non scolarisés, à l'auto-emploi, à la création de petits ateliers et petites entreprises.

Considérant en outre qu'une petite minorité (de l'ordre de 10 % en moyenne) des scolarisés ont accès au second degré dans les pays du Sud, l'Agence s'est dotée d'un programme intitulé « École ouverte ». Ce programme soutient les expériences menées dans plusieurs pays membres pour introduire dans l'école de base des savoir-faire facilitant l'insertion sur le marché de l'emploi des enfants pour qui l'école de base fait office de cycle terminal. Il favorise également la création de passerelles entre le système formel et le système informel de la formation.

L'Agence a surtout introduit la coopération francophone directement dans le système de la formation par l'apprentissage qui assure environ 80 % de la formation professionnelle dans les pays africains au Sud du Sahara (ce qui signifie que pour un jeune formé dans un établissement scolaire d'enseignement technique ou de formation professionnelle, quatre sont formés par apprentissage).

Depuis sa création, son Programme Spécial de Développement (PSD) a assuré des actions de formation en relation avec des activités informelles ignorées par l'école.

En 1996, ces actions avaient bénéficié par exemple à 150 animatrices du système de crédit-épargne au Burkina Faso, 700 artisans du Congo,

50 petits sauniers à Madagascar, 60 jeunes Sénégalaises formées à la conservation et la transformation des fruits.

En 1997, un programme systématique a été mis en place à l'Agence de la Francophonie pour former des artisans et améliorer leurs capacités de transmettre à leurs apprentis leurs savoirs, savoir-faire et savoir-être.

Dans un premier temps, ce programme concerne trois pays situés au Nord, à l'Ouest et à l'Est du continent africain : la Tunisie, la Guinée et Djibouti, et trois « petits métiers « urbains » modernes » : menuiserie, électricité et maintenance automobile.

Ce programme utilise les moyens de la formation à distance, de la radio rurale aux technologies informatiques de la communication. Il diffuse un matériel d'alphabétisation professionnalisante et des manuels techniques élaborés conjointement par des pédagogues et par des artisans, dans les langues africaines aussi bien qu'en français. Ce matériel porte non seulement sur des techniques de base permettant d'accroître les capacités productives des artisans, mais également sur la maintenance, la gestion, l'environnement, la sécurité des travailleurs.

On notera que les outils utilisés pour la formation des artisans du secteur informel sont laissés aux formés, soit à titre individuel, soit dans des coopératives de prêt.

Au Sommet : de l'enseignement technique et la formation professionnelle (ETFP) à la formation professionnelle et technique (FPT)

En 1994, la CONFEMEN, lors de sa 46ᵉ session, s'est, elle aussi, emparée des problèmes de l'insertion des jeunes dans la vie active, dans son domaine de compétence, c'est-à-dire par l'enseignement technique et la formation professionnelle offerte dans des établissements scolaires. Au cours de sa 47ᵉ session (Liège, avril 1996) elle a adopté une résolution que les chefs d'État et de gouvernement ont officialisée en novembre 1997 à Hanoï.

Le Sommet a souligné que, comme l'éducation de base, la formation professionnelle et technique doit favoriser non seulement l'insertion de la jeunesse dans la vie active, mais la participation de tous les citoyens au développement de leurs sociétés. Le plan d'action adopté à Hanoï, dans le cadre général de la mise en valeur des ressources humaines, accorde donc la même importance à la formation continue à distance qu'à la formation initiale dans les établissements scolaires.

La CONFEMEN ayant en outre souhaité dialoguer avec les opérateurs économiques et les employeurs afin d'arrêter avec eux des stratégies opérationnelles, le Sommet a décidé la tenue d'assises francophones de la formation professionnelle et technique. Celles-ci ont eu lieu en mai 1998 à Bamako. Les chefs d'État et de gouvernement en avaient confié l'organisation conjointement à l'Agence et à la CONFEMEN.

Les actes de Bamako permettront d'appréhender la situation de la formation scolaire et extra-scolaire dans l'ensemble des pays francophones d'Europe, d'Afrique, d'Asie et d'Amérique et de préciser dans quelle mesure

432

la communauté internationale francophone a, dans ce domaine de la formation, un point de vue et des orientations qui lui sont propres par comparaison avec ceux des organisations mondiales, ainsi qu'avec les positions des autres communautés internationales linguistiques et culturelles, anglophone, arabophone, hispanophone, lusophone, turcophone, germanophone, russophone, etc.).

La lecture des actes de Bamako permettra également de mesurer l'adhésion des différents participants à l'option générale prise par l'Agence en faveur de la formation à distance, seule apte, d'après elle, à répondre de manière flexible, ouverte et moins coûteuse, aux besoins massifs et urgents de formation des francophones du Sud. Le programme de formation des artisans des petits métiers, par exemple, vise à constituer un fonds commun de ressources techniques (une « boîte à outils » qui se remplit progressivement) et pédagogiques qui sera mis à la disposition de tous les pays membres pour des formations à distance (y compris grâce à des moyens informatiques de communication fournis par l'Agence).

À noter également la décision prise par l'Agence de la Francophonie de négocier avec le secrétariat de la Communauté ibéro-américaine et le Distant Learning programme du Commonwealth en vue d'une production conjointe de modules de formation technique et professionnelle.

Un fait, en tout cas, a marqué la préparation des assises : le débat fondamental qui a eu lieu concernant leur intitulé. La 47e session de la CONFEMEN avait été consacrée, en 1996, à l'insertion des jeunes dans la vie active par l'enseignement technique et la formation professionnelle (ETFP). Les décisions de Hanoï portent, elles, sur la formation professionnelle et technique (FPT).

Ce changement n'est pas sans importance. Conformément à ses habitudes, la CONFEMEN avait fait préparer par un groupe d'experts et réviser par ses correspondants nationaux les documents soumis à l'approbation des ministres au printemps 1996. Les ministres ont adopté une résolution sur l'insertion des jeunes par l'enseignement technique et la formation professionnelle qu'ils ont présentée au Sommet de Hanoï en novembre 1997, mais ils ont souhaité que le document d'accompagnement soit enrichi.

Dès le mois de décembre 1996, un groupe d'experts s'est réuni à Dakar afin de prendre en compte les avis émis par les ministres eux-mêmes, mais également pour répondre à une demande, formulée par la Conférence Ministérielle de la Francophonie, afin que soit développé « l'ancrage de l'ETFP dans les réalités économiques locales ».

Les experts ont donc approfondi leur réflexion dans trois directions :
– reconnaître et valoriser les formes diverses de l'apprentissage « informel » des jeunes, notamment des jeunes filles et des jeunes ruraux, qui n'ont pas eu d'accès à l'école et de ceux qui l'ont quittée sans qualification ;
– réaménager les systèmes de l'enseignement technique et la formation professionnelle en leur donnant pour finalité l'insertion dans la vie active des scolarisés, mal scolarisés et déscolarisés ;
– développer l'esprit d'entreprise dans l'éducation scolaire.

Le bureau de la CONFEMEN, réuni à Madagascar en mai 1997 pour examiner les nouvelles propositions des experts, a considéré que la notion de formation professionnelle et technique, qui engloberait les secteurs formel et informel de la formation, irait au-delà des compétences des ministres de l'Éducation, et qu'il convenait de respecter la terminologie utilisée dans la déclaration adoptée un an auparavant par la 47e session.

« Enseignement technique » (ET) devait donc continuer à désigner les aspects du processus éducatif qui, en plus d'une instruction générale, impliquent l'acquisition de capacités pratiques et de connaissances théoriques (scientifiques et technologiques) en rapport avec « des professions ».

L'Enseignement technique se distingue ainsi de la formation professionnelle (FP) qui débouche sur « un métier ». Complémentaire de l'enseignement général ou technique, la formation professionnelle, débouche à court terme sur une qualification qui garantit un certain nombre de connaissances, habiletés et attitudes nécessaires pour l'exercice de ce métier. La Formation professionnelle peut être initiale ou continue, dispensée dans des établissements d'enseignement (publics ou privés) ou dans des entreprises, mais elle est généralement sanctionnée par un diplôme auquel sont liés des droits.

Dans la plupart des pays francophones, l'enseignement technique est entièrement sous la responsabilité des ministres de l'Éducation nationale, alors que les ministres du Travail, de l'Emploi et plusieurs ministères « techniques » contribuent à la formation professionnelle.

La CONFEMEN n'ignore pas la nécessité de faire évoluer les systèmes d'enseignement technique et la formation professionnelle qui s'avèrent, au Sud, excessivement coûteux et inefficaces. Elle propose même, non pas de les réformer, mais de les « refonder ».

Le projet de résolution qu'elle a soumis au Sommet de Hanoï n'en concerne pas moins l'enseignement technique et la formation professionnelle.

Les chefs d'État et de Gouvernement l'ont adopté, mais ils ont convoqué des assises de la formation professionnelle et technique dans lesquelles les ministres de l'Éducation nationale ne seraient pas les seuls intervenants.

Le document de référence présenté par la CONFEMEN à ces assises reprend la formulation *Insertion des jeunes dans la vie active par l'enseignement technique et la formation professionnelle*, mais il comporte une section intitulée : « De la faiblesse de la prise en compte des réalités socio-économiques par l'enseignement technique et la formation professionnelle » et son chapitre II a pour sous-titre « De l'enseignement technique et professionnel à la formation professionnelle et technique ». (on notera non seulement le glissement de « enseignement » à « formation », mais également le changement de rang des deux adjectifs).

La position des ministres de l'éducation n'est pas, pour autant, exempte d'ambiguïtés.

Le contexte

Lorsque la CONFEMEN examine l'offre de formation scolaire par rapport à la demande du marché de l'emploi, son constat est sévère : elle parle de déséquilibre, d'irréalisme, d'échec dans un conflit entre deux mondes qui ont des logiques divergentes.

Pour refonder la FPT, la CONFEMEN se déclare prête à « *prendre en compte le secteur informel* » parce qu'il est, de très loin, le plus puissant pourvoyeur d'emplois, ainsi que « l'économie rurale », c'est-à-dire les besoins de formation du monde des agriculteurs, éleveurs, pêcheurs et artisans, parce que ces activités occupent la très grande majorité de la population des pays en développement (ces deux secteurs de l'économie ne doivent pas être confondus, mais ils ont en commun que la formation s'y acquiert « sur le tas »).

Lorsque la CONFEMEN évoque ce que pourrait être une formation professionnelle et technique réconciliée avec sa mission d'insertion des jeunes générations dans la vie active, elle propose de « *valoriser l'offre de formation existante* ». Elle estime qu'un système réaménagé pour accueillir « *une bonne proportion des jeunes ayant terminé l'école de base ou le premier cycle du secondaire* » dans des formations « adaptées » peut atténuer le chômage des jeunes.

Certes, la refondation du système formel de formation ne pourra, à elle seule, régler le problème de l'insertion des jeunes : la création des emplois n'est pas de la responsabilité des pédagogues, pas plus que le sous-développement. Mais l'inadéquation entre la formation et l'emploi peut être prise en compte, pour une part, par les ministres de l'Éducation.

Lorsqu'elle plaide pour la reconnaissance de la formation professionnelle et technique comme partie intégrante, comme un secteur spécifique, de systèmes éducatifs qui se seront ouverts et diversifiés, elle situe la formation professionnelle et technique dans le prolongement de l'école de base. Comme l'école de base, la formation professionnelle et technique devrait permettre à la fois l'insertion des élèves dans leur milieu social et économique et la poursuite de leurs études, jusque, pour certains, au niveau supérieur. En cohérence avec la nouvelle école de base, la nouvelle formation professionnelle et technique visera à former « *des citoyens autonomes, compétents dans leur langue, fiers de leur culture, sûrs de leur identité, capables de s'insérer dans leur environnement, mais également de participer au développement global de la société* », donc des hommes et des femmes désireux de poursuivre leur éducation et leur formation tout au long de leur vie. Car l'insertion ne peut plus être considérée comme le passage instantané d'une situation de non-emploi à une situation définitive d'emploi, mais comme un processus continu que la formation professionnelle et technique initiale doit, précisément, amorcer en préservant pour chaque jeune la possibilité de revoir ses choix.

En tenant ce langage en 1998, la CONFEMEN réaffirme la position qu'elle avait adoptée en 1989 à la veille du Sommet de Dakar.

Il s'agit toujours, au Sud comme au Nord, de donner au jeune francophone non seulement un degré élevé de compétence professionnelle, mais également des capacités d'adaptation, de responsabilisation qui impliquent elles-mêmes des capacités d'autonomie. L'orientation scolaire doit informer chaque jeune sur ses aptitudes et sur les voies qui lui sont offertes, après que l'enseignement général lui aura donné les moyens de choisir un projet de vie.

Seule différence significative avec les déclarations de 1989, explicable par l'évolution économique générale : la formation professionnelle et technique doit aussi apprendre à entreprendre, « *comme les autres secteurs de l'enseignement, comme l'école de base, comme les formations générales secondaire et universitaire* », qui elles aussi, en raison de la crise de l'emploi salarié, doivent favoriser l'auto-emploi, en stimulant le goût de créer des activités productives.

Les ministres de la CONFEMEN se disent prêts, pour toutes ces raisons, à collaborer avec les opérateurs économiques, à associer les professionnels et les employeurs à l'analyse des besoins, à la définition des métiers, à l'élaboration des *curricula*, à la certification des acquis, à l'évaluation des formations, dans le cadre des programmes de développement local.

Réciproquement, les entreprises doivent se donner une culture de formation. L'État, par des mesures fiscales incitatives, peut convaincre des entrepreneurs de mettre à la disposition des établissements scolaires et universitaires leurs équipements, des personnes-ressources pour des vacations d'enseignement et pour l'encadrement de stages. La CONFEMEN va jusqu'à leur proposer des contrats de co-gestion de la formation (l'ouverture des établissements d'enseignement technique et formation professionnelle à la formation continue favorisera cette coopération).

La CONFEMEN espère qu'ainsi, les sociétés civiles et les États, au Sud comme au Nord, reconnaîtront la fonction éducative de la formation professionnelle et technique, jusqu'au niveau supérieur. Il s'agit, plus fondamentalement, de faire reconnaître par tous la dignité de la culture technologique, à égalité avec la culture scientifique, juridique, esthétique.

La CONFEMEN est consciente de s'attaquer là à des préjugés tenaces, au Nord comme au Sud. Elle suggère aux États d'organiser des campagnes de masse pour redonner à la formation professionnelle et technique ses lettres de noblesse et remettre en cause le prestige exclusif attaché aux activités à forte composante intellectuelle au détriment des métiers manuels.

On retrouve en réalité ici les préoccupations et le langage de l'Organisation pour la Coopération et le Développement Économique (OCDE) ou de l'Union européenne (UE).

On peut se demander si, au sein de la Francophonie, communauté internationale déchirée par le mur du sous-développement entre une minorité de pays parmi les plus riches du monde et une majorité parmi les moins avancés, la problématique de la formation technique et professionnelle qui est adaptée aux premiers est transférable aux seconds. Formellement, les difficultés sont communes : on parle à Montréal ou à Paris comme à Bamako ou à Dakar d'inadaptation des formations, de décalage par rapport aux réalités de l'économie. Au Nord comme au Sud, la formation est désignée comme la responsable et comme la panacée de tous les maux.

Mais ces unanimités rhétoriques sont trompeuses. Elles masquent ce qu'il faut bien appeler les spécificités des pays francophones en développement, à savoir la place disproportionnée qu'occupent dans leur réalité économique et sociale l'agriculture et l'informel, sur fond de stagnation et parfois de fléchissement de la scolarisation.

sous-scolarisation de la jeunesse
Afrique subsaharienne

Dans l'ensemble des pays francophones en développement, la « région » privilégiée par la CONFEMEN se singularise par la faiblesse de ses taux de scolarisation.

On sait que, malgré la Convention internationale relative aux droits de l'enfant, le rêve de scolarisation primaire universelle conçu au début des années 60, est aujourd'hui devenu, en Afrique, une utopie. Près d'un enfant sur deux, selon les estimations de l'UNESCO, y échappe à l'obligation scolaire, notamment dans les régions rurales et les filles nettement plus que les garçons.

Ils sont plus d'un million au Mali, près d'un million au Burkina Faso, au Niger, en Côte-d'Ivoire, entre 750 000 et 600 000 en République Démocratique du Congo, en Guinée, au Sénégal, à Madagascar, plus de 500 000 au Tchad, au Rwanda (avant le génocide), autour de 400 000 au Cameroun, au Burundi, au Bénin, plus de 200 000 en Centrafrique, plus de 50 000 au Togo, au Gabon, à Djibouti, en Guinée-Bissau, en Haïti.

Ces données doivent évidemment, pour être interprétées, être rapportées au nombre total, dans chaque pays, des 6-12 ans. Mais elles sont aussi en relation directe avec les taux de scolarisation primaire qui sont inférieurs à :

– 30 % au Mali et au Niger ;
– 50 % en Guinée, au Burkina Faso, à Djibouti ;
– 60 % au Sénégal et au Tchad ;
– 70 % au Burundi, en Côte-d'Ivoire, au Bénin, en Mauritanie, à Madagascar ;
– 75 % au Rwanda, aux Comores, en Centrafrique et en République Démocratique du Congo

Des évolutions significatives se produisent depuis la mise en œuvre du plan d'action adopté en 1990 par la conférence mondiale de Jomtien en faveur de l'éducation de base pour tous.

Sont considérés comme en progrès sensible : le Burundi, la Mauritanie, le Burkina Faso, le Sénégal et le Tchad.

Mais sont, au contraire, en régression : le Togo, la République Démocratique du Congo, Madagascar et la Côte-d'Ivoire.

Dans les autres pays, le nombre des nouveaux inscrits dans l'enseignement primaire progresse sensiblement au même rythme que le nombre des naissances.

C'est ainsi en tout cas que, dans une vingtaine de pays francophones en développement, dix millions de moins de douze ans se trouvent sur le marché de l'emploi, sans autre formation que celle que leur offrent leur famille, leur communauté, la rue.

Il convient d'ajouter qu'une fraction seulement de ceux qui ont été admis en première année de l'enseignement primaire se retrouvent en cinquième année.

Le taux des enfants qui abandonnent l'école de base avant douze ans et qui sont, pour la plupart, menacés de retour à l'analphabétisme, est très variable, de l'ordre de :
- 70 % à Madagascar ;
- 50 % au Rwanda, au Bénin, au Tchad ;
- 30 % au Togo, au Burkina Faso, au Cameroun, en Centrafrique, en République Démocratique du Congo ;
- 25 % aux Comores, au Mali, au Burundi, au Congo, en Côte-d'Ivoire, en Mauritanie ;
- 20 % en Guinée, au Niger ;
- 10 % au Sénégal.

Ces abandons obligent à relativiser les taux de scolarisation primaire proches de 100 % annoncés par le Gabon, le Congo, le Togo, le Cameroun.

Ces quelques millions supplémentaires de moins de douze ans déscolarisés ou mal scolarisés se retrouvent eux aussi sur le marché de l'emploi. Ils ont, sur les non-scolarisés, l'avantage d'avoir acquis un certain « sens de l'écrit et du calcul », compétence potentielle non négligeable parfois dans la compétition pour l'emploi.

Puis, vient la sélection à l'entrée de l'enseignement secondaire. Elle est sévère et aggrave lourdement le nombre des jeunes demandeurs d'emploi.
On estime, en effet, que le pourcentage des 12-18 ans qui sont en quelque sorte « retenus » par la scolarisation du 2e degré n'atteint 30 % dans aucun des pays de la région :
- 28 % au Burundi et au Congo ;
- 23 % au Togo et dans la République Démocratique du Congo ;
- 15 % au Sénégal, en Mauritanie, à Madagascar ;
- entre 12 et 10 % au Bénin, en Centrafrique, au Gabon, à Djibouti, au Rwanda ;
- entre 9 et 7 % au Tchad, au Burkina Faso, au Burundi, au Mali et au Niger.

Au total, plus de deux jeunes Africains « francophones » sur trois se trouvent sur le marché de l'emploi. Dans la perspective du Sommet de Moncton qui se préoccupera des problèmes de la jeunesse, il peut être intéressant de réfléchir à ce que pourrait être un taux brut et global de scolarisation de la jeunesse (TBSJ). Ce taux serait global parce qu'il prendrait en compte l'ensemble des niveaux, de la maternelle à l'université. Il serait « brut » en ce sens qu'il ne tiendrait aucun compte des retards par redoublement ou des retards à entrer dans le système formel de la formation. (On sait que la forte dispersion des âges des apprenants rend extrêmement difficile le suivi des cohortes).

D'après certaines estimations actuellement disponibles, les écarts entre les pays de la « région » seraient très importants :
- trois pays se situeraient au-dessus de 50 % : le Togo, le Cameroun, le Gabon ;
- entre 40 et 35 % : la République Démocratique du Congo, le Rwanda, la Côte-d'Ivoire, la Centrafrique et les Comores ;
- entre 34 et 30 % : le Bénin, Madagascar, la Mauritanie, le Burundi, le Sénégal ainsi que Haïti ;
- entre 30 et 25 % : le Tchad et la Guinée-Bissau ;
- entre 22 et 18 % : la Guinée, le Burkina Faso, Djibouti ;
- autour de 15 % : le Mali et le Niger.

Il sera indispensable de comparer les « performances » de l'Afrique subsaharienne et des pays assimilés avec les moyennes de l'ensemble des pays membres de la CONFEMEN. On peut dès maintenant, se faire une idée du cas particulier que constitue cette région de la Francophonie. Son TBSJ est estimé à 34 %. Celui de la Tunisie et de l'Algérie est de 66 % (mais le Maroc est à 44 % seulement). L'Égypte est à 69 %, le Liban à 80, le Laos à 50, le Vietnam à 51, le Vanuatu à 52 (mais le Cambodge est à 30) ; Sainte-Lucie et la Dominique culminent avec plus de 75 % (alors que Haïti est à 30).

Le contraste, dans l'Océan Indien, entre d'une part Madagascar et les Comores (TBSJ inférieur à 40 %) et d'autre part les Seychelles et Maurice (avec 61 et 57 %), inciterait à prendre en compte les traditions culturelles et les héritages éducationnels : français pour les premiers, britanniques pour les seconds.

Mais toute typologie est pour l'instant prématurée et il convient d'éviter toute globalisation : en attendant des comparaisons fines qui exigeraient le travail à long terme d'un nouveau Programme d'analyse des systèmes éducatifs dans les pays francophones en développement, il ne serait guère prudent de juxtaposer des statistiques relativement fiables pour certaines. On se reportera donc, en annexe, aux fiches qui ont pu être établies pour chaque État concerné.

On peut cependant, sans plus attendre, réfléchir à la portée des données qui concernent les pays francophones les moins développés dans le domaine de l'éducation scolaire et universitaire.

Il est indéniable que ces pays ont à résoudre les problèmes de l'insertion professionnelle et sociale beaucoup plus tôt que les pays développés. Cette différence n'est pas seulement une différence de degré : elle signifie que des millions de moins de 15-16 ans sont dans la vie active et, dans leur immense majorité, sans formation scolaire qualifiante.

Certes, depuis la nuit des temps, ces sociétés se sont perpétuées grâce à des savoir-faire transmis de génération en génération, sans autre formation que des formations « sur le tas », c'est-à-dire inséparables du travail agricole ou artisanal. La formation préalable au travail offerte dans une institution spécifique est une invention du XIXe siècle européen. Avant les débuts de l'ère technologique, elle était réservée aux professions à forte composante intellectuelle : légistes et juristes, médecins, théologiens, philosophes, enseignants, etc. Longtemps, les Européens eux-mêmes ont travaillé, vécu, progressé dans la production des biens et des services sans être passés par l'école, sans même avoir été alphabétisés.

Mais aujourd'hui, les pays du Nord, pour des raisons de concurrence internationale autant que de morale, soulèvent la question du travail des enfants dans les pays en développement, notamment dans les pays émergents. La marche mondiale organisée à ce sujet au printemps de 1998 aura sans doute permis de mieux comprendre que l'éradication sans contrepartie du travail des enfants des familles pauvres (4 milliards de personnes vivent dans le monde avec un revenu annuel inférieur à 1 500 dollars) pourrait favoriser leur prostitution, leur exploitation par les réseaux de trafics illicites, les milices armées, etc. On peut surtout se demander où les millions d'enfants et de jeunes adolescents qui, en Afrique subsaharienne francophone, ne sont pas sur les bancs des établissements d'enseignement pourraient être mieux accueillis que par leurs familles paysannes ou par leurs voisins artisans. Là où un enfant sur deux n'est aucunement scolarisé, là où deux jeunes sur trois n'ont pas accès au collège (sans parler du lycée et de l'enseignement supérieur), la chance d'un moins de quinze ans est de devenir un apprenti à défaut d'être un apprenant.

C'est pourquoi une étude de la formation professionnelle et technique dans les pays francophones en développement exigerait une connaissance précise des pratiques d'apprentissage dans les familles paysannes d'une part, dans le secteur de l'artisanat, notamment informel, de l'autre. On se contentera ici de quelques généralités et de quelques informations sur quelques pays.

La formation professionnelle et technique dans le secteur de l'économie rurale

Éducation scolaire et secteur agricole

Le Rwanda et le Burundi étaient, avant 1994, les seuls pays d'Afrique subsaharienne francophone à avoir mis en place un véritable réseau d'enseignement rural et artisanal « intégré », chargé en particulier de former à la vie active les jeunes ruraux écartés de l'enseignement secondaire. Les ministères de la jeunesse s'occupaient en outre de la formation professionnelle des non-scolarisés. Ces systèmes ont été déstructurés, ruinés par la guerre civile au Rwanda, profondément détériorés par les tensions politiques, puis, à partir de 1996, par l'embargo au Burundi.

Dans le groupe des pays à TBSJ faible (taux brut et global de scolarisation de la jeunesse, autour de 15 %)

On signale au Mali, la difficulté à relancer la ruralisation de l'école.

Considérée comme une école au rabais, avatar de l'école de brousse jadis proposée par l'administration coloniale, l'école ruralisée a été refusée au moment de l'indépendance, au nom de la revendication de l'équivalence totale avec le système de l'ancienne métropole. Néanmoins institutionnalisée en 1980 (85 % de la population active vit de l'agriculture), elle a été abandonnée en 1991 sous la pression des parents qui soupçonnaient les enseignants à la fois d'être peu au fait des techniques villageoises et d'exploiter à leur profit leurs enfants, main d'œuvre gratuite dont les familles se privaient dans l'espoir d'une promotion sociale pour leurs descendants.

Des changements sont attendus de la « nouvelle école fondamentale » : à côté de l'instruction de base qui occupe 50 % du temps, des modules de formation visent à l'insertion dans le tissu social, y compris dans les activités familiales de production.

Dans le groupe des pays à TBSJ moyen (30-40 %)

Le Bénin, où 70 % de la population vit de l'agriculture, compte trois établissements de formation agricole sur les quatorze qui constituent son réseau public de formation professionnelle et technique. Mais le rapport des effectifs est de un à dix, et les diplômés de la formation professionnelle et technique agricole ne sont guère plus nombreux que ceux de la formation professionnelle et technique médico-sociale.

En Mauritanie, où le secteur agricole occupe également 70 % de la main-d'œuvre, le lycée de Boghe forme en deux ans 120 élèves aux « grandes cultures », 75 à la maintenance des machines agricoles, 59 à l'artisanat rural, soit environ 250 jeunes sur 3 500 qui fréquentent des établissements scolaires de formation professionnelle et technique.

Au Sénégal, où 80 % de la main-d'œuvre se trouvent dans le secteur agricole, aucune filière agricole n'est signalée dans les lycées techniques. Sur la quarantaine d'écoles de formation qui préparent à des CAP, BEP, BT ou BTS, cinq seulement, dits « à vocation primaire » s'occupent d'agriculture, d'horticulture, d'élevage, des eaux et forêts. Ils sont manifestement sous-utilisés (un enseignant pour six apprenants en moyenne). On y trouve moins de 400 élèves sur un total de 2 300. Entre 1990 et 1993, 64 élèves ont été préparés à des CAP d'horticulture, pour 250 au CAP d'aide-comptable et 300 à celui de dactylographe.

Six centres d'initiation horticole courte (neuf mois) ont été construits et équipés avec l'aide du Bureau International du Travail. Ils étaient conçus pour accueillir des promotions de quarante jeunes de 16 à 22 ans décidés à « retourner à la terre » : 87 seulement y ont été formés en 1995 et on y trouve un enseignant pour quatre apprenants.

Treize centres de perfectionnement des « producteurs de base » ont été ouverts pour initier à des outils nouveaux des agriculteurs, éleveurs, pêcheurs et artisans ruraux. Construits et équipés pour des promotions de trente-six, ils ont échoué « lamentablement » : quarante candidats au total s'y sont présentés en 1994 (un enseignant pour trois élèves) et six centres sur les treize ne fonctionnent plus.

Dans le groupe des pays à TBSJ relativement élevé

Les réussites de la formation agricole par l'école sont apparemment aussi marginales.

On signale seulement au Togo la création récente de formations en agro-écologie pour des jeunes de plus de quinze ans qui disposent déjà de terres cultivables.

La CONFEMEN envisage évidemment de rénover l'enseignement agricole pour répondre aux besoins de formation dans le secteur de l'économie rurale. Elle compte, en effet, de manière intéressante, sur le renforcement des organisations paysannes, associations rurales, ONG locales ou internationales actives dans les campagnes africaines. Il s'agira d'accroître par leur intermédiaire les compétences des « acteurs du développement rural ». Elle paraît ainsi mettre l'accent moins sur la formation professionnelle et technique scolaire que sur l'enseignement, la recherche et la vulgarisation de niveau supérieur. Il est en effet question, dans ses documents, de « transférer » au profit des communautés villageoises, les technologies maîtrisées au sein des « grandes zones agro-écologiques », la maîtrise « appropriée », par exemple, des biotechnologies et des ressources génétiques. En misant sur un renforcement de « la chaîne chercheurs-vulgarisateurs-fermiers », la CONFEMEN semble vouloir laisser à l'Agence Universitaire de la Francophonie le secteur de la formation professionnelle et technique agricole en Afrique subsaharienne.

La formation professionnelle et technique agricole supérieure francophone

Les informations reçues par le Haut Conseil de la Francophonie, parfois incomplètes dans ce domaine, signalent que :

– au Sénégal, l'École Nationale Supérieure Agricole de Thiès forme 71 spécialistes de l'économie rurale, de la production végétale et animale, et 110 spécialistes en agriculture, élevage, eaux et forêts ;

– au Cameroun, le programme « Université à l'horizon 2000 » vise à faire émerger des pôles d'excellence de formation professionnelle et technique et de recherche agricole, à vocation régionale : IUT à Douala, faculté d'agronomie de Dschang, IUT et École Nationale Supérieure des « Sciences agricoles » de Ngaoundéré ;

– au Burkina Faso, l'École Inter-États de formation des ingénieurs ruraux est déjà un de ces pôles d'excellence.

Apparemment, les pays francophones d'Afrique subsaharienne cultivent l'héritage de la période coloniale en concentrant leurs efforts sur un enseignement supérieur agronomique lié aux productions agricoles d'exportation.

Pour ce qui concerne la coopération francophone multilatérale, il convient de rappeler que le Sommet de Paris avait, dès 1986, considéré l'agriculture comme un de ses secteurs prioritaires, en vue d'assurer la sécurité alimentaire et d'améliorer les conditions de vie de la population dans les pays francophones du Sud. Les États concernés n'ayant pas individuellement les ressources humaines et financières pour dispenser des formations à la productivité agricole, le Sommet de Dakar a opté pour une coopération Sud-Sud et le renforcement de pôles régionaux d'excellence. C'est pourquoi l'Agence de la Francophonie a créé des Centres Régionaux d'Enseignement Spécialisés en Agriculture (CRESA dont la direction scientifique a été confiée à l'Agence Universitaire de la Francophonie par le Sommet de Cotonou en 1995).

Cinq CRESA forment aujourd'hui des cadres professionnels de niveau bac + 5, diplômés récents ou cadres revenant aux études pour se spécialiser ou se réorienter.

Un consortium d'établissements francophones d'Europe et d'Amérique leur sert de banque d'expertise dans les domaines de la production et de la santé animales, de la conservation et de la mise en valeur des sols, de la pêche et de la pisciculture, de la riziculture, de la canne à sucre et des industries sucrières, ainsi, de manière générale, que des industries de transformation agro-alimentaires.

Le premier CRESA a été installé dès 1991 à l'Institut Agronomique et Vétérinaire Hassan II de Rabat. On y forme des spécialistes de l'irrigation.

La même année l'École Inter-États de l'Équipement Rural de Ouagadougou accueillait un CRESA « Hydraulique agricole, ressources en eau, sciences de l'eau ».

En 1992, la faculté d'agronomie de l'université Adbou Moumouni de Niamey accueillait le CRESA « Protection de l'environnement et amélioration des systèmes agraires sahéliens ».

La même année, un CRESA « Économie et sociologie rurales » était implanté au Centre Ivoirien de Recherche Économique et Sociale d'Abidjan.

En octobre 1997, un CRESA « Forêt-Bois » a été rattaché à la faculté d'agronomie de l'université de Dschang.

L'Agence Universitaire de la Francophonie publie, par ailleurs, deux revues intitulées, l'une *Agricultures*, l'autre *Sécheresse*. Son réseau thématique de recherche « Télédétection » s'applique notamment aux ressources naturelles : eau, forêts, ressources halieutiques. Son réseau « biotechnologies végétales et animales » travaille à l'amélioration génétique des productions, etc. La coopération francophone multilatérale, comme la coopération bilatérale, paraît ainsi confirmer que la FPT agricole est l'affaire des universités et des grandes écoles, l'enseignement scolaire ayant la responsabilité de sélectionner les candidats à ce niveau supérieur.

Entre ces centres francophones de recherche et d'enseignement agronomique et les producteurs africains massivement analphabètes, la communication ne peut pas être facile.

Les difficultés de la vulgarisation

La plupart des organisations mondiales, notamment la FAO (Organisation des Nations unies pour l'Alimentation et l'Agriculture), considèrent aujourd'hui comme un échec coûteux les campagnes lancées dans les années 80 pour vulgariser, par l'intermédiaire des ministères de l'Agriculture, l'Information Scientifique et Technique. Les paysans ont, en général, refusé les innovations considérées comme avantageuses pour eux par des experts qui ne parlaient pas leurs langues, peu au fait de leurs conditions de vie et de travail, de la nature et du niveau des énergies disponibles localement, de la fragilité des systèmes écologiques préservés par une agriculture de subsistance à faibles ressources.

On considère également comme un échec le modèle soviétique de diffusion de l'innovation agricole sous la tutelle des académies et dans le cadre des plans étatiques (où l'agriculture était rarement prioritaire). Le fonctionnaire héraut du progrès et de la modernisation (donc de l'agriculture à grande échelle) a peu de chances d'être écouté par la paysannerie africaine. Le jeune africain qui quitte son village pour aller étudier en ville les techniques agricoles les plus avancées a lui-même du mal à se réinsérer dans sa communauté d'origine. On le retrouve plus souvent dans les structures administratives des ministères de l'Agriculture, dans les facultés ou instituts agronomiques ou dans les organisations internationales qui s'occupent du développement rural.

Tout se passe, trop souvent encore, comme si devaient coexister séparément, sans contact véritable ni, *a fortiori*, d'interaction, une recherche agronomique de niveau international et, d'autre part, une agriculture ancestrale qui se perpétue comme un mode de vie sans besoin de qualification particulière : les savoir faire s'y transmettent discrètement, au sein des familles et des communautés, sans intervention de l'école et de l'État, en comptant, sur l'imitation et l'initiation. Ces deux voies traditionnelles de la formation paysanne ne sont guère ouvertes à l'innovation. Si la formation agricole scolaire est peu sollicitée par les familles paysannes, c'est aussi parce que la modernisation venue de l'école risque d'ébranler l'autorité des parents et des anciens, en contestant leurs savoir faire et leurs savoirs.

Lorsque l'évolution démographique, la sécheresse, une invasion de sauterelles provoquent une crise dramatique des ressources, les villages préfèrent que leurs jeunes aillent vendre, à bon marché, leur force de travail dans des activités non agricoles, proches ou lointaines. C'est ainsi que les forces productives et les chances d'évolution s'appauvrissent, dans les zones rurales, par l'exode ou l'émigration. D'un autre côté, les rares filières de formation agricole sont généralement concentrées dans les villes où l'on méprise les compétences des ruraux. Les systèmes éducatifs, conçus pour former la main-d'œuvre qualifiée des administrations et des entreprises, se désintéressent des formes archaïques de travail et de production qui se reproduisent dans les villages. Quant aux populations urbaines, elles sont, en général, plus attirées par les produits alimentaires importés que par ceux du terroir.

Le trait est ici délibérément grossi et la fracture entre l'école et la paysannerie est rarement aussi catastrophique. C'est peut-être parce qu'elle est souvent masquée par le développement d'une formation professionnelle et technique agricole non formelle.

La formation agricole non-formelle

Au Mali, la « nouvelle école fondamentale » intègre les écoles « parallèles », autogénérées, autocentrées, autogérées par les organisations villageoises et des associations de parents.

Ces initiatives ont été prises localement pour pallier à la fois l'insuffisance quantitative de l'offre publique de formation et son inadaptation aux besoins des populations.

Cette réaction populaire a été favorisée par la décision qu'ont prise les autorités maliennes de désétatiser la commercialisation de la production cotonnière. Les groupements villageois ont ainsi disposé de revenus collectifs qui leur ont permis de se doter de mutuelles de crédit-épargne, d'entreprises de fabrication et de maintenance de matériel agricole, et, par conséquent, de cycles et parfois de centres de formation à leurs responsabilités nouvelles.

L'alphabétisation fonctionnelle, dans les langues locales et souvent aussi en français, langue des services publics, s'oriente vers la gestion et la commercialisation, mais elle porte également sur l'amélioration de beaucoup d'autres aspects de la vie rurale : retenue et assainissement de l'eau, stockage des céréales, moulins à mil, fabriques de savon, reboisement, lutte contre l'érosion, utilisation de l'énergie solaire, etc.

Les nouvelles responsabilités assumées par les villageois impliquent des formations ponctuelles gérées avec l'aide des services (gouvernementaux ou non gouvernementaux), actifs dans le développement rural, beaucoup plus souvent qu'avec celle des enseignants de l'école publique.

Au Sénégal, par contraste avec la faiblesse des écoles de formation agricole et l'échec des centres d'initiation ou de perfectionnement, on souligne, comme un succès, le fonctionnement dans vingt-cinq villages de la zone de Kolda, de « classes communautaires » soutenues par le ministre de l'Enseignement de base et des Langues nationales. La formation concerne le maraîchage, l'arboriculture, l'élevage des poules, la fabrication du savon, la pharmacie, le petit commerce (par exemple, celui des fournitures scolaires).

Les assises de Bamako auront sans doute permis de mieux faire connaître les initiatives du même genre qui ont été prises en dehors des systèmes éducatifs et qui sont connues généralement par le canal des OING.

Pour ne citer qu'un exemple, le puissant mouvement des maisons familiales rurales, né en France au début du siècle pour lutter contre l'exode des jeunes ruraux scolarisés, se donne pour objectif principal de fixer les jeunes paysans africains sur leurs terres. Sa stratégie consiste à reconnaître et valoriser leurs savoir-faire et leurs savoirs. Il essaye de les sensibiliser à quelques techniques « réalistes » de production et de sauvegarde de l'environnement, mais fait porter l'essentiel de son action sur l'accès au crédit, aux soins médicaux, aux loisirs. Cette ONG se félicite d'avoir ainsi formé au Bénin des « paysans pilotes » que leurs communautés ont acceptés comme responsables villageois d'une certaine vulgarisation technique.

L'essentiel de cette pédagogie « légère » est que les agents de l'amélioration connaissent (donc apprennent s'ils viennent de l'extérieur) les savoirs autochtones, transmis par les groupements traditionnels, qu'ils respectent les savoir-faire qui ont assuré la survie des communautés paysannes depuis les origines de l'humanité, qu'ils analysent leurs messages techniques en gestes maîtrisables par des analphabètes, qu'ils utilisent les systèmes locaux et dialectaux de communication (proverbes, chants, « théâtre », etc). Il s'agit là d'un effort de longue haleine pour s'adapter afin de se faire accepter.

Les ministres de la CONFEMEN le savent puisque l'école de base et la FPT refondée devront chercher les réponses « pertinentes » aux attentes des populations locales, partager avec elles les responsabilités et les moyens de la formation. On peut remarquer que la CONFEMEN a, dès 1996, recommandé de favoriser la formation « coopérative » et qu'elle a choisi d'étudier, durant le biennum 1998-1999, les mécanismes qui permettront aux systèmes d'éducation nationale d'évoluer vers « l'option stratégique » que constituent la décentralisation et le partenariat.

Dans cette perspective, la CONFEMEN pourrait plus précisément s'inspirer des conclusions de l'étude PADLOS (Projet d'Appui au Développement Local au Sahel).

Patronnée par le Comité Inter-États de lutte contre la sécheresse au Sahel, soutenue par l'OCDE, cette étude a porté sur quatre pays francophones (Burkina Faso, Mali, Niger et Sénégal) et un pays anglophone, le Ghana, qui ont pris des mesures de décentralisation administrative et socio-économique.

Son objectif était de fournir aux communautés de base des ressources et des outils susceptibles de stimuler les citoyens ruraux et de les aider à prendre en charge les responsabilités nouvelles que leur confie la décentralisation.

La conclusion de cette étude est que ni l'État, ni les agences d'aide, ni les ONG ne sont capables d'éduquer et former, à elles seules, une communauté de base. Les intervenants extérieurs peuvent seulement créer des conditions telles que cette communauté entreprenne elle-même de s'éduquer et de se former. Ils peuvent ensuite accompagner prudemment les initiatives naissantes, en respectant leurs rythmes. Facilitateurs plus qu'acteurs et a fortiori plus que metteurs en scène, ils ne peuvent espérer que « brancher » quelques activités nouvelles sur les énergies latentes de la « société civile » rurale de l'Afrique.

Les expériences réussies (elles ne le sont pas toutes) montrent que les responsables des groupements populaires peuvent prendre conscience du fait que les nouvelles opportunités de développement local ne peuvent guère être exploitées sans acquisition de compétences techniques et gestionnaires.

Mais la leçon principale à tirer de cette étude de terrain est qu'elle confirme les limites des stratégies conçues et imposées d'en haut, même après d'éventuelles macro-mutations du pouvoir central dans le sens de la décentralisation. La population africaine des zones rurales se montrera peu perméable, comme par le passé, à tout programme de formation « parachutée » avec des financements extérieurs dans un milieu supposé dépourvu de dynamisme propre en raison de sa faible scolarisation. Les campagnes de formation ne peuvent plus être conçues comme des campagnes de vaccination mondiale contre une ignorance supposée endémique.

L'étude PADLOS oppose une « logique de formation auto-encadrée » à la « logique de couverture » de l'éducation pour tous. Elle critique également les actions d'alphabétisation fonctionnelle « qui s'essoufflent, faute d'articulation avec les préoccupations économiques des communautés ».

Elle souligne que la transmission orale permet des progrès considérables en matière de productivité agricole, en raison de la longue tradition africaine d'oralité qui a cultivé des capacités étonnantes d'assimilation en deçà de la communication écrite. Mais elle souligne également l'irruption du besoin spontané de formation à l'écrit dès que le groupement villageois doit gérer des ressources dont l'envergure dépasse ce que l'individu, ou sa communauté, savent maîtriser par tradition. Elle rappelle que l'invention de l'alphabet est née dans le « croissant fertile » des besoins de l'agriculture irriguée proche-orientale, au moment où l'intensification des échanges sur une échelle sans commune mesure avec ce qui se pratiquait jusqu'alors, a exigé l'enregistrement des transactions, la facturation, le crédit, etc. Au Sahel, de même, 5 000 ans plus tard, c'est le défi de la gestion de ressources « dépassant celles qu'une famille peut rembourser en cas d'accident » qui rend indispensable le besoin de la technologie de l'écrit.

Du non formel au formel

On peut prévoir que la formation professionnelle et technique refondée intégrera avec quelques hésitations ces formations autogérées, comme les centres d'alphabétisation (dont le réseau est plus dense dans les campagnes du Sahel que celui des écoles primaires) ou les programmes de vulgarisation sanitaire ou de formation pratique liés directement à des actions de développement (ces actions de formation se déroulent le plus souvent sans recours à la lecture et à l'écriture).

Cet ensemble hétéroclite ne saurait être assimilé à l'enseignement privé (dont la place est particulièrement importante dans le secteur de la formation professionnelle), car les formations assurées par les établissements privés sont de plus en plus connues par les États, agréées et souvent sanctionnées par des diplômes reconnus.

Les formations non formelles ne sont, en revanche, pas sans similitudes avec les écoles coraniques.

Dans les zones fortement islamisées, celles-ci sont presque millénaires et constituent un réseau plus dense que celui des écoles de l'État, scolarisant jusqu'à 80 % des enfants. La mémorisation du Coran donne une référence scripturale commune pour une part énorme de la population en Afrique de l'Ouest. C'est elle qui facilite le commerce régional et transsaharien : les grandes langues véhiculaires, wolof, bambara, songhaï, peulh, haoussa sont transcrites et possèdent une littérature en caractères arabes qui comporte notamment une formation aux pratiques des marchés.

On ne peut ignorer non plus la fonction formatrice (au-delà des déplacements saisonniers) des pèlerinages à la Mecque, occasion d'élargir l'horizon des plus humbles et de rapporter dans les villages des idées innovantes.

Quant aux missions catholiques ou protestantes, elles ont plutôt tendance à s'aligner sur l'enseignement formel et reconnu par les États. Mais elles ont traduit la Bible dans la quasi-totalité des langues africaines et la littérature de piété comporte souvent des notions de vulgarisation agricole et sanitaire.

En règle générale, le système formel d'éducation reste à l'écart de cet ensemble d'actions non formelles de formation autofinancée.

L'étude PADLOS parle d'auto-scolarisation des communautés locales qui occupent un espace vide entre les établissements de l'État et leurs propres projets de développement en créant des formations « alternatives » autofinancées.

Pour les adultes, jeunes ou moins jeunes, il s'agit souvent d'internats où les stagiaires viennent s'initier ou se perfectionner dans des sessions intensives de deux ou trois semaines pendant la saison sèche (ou dans des cours de nuit de deux à cinq fois par semaine). Les activités pratiques n'y sont pas obligatoirement productives. Elles s'accompagnent de « cours » valorisant le terroir et ses traditions mais pouvant aller aussi dans le sens de la modernité.

Comment se recrutent les formateurs pour ces actions non formelles de formation ?

Les enseignants du système formel d'éducation participent rarement à ces actions auto-gérées. L'institution scolaire, introduite en Afrique par la colonisation européenne, valorisée par les dirigeants des États nouvellement indépendants, (eux-mêmes produits de « l'école des Blancs »), n'a jamais été réellement implantée hors des villes et des bourgs. À la différence de l'école française rendue obligatoire pour rallier la paysannerie au régime républicain, les éducations nationales en Afrique ont ignoré les besoins « de base » des populations rurales.

Les communautés puisent de préférence dans un stock de compétences qui échappent aux recensements des ministres : adolescents alphabétisés, déscolarisés (qui ont peu retenu de leur cursus scolaire mais qui y ont acquis un certain sens de la formation), anciens stagiaires de sessions de formation liées à des actions de développement, « rejetés » de la fonction publique, émigrés revenus au pays, sans exclure, évidemment, les diplômés chômeurs. Mais il faudrait surtout en connaître davantage sur les formes traditionnelles d'initiation au savoir détenu par les anciens en pharmacopée, en botanique, en typologie des sols, en techniques de chasse et de pêche, etc. La ressource intellectuelle indispensable pour le développement de la formation non formelle existe dans les zones rurales. Elle est disparate, mais les communautés même très pauvres en alphabétisés parviennent à la mobiliser pour prendre progressivement en charge les responsabilités que l'État central décide de leur confier.

Éléments de comparaison

L'Afrique subsaharienne ne fait apparemment pas exception dans l'ensemble des pays membres de la Francophonie où la formation professionnelle et technique agricole ne paraît guère mieux traitée par les éducations nationales. Ont été seulement signalés pour leurs réussites relatives dans l'enseignement technique et la formation professionnelle agricole : le Maroc où il concerne environ 2 000 élèves formés dans des filières « agriculture, forêts, élevage » alors que l'ETFP compte quelque 40 000 apprenants (dont 1 500 apprennent la mécanique agricole).

• L'Égypte où, sur les 2 600 000 jeunes scolarisés dans le deuxième cycle du secondaire, près de 200 000 se trouvent dans des filières agricoles. On compte trois fois plus d'établissements d'enseignement agricole dans le secondaire et le supérieur court qu'au niveau universitaire.

• Le Vietnam où, après les désastres de la guerre, 80 % de la main-d'œuvre travaille en milieu rural (dont 90 % est sans formation formelle). Intégrée à une forte volonté politique et idéologique, l'alphabétisation fonctionnelle est considérée comme ayant réussi à promouvoir la production dans des domaines précis comme l'arboriculture, l'élevage des porcs, des poulets, des carpes, la culture des champignons, l'artisanat en bambou.

Hors Francophonie, trois références paraissent avoir un rayonnement international.

Le modèle chinois : la réforme en Chine du système de production a touché l'agriculture, la sylviculture, la pisciculture et l'élevage, autant que l'industrie, le génie civil et les services. Les paysans, appelés à se lancer dans des activités de commercialisation, ont eu besoin de connaissances générales et techniques qui leur ont été offertes par les autorités gouvernementales. En principe, chaque commune doit avoir un lycée d'enseignement technique agricole et chaque district un établissement d'enseignement professionnel pour adultes. Le processus de décollectivisation des terres bénéficie, en priorité, aux paysans ayant des compétences techniques et gestionnaires. Un système de récompenses a été mis en place pour les techniciens qui acceptent de se charger de leur formation. L'installation à la campagne d'établissements d'enseignement technique se réalise en partenariat avec les établissements d'enseignement supérieur qui y assurent une partie des cours et s'engagent à favoriser l'émergence d'universités pour paysans.

Il existe également un modèle nord-américain qui a servi de référence en Amérique latine, en Inde et au Pakistan. Il convient de rappeler en effet que, dès la fin de la guerre de Sécession, l'enseignement agricole a été développé aux États-Unis sur le même plan que celui des humanités. Traditionnellement, donc, les universités forment des ingénieurs et techniciens agronomes. Un enseignement secondaire agricole qui intègre une formation professionnelle dans la formation générale, est offert aux élèves de 15 à 18 ans des « High Schools » polyvalentes. (Cette option attire jusqu'à 40 % des effectifs). Chacun de ces élèves passe au moins six mois par an dans une ferme-école ou dans l'exploitation familiale (où il doit réaliser un projet contrôlé par ses professeurs). On notera que les diplômés de cet enseignement agricole peuvent s'inscrire dans les « collèges » universitaires dans les mêmes conditions que ceux qui ont suivi des filières « académiques ».

Enfin, et surtout, le modèle tiers-mondiste qui s'inspire à la fois de la pédagogie de Paolo Freire et de Julius Nyerere.

Il s'agit de partir des expériences d'auto-gestion des coopératives agricoles, élaborer, avec les mots et les catégories des paysans, des systèmes de développement incluant des programmes de formation qui épousent les valeurs, les rapports humains caractéristiques de leur héritage socio-culturel. Les formateurs doivent se dessaisir de leurs prérogatives, renoncer à l'idée que l'État leur a confié une mission « civilisatrice », renoncer à leurs manuels pour élaborer avec les apprenants un matériel incluant dessins, chants, etc. Ceux qui, dans les pays d'Afrique subsaharienne et d'Amérique latine, se réclament de leurs doctrines, condamnent la Révolution verte proposée aux paysans pauvres des pays en développement, à grand renfort de sciences agronomiques, pour leur éviter de finir dans les bidonvilles urbains.

Le Centre international d'amélioration du maïs et du blé créé en 1944, a reçu l'appui de la FAO, du PNUD, de la Banque Mondiale et des Agences d'aide d'une vingtaine de pays du Nord. Le succès des variétés de blé à haut rendement dans les fermes expérimentales a conduit les Fondations Rockefeller et Ford à créer l'Institut International de Recherche (chimique et génétique) sur le riz qui a abouti, dans les années 60, à des variétés de haute productivité, plantables à n'importe quelle époque de l'année, assurant trois ou quatre récoltes par an à condition que soient respectées des conditions d'irrigation et d'utilisation de pesticides.

En 1954, la découverte des fertilisants potassiques à base de chlorure a ouvert la voie à une agriculture intensive qui fait appel en outre à de fortes applications d'engrais artificiels.

Cette révolution technologique de l'agriculture, conçue et appliquée au Nord, a été exportée dans les pays pauvres du Sud comme l'unique moyen de faire face à la pression démographique sur leurs ressources alimentaires.

C'est ainsi qu'un Centre international d'agriculture tropicale spécialisé dans le haricot et le manioc a été implanté en Colombie en 1971, un autre pour la pomme de terre au Pérou en 1972, une École Pan-Américaine d'Agriculture au Honduras ainsi que d'autres centres chargés de former des techniciens pour l'introduction de variétés nouvelles dans les vallées fertiles et irriguées de l'Amérique latine, puis pour des démonstrations dans des fermes-écoles pour paysans.

Les disciples de Paolo Freire estiment que les structures de recherche et de formation ainsi mises en place ont échoué, à l'exception des fermes de démonstration auto-administrées, qui ont parié sur la diversification des cultures à la lumière de l'expérience accumulée par les générations de paysans, dans les conditions de chaque agrosystème.

Les mêmes vantent les réussites de la pédagogie participative, basée sur la confiance dans l'indépendance, l'esprit critique, l'initiative des apprenants. Elle est inséparable d'une action politique de conscientisation et cette conscientisation doit porter aussi aujourd'hui sur les problèmes que posent les taux de natalité, le rétrécissement des surfaces cultivables par habitant, la sauvegarde de l'environnement, l'éducation des consommateurs par les médias, la mondialisation de la concurrence, et autres complications à intégrer dans la sagesse des communautés rurales.

Formation professionnelle et technique et secteur informel

De l'informel

S'il est universellement admis que la FPT doit s'adapter au marché de l'emploi, elle doit, dans les pays du Sud, tenir compte d'abord du secteur informel qui occupe les 2/3 de ce marché (hormis les activités agricoles familiales) et qui est à l'origine de 70 % des emplois créés.

Il convient de s'entendre sur le sens du vocable « informel ». D'après l'Organisation Internationale du Travail (OIT), il désigne quatre sous-ensembles de personnes travaillant en dehors du secteur agricole, principalement dans les centres urbains, mais aussi dans les zones rurales :
– des personnes sans formation qui exercent des activités de laveurs de voitures, cireurs de chaussures et autres mini-services ;
– des personnes qui, sans formation professionnelle scolaire, ni qualification reconnue, ni lieu de travail fixe, exercent des activités de petit commerce et de colportage, ou de services impliquant la maîtrise d'outils de travail, comme rémoulage, transport, reprographie, photographie ;
– des personnes qui, avec des niveaux de formation extrêmement divers, exercent des activités artisanales comme menuiserie, réparation de véhicules, de récepteurs de radio ou de télévision, horticulture, pêche, élevage, artisanat d'art ;
– des personnes qui, après apprentissage, travaillent dans des entreprises petites ou très petites, à capitaux personnels, à faible productivité, à clientèle locale, employant leur main-d'œuvre en dehors des contrôles de l'État.

Ce secteur informel est donc très hétérogène : pour un même service, on trouve dans le même quartier aussi bien des travailleurs aux mains nues que des ateliers bien équipés. Pour caractériser cet ensemble d'activités, on retient généralement qu'elles sont toutes organisées de manière à échapper au fisc et aux règlements qui protègent le travail salarié.

Mais « informel » ne signifie pas clandestin. Le travail informel des pays du Sud ne doit pas être confondu avec le travail au noir, « l'économie de l'ombre ». Il ne se cache aucunement et se développe au su et vu des représentants de l'État, même si ceux-ci sont « dérangés » par ce monde qui se passe d'eux, sans contester pour autant leur autorité, mais prive l'État des recettes fiscales correspondantes.

Si l'image du secteur informel de l'économie est brouillée, c'est parce que les administrations du Sud ont radicalement changé d'avis à son sujet.

Dans les années où les pays nouvellement indépendants se dotaient de structures étatiques, l'informel était perçu comme un archaïsme, un obstacle au développement et à la modernisation, qu'il fallait réduire, réprimer.

Vint l'époque de la saturation du secteur salarié et des plans d'ajustement structurel. Poussés par la Banque Mondiale, les États du Sud découvrent que le secteur informel est une pépinière d'entrepreneurs, créateur de richesses et d'emplois, levier du développement (et pas seulement système de survie), beaucoup mieux préparé que les grandes entreprises à s'adapter aux lois du marché. Les plus enthousiastes estiment aujourd'hui qu'il constitue l'atout principal des pays en développement dans la compétition économique mondiale.

Les OING, actives dans ces pays, situent l'informel dans le cadre plus général de l'économie populaire, sociale et solidaire, qui s'est développée pour faire face à la crise économique et financière provoquée, dans les pays du Sud, par la mondialisation de la concurrence. C'est cette économie non capitalistique, animée par des mutuelles, coopératives et autres associations locales, qui absorbe les exclus des entreprises formelles en forte régression (dans le secteur privé autant que dans le secteur public). Elle absorbe également les jeunes diplômés sans emploi sortant des institutions scolaires et même universitaires. Elle absorbe surtout les ruraux qui, en Afrique, migrent massivement vers les côtes de l'Ouest et du Sud pour fuir la désertification et parfois la famine. Avec les familles et autres communautés traditionnelles, l'informel structure la vie de la très grande majorité des populations pauvres du Sud. Avec l'agriculture familiale et le petit commerce plus ou moins formalisé, il est un élément fondamental des systèmes économiques sociaux et culturels des pays en développement.

Il a sa cohérence propre et sa normalité, qui ont résisté et résistent à l'implantation du modèle de production et d'organisation sociale des pays du Nord, anciens colonisateurs ou non. Il est peut-être le choix de société qui convient, entre autres, à l'Afrique subsaharienne francophone, sur la voie du développement durable, donc endogène.

Cela ne signifie pas que l'informel soit fermé à toute évolution. Les petits métiers traditionnels intègrent souvent des procédés techniques qu'ils empruntent au système formel de production. Les entrepreneurs de l'informel acceptent la modernité scientifique et technique dans la mesure où elle peut servir leurs intérêts et n'est pas incompatible avec leurs savoir-faire.

De manière plus générale, les frontières ne sont pas étanches entre le monde formel et le monde informel.

L'enseignant fonctionnaire dans un établissement scolaire de formation professionnelle et technique peut fort bien ouvrir un atelier informel dans son quartier. L'établissement lui-même loue fréquemment ses équipements aux artisans informels.

En sens inverse, la « tontine »[1] informelle peut se transformer en établissement financier formel et reconnu. Conscient de sa puissance et de son rôle valorisé, le monde informel s'organise : les mutuelles locales, coopératives, confédérations d'artisans s'intègrent de plus en plus dans le fonctionnement des institutions étatiques, comme groupes de pression et porte-parole des milieux économiques auprès des pouvoirs publics.

C'est dans ce contexte mouvant qu'il faut apprécier la place et le rôle que tient l'apprentissage dans la FPT.

Éducation nationale et apprentissage

Les dispositifs d'enseignement technique et de formation professionnelle mis en place par les États nouvellement indépendants ont ignoré la prédominance du secteur informel dans la réalité économique et sociale que vivaient leurs populations. Liés au rêve d'industrialisation pour rattraper le niveau des anciennes métropoles, les systèmes nationaux d'éducation se sont longtemps contentés de porter sur l'apprentissage un jugement sévère et dédaigneux.

Aujourd'hui encore, les militants de l'enseignement technique soulignent les « carences » de cette formation non diplômante, dispensée dans des ateliers encombrés, avec un outillage désuet, maintes fois défaillant, réparé et bricolé, souvent dangereux. Les maîtres, souvent analphabètes, sont incapables de théoriser leurs savoir-faire. Leur pédagogie se réduit au « regarde, imite, recommence ». On la dit initiatique en ce sens qu'elle transmet des pratiques qu'elle est incapable d'expliquer sinon par des dons plus ou moins mystérieux, comme peuvent l'être les dons des artistes.

Paradoxalement, cette transmission mimétique peut aboutir à une régression des connaissances maîtrisées d'une génération à l'autre. Le maître, en effet, peut craindre la concurrence de ses apprentis souvent plus scolarisés que lui. Il peut pratiquer une certaine rétention de ses savoir-faire, ne pas les révéler intégralement, garder pour lui des tours de main secrets qui lui permettront de conserver sa supériorité auprès de la clientèle. Alors qu'il doit, en principe, aider les jeunes à s'installer, il peut, dans certaines régions, exiger d'un apprenti qui le dépasse, plusieurs années de compagnonnage dans son atelier.

À quoi s'ajoute le fait que l'apprenti produit et qu'il doit rapporter. C'est une main-d'œuvre à bon marché, abondante (on estime que plus d'un emploi sur deux, dans les entreprises informelles, est occupé par des apprentis, souvent très jeunes). Les promoteurs des droits de l'enfant militent donc, au Nord et au Sud, pour que soit valorisée la formation offerte par l'institution scolaire.

Il est vrai que le mot « élève » a d'abord désigné un jeune instruit par un maître dans un art, avant de se rapporter à un enfant qui reçoit une formation dans un établissement d'enseignement. Mais l'histoire a tranché et

NOTE

[1] Association de personnes qui mettent leur capital en commun.

tout enfant a aujourd'hui le droit d'accéder à des savoirs et des pratiques plus complexes que celles qui ont cours dans son milieu d'origine, le droit de s'émanciper par rapport aux conditionnements culturels de sa famille et de sa communauté. Les savoirs et les savoir-penser qu'il acquiert dans la formation scolaire sont tels qu'il peut les mettre en œuvre dans des situations autres que celles de leur acquisition.

Telle est du moins la vocation de l'école moderne qui centre son action sur l'activité de l'élève plus que sur le savoir du maître. « L'apprenant » d'aujourd'hui est de plus en plus incité et aidé à construire son « projet personnel », c'est-à-dire à identifier dès que possible une vocation comme but ultime qui détermine son parcours de formation (les sans-projet étant condamnés à réussir dans les filières générales d'excellence). Ce projet personnel n'est pas une option rigide et irréversible. C'est un processus souple, souvent sinueux, en fonction de l'évolution des capacités de l'apprenant, de l'influence changeante de ses copains, des médias auxquels il a accès. Mais les enseignants, les conseillers d'orientation, les rencontres organisées par l'école avec des professionnels y jouent un rôle souvent décisif d'information et de conseil.

Pour toutes ces raisons, l'apprentissage est rendu responsable du faible niveau de qualification de la main-d'œuvre dans les pays les moins avancés et de leur stagnation économique. Incapable de s'ouvrir à l'innovation, donc de contribuer à l'amélioration de la productivité du travail et de la qualité des produits, étroitement liée à une clientèle de voisinage, la formation par apprentissage est à contre-courant de la tendance générale à produire en série pour des consommateurs habitués aujourd'hui, dans le monde entier, à choisir en fonction du rapport qualité-prix.

La CONFEMEN, comme toutes les organisations internationales, gouvernementales ou non, n'en admet pas moins aujourd'hui que ce « vaste système de l'apprentissage, qui reste mal connu dans son ampleur et dans ses modalités » représente souvent l'unique moyen d'accéder à un emploi pour la masse des jeunes non scolarisés, déscolarisés, mal scolarisés et même diplômés. Elle souligne en outre que la formation par l'apprentissage a, sur l'enseignement technique et sur la formation professionnelle scolaire, l'avantage de transmettre des savoirs endogènes, ancrés dans le contexte culturel, adaptés au système de production dominant. Elle reconnaît surtout que l'apprentissage développe une capacité à l'auto-emploi et à l'entrepreneuriat que l'ETFP peut difficilement stimuler et qui est devenue précieuse depuis que le travail salarié est entré en régression.

La formation professionnelle et technique refondée englobera donc l'ensemble des dispositifs de formation, scolaires et extrascolaires. Recentrée sur l'insertion, elle « prendra en compte » les modèles » non structurés », elle mobilisera « toutes les compétences existantes », elle sera cogérée par tous les partenaires concernés : pouvoirs publics, entreprises, ONG, dans le respect des responsabilités de chacun. L'offre de formation « s'ouvrira donc » à l'apprentissage, tant dans le milieu rural qu'urbain. Le secteur informel doit être « pris en charge », l'apprentissage « reconnu » pour les métiers non et semi-spécialisés de la petite et micro-entreprise.

Les ministres de l'Éducation nationale de la CONFEMEN appellent les gouvernements à soutenir le développement du secteur informel, en facilitant son accès au crédit pour lui permettre de moderniser son outillage.

Ils s'engagent, pour ce qui les concerne, à faciliter son accès aux équipements de leurs lycées techniques et centres de formation professionnelle, à organiser pour les maîtres artisans des compléments de formation, à diffuser pour eux l'information pertinente sur les innovations technologiques et, surtout, à organiser, en coopération avec leurs associations socio-professionnelles, un système de certification des compétences acquises dans les formations informelles. Le tout en veillant à ne pas « décourager ou étouffer » le dynamisme et les initiatives du secteur informel et des formations qu'il assure. Il est même question, de manière imprécise, de s'inspirer, dans la formation professionnelle et technique scolaire, des pratiques de l'apprentissage.

Lorsque cette nouvelle orientation est précisée, on s'aperçoit que la solution proposée est de mettre en place, dans les pays en développement, une formation « par alternance ».

Il s'agit bien, pour les ministres de l'Éducation nationale d'une révolution. Ils admettent en effet que l'apprentissage est un système de formation complémentaire de l'ETFP scolaire. Ils admettent même que les deux systèmes ont leurs forces et leurs lacunes propres, et que ces forces peuvent être mises en synergie. Idéalement, le secteur formel peut participer au renforcement de l'apprentissage en mettant à la disposition des maîtres-artisans des outils et des méthodes de formation plus performants. Cette offre a des chances d'être acceptée par le secteur informel qui exprime de plus en plus son besoin de ne pas être marginalisé par les progrès de la technologie et de maîtriser les compétences, aujourd'hui indispensables sur le marché, que sont la gestion, la planification, le management.

La CONFEMEN envisage même, dans l'intérêt des formés, que les deux systèmes complémentaires soient mis en concurrence sur un marché de la formation qui concernerait les futurs ouvriers, ouvriers qualifiés et cadres moyens des petites entreprises. La CONFEMEN parle ici le langage de l'OCDE, elle utilise pour les pays en développement les mêmes termes sur les mêmes thèmes que ceux qui sont à l'ordre du jour dans les pays francophones les plus industrialisés, en France, en Belgique, au Canada ou en Suisse. Elle se réfère d'ailleurs explicitement à un document paru à Berne en 1996 sous le titre *Politique sectorielle de formation professionnelle* : il y est question de donner à cette formation une forme « coopérative » répartissant les tâches et les coûts entre écoles professionnelles et entreprises grâce à une concertation entre les organismes étatiques, les employeurs, les syndicats « et autres associations professionnelles ».

La question est cependant de savoir si la problématique de la Formation professionnelle et technique est transférable du Nord au Sud.

Spécificités de l'informel

Les entreprises informelles qui forment des apprentis au Sud en les employant ne peuvent pas être assimilées, ni même comparées, aux PME qui contribuent, avec le système scolaire, à la formation des apprentis du Nord. L'utilisation commune du mot « apprentissage » est ici source d'erreur.

Les ministres de l'Éducation nationale de la CONFEMEN n'ont aucunement le pouvoir de modifier les conditions de pauvreté, de précarité, de dangerosité qui caractérisent l'apprentissage informel. Ils peuvent espérer, en revanche, contribuer à améliorer la qualité de cette formation en formant les formateurs. Avec les ressources humaines et matérielles dont disposent les structures étatiques de formation, ils ont les moyens de renforcer les compétences techniques et didactiques des maîtres artisans, de leur apprendre à réfléchir sur leurs gestes, à les théoriser, à élaborer le référentiel général de leurs métiers. Des enquêtes préalables à cette coopération ont lieu dans plusieurs pays d'Afrique francophone subsaharienne : identification des besoins exprimés par le milieu informel, recherche des personnes-ressources correspondantes dans l'ETFP et les entreprises « modernes », recherche d'institutions hôtes possibles pour la formation complémentaire des formateurs informels.

Personne ne conteste l'intérêt et même l'urgence de cette coopération qui est souhaitée et soutenue par tous les bailleurs d'aide au développement. Mais il ne peut s'agir d'une solution-miracle que sur le plan rhétorique. Reste en effet à convaincre les artisans du secteur informel.

Certains sont prêts à les attirer en leur offrant, en contre-partie, de faciliter la modernisation de leur outillage, soit par des dons, soit par des conditions douces de crédit. On espère, d'autre part, qu'ils seront réceptifs à toute acquisition de connaissance manifestement utile pour augmenter leurs revenus, qu'ils peuvent être stimulés, en outre, par la fierté d'être reconnus comme acteurs principaux du développement économique et de la formation des jeunes, et non plus marginalisés parce que considérés comme enfermés dans les urgences de leur survie au jour le jour. Les spécialistes confiants imaginent déjà d'analyser leurs besoins, de définir des profils de compétences, de construire des modules de formation et d'évaluation, dans un cadre « curriculaire » comme au Nord depuis quelques décennies.

Reste à convaincre les artisans eux-mêmes qu'il est de leur intérêt de s'éloigner de leur atelier et de leur clientèle pour se rendre dans un centre de formation réservé jusqu'ici à la minorité des jeunes alphabétisés.

Cette première difficulté explique sans doute que l'Agence de la Francophonie ait parié sur la formation à distance, décidé d'aller chez l'artisan, sur son lieu de production, en respectant son rythme de travail. Sera-t-il facile, pour autant, de le convaincre d'accepter le détour presqu'inévitable par l'alphabétisation fonctionnelle avant de lui proposer des modules courts de formation qui répondent à ses préoccupations économiques immédiates ? Il sera en tout cas risqué de lui offrir de conceptualiser ce qu'il considère comme les secrets dont il est traditionnellement le dépositaire, difficile de le faire sauter d'un savoir localement ancré dans un milieu de vie à une technologie abstraite.

Les OING actives sur ce terrain s'en tiennent à quelques compléments très modestes, spécifiquement adaptés aux gestes des artisans, aux difficultés et aux échecs qu'ils ressentent d'eux-mêmes et admettent : dessin géométrique, arithmétique de gestion, grandes lois immédiatement vérifiables de la physique et de la chimie, etc. en tenant compte d'abord des conditions réelles du travail dans chaque atelier, c'est-à-dire sans modélisation possible.

Il faudra bien admettre, dans ces conditions, que les formations complémentaires ne peuvent être offertes en priorité aux artisans arrêtés par la difficulté de lire. Le PNUD admet même que la population artisanale compte des individus « inaptes à s'inscrire dans une dynamique de perfectionnement technique et gestionnaire ».

Les plus pessimistes recommandent de miser sur les embryons d'entreprises artisanales et commerciales qui émergent de cette entité diffuse qu'est le secteur informel et qui se structurent spontanément pour s'intégrer au tissu économique moderne. Il s'agirait de favoriser la création d'une nouvelle génération de maîtres artisans préparés à jouer le jeu de la formation par alternance. Pour réaliser cette révolution interne, on compte généralement sur les artisans les moins âgés, qui ont eu accès à la scolarisation, parfois même au lycée et à l'université et qui, jeunes diplômés chômeurs, faute d'emploi dans le secteur moderne, se sont reconvertis, par l'apprentissage, à des métiers artisanaux.

D'autres misent au contraire sur les organisations plus ou moins structurées et représentatives que les artisans informels se sont donné eux-mêmes, en respectant le privilège de l'ancienneté. Les gouvernements et les agences d'aide font de plus en plus confiance à ces intermédiaires pour créer et gérer des ateliers ou des chantiers écoles, et, à terme, prendre la co-responsabilité des centres de formation existants (certains États pouvant même envisager de leur transférer les tâches de formation qu'ils ont été incapables d'assumer et l'entière responsabilité de l'alternance).

Resterait, dans tous les cas, à régler la question des conventions entre l'État, représenté ou non par les autorités de l'éducation nationale, et le milieu informel. Cette question pose, plus fondamentalement, celle de la légalisation de l'informel.

L'informel est-il intégrable ?

Deux doctrines s'affrontent sur ce point.

La CONFEMEN, par exemple, s'inspirant sans doute du modèle français, estime que l'État est capable de conduire cette révolution de ses relations avec le secteur informel. Il s'agit, pour ces ministres, « d'encadrer et organiser » ce secteur qui échappe à leur contrôle, de le « mettre à contribution » pour « combler les lacunes » du système formel de la formation professionnelle et technique, du moins pour ce qui concerne les métiers non ou peu qualifiés, quitte à « reconnaître » les qualifications de ce secteur « très actif ». L'État doit ici conserver « son rôle de pilotage », même s'il doit également rechercher des partenariats, y compris financiers, avec les entreprises, pour mettre en place un système rénové de la formation professionnelle et technique. C'est dans cet esprit que la 47e session de la CONFEMEN a pris l'initiative, en 1996, de proposer la tenue d'assises de la formation professionnelle et technique aux décideurs, opérateurs, nationaux ou internationaux, de formations, et représentants des milieux économiques.

Pour les tenants du libéralisme intégral, au contraire, l'apprentissage doit rester une affaire privée. Les ministres du Travail peuvent éventuellement l'accompagner en proposant certaines règles découlant du droit général du travail, mais sans jamais codifier de manière rigide, dans la réglementation d'un contrat-type, le fonctionnement informel et infiniment divers de l'apprentissage. Quant aux ministres de l'Éducation, et, éventuellement, de la formation professionnelle et technique, ils doivent s'en tenir à mettre leurs personnels qualifiés et leurs équipements à la disposition des partenaires qui négocient et gèrent l'accord privé d'apprentissage. Plus généralement, les États peuvent proposer des stages de formation à l'économie de marché dans les pays qui ont connu des expériences de socialisation de la production et des échanges.

On retrouve ici l'argumentaire des partisans de la déréglementation du marché du travail, qui plaident universellement pour une plus grande flexibilité dans l'application de la réglementation, notamment celle qui protège le travail salarié dans les entreprises modernes. Les mêmes sont souvent tentés de valoriser l'esprit d'entreprise qui caractérise le secteur informel et par conséquent de critiquer toutes les tentatives pour le normaliser, lui imposer les taxes, impôts et autres contraintes administratives qui entravent le développement du secteur moderne.

La seule limite que rencontre cet éloge du libéralisme informel vient de la crainte d'une concurrence déloyale et ruineuse pour les PME du Nord. D'où certaines positions embarrassées de l'OMC (Organisation Mondiale du Commerce) sur « la clause sociale » et la pression exercée par le FMI pour que les recettes fiscales soient à la hauteur des dépenses publiques.

Il n'est pas question de trancher ici entre étatistes et ultra-libéraux. On se contentera de reprendre un certain nombre d'observations de l'Organisation Internationale du Travail portant sur l'Afrique et l'Amérique latine.

• La situation des micro-entreprises informelles est trop fragile pour qu'elles puissent s'acquitter des charges fiscales et sociales. On retrouve ici le problème du travail des enfants. Quelles que soient les lois et les déclarations de droits universels, les sociétés pauvres n'ont pas les moyens d'éradiquer les pratiques illégales. On peut, au mieux, s'attaquer à leurs formes les plus intolérables.

• La législation fiscale, la réglementation des métiers et de l'apprentissage, les codes d'urbanisme, etc. sont d'origine étrangère et ne répondent pas à des besoins endogènes de l'organisation économique et sociale du milieu informel. On ne peut demander à des personnes analphabètes ou mal scolarisées de souscrire à des règlements administratifs qu'ils ne peuvent comprendre et qui s'opposent aux normes coutumières. Même lorsqu'il comprend la loi, l'artisan informel peut se demander si elle n'est pas faite à ses dépens pour bénéficier à l'État et aux grosses entreprises qui craignent sa concurrence.

• À la différence de l'économie dissimulée, l'économie informelle ne cherche pas nécessairement à se soustraire à la législation fiscale et sociale. S'il évite de se lier par des contrats fixant la rémunération et la durée du travail, l'employeur informel octroie souvent à ses employés et apprentis des avantages en rapport avec la situation de son entreprise. De façon explicite ou intuitive, le petit patron fait en outre un calcul coût-bénéfice qui le conduit, le plus souvent, à respecter certains seuils minimum de légalité afin de pouvoir opérer au grand jour, de pouvoir compter sur une certaine passivité tolérante des représentants de l'État, mais aussi de pouvoir bénéficier de certains services publics dont il ne peut se passer.

• Le coût en temps de la légalisation peut être dissuasif. L'employeur informel sait que les employés administratifs des entreprises formelles consacrent 40 % de leur temps en moyenne aux démarches nécessaires pour que l'entreprise reste légale et évite des sanctions démesurées pour les PME.

• En payant les impôts indirects sur les ventes de leurs produits et sur les achats de matière d'œuvre, en subissant en outre l'inflation, qui le force à protéger ses liquidités par l'achat de biens à des moments souvent inopportuns, le petit entrepreneur apporte déjà sa contribution aux finances publiques, ce qui explique que l'État, sans approuver explicitement l'illégalité, tolère l'existence de l'informel.

Ceux qui, avec la CONFEMEN, prônent un partenariat entre l'éducation nationale et le secteur informel, devront affronter toute la complexité de cette situation qui va du quasi totalement illégal au quasi légal. Ils auront, pour négocier, à tenir compte d'une diversité mal connue et difficilement maîtrisable : du côté des apprentis, le niveau de scolarisation antérieure va du non alphabétisé au diplômé de l'enseignement supérieur, et l'âge de l'enfant au jeune adulte. Du côté du maître artisan, le niveau scolaire et technique est lui aussi excessivement variable. Ses potentialités pédagogiques ne le sont pas moins, selon qu'il est un père ou une mère qui forme son propre enfant sur un outillage familial, un proche qui possède une micro-entreprise ou un chef d'équipe dans un atelier où les tâches sont divisées.

Dans tous les cas, il faudra (dans quelle mesure ?), d'une part accepter la flexibilité des conditions d'embauche et d'emploi qui caractérise l'ensemble du secteur informel, à l'origine même de la « réussite » économique qui lui est reconnue aujourd'hui ; d'autre part accepter le prix plus ou moins élevé que le maître artisan exige pour former un apprenti plus ou moins proche de lui. L'éducation nationale pourra-t-elle renoncer à ses principes de service public et de solidarité sociale pour acheter des formations informelles sur un marché concurrentiel de la formation ?

Il est certain que les ministres du Sud ont là à résoudre des problèmes sans commune mesure avec ceux qu'affrontent leurs collègues du Nord dans leurs relations avec les entreprises, concernant les contrats d'apprentissage ou d'alternance.

La référence sénégalaise

Les informations recueillies par le Haut Conseil de la Francophonie concernant la formation professionnelle et technique par apprentissage dans le secteur informel sont trop rares pour être soumises à une analyse comparative. Cette pénurie tient sans aucun doute au fait que les systèmes d'information des ministères de l'Éducation nationale (et autres ministères) ne portent que sur l'ETFP « formels ».

Une exception permet du moins de disposer de points de repère sérieux. Grâce à deux études financées l'une par le PNUD, l'autre par la coopération française (en vue d'appuyer le secteur informel et ses capacités de formation), on connaît de manière précise l'importance et la structure de l'artisanat au Sénégal en 1995 :

- 78 000 unités employant 160 000 personnes dont 70 000 apprentis (47 000 de ces micro-entreprises n'emploient qu'une personne, donc sont sans apprentis - 4 000 seulement emploient plus de cinq personnes) ;
- 30 activités de fabrication : confection (15 000 emplois), alimentation (8 000), boulangerie (8 000), maçonnerie (6 000), menuiserie (5 000), forge (3 000), cordonnerie (3 000), séchage du poisson (2 000), métallurgie (1 000), vannerie (1 000), etc. ;
- 38 activités de service : coiffure (3 000 emplois), mécanique (1 300), réparation de bicyclettes (1 200), et de récepteurs de radio ou télévision (1 200), meunerie (1 100), boucherie (700), blanchisserie (700), carrosserie automobile (700), etc.
- 16 activités d'art : broderie (2 200 emplois), tissage (1 900), bijouterie (1 500), poterie (1 300), sculpture (1 200).

L'État ne mène pas d'action significative dans le domaine de l'apprentissage.

Sur la quarantaine d'écoles de formation d'ouvriers et techniciens que gère l'État, deux seulement sont « à vocation artisanale » et elles attirent moins de deux cents élèves (on y trouve un enseignant pour cinq apprenants).

Cinq centres régionaux recrutent des jeunes sortant de l'école primaire pour une formation initiale en deux ou trois ans, ainsi que des artisans ruraux pour un perfectionnement. Ces centres ont, dans leurs premières années, répondu à une attente. Mais on signale « de sérieux problèmes » de fonctionnement de ces centres, malgré l'appui de l'UE (Union européenne) : certains se trouvent privés de téléphone, d'électricité, d'eau et même de portes.

En 1984, le ministère de l'Artisanat avait mis en place un programme de formation des artisans et apprentis géré par les chambres des métiers. Ce programme a été interrompu en 1987, car les artisans n'y voyant pas d'intérêt direct pour eux, demandaient des contre-parties. Les apprentis au contraire l'appréciaient car cette formation leur permettait de contourner les réticences des maîtres artisans à livrer certaines clefs du métier.

Les formations sur le tas, assurées par quelques entreprises formelles et surtout, massivement, par le secteur informel continuent donc à absorber les exclus du système scolaire, soit 70 % de la jeunesse sénégalaise :
- 45 000 enfants quittent chaque année le système scolaire à la fin du cycle primaire (36 %) ;
- 15 000 à la fin du 1er cycle du secondaire (30 %) ;
- 6 000 à la fin du 2e cycle du secondaire (20 %) ;
- alors que l'effectif de l'ETFP est de 18 000 (6 500 pour l'ET, 11 500 pour la FP, y compris dans les établissements privés) ;
- l'enseignement technique ne forme que 0,6 % des 6-23 ans et la FP 1,1 %.

Il faut rappeler que la formation scolaire et universitaire concerne seulement 31 % de la jeunesse (moins d'1/3), soit :
- 54 % des 6-14 ans (800 000) ;
- 16 % des 13-19 ans (140 000 dans le 1er cycle, 50 000 dans le 2e cycle) ;
- 3 % des 20-24 ans (25 000 étudiants).

L'État ne se décharge cependant pas de toutes ses responsabilités à l'égard de ceux qu'il ne peut pas lui-même former. Il existe une réglementation de l'apprentissage, inscrite dans le code du travail. Mais, héritée de la colonisation, elle reste théorique et les rapports entre les artisans et leurs apprentis continuent à être régis par le droit coutumier.

L'apprentissage peut commencer à l'âge de 8 ans, c'est-à-dire au niveau du CE2 (mais 21 % des apprentis ont plus de 20 ans) par des tâches domestiques. Intégré à la production, il se déroule dans des locaux généralement exigus et vétustes, sur des équipements élémentaires et obsolètes, sans garantie d'hygiène et de sécurité.

L'apprenti devient compagnon du maître artisan lorsque celui-ci a besoin d'un ouvrier qualifié. Mais il peut rester apprenti parfois pendant dix ans en attendant de pouvoir s'installer à son compte.

Un plan d'action élaboré en 1995 prévoit que le ministère de l'Enseignement technique et la Formation professionnelle créera des écoles d'apprentissage qui accueilleraient les sortants du système éducatif formel. L'État affirme son intention d'encadrer, puis d'intégrer à terme l'apprentissage informel dans ses structures d'ETFP. En attendant, et parfois avec le soutien du ministère de l'alphabétisation, le secteur informel continue à s'autogérer, avec l'aide d'ONG. Celles-ci sont plus de soixante à s'occuper d'éducation et de formation au Sénégal. On connaît bien à l'Agence, l'action de ENDA (Environnement-Développement-Action) – Tiers Monde.

ENDA-Tiers Monde (Environnement et développement) est active depuis vingt ans en Afrique de l'Ouest. Elle met l'accent sur les effets de la libéralisation économique qui, depuis une dizaine d'années, appauvrit la masse des pauvres. Elle soutient toutes les activités que les populations inventent (petits métiers, tontines, entraide) pour développer non seulement leurs revenus, mais leur santé, leurs loisirs, leur éducation.

C'est ainsi que le quartier du Rail, à Dakar, est devenu un centre de formation à tous les métiers et à toutes les fonctions sociales. Un millier de personnes se sont installées dans ce bidonville qui occupe les locaux d'une ancienne usine. Elles gèrent collectivement, avec l'aide d'ENDA, l'assainissement, l'approvisionnement en énergie, la poste, la santé, le droit du sol, la construction qui les concernent. Village d'artisans, centre culturel, le quartier du Rail est naturellement un centre d'apprentissage pour mécaniciens, ouvriers du bâtiment, teinturiers, etc., sans oublier les musiciens. Un des maîtres artisans, qui transformait en mallettes des caisses d'emballage habillées de boîtes de conserve découpées est devenu célèbre le jour où un ministre français, Jean-Pierre Cot, a vanté les mérites de son produit.

Dans un autre quartier populaire de Dakar, un groupe de femmes avait constitué une coopérative pour la fabrication et l'empaquetage de jus de fruits locaux. La comptabilité de cette coopérative avait été confiée à de jeunes diplômés, qui ont échoué. ENDA-Tiers Monde a décidé de prendre appui sur les systèmes comptables implicites dans la pratique quotidienne des femmes du quartier. Il s'en est suivi un programme d'alphabétisation visant exclusivement à permettre aux membres de la coopérative d'acquérir les outils nécessaires pour la gestion de leur propre entreprise.

Éléments de comparaison

En Afrique subsaharienne francophone

Dans les pays à TBSJ (Taux brut et global de scolarisation de la jeunesse) comparable à celui du Sénégal

Au **Tchad**, le secteur informel assure la part principale de l'insertion grâce à l'apprentissage.

À **Djibouti,** sa part est importante, aussi bien dans le secteur tertiaire que dans ses spécialités habituelles : mécanique auto, menuiserie, maçonnerie, électricité. Il en va de même en Mauritanie.

Au **Bénin,** les capacités d'accueil des entreprises formelles diminuant, le secteur informel forme 150 000 apprentis, alors que moins de 6 000 jeunes se trouvent dans l'ETFP. Une innovation : quatre centres d'apprentissage ont été créés pour accueillir des 9-13 ans en échec scolaire. Leur cursus alterne activités scolaires et sensibilisation à des activités qualifiantes à fort potentiel d'emploi : pour les filles : production de pain, gâteaux, savon, huile, cosmétique ; séchage et fumage de poisson ; maraîchage et conservation des produits ; tissage ; couture et coiffure ; pour les garçons : menuiserie, production de tuiles, pisciculture.

En **Côte-d'Ivoire,** l'informel assure 22 % du PIB et domine l'emploi et la formation dans les secteurs du bâtiment, de la menuiserie, de la mécanique auto, de la couture, de la coiffure, des soins esthétiques. Les artisans ont créé leurs propres fonds d'épargne et de crédit et un système de sécurité sociale. Ils se sont également dotés de centres de formation et de perfectionnement.

À **Madagascar,** les entreprises formelles sont au nombre de 16 000. Elles emploient 350 000 salariés. 227 000 entreprises sont « déclarées sans autre obligation légale » 2 480 000 sont informelles et assurent l'emploi dans des exploitations agricoles et des élevages traditionnels, de petits ateliers urbains et ruraux.

Dans les pays à TBSJ faible

Au **Mali,** l'informel est l'unique débouché et lieu de formation des exclus du système scolaire, y compris de l'éducation de base. L'apprentissage informel est donc soutenu par un fonds d'État (ainsi que par la Coopération française et Suisse et par la Banque Mondiale). L'objectif est de l'inclure dans l'alternance en aménageant la reconnaissance du niveau de chaque année d'apprentissage par rapport aux diplômes de l'ETFP (lequel est, de manière significative, géré par le ministère des Enseignements Secondaire et Supérieur et de la Recherche Scientifique). Une Fédération Nationale des Artisans a été reconnue en 1992. Elle regroupe près de 12 000 petits entrepreneurs (dont 5 000 femmes) organisés en 250 associations et 80 corps de métiers (dont les principaux sont : tailleurs et couturières, teinturières, menuisiers, forgerons, maçons). Cette Fédération organise la formation des apprentis mais également des patrons qui désirent atteindre un niveau technique compétitif. Son objectif est de porter en cinq ans le nombre des ouvriers qualifiés de 3 000 à 10 000. Elle s'intéresse aussi à la réinsertion des ouvriers revenant d'émigration. Elle coopère avec les nombreuses ONG qui appuient les microentrepreneurs en relation avec leurs programmes d'aide au développement.

Au **Niger,** l'informel assure 90 % de la FPT, avec insertion quasi assurée dans l'artisanat de production et de services. Une innovation : des déscolarisés du 1er cycle du secondaire sont organisés en associations qui reçoivent une aide pour lancer, dans les grosses bourgades, des activités économiques viables et génératrices de revenus : moulins, banques céréalières, restauration, photographie, confection.

Au **Burkina Faso,** le secteur informel est « important » dans le secteur de la réparation des véhicules et le commerce. Les centres d'alphabétisation sont au nombre de 4 000, bien répartis sur le territoire : ils ont alphabétisé, en 1996, 46 000 personnes (dont 24 000 femmes), pour la plupart responsables d'unités économiques villageoises (à comparer avec les 86 000 élèves dans les CM2 des 3 000 écoles primaires, dont 11 000 seulement sont admis en 6e). L'alphabétisation ne dispose pourtant que de 1 % du budget de fonctionnement du Ministère de l'éducation de base. Mais les ONG et les associations communautaires sont nombreuses à s'impliquer dans l'alphabétisation, dont la coordination technique est assurée par l'Institut national d'alphabétisation.

En **Guinée,** aucune FP n'est offerte aux sortants du primaire. Les centres de FP accueillent 7 % seulement des élèves du 1er cycle du secondaire (ou des bacheliers). Un plan septennal prévoit de développer les liens entre ces centres et les artisans du secteur informel qui forment déjà 30 000 apprentis. 2/3 du Fonds National de Qualification Professionnelle (alimenté par les taxes d'apprentissage et abondé par les bailleurs de fonds internationaux) seront destinés aux 15 000 artisans « recensés ». Le service national d'alphabétisation rédige des manuels d'alphabétisation professionnalisante à l'intention des jeunes adultes qui se trouvent en apprentissage.

Dans le groupe des pays d'Afrique subsaharienne à TBSJ relativement élevé

Au **Gabon,** 70 % de la population est du niveau 1er cycle du secondaire et 10 % de la population active possède un diplôme scientifique et technique. L'informel n'en domine pas moins l'insertion dans la vie active « en deçà du supérieur ».

Au **Cameroun,** il assure la formation et l'emploi de 40 % des jeunes, y compris dans la maintenance des matériels audiovisuels ou la climatisation.

Au **Congo,** des ateliers-écoles fonctionnent depuis 1985 à Brazzaville et Pointe-Noire dans les secteurs artisanaux du textile, du bois, de la petite mécanique, de la maintenance. Ces formations tiennent compte des attentes nouvelles de la clientèle en matière de qualité des produits et services.

Au **Togo,** l'informel et l'apprentissage dominent tous les métiers de l'artisanat et du commerce. L'apprenti a la possibilité de suivre des cours théoriques dans des centres régionaux d'ETFP » conformément à l'esprit du système de l'alternance ».

Dans d'autres pays de la Francophonie

Au **Maroc,** (TBSJ 44 %), l'ETFP formel englobe l'artisanat : 17 500 jeunes se trouvent dans cette filière (contre 9 500 dans la filière administration, gestion, commerce, 9 500 dans la filière mines, agro-industries, chimie, cuir, etc., 5 500 dans la filière bâtiment et travaux publics). Sont ainsi spécialisés en deux ans après la 6e année de scolarisation et qualifiés en deux ans après la 9e année de scolarisation : 7 500 jeunes dans le secteur coupe et couture ; 3 700 en mécanique auto ; 1 700 en coiffure ; 1 500 en mécanique agricole ; 1 000 en réparation de véhicules ou d'équipements électro-ménagers ; 900 en broderie ; 800 en couture et broderie ; 700 en menuiserie-ébénisterie ; etc. Douze unités mobiles de l'Office de la Formation Professionnelle et de la Promotion du Travail forment en outre 300 jeunes ou adultes par an pour l'industrie. À noter l'importance de l'intervention dans la formation professionnelle de ministères autres que celui de l'éducation nationale : 487 Centres d'études et de travail de l'Entraide nationale assurent la formation de 19 000 jeunes filles déscolarisées ; 251 Foyers féminins du ministère de la Jeunesse et des Sports forment 12 000 jeunes filles ou femmes à des métiers artisanaux. Le ministère de l'Agriculture forme 2 000 jeunes, celui du Tourisme 1 000, etc.

La **Tunisie,** (TBSJ : 66 %) a orienté son ETFP dans le sens de son association avec l'UE L'objectif fixé est de qualifier 60 000 jeunes par an pour 170 métiers (120 000 seront accueillis dans les Universités dont les programmes seront « ouverts au monde du travail »). La loi d'orientation de la FP prévoit de diversifier les formes de la formation : l'apprentissage sera sanctionné par un diplôme qui permettra aux apprentis d'accéder à d'autres formations.

Dans un contexte linguistique et culturel différent, **Maurice** (TBSJ : 61 %) a mis en place un système de certification de l'apprentissage à trois niveaux.

En **Égypte,** (TBSJ : 69 %), le dispositif d'ET est très important, la formation professionnelle est assurée par les ministères techniques, mais le secteur informel se maintient dans la mesure où les entreprises jugent très négativement les diplômes de l'ETFP (chômage des diplômés est très élevé).

Au **Liban,** la formation sur le tas accueille les jeunes peu scolarisés. Elle est essentielle pour le premier emploi dans le commerce ou la mécanique.

Les pays francophones de la péninsule indochinoise ont été profondément marqués par le modèle soviétique. Celui-ci avait proclamé la suppression des barrières entre travail manuel et travail intellectuel, barrières héritées du passé ancestral autant que de l'influence occidentale élitiste : l'enseignement polytechnique devait initier tous les jeunes, de 7 à 15 ans, aux principes généraux et aux branches les plus importantes de la technologie, à l'organisation socialiste du travail, et leur donner en outre l'expérience d'un travail socialement utile. Entre 15 et 18 ans, le jeune pouvait choisir entre l'entrée dans le système de production, l'entrée dans un technicum ou une école professionnelle, la poursuite de ses études dans une école polytechnique où 1/3 de la formation était consacrée au travail productif. Les « palais des pionniers », organismes péri-scolaires, aidaient à l'orientation de ces jeunes. L'influence de la Révolution culturelle chinoise avait renforcé, à partir de 1966, l'obligation de stages dans le système de production avant l'entrée dans les universités ou les instituts supérieurs. En raison, notamment, des ravages de la guerre de trente ans dans les trois pays francophones de l'ex-Indochine, l'immense majorité de la population active n'a eu accès à aucune formation professionnelle et technique, et la formation sur le tas n'a pas suffi à freiner l'exode rural et le chômage urbain.

Au **Cambodge,** (TBSJ : 30 %), 40 % de la jeunesse ne dispose encore d'aucune structure de FPT, notamment dans les zones rurales. La formation sur le tas est, elle, considérée comme « illusoire ».

Au **Laos,** (TBSJ : 50 %), les plus de 15 ans sont sur le marché du travail. Ils peuvent y recevoir une formation sur le tas à des métiers comme le tissage, la coupe, la forge.

Au **Vietnam,** (TBSJ : 51 %), le ministère du Travail et de l'Emploi s'est doté d'un réseau de 146 Centres pour la promotion de l'emploi (CEP, sigle anglophone) qui ont pour fonctions de : conseiller les demandeurs d'emploi et les placer dans des entre-prises ; offrir des formations qualifiantes pour ceux qui ne trouvent pas d'emploi ; les former à la création de petites entreprises ou d'unités économiques familiales en zones urbaines ou en milieu rural ; gérer des ateliers de production qui sont des lieux de formation, qui salarient les stagiaires en attente d'emploi et qui fabriquent des produits dont la vente doit permettre l'auto-financement des CEP.

L'objectif est d'élever la qualification de la main-d'œuvre au niveau requis par les emplois nouveaux qui se développent dans les entreprises et dans les petites unités auto-générées depuis l'ouverture du pays à l'économie de marché.

Un accord a été conclu entre l'Agence de la Francophonie et le MOLISA (Sigle anglophone du Ministère du Travail, des Invalides et des Affaires sociales) pour dynamiser ce dispositif en y introduisant les moyens et les méthodes de la formation à distance : les premiers séminaires de formation des formateurs en ingénierie de formation à distance ont eu lieu à l'automne de 1997 ; cinq CEP (Centres d'Éducation Pédagogique) ont été mis en réseau télématique sur le réseau domestique intranet, en attendant l'autorisation de connexion à internet. Une formation a en outre été mise en place pour l'enseignement du français langue étrangère aux chercheurs d'emploi dans le secteur de l'hôtellerie et du tourisme.

Les réformes en cours ou envisagées dans ces trois pays francophones d'Asie donneront sans doute lieu à des comparaisons intéressantes avec celles qui, dans les pays francophones d'Europe centrale et orientale, tendent à détacher la FPT de l'emploi planifié et de l'orientation spécialisante déterminée par l'organisation très hiérarchisée des grandes entreprises d'État. Il sera intéressant de savoir si la transition d'une économie administrée vers une économie de marché concurrentielle se traduira par un développement (ou une renaissance) de l'artisanat – et peut-être de l'informel (comme cela semble se produire en Angola au fur et à mesure que se multiplient les faillites des entreprises publiques en dehors des secteurs du pétrole et de l'électricité).

Au **Vanuatu,** (TBSJ : 53 %), l'ETFP couvre en principe les besoins des secteurs industriel, artisanal et tertiaire en offrant une formation générale qui s'articule avec des savoirs technologiques et techniques, mais également avec des habiletés et savoir-faire propres à des métiers,

Hors Francophonie

La situation des pays anglophones d'Afrique subsaharienne apparaît comme assez semblable à celles des pays francophones de la même région : au Nigeria, l'apprentissage informel est la voie d'insertion pour tous les non diplômés. Il en va de même au Ghana où sa part dans la formation est « primordiale », en Tanzanie où il est « le mode normal de la formation », en Gambie, au Botswana. On signale en Zambie que son importance tient aussi au coût des formations scolaires et universitaires.

Au Soudan, le Vocational training Centre du ministère de l'Éducation assure des cours théoriques pour adultes dans les métiers du secteur informel.

L'Afrique du Sud met l'accent sur les technikons, universités à fort contenu professionnel, dont les formations équivalent à celles des IUT, MST, DESS français.

La part de l'apprentissage informel est également très importante en Asie. On signale en Inde que dans la formation sur le tas, le travail prédomine sur l'apprentissage ; en Indonésie, que 80 % de la FP est assurée sur le tas dans des entreprises « occidentales » ; en Malaisie, qu'elle correspond au désir de gagner sa vie très jeune, quitte à retourner en formation par souci ultérieur de développement personnel. On retiendra du Bangladesh que l'apprentissage informel est « essentiel » aussi parce que le « réseau relationnel » est plus important que le diplôme pour l'embauche dans les emplois subalternes du secteur privé.

La formation sur le tas est aussi importante et « normale » en Équateur, au Nicaragua, au Paraguay, en Argentine : elle intéresse les familles dans la mesure où elle assure, à court terme, un revenu supplémentaire.

La particularité de l'Amérique latine tient peut-être à l'opposition de deux discours : d'une part le discours libéral de la régulation par le marché et de la privatisation, dans la perspective d'une croissance de la production et de la consommation (sans autre limite que la pauvreté des exclus) ; d'autre part, le discours écologico-socialisant de certaines ONG soucieuses de protéger la qualité de la vie, les forêts, les rivières, les cultures locales, les différences, par la décentralisation, l'autogestion. En Francophonie beaucoup tâchent de dépasser ce genre d'antithèse.

L'affrontement a lieu au sujet de l'alphabétisation. Doit-elle valoriser les savoirs populaires locaux des communautés autochtones qui ont su conserver la bio-diversité et maintenir les équilibres sociaux ? Doit-elle faire lire par les analphabètes seulement ce qu'ils ont à dire ? Doit-elle au contraire leur donner des moyens d'accéder à la modernité qui est technologique et les armer pour la compétition économique qui est mondiale ?

Aucun pays en développement ne peut ignorer que ces deux options s'opposent et que l'enjeu des orientations choisies pour la formation professionnelle et technique est dramatiquement fondamental, en Francophonie comme dans le reste du monde.

ormation professionnelle et technique
enseignement supérieur

Pays en développement et modernité

Les pays sous-scolarisés, dont l'économie reste dominée par le secteur agricole familial et par le secteur informel, sont en un sens hors de la guerre économique dans laquelle sont engagées l'Amérique du Nord, l'Union européenne et l'Asie de l'Est. Leur priorité spécifique est évidemment d'adapter leurs systèmes de formation à des réalités économiques et sociales qui sont d'une autre nature que celles des pays technologiquement les plus avancés.

Ils ne peuvent pas, cependant, accepter d'être de plus en plus exclus du marché mondial. Ils ne peuvent, en ce sens, s'enfermer dans leurs spécificités. Ils ne peuvent se contenter d'une école de base et de leur système de formation professionnelle informelle.

Il est vrai que, depuis les origines du monde, l'humanité a produit et progressé sans formation institutionnalisée. Récemment encore, d'immenses mutations économiques, comme la « Révolution verte » en Inde, ont pu se réaliser avec une main-d'œuvre analphabète. Des responsables du Sud peuvent donc se poser la question de savoir s'il faut, à tout prix, commencer par moderniser leur système de formation, parce que cette modernisation conditionnerait le décollage économique de leurs pays. Il est sans doute souhaitable et possible de déclencher par d'autres voies le développement qui entraînerait lui-même le besoin et l'effort d'une formation rénovée – et qui en donnerait les moyens. On sait par ailleurs que certains porte-parole du libéralisme économique prônent en ce sens l'ouverture brutale des frontières qui contraindrait à l'innovation. Il est surtout probable que le maelström des investissements financiers, qui bouscule les habitudes des vieilles nations industrialisées, condamnera à l'obsolescence les modes de la production et des échanges, les formes du travail et de la formation au Sud autant qu'au Nord.

Précisément, depuis deux ou trois ans, tous les observateurs répètent que, après celle des pays émergents d'Asie et d'Amérique latine, l'économie de l'Afrique va mieux. La tendance, concernant la croissance, l'inflation, le déficit budgétaire, le volume des exportations, s'est retournée.

Ce redressement macro-économique est attribué par le FMI à l'efficacité de ses plans d'ajustement structurel, notamment à l'ouverture des marchés africains et au développement de l'initiative privée (lesquels ont redonné confiance aux investisseurs qui, en déversant leurs dollars dans les pays en développement, déclenchent effectivement une expansion sans précédent de leurs marchés). Il est encore freiné, dans de nombreux pays du Sud, par la croissance démographique non maîtrisée, de vieilles traditions de fraude douanière et fiscale, les préjugés sexistes, etc. Mais les générations nouvelles arrivent désormais sur des continents qui s'ouvrent à la modernité après avoir, pendant des décennies, tourné les yeux vers le passé, colonial (pour le charger de tous les maux) et précolonial (pour l'idéaliser).

Les responsables de la formation professionnelle et technique ne peuvent ignorer ce contexte nouveau, particulièrement dans la zone franc qui, depuis la dévaluation du CFA, réalise des performances brillantes (se plaçant, par exemple, au troisième rang mondial des exportations de coton).

De nouvelles entreprises apparaissent avec de nouveaux besoins. Si le personnel local reste sous-qualifié par rapport à leurs exigences, les investisseurs engagent des expatriés. Les PME, elles aussi, ont besoin de cadres pour assurer leur compétitivité. Là où le système public de formation professionnelle et technique s'avère incapable de les fournir, les établissements privés, affranchis des inerties étatiques, se multiplient.

C'est sans doute pour tenir compte de ces conditions nouvelles que le Sommet de Hanoï, dans la perspective d'un espace économique francophone solidaire, n'a pas seulement déclaré la nécessité de refonder la FPT dans le prolongement de l'école de base. Il a aussi recommandé « le partage de l'accès à la modernité » par la mise en commun de l'expertise scientifique et technique. On retrouve ici la revendication nationaliste des anciens colonisés qui ont rejeté, dans le passé, toute forme d'école au rabais enfermant les jeunes dans les limites d'une insertion locale, c'est-à-dire dans les tâches traditionnelles de la survie.

Il est évident, aujourd'hui, que le développement exige des formations innovantes. La Francophonie n'est pas, de ce point de vue, sous-développée. On le saura mieux lorsqu'auront eu lieu les Assises que les ministres francophones de l'enseignement supérieur et de la recherche ont été chargés d'organiser dans le prolongement de celles de Bamako. Mais on peut dès maintenant avoir une idée du potentiel dont la Francophonie dispose à ce niveau.

Formation professionnelle et technique supérieure et coopération francophone

Héritées de la période coloniale ou créées comme symboles et outils de la souveraineté, les universités sont nombreuses dans les pays francophones en développement. La plupart d'entre eux se trouvent donc dotés d'un enseignement supérieur professionnalisant : facultés de médecine, de droit, d'agronomie, d'architecture ; grandes écoles de formation d'ingénieurs, d'enseignants ; filières de gestion, de commerce, d'administration, etc.

Pour se faire une idée assez concrète de ce que peut être la coopération francophone multilatérale dans ce domaine, on peut se reporter à quelques programmes du Fonds International de Coopération Universitaire (FICU) géré par l'AUPELF :

– étude du séchage et de l'aptitude à la transformation d'essences de bois du Bénin et du Cameroun ;

– observatoire des métiers de l'élevage et de la santé animale en Afrique francophone. Création d'une junior-entreprise à l'École Inter-États des sciences vétérinaires du Sénégal ;

– expérimentation de liants économiques à base de ressources naturelles locales à l'université de Yaoundé et à l'École Nationale Supérieure des Travaux Publics de Côte-d'Ivoire (il s'agit de remplacer le ciment, produit rare et cher, par des matériaux de construction en dur à partir de latérites, argiles, etc.) ;

– rédaction d'un lexique franco-vietnamien du bâtiment à l'Ecole Nationale Supérieure des Génies Civils de Hanoï ;

– approche intégrée des ressources naturelles de la région de Tuléar à l'École Supérieure Polytechnique d'Antananarivo ;

– impact du matériau de construction sur le confort thermique en milieu rural marocain ;

– utilisation des protéines immobilisées pour l'élimination des métaux lourds dans les eaux alimentaires au Maroc et en Tunisie ;

– modélisation des débits de crue à l'École Mohammadia d'Ingénieurs du Maroc et à l'École nationale d'ingénieurs de Tunis (suite aux inondations ruineuses de janvier 1996 au Maroc, il s'agit de transférer aux bassins versants de ce pays des modèles élaborés par des chercheurs québécois, français et tunisiens).

Autres exemples de coopération Sud-Sud :

Le ministère de la Recherche de Madagascar a lancé, en 1997, une opération qui a pour but de créer « une plate-forme de rencontre » pour les chercheurs et pour les opérateurs économiques autour de ses centres de recherche dans des domaines comme l'océanographie (utilisation alimentaire des algues, exploitation des réserves halieutiques), l'énergie (contre la surexploitation du charbon de bois), la déforestation, les plantes médicinales, etc.

L'université de Mahajanga (Madagascar) collabore avec la faculté des sciences appliquées de Butare (Rwanda) qui a développé une nouvelle technologie de cuisson des briques, en adaptant une technologie jadis répandue au Québec. L'objectif est de construire en dur pour diminuer les incendies des cabanes en feuillage et l'inconfort thermique des cabanes en tôle et pour alléger la pression sur la ressource forestière.

En coopération avec des équipes de Toulouse et de Dakar, l'université de Ouagadougou étudie l'adaptation de la technique de susceptibilité magnétique des roches pour faciliter la prospection minière et la recherche de l'eau au Burkina Faso, au Niger et au Ghana.

On connaît mieux, dans les milieux de la Francophonie, les réalisations de l'Université des Réseaux d'Expression Française (UREF). Sous le signe de la modernité et de l'excellence, l'AUPELF, opérateur du Sommet, gère dans les pays en développement :

Quatre instituts francophones à vocation régionale installés à Hanoï (informatique), Phnom Penh (technologie), plus récemment à Maurice (entrepreneuriat), Vientiane (médecine tropicale) qui recrutent au niveau du troisième cycle. Sont ainsi formés, avec des moyens multilatéraux :

467

– des ingénieurs dans les domaines les plus avancés de l'informatique (l'IFI de Hanoï organise en outre le transfert des technologies dans les milieux de la production et des opérations de formation continue) ;

– les cadres techniques pour la reconstruction du Cambodge (ingénieurs formés en cinq ans, techniciens supérieurs formés en trois ans en génie civil, industriel, minier, électrique, énergétique, chimique, alimentaire, rural). Le chef de chaque département, qui encadre l'équipe des professeurs, est choisi pour son expérience professionnelle.

Un réseau de filières universitaires francophones implantées par l'Agence de la Francophonie dans des établissements nationaux pour assurer la préparation bilingue à des diplômes nationaux : dans quarante-sept spécialités au Vietnam et une dizaine au Cambodge, dont plusieurs sont professionnelles (génie chimique, électrique, agro-alimentaire ; techniques du bâtiment, des communications, des transports, du pétrole, de l'archéologie, de la gestion, de l'hôtellerie, du journalisme ; médecine, pharmacie, etc).

D'autres filières, moins nombreuses ont été implantées en Haïti, en Égypte, au Liban (où une filière, ouverte aux Jordaniens, aux Syriens, aux Égyptiens, doit être créée pour former des spécialistes de la gestion des marchés culturels), ainsi qu'en Roumanie, en Bulgarie et dans d'autres pays d'Europe centrale et orientale « en transition ».

Dix-sept réseaux thématiques de recherche, dont la plupart portent sur des technologies de pointe.

Le Réseau des centres SYFED, qui permet aux pays en développement d'accéder à toutes les banques de données scientifiques et techniques francophones et de diffuser leurs propres travaux.

On notera que le Sommet de Hanoï a rendu hommage à l'université Senghor d'Alexandrie pour le rôle qu'elle joue dans la formation de haut niveau des ressources humaines du continent africain.

On retiendra également que l'AUPELF-UREF (devenue Agence Universitaire Francophone au printemps de 1998) envisage d'appliquer le savoir-faire acquis par les CRESA aux sciences de l'ingénieur. Un comité d'orientation (ouvert aux professionnels, aux bailleurs de fonds et aux établissements du Nord participant à un consortium d'appui) est chargé de mettre en place ces CRESSI qui seront basés dans des écoles nationales d'ingénieurs choisies comme pôles régionaux d'excellence.

Dans le domaine de la formation et du perfectionnement des cadres supérieurs, il faut mentionner également l'Institut des Hautes Études Francophones de Chamarande, géré par l'Agence Universitaire de la Francophonie, qui a formé, en trois ans, quatre cents décideurs de quarante-deux pays ; la délocalisation systématique des formations de l'École Internationale de la Francophonie dans des institutions du Sud ; la décision de l'Agence de mettre sur pied un programme de formation à la fonction publique internationale en partenariat avec l'Institut des Relations Internationales du Cameroun, l'Institut International d'Administration Publique de Paris, l'Institut des Nations unies pour la Formation et la Recherche de Genève. Cette formation s'adresse à des titulaires de diplômes universitaires de deuxième cycle des pays francophones « du Sud et de l'Est », dans des matières correspondant aux activités des organisations internationales (de l'agronomie à l'éducation), pouvant justifier en outre d'une expérience professionnelle d'au moins trois années.

Quelle que soit la priorité attribuée par la Francophonie à l'éducation de base et à la FPT refondée pour tenir compte des réalités socio-économiques dans les pays en développement, il n'est pas concevable que soit négligé le potentiel de ces pays en matière de formation supérieure dans les spécialités les plus modernes.

La formation professionnelle et technique supérieure dans les pays en développement, francophones et autres

Au Sénégal, une École Nationale Supérieure Polytechnique est née en 1994 de la fusion de l'École Polytechnique de Thiès (ville qui accueille également l'École Nationale Supérieure d'Agronomie), de la division industrielle de l'École Nationale Supérieure Universitaire de Technologie, du département des sciences et techniques industrielles de l'École Normale Supérieure de L'enseignement Technique et Professionnel. Elle a pour mission de former les ingénieurs et techniciens dont a besoin le secteur industriel : techniciens supérieurs (bac + 2), ingénieurs technologues (DUT + 2), ingénieurs de conception (DUT + 3) du génie civil, mécanique, électrique, chimique, biologique, informatique, etc.

L'Institut Supérieur de Gestion forme les cadres du secteur tertiaire, avec le Centre de préparation à l'expertise comptable. L'École Normale Supérieure forme les professeurs et les corps de contrôle de l'ETP du deuxième degré.

Des écoles forment par ailleurs des bibliothécaires, archivistes, documentalistes, des spécialistes des techniques de l'information, du travail social, de la gestion des entreprises, de la médecine vétérinaire. Les ministères « techniques » ont leurs propres écoles : des Beaux-arts, du développement sanitaire, des télécommunications, des douanes, de la magistrature, de l'administration, de la Justice, de la police, des officiers des forces armées et de la gendarmerie, de la pêche et des transports maritimes, de l'hydraulique, du transport aérien, du tourisme et autres secteurs de la fonction publique ou para-publique.

Les plans d'ajustement structurel des années 80 ont supprimé l'automaticité du placement des sortants dans les administrations ou les entreprises de l'État. Depuis 1995, le recrutement, beaucoup plus sélectif, se fait sans garantie de l'emploi. Mais depuis 1994, la loi officialise le concours de l'initiative privée à l'œuvre d'éducation et de formation. Les établissements privés de FPT se multiplient. Des centaines se spécialisent dans des formations post-baccalauréat aux carrières de l'informatique de gestion, de la gestion des entreprises, du management, de la bureautique, du secrétariat, du commerce international, du tourisme.

Ils sont habilités à préparer leurs étudiants aux BTS et DUT de ces spécialités. Ils doivent présenter chaque année un rapport sur leurs programmes, leurs tarifs, l'état de leurs infrastructures et de leurs équipements, la liste de leurs formateurs, ainsi que sur les résultats obtenus dans les concours et examens et leurs résultats financiers. Un collectif des établissements privés d'enseignement supérieur regroupe un millier de ceux-ci

dans le secteur tertiaire ; il participe au Conseil consultatif de l'enseignement privé qui a été créé auprès du ministre de l'éducation nationale.

Mutatis mutandis, la situation est comparable dans tous les pays
francophones d'Afrique subsaharienne : on y prépare des BTS, des DUT, des
diplômes d'ingénieur, sur le modèle français. Ces formations concernent le
génie civil, le génie industriel, informatique, la gestion. On peut cependant
relever quelques spécificités africaines :

Dans les pays du Sahel, la désertification impose que la priorité soit
donnée aux recherches appliquées concernant l'eau, l'énergie solaire, les
centrales électriques, l'utilisation des déchets végétaux, et surtout l'agriculture et la foresterie.

En Côte-d'Ivoire et au Congo, certains déplorent que les jeunes
s'orientent en majorité vers des études supérieures académiques et les prolongent excessivement, préférant vivre de bourses plutôt que de chercher
à s'insérer dans le marché de l'emploi. On compte sur l'ouverture des filières professionnalisantes à la formation continue pour développer le sens de
l'autonomie et le goût d'entreprendre. D'autres rappellent qu'il serait perni-
cieux de laisser à penser que l'Afrique n'a pas besoin d'ingénieurs formés
aux technologies de pointe. La modernité n'est pas l'adversaire du développement de base, elle permet au contraire de griller des étapes, de rattraper
des retards. La télédétection satellitaire des capacités herbagères de sols, la
sélection grâce aux biotechnologies des races bovines tripano-tolérantes en
sont de bons exemples.

On peut considérer comme valable pour l'ensemble de ces pays le
principe énoncé dans la nouvelle politique guinéenne en matière d'ETFP :
fournir au marché du travail dans chaque région une main-d'œuvre qualifiée,
mais former également « *des compétences nationales préparées aux changements fréquents et complexes qu'imposent les progrès de la technologie* ».

En dehors de cette région de la Francophonie, on signale :

Au **Maroc,** la mise en place de concours d'agrégation en fabrication et en construc-tion mécanique pour recruter les ensei-gnants des classes préparatoires aux écoles d'ingénieurs (ces classes sont comme en France des classes de lycée ouvertes aux bacheliers). Il faut rappeler que sur les 230 000 jeunes adultes de 18 à 25 ans qui se trouvent dans le système éducatif, 60 000 suivent des filières scientifiques, techniques ou médicales. À noter que la coopération allemande soutient l'Institut Supérieur de Technologie Appliquée Inter-Entreprises de Casablanca (qui accueille, en octobre 1998, une conférence internationale sur les mathé-matiques appliquées aux sciences de l'ingé-nieur). La coopération canadienne appuie, de son côté, l'Institut de Technologie Hôte-lière et Touristique et celui des pêches mari-times d'Agadir, ainsi que l'École Supérieure du Textile et de l'Habillement.

En **Tunisie,** un vaste programme de rénova-tion de l'enseignement technologique qui comporte, notamment, la création d'agré-gations dans les disciplines techniques et de sept Instituts supérieurs d'enseignement technique (comparables aux IUT français).

À **Maurice,** sur le modèle britannique, l'existence de Polytechnics (établissements d'enseignement supérieur non universitaire) et du grade universitaire de Bachelor of En-gineering (équivalent de la licence française dans le domaine industriel).

L'influence britannique se retrouve :

Au **Nigeria,** (où la hiérarchie des diplômes tient compte plus de la réputation tradition-nelle des universités que des chances d'in-sertion professionnelle ; les universitaires donnent des cours magistraux et abandon-nent la formation pratique à des techniciens qui n'ont pas rang d'enseignants).

Dans les **Émirats Arabes Unis,** où les Higher Colleges of technology forment en trois ans des bacheliers.

En **Malaisie,** où « l'ensemble du tissu social » est très sensible aux diplômes universitaires (les sept universités ont leur filière Engineering) surtout lorsqu'ils ont une composante liée aux États-Unis, à l'Australie ou au Japon.

En **Indonésie,** où 33 Polytechnics, 61 Universités et près de 300 établissements indépendants délivrent des « professional diplo-mas » qui qualifient soit pour une activité professionnelle, soit pour accéder à des formations plus spécialisées.

En **Inde,** où plus d'un million d'étudiants se trouvent dans des Polytechnics. Des FPT supérieures sont également assurées par 227 Universités techniques, 80 000 « collèges » d'ingénieurs préparant au grade de Bachelor of Engineering ou de Bachelor of Technology. 54 Universités enseignent par ailleurs la gestion. À noter la réputation internationale de cinq Instituts de technologie industrielle.

Dans ces pays, comme en Grande-Bretagne, les cadres de la haute administration se recrutent par tests de capacités (et non de connaissances) et par interviews après un cursus généraliste (non-professionnalisé) dans les universités. Leur formation professionnelle se fait donc « sur le tas ».

Au **Vietnam,** la tradition mandarinale n'attache de prix qu'aux formations universitaires. D'où le succès des formations universitaires francophones soutenues par l'UREF (elles accueillent dès maintenant plus de 5 000 étudiants) et des formations supérieures d'informatique.

Dans des contextes différents mais comparables, les pays francophones d'Europe centrale et orientale (ainsi que la Russie, la Hongrie, les Républiques tchèque et slovaque) sont à la recherche de références conciliant un système de FPT impulsé et soutenu par l'État, mais décentralisé et une économie de marché. D'où l'intérêt de ces pays pour les filières universitaires francophones (toujours bilingues et parfois très partiellement francophones) soutenues par l'Agence Universitaire de la Francophonie ou par la coopération française.

Exception francophone »

Les pays en développement et ceux qui veulent les aider à se développer ne peuvent se contenter de répéter les lieux communs de la pensée unique sur le travail et la formation dans l'ère post-moderne. Il faut se défier des unanimités rhétoriques qui se réalisent dans les instances internationales autour d'une série de vœux pieux qui s'avèrent dérisoires face certaines situations du Sud. Certes, des impératifs s'imposent d'une manière urgente :

– faire acquérir aux jeunes, élèves ou apprentis, les compétences requises pour leur insertion dans la vie active de proximité, mais aussi l'ensemble complexe de compétences indispensables pour changer d'emploi et de spécialité ;

– assouplir les structures de la formation professionnelle et technique, ses programmes et ses modes de fonctionnement, mettre en place « une véritable politique partenariale ». Décentraliser les pouvoirs, responsabiliser « le niveau adéquat », en vue d'une « gestion plus efficace », etc.

Mais ces mots ne peuvent avoir le même sens pour une multinationale du Nord et une micro-entreprise du Sud. Même s'il n'est pas mauvais que l'accent soit mis, au Sud comme au Nord, sur les compétences plus que sur les diplômes, et sur les compétences qui ne peuvent s'acquérir qu'en situation de travail réel, en résolvant avec l'aide d'une équipe, des problèmes imprévus, et même si, au Nord comme au Sud, l'appareil de formation a pris du retard sur l'appareil de production (alors que la production incorporait de plus en plus de connaissances et d'intelligence).

Toutefois beaucoup de responsables politiques, d'acteurs sociaux au Sud, sont encore très éloignés des nouvelles données de l'économie mondiale. Celle-ci connaît effectivement une mutation. Celle d'une économie fondée sur des infrastructures et des équipements matériels à une économie fondée sur des ressources immatérielles (la connaissance, l'information), des capitaux immatériels (logiciels, techniques informatisées de communication), des entreprises virtuelles déterritorialisées, d'où la chasse aux compétences de pointe, le développement de technopoles qui rompent avec les lieux traditionnels de la production.

Les pays du Nord les plus développés ont-ils d'ailleurs encore un modèle de FPT à proposer ? Il est indéniable que les pays francophones du Nord sont, à des degrés divers (la France et la Belgique plus que le Canada, la Suisse ou le Luxembourg) en situation d'interrogation concernant l'adéquation entre la formation et l'emploi : les jeunes diplômés, souvent mal orientés par rapport aux besoins du marché, sont nombreux à chômer ou à se déclasser pour travailler, quand ils n'ont pas la chance de poursuivre de nouvelles études ou de trouver des systèmes en alternance emploi-formation (ou recyclage).

D'autres se tournent vers la formation pour la réformer mais, en 1996, le Parlement européen prédisait : « *dans dix ans, 80 % de la technologie utilisée aujourd'hui sera obsolète. 80 % de la main-d'œuvre travaillera sur la base du savoir acquis au cours des dix années précédentes* ». La question ainsi posée à la FPT est évidemment difficile : aucun système de formation ne peut s'adapter facilement à ce rythme d'évolution. Le contenu des compétences techniques et professionnelles nécessaires pour le futur même proche échappe bien souvent aux entrepreneurs eux-mêmes. Dépassée donc l'époque des référentiels de l'emploi qui permettaient de déterminer les objectifs des formations. Il est demandé à la formation de développer, de façon pragmatique et peu modélisable, « *des aptitudes à apprendre tout au long de la vie* ». À tout hasard, on recommande la maîtrise des mathématiques, des langues, des techniques d'information et de communication qui paraissent ne pas devoir être inutiles dans la perspective d'une mobilité généralisée. Quant aux autres compétences « transversales », lorsqu'on parvient à s'entendre sur leur définition, reste posée la question de leur enseignement et de leur validation, qui supposerait des modes de reconnaissance inédits. En réalité, il est souhaité, de manière très imprécise, que la formation « donne à chacun la possibilité de bâtir sa carte personnelle de compétences, enrichissable tout au long de sa vie ».

Dans ce contexte, les termes d'apprentissage et d'apprenant sont souvent préférés à ceux d'instruction, d'enseigné ou de formé. Avec l'internet s'ébauche même une nouvelle forme de formation où l'apprenant parfaitement autonome choisirait les contenus et les rythmes de ses apprentissages, de ses reconversions. Cet humanisme où chaque individu aurait la possibilité d'apprendre ce qui lui permettrait de devenir lui-même en pensant par lui-même est, même dans les pays les plus développés, une utopie. Mais, comme la démocratie et les droits de l'homme (notamment des femmes et des enfants), cette utopie a son rôle à jouer dans le développement.

Les sociétés africaines se détournent de l'école dans la mesure où elle ne garantit plus la promotion des jeunes diplômés dans la fonction publique et les entreprises modernes. D'où des phénomènes très inquiétants de baisse du taux de scolarisation dans plusieurs pays. Mais ces mêmes sociétés civiles pallient en même temps les insuffisances de l'offre publique d'éducation et de formation en multipliant, aux frais des parents et des communautés locales, les écoles « alternatives ». Ces écoles « spontanées » sont mal connues des statisticiens nationaux ou internationaux. Mais des témoignages, recueillis notamment par l'ORSTOM, donnent le sentiment que « les études », même si elles ne préparent pas directement à l'emploi, restent perçues comme le moyen d'accéder à une certaine autonomie, à la capacité, pour chacun, de formuler ses besoins, ses attentes, ses revendications - et de mieux gérer ses biens. En ce sens, la valeur de la formation scolaire change plus qu'elle ne se perd : si elle ne garantit plus l'acquisition d'un capital économique, elle continue à attirer en raison du profit social symbolique que la jeunesse peut en tirer.

Ces considérations sont au cœur de la coopération francophone en éducation et formation. Depuis bientôt quarante ans, la CONFEMEN préconise une ouverture de l'école sur le monde du travail et son engagement dans les politiques de développement socio-économique, en particulier dans les pays du Sud. Cela ne signifie pas qu'elle ait prôné l'abdication de l'école devant les exigences du monde de l'entreprise. La formation professionnelle et technique scolaire ne peut avoir exclusivement pour fonction de favoriser la compétitivité des entreprises. Pour que puisse être reconnue sa valeur « éducative », elle doit être adaptée non seulement aux réalités économiques mais aux « besoins fondamentaux de la personne » qui sont cognitifs, scientifiques, esthétiques, éthiques et civiques autant que professionnels. La mission de l'école est de former des citoyens et des acteurs responsables du développement de leur famille, de leur communauté, de la société, ce qui suppose leur développement personnel d'individus ayant appris à apprendre pour mieux entreprendre de transformer leur environnement proche et lointain (les pays en développement conservent un souvenir amer des expériences qui avaient naguère transformé certaines écoles en lieux de production). La formation dispensée doit par ailleurs être suffisamment solide pour prémunir les jeunes du chômage quand les progrès techniques bouleversent le paysage professionnel.

C'est pourquoi les ministres francophones de l'Éducation ont fait adopter par leurs chefs d'État et de gouvernement des programmes destinés à combattre la marginalisation des pays qui ont du mal à s'intégrer dans l'économie mondiale, mais dans le cadre plus général d'un « *développement global où secteur économique et secteur éducatif seront tous deux orientés vers une croissance à visage humain* ». C'est aussi pourquoi la refondation de la formation professionnelle et technique est incluse dans l'espace francophone de coopération qui porte sur « le savoir et le progrès ».

Le partenariat école-entreprise, en Francophonie, ne signifie pas subordination de l'école à l'entreprise mais coopération. La formation est trop souvent brandie par les responsables de l'économie comme un joker pour résoudre les difficultés qu'ils rencontrent – et qu'ils imputent à l'absence de formation adéquate. Ils ne peuvent exiger du système éducatif de s'adapter au jour le jour à leurs exigences sans cesse changeantes en période d'incertitude et de morosité. L'université comme l'école a besoin de prévisions à long terme. Le corps enseignant du secteur de la formation professionnelle et technique doit disposer du recul nécessaire pour s'informer, lire, participer à des séminaires, à des voyages d'études.

Il n'y a pas de partenariat là où il n'y a pas équilibre entre les partenaires, négociation et engagement réciproque sur un projet commun où chaque acteur intervient avec son identité professionnelle. L'alternance n'est réussie que si l'apprenant a certes le sentiment de vivre un projet unique, dans un temps commun, mais sans que disparaisse l'écart inévitable et nécessaire entre les deux pôles impliqués. La synergie entre le système de formation et le système de production ne peut être exclusivement orientée par la compétitivité des entreprises. Les politiques économiques des gouvernements francophones donnent à l'un comme à l'autre l'objectif social de l'emploi. Plus qu'au Nord, cela signifie, dans les pays en développement que les secteurs à forte intensité de main-d'œuvre (y compris l'agriculture et l'informel) ne peuvent pas être sacrifiés au profit des secteurs de main-d'œuvre fortement qualifiée et à forte productivité.

Tel est, en tout cas, le choix francophone en faveur d'une mondialisation « alternative » qui se distinguerait par son humanisme. Il s'agit de promouvoir réellement une « économie pour l'homme », dans laquelle les entreprises ne se donneraient plus seulement pour finalité de fournir des biens et des services à des prix compétitifs, mais de fournir aussi de l'emploi et « de la dignité ». À cette condition, elles pourraient intervenir de plein droit dans les systèmes de formation.

Il ne paraît guère possible, dans l'état actuel de la documentation, de définir ce que pourrait être un modèle francophone de FPT auquel pourraient se référer les pays en développement. Il est en revanche concevable que la Francophonie, parce qu'elle rassemble, autour du partage d'une langue, un nombre croissant de pays du Nord, du Sud et de l'Est, puisse devenir une sorte de laboratoire où s'expérimenterait une coopération originale entre des pays développés, des pays en développement et des pays en transition, dans le domaine de la FPT comme dans beaucoup d'autres.

Dans le numéro spécial que le bulletin La *CONFEMEN au quotidien* a consacré, en juillet 1998, aux assises de Bamako, le secrétaire général de la CONFEMEN rappelle que ces assises avaient pour but *« d'ouvrir à la concertation l'élaboration d'un cadre commun d'actions dans le domaine de la formation professionnelle et technique [...] Pari osé dans un espace géographique pluriel où les diversités touchent les secteurs économique, politique, social, où les systèmes d'éducation – formation sont le reflet de ces diversités [...] Pari réussi [...] Le consensus s'est fait autour du document élaboré par la CONFEMEN lors de ces assises ».*

Ce même numéro publie le texte intégral du discours prononcé lors de la cérémonie d'ouverture par la présidente de la CONFEMEN. Celle-ci a évoqué les « résistances » rencontrées dans la préparation des assises : *« s'occuper de la formation professionnelle et technique apparaissaient dans un nombre important de pays comme une tâche ne relevant pas des compétences des ministres de l'Éducation [...] Pour d'autres, il fallait surtout éviter que les pouvoirs publics viennent s'immiscer dans un domaine qui relève uniquement de l'entreprise privée. Pour notre part, nous pensons que le secteur de l'éducation doit aussi jouer un rôle de catalyseur dans la formation professionnelle et technique ».*

On retiendra d'autre part deux passages de ce discours, qui concernent les options de la présidente de la CONFEMEN : *« Pour atteindre les jeunes non scolarisés ou déscolarisés, il faut que l'école prouve qu'elle a réellement une finalité d'insertion ».*

« À mes yeux, l'enseignement technique et professionnel est d'abord une manière comme une autre d'atteindre les objectifs généraux de l'éducation et si son organisation doit évidemment tenir compte des exigences du marché du travail, elle ne peut lui être subordonnée. Il appartient au service public de l'éducation, à l'État, d'assurer le pilotage de l'enseignement technique et professionnel ».

nnexe

L'enseignement technique et la formation professionnelle dans l'enseignement secondaire (avant refondation)

Les assises de Bamako, après la 47e session de la CONFEMEN, auront permis de prendre la mesure de l'échec de l'enseignement technique et de la formation professionnelle scolaire (ETFP). Cet échec est indéniable dans les pays francophones d'Afrique subsaharienne.

Les pays francophones d'Afrique subsaharienne

Resté généralement conforme au modèle importé des années 60, ce secteur des systèmes éducatifs est devenu aujourd'hui éclaté, sous-utilisé, inadapté et hors de prix. Le directeur général de l'éducation et de la formation à l'Agence de la Francophonie le qualifie de « caricatural » pour indiquer qu'il a, avec les années, démesurément grossi les défauts dont il avait hérité :

– offre quasi inexistante pour les exclus et les défaillants, mais également pour les diplômés du primaire et du premier cycle du secondaire ;

– offre excédentaire de formations de niveau baccalauréat et supérieur par rapport aux capacités d'absorption du marché de l'emploi ;

– facteur aggravant : la croissance non maîtrisée de la natalité : tous les dix ans, le nombre de jeunes à former double en Côte-d'Ivoire (où 57 % de la population a, dès maintenant, moins de 20 ans). Le Maroc, les années où la pluviométrie est favorable, peut créer 200 000 emplois, mais chaque année 300 000 jeunes se présentent sur le marché du travail ;

– perçues comme voies de relégation, tant que l'accès à la fonction publique fut, pour les parents, la seule finalité acceptable du détour par l'école, les filières techniques, et a fortiori les filières professionnelles, restent boudées. Elles concernent moins de 10 % des effectifs du secondaire. Par rapport à l'ensemble de la population scolarisée (qui représente moins de 40 % de la jeunesse), ce pourcentage s'effondre à 0,7 % (contre 7 % dans le secondaire général). Ces filières restent, dans l'esprit du public, celles où échouent ceux qui ne peuvent poursuivre leurs études, celles qui, corrélativement, débouchent sur des emplois de niveau inférieur. On observe qu'aucune passerelle ne fonctionne dans le sens ETFP-enseignement général. À noter également l'acharnement dont font preuve les parents pour maintenir leurs enfants dans le cycle primaire général : pour les préparer au certificat d'études primaires, le nombre d'années peut aller jusqu'à quatorze (Congo, Madagascar), douze (Mali, Centrafrique), dix au Cameroun, neuf au Burkina Faso ;

– afin de corriger leur image négative, les filières techniques (et même professionnelles) privilégient leurs aspects théoriques et se présentent comme des préparations longues aux formations supérieures plutôt que comme des filières courtes d'insertion dans la vie active. Ces préparations longues à des concours très sélectifs, conformes au modèle français, privilégient la mémorisation de contenus par rapport à l'ingéniosité pratique et à la capacité de résoudre des problèmes concrets ;

– les plans d'ajustement structurel ont rendu de plus en plus aléatoire le recrutement d'enseignants qualifiés et ont accéléré leur exode vers des secteurs mieux rémunérés (ou vers l'expatriation) ;

– l'embauche quasi automatique des premières générations des diplômés de l'enseignement technique dans le secteur public de l'administration et de l'industrie a eu pour conséquence une faible implication des professionnels du secteur privé dans l'ETFP. Ce désintérêt est également à l'origine de la faiblesse de la formation continue ;

– les équipements de l'ETFP ont souffert de ce déphasage par rapport aux entreprises. La vétusté des machines utilisées dans les établissements scolaires contribue au scepticisme des employeurs à l'égard des diplômes. À quoi s'ajoute, dans plusieurs pays en développement, la tradition du recrutement sur la base de relations familiales ou ethniques, plutôt que sur la base des performances scolaires ;

– les guerres civiles qui se sont multipliées en Afrique subsaharienne francophone (au Tchad, au Rwanda, au Burundi, au Congo, dans l'ex-Zaïre, et, dans une moindre mesure, au Niger, en Centrafrique, etc.) sont particulièrement ruineuses pour les équipements lourds de l'ETFP.

Ces considérations générales, qui justifient, pour la CONFEMEN et le Sommet une refondation de l'ETFP, doivent être déglobalisées. Sont reproduites ci-après quelques informations recueillies par le Haut Conseil de la Francophonie.

Niger, TBSJ[2] : 15 - MT = 85 % dans A ; 3 % dans I ; 12 % dans T. ETFP : 1 700 élèves sur 92 000 – 180 enseignants sur 15 000 plus un établissement catholique, une université islamique, (400 élèves), des ONG plus des centres de formation gérés par les entreprises nationales (électricité, eau, travaux publics).

Mali, TBSJ : 16 – MT = 85 % dans A ; 2 % dans I ; 13 % dans T ETFP : 13 000 élèves dans 12 établissements publics placés sous la tutelle des Directions Régionales de l'Éducation depuis 1997 plus 12 000 dans des établissements privés agréés plus des établissements des ministères du Développement rural et de l'Eau, de la Santé, des Personnes âgées et de la Solidarité, de la Culture et du Tourisme plus des ONG actives dans le développement rural et l'appui aux micro-entreprises, etc. plus quelques entreprises (télécommunications, chemins de fer, eau, électricité, coton) ont leur propre système de perfectionnement de leur

NOTE

[2] TBSJ = taux brut et global de scolarisation de la jeunesse ; MT= Marché du travail hors secteur informel urbain ; I = Industrie ; A = Agriculture ; T = Tertiaire.

personnel. Le système d'ETFP a été mis en place dès 1962 sur le modèle français (collèges techniques, lycées techniques, grandes écoles). Mais la coopération soviétique a construit un centre de formation professionnelle et la coopération américaine une École Centrale pour l'Industrie, le Commerce et l'Administration. La coopération canadienne a aidé le gouvernement à planifier l'ETP initial. La coopération française soutient un projet de consolidation de la FP (création d'un Observatoire de l'emploi et de la formation, modernisation des équipements des établissements de formation, appui à l'apprentissage en collaboration avec la Fédération Nationale des Artisans). Dans la perspective de la reprise économique, les organisations patronales souhaitent être impliquées dans la gestion du système d'ETFP. Dès maintenant, 192 enseignants ont été formés à la pédagogie des objectifs par compétences, 85 formateurs à celle des stages d'entreprise et 25 cadres à l'implantation du changement.

Burkina Faso, TBSJ : 19 – MT = 90 % dans A ; 2 % dans I ; 8 % dans T. ETFP : 2 500 élèves dans 9 établissements publics plus 5 000 dans 16 établissements privés catholiques plus 500 dans 2 établissements privés protestants plus 2 000 dans 10 établissements privés non confessionnels, soit environ 10 000 élèves sur les 80 000 du secondaire (OM6 dans le primaire). Nombreux BTS. Un DESS métiers des eaux et traitement des déchets.

Djibouti, TBSJ : 18. ETFP : 5 établissements publics : 1 lycée technique, 1 lycée industriel et commercial, 1 collège d'enseignement technique, 1 centre de formation professionnelle des adultes, 1 école hôtelière. Diplômés : 140 bacheliers, 400 BEP, 50 CAP, 250 adultes, 20 diplômés en hôtellerie plus 2 établissements de missions catholiques et 1 protestants, d'ONG (association nationale pour la jeunesse, volontaires du progrès), de la Chambre de Commerce et d'Industrie. Bons taux d'insertion des bacheliers et des BTS.

Guinée, TBSJ : 24 – MT = 78 % dans A ; 1 % dans I ; 21 % dans T. ETFP : 7 % des élèves, 1 jeune sur 80. Une enquête a établi en 1995 les carences de la formation scolaire et les orientations à lui donner pour l'adapter à la demande des responsables du développement (pollution, stockage, évacuation des ordures, comptabilité, prévision d'un rendement, entretien des outils, réglage des machines, calendrier des cultures). Dans le cadre de la nouvelle politique, une étude a permis de déterminer le nombre et les catégories de diplômés requis pour satisfaire la demande « anticipée » des différents secteurs économiques, les pro-grammes d'ETFP à supprimer, le redéploiement des enseignants. Des mécanismes de concertation régionaux avec les employeurs et les collectivités locales ont été mis en place en vue d'assurer le co-financement de l'ETFP. Affectation des sommes allouées à l'ETFP : 40 % aux centres de FP, 31 % aux écoles nationales d'ET, 19 % aux écoles normales d'instituteurs, 10 % à l'administration centrale et déconcentrée.

Tchad, TBSJ : 27 – MT = 83 % dans A ; 5 % dans I ; 12 % dans T. ETFP : 23 200 élèves, 160 enseignants sur 2 700 plus instituts de gestion : 110 BEP, 115 BTS plus établissements catholiques pour l'éducation et le développement.

Sénégal, TBSJ : 34 – MT = 81 % dans A ; 6 % dans I ; 13 % dans T. Chaque année 65 600 jeunes sortent du système scolaire sans savoir faire suffisants pour s'insérer dans la vie active. Enseignement Technique : 10 lycées publics, 9 privés, 6 600 élèves (0,6 % de la population scolaire, 13 % des élèves du secondaire). Effectifs en baisse dans les filières industrielles, en hausse dans les filières commerciales (notamment dans les établissements privés). Taux de redoublement élevé : 18 % en 2ᵉ, 15 % en 1ʳᵉ, 25 % en terminale. Nombre des diplômés en 1993 : 101 dans les séries F (biochimie) sur 243 candidats ; 522 / 1653 dans les séries de sciences économiques, gestion, secrétariat ; 101/283 BT et BTS ; 301/1084 BEP (dont 519 candidats en comptabilité, 244 en banque, 150 en secrétariat) ; 291/ 1 181 CAP (dont 405 candidats en comptabilité, 230 en sténo ou dactylographie, 129 en banque). Formation profes-sionnelle : 73 écoles de formation d'ouvriers et techniciens. 9 000 élèves (dont 6 800 dans les écoles privées), dont 47 % à « vocation tertiaire ». Taux d'échec : 75 % au CAP ; 72 % au BEP ; 65 % au bac techniques industrielles ; 65 % au BTS. On note la création, dès 1960, d'un ministère de l'enseignement technique et de la formation des cadres ; la suppression, dans le cadre de l'ajustement structurel, du département ministériel de l'ETFP ; la création, en 1983, d'un secrétariat d'État à l'ETFP, supprimé en 1986 ; la création, en 1990, d'un ministère de l'emploi, du travail et de la FP, puis, en 1995, d'un ministère délégué auprès du ministère de l'Éducation nationale, chargé de l'ETFP. Mais 16 ministères restent concernés par la FPT, d'où des disparités dans la répartition des moyens. On note également que l'État n'intervient que pour 41 % dans le financement de l'ETFP : il ne peut, au prix d'un fort endettement extérieur, couvrir que les dépenses de personnel. Toutes les autres dépenses (maintenance des locaux et des équipements, dépenses d'énergie, etc.) sont financées, de manière précaire, par les aides extérieures (37 % du total) et les familles (11 %). Les entreprises interviennent pour 9 % seulement dans ce financement, mais elles se déclarent prêtes à développer leurs propres structures de formation et à cogérer le produit de la « contribution forfaitaire à la charge des entreprises ». La nouvelle politique de libéralisation de l'économie impose une redynamisation de la formation des ressources humaines pour répondre aux besoins nouveaux en main-d'œuvre qualifiée.

Bénin, TBSJ = 34 - MT = 70 % dans A ; 7 % dans I ; 23 % dans T. ETFP : 5 735 élèves dans le secondaire : 4 % des effectifs plus 600 dans des établissements catholiques plus 10 000 dans une soixantaine d'établissements à but lucratif. Répartition des élèves de CAP : 1 490 industriels, 514 tertiaires, 358 agricoles, 267 en médicosocial. Préparation aux baccalauréats secrétariat, comptabilité, commerce : 1 937 élèves. Préparation à des diplômes professionnels : agricole : 580 ; médicosocial : 417.

Mauritanie, TBSJ = 35 - MT = 69 % dans A ; 9 % dans I ; 22 % dans T. ETFP : 3 500 élèves, soit 5 % des effectifs du secondaire dans 4 lycées et 6 collèges d' ÉT, 1 institut bac+2 ; 1 école de pêche, quelques centres de FP destinés à des élèves mal scolarisés dans le primaire, « formés à des métiers peu exigeants en termes de compétences de base ». Plus une dizaine d'établissements privés (ONG islamiques ou catholiques), principalement dans le tertiaire. Répartition des élèves de BEP : 750 industrie, 220 agriculture, 130 tertiaire ; des élèves préparant des baccalauréats techniques : 420 industrie, 178 tertiaire, 30 agriculture. On signale la faiblesse des formations dans les deux secteurs dominants de l'économie : minerai de fer et pêche. Les diplômés du secteur tertiaire sont rarement embauchés et quand ils le sont, ce n'est pas au niveau de salaire correspondant à leur qualification formelle.

Centrafrique, TBSJ = 37 – MT = 81 % dans A ; 3 % dans I ; 16 % dans T. Un seul lycée technique : 350 élèves préparés au baccalauréat et à des DUT (gestion, génie civil et industriel). En projet : 3 collèges d'ET préparant à des CAP hors de Bangui. 4 centres de FP (dont l'un, en menuiserie, créé par les Salésiens de Don Bosco).

Côte-d'Ivoire, TBSJ = 39 - MT = 65 % dans A ; 8 % dans I ; 27 % dans T. ETFP : 11 500 élèves formés dans 68 établissements. La Côte-d'Ivoire a l'ambition de devenir un des nouveaux pays industrialisés en l'espace d'une génération. Le dynamisme des investissements nationaux et étrangers dans les infrastructures (aéroports, autoroutes, ponts, télécommunications, centrales élec-

triques) et dans le secteur industriel (énergie, automobile, transformation du cacao, recherche minière et pétrolière) exige une professionnalisation des filières universitaires et une réorientation des formations scolaires : « développer chez les enfants le désir d'acquérir des connaissances non pas seulement pour assurer la réussite scolaire, mais en vue d'exercer un métier ».

Gabon, TBSJ = 47 - MT = 75 % dans A ; 11 % dans I ; 14 % dans T. En dehors de l'agriculture et du secteur informel, 50 % du PIB est produit dans le secteur primaire (pétrole, bois d'œuvre, manganèse, uranium) ; 15 % dans le secteur secondaire ; 35 % dans le secteur tertiaire. ETFP : 15 % de la population scolaire. Les diplômés Bac + 3, + 5, + 8 sont recherchés, notamment les qualifiés en gestion informatique, mais beaucoup d'autre chôment. Des plans de redressement prévoient la création d'une Commission école/ partenaires économiques, la formation des formateurs par des Instituts *ad hoc*, en partenariat avec les entreprises, l'autonomisation des établissements d'ETFP (leur donnant le droit d'organiser la formation continue du personnel des entreprises, de recourir à des personnes-ressources étrangères au corps enseignant, etc.).

Cameroun, TBSJ = 48 - MT = 79 % dans A ; 7 % dans I, 14 % dans T. ET : en dix ans, le nombre des élèves est passé de 79 000 à 92 000 dans des établissements publics. Le nombre des enseignants a quasi doublé (de 3 000 à 5 900, soit 28 % des enseignants du secondaire). Dans le même temps, le nombre des formés dans des établissements privés a régressé de 57 000 à 44 000. Le taux de réussite aux CAP s'est nettement amélioré, passant de 23,63 à 44,54 % (alors que le taux de réussite au BEPC régressait de 34 à 26 %). Ces progrès remarquables s'expliquent par l'implication des professionnels dans l'ET et le soutien de la coopération internationale (de la France, du Canada, mais aussi de l'Allemagne qui a occupé le Cameroun entre 1884 et 1916, ainsi que d'Israël et du Japon). Mais les diplômes n'ont plus aujourd'hui la valeur que les entreprises leur reconnaissaient dans les années 70. Cette régression est imputée à la massification de l'ET, à l'obsolescence des équipements. Un Fonds national de l'emploi a été créé pour faciliter l'insertion des jeunes diplômés sur le marché du travail. Le secteur informel continue à former et employer 40 % des jeunes...

Congo, TBSJ = 50 - MT = 62 % dans A ; 12 % dans I ; 26 % dans T. L'offre d'ET paraît pleinement satisfaisante, des CET aux instituts supérieurs. Mais la demande en ouvriers qualifiés et agents techniques est aujourd'hui quasi nulle. Les diplômés des CET poursuivent leur formation dans les lycées techniques et au-delà. Le ministère des enseignements supérieur et technique, en accord avec les opérateurs économiques et les bailleurs de fonds, a décidé de réorienter l'ET vers la FP, une cellule école/milieu du travail, co-financée et co-gérée, a été mise en place en vue de décisions concertées concernant la définition des contenus de formation en fonction des profils d'emploi.

Togo, TBSJ = 51 - MT = 65 % dans A ; 6 dans I ; 29 % dans T. ETFP : 5 395 élèves plus 3 319 dans des établissements privés plus 2 400 dans des établissements catholiques ; soit un total de 11 000 sur les 120 000 jeunes du secondaire (762 000 dans le primaire). Ils préparent 9 baccalauréats, 7 BEP, 10 CAP, ainsi que des BTS. Répartition des élèves préparant le baccalauréat : 2 400 en gestion, administration, commerce ; 750 en construction mécanique, électronique, électrotechnique, génie civil ; 124 en technique industrielle, chaudronnerie, construction métallique. Sur les 1 300 élèves qui préparent des BEP, 950 se trouvent dans le secteur tertiaire. 665 élèves préparent des CAP en maçonnerie, menuiserie, électricité d'équipement. 1 777 sont formés dans des CFA. Ils y reçoivent une formation d'apprentis en alternance dans 19 spécialités (mécanique des deux roues, peinture auto, serrurerie, plomberie, sanitaire, artisanat d'art, etc.). En 1996, un premier stage d'adaptation à la vie professionnelle a été organisé pour 314 diplômés sans emploi.

Dans d'autres pays de la Francophonie

Maroc, TBSJ : 44. Enseignement technique et formation professionnelle scolaire concernent tous les secteurs de l'économie. Outre le ministère de l'Éducation nationale, d'autres départements ministériels y concourent (agriculture, équipement, jeunesse et sports, tourisme, intérieur, entraide nationale, etc.).

Quatre niveaux d'accès et de qualification pour l'ET secondaire :
– spécialisation en deux ans après la 6e année de l'enseignement fondamental ;
– qualification en deux ans après la 9e année de l'enseignement fondamental ;
– technicien en deux ans après la 3e année de l'enseignement secondaire ;
– technicien spécialisé en deux ans après le baccalauréat.

En tout 73 600 élèves, soit 1,6 % seulement de la population scolarisée au secondaire plus 50 000 dans un millier d'établissements privés. Une campagne de sensibilisation est conduite auprès des élèves de 9e année de l'enseignement fondamental âgés, en principe, de 15 ans pour les inciter à s'inscrire dans le cycle de « qualification ».

Répartition des effectifs :
– 50 % au niveau qualification ;
– 30 % au niveau technicien ;
– moins de 10 % au niveau technicien spécialisé (créé en 1993) ;
– secteur administration, gestion, commerce : environ 10 000 ;
– mines, industrie : environ 10 000 ;
– bâtiment : environ 5 000 ;
– artisanat de production et de services : environ 20 000 ;
– hôtellerie : tourisme : 3 000 ;
– agriculture : 2 000 ;
– marine marchande et pêche : 400 ;
– etc.

Quelques remarques :
– la 6e année de l'enseignement fondamental peut donner accès à un cycle « d'apprentissage », - la 9e à des filières de qualification « parallèles à l'ET » ;
– une forte implication des professionnels dans :
1) l'Office de la Formation Professionnelle et de la Promotion du Travail (OFPPT), principal opérateur public de FP ;
2) les Commissions provinciales de la FP ;
3) les Commissions sectorielles de validation des programmes ;
4) les jurys d'examen ;
5) l'alternance et le tutorat des stages en entreprises.

Conséquence heureuse : 85 % des diplômés de l'ET qui s'insèrent chaque année dans la vie active entrent dans des entreprises privées. Neuf mois après la fin de leur formation, 71 % de la promotion 1996 étaient insérés au niveau spécialisation, 61 % au niveau qualification, 56 % au niveau technicien, 53 % au niveau technicien spécialisé, soit, au total, 62 % des diplômés. Les 5 615 enseignants de l'ET « disposent de tous les supports écrits et audiovisuels nécessaires ». L'OFPPT forme également 10 000 adultes en cours du soir ; 18 000 salariés dans des stages techniques, 20 000 (de plus de 500 entreprises) dans le cadre de contrats. Il assure en outre près de 2 000 journées d'assistance-conseil au profit de plus de 200 entreprises. Ces actions de l'opérateur public s'ajoutent aux formations intra-entreprises. Le Maroc bénéficie, pour développer sa FPT, de coopérations multiples (Banque Mondiale, Union européenne, France, Canada, Belgique, Allemagne, Italie).

Tunisie, TBSJ = 66 ETFP : 40 000 offres de formation chaque année, dont 25 000 dans le secteur tertiaire ; 9 000 dans le secteur industriel ; 3 000 dans le secteur agricole ; 2 000 dans le secteur du tourisme ; 2 000 dans les secteurs de l'artisanat, de la pêche, du transport, de la santé, etc. Au début des années 90, la croissance économique ne se traduisant pas par une amélioration de l'emploi des jeunes, la FPT est passée du ministère de l'Éducation nationale à celui de l'emploi et de la formation professionnelle (qui coordonne les différents opérateurs, publics et privés, de FP, y compris l'apprentissage). Un observatoire a été mis en place pour diagnostiquer les dysfonctionnements et identifier les moyens locaux de réajustement. Afin de mieux « coller aux besoins des entreprises », quatre établissements publics d'exécution « débureaucratisée » ont été mis en place : l'Agence tunisienne de l'emploi, l'Agence de la FP, le Centre national de formation des formateurs, le Centre National de Formation Continue, qui agissent en étroite relation avec les entreprises et les directions. La question reste posée de savoir dans quelle mesure ces nouvelles orientations permettront d'épargner aux acteurs économiques les plus fragiles les conséquences douloureuses des transformations nécessaires en vue de l'ouverture au marché mondial.

Égypte, TBSJ = 69 (16 millions de jeunes sont retenus dans le système d'éducation-formation préalable à leur entrée sur le marché du travail). Les effectifs du secondaire sont remarquablement répartis : 830 000 dans les filières générales ; 805 000 dans les filières industrielles ; 800 000 dans les filières commerciales ; 183 000 dans les filières agricoles. 281 écoles techniques secondaires accueillent chaque année, pour 3 ans, 237 000 futurs techniciens supérieurs ; 26, pour 5 ans, 4 000 futurs techniciens supérieurs spécialisés ; 8 écoles professionnelles secondaires, pour 3 ans, 9 000 techniciens semi-spécialisés.

La FP relève de ministères autres que le ministère de l'ET :

– industrie : 36 unités - capacité 15 000/an - formation 2 ans ;

– logement : 70 unités - capacité 70 000/an - formation 6 mois ;

– travail : 21 unités - capacité 1 500/an - formation 6 mois ;

– affaires sociales : 52 unités - capacité 200/an - formation 6-12 mois ;

– autres ministères : 23 unités - capacité 4 900/an - formation 6 - 12 mois ;

– collectivités territoriales : 161 unités - capacité 1 300/an - formation 6-24 mois.

La formation en alternance se développe, ainsi que la formation professionnelle des adultes dans 18 secteurs. Mais le secteur économique ne s'impliquant guère dans l'ETFP, le taux de chômage des formés est élevé et le secteur informel reste « très important ». C'est pourquoi, l'accent est mis, dans les formations, sur la création d'entreprises (cours de gestion, étude de marché, faisabilité de projets). Depuis 1991, un Fonds social pour le développement s'occupe des salariés faiblement qualifiés dont les entreprises publiques se séparent dans le cadre de la libéralisation.

Liban, TBSJ = 74. La formation professionnelle et technique est assurée à 90 % par des établissements privés mais la validation des acquis fait l'objet d'examens officiels. 15 000 élèves se trouvent dans 300 établissements de congrégations chrétiennes ; 15 000 élèves se trouvent dans des établissements d'associations islamiques ; 10 000 dans des établissements commerciaux. Dans l'enseignement public, 30 écoles techniques préparent 2 500 élèves (soit 5 % des effectifs du secondaire) au baccalauréat technique et au BTS. C'est le système informel qui assure la FP des sortants du primaire dans tous les secteurs du marché du travail arabophone.

Maurice, TBSJ = 60. Les effectifs de l'ETFP sont faibles : environ 2 000 élèves dans une dizaine d'établissements (dont 2 privés). Le gouvernement prépare une réforme fondamentale avec l'aide de la France (notamment dans le secteur hôtellerie-restauration-tourisme), de la Grande-Bretagne et de la Banque Mondiale. Depuis 1989, un « Industrial and Vocational training board » étudie le marché du travail.

Seychelles, TBSJ = 61. Un système d'incitation fiscale a été mis en place pour inciter les employeurs à participer à la formation professionnelle.

Sainte-Lucie et **Dominique,** TBSJ = 74. Une formation professionnelle et technique de niveau baccalauréat professionnel est assurée dans chaque « Community college », avec des filières agriculture, tertiaire, paramédical.

Vanuatu, TBSJ = 53. Un seul établissement formel d'ET au secondaire accueille 220 élèves en 1re année après 9 années de scolarisation et 200 en 2e année, soit 6 % de la population scolarisée à ce niveau plus 4 établissements catholiques ; 3 établissements protestants ; 5 établissements non confessionnels qui forment au total 450 élèves. Plus des centres de formation ruraux (500 élèves). Les entreprises reconnaissent peu les diplômes délivrés et préfèrent former elles-mêmes leur personnel. Un programme de réforme s'efforce, depuis 1996, de mieux adapter le système de formation au marché de l'emploi. Mais les entreprises privées ont du mal à exprimer leurs besoins en ressources humaines. D'autre part, l'étroitesse des débouchés ne permet pas des équipements coûteux pour la formation.

Dans le groupe des pays lusophones qui ont adhéré à la Francophonie, le **Cap-Vert** (TBSJ = 62) n'a pas d'établissement ni de diplôme purement techniques. Deux écoles secondaires seulement ont des « volets techniques » (génie civil, mécanique, électricité, commerce et services) en 10e et 12e années de la scolarisation. Les enseignants de ces disciplines sont des professionnels vacataires. Une formation professionnalisante est à l'étude, en relation avec la privatisation des grands secteurs de l'économie. Des formations d'adultes (en menuiserie, coupe, couture, pêche) sont organisées par la Direction de l'alphabétisation du ministère de l'Éducation nationale.

Vietnam, TBSJ = 51. Une centaine d'établissements d'ET et un millier pour la FP accueillent 40 000 élèves, soit 10 % des effectifs du secondaire. Ils accueillent généralement aussi des adultes qu'ils préparent aux examens, du CAP au BTS. Les grandes sociétés d'État, qui emploient encore 80 % des formés, ont leurs propres centres de formation (elles n'accueillent les stagiaires des établissements scolaires que contre paiement). Le prestige des diplômés issus des écoles techniques ou professionnelles de province est très médiocre dans ce pays à héritage mandarinal. Cependant, compte tenu du sous-emploi, un diplôme donne une chance d'accéder à un emploi « moderne ». Le matériel pédagogique date souvent des années 50, mais un effort important est fait pour équiper les établissements d'ETFP en matériel informatique.

Laos, TBSJ = 50. ET : 25 établissements, 4 000 élèves, 1 300 diplômé/an FP : 14 établissements, 1 500 élèves, 500 CAP/an. Apprentissage pratique en entreprises obligatoire (6 semaines pour FP, 8 pour ET) plus 1 000 élèves dans 37 établissements privés de FP, principalement dans le secteur commercial (comptabilité, informatique, langues étrangères). L'ouverture à l'économie de marché, l'entrée dans l'ASEAN, la croissance obligent à reconvertir la formation conçue naguère sur le modèle RDA.

Cambodge, TBSJ = 30. Le système d'ETFP est faible : moins de 500 élèves recrutés après la fin du 1er cycle du secondaire dans 3 écoles professionnelles, des chantiers-écoles et un lycée agricole plus 300 élèves formés après le baccalauréat dans des établissements privés (alors que 2 millions de 6-12 ans sont scolarisés et 327 000 des 12-18 ans). On signale que des cours privés se développent, avec des prix très élevés (200 $ par trimestre), dans les secteurs à la mode (bureautique, informatique). Une réflexion en vue d'une stratégie nationale de FPT est en cours sous l'égide de la Banque Asiatique de Développement.

Hors Francophonie, sont signalés

Dans les pays arabophones

Algérie, ET : 102 000 élèves (sur 1M7 12-16 ans scolarisés dont. 93 500 niveau CAP ; 17 % en administration-gestion ; 15 % en mécanique ; 15 % en construction métallique ; 12 % en électricité et électronique ; 11 % en bois et ameublement. *NB* : agriculture = 0,2 %.

La FP est sous la tutelle du ministère du Travail. Quelques grandes entreprises ont leur propre système de FPT. Environ 400 établissements privés sont agréés.

Syrie, ETFP : 90 000 élèves (sur 816 000 12-18 ans scolarisés) formés dans 77 collèges techniques industriels ; 65 collèges techniques commerciaux ; 113 collèges techniques arts ménagers ; 502 collèges professionnels ; 41 instituts « moyens » (bac + 2).

Yémen, 16 centres d'apprentissage forment 2 400 élèves des deux dernières années du primaire ; 8 collèges techniques, 3 000 sortants du primaire ; 1 lycée technique, 1 lycée agricole, 300 élèves du secondaire.

Émirats Arabes Unis, ET secondaire : 1 825 élèves dont 1 170 dans les filières commerciales. Taux d'insertion : 100 % en raison de l'émiratisation des postes occupés par des expatriés. Oman : 21 établissements, 8 816 élèves (1,7 %).

Dans les pays anglophones d'Afrique

Nigeria, ET coordonné par le « National Board for technical education » qui laisse une grande autonomie aux établissements publics. Les églises baptistes, anglicanes, pentecôtistes, catholiques occupent une place importante aux côtés du réseau islamique.

Ouganda, 17 155 élèves (sur 300 000 scolarisés au-delà du primaire) dans 58 écoles secondaires techniques, 4 « collèges », 5 écoles de commerce. Un projet de formation bilingue français-anglais en gestion est à l'étude.

Soudan, 20 000 élèves (5 % des effectifs du secondaire) formés dans 83 écoles techniques d'agriculture, de commerce, de travaux ménagers, autant que de spécialités industrielles.

Ghana, la formation en alternance se développe. Les entreprises sont représentées dans les jurys d'examen et dans les conseils d'administration des établissements.

Zimbabwe, 17 000 élèves dans 9 collèges techniques. 38 écoles pilotes dans le secteur artisanal.

Dans les pays lusophones d'Afrique

L'**Angola,** les centres de FPT liées aux entreprises publiques sont en crise. Les « instituts moyens » accueillent 3 000 adultes qui y reçoivent en six semestres une formation générale dispensée en 8 semestres à 6 000 adolescents.

Le **Mozambique,** forme de même 65 000 adultes en cours du soir. L'enseignement professionnel est assuré par les ministères de l'agriculture, de la santé, des transports, de la culture (journalisme), des arts (audiovisuel).

En Amérique latine

Le modèle **Cubain** (données 1993-1994). 600 instituts techniques forment 260 000 jeunes futurs ouvriers qualifiés et techniciens « moyens » en 3 ou 4 ans après le premier cycle du secondaire ou en 2-3 ans après la classe terminale. Plus de 50 % des programmes sont consacrés à une formation pratique (travaux dirigés, projets, activité productive, apprentissage d'un métier). 173 écoles des métiers s'occupent de 29 000 jeunes sous-scolarisés pour en faire en deux ans après le premier cycle du secondaire des ouvriers qualifiés (les centres pré-universitaires accueillent 108 000 élèves, soit moins de 28 % des effectifs du second degré). Les spécialités de la FPT scolaire vont de la géologie (minerais) à l'automatisation en passant par l'industrie sucrière. La formation des adultes est dispensée à quelque 100 000 personnes dans 400 centres, au niveau primaire (« Éduca-tion ouvrière et agricole »), moyen ou supérieur (« Faculté ouvrière et agricole », pouvant donner accès à des écoles d'ingénieurs). La coopération canadienne, en appui aux initiatives d'entreprises privées, finance la formation du personnel cubain dans divers secteurs. Plusieurs universités canadiennes interviennent dans la formation à la gestion des coopératives, du tourisme, des petites entreprises.

Brésil, 200 établissements, 200 000 élèves (sur 6 millions de scolarisés dans le secondaire).

Argentine, des projets d'enseignement supérieur court sur le modèle des IUT français.

Chili, 250 000 élèves (65 000 14-17 ans scolarisés) dans près de 800 établissements dont 300 privés et une centaine « corporatifs ».

Équateur, 150 000 élèves (5 % des effectifs du secondaire) dans 660 collèges techniques publics et 300 privés ; une centaine d'instituts techniques supérieurs (dont 60 privés) ; 15 universités techniques ou écoles polytechniques La FP est sous la tutelle du Ministère du travail. Elle prépare des 14-18 ans et des adultes à des CAP, mais également des bacheliers à des diplômes de techniciens. Les grandes entreprises ont leur propre système de formation continue.

Uruguay, 60 000 élèves. Le modèle « dual » allemand est préféré à « l'alternance » française.

Pérou, ET : 83 000 élèves (1,2 %) + 100 000 dans des établissements privés. FP : 116 000 élèves (1,6 %) + 116 000 dans des établissements privés. SENATI, un des plus grands centres de FP (siège à Lima et succursales dans plusieurs grandes villes) est entièrement financé par le secteur privé.

Venezuela, 50 000 élèves (230 000 dans l'enseignement général) dont 28 000 dans des filières commerce et services ; 14 000 dans des filières industrielles (en désaffection). Modèle dual allemand, mais l'influence française est importante dans les sciences de la santé et la recherche pétrolière.

Nicaragua, 26 000 élèves (10 % des effectifs du secondaire) dans 39 centres publics et 200 privés. 21 000 adultes suivent des cours du soir ou de fin de semaine organisés par plusieurs ministères, des entreprises ou des communautés.

Honduras, ETFP : 20 % de l'éducation nationale.

Panama, 9 000 élèves dans 35 établissements publics plus 2 500 élèves dans 6 établissements privés. L'extrême diversité des établissements et des formations va jusqu'à l'absence de stratégie nationale pour la FPT en Bolivie, en Colombie, en République Dominicaine, au Paraguay.

En Asie

Le modèle **indien** (17 millions de 14-18 ans scolarisés). Le « All India Council for technical education » définit depuis 1987 le cadre général (« National Trade Certificate, Technical diploma », « Apprenticeship Act »), mais chaque État de l'Union définit ses priorités et les grandes entreprises assurent des formations pour leur personnel. Tous les diplômes reconnus au niveau national sont estimés « congruents » au marché du travail. Rompant avec la tradition, le système gandhien d'éducation a mis l'accent sur les liens entre l'enseignement et le travail productif. La mise à sa place, en 1986, de cycles professionnels comme cursus séparés de l'Enseignement secondaire devraient concerner 25 % des élèves en 1999 ; en réalité, 6 % seulement les suivaient en 1992. Mais un véritable système de formation non formelle complète le système formel, du primaire au supérieur. Il mêle alphabétisation, formation générale et cours professionnels. (260 000 centres pour les adolescents, 250 000 pour les adultes, créés par des autorités locales et des ONG).

Pakistan, 100 000 élèves (sur 8 M de scolarisés au secondaire).

Indonésie, importance des établissements catholiques.

Malaisie, mise en place d'un apprentissage formalisé sanctionné par des diplômes de niveau CAP-BEP.

Ouzbékistan, 180 lycées et 53 écoles professionnelles forment 120 000 élèves par an.

Azerbaïdjan, 73 techniciens forment 33 000 élèves.

Arménie, 106 établissements forment 22 000 élèves, mais le secteur de l'ETFP est « sinistré » : pénurie de matières d'œuvre, d'équipement, de débouchés (une minorité d'entreprises fonctionnent, et à un rythme ralenti).

Repères dans la Francophonie du Nord

Diplômes

■ *Québec*

Nombre des diplômes décernés en 1996 :

1) De l'enseignement secondaire :

– formation générale	:	86 282
– formation professionnelle	:	24 495

2) De L'enseignement collégial

– formation pré-universitaire	:	23 266
– formation technique	:	15 134

■ *France*

Admis au baccalauréat 1998 :

– Baccalauréat général	:	**267 210**
– Baccalauréat technologique	:	**140 395**
1) tertiaire	:	95 756

2) *industriel*   :   *39 918*

3) *environnement*   :   *4 295*

4) *agro-alimentaire*   :   *426*

– *Baccalauréat professionnel*   :   **73 483**

1) *services*   :   *44 955*

2) *production*   :   *28 528*

Effectifs

■ *Québec*

FP 1989 : 46 030 1996   :   *72 683*

ET 1989 : 75 715 1996   :   *90 342*

■ *France, rentrée 1998*

1 529 000 élèves dans les lycées généraux et technologiques.

815 000 dans les lycées professionnels.

243 000 dans les sections de techniciens supérieurs.

80 000 dans les classes préparatoires aux grandes écoles.

Les formations en alternance concernent :   *sont sous statut scolaire :*

900 000 jeunes sous statut scolaire   *91,7 % des 15-19 ans*

300 000 jeunes en apprentissage   *45,7 % des 20-24 ans*

140 000 jeunes en contrat de qualification   *6,2 % des 25-29 ans*

160 000 jeunes du secteur agricole.

CHAPITRE 5

Syndicalisme et francophonie

s prémices d'un syndicalisme francophone

Les premiers syndicalistes à avoir intégré la dimension francophone sont les enseignants. En effet, le **Comité Syndical Francophone pour l'Éducation et la Formation** (CSFEF) regroupe les organisations syndicales et professionnelles de l'enseignement de 29 pays francophones[1]. Sa création, dans le cadre d'une première rencontre à Québec, à la veille du deuxième Sommet des chefs d'État et de gouvernement de la Francophonie, date de 1987. Elle résulte d'une décision collective prise par les délégués de trente-deux organisations de vingt-deux pays francophones. En 1998, le CSFEF a conclu avec l'Internationale de l'Éducation (IE, principal regroupement international de syndicats d'enseignants) un protocole d'accord concernant l'inclusion du CSFEF dans l'IE, par lequel les deux organisations s'engagent à coordonner leurs travaux sur les questions relevant de la Francophonie institutionnelle. Ainsi le CSFEF agit comme porte-parole des organisations francophones membres de l'IE (représentant 1 032 000 personnes) auprès des organismes de la Francophonie.

Le CSFEF est régi par une charte adoptée par quarante organisations syndicales et professionnelles à Ottawa en septembre 1993. Celle-ci vise à :
– prendre en compte l'éducation comme élément prioritaire et infléchir les politiques dans ce sens ;
– s'affirmer comme une force syndicale et professionnelle représentative et active ;
– fonder l'engagement syndical et professionnel pour la Francophonie sur le respect de la diversité, le souci de la solidarité et la poursuite de la justice sociale et de la démocratie ;
– concevoir la Francophonie comme un réseau privilégié de solidarité ;
– affirmer, dans les faits, l'engagement à lutter pour les Droits de l'homme et pour une meilleure qualité de la formation et de l'éducation pour tous ;
– agir auprès des instances de la Francophonie.

Le CSFEF est formé d'un réseau, sorte de forum d'échange et de solidarité, qui se réunit tous les deux ans et qui regroupe les syndicats de l'enseignement de la Francophonie et d'un bureau, composé de huit personnes, fondé sur une représentation régionale qui coordonne son fonctionnement. Il est présidé par Roger Ferrari (SNES-FSU/France) ; le secrétaire

NOTE

[1] Algérie, Belgique, Bénin, Bulgarie, Burkina Faso, Burundi, Cameroun, Canada, Centrafrique, Congo, Côte-d'Ivoire, Djibouti, France, Guinée, Haïti, Madagascar, Mali, Maroc, Maurice, Niger, République Démocratique du Congo, Rwanda, Sénégal, Suisse, Tchad, Togo, Tunisie, Val d'Aoste, Vietnam

général en est Jean Saint-Denis (CEQ/Québec) et Birahim Thiam (SNEEL/ Sénégal) agit à titre de délégué général.

Le CSFEF a organisé ses sixièmes rencontres les 4, 5 et 6 novembre 1997 à Montréal (Québec-Canada), avec, pour objectif, de renforcer la cohésion du réseau, de clarifier la position du CSFEF dans les rapports avec l'IE et de promouvoir l'éducation relative à l'environnement dans une perspective de développement durable.

Le CSFEF se propose également de représenter les enseignants auprès des instances de la Francophonie, de participer au renforcement des Organisations Internationales Non Gouvernementales francophones, d'aider les enseignants à mieux promouvoir les droits de la personne, d'équiper des bibliothèques scolaires ou de quartier dans des pays en voie de développement, de promouvoir la Francophonie syndicale, d'améliorer la formation des personnes assurant la fonction de direction d'école en développant le volet animation du milieu scolaire...

Depuis 1987, la **CISL** (Confédération Internationale des Syndicats Libres) a pris conscience du fait francophone. Cette organisation, qui regroupe depuis 1949 l'essentiel des organisations syndicales du monde, a permis l'émergence, en 1989, **du Regroupement des Organisations Syndicales Francophones** qui lui sont affiliées (le coordinateur en est Jean Oulatar). La CISL a organisé quatre conférences syndicales consacrées aux problèmes de la Francophonie, avant la tenue des sommets, à Dakar (1989 et 1991), Cotonou (1993) et Liège (1996). En outre, elle organise des rencontres spécifiques pour ses adhérents francophones.

Aujourd'hui, la CISL souhaite que la Francophonie syndicale s'intitule « le Forum de la Francophonie Syndicale ». Pour ce faire, elle a mis sur pied une association internationale de droit belge, à but non lucratif, qui porte ce nom. Le Forum de la Francophonie syndicale veut être reconnu, au même titre que le Forum Francophone des Affaires, comme interlocuteur valable auprès des institutions de la Francophonie.

Pour les trente-deux pays ayant répondu nous observerons successivement le paysage syndical des pays francophones : part dans la population active, nombre, représentativité et indépendance des principaux syndicats et existence ou non de regroupements linguistiques ; puis la vitalité du secteur : garanties juridiques, revendications, concertations et mouvements sociaux, coopération internationale.

Un état des lieux mouvant

Une population active marquée par le salariat et la fonction publique

Le pourcentage de salariés dans la population active varie de façon importante selon les États. Il en est de même pour ce qui est de la répartition entre secteur public et secteur privé. En Afrique, l'importance du secteur informel (par exemple, au Niger et en Côte-d'Ivoire où il est égal à 26,9 %

de la population active) réduit considérablement le nombre de salariés : ainsi, la population active béninoise ne serait composée que de 20 % de salariés. À Madagascar, 12,9 % de la population active est salariée et en Mauritanie 100 000 personnes environ le sont sur une population totale de 2 400 000 habitants. Dans l'archipel du Cap-Vert, la moitié de la population active est salariée alors qu'au Niger la part de salariés est minime. À Djibouti, elle est de 40 % de la population active. Les États de l'Océan indien, du fait de la part occupée par le tourisme dans leur économie, se distinguent du reste du continent africain par leur forte proportion de salariés : il s'agit de la grande majorité des 350 000 actifs de l'île Maurice et de 90 % de ceux des Seychelles. Le Québec, en 1996, comptait 55 % de salariés alors que ce chiffre atteint 85 % au Luxembourg, 86,8 % en Suisse et 87 % en France ; la population active monégasque est également constituée majoritairement de salariés.

Les pays de l'Europe balkanique se distinguent, en raison de leur récent passé communiste, par une forte proportion de fonctionnaires : ils représentent 65 % des salariés macédoniens (qui eux-mêmes constituent 58 % de la population active totale) et 1 292 000 personnes sur les 2 062 000 actifs occupés en Bulgarie, soit 62,6 %. Dans d'autres États, cette proportion est inversée : à Monaco, ce sont 11 % des salariés qui travaillent dans le secteur public ; en France, les emplois publics représentent 25 % de la population active totale et une part minime au Liban. La Côte-d'Ivoire compte, quant à elle, quelque 120 000 fonctionnaires sur une population active de 6 573 200 personnes, le Niger comprend 40 000 fonctionnaires et le secteur public aux Seychelles représente 48 % de la population active (ce chiffre important s'explique par le régime à parti unique qu'a connu l'archipel).

Une pratique syndicale différenciée...

Là encore, la situation est particulièrement contrastée. De manière générale, le pourcentage de syndiqués est plus élevé dans les pays développés qu'en Afrique, même si de multiples nuances sont à apporter à ce constat.

Le taux de syndicalisation culmine à 65 % de la population active au Luxembourg et en Belgique ; il était, en 1996, de 37,5 % au Canada et de 41,9 % au Québec ; enfin, on dénombre 30 % de syndiqués au sein de la population active valdotaine. Les tensions sociales étant moindres dans la Confédération Helvétique et à Monaco, ces deux États enregistrent de faibles taux de syndicalisation (de l'ordre de 10 % dans la Principauté).

La France, là encore, fait figure d'exception : son taux de syndicalisation n'est que de 9,1 % de la population active salariée (avec une baisse de 37,2 % du nombre de syndiqués entre 1985 et 1995). Ce très faible taux et cette chute brutale (que l'on retrouve également en Suisse puisque le nombre de salariés syndiqués a diminué de 21,7 % entre 1985 et 1995) peuvent s'expliquer par la réduction des effectifs dans le secteur public et le secteur manufacturier (où le syndicalisme a toujours été bien implanté), par la prédominance des « cols blancs », moins syndiqués, par l'intensification de la concurrence (qui freine les revendications), par l'internationalisation de l'économie (la donne traditionnelle des négociations collectives se trouvant modifiée par la possibilité de délocalisation), par la remise en cause de l'utilité des négociations collectives, mais aussi par les difficultés d'adaptation des syndicats eux-mêmes aux nouvelles formes d'organisation du travail.

Le syndicat n'étant pas suffisamment perçu comme un moyen de revendication, l'Afrique francophone se caractérise majoritairement par un faible pourcentage de syndiqués dans la population active. Celui-ci est de l'ordre de 5 % au Bénin et aux Seychelles et proche de 17 % au Gabon. Toutefois, le Cap-Vert (qui a un secteur public relativement conséquent) et la Mauritanie (qui dispose d'un secteur minier puissant) se distinguent par de plus importants pourcentages : respectivement, 30 % et 70 %.

Dans les anciens pays communistes où la pratique syndicale était quasiment impérative, le taux de syndicalisation des salariés reste assez élevé : il est de 57 % en Bulgarie, de 41 % en Roumanie et de 34 % en Pologne. Cependant, avec le démantèlement du bloc communiste, le nombre de syndiqués a considérablement diminué entre 1985 et 1995 : de 20 % en Roumanie, de 42,5 % en Pologne et de 66 % en Bulgarie. Au Vietnam, le poids de la Confédération Générale des Travailleurs, seul syndicat officiel, demeure considérable.

... plus forte dans le secteur public

Selon que l'on considère le secteur public ou le secteur privé, le pourcentage de syndiqués varie considérablement. Généralement, le secteur public connaît un plus fort taux de syndicalisation, car l'emploi y est protégé et les fonctionnaires peuvent, par conséquent, plus facilement s'organiser collectivement sans craindre d'être licenciés pour leur action. Deux exceptions sont à signaler : il s'agit de la Belgique (avec 60 % de syndiqués dans le public contre 70 % dans le privé) et du Cap-Vert (avec 28 % de syndiqués dans le public contre 50 % dans le privé). Le Gabon, très certainement à cause du poids de l'industrie pétrolière dominée par de très grandes sociétés où la pratique syndicale est forte, affiche quasiment autant de syndiqués dans les deux secteurs (16 % dans le public contre 17 % dans le privé). Les Seychelles comprennent 300 syndiqués pour 15 450 salariés dans le public et 800 adhérents pour 10 310 salariés dans le privé.

La règle précédemment exposée se trouve vérifiée dans le Val d'Aoste (60 % de syndiqués dans le public contre 40 % dans le privé), au Bénin, où le taux de syndicalisation est plus élevé dans le public et dans les ex-entreprises publiques (en fait, il y a beaucoup de sympathisants mais peu d'adhérents effectifs), en Macédoine, où le syndicalisme est, en principe, général dans le secteur public (mais très passif) et moins important dans le secteur privé. La France a 26 % de syndiqués dans le secteur public contre 8 % dans le privé. Au Québec, le taux de syndicalisation est de 31,2 % dans le privé et de 73,3 % dans le public ; plus précisément, il est de 44,6 % dans le secteur primaire, de 54,7 % dans le secteur manufacturier et de la construction et de 39,4 % dans le secteur tertiaire (proportion explicable par la syndicalisation poussée des fonctionnaires, 88,5 % et des enseignants, 69,3 %). Au Canada, ce taux est très variable : de 2,2 % dans l'agriculture à 73 % dans le secteur public. Au Luxembourg, les syndicats sont présents principalement dans certains secteurs traditionnels : chemins de fer, commerce, sidérurgie et banques. De même, en Mauritanie, il y a 80 % de syndiqués dans le secteur minier, le bâtiment et les transports mais très peu dans la marine marchande et le taux de syndicalisation est variable, selon les années, dans la fonction publique.

De plus en plus de syndicats...

Le nombre de syndicats (sans compter leur audience et leur vitalité) est extrêmement variable selon les États et dépend des situations politique (type de régime en place ou récemment au pouvoir ; pays en guerre, civile ou non ; embargo...), économique (niveau de développement, prédominance de tel secteur d'activité ou de tel autre...) et sociale (répartition de la richesse au sein de la société, intensité et durée des conflits sociaux, logique traditionnelle de confrontation ou de négociation...) : ainsi le chiffre, si l'on prend en compte les grandes confédérations nationales, oscille entre un seul (en Algérie, en Centrafrique, en Macédoine si l'on ne prend en compte que la fédération officielle, ainsi qu'au Vietnam) et dix-huit au Canada hors Québec, alors que la moyenne du nombre de syndicats par pays s'établit à cinq.

Depuis 1990, on observe une **progression des libertés syndicales** et, par conséquent, du nombre de syndicats eux-mêmes, que ce soit au Gabon (alors que la Confédération des Syndicats du Gabon était avant 1990 un organisme spécialisé du Parti Unique), à Madagascar (où, avec la promulgation de la Loi 90-001, qui a consacré la libéralisation politique et la fin du Front National pour la Défense de la Révolution, on a assisté à l'éclosion de plus de deux cents formations syndicales), au Cap-Vert (où la Confédération Cap-Verdienne des Syndicats Libres est le fruit de la démocratisation) ou à Djibouti (où, en 1993, a été reconnue une deuxième centrale syndicale, l'Union Démocratique du Travail).

La plupart des États considérés possède des syndicats patronaux (parfois, il en existe plusieurs pour le même pays, comme en Mauritanie, à Madagascar et au Québec), qu'ils s'appellent la Fédération des Entreprises de Belgique, l'Organisation Nationale des Employeurs du Bénin, la Fédération Patronale Monégasque, l'Union Patronale Suisse ou la Confédération Générale des Employeurs Mauritaniens.

Le nombre de syndicats varie, par ailleurs, selon les branches d'activités étudiées. Leur présence est quasiment systématique, dans tous les États, dans l'enseignement et, plus généralement, dans la fonction publique. Seul le Vietnam se distingue car les travailleurs non salariés ne peuvent être représentés que par des associations, qui n'ont pas le statut de syndicat.

Certains syndicats ne s'adressent qu'à un public très ciblé et ne concernent qu'une branche d'activité bien particulière, souvent très importante dans l'économie du pays : au Cambodge, ils se multiplient dans l'industrie textile, en pleine expansion dans le royaume ; sur l'île Maurice, dont la canne à sucre constitue l'une des principales ressources économiques, existe la puissante Sugar Industry Labour Union ; on peut citer encore les Conventions patronales de l'industrie horlogère suisse ou, en Côte-d'Ivoire, l'organisation centrale des producteurs-exportateurs d'ananas et de bananes. Leur audience est fonction des pays, de l'organisation syndicale générale et des secteurs d'activités pris en considération : ainsi, en Belgique, la Confédération des Syndicats Chrétiens rassemble 1 500 000 membres alors que le Syndicat National des Pharmaciens privés de Côte-d'Ivoire ne comprend que douze personnes.

Enfin, il semble que quelques États reproduisent, plus ou moins fidèlement, le « modèle » syndical français ou imitent celui d'un ancien « pays frère » : le Togo dispose d'un Conseil National du Patronat Togolais, d'une Force Ouvrière Togolaise et d'une Confédération Générale des Cadres du Togo. En Mauritanie, il existe une Confédération Générale des Travailleurs Mauritaniens ; au Bénin, une CGT-Bénin ; la Confédération Générale des Travailleurs du Vietnam est le seul syndicat officiel ; le Conseil National du Patronat Ivoirien regroupe huit organismes et au Liban, la CGTL voit deux branches rivales s'opposer...

... intégrés à des structures internationales

Dans de nombreux pays, les syndicats locaux adhèrent à une grande organisation internationale. La Confédération Mondiale du Travail, qui compte au moins sept syndicats francophones dont la Confédération Française des Travailleurs Chrétiens (France), la Confédération Internationale des Syndicats Libres, qui comprend au minimum treize syndicats de pays francophones et la Fédération Syndicale Mondiale, qui accueille un syndicat francophone à tout le moins. La Confédération Mondiale du Travail (CMT), fondée en octobre 1968, est l'héritière de la Confédération internationale des syndicats chrétiens, la plus ancienne des centrales syndicales internationales, créée à La Haye (Pays-Bas) en 1920. La CMT a des organisations affiliées dans 110 pays des cinq continents et compte plus de vingt millions de membres. La FSM (Fédération Syndicale Mondiale) voit le jour en février 1945, ses fondateurs ayant l'ambition de créer une organisation syndicale unique, mais les syndicats non communistes (entre autres, chrétiens) se sont regroupés, dès décembre 1949 et sous l'impulsion de l'American Federation of Labor, dans la CISL (Confédération Internationale des Syndicats Libres).

En Belgique, les deux principales organisations syndicales de salariés sont chacune membre d'une grande organisation internationale différente. De même, au Bénin, en Bulgarie, au Cap-Vert, en République Centrafricaine, au Gabon, en Macédoine, à Madagascar, au Maroc, en Mauritanie, au Niger et en Suisse. Comme à Monaco, où la loi interdit l'affiliation à un organisme étranger, dans certains États, les syndicats n'adhèrent pas à des organisations internationales : il s'agit de l'Algérie, du Cambodge, de la Côte-d'Ivoire, de Djibouti, du Liban, du Luxembourg, de Maurice, du Québec, des Seychelles, du Togo et du Vietnam.

De multiples syndicats adhèrent également à des **groupements régionaux** : ainsi, en Belgique, la Centrale Générale des Syndicats Libéraux est membre de la Confédération Européenne des Syndicats Indépendants ; l'Union des Syndicats de Macédoine fait partie du Forum des Confédérations syndicales européennes ; l'Union Syndicale Suisse (USS) adhère à la Confédération Européenne des Syndicats et le Syndicat de l'industrie, de la construction et des services (FTMH) appartient à la Fédération Européenne des Métallurgistes ; l'Union des Travailleurs Mauritaniens est membre de l'Organisation de l'Unité Syndicale Africaine ; quant au Canadian Labor Congres (CLC), c'est une fédération de syndicats canadiens appartenant à des fédérations internationales comme la United Steelworkers of America.

Un degré d'indépendance variable

De multiples syndicats ont des liens, le plus souvent de proximité idéologique, avec les forces politiques nationales (Monaco fait exception). Quant au Liban, les liens sont plutôt communautaires.

Dans quatre États, **les liens sont avérés entre un syndicat et un parti politique** national. Ce lien est patent en République socialiste du Vietnam où il existe encore un syndicalisme véritablement officiel ; l'article 1 alinéa 1 de la loi sur les syndicats du 7 juillet 1990 précisant que le syndicalisme vietnamien est placé sous la direction du Parti communiste du Vietnam. Au Bénin, un syndicat est ouvertement communiste ; au Canada, le Nouveau Parti Démocratique est né d'une coalition de diverses organisations syndicales dont la Cooperative-Commonwealth fédérale et en 1961, le Canadian Labour Congress ; l'Union Générale des Travailleurs de Djibouti est une émanation du Rassemblement Populaire pour le Progrès, le parti au pouvoir depuis l'indépendance.

Dans un plus grand nombre d'États, ce sont **plusieurs syndicats qui soutiennent des tendances politiques**, bien souvent rivales. Ce schéma se retrouve sur l'île Maurice, au Luxembourg, en Belgique, en Mauritanie, au Cambodge et au Maroc. De même au Gabon, bien qu'il n'y ait aucun lien organique entre les deux principales Centrales et les partis politiques, l'une reste proche de la majorité présidentielle alors que l'autre aurait plus de sympathie pour l'opposition et en Macédoine où les syndicats officiels sont proches des socio-démocrates et les syndicats parallèles, proches des chrétiens démocrates.

Certaines organisations syndicales ont **des liens de proximité avec des partis politiques** et constituent des relais politiques : c'est le cas en Suisse où l'USS et FTMH, indépendants de tout parti politique, ont tout de même des relations plus étroites avec le Parti socialiste ; dans l'archipel du Cap-Vert où l'Union Nationale des Travailleurs du Cap-Vert est proche du Parti Africain pour l'Indépendance des îles du Cap-Vert, ancien parti unique au pouvoir et en Côte-d'Ivoire où certaines organisations syndicales ivoiriennes sont proches du Parti Démocratique de Côte-d'Ivoire au pouvoir.

Enfin, au Québec, l'organisation syndicale superpose à une opposition de « classes » le clivage politique majeur de cette province canadienne : les syndicats patronaux sont traditionnellement proches du Parti libéral du Québec, et donc plutôt en faveur de l'unité de la fédération, alors que les organisations syndicales de salariés sont plus proches du Parti Québécois et donc généralement en faveur de son option souverainiste.

Un intérêt rare pour la langue

Dans deux pays, la **Belgique** et le **Canada**, on peut judicieusement parler de regroupements professionnels par affinité linguistique. Le Vlaams Economisch Verbond et l'Union Wallonne des Entreprises constituent les deux branches, l'une flamande, l'autre wallonne, de la Fédération des Entreprises de Belgique. Au Canada, les syndicats québécois sont quasi exclusivement francophones ; pour le reste, certaines organisations ont une branche anglophone et une branche francophone (dans la fonction publique, l'automobile...). Ainsi existent un Canadian Congress of Labour et un Congrès canadien du travail, une Canadian Federation of Labour et une Fédération canadienne du travail, une Confederation of National Trade Unions et une Confédération des syndicats nationaux, une Canadian and Catholic Confederation of Labour et une Confédération des travailleurs catholiques du Canada, un Canadian Labour Congress et un Congrès du Travail du Canada, une International Brotherhood of Electrical Workers et une Fraternité internationale des ouvriers en électricité...

Dans quatre cas, les regroupements professionnels par affinité linguistique concernent des métiers qui entretiennent des liens étroits avec une langue, même si celle-ci n'est pas une langue officielle ou nationale dans l'État considéré. En **Macédoine**, ce type de regroupements n'existe que pour les enseignants, ce qui est aussi le cas à **Maurice**, où l'on rencontre une Association des enseignants de français et une Government Hindi Teacher's union... Au **Cambodge** et au **Liban**, certains groupes se retrouvent autour des associations francophones : c'est le cas des médecins (par spécialité) et des pharmaciens, mais aussi de l'Association des Professeurs de Français au Cambodge.

En revanche, dans la **Confédération Helvétique**, le groupement a lieu par affinité cantonale ou par branche d'activités ; dans le **Val d'Aoste**, il est à noter la présence d'ordres (des journalistes, des avocats...). Enfin, au **Maroc**, l'arabe domine dans les syndicats mais le français est utilisé parmi les cadres dirigeants. Le français étant plus répandu dans les « classes » aisées, l'organisation syndicale patronale tend à être à dominante nettement francophone.

Les syndicats nationaux participent à des **regroupements linguistiques internationaux** de syndicats ou de professions en Côte-d'Ivoire, au Maroc (au niveau maghrébin autour de la langue arabe) et en Mauritanie, où l'Union des Travailleurs Mauritaniens est membre de deux unions arabes de syndicats (la Confédération Internationale des Syndicats Arabes et l'Union des Syndicats de Travailleurs du Maghreb Arabe).

Un syndicalisme en mouvement

Des garanties dans l'exercice des libertés syndicales...

Le dispositif juridique national de la très grande majorité des États francophones garantit les libertés de réunion, d'association et de revendication, ainsi que le droit de grève, nécessaires à la pratique syndicale. Néanmoins, il faut nuancer cette première analyse. En effet, au **Burundi**, le dispositif juridique national est rarement appliqué dans les faits et au **Liban**, la constitution garantit en théorie les libertés précédemment mentionnées (son préambule reconnaît expressément « les Droits de l'homme et du citoyen ») mais, depuis plusieurs années, le droit de manifester est interdit. Dans quatre pays (**Seychelles, Maurice, Mauritanie, Vietnam**), il existe des restrictions plus ou moins importantes au droit de grève. Et cela, notamment, à cause des modalités de préavis. Même si la procédure existe, par exemple en France dans les services publics, elle ne s'impose pas dans le secteur privé. À ce sujet, il faut signaler le procédé innovant prévu par une convention direction/syndicat (hors CGT) à la RATP (France) : « l'alarme sociale » oblige les partenaires à engager une négociation avant toute autre action. Enfin, en Suisse, en Belgique, au Québec et en France, les libertés syndicales sont intégralement respectées.

Dans le dispositif juridique des Seychelles et, plus particulièrement, dans l'article 22 de la Constitution de 1993 qui prévoit les libertés nécessaires à la pratique syndicale, le droit de grève n'est pas évoqué. Sur l'île Maurice, il convient de spécifier que les grèves doivent être obligatoirement précédées d'un préavis. En Mauritanie, l'article 14 de la Constitution du 20 juillet 1991 précise que le droit de grève est reconnu, qu'il s'exerce dans le cadre des lois qui le réglementent, mais qu'il peut être interdit par la loi « *pour tous les services ou activités publics d'intérêt vital pour la nation* ». Dans la fonction publique mauritanienne, un préavis de un mois est requis ; dans le secteur privé, le droit de grève est dans les faits limité par la nécessité d'obtenir de l'inspection du travail un procès verbal de non-conciliation entre l'employeur et les salariés avant de pouvoir arrêter le travail. Au Vietnam, la grève est un droit reconnu à tout travailleur par l'article 7 dernier alinéa du code du travail, hormis certains secteurs publics vitaux pour l'État énumérés à l'article 174 du code du travail.

En Suisse, la liberté de réunion est un droit constitutionnel non écrit mais il est prévu de l'inscrire expressément dans la nouvelle Constitution. La liberté d'association est, par contre, inscrite à l'article 56 de la Constitution Fédérale et il est admis que cette disposition garantit implicitement la liberté syndicale. De plus, il est prévu d'adopter un nouvel article relatif à la liberté syndicale, ce qui introduirait une garantie du droit de grève (la doctrine suisse majoritaire considérant depuis longtemps que la garantie de la liberté syndicale implique celle du droit de grève) et de *lock-out* qui, cependant, existe dans les faits. À signaler enfin, que la réforme de la Constitution Fédérale prévoit que ces droits ne seraient garantis que s'il n'y a pas obligation de « *préserver la paix du travail* », ce que prévoit justement un grand nombre de conventions collectives de travail.

En Belgique, la loi de 1928 régit les libertés syndicales et le droit de grève et l'article 27 de la Constitution belge garantit la liberté d'association. La liberté de réunion pacifique et la liberté d'association sont garanties par la loi fondamentale québécoise (charte canadienne des droits et libertés, charte des droits et libertés du Québec) et le code du travail québécois garantit, quant à lui, le droit de revendication nécessaire à la pratique syndicale, dont le droit de grève.

Dans au moins **vingt-deux États francophones** sur les trente ayant répondu à l'enquête, les libertés nécessaires à la pratique syndicale sont garanties. Toutefois, elles le sont à des niveaux différents, ce qui traduit l'importance accordée à ces libertés selon les États pris en considération. Effectivement, dans huit pays, elles sont **uniquement mentionnées dans la Constitution ou la loi fondamentale** : il s'agit du Burkina Faso, de Djibouti, du Liban, du Luxembourg, de Monaco, des Seychelles, de la Suisse et du Vanuatu. Dans cinq cas (Algérie, Burundi, Macédoine, Niger, Val d'Aoste), elles le sont uniquement au **niveau législatif**. Dans sept autres, elles sont mentionnées au **niveau constitutionnel et législatif** : en Belgique, au Cambodge, au Gabon, à Madagascar, en Mauritanie, au Québec et au Vietnam. Au Bénin et au Cap-Vert, les libertés nécessaires à la pratique syndicale figurent dans la **Constitution mais elles relèvent aussi des domaines législatif et réglementaire**. Enfin, au Maroc, les libertés syndicales relèvent de l'usage, en plus des trois domaines précédents. Il convient de souligner qu'à Djibouti le principe constitutionnel de la liberté syndicale ne s'est vu attribuer aucun prolongement législatif et réglementaire ; le droit syndical djiboutien repose sur un principe constitutionnel établi, son cadre légal restant le droit commun des associations (type loi de 1901).

... diversement protégées

À l'aune de critères objectifs comme la ratification d'instruments juridiques, au moins neuf pays ou entités territoriales (majoritairement au Nord) ont un dispositif juridique national conforme aux Conventions de l'Organisation Internationale du Travail (OIT), en particulier aux conventions n° 87 (« sur la liberté syndicale et la protection du droit syndical ») et n° 98 (« sur le droit d'organisation et de négociation collective »). Il s'agit de la Belgique, du Bénin, du Burkina Faso, de la France, du Gabon, du Luxembourg, de la Macédoine, du Québec et du Val d'Aoste. En revanche, ce n'est pas expressément le cas au Liban, du moins pas dans l'usage. Le Royaume du Cambodge, quant à lui, n'a pas ratifié ces deux conventions. En Mauritanie, les restrictions imposées au droit de grève ne sont pas conformes à la convention n° 87 et le Cap-Vert a seulement ratifié la 98. L'État malgache a, pour sa part, déjà ratifié la convention n° 87 et la convention n° 98 est en instance de ratification. Quant à la Confédération Helvétique, seul État francophone du Nord à la traîne, elle a ratifié en 1975 la convention n° 87, et son ordre juridique est en conformité avec cette convention. Cependant, elle n'a pas encore ratifié la convention n° 98, mais la procédure est en cours. En effet, le seul obstacle est d'ordre juridique puisque la Suisse ne compte aucune disposition spécifique protégeant les travailleurs contre les actes de discrimination antisyndicale à l'embauche. Toutefois, une telle protection existe à travers d'autres règles juridiques protégeant la liberté d'association par exemple, ce qui implique que la Suisse est apte à ratifier ce traité.

En cas de litiges professionnels, les **juridictions compétentes** varient selon les États considérés. Il s'agit dans huit pays de Tribunaux du Travail, dans trois autres de tribunaux de droit commun et de tribunaux spécifiques dans sept cas.

Les tribunaux du travail se retrouvent en Belgique, au Cap-Vert (ce sont les tribunaux du travail et de la famille, dont le texte de base est la loi de 1993 sur le régime juridique des relations de travail) et au Gabon où les tribunaux du travail sont saisis si la procédure de conciliation obligatoire devant l'inspection du travail n' a pas abouti.

Au Cambodge, l'article 387 du code de travail prévoit l'institution de tribunaux du travail ; dans l'attente de leur création, qui ne semble pas être à l'ordre du jour, les tribunaux de droit commun sont compétents pour connaître des litiges professionnels. Au Niger, il s'agit soit du tribunal du travail, soit du tribunal administratif. Dans la principauté monégasque, il existe trois organismes : le tribunal du travail (pour les conflits individuels), la Commission de Conciliation et la Cour Supérieure d'Arbitrage (pour les conflits collectifs). En Mauritanie, pour un conflit collectif, l'inspection du travail cherche d'abord à concilier les deux parties. Si elle n'y parvient pas, un comité de médiation tripartite comprenant un représentant de la direction régionale du travail est mis en place pour y parvenir. En cas d'échec, c'est le tribunal du travail qui est saisi. Pour un litige ne concernant qu'un seul salarié, on passe directement de l'inspection du travail au tribunal.

À Madagascar, le tribunal du travail est la juridiction compétente en cas de différends individuels. Dans le règlement des différends collectifs, le Code du travail malgache énumère plusieurs procédures : la conciliation, qui est obligatoire et dont le recours doit être immédiat ; la médiation qui est la procédure intermédiaire obligatoire entre la conciliation et l'arbitrage ; l'arbitrage, facultatif, qui se différencie des deux autres procédures par le caractère obligatoire de sa sentence. Au Vietnam, les litiges individuels sont soumis à un conseil de conciliation interne à l'entreprise ou du service du travail du lieu du siège social. En cas d'échec des négociations, l'employeur ou le salarié concerné peut porter le litige devant la Chambre sociale du tribunal populaire du district. Les négociations nées d'un litige collectif du travail se déroulent au sein du conseil de conciliation interne à l'entreprise ou devant le Conseil de conciliation du service du travail du district. À défaut d'accord entre les parties, le différend est porté devant le conseil d'arbitrage du travail de la province. En l'absence de conciliation devant cet organisme, l'employeur et le salarié concerné peuvent saisir la chambre sociale du tribunal populaire de la province. En pratique, la quasi-totalité des litiges professionnels est réglée par voie de conciliation.

Au Liban, les juridictions compétentes en cas de litiges professionnels sont multiples : les chambres de commerce et d'industrie, les ordres et les tribunaux sont cités. Au Bénin, la conciliation et l'arbitrage sont préalables ; sinon les tribunaux de première instance de droit commun sont saisis. Au Luxembourg, c'est également le tribunal de première instance qui est concerné.

Enfin, dans un dernier groupe de pays, des structures bien particulières sont en charge des litiges professionnels. On peut citer, en Macédoine, le Conseil économique et social (composé de trois membres désignés par le gouvernement, trois par la Chambre de Commerce de Macédoine et trois par l'Union des Syndicats), le tribunal d'arbitrage permanent à l'île Maurice, au Québec, la Commission des Normes du Travail dispose d'une Direction des Affaires Judiciaires, qui juge les plaintes des salariés quand aucune entente à l'amiable ne peut intervenir, la Cour de Justice aux Seychelles, en Suisse le tribunal des prud'hommes constitué dans chaque canton et dont la procédure a l'obligation d'être « simple, rapide et gratuite » jusqu'à une valeur litigieuse n'excédant pas 20 000 francs suisses, au Val d'Aoste le tribunal administratif régional et au Vanuatu, la Cour Suprême de Justice.

Des revendications communes

En ce qui concerne les revendications des organisations syndicales des travailleurs, on retrouve, dans la grande majorité des pays francophones, la **question des salaires**. Des revalorisations sont demandées aussi bien en Europe occidentale (Belgique, France, Suisse) qu'en Afrique (Burkina Faso, Cap-Vert, Centrafrique, Djibouti, Gabon, Madagascar, Maurice, Mauritanie, Seychelles), au Proche-Orient (Liban) ou dans les économies en transition (Macédoine). Elles ne sont pas de même ampleur puisque dans certains pays elles allient revalorisation et paiement de primes sur la base d'un versement déjà régulier et conséquent alors qu'au Niger par exemple, les revendications salariales ne portent pas sur une hausse mais sur le paiement régulier.

À ces requêtes purement salariales s'ajoutent des attentes sur le plan des **conditions de travail** et de sécurité. C'est le cas, entre autres, au Cap-Vert, à Madagascar, à Maurice mais aussi au Québec et dans la Confédération Helvétique.

Hormis ces revendications liées au monde du travail, on observe aussi des **requêtes sociales**, au sens large du terme : augmentation des allocations familiales (Bénin), développement des logements sociaux (Maroc), extension de la couverture sociale (Cap-Vert, Mauritanie), coût trop élevé de la scolarité et des soins hospitaliers (Liban), application des droits sociaux (Monaco), soins de santé (Gabon), maintien des retraites dans la fonction publique à leur niveau actuel (Luxembourg)...

Dans certains États, surtout dans ceux du Nord, on note parmi les points sensibles la **préservation de l'emploi**. C'est le cas en Belgique et en France où les débats sur la réduction ou l'aménagement du temps de travail sont vifs, au Luxembourg, à Monaco et au Québec (où les revendications portent sur le maintien des effectifs dans le secteur public). Dans le même ordre d'idées, la **diminution du nombre de salariés dans la fonction publique** est un phénomène auquel n'échappent pas les pays soumis (ou l'ayant été) à un plan d'ajustement structurel de la part du Fonds Monétaire International : il s'agit en particulier du Bénin, du Burkina Faso, du Cameroun, de la République Centrafricaine, de la Côte-d'Ivoire, de la Guinée, de Madagascar, du Mali, de la République Démocratique du Congo, du Tchad et du Vietnam. La **formation professionnelle** est également un thème cher aux syndicats des pays francophones ; on le retrouve, entre autres, au Cap-Vert et en Suisse.

À partir de ces remarques d'ordre général, on peut isoler quatre États qui connaissent des situations particulières et remarquables à plus d'un titre.

En Algérie, dans un contexte de libéralisation économique, de dénationalisation des entreprises publiques et surtout, de guerre civile, les revendications se font moins ambitieuses et ne concernent que la préservation de l'emploi et des acquis sociaux. Au Burundi, compte tenu de l'état catastrophique de l'économie dû à la situation sécuritaire et à l'embargo, le tissu syndical est entièrement à reconstituer. Au Cambodge, la revendication principale est l'application du nouveau Code du Travail de 1996, les mouvements sociaux visant pour la plupart expressément des articles de ce code que le patronat n'applique pas. Enfin, au Vietnam, la Confédération Générale des Travailleurs étant une organisation politico-sociale, elle veille uniquement aux intérêts de la collectivité des travailleurs (article 10 de la constitution du 15 avril 1992) sans d'autre objectif ni revendication apparents que le respect du droit du travail en vigueur.

Des mouvements sociaux intenses

S'il n'y a pas eu de mouvement social d'ampleur véritablement nationale au Burkina Faso, au Cap-Vert, au Cambodge, au Gabon, en Mauritanie (dans ce cas précis, depuis vingt-cinq ans) et au Niger (déroulement d'une conférence nationale souveraine en 1991), la plupart des États francophones a connu récemment des mouvements sociaux, ne seraient-ce que catégoriels, relativement importants. Dans l'archipel du **Cap-Vert**, la centrale UNTC-CS (Union Nationale des Travailleurs du Cap-Vert) a tenté, sans succès, d'organiser un mouvement de grève générale pour protester contre une faible augmentation des salaires. Au **Cambodge**, le dernier mouvement social d'importance a eu lieu avant la crise politique de juillet 1997. Depuis, on ne dénombre que des conflits sociaux perlés, essentiellement dans le secteur de l'industrie textile (où il existe une multitude de petits syndicats). Cette évolution semble due au changement de stratégie du SIORC (Syndicat Indépendant des Ouvriers du Royaume du Cambodge, qui entretient des relations étroites avec Sam Rainsy, figure de l'opposition), qui évolue vers une attitude plus conciliatrice. Au **Gabon**, on relève quelques mouvements limités à certains ministères (ceux de la Fonction Publique, de l'Enseignement, des Travaux Publics...) ou à certaines institutions (CNSS : Sécurité Sociale ; professionnels de la Communication avec le Syndicat des Professionnels de la Communication). En **Mauritanie**, on peut citer notamment le mouvement des employés du secteur minier pour l'amélioration des conditions de travail, qui a été résolu à la satisfaction des travailleurs avant le déclenchement de la grève. En revanche, un projet de grève des enseignants du secondaire n'a pas abouti suite aux menaces de révocation formulées à l'encontre des fonctionnaires concernés par le ministre de l'Éducation, ainsi que la mise en résidence surveillée des principaux responsables du SIPES (Syndicat Indépendant des Professeurs de l'Enseignement Secondaire). Le gouvernement a accusé ce syndicat, dont les liens avec les groupuscules nationalistes arabes sont notoires, de chercher à déclencher un mouvement politique sous prétexte d'action syndicale.

Des mouvements d'ampleur plus vaste, plus violents et aux conséquences beaucoup plus considérables se sont déroulés dans le monde francophone. À **Madagascar**, la grève de 1991 a fait disparaître la Deuxième République ; au **Liban**, la grève de l'été 1995, pour un réajustement des salaires, a été réprimée par l'armée et s'est arrêtée sous l'effet de promesses non tenues ensuite ; en **Macédoine**, des employés des chemins de fer puis des chauffeurs routiers ont arrêté le travail, organisé des barrages routiers, rapidement neutralisés par les forces de l'ordre. Enfin, au **Maroc**, une grève générale a été organisée le 5 juin 1996 à l'appel de la Confédération Démocratique du Travail, proche de l'Union Socialiste des Forces Populaires, et de l'Union Générale des Travailleurs Marocains, liée à l'Istiqlal (parti au pouvoir).

Dans de nombreux pays, les mouvements sociaux sont principalement **le fait des fonctionnaires**, la tendance imposée étant à la réduction des secteurs publics. En 1995, la grève des enseignants de la Communauté française de **Belgique** a duré six mois et s'est soldée par un succès partiel sur les revendications catégorielles. Au **Bénin**, une grève concernant l'ensemble du secteur public a été organisée en novembre 1997 pour protester contre le projet de budget 1998, qui prévoyait la suppression de l'avancement automatique dans la fonction publique. À **Djibouti**, en 1994, des mouvements de grève, au sein desquels l'influence de l'Union Démocratique du Travail a été réelle, ont marqué le secteur de l'éducation. Une grève totale des Chemins de fer **luxembourgeois** a été décidée par les syndicats pour le maintien des avantages acquis (retraite) en janvier 1998 ; les négociations avec le gouvernement se poursuivent. En 1996, à **Madagascar**, le mouvement syndical des fonctionnaires a eu pour principale revendication l'application de la loi portant sur leur statut général. Ainsi, le gouvernement leur a-t-il accordé une indemnité pour la scolarisation des enfants, un complément de solde et une indemnité de logement. Au **Québec**, le dernier mouvement social d'ampleur nationale aura été celui des postiers (Poste Canada) en novembre-décembre 1997. Les syndicats y ont joué leur rôle habituel en soutenant les revendications des postiers (refus d'une nouvelle réduction des effectifs). Une loi votée par la Chambre des Communes a contraint les grévistes à reprendre le travail sous peine de sanctions. Dans le cadre de réformes (financées par un prêt de la Banque Asiatique de Développement, prônant les principes de bonne gouvernance et de transparence, mais aussi un dégraissage de 10 à 15 % de la fonction publique, soit 4 500 employés) entreprises par le gouvernement de l'archipel de **Vanuatu**, 168 fonctionnaires ont été licenciés fin septembre 1998. Une enquête a été ouverte car l'Union des Partis Modérés, c'est-à-dire l'opposition francophone, a accusé le gouvernement d'« ingérence » dans le processus de licenciement, évoquant des **critères linguistiques « discriminatoires »** à l'encontre des francophones, qui constitueraient 90 % des fonctionnaires licenciés. Il convient également de rappeler les événements du 12 janvier 1998 : des manifestations et des troubles (saccages) ont eu lieu contre la Caisse des Retraites (à cause d'un scandale financier). Aucun rôle n'a été joué par les syndicats mais le gouvernement a décidé le remboursement de toutes les sommes versées par les assurés.

Monaco et la Suisse ne sont pas totalement épargnés par les mouvements sociaux : des journées d'action (marquées par des rassemblements et des arrêts de travail) ont été lancées le 28 mars 1996 et le 5 juin 1997 par l'Union des Syndicats de Monaco, essentiellement centrées sur l'emploi (crainte de licenciements dans les banques et l'hôtellerie, opposition à l'usage abusif des contrats à durée déterminée). Dans la Confédération Helvétique, les mouvements sociaux prennent une forme bien particulière et se traduisent le plus souvent par des dépôts de référendums : en décembre 1996, le peuple a rejeté la modification de la Loi sur le travail – par 67 % de non – dans la mesure où le Parlement avait ôté de ce projet le temps de repos supplémentaire proposé par le gouvernement afin de compenser l'assouplissement de la durée du travail (travail de nuit et du dimanche). Le référendum contre ce projet de loi avait été lancé par les syndicats et ceux-ci avaient été très actifs durant toute la campagne référendaire. En septembre 1997, les Suisses ont rejeté une révision de la Loi sur l'assurance-chômage qui visait à diminuer le montant des prestations journalières versées aux personnes sans emploi. Le référendum n'a pas été lancé par un syndicat mais par une petite association cantonale de chômeurs. Les syndicats étaient en effet, d'abord réticents à l'égard de ce référendum, mais ils se sont ensuite pleinement lancés dans la campagne référendaire, qui a abouti à une nouvelle victoire.

Sur l'île **Maurice**, une grève a eu lieu à l'usine textile Sinotex et la mobilisation générale de la plupart des syndicats en faveur d'une syndicaliste considérée comme persécutée (fin des années 1980).

La concertation

Les mécanismes de concertation organisés par les pouvoirs publics sont inexistants au **Burundi** et au **Liban** mais, dans ce dernier pays, un groupement revendicatif se constitue sur objectif (problème des personnes déplacées, environnement) et se désintègre ensuite. Au **Cambodge**, il n'y a pas non plus de véritable concertation institutionnelle, si ce n'est une volonté affichée des autorités de parvenir à une sortie de crise.

Dans les autres cas, existent des mécanismes de concertation, même si celle-ci n'a lieu qu'entre les « leaders », comme au **Burkina Faso.** Ces mécanismes sont très variables selon les États considérés, et se retrouvent, le plus souvent, dans les pays du Sud où les tensions sociales sont plus vives et les revendications plus nombreuses. Par exemple, au **Maroc**, il existe une structure de dialogue permanente dite « tripartite » (gouvernement, syndicats, patronat) depuis l'accord social tripartite du premier août 1996. Au **Niger**, un comité interministériel, qui discute avec l'Union des Syndicats des Travailleurs du Niger de la plate-forme associative, est chargé de négocier avec les partenaires sociaux. Il est à noter également la présence d'un comité consultatif de la Fonction Publique et d'une commission consultative du travail. En **Macédoine**, c'est le Conseil économique et social qui constitue l'organe de concertation national. En **Belgique**, ce rôle est tenu par le Conseil National du Travail. En outre la négociation est en cours sur la mise en œuvre des orientations arrêtées au Sommet pour l'Emploi de Luxembourg (décembre 1997). Au **Bénin**, le Conseil National du Travail est consulté pour la prise de mesures sociales, comme la revalorisation de 8 % du Salaire Minimum Interprofessionnel de Croissance en juin 1997. Au **Luxembourg**, on retrouve un Comité de coordination tripartite, créé en 1977, qui s'ajoute un Comité de conjoncture, créé en 1975 et composé de trois ministres, ceux de l'Économie, des Finances et du Travail. Le sujet principal de l'actuelle concertation porte sur la réforme du système de retraite dans la fonction publique. À **Madagascar**, dernièrement, deux mécanismes de concertation ont été mis en place par les pouvoirs publics : il s'agit, pour le secteur public, du Conseil Supérieur de la Fonction Publique, opérationnel depuis août 1997. C'est un organe bipartite composé de représentants des travailleurs du secteur public et d'un représentant de chaque département ministériel et pour le secteur privé, du Conseil National de l'Emploi, organe tripartite et paritaire de consultation, de concertation, de dialogue et d'information sur le travail, l'emploi et la formation professionnelle, le salaire et la protection sociale. Le Conseil National de l'Emploi a mis sur pied ses différents organes et a fixé son programme d'activités pour l'année 1998 : la politique de l'emploi, le travail dans les entreprises franches, l'amendement des textes relatifs au travail, des réflexions sur la protection sociale... Le Conseil Supérieur de la Fonction Publique s'est penché sur le problème des agents employés de courte durée et sur le salaire des agents du secteur public. Quant aux pouvoirs publics **suisses**, ils ont de nombreux contacts informels ou ponctuels avec les partenaires sociaux, qui appartiennent par ailleurs, à diverses commissions de concertation. Enfin, chaque projet de loi fait l'objet d'une procédure de consultation (transmission aux autorités cantonales, aux partis politiques et aux associations concernées par le sujet) et les partenaires sociaux sont également consultés pour tous les sujets touchant de près ou de loin au droit du travail. La dernière concertation a consisté à élaborer les bases d'un compromis et à proposer une solution consensuelle suite au rejet populaire du projet de révision de la Loi sur le travail. Cette proposition de compromis a été acceptée par le Parlement.

Dans quatre cas, les organes de concertation n'agissent que dans des situations très précises, ne sont créés que *ad hoc* ou n'ont pas encore pris toute leur envergure. Au **Cap-Vert**, il existe un conseil de concertation sociale. Créé en 1993, il a connu une éclipse de 1995 à 1996 en raison de l'actualité politique électorale puis réactivé en 1998 avec succès. Dans cet archipel, la dernière concertation a débouché sur une indexation des salaires sur l'inflation et rendez-vous a été donné en 1998 pour tenter de déboucher sur un « pacte social ». Au **Gabon**, il existe, pour le secteur privé, des mécanismes de médiation et/ou d'arbitrage prévus par le code du travail. Pour le secteur public, les négociations ont lieu entre les représentants syndicaux et les autorités concernées. Sur l'île **Maurice**, une augmentation générale des salaires liée à l'augmentation du coût de la vie a succédé à une réunion tripartite. Au **Québec**, les mécanismes de concertation organisés par les pouvoirs publics se traduisent par des sommets sur l'économie et l'emploi (avec tous les acteurs économiques) et des grands « rounds » de négociation dans la fonction publique. Le dernier s'est déroulé en janvier 1997 entre le gouvernement et les syndicats représentant les salariés de la fonction publique : il avait pour but de faire accepter à ces syndicats le départ à la retraite anticipée de milliers de fonctionnaires.

Une coopération internationale prometteuse

Alors qu'au **Burkina Faso** et en **Macédoine**, la coopération internationale ne s'exerce pas particulièrement en direction du mouvement syndical national, au **Burundi**, elle est actuellement suspendue et ce, depuis 1996. Les **syndicats belges** sont des acteurs de la coopération internationale syndicale en direction du Sud. Au **Luxembourg**, la coopération se limite à des relations entre les deux principaux syndicats, OGB-L et LCGB, et les syndicats français, Force Ouvrière (CGT-FO) et la Confédération Française Démocratique du Travail (CFDT).

La plupart des grands **syndicats français** sont impliqués dans des actions de coopération directement liées à la Francophonie. Seule, à notre connaissance, la CFDT ne distingue pas ce volet de l'ensemble de son action internationale.

La **Confédération Française des Travailleurs Chrétiens** (CFTC), en partenariat avec l'**Organisation Démocratique Syndicale des Travailleurs Africains** (ODSTA[2]) a réuni, pour la première fois à Lomé (Togo) en novembre 1995 un « **Sommet syndical francophone africain** » rassemblant les représentants des confédérations syndicales francophones affiliées à la Confédération Mondiale du Travail (CMT). Le deuxième sommet s'est tenu à La Baule (France) en novembre 1996 et le troisième aura lieu à Chalons-sur-Saône en novembre 1999 et aura pour thème « les mutuelles » (le quatrième devrait se tenir à Québec). Ces sommets, qui rassemblent une trentaine de confédérations sont l'occasion d'échanges de vue sur le développement économique et social des pays participants et permettent d'affirmer des positions communes et de mettre en œuvre des programmes de coopération (deux programmes en cours sur les enseignants et les professions de santé). La CFTC entretient également des relations étroites avec les

NOTE

[2] L'ODSTA rassemble, depuis 1993, une centaine de syndicats et associations professionnelles d'Afrique et est affiliée à la CMT, le regroupement concurrent mais plus modeste, avec la FSM, de la CISL.

principaux syndicats belge (CSC), luxembourgeois (LCGB), québécois (FTQ, CSD) et suisse (CSC).

La **Confédération générale du travail** (CGT), l'une des quatre confédérations syndicales françaises, entretient des relations de coopération étroites avec la quasi-totalité des confédérations syndicales des pays francophones. Elle s'appuie en particulier sur le Centre d'Étude de Recherche et de Coopération Internationale (CERCI-Louis Saillant) et l'Institut Syndical d'Études de Recherches Économiques et Scientifiques (ISERES). Ces relations couvrent un large spectre d'interventions, de l'aide matérielle aux actions de formation. La CGT a des relations permanentes et suivies avec les pays francophones suivants : Algérie, Albanie, Belgique, Burkina Faso, Canada, Québec, Centrafrique, Comores, Congo, Côte-d'Ivoire, Égypte, Haïti, Liban, Madagascar, Mali, Maroc, Maurice, Moldavie, Monaco, Niger, Pologne, République Démocratique du Congo, Sénégal, Tunisie et Vietnam.

Avec les pays africains, des actions communes de formation sont engagées par l'intermédiaire des fédérations industrielles, du CERCI-Louis Saillant ou de jumelage avec des unions locales (par ex. l'Union locale CGT de Grenoble avec le Burkina Faso) avec le Bénin, le Burkina Faso, les Comores, le Congo, le Gabon, la Guinée, Madagascar, le Mali et le Sénégal. Des travaux de recherche sont également engagés sur les accords de Lomé, la coopération France/Afrique, les flux migratoires, la formation et l'éducation syndicale, le transport de l'eau... La rencontre des 7, 8 et 9 avril 1998 de la CGT avec **l'Organisation de l'Unité Syndicale Africaine** (23 centrales syndicales de quatorze États d'Afrique de l'Ouest) a confirmé l'importance de ces programmes de coopération.

En Afrique du Nord, les contacts sont plus décentralisés, qui passent par de très nombreux jumelages, en particulier avec la Tunisie et l'Algérie (par exemple, Rhône-Alpes-Tizi Ouzou, Île-de-France-Alger). Ces accords permettent l'organisation de séjours (enfants orphelins après les massacres de population) et la mise en place de stages de formation syndicale sur place. Un observatoire d'évaluation économique et sociale doit voir le jour avec le concours de l'UGTA (Algérie) ainsi qu'un programme de formation de formateurs pour handicapés.

En Asie, les relations sont particulièrement développées avec le Vietnam et la CGTV grâce à des programmes de formation qui se tiennent alternativement en France et au Vietnam.

À noter pour les relations avec les **États-Unis**, En Amérique, un colloque organisé en février 1996 avec les universités de New York a été le prélude à la rencontre franco-américaine de l'université de Marne-La-Vallée sur « syndicalisme dans la régionalisation de l'économie mondiale ».

Avec le Canada et le Québec les actions traditionnelles déjà citées se doublent d'une **dimension purement linguistique** avec la constitution de groupes de travail « pour la promotion de la langue française et son usage sur le plan industriel et des nouvelles technologies » et le travail commun réalisé sur l'usage du français dans la définition d'équipements, d'installations et de formation dans la construction aéronautique.

Dans les autres pays francophones, la coopération se développe avec Haïti (stage de formation, aide matérielle), la Macédoine (aide humanitaire pendant la guerre et réunions communes) et la Pologne.

La **Confédération Générale du Travail-Force Ouvrière** (CGT-FO) organise chaque année un séminaire de formation pour les syndicalistes de l'Afrique et de l'Océan indien (soutenu par le secrétariat d'État à la coopération et à la francophonie). Une trentaine de syndicalistes suivent les conférences, des exposés et participent aux débats avec des responsables des différents secteurs et organismes impliqués dans la vie sociale et économique française (syndicalistes, fonctionnaires, membres du Conseil économique et social, etc.). Depuis 1994, la CGT-FO organise, dans ce cadre, une journée entièrement consacrée à la Francophonie. Elle est animée par Stélio Farandjis, secrétaire général du Haut Conseil de la Francophonie.

Le **Syndicat National des Enseignants du Second Degré de la Fédération Syndicale Unitaire** (SNES-FSU) est très active au sein du Comité Syndical Francophone pour l'Éducation et la Formation (CSFEF, voir plus haut) mais mène également d'autres actions avec les pays francophones. Depuis 1993, le SNES demande à ses adhérents de verser une sur-cotisation de dix francs destinée à alimenter un fonds de solidarité. Ce fonds est utilisé pour la formation des militants syndicaux, notamment en Afrique francophone, mais aussi en Haïti, en Bulgarie et au Vietnam.

Des actions communes sont engagées avec la Fédération Canadienne des Enseignants et des Enseignantes (FCE) en Asie et en Afrique. À titre d'exemple, il faut citer *le programme Thompson pour l'Afrique francophone*, qui assure des séminaires de formation de longue durée à Lomé (Togo) pour des représentants de plusieurs syndicats africains (Bénin, Burkina Faso, Côte-d'Ivoire, Gabon, Mali, Niger, Sénégal, Tchad...).

Plusieurs États africains francophones voient leur mouvement syndical national faire l'objet d'une coopération internationale, souvent axée sur la formation. Ainsi, au **Bénin**, le Bureau International du Travail intervient en matière de formation ; la Confédération Internationale des Syndicats Libres (CISL) dispose d'un bureau local et des fondations allemandes financent des actions de formation pour les syndicats. On note, entre autres, la présence de deux Organisations Non Gouvernementales, « Solidarité Mondiale » (dépendant de la Confédération Mondiale du Travail) et le centre « Droit et démocratie ». Au **Cap-Vert**, les actions menées ont trait à l'équipement, la formation et l'appui technique grâce à l'Organisation Internationale du Travail, le Portugal, les Pays-Bas, la Suisse et l'Italie. Au **Gabon**, la CISL finance des actions de formation et des séminaires de la Confédération Générale des Syndicats Libres, l'une des deux principales centrales syndicales gabonaises. À **Madagascar**, la fondation allemande Friedrich Ebert et l'American Federation of Labor organisent des séminaires, des conférences et apportent un appui à la formation syndicale des ouvriers. De même, sur l'île **Maurice**, des fonds provenant des diverses centrales syndicales internationales permettent la formation de syndicalistes.

La coopération internationale en faveur du mouvement syndical **mauritanien** était relativement importante avant 1983. La CISL et le centre afro-américain du travail étaient des partenaires réguliers de l'Union des Travailleurs Mauritaniens dans ce domaine. Cependant, la situation syndicale en Mauritanie et divers détournements de l'aide américaine ont amené ces deux organismes à limiter leurs interventions. Des organisations arabes ont financé quelques actions de formation en Mauritanie ou à l'étranger, tandis que l'Iraq finançait la construction du siège de l'Union des Travailleurs Mauritaniens. Ce n'est que depuis 1997 qu'une reprise significative de l'aide internationale est constatée dans ce domaine. Des séminaires de formation ont été organisés à Nouakchott par le Bureau International du Travail ou l'ambassade des États-Unis, tandis que les perspectives de reprise des actions de la CISL sont prometteuses. Au Niger, le Bureau International du Travail finance la formation syndicale et l'AFL-CIO (American Federation of Labor-Congress of Industrial Organisation), certaines activités, notamment le projet agricole de Goudel, commune suburbaine de Niamey. La CFDT (France) compte financer un projet de mutuelle.

onclusion

Les informations collectées font ressortir quelques grandes tendances du paysage syndical des pays francophones. Il faut souligner d'abord une grande vitalité du mouvement syndical, en particulier dans les pays d'Afrique francophone, qui connaissent une véritable « **éclosion** ». C'est notamment le cas au Cap-Vert, à Djibouti, au Gabon et surtout à Madagascar. La fin des syndicats uniques est également perceptible avec l'émergence d'organisations, parfois encore non reconnues mais représentatives, comme en Bulgarie, au Cambodge et en Macédoine. Néanmoins, la grande majorité des syndicats est marquée par des **orientations politiques** : au Sud comme au Nord et à l'Ouest comme à l'Est, on s'engage syndicalement en s'inscrivant dans le paysage politique national, même si l'indépendance par rapport aux partis politiques est totale.

Les syndicats des pays francophones se retrouvent également sur le **terrain des revendications**, qui portent essentiellement sur les questions de rémunération. Les regroupements sont mûs par des logiques régionales (Afrique, Amérique, Europe, Maghreb...) plus que purement culturelles ou linguistiques.

Néanmoins, les premiers éléments rassemblés pour cette étude ne réfutent pas l'idée d'un « **espace syndical francophone** ». Sans pouvoir présenter une action collective rassemblant dans un même élan l'ensemble des forces syndicales de tous les pays francophones, nous avons tout de même décrit certains symptômes de son « incubation ». Du Comité Syndical Francophone des Enseignants (CSFEF), au comité francophone de la CISL, en passant par le séminaire annuel de la CGT-FO et jusqu'au « Sommet syndical francophone » de la CFTC, les prémices d'un grand mouvement organisé autours d'objectifs et de projets communs sont patents. L'impulsion donnée à une structure de concertation et de coordination suffirait sans doute à en jeter les bases. Le pas est encore loin d'être franchi, y compris au sein des assemblées qui s'y prêteraient naturellement.

La prise en compte des questions liés au travail sont, depuis sa création, la préoccupation essentielle de l'Organisation Internationale du Travail (OIT[3]). Cette organisation internationale qui réunit des représentants gou-

NOTE

[3] Créée par le traité de Versailles (1919), devenue la première institution spécialisée de l'ONU en 1946. Son secrétariat, le Bureau International du Travail (BIT) contribue à la diffusion d'information sur les différents aspects du travail à l'échelle du monde.

vernementaux, patronaux et syndicaux du monde entier aurait pu servir de cadre à la concertation francophone. D'autant que des avancées significatives sont à mettre à son crédit depuis 1995 et le Sommet mondial pour le développement social de Copenhague. À cette occasion les chefs d'État et de gouvernement ont adopté des engagements et un plan d'action. Cette réunion a marqué la reconnaissance internationale des « droits fondamentaux des travailleurs », interdisant notamment le travail forcé et le travail des enfants et reconnaissant la liberté d'association et de constituer des syndicats. La conférence ministérielle de l'Organisation Mondiale du Commerce (OMC) de 1996 à Singapour a permis de renouveler les engagements des États et de reconnaître le rôle de l'OIT dans l'établissement des normes et dans leur application. Enfin, l'adoption par l'OIT, le 18 juin 1998, à Genève, d'une « Déclaration de l'OIT relative aux principes et droits fondamentaux au travail et son suivi » demande aux États qui sont parties aux conventions correspondantes de l'OIT de les appliquer pleinement et aux autres de tenir compte des principes qui y sont énoncés. Cette déclaration prévoit l'établissement d'un « rapport global » sur les progrès réalisés au cours d'une période de quatre ans. Toutes ces questions et toutes celles touchant à la société et à son organisation, débattues au niveau mondial, intéressent individuellement et collectivement (car les sommets francophones s'expriment aussi sur ces sujets) les pays membres de la Francophonie. Pourtant, malgré les tentatives de concertation préalable (avant le Sommet des femmes à Pékin, par exemple), les prises de position communes ou la défense explicite de certains principes d'une seule voix se fait attendre.

Les orientations décidées par le dernier Sommet de Hanoï en matière de renforcement de la concertation et de l'offre « d'expertise francophone » pourraient, si la volonté politique se concrétise, se traduire par une prise de conscience de la force, encore largement potentielle, de la Communauté des pays francophones et par sa manifestation organisée au sein de toutes les enceintes. Par exemple, l'Association Internationale de l'Inspection du Travail (AIIT) qui rassemble soixante pays n'est pas encore, à notre connaissance, concernée par la Francophonie. De même, les G7 ou G10 n'ont pas eu encore l'occasion d'entendre les francophones. Le Forum Francophone des Affaires, qui s'emploie depuis 1987 à organiser le partenariat entre entreprises pourrait également nouer un dialogue fructueux avec son pendant salarial.

Cette évolution correspondrait à une demande croissante exprimée par les différentes forces syndicales de plusieurs pays francophones d'organiser un **Forum Syndical Francophone**, qui permettrait de renforcer la dimension sociale et humaine de la Francophonie. Il serait l'occasion de défendre fortement les idéaux francophones au niveau international.

CHAPITRE 6

Les migrants, passeurs de Francophonie

Dans le précédent rapport du Haut Conseil sur l'*État de la Francophonie dans le monde,* une étude portait sur « Les migrations internationales dans l'espace francophone ». Le Haut Conseil de la Francophonie et le ministère français de l'Emploi et de la Solidarité (Direction de la Population et des Migrations) ont souhaité poursuivre la réflexion sur ce thème et prolonger ces travaux par une étude exploratoire sur l'idée de migrants, passeurs de Francophonie ; autrement dit, quel rôle jouent les migrants, à l'occasion de retours ponctuels mais réguliers dans leur pays d'origine ou lors de leur retour définitif, pour ancrer ou développer la Francophonie dans ces pays ? Quel rôle également jouent les migrants pour insuffler à la Francophonie du Nord une créativité et un esprit enrichissants pour elle ? Une collaboration s'est engagée à ce sujet avec le ministère québécois des Relations avec les Citoyens et de l'Immigration qui a engagé une démarche similaire. Enfin, un bref questionnaire a été adressé aux postes diplomatiques visant à compléter l'information sur ce thème.

Ce chapitre se décline donc en trois parties : une synthèse de l'étude effectuée par Marie-Laetitia Helluy – sous la direction du professeur Yves Charbit au Centre d'Études et de Recherches sur les Populations Africaines et Asiatiques, université Paris V – « Les migrants, passeurs de Francophonie » ; une synthèse de l'étude réalisée par Nicolas van Schendel – pour le compte du ministère des relations avec les citoyens et de l'immigration – « Les migrants, passeurs de Francophonie : le cas québécois » ; une synthèse des réponses des postes diplomatiques.

es migrants, passeurs de Francophonie

Sur la base d'un cahier des charges défini en liaison avec le Haut Conseil de la Francophonie, la Direction de la Population et des Migrations (ministère de l'Emploi et de la Solidarité) a confié au CERPAA[1] une étude bibliographique portant sur *les migrants, passeurs de Francophonie.* Une centaine de références ont été retenues pour la réalisation de cette synthèse : recherches universitaires ou institutionnelles, actes de colloques et tables rondes, articles et ouvrages plus théoriques.

NOTE

[1] Centre d'Études et de Recherches sur les Populations Africaines et Asiatiques, Université Paris V (sous la direction de Monsieur le professeur Yves CHARBIT). La conduite de l'étude ainsi que la conception et la rédaction du rapport ont été assurées par Mademoiselle Marie-Laetitia HELLUY.

L'objet de cette étude est de faire état des recherches, principalement réalisées en sciences sociales, sur la contribution des migrants au développement ou au renforcement de la Francophonie dans leur pays d'origine à travers les rapports qu'ils entretiennent avec celui-ci durant la migration en France, ou lorsqu'ils se réinsèrent au pays d'origine après leur séjour en France.

L'étude porte spécifiquement sur « les migrants de France », une étude bibliographique similaire ayant été parallèlement menée au Québec. Certains pays cibles[2] ont été privilégiés : le Maroc et la Tunisie, le Portugal et les pays de la région du fleuve Sénégal.

Il s'agit d'un travail de « repérage » fondé sur une acception volontairement élargie de la notion de Francophonie. En effet, la Francophonie a été appréhendée, dès le cahier des charges, en tant que pratiques de la langue française (accent mis sur l'enseignement de la langue), pratiques culturelles (supports médiatiques, mais aussi comportements et valeurs) et pratiques liées à l'environnement économique.

L'enjeu de cette investigation bibliographique est de proposer un objet de recherche légitimement construit dans l'hypothèse où une enquête de terrain serait menée sur ce sujet.

L'étude bibliographique porte ainsi sur des domaines aussi divers que la gestion des revenus et la modernisation de l'économie, l'urbanisation et l'espace domestique, les rapports familiaux et sociaux, ainsi que sur l'engagement civique et la coopération avec la France, ou encore sur la langue française.

Cette synthèse souhaite présenter les principaux résultats de l'analyse thématique des références bibliographiques cadrant avec la problématique de l'étude qu'il s'agit, au préalable, de mieux définir.

Compréhension et problématisation du sujet

Migration et rapport à la Francophonie

Le sujet porte sur les conséquences pour le pays d'origine des migrations en France, circonscrites aux évolutions et transformations transmises par le migrant depuis le pays d'accueil ou à son retour et qui sont imputables à une acculturation[3] francophone du migrant au cours de sa migration en France.

Le sujet s'intéresse ainsi à la Francophonie en tant qu'elle est « véhiculée » par les migrants, « prise en charge » par eux. Il y a passage de Francophonie lorsque la Francophonie est mobilisée par les migrants comme une ressource et qu'elle provoque des changements au pays d'origine. Ces changements sont mis en œuvre par les migrants en fonction

NOTES

[2] Le Cambodge et le Vietnam, initialement prévus, sont sortis du champ d'analyse étant donné le nombre extrêmement faible de références portant sur ces deux pays.

[3] « L'acculturation est l'ensemble des phénomènes qui résultent d'un contact continu et direct entre des groupes d'individus de cultures différentes et qui entraînent des changements dans les modèles (patterns) culturels initiaux de l'un ou des deux groupes. » *in Mémorandum pour l'étude de l'acculturation* (1936) cité par Cuche Denys, La notion de culture dans les sciences sociales, Repères La Découverte, Paris, 1996. Le préfixe « a » n'est pas privatif ; il provient étymologiquement du latin ad et indique un mouvement de rapprochement.

notamment de leurs intérêts, aussi bien matériels que symboliques, et du jeu social dans lequel ils agissent. C'est dire combien le sujet présuppose que la Francophonie puisse *« rentrer dans un jeu stratégique et [...] informe*[r] *le jeu social comme une structure et comme une ressource »* [4].

Le sujet impose ainsi de ne pas considérer la Francophonie comme un corpus stable et immuable de pratiques et de valeurs, encore moins de belles lettres et tournures syntaxiques et lexicales. Il convient en somme de refuser une prise de position culturaliste ou encore une interprétation institutionnelle de la Francophonie. En effet, ces postures tendent à appréhender la Francophonie comme une essence, comme un en soi existant hors des individus.

Il faut encore considérer qu'être passeurs de Francophonie suppose **un double attachement des migrants au pays d'accueil** d'une part – pouvant conduire à un attachement profondément francophile – et **au pays d'origine** d'autre part.

« L'équation Francophonie-francophilie fait l'amalgame entre une donnée socio-historique – absolument contingente pour des fils d'immigrés – et un choix personnel ; elle n'a rien de « mécanique » et fait l'objet d'une tension continue. Seule une Francophonie ouverte peut motiver l'émergence d'une francophilie durable et non exclusive. [...] L'idée que je voudrais souligner est que la culture française, pour la seconde génération est porteuse d'un enjeu considérable, notamment au niveau identitaire. Encore une fois la notion de Francophonie, non mise en relation avec un ailleurs est forcément simplificatrice car elle réduit la culture française à un substrat. Or, elle est appelée à être davantage qu'un phénomène linguistique pour un jeune étranger. » [5]

Ainsi, s'il souhaite « faire » des migrants des passeurs de Francophonie, le pays d'accueil se doit de favoriser ce double attachement au pays d'accueil et au pays d'origine, et de soutenir une implication des migrants dans l'un et/ou l'autre pays. En effet, pour les migrants portugais, *« une culture migratoire s'est mise en place qui évacue pour partie la question d'une intégration unilatérale. Dès lors, s'intégrer c'est d'abord avoir des stratégies, c'est évoluer à partir de deux référents nationaux [...]. S'intégrer c'est mieux maîtriser sa polyvalence. Dès lors une multiplicité de choix permet à l'émigré une certaine autonomie dans la construction de ses parcours et de ses espaces de références »*[6].

Dans la perspective des migrants, passeurs de Francophonie, les pays d'accueil francophones – sans doute en liaison avec les pays d'origine – doivent **favoriser la bilatéralité des références** des migrants comme de leurs descendants. *« La notion de la bipolarité et d'autres voisines sont apparues à propos de l'émigration portugaise pour signifier cette coprésence des deux cultures référées à deux sociétés, deux pays, deux langues. [...] Peut-on considérer qu'il s'agit d'un regard nouveau sur l'étranger qui se substituerait à la notion d'assimilation, d'intégration de coexistence,*

NOTES

[4] Desjeux Dominique, « Modèles culturels de résolution des problèmes, stratégies et réseaux sociaux dans les organisations en France et en Afrique », 1995.

[5] Wesfreid Marcelo, 1996 « Le paradoxe de l'enracinement », in *Dialogues. La revue de la Mission laïque française*, n°48-49, p. 44.

[6] Charbit Yves, Hily Marie-Antoinette et Poinard Michel, *Le va-et-vient identitaire. Migrants portugais et villages d'origine*, Cahier n° 110, PUF, Paris, 1997, 177 p.

qui ont successivement posé et circonscrit le fait migratoire, dans l'histoire des politiques et des idées en France ? »[6]

Migration et rapport au pays d'origine

Les migrants, passeurs de Francophonie, sont appréhendés comme **des intermédiaires culturels entre la France et leur pays d'origine**. Ils doivent, de fait, connaître une acculturation francophone lors de la migration. Ils dessinent alors une figure complexe tiraillée par deux pôles : la reconnaissance d'une singularité culturelle et l'acceptation des principes fondateurs de la société d'origine surtout lorsqu'il y a retour définitif. En effet, lorsqu'il rentre au pays d'origine, le migrant est mû par une logique de réinsertion qui prédomine sur toute autre.

> *« Dans [cette] perspective, l'immigré cesse de jouer un rôle marginal, ou considéré comme tel, dans deux systèmes socio-économiques, celui d'origine et celui d'accueil. La présence de l'immigré est considérée et mise en valeur comme « fonction d'intermédiation » entre cultures et sociétés qui, se trouvant à l'intérieur d'un monde en convulsion, devront coopérer dans l'intérêt commun. L'immigré est le sujet le plus qualifié - étant donné qu'il vit dans sa propre peau cette double expérience - pour jouer un rôle innovant axé sur des formes et des hypothèses toujours plus avancées d'échanges culturel, social, politique et économique. Et c'est toujours avec lui, et en tout cas jamais sans lui, que nous devrons définir les contenus et les buts des supports destinés aux régions d'origine. »*[7]

Or, la présente étude porte sur les effets d'entraînement de cette acculturation francophone du migrant sur sa famille restée au pays, son village/son quartier, sa région, son pays. Pour qu'il y ait effet, il faut que le milieu de réinsertion soit affecté, et il le sera d'autant plus qu'il est réceptif à l'innovation et/ou à la différence culturelle. C'est dire combien un passage de Francophonie est un **« différentiel dans une relation considérée comme problématique avec l'autre.** »[8]

S'intéresser aux effets sur les pays d'origine des transmissions de Francophonie des migrants, présuppose ainsi de considérer que la culture du pays d'origine n'est pas une chose en soi, un processus d'auto-production de la société, mais une ressource ouverte à une *« culture d'apport »*[9] ici francophone. Si identité culturelle il y a, elle est **une identité plurielle et toujours en devenir** loin du monolithisme identitaire parfois prévalant.

Finalement, les migrants ne peuvent être considérés comme passeurs de Francophonie que sous certaines conditions :
- soit une transformation du milieu d'origine est constatée et le chercheur peut mettre en évidence un lien entre l'héritage migratoire du migrant et ladite transformation qu'elle soit ou non qualifiée de « francophone » par les non migrants ;

NOTES

[7] Barsotti Odo et Fadloullah Abdellatif, « Les effets de la migration internationale sur la structure de la famille marocaine », in *Ménages, familles, parentèles et solidarités dans les populations méditerranéennes*, PUF, Paris, 1996, p. 411-420.

[8] Desjeux Dominique, 1993, *Rapport d'aide à la réflexion réalisé pour l'UNESCO dans le cadre de la « Décennie mondiale du développement culturel 1988-1997 »*.

[9] Fabre Thierry, « Les intermédiaires culturels. Éléments de réflexion. », in *Migrations Société*, 4, 22-23, Paris, 1992, p. 18-24.

– soit des pratiques et/ou références sont seulement mises en scène publiquement par le migrant et sont explicitement attribuées par le milieu d'origine ou de réinsertion à l'héritage francophone : elles sont remarquées, valorisées ou dénigrées.

Point de vue de la recherche

Ces considérations montrent combien il importe pour le sujet de la présente étude d'adopter la perspective du migrant en privilégiant ses mobilisations stratégiques de Francophonie dans le rapport qu'il entretient avec son pays d'origine.

Dès lors, appréhender la Francophonie sous l'angle du passage réalisé par les migrants au pays d'origine, consiste à observer et comprendre :

– dans quelle mesure l'héritage migratoire est mobilisé stratégiquement par le migrant comme une ressource dans le rapport qu'il entretient avec son pays d'origine ?

– quels sont les individus touchés et/ou mobilisés par cette transmission à l'échelle micro-individuelle, micro-sociale, voire macro-sociale, si ce niveau d'observation s'avère également pertinent ?

– quels sont les « domaines » concernés par cette transmission (économique, culturel, socio-politique, linguistique…) et comment ces transformations interagissent-elles les unes avec les autres ? Ces interactions font-elles ou non système ?

– dans quelle mesure enfin, cette transmission touche-t-elle tous les niveaux, c'est-à-dire les pratiques, les stratégies identitaires mais aussi les univers de référence ou les cultures appréhendées comme mode de résolution des problèmes ?

Enfin, s'il semble important de considérer la culture comme *« un différentiel dans une relation considérée comme problématique avec l'autre »*, il faut également comprendre qu'*« une même dimension pourra poser problème dans une négociation et pas dans une autre. Ce n'est donc pas la « différence » en soi qui fait problème, mais les raisons qui font qu'une différence dans une situation donnée va provoquer une tension. C'est pourquoi il ne suffit pas de prendre en compte la dimension culturelle, il faut aussi prendre en compte la dimension stratégique qui organise les interactions concrètes. »*[10] La gestion de la différence, autrement dit l'aptitude des migrants à être à proprement parler des passeurs de Francophonie dépend de la conjugaison de trois éléments :

– le migrant et sa (ses) stratégie(s) ;

– le milieu de réinsertion (ou de relation) au pays d'origine et sa (ses) stratégie(s) ;

– le différentiel culturel entre la France et le pays d'origine, niveau où l'État peut avoir un rôle à jouer. S'il en est ainsi, il est probable que les passages de Francophonie touchent en premier lieu – voire exclusivement – la famille proche souvent associée directement au projet de retour du migrant et avec laquelle la négociation est donc longue et préparée, ainsi que les enfants dont la socialisation subit l'influence de la migration d'un parent.

NOTE

[10] Desjeux Dominique, 1993, *op. cit.*

Les difficultés d'un énoncé avant tout conceptuel

La principale difficulté du sujet tient au caractère conceptuel de la notion de migrants, passeurs de Francophonie. Il s'agit en effet d'évaluer la pertinence de cette catégorie et cela ne va pas sans poser de nombreux problèmes. Il est ainsi difficile de qualifier les interactions propres à la situation migratoire de « passage de Francophonie » en raison d'un réel problème d'interprétation de la causalité et de survalorisation de l'expérience migratoire. On court également le risque de ramener au sujet des phénomènes qui ne relèvent pas de cette problématique.

Par exemple, les familles de migrants restées au pays d'origine connaissent une migration interne en direction des centres urbains juste avant le départ du migrant, pour des questions de sécurité. Ce changement ne résulte donc en aucun cas de l'acculturation francophone liée à la migration du chef de famille. Il en est de même de certaines conséquences sur l'organisation de la famille qui sont des conséquences structurelles de la migration, liées au projet migratoire et à son exécution et non à la valorisation d'un héritage culturel francophone.

Mais plus largement, la globalisation, notamment économique, et l'uniformisation des modes de vie posent problème par rapport à notre sujet : les migrants ne sont-ils pas davantage des passeurs de la modernité occidentale post-industrielle que des passeurs de Francophonie ?

Ce contexte rend également l'étude particulièrement délicate dans la mesure où elle invite à reconnaître que les sociétés sont de plus en plus interpénétrées de la culture des autres sociétés, ou d'une culture plus ou moins homogène comme il en serait de la « culture jeune ». Deux hypothèses peuvent ainsi être formulées :
– soit le passage de Francophonie dont les migrants sont le vecteur est moins significatif du fait du rôle important, voire prépondérant pris par d'autres relais tels que les mass média, les progrès de la scolarité, le tourisme ou l'accroissement des mobilités internes. Le caractère moins significatif de la médiation opérée par les migrants se double alors de la difficulté d'isoler l'influence propre aux migrants de celle des autres vecteurs intervenants ;
– soit ce passage de Francophonie des migrants est facilité par la diffusion de la modernité occidentale par d'autres canaux qui ainsi, prépareraient le terrain aux migrants en rendant la population davantage réceptive aux innovations. Les migrants pourraient alors être un facteur déterminant de l'incorporation du modèle médiatisé par les populations locales. La présente étude trouverait alors une pertinence au niveau même du terrain.

Toutes ces difficultés invitent à une grande réserve non seulement quant aux résultats de l'étude bibliographique, mais encore quant au choix d'un domaine privilégié d'analyse dans la perspective d'une éventuelle étude de terrain.

Contexte et directions de l'investigation bibliographique

Trois périodes peuvent être distinguées : elles s'articulent autour de la récession économique des années 70 qui marque une césure dans l'histoire des migrations internationales de main-d'œuvre : c'est dans ce contexte difficile que les migrants émergent peu à peu comme des acteurs à part entière.

Cette périodicité concerne également les préoccupations des institutions internationales et françaises : elles ont porté dans un premier temps, sur la place de l'immigration dans le contexte des années 60, puis sur les retours de la main-d'œuvre immigrée au moment de la récession économique, et enfin depuis le milieu des années 80, sur les liens entre immigration et développement/coopération au moment où de fortes communautés ethniques vivent sur le territoire français.

Mise en perspective historique du sujet pour l'étude bibliographique

Période	Visibilité de nouveaux acteurs sur la scène des migrations internationales	Préoccupations des institutions internationales et françaises	Perspective des recherches	Intérêt par rapport au présent sujet
Deuxième moitié des années 60		La question est de savoir si l'immigration de main-d'œuvre est profitable à toutes les parties en présence ?	Évaluation quantitative des avantages économiques pour les pays d'accueil et d'origine. Le séjour, une parenthèse dans la vie du migrant.	Pas d'intérêt direct
À partir de la récession économique des années 70	Les migrants deviennent acteurs (1) : - associationnisme pour viabiliser les économies des pays d'origine ; - regroupement familial posant de nombreux problèmes par rapport aux enfants et aux femmes dans l'hypothèse d'un retour ; - retours variés (sur échec, par esprit conservateur, par souci d'innovation).	La question du retour se pose en termes d'acteurs individuels et de réinsertion. (2)	1. Les conséquences des stratégies des migrants sur le milieu de réinsertion depuis le pays d'accueil ou après le retour. 2. Les migrants comme levier d'action efficace pour le développement économique des pays d'origine.	1. Selon le point de vue, un intérêt pour la dimension économique du sujet 2. Très grand intérêt
À partir du milieu des années 80	Les migrants, des acteurs à part entière. Rôle des migrants dans l'émergence de la société civile.	Réflexion sur les notions de coopération décentralisée et de « co-développement ».	Corrélations sociétales entre les phénomènes migratoires, le développement durable, la transformation des espaces ruraux, l'identité culturelle…	Très grand intérêt

Source : Marie-Laëtitia HELLUY, *Bilan de la littérature.*

La visibilité de nouveaux acteurs et les préoccupations des institutions internationales et françaises ont orienté les recherches sur les migrations internationales sur toute la période. Le tableau ci-dessous en résume les principaux axes. Ceci permet d'évaluer la pertinence des études antérieurement réalisées par rapport à la problématique de la présente étude.

Ainsi, les institutions internationales et françaises ont peu à peu doublé leur appréhension macroscopique des migrations internationales d'une attention portée aux migrants dans leur individualité et leurs rapports au pays d'origine. Comme la perspective de la présente étude relève de préoccupations socio-politiques assez récentes et de problématiques de recherche relativement neuves, le nombre de références portant directement sur le sujet est faible.

De plus, dans tous les travaux disponibles, il est parfois délicat de mettre en évidence l'articulation des phases pré-migratoire, migratoire et post-migratoire avec les deux ordres de données (factuelles et symboliques). La difficulté est redoublée lorsqu'il s'agit de lire ces études à travers le prisme de la problématique des migrants passeurs de Francophonie. En effet, peu d'études portant sur les rapports des migrants à la culture française durant la phase migratoire, prolongent leur analyse pour la phase post-migratoire.

En somme, si l'étude bibliographique des migrants passeurs de Francophonie espérait être une synthèse de documents portant directement sur le thème, il s'agit davantage, du fait de la faiblesse des références retenues, de proposer une synthèse thématique analysant les références dans la perspective de la problématique.

Rappelons enfin qu'une centaine de références ont été retenues pour la réalisation de cette synthèse : recherches universitaires ou institutionnelles, actes de colloques et tables rondes, articles et ouvrages plus théoriques. L'essentiel des ressources bibliographiques est issu de l'exploitation de quatre bases de données spécialisées dans l'étude des migrations internationales : Remisis, Migrinternet, CIEMI, CNDP Migrants.

Analyse thématique des références bibliographiques

Les migrants passeurs d'une gestion occidentalisée des revenus ?

Au regard de l'importance des transferts qui transitent vers le pays d'origine – à la fois massifs et généralisés à l'ensemble des migrants –, la question se pose de savoir si les pratiques des migrants en matière de gestion du revenu sont porteuses d'innovations francophones transmises au milieu d'origine ou de réinsertion.

Consommation et distinction : l'influence de l'Occident

L'effet de démonstration des migrants sur la consommation est important notamment pour les biens technologiques (télévision, hi-fi, électroménager, automobile…). Sous l'influence des migrants de retour, les pratiques alimentaires se transforment, l'hygiène et le confort s'améliorent et le vêtement s'occidentalise notamment pour les hommes. Il s'agit d'un transfert de modernité occidentale et, dans une moindre mesure, de Francophonie puisque des objets pouvant être considérés comme des « marqueurs culturels » francophones (marque de voiture…) trouvent dans ces importations apparentes ou non des migrants, un débouché peu connu mais important. Les mariages, élément central de l'univers social traditionnel où imitation et distinction s'entremêlent, sont une occasion importante de démonstration et d'acquisition de biens de confort modernes, voire francophones.

Mais l'enjeu de Francophonie est double : une partie de ces transferts a une importante capacité de diffusion de Francophonie. « *Aux flux de personnes et de marchandises, il faudrait ajouter les flux immatériels qui lient espaces de départ et d'arrivée tels que ceux transportés par le biais des supports visuels (cassettes audio et vidéo) et par les télécommunications (téléphone et maintenant télécopie) et de façon frappante aujourd'hui, par le biais des antennes paraboliques qui [...] parlent de la société d'accueil où sont désormais ceux qui sont partis à ceux qui sont dans le pays d'origine* »[11].

La possession de biens technologiques fonctionne comme « hiérarchiseur » social : en injectant des liquidités et des biens importés dans l'économie d'origine, les migrants engagent leurs familles dans une course à la reconnaissance sociale par la possession d'objets technologiques, se faisant les agents de la monétarisation de la société et les promoteurs d'un nouveau modèle de consommation où la logique consumériste prend le pas sur l'autoconsommation.

Des migrants passeurs de la rationalité économique occidentale

Avec l'allongement de la durée de migration, la notion de profit investit les stratégies économiques des migrants : le *commerce à la valise* marque le passage d'un système de simple consommation de l'épargne à un système de valorisation de l'épargne.

Il semble qu'il y ait peu de transmission de ce comportement d'investisseur financier et que les migrants jouent davantage le rôle de passeurs de l'économie de marché. Il en est ainsi de l'implantation de marchés automobiles comme à M'saken (Tunisie) ou de l'extension du marché du cadre bâti, occasions pour les migrants de mettre à profit les compétences professionnelles acquises.

L'exemple des coopératives dans les pays de la région du fleuve Sénégal est à ce titre significatif : « *La coopérative a introduit la notion de consommation qualitative. On peut critiquer sans gêne les produits qu'elle vend, les rapports n'étant pas individuels. [...] [Les immigrés] sont passés du statut d'émigrés, c'est-à-dire ceux qui ont quitté le village, au statut d'immigrés, c'est-à-dire qu'on reconnaît qu'ils ont acquis des capacités en France qui peuvent servir au village. [...] Sur le plan économique, la coopérative répond à un besoin ressenti par tous les villageois [...] : un approvisionnement régulier à des coûts maîtrisés. Elle introduit un nouveau système de régulation du rapport au marché. [...] Non seulement Gagny* [(Mali)] *acquiert un prestige particulier dans la région, les autres villages en parlent, ils s'en servent comme modèle pour créer à leur tour des coopératives d'achat, mais l'Etat lui-même la cite en exemple.* »[12]

Si les migrants s'adressent de plus en plus au système bancaire délaissant les services postaux, la transmission de pratiques bancaires

NOTES

[11] Ma Mung Emmanuel, *Mobilités et investissements des émigrés. Maroc, Tunisie, Turquie, Sénégal*, L'Harmattan, 1996, 272 p.
[12] Quiminal Catherine, *Gens d'ici, gens d'ailleurs*, éd. Christian Bourgeois, 1991, 222 p.

modernes au milieu de réinsertion semble faible à l'exception de formes marginales, certains migrants de retour tenant à régler leurs achats par chèque ou par carte bancaire.

Le bilan d'une littérature relativement fournie dans le domaine de la gestion des revenus souligne ainsi que les migrants sont les passeurs d'une culture de confort moderne, consumériste, tournée vers le marché. Cependant, cette transmission semble être davantage occidentale que francophone.

Le rôle des migrants dans la diffusion de « marqueurs culturels » français (marque de voiture...) et de supports culturels, relais dans la transmission de la Francophonie, semble constituer le principal enjeu francophone de ce domaine.

Les migrants vecteurs de modernisation de l'économie du pays d'origine ?

Pour être qualifiés de passeurs de modernité économique, les migrants doivent avoir mobilisé cette dernière dans une stratégie et avoir ainsi réalisé une innovation. Cette innovation doit ensuite être perçue au niveau local ou même régional comme pratique francisée, ou bien encore imitée. Sans mobilisation de l'État, les innovations sont difficilement viables et les effets d'entraînement sont d'autant plus faibles que l'innovation est importante.

Dans quelle mesure les migrants peuvent-ils assurer un transfert de compétences, voire de technologie ? Ce transfert a-t-il une dimension proprement francophone ?

Le migrant, vecteur de technologie adaptée au secteur moderne

Malgré l'acquisition de compétences, les migrants de retour appuient peu le développement du secteur moderne. L'essentiel du transfert en matière de technologie est assuré par les migrants restés au pays d'immigration sous forme de relations et d'échanges économiques entre la diaspora d'affaires et le pays d'origine qui sont parfois l'occasion d'une formation à la gestion ou à l'organisation technicienne française.

Savoir et culture scientifique hautement technologisée sont également transmis par les chercheurs-migrants lors de collaborations ponctuelles à des programmes de recherche, ou par l'accueil de stagiaires et d'étudiants en thèse de doctorat en France... Les « cerveaux » à l'étranger peuvent ainsi « *jouer un rôle de liaison stratégique, une sorte de cordon ombilical, entre l'Europe et le Maroc* »[13].

Le migrant, vecteur de technologie appropriée au secteur traditionnel

Réinsérés dans le secteur traditionnel, les migrants sont les passeurs d'un esprit entrepreneurial qui ose affronter les structures administratives pour obtenir ce à quoi il peut avoir droit. Les migrants sont aussi des vecteurs de tertiarisation de l'économie du pays d'origine.

NOTE

[13] Samiri Abdelkrim, spécialiste de génie atomique et de génie médical, cité par Mana A., « Les porteurs du savoir », in *Dialogues. La revue de la Mission laïque française*, n°48-49, 1993, p. 22-24.

Cependant, les logiques traditionnelles restent déterminantes dans un projet toujours tendu entre réintégration « sans changement » au pays d'origine et réinsertion en y valorisant les acquis de l'expérience migratoire ouvrant davantage sur le monde urbain. La mobilisation stratégique est ainsi limitée : application de règles de gestion apprises dans les cours du soir en France, valorisation des connaissances concernant la technologie de certains équipements et la maîtrise des procès de fabrication ou de réparation dans le secteur textile comme automobile.

Les références retenues laissent penser que les migrants ne sont qu'exceptionnellement des passeurs de francophonie au niveau économique et technologique ; ils sont au mieux, des passeurs de culture économique occidentale, cette transmission n'ayant elle-même que peu d'effets d'entraînement sur la société d'origine.

De ce fait, les rapports entre les « cerveaux » à l'étranger et/ou la diaspora d'affaires avec les pays d'origine pourraient être porteurs d'enjeux de francophonie.

Le rôle des jeunes issus de l'immigration pourrait également être appréhendé dans la mesure où ils ont été durablement socialisés en France et où leur formation tend à être plus solide que celle de leurs ascendants-migrants.

Les migrants vecteurs d'urbanisation et passeurs d'un espace domestique francisé ?

La maison du migrant marque nettement sa réussite et joue comme un facteur de différenciation sociale. L'urbanisation de la société et du paysage est un aspect essentiel de l'influence qu'exercent les migrations internationales de travailleurs sur leur société d'origine.

L'attrait pour la ville et ses équipements

La ville est devenue le point focal des aspirations des migrants à un nouveau mode de vie en raison de ses nombreux équipements et services, accélérant ainsi la micro-urbanisation des campagnes. **L'importance accordée à l'instruction ou à la scolarisation des enfants en est un aspect majeur fortement lié à l'acculturation francophone des travailleurs migrants.**

« Le brassage du travailleur émigré avec la civilisation urbaine d'Europe occidentale (même s'il est employé dans l'agriculture) aboutit, une fois marié, avec femme et enfants au pays d'origine, au réflexe de ramener sa propre famille du "bled" dans une ville marocaine, en l'occurrence Taza, pour l'éducation des enfants : l'éducation dans le sens de l'instruction, étant perçue jusqu'à présent comme la panacée de tous les problèmes »[14].

Les changements de pratiques et de valeurs au niveau de la consommation, de l'éducation... acquièrent une certaine visibilité sociale dans les nouveaux centres semi-urbains organisés le long d'une route où les maisons de migrants se démarquent ostensiblement des autres habitations, ainsi que

NOTE

[14] Lepeltier François, « Les investissements immobiliers des travailleurs migrants d'origine rurale dans la ville de Taza (Maroc) », in *Ville et migrations internationales de travail dans les Tiers-Monde*, SIMON G. (coordinateur), Migrinter, éd. Etudes européennes, fascicule 6, Poitiers 1984.

dans les quartiers urbains où l'implantation des migrants est fortement marquée spatialement et qui sont, de ce fait, qualifiés par référence à leurs promoteurs émigrés. « La progression sociale par le logement est devenue l'objet qui détermine le degré de réussite sociale. [...] L'émigration internationale favorise l'affirmation d'une forte ségrégation sociale et spatiale »[15].

Cette forte ségrégation érige ainsi la maison ou le quartier de migrants en tribune de mise en scène publique des pratiques francisées des migrants. La ville jouant le rôle de relais de transmission du modèle urbain occidental, assure le passage de pratiques francisées alors même qu'elle déstructure une organisation sociale fondée davantage sur l'autorité clanique, la hiérarchie familiale et la répartition familiale du travail.

Les innovations architecturales véhiculées par les migrants

Les maisons de migrants qualifiées de « Casa do Frances » ou « maison de l'émigré » au Portugal[16] se démarquent des normes architecturales nationales tant au niveau des techniques de construction et des matériaux utilisés (souvent importés, ciment et chaux, barres de fer, brique et carrelage), qu'en ce qui concerne l'agencement du logement (salles d'eau, espaces redoublés, ouvertures sur l'extérieur, spécialisation des pièces) et son équipement (équipements électroménagers à l'occidentale notamment dans la cuisine…).

Les migrants, par les maisons qu'ils édifient, constituent ainsi une courroie de transmission de l'espace domestique francisé. « Les emprunts tentent une redéfinition de l'espace, redistribuant les fonctions domestiques par rapport au mode de vie actuel, mais aussi par rapport à l'expérience culturelle accumulée. » [...] C'est dans tous ces espaces de transition entre l'extérieur et l'intérieur qu'il cherche à exprimer sa réussite et ses nouvelles manières de vivre. Dans la recherche d'une image différenciée, le migrant lutte pour la reconnaissance de son autonomie (le discours critique vis-à-vis de la maison de migrant suppose déjà une certaine forme de reconnaissance) »[17]. Les réactions des non migrants aux importations architecturales sont diverses : assimilation de ces innovations et leur imitation (notamment équipement sanitaire et électroménager) ou bien rejet jusqu'à stigmatisation des migrants comme bouc-émissaires de la dégradation du paysage.

Une interprétation controversée

« On se rapproche des Français mais on construit au village et la maison devient un trait distinctif. Mais s'agit-il tant des Français ? Et non pas plutôt du modèle industrialisé adopté plus facilement dans le détour par la France ? » s'interroge Roselyne de Villanova. En effet, la standardisation des produits dans les sociétés occidentales comme « l'internationalisation-

NOTES

[15] Charef Mohamed, « La Participation des travailleurs marocains à l'étranger dans les opérations immobilières des ERAC au Maroc (l'exemple du Tensift) », in *Villes et migrations internationales de travail dans le Tiers-Monde*, SIMON G. (coordinateur), Migrinter, éd. Etudes européennes, 1984, Poitiers, fascicule 6, p. 29.

[16] Poinard M. « Remises d'émigrés et transformations du cadre bâti dans le milieu rural portugais », *in Villes et migrations internationales de travail dans le Tiers-Monde,* SIMON G. (coordinateur), Migrinter, éd. Etudes européennes, fascicule 6, Poitiers 1984, p. 67-85.

[17] Villanova Roselyne (de), *Maisons de rêve au Portugal. Enquête sur les migrants bâtisseurs,* éd. Créaphis, Paris, 1994, 209 p.

banalisation » de la production industrielle des matériaux de construction d'une part, l'imposition de nouvelles normes d'habitation et l'intermédiation de spécialistes d'autre part, limitent la portée explicative d'un passage de francophonie.

D. Pinson conclut même fermement à la non-pertinence de l'hypothèse selon laquelle les travailleurs migrants sont des passeurs de francophonie : « Au demeurant, quelques indices nous permettent de conclure à la forte permanence des modes culturels marocains dans la conception de l'habitation pour le retour, croisée par quelques dispositions inspirées par des pratiques acquises en Occident. […] En tout cas, il serait abusif de considérer les travailleurs marocains à l'étranger comme des acteurs essentiels de la transmission de pratiques occidentales. Ils semblent sur ce terrain dépassés par certaines couches sociales de la moyenne et grande bourgeoisie… »[18]

Selon H. Boubakri, l'effet de démonstration produit lors de la migration conduit à l'incorporation non d'une pratique et d'un modèle francophones ou francisés mais d'une aspiration générale et déjà existante au sein de son pays à un mode de vie urbain : « C'est aussi l'effet de démonstration qui s'exerce sur l'émigré qui évolue dans un environnement architectural urbain qui lui paraît idéal : lui aussi veut devenir un vrai citadin, comme le Parisien ou du moins comme le Tunisois »[19]. Les migrants, loin d'être des passeurs de francophonie, sont des relais au sein de leur propre société entre une frange plus enclavée et une élite urbaine.

Au-delà de la réalité objective des faits, il est envisageable de s'en tenir à la réalité subjective et considérer qu'il y a passage de francophonie dès lors que les innovations que les migrants réalisent, sont verbalisées comme étant des pratiques francisées.

L'étude du rôle des migrants comme vecteurs d'urbanisation et passeurs d'un espace domestique francisé a été menée de façon approfondie au Portugal, en Tunisie et au Maroc : les nombreuses références retenues montrent que les migrants ne seraient pas strictement des passeurs de francophonie.

L'étude des acteurs et des nouvelles interactions à l'œuvre dans ces villes et centres ruraux urbanisés, dont l'univers de référence peut être qualifié de bilatéral, est susceptible, en revanche, de comporter un fort enjeu francophone en ce qui concerne la scolarisation des enfants et ses motivations.

Les migrants rénovateurs des rapports familiaux et sociaux ?

Si famille et village endossent l'essentiel du rôle de socialisation des individus non migrants, leur transformation par les migrants pourrait avoir des effets décisifs. Dans quelle mesure les migrants peuvent-ils infléchir les rapports sociaux ?

NOTES

[18] Pinson Daniel, « Les travailleurs migrants et les lotissements au Maroc. Etudes de cas à Fès et Casablanca », *in Villes et migrations internationales de travail dans le Tiers-Monde*, SIMON G. (coordinateur), Migrinter, éd. Etudes européennes, fascicule 6, Poitiers 1984, p. 153-166.

[19] Boubakri Hassan, *Le petit commerce du sud tunisien à Paris : espace, fonctionnement social et impact sur les régions natales*, thèse de géographie, université Louis Pasteur, Strasbourg, 1985, 299 p.

- **Les migrants fauteurs de troubles au sein de la grande famille traditionnelle**

L'acculturation francophone d'un migrant peut le conduire à accorder à son épouse restée au pays le rôle croissant dans la gestion économique du foyer ou à la faire venir au pays d'immigration... De telles innovations traduisent une certaine distanciation des hommes mariés migrants par rapport à l'autorité de leurs aînés et ont d'autant plus d'effets d'entraînement sur le milieu d'origine ou de réinsertion que le migrant a une position sociale traditionnelle élevée et donc un fort pouvoir d'influence sur ses pairs. Ainsi, canaux traditionnels d'autorité (islam et stratification sociale) et voies nouvelles de modernisation (migration et média) peuvent se renforcer.

La maison du migrant forme aussi un espace séparé par rapport à la famille élargie, propice à l'autonomisation du couple migrant et de ses enfants et à une gestion domestique francisée comme il en est des repas par exemple. Ces transformations peuvent être mises en scène publiquement par le migrant dans des pratiques de la vie privée assurant, par là-même, un passage de francophonie.

La migration ne joue pourtant que de façon marginale sur la nuptialité des migrants et à fortiori sur celle de l'entourage.

- **Les migrants, relais vers une société plus individualiste**

Une société plus individualiste se met en place. Le temps des vacances par exemple, temps privilégié d'interaction, met particulièrement en scène les transformations induites par la migration : le contact avec une culture de loisirs et de tourisme a transformé progressivement le retour / ressourcement familial en voyage touristique et, au pays, le repos estival est peu à peu toléré, parfois même admis.

Quant aux enfants de migrants, ils jouissent en tout temps d'une plus grande autonomie par rapport aux adultes que les non migrants, renforcée par leur scolarisation plus régulière : ils jouent ainsi un rôle de passeurs de modernité auprès de leurs camarades.

La monétarisation de la société et l'expansion de l'économie de marché multiplient les aspirations des membres de la famille au pays qui, insatisfaites, entraînent des conflits. Quant aux biens fonciers, sous la pression des tendances individualistes, ils sont partagés : l'indivision se fait rare.

L'économie de marché engendre un système de sociabilité reposant sur la disparité des revenus qui concurrence l'ancien et qui se traduit par l'émergence d'un nouveau paysage social. La hiérarchie dominants-dominés est remise en cause, les migrants mariés acquérant une certaine autonomie par rapport aux aînés.

La participation sociale des femmes s'accroît : les femmes qui ont migré avec leur conjoint, de retour au pays d'origine, peuvent en effet participer non seulement à la gestion de l'économie domestique mais encore aux discussions familiales avec les hommes et encourager par exemple l'amélioration des conditions de vie et la scolarisation des filles. Les femmes migrantes ou les conjointes des migrants sont aussi plus nombreuses à se tourner vers une activité professionnelle que les non migrantes. **L'apport fondateur de la migration est sans doute, pour les femmes, la prise de conscience d'elles-mêmes et de l'égalité de droit entre elles et les hommes.**

518

La solidarité traditionnelle a également été convertie par les migrants en moyen d'ostentation matérielle et financière : la solidarité est devenue une occasion de démonstration sociale. Certaines sociétés connaissent également sous l'influence des migrants une relative désacralisation – l'église remplissant au Portugal, par exemple, de plus en plus un rôle de « prestataire de services ».

- Les associations de migrants « rénovat[rices] des rapport sociaux »

Les associations de migrants ont pour but « d'opérer entre les deux espaces de référence un syncrétisme collectif favorable »[20]. Cependant, elles ont jusqu'alors achoppé sur une modernisation du village qui fasse une réelle place aux femmes, même si cette innovation est peu à peu introduite ponctuellement.

La transformation des caisses de solidarité en associations soumises à la loi 1901, a institutionnalisé les migrants comme passeurs : ils sont membres de l'association sur la seule base de leur cotisation et sont invités à respecter un certain « formalisme occidental » remettant en cause la structuration des sociétés traditionnelles. L'acquisition de nouvelles compétences introduit dans la formation de leur identité un couple tradition-modernité qui s'articule à une tension entre l'ici et l'ailleurs. Ainsi, les migrants passent d'une dépendance identitaire forte par rapport au village à un statut d'intervenants extérieurs et sont souvent qualifiés de « français » ou de « parisiens ».

Au village, des associations jumelles sont créées, les villageois en sont également membres sur la base de cotisations monétaires, indépendamment des relais familiaux et traditionnels.

Si « on peut définir [les migrants] en parlant "d'acteurs du développement", on peut aussi chercher à être plus précis : à mi-chemin entre une dimension "d'animation socioculturelle" et "d'initiateurs de transformations sociales". Ne pourrait-on pas parler "d'aménageurs de terroirs", et plus encore de "rénovateurs des rapports sociaux" ? »[21]

Les références retenues ne proposent aucune analyse synthétique quant à l'influence des migrants internationaux sur les structures sociales et familiales hormis celles portant sur les associations de migrants.

Pourtant l'évolution des rapports sociaux est porteuse d'enjeux de modernité occidentale, et peut dès lors favoriser un passage de Francophonie : la « famille rénovée sous l'influence des migrants » peut devenir un lieu où s'enracinent des valeurs et des pratiques culturelles francophones, ensuite transmises à ses membres (place accordée à la culture française, à l'instruction scolaire, aux livres, aux médias… dans leur dimension francophone).

NOTES

[20] Quiminal Catherine, 1991, *op. cit.*
[21] Daum Christophe, *L'immigration ouest-africaine en France : une dynamique nouvelle dans la vallée du fleuve Sénégal ?*, rapport final de l'étude « Migrants et développement », Institut Panos, Paris, 1992, 138 p.

Les migrants, relais dans l'émergence de la société civile et acteurs de la coopération française ?

La mobilisation des migrants en vue de la transformation de la société d'origine peut être clairement affichée et investir la scène publique voire politique. Le passage de Francophonie alors réalisé porte-t-il sur un contenu précis ou vise-t-il davantage l'expérimentation de l'existence d'une communauté francophone ?

Pallier les carences de l'État : solidarité et perspective idéologique

Des associations de travailleurs migrants se mobilisent afin de procéder depuis la France, à des réalisations concrètes au village : priorité est donnée à la santé, à la consommation, à l'eau et à l'école. Par là naît la conscience d'un pouvoir d'intervention collectif propre à répondre à des besoins communautaires. Mais « *si les villageois sont parfois demandeurs concernant les mosquées, l'eau et la consommation, les demandes en ce qui concerne les écoles viennent uniquement des immigrés tandis que celles concernant la santé sont majoritairement venues des immigrés.* »[22]. Appuyant le développement de l'enseignement scolaire en Français, les migrants jouent à proprement parler un rôle de passeurs de Francophonie.

Cette conscience a été éveillée par le difficile contexte économique mondial et les avatars du développement des dernières décennies, mais il est probable qu'elle s'enracine aussi dans la société d'accueil où la solidarité sous différentes formes, inter-générationnelle, Nord-Sud, est étatisée. L'enjeu francophone est aussi essentiel dans la mesure où l'endossement de ce rôle de relais est, selon C. Daum, **spécifique aux associations de migrants en France, à la différence d'autres pays d'immigration.**

En effet, les associations de migrants, en étant les passeurs d'une culture occidentale développementaliste, sont avant tout des passeurs de solidarité francophone. « *Pour* [les migrants], *c'est un lien nouveau, positif, avec leur village. C'est aussi une revanche sur le malheur qu'ils ont subi, celui d'être analphabètes dans un monde de l'écrit.* [...] *Et puis, derrière l'école, n'y a-t-il pas la pensée d'une autre société qui se cherche ?* » [23]

Soulignant les carences de l'État et appuyant certaines revendications économiques face à l'absence de régulation bancaire adéquate à la mobilisation de fonds et de structures financières solides, entravant lourdement les investissements, les migrants sont susceptibles d'introduire dans les consciences l'attente d'un Etat de droit. Si les conséquences peuvent être négatives lorsque les écarts entre attentes et réalisations sont trop importants, conduisant à un sentiment de désenchantement vis-à-vis de l'État, « *la participation des populations comme mode d'action pour le développement comprend une dimension politique, elle pose implicitement le problème de la démocratie, de la décentralisation et du partenariat.* »[24]

NOTES

[22] Daum Christophe, 1993, *op. cit.*

[23] Quiminal Catherine, 1991, *op. cit.*

[24] Yatera Semba, *La Mauritanie. Immigration et développement dans la vallée du fleuve Sénégal*, L'Harmattan, Paris, 1996, 221 p.

Le rôle des associations de migrants : susciter l'émergence de la société civile et renforcer les liens avec la France

La réalisation de ces interventions tente aussi de faire participer les villageois eux-mêmes à leur développement, passant d'une logique de dépendance à celle du transfert d'outil de développement. Or, les petites réalisations transforment progressivement les mentalités et font tâche d'huile dans l'ensemble des régions d'émigration : une dynamique de prise en charge collective s'enclenche autour des non-migrants. Parfois une entité socio-politique nouvelle, la « commune », est créée pour devenir le cadre de concertation de plusieurs villages sous la direction d'une équipe municipale élue. La société civile émerge.

Elle s'incarne aussitôt dans le dialogue noué avec certains partenaires. Le village négocie désormais avec les acteurs institutionnels intervenant dans le processus de développement (partenaires nationaux et organismes internationaux) et tente d'appréhender les projets de façon rationnelle et projective.

En particulier, des liens privilégiés sont tissés avec des partenaires francophones. **Les migrants sont par exemple les instigateurs de jumelages entre villages du pays d'origine et villes françaises,** permettant non seulement des interventions humanitaires mais encore des échanges de formation, la participation à des congrès… Grâce aux migrants, ces jumelages donnent à la communauté de vie francophone une forme institutionnelle majeure.

Ainsi, *« le jumelage-coopération entre Sagne [Mali] et Arles est surtout intéressant par la démarche qu'il propose. Le fait que les Arlésiens ne manifestent aucune volonté d'hégémonie nous paraît fort remarquable. En effet, […] il s'est instauré une coopération triangulaire dans laquelle les immigrés occupent une place charnière grâce à leurs contacts privilégiés avec les deux parties. Cela ne signifie pas que les deux comités de jumelage n'entretiennent pas de relations directes suivies. L'omniprésence des migrants comme courroie de transmission est due à leur apport financier et à leur volonté de participer au développement du village. Cette coopération triangulaire a produit des effets positifs dans la perception des relations et des attentes. Ainsi le bureau du jumelage de Sagne, composé d'hommes et de femmes, a décidé à l'initiative de ces dernières, de déclencher une campagne d'information sur l'hygiène et la prévention… »* [25]

L'engagement politique individuel des migrants pour le pays d'origine

Les migrants portugais sont peu engagés politiquement au Portugal dans la mesure où ils souffrent d'une absence de relais tant au niveau de la presse que de la représentation politique, et où d'autre part, la société portugaise a d'eux une représentation négative particulièrement depuis l'entrée dans l'Union européenne. En effet, le partenariat européen a occasionné une forte concurrence entre les financements et subventions communautaires et les transferts de fonds des émigrés. Or, dès lors que les transferts de fonds des migrants ne sont plus indispensables, l'émigration n'aurait plus de justification.

NOTE

[25] Yatera Samba, 1996, *op. cit.*

Dans les pays du Maghreb, les migrants jouent sur leur statut de résidents en France pour déjouer l'autoritarisme étatique et exercer sur le gouvernement une pression suffisante pour lui faire tolérer, à défaut d'accepter, les innovations introduites. Certains migrants de retour se tournent également avec succès vers la scène politique en se présentant même aux élections comme *« porte-parole des « paysans sans terre » »* relevant le défi de la démocratie.

L'influence politique des migrants peut être plus diffuse : *« l'économie politique de l'émigration[...] situe le modernisme ailleurs que dans l'accomplissement de soi, et le nationalisme tend à partir de là à devenir un discours dérisoire comparé aux rêves de la société de consommation. Par sa gestion de la part du rêve, l'émigration a contribué à déposséder l'État de son rôle idéologique, de sa capacité à structurer l'identité collective de la nation. Cette situation va jusqu'à priver l'État de sa capacité à exercer normalement certains contrôles sur sa population. »*[26] Mais cette influence peut tout aussi bien être rejetée : *« Avec les idées ramenées de l'Europe, [les migrants] se montrent critiques envers les modes de vie qu'ils rencontrent au Maroc (la bureaucratie, la corruption et l'absence d'expression). Ces critiques sont très mal accueillies. »*[27]

Les migrants sont ainsi les passeurs d'une culture politique empreinte de démocratie, de liberté d'expression, de solidarité, de droit à l'instruction… Mais s'agit-il de la culture politique française ou de celle des pays de démocratie sociale ?

Quoi qu'il en soit, les migrants sont, aussi et surtout, les relais d'une communauté de vie francophone où des initiatives de coopération décentralisée sont menées grâce aux associations. L'enjeu francophone est ici fondamental : la singularité du rôle de relais des associations de migrants en France comparée à d'autres pays d'accueil le souligne avec une acuité particulière.

Les migrants passeurs de la langue française ?

Les migrants mobilisent-ils la langue française au pays d'origine dans des stratégies de transmission, volontaires ou non ? Dans quelle mesure peuvent-ils promouvoir la langue française ?

Les travailleurs migrants, passeurs de la langue française ?

Aucune référence ne traite de la valorisation personnelle ou interindividuelle de la langue française par les travailleurs migrants de retour. Les allusions faites à propos de la langue française évoquent davantage la stigmatisation de travailleurs migrants parlant français en milieu maghrébin.

NOTES

[26] Leveau Rémy, 1989 « Immigrés, États et sociétés », in *Revue Européenne des Migrations Internationales*, volume 5, n° 1, p. 113-126.

[27] El Hariri Amina, « Les Marocains dans les houillères du Nord-Pas-de-Calais et leurs relations avec le pays d'origine (fermeture des mines, retour et réinsertion au pays) », thèse de géographie, université de Poitiers, 1994, 550 p.

Les associations villageoises, en finançant la réalisation d'écoles, participent cependant à la promotion de la langue française. Ces réalisations nécessitent parfois de longues négociations, notamment avec les autorités religieuses, un consensus étant parfois trouvé sur la réalisation d'une école franco-arabe.

Les jeunes générations, passeurs de la langue française ?

Aucune référence n'a été trouvée concernant les pays cibles de l'étude ; une thèse portant sur des enfants de migrants grecs nés en France ou en Allemagne et de retour en Grèce, définitivement ou pour le temps des vacances, propose quelques pistes de réflexion.

La valorisation de la langue du pays d'accueil est difficile dès lors que l'enseignement n'est pas dispensé dans cette langue. Fréquentant classes d'accueil et/ou classes de soutien, l'enfant rentrant est, sauf exception, confronté à un déclassement scolaire.

En dehors de la fratrie, des parents et des amis du pays d'immigration, les jeunes rentrants privilégient la langue du pays de réintégration. Cette tendance « *à l'usage monolingue lors de la communication relève du besoin des jeunes de s'identifier à des univers simples et elle est, à notre sens, plutôt d'ordre ontologique. En revanche, la tendance à accepter les deux langues dans les pratiques de lecture marque plutôt une tendance d'aménagement de la situation bi-polaire, dans un domaine socialement valorisant pour l'individu (pouvoir lire dans plusieurs langues), et est d'ordre pragmatique. Nous rencontrons là, une gestion de la part des individus de leurs deux univers de références qui leur permet d'assurer une cohérence complexe.* »[28]

Ainsi, le cadre d'une relation intime, familiale ou amicale, donne seul l'occasion aux jeunes rentrants de parler de leurs lectures, de l'ancien pays et de « l'autre » langue. Les jeunes rentrants seraient donc des passeurs discrets de Francophonie à condition qu'ils soient toujours motivés par leur francophilie.

Tout en tenant compte de contraintes parfois fortes, les jeunes rentrants cherchent à valoriser au maximum la langue du pays d'immigration qui fait partie intégrante de leur identité. Cette valorisation de la langue du pays d'immigration, au niveau de l'identité même des jeunes, serait fonction de l'âge et de l'origine sociale.

Plus les enfants sont jeunes, plus ils se représentent leur bilinguisme comme perturbateur ; plus ils grandissent, plus ils intègrent dans leurs stratégies d'avenir les avantages de ce même bilinguisme. Plus on monte dans l'échelle sociale, plus le bilinguisme gagne en acceptation.

NOTE

[28] Androussou Alexandra, *Étude des processus identitaires des jeunes issus de l'immigration : enquête auprès d'une population grecque dans divers pays d'Europe et de retour en Grèce*, thèse de doctorat, université Paris V, 1996, 414 p.

Les élites socioculturelles, passeurs de la langue française ?

Aucune étude n'a été trouvée dans ce domaine. Pourtant le rôle de ces migrants pourrait être important notamment par rapport à la diffusion médiatique ou sociale de produits culturels francophones (livres, arts et spectacles…) et par rapport au contenu plus ou moins francophone des messages médiatiques.

La place des jeunes migrants diplômés en France et des jeunes de la deuxième ou troisième génération ayant obtenu une solide formation intellectuelle et professionnelle semble ouvrir une piste de recherche porteuse d'enjeux francophones fondamentaux.

Les écrivains, passeurs de la langue française ?

Dans le domaine de la littérature, la notion de passeurs de la Francophonie est usuelle. Elle désigne des écrivains ou des personnes attachées au domaine des lettres qui se sont tous, plus ou moins durablement, heurtés à la difficulté d'écrire en Français alors même que leur langue maternelle est autre. La présente investigation n'a pas porté sur les études socio-littéraires de réception des œuvres.

« Alors pourquoi écrire en français ? Pour rejoindre les paroles du monde pourrait-on répondre. Un écrivain francophone est un passeur de langues, passeur de culture. À ce titre, il est l'agent actif d'une acculturation. Et celle-ci ne peut-être positive que dans un va-et-vient perpétuel et un échange permanent entre les cultures. » [29]

Écrire en français peut également permettre de déjouer la censure politique et/ou sociale, notamment dans le cas d'une prise de parole féminine, et d'accéder à une certaine reconnaissance sociale.

Étant donné le petit nombre de références sociologiques trouvées, la dimension langagière se présente comme le « parent pauvre » de l'étude bibliographique sur les migrants passeurs de Francophonie.

L'étude du rôle des migrants dans la diffusion des supports de la langue française que sont les livres, les différents médias, mais aussi les arts et spectacles et leur influence sur la « francophonisation » du contenu des messages médiatiques font particulièrement défaut alors même que ces deux dimensions semblent être porteuses d'importants enjeux de Francophonie.

Conclusion

L'étude bibliographique des migrants passeurs de Francophonie, volontairement élargie à des domaines non communément appréhendés par cette notion, semble révéler que les migrants sont souvent davantage des passeurs de modernité occidentale que des passeurs de Francophonie. Mais il est essentiel de comprendre que la fécondité des passages de Francophonie mis en évidence dans cette étude, dépend du contexte de mondialisa-

NOTE

[29] Rakotoson Michèle, « Être francophone à Madagascar », in *Dialogues. La revue de la Mission laïque française,* n° 48-49, 1996, p. 42-43

tion économique et de diffusion de la modernité occidentale. Les passages de Francophonie mis en exergue ne peuvent ainsi être envisagés hors des dynamiques familiales, sociales et sociétales et de l'influence qu'exerce sur elles l'Occident.

L'émergence d'une économie de marché et d'une culture consumériste de confort moderne, l'enracinement d'une culture politique démocratique et solidaire, l'accélération de l'urbanisation des sociétés, la recomposition des rapports sociaux et l'autonomisation de la famille restreinte par rapport à la famille élargie, sont autant de variables contextuelles déterminantes pour une compréhension approfondie des pratiques, des stratégies identitaires et des valeurs francophones transmises par les migrants.

L'apport principal de cette investigation bibliographique porte sur deux dimensions apparues porteuses d'enjeux francophones fondamentaux : d'une part, le rôle des migrants, quelle que soit leur condition socio-culturelle, dans la promotion de l'enseignement en langue française dans leurs pays d'origine ; d'autre part, le rôle des migrants dans la dynamisation d'une communauté de vie francophone à l'échelle planétaire. Ce dernier point concerne non seulement les « cerveaux » et la diaspora d'affaires à l'étranger à travers les relations d'échange (de produits, de services et surtout de formation) qu'ils entretiennent avec les pays d'origine, mais encore les travailleurs migrants qui, par les associations, sont devenus des acteurs de la coopération décentralisée et des instigateurs de jumelages avec la France. Une enquête de terrain pourrait permettre d'approfondir ces deux dimensions, ainsi que deux autres domaines qui semblent être fortement liés à cette problématique : le rôle des migrants dans la « francophonisation » des messages médiatiques comme des arts et spectacles et dans la diffusion de supports culturels, relais dans la transmission de la Francophonie comme il en est des téléviseurs et antennes paraboliques, des livres, journaux et revues...

es migrants, passeurs de Francophonie : cas québécois[30]

« *La France est le seul pays intégralement francophone. Dans tous les autres, sa langue doit composer, concilier, négocier un statut. [...] Dans sa vocation universelle, le français a par nécessité une fonction médiatrice.* »[31]

Les migrants, « du fait de leur position privilégiée, à cheval sur deux espaces, [constituent] *un vecteur de connaissances et d'expériences »*[32].

Le thème de recherche « Les migrants, passeurs de Francophonie », tel que suggéré au départ par le ministère français des Affaires sociales

NOTES

[30] Synthèse de M. Nicolas van Schendel réalisée à partir de l'étude effectuée pour le compte du ministère des Relations avec les Citoyens et de l'Immigration du Québec

[31] De Beaucé T., *Nouveau discours sur l'universalité de la langue française*, Paris, 1998, Gallimard.

[32] Libercier et Schneider, *Les migrants : partenaires pour le développement*, Paris, 1996, OCDE.

(Direction de la Population et des Migrations), et le Haut Conseil de la Francophonie sous-entendait deux questions[33] :

– quel rôle jouent les migrants, à l'occasion de retours ponctuels mais réguliers dans leurs pays d'origine ou lors de leur retour définitif, pour ancrer ou développer la Francophonie, sous tous ses aspects, dans ces pays ?

– quel rôle aussi jouent les migrants pour insuffler à la Francophonie du Nord une créativité et un esprit enrichissants pour elle ?

Plus que la première question, la seconde nous paraît être le point de départ obligé d'une problématique québécoise de la diffusion de Francophonie par des migrants internationaux. Ce texte en résume le cadre général et propose certaines pistes pour une étude de terrain éventuelle.

Une hypothèse de travail : la médiation québécoise

Notre hypothèse tient à deux propositions générales. La première est que la Francophonie québécoise se conçoit comme un espace intermédiaire ou de médiation entre une Francophonie du Nord – dont elle fait partie à titre de pays développé mais dont elle se dissocie jusqu'à un certain point compte-tenu de son absence de tradition coloniale (contrairement à la France ou à la Belgique) et de sa propre histoire de dépendance à ce chapitre – et une Francophonie du Sud avec laquelle certains types de contact ont toujours été entretenus, par exemple à travers les œuvres missionnaires ou les entreprises de coopération internationale. Une telle médiation québécoise renvoie à l'idée, sinon à la perception par les pays du Sud en l'occurrence, de la neutralité relative de la position québécoise et canadienne au sein de la Francophonie, notamment sur la question de l'aide au développement.

La seconde proposition veut que cette médiation québécoise – qui serait elle-même l'une des incarnations possibles de ce que Jean-Louis Roy[34] appelle « *la médiation francophone* » dans un contexte de mondialisation de l'économie et d'uniformisation de la culture – ait des répercussions au niveau des migrations internationales et puisse servir dans ce cadre, non seulement à concevoir le « passage » de la Francophonie entre le Nord et le Sud, mais également au sein d'un même espace conçu comme pluriel du point de vue de la coexistence de divers modes d'expression francophone. Il est postulé que le Québec constitue un tel espace, dans la mesure où se retrouvent sur son territoire des migrants issus de toutes les situations de Francophonie, du Sud autant que du Nord, du centre européen comme de la périphérie antillaise, africaine ou asiatique.

La notion de réappropriation

Suivant notre hypothèse, c'est d'abord au Québec que les migrants joueraient ce rôle de « passeur de Francophonie » avant de l'incarner, éventuel-

NOTES

[33] Ces questions ont été fomulées par Monsieur Stélio Farandjis, secrétaire général du Haut Conseil de la Franco-phonie, dans une lettre adressée en mai 1997 à Madame Madeleine Gagné, alors directrice du service de la Planification stratégique du ministère québécois des Relations avec les Citoyens et de l'Immigration.

[34] Jean-Louis Roy, *Mondialisation, développement et culture : la médiation francophone*, Montréal, éditions Hurtubise HMH, 1995.

lement, dans leurs pays d'origine ou en d'autres lieux de l'espace francophone ou non francophone. Cette première étape du passage s'accompagnerait d'une *réappropriation* du sens de la langue et de la culture françaises[35], impliquant une définition nouvelle de la Francophonie, débarrassée, par exemple dans le cas de migrants originaires du Maghreb, de sa référence coloniale, ou encore, dans le cas d'immigrants européens, de toute conception figée, immuable.

La réappropriation caractérise le type de relation susceptible de s'établir entre des migrants et un environnement francophone nord-américain. Cette relation se construirait selon des critères et des motifs qui relèvent moins de la représentation d'une Francophonie du centre que d'une Francophonie périphérique ou marginale, c'est-à-dire évoluant dans un environnement majoritairement non francophone et dont les caractéristiques sont également recherchées ou, à tout le moins, appréciées des immigrants. En tant qu'elle est minoritaire, la Francophonie québécoise serait donc tout autant excentrée, bien que de manière différente, par rapport à la Francophonie européenne – et surtout française – que ne le sont les pays ou régions de la Francophonie du Sud.

En somme, la réappropriation serait un processus dynamique impliquant, à degrés variables et selon diverses modalités, une volonté d'œuvrer à la composition et à l'élaboration d'une situation particulière de Francophonie. Ce processus suppose à la fois la diffusion d'un sens de la langue et de la culture françaises déjà formé sous l'effet de la situation de départ, et la production d'une Francophonie de médiation.

La situation québécoise et la diffusion de Francophonie

L'aménagement de la Francophonie québécoise

Pièce maîtresse d'une stratégie globale d'aménagement linguistique, reposant sur la prise en compte de facteurs susceptibles de donner au français une plus grande valeur de prestige[36], l'adoption en 1977 de la charte de la langue française – ou loi 101 – représente un moment charnière dans l'évolution de la conscience linguistique au Québec. L'originalité première de cette loi réside sans doute dans la négociation d'un pouvoir plus grand consenti à la langue française au sein de l'espace public.

Du même coup, se sera opérée la transformation de la valeur sociologique de cette langue[37]. En effet, le français s'instituant en référent universel, irréductible à la culture canadienne-française ou à la mémoire historique des descendants de colons français, « les résidents, natifs et immigrés, de toutes origines ethnoculturelles, [pouvaient dès lors être] conviés

NOTES

[35] D. Helly et N. Van Schendel, « Sens d'appartenance d'immigrés à la société québécoise 1995-1996 ». Étude subventionnée par le MRCI, Québec : INRS - Culture et société, 1997.

[36] Corbeil J.-C., « Dynamique de l'aménagement linguistique au Québec ». in *Les actes du colloque sur la problématique de l'aménagement linguistique : enjeux théoriques et pratiques* - Gouvernement du Québec, Office de la langue française, 1994.

[37] Gendron J.-D., « La conscience linguistique des Franco-Québécois depuis la Révolution tranquille ». *in* N. Corbett (Eds) *Langue et identité : le français et les francophones d'Amérique du Nord*, Québec, Les Presses de l'Université Laval, 1990.

à former une collectivité francophone plurielle »[38]. Ce projet de collectivité francophone se fondait sur une conception du français comme langue médiatrice – ou « véhiculaire transethnique »[39] – susceptible de concilier les rapports entre la majorité d'ascendance canadienne-française, les minorités issues de l'immigration et une anglophonie québécoise, canadienne et nord-américaine largement majoritaire.

Dans ce contexte, la Francophonie québécoise, déjà marquée de plusieurs influences, devenait d'autant plus ouverte et « polyphonique ». L'apport d'une immigration francophone à la fois plus importante et diversifiée depuis le milieu des années 1970 n'aura fait qu'accentuer cette tendance. Martin[40] souligne d'ailleurs à ce propos :

> « *l'importance nouvelle du rôle que joue une immigration francophone africaine, européenne, et asiatique* [etc.] *dans la diffusion de variétés de français au sein de la communauté linguistique montréalaise. L'impact de la diffusion de ces sociolectes concourt à modifier la dynamique des relations existantes entre les diverses variétés traditionnellement en présence et aussi les attitudes des locuteurs à l'égard de ces variétés.* » (p. 191-192).

En somme, la Francophonie québécoise serait une sorte d'ouvrage en devenir, en partie façonnée par une immigration francophone sur le plan du corpus sociolinguistique, mais également redéfinie par elle en termes de « *production identitaire* »[41] dans un cadre légitimement régi par une charte de la langue française conciliant vie et place du français avec celles de l'anglais mais aussi des autres langues parlées au Québec.

Les niveaux de production identitaire

Par production identitaire, nous entendons l'ensemble des représentations et pratiques de médiation qu'élaborent les migrants québécois dans leurs rapports à un univers « francopolyphonique » en contact avec une réalité anglophone non moins plurielle. Cette production identitaire peut être appréhendée selon quatre niveaux – social, économique, culturel et politique.

Le niveau social

Ce niveau distingue deux manières, étroitement reliées, de circonscrire les conditions de production de la Francophonie. La première situe le français comme instrument de communication et d'échange (fonction sociale de la langue) ; la seconde, comme objet à définir quant à la position qu'il occupe ou devrait occuper vis-à-vis de l'anglais principalement (statut social de la langue).

NOTES

[38] Helly D., « Le Québec face à la pluralité culturelle : 1977-1994 », Québec, Les Presses de l'université Laval et Institut Québécois de Recherche sur la Culture, 1996.

[39] Baggioni D. ,Kasbarian J.-M. , « La production de l'identité dans les situations de francophonie en contact », *in* D. De Robillard, Benjamino M. (Eds) *Le français dans l'espace francophone : description linguistique et sociolinguistique de la Francophonie* tome 2, Paris, Honoré Champion, 1996.

[40] Martin A., « L'aménagement linguistique et la langue comme objet social ». *in les actes du colloque sur la problématique de l'aménagement linguistique : enjeux théoriques et pratiques. Gouvernement du Québec,* Office de la langue française, 1994.

[41] Baggioni et Kasbarian, *op. cit.*

La langue comme instrument de communication et d'échange fait appel à la notion de préférence linguistique. La préférence pour le français, en l'occurrence, peut être considérée comme une dimension « facilitante » de la production identitaire de Francophonie en milieu québécois. Cet aspect ressort notamment d'une étude (Helly et van Schendel, *idem*) menée auprès d'immigrés provenant en majorité de pays de l'espace francophone (France, Maroc, Haïti, Vietnam) ou hispanophone (Salvador).

Le niveau économique

La langue française est considérée comme outil de production matérielle à des fins d'insertion et d'amélioration des conditions de vie. À cette production matérielle devrait correspondre, selon l'hypothèse de la fonction médiatrice de la langue française dans une société en contact comme le Québec, une production identitaire fondée sur la pratique et la valorisation du bilinguisme français-anglais en milieu de travail.

Cette valorisation s'articulerait toutefois autour du caractère avantageux de la connaissance du français par rapport aux conditions du marché de l'emploi dans la société d'accueil (le marché interne) et aussi, par rapport à la position stratégique qu'occupe cette société du point de vue des échanges économiques entre l'Europe et l'Amérique. En principe, les secteurs d'emploi où le travail s'effectue dans les deux langues seraient davantage en mesure de favoriser la production d'une Francophonie de médiation.

Le niveau culturel

La production identitaire de Francophonie se fonde ici sur la conception de la langue française comme moyen d'expression et de création d'une culture québécoise pluraliste, et comme instrument de conciliation des univers culturels francophone et anglophone. Trois types de fonctions et finalités de la langue française peuvent être dégagés :

La langue française ou ses variétés comme objet et/ou instrument de réappropriation et d'affinités culturelles, ou comme instrument d'interprétation des cultures canadienne-française et anglo-canadienne ainsi que des codes, valeurs et imaginaires culturels nord-américains (à travers les réseaux de sociabilité, les médias et les espaces de production culturelle ou artistique).

La langue française comme moyen de participation à une culture québécoise pluraliste dite de synthèse ou hybride[42], et comme instrument de connaissance et de formation. La production identitaire procède d'une démarche à travers laquelle les connaissances déjà acquises dans le pays d'origine en matière de culture générale, scientifique ou technique, se modifient et s'enrichissent d'une approche nouvelle, nord-américaine ayant pour effet de resituer le migrant par rapport à son idée et à sa pratique de la Francophonie.

La langue française comme outil et objet de création artistique et littéraire. Une autre facette de la production de Francophonie est éloquem-

NOTE

[42] Abou S. (1977) Contribution à l'étude de la nouvelle immigration libanaise au Québec. Québec : centre international de recherche sur le bilinguisme.

ment illustrée par le phénomène des « *écritures migrantes* »[43] dont les auteurs « *proviennent de plus en plus du Sud francophone* ». Outre l'introduction de thèmes nouveaux dans la littérature québécoise, ces écritures pourraient bien entraîner éventuellement « *des transformations linguistiques, lexicales, [...] une hybridité culturelle affirmée, de nouveaux types d'écritures ; la formation peut-être d'un nouvel imaginaire social* ». (Robin, cité par Gauthier, p. 35).

Le niveau politique

Ce niveau peut être abordé sous deux angles : sociopolitique et politicoculturel. Dans le premier cas, la production identitaire se conçoit comme affirmation d'une parole minoritaire à l'intersection des espaces majoritaires francophone et anglophone. La double majorité linguistique[44] est un facteur souvent invoqué pour rendre compte du processus d'insertion des immigrants dans la société québécoise. Ce processus serait caractérisé par la préservation des attributs ethniques et linguistiques permettant non seulement d'affirmer un dynamisme propre aux diverses communautés, mais aussi de les mettre en position de revendiquer un statut et, par-là, de forcer les actions conciliantes des deux majorités à leur égard, ou de l'une d'elles envers l'autre.

Au plan politicoculturel, la production de Francophonie pourrait signifier, par exemple, la diffusion de valeurs républicaines à la française en même temps que l'appropriation critique d'une culture politique québécoise forgée au contact de la tradition parlementaire britannique. Elle pourrait aussi impliquer la participation à une réécriture du grand récit national (Canada-Québec). Cette production, par ailleurs, ne saurait se réaliser sans la formation de certaines alliances avec la majorité linguistique de la province, notamment sur la question du statut politique de la langue. Par exemple, dans le cas d'immigrants hispanophones, leur appui à la cause du français au Québec s'alimente de leur propre volonté de défendre l'espagnol face à la domination culturelle anglo-américaine (Helly et van Schendel, *idem*).

Les solidarités transethniques susceptibles de se former autour de certains enjeux politiques, dont celui linguistique, constituent un autre aspect à considérer. Meintel[45] remarque par ailleurs que de telles solidarités chez des jeunes Québécois d'origines grecque, portugaise, vietnamienne et latino-américaine ne sont pas exclusives de la formation de liens transnationaux avec les pays d'origine des parents.

Les transmigrants, passeurs de savoirs et de pratiques

Dans les conditions actuelles de mondialisation de l'économie et des flux migratoires, de développement des moyens de communication et de transport, on assiste de plus en plus à la création par les populations migrantes

NOTES

[43] Gauthier L. *La mémoire sans frontière : Émile Olivier, Naïm Kattan et les écrivains migrants au Québec*, Québec Les éditions de l'IQRC, 1997.

[44] Anctil P. *Double majorité et multiplicité ethnoculturelle à Montréal. Recherches sociographiques*, 1984.

[45] Meintel D. «Transnationalité et transethnicité chez dans jeunes issus de milieux immigrés », à Montréal, *Revue Européenne des Migrations Internationales*, 1993.

d'espaces sociaux qui transcendent les frontières géopolitiques et culturelles des États-nations pour former des « *communautés transnationales* »[46].

Ceux qui participent au premier chef à l'élaboration de ces espaces sont appelés « transmigrants ». Le transmigrant succède à l'immigrant là où ce dernier se contente d'une insertion relative dans le pays de destination (contexte d'arrivée), pour, parallèlement, entreprendre des actions et développer des identités à travers un réseau complexe de relations qui le lient à la fois au pays d'origine et à d'autres pays. Le cas haïtien est exemplaire à cet égard. En effet, entre Haïti et les deux pôles nord-américains de la diaspora (Montréal et New York), circulent dans un va-et-vient constant les membres de cette communauté et se développent des stratégies d'identification prioritaire des Haïtiens envers leur diaspora (Larose[47] ; Morin[48]).

Le transmigrant est celui qui, comme le suggèrent Glick Schiller *et al.*, cherchera constamment à traduire dans un contexte donné (le pays d'origine) le sens et la portée des avantages acquis dans un autre (le pays d'accueil) aux plans social et économique[49]. La notion de traduction amène à concevoir le passage à un autre contexte national comme une démarche impliquant, non seulement la redéfinition pour soi-même des gains obtenus (en termes de bénéfices économiques, de réaffirmation de statut social), mais aussi leur transmission à d'autres individus sous la forme d'un ensemble de conceptions et de pratiques, de savoirs et de savoir-faire, de biens matériels et culturels.

Que ce soit par volonté de contribuer au développement du pays d'origine (Libercier et Schneider[50]) ou par démarche inhérente à la réalisation de toute « mission » dans un autre pays, la diffusion ou le transfert par les transmigrants de connaissances et de savoir-faire, de valeurs et de principes, etc. ne peut se faire sans un instrument capable de traduire ces savoirs et pratiques de manière à les adapter à un autre contexte. La Francophonie en général et la Francophonie québécoise en particulier, sous leurs divers aspects, représentent en principe de tels instruments de diffusion et de médiation.

Les conditions particulières d'une étude de terrain

Les angles d'approche

L'hypothèse de la médiation québécoise s'articule essentiellement autour de trois questions de recherche.

NOTES

[46] Glick Schiller N., Basch L. et Blanc-Szanton C. Towards a Transnational Perspective on Migration : Race Class, Ethnicity and Nationalism Reconsidered. New York : The New York Academy of Sciences, 1992.

[47] Larose S., « Transnationalité et réseaux migratoires : entre le Québec, les États-Unis et Haïti », *Cahiers de Recherches Sociologiques*, 1984.

[48] Morin F. Entre visibilité et invisibilité : les aléas identitaires des Haïtiens de New York et Montréal, *Revue Européenne des Migrations Internationales*, 1993.

[49] « One way migrants keep options open is to continuously translate the economic and social position gained in one political setting into political, social and economic capital in another »

[50] Libercier et Schneider *op. cit.*

Un espace d'élaboration de la médiation francophone

Une première question concerne l'établissement d'un lien conceptuel entre l'hypothèse de la médiation québécoise et celle de la production d'une Francophonie de médiation. Une telle Francophonie peut se concevoir, chez le migrant, à la fois comme instrument de transculturation ou de passage entre les univers culturels de certains groupes et comme espace transnational dans lequel se construit une représentation de l'entre-deux-mondes.

Suivant ce premier angle d'approche, le migrant passeur de Francophonie est celui qui, en un lieu choisi par lui pour améliorer sa condition (le pays d'accueil), diffuse une variété linguistique de la Francophonie ainsi qu'une conception de culture singulière héritées du contexte de départ qui ont pour effet de le situer comme sujet minoritaire et, en même temps, de le définir comme artisan potentiel d'une Francophonie en émergence. L'hypothèse de la médiation québécoise veut que ce migrant circule dans cet espace particulier de Francophonie « en contact », à l'intersection du Nord et du Sud francophones, pour y prendre la parole et concilier celle-ci avec d'autres voix, francophones et non francophones.

La médiation Nord-Sud et le développement

Une deuxième question concerne les effets supposés de la médiation québécoise sur le développement économique, social, culturel des pays du Sud francophone, en tant que cette médiation est pratiquée au nom d'une Francophonie réappropriée. La diffusion de la Francophonie se conçoit avant tout dans le cadre des rapports Nord-Sud et de leur dynamique migratoire particulière. En tant que pôle d'attraction des flux en provenance du Sud, le Québec constitue en effet un espace potentiel d'amélioration des conditions de vie et de développement des compétences professionnelles ou techniques susceptibles, en retour, d'aider au développement des pays de départ.

Par ailleurs, dans le contexte général de la mondialisation de l'économie, le Québec peut être vu comme l'un des relais de la « circulation internationale des compétences pour effectuer la transmission des savoirs et des savoir-faire » (Simon[51]). Dans ces conditions et dans la mesure où il se situe à la croisée des chemins de l'immigration francophone, il se présente comme un lieu à partir duquel peuvent être projetées d'autres destinations que celles des pays de la Francophonie du Sud.

Suivant ce deuxième angle d'approche, le migrant passeur de Francophonie est celui qui, après avoir « transité » par le Québec, se sert de la Francophonie pour en diffuser l'idée et l'expertise sous-jacente dans un pays du Sud francophone (afin de participer à son développement et à son ancrage), mais aussi, éventuellement, dans un pays de la Francophonie européenne (pour le renouvellement de son esprit et de sa pratique) ou encore, de la diaspora non francophone (pour contribuer à l'extension de son champ).

NOTE

[51] Simon G., « La France, le système migratoire européen et la mondialisation », *Revue Européenne des Migrations Internationales*, 1996.

Médiation francophone et hispanophonie américaine

Une dernière question tente de situer les deux précédentes, touchant aux conditions de production et de diffusion d'une Francophonie de médiation, dans la perspective plus large du « développement d'alliances stratégiques » (Rondeau[52]) en Amérique entre Francophonie et Hispanophonie. Cette approche participe de ce que Roy[53] définit, en parlant de la médiation francophone, comme une « stratégie d'affirmation susceptible d'inscrire dans les grands mouvements et les grandes tendances de la mondialisation les créations [...] [et] les langues du plus grand nombre » (p. 128).

Dans le contexte nord-américain, l'Hispanophonie représente un allié de taille pour la Francophonie ainsi que pour le mouvement général de promotion de la diversité. Elle peut se définir comme le complément nécessaire d'une stratégie de médiation entre l'Anglophonie dominante et l'ensemble des autres langues minoritaires du continent (Labrie[54]). Dans cette perspective, le migrant hispanophone, d'une part, devient celui par lequel est transmis ce « complément nécessaire » à la production d'une Francophonie de médiation et, d'autre part, incarne le passeur qui jusqu'à un certain point en diffusera l'esprit dans son pays d'origine ou dans d'autres pays de destination.

Les contextes potentiels de diffusion

Les contextes potentiels de diffusion[55] d'une Francophonie de médiation correspondent soit aux pays de départ, soit aux divers pôles de la diaspora ou autres pays de destination.

Les pays de départ des migrants québécois

■ *Les Francophonies du Nord*

● Une Francophonie « héritée » : la France

Seul pays monolingue de la Francophonie, à production identitaire « forte » ou sans ambiguïté quant à la nature des rapports entretenus avec la langue française, la France représente un contexte de diffusion pour le moins surprenant. Comment, en effet, peut-on diffuser une langue française ou un esprit francophone dans un contexte déjà marqué par cet héritage ? Pourtant, il existe peut-être certains traits d'une Francophonie de médiation spécifiquement nord-américaine qui permettraient à des migrants français

NOTES

[52] Rondeau J-C. , « L'État québécois et l'aménagement linguistique face à la mondialisation ; barricades ou coopérations », in Conseil de la Langue Française. Langue française (Eds) Langue nationale et mondialisation : enjeux et défis pour le français Québec : Les Publications du Québec, 1995.

[53] Jean-Louis Roy *op. cit.*

[54] Labrie N., Les enjeux linguistiques nord-américains de l'Accord de Libre-Échange entre le Canada, le Mexique et les États-Unis : quelles stratégies mettre au point face à l'anglais lingua franca de fait ? *in* Conseil de la Langue Française. Langue nationale et mondialisation : enjeux et défis pour le français Québec : Les Publications du Québec., 1995.

[55] « *Nous dirons de ces contextes qu'ils participent d'un espace transnational particulier désigné sous le nom de territoire linguistique* ». Cette notion, Loubier (voir : Rondeau, 1995) la définit elle-même, en référence aux travaux de Laponce et McAll, « *comme un espace plus ou moins étendu où se dessinent, se structurent des rapports linguistiques entre les individus, les groupes sociaux et les différentes sociétés qui interagissent à l'intérieur de cet espace* » (p. 316). Le territoire linguistique est un espace « plus englobant et plus large » que le territoire géographique national. Ce qui permet, selon Rondeau, d'envisager « *la promotion de la langue nationale et sa diffusion extérieure dans un ensemble politique ou économique plus vaste* » (328). Cette diffusion de la langue nationale, en l'occurrence le français, n'est cependant possible que dans le cadre d'une stratégie de promotion du plurilinguisme.

d'« *insuffler une créativité et un esprit* [d'autant plus] *enrichissants pour* [leur pays d'origine] » que la Francophonie québécoise évolue en situation de plurilinguisme.

- Les Francophonies « en contact » d'Europe [56]

Il s'agit de la Belgique et de la Suisse. Théoriquement, les situations de Francophonie qu'incarnent ces deux pays « *à bilinguisme ou plurilinguisme officiel* » (HCF[57]) sont proches de la Francophonie « en contact » du Québec. En conséquence, des migrants belges ou suisses, de retour dans leur pays d'origine, auraient peut-être moins à diffuser une Francophonie de médiation forgée à la faveur des contacts de langues, qu'une Francophonie de synthèse des éléments américains et européens.

■ *Les Francophonies du Sud*

- Les Francophonies d'élection

Dans ces situations à « *plurilinguisme de fait* » *où le français n'a pas, à l'instar de l'arabe, le statut de langue officielle mais occupe une position privilégiée, la Francophonie est d'abord* « *le signe d'une adhésion délibérée d'élites tournées vers l'occident* »[58]. Par ailleurs, dans la mesure où historiquement, « *le français a eu une fonction médiatrice dans l'ouverture de l'occident aux curiosités du monde arabe* »[59], ces situations représentent un grand intérêt du point de vue de la diffusion réciproque des savoirs culturels et techniques entre l'Orient et l'Occident, entre le Nord et le Sud.

Les Francophonies d'élection comprennent les pays du Maghreb et ceux du Moyen-Orient (Liban, Syrie). « *Au Maghreb, prétend de Beaucé, le colinguisme n'a pas le même sens qu'au Canada ou en Belgique puisque deux communautés ne sont pas en cause. Il s'agit d'une langue qui est la langue nationale et d'une autre – étrangère et privilégiée – qui vit en parallèle sans qu'on en rejette l'avantage historique.* » (p. 182). Ainsi, la Francophonie au Québec serait d'autant mieux réappropriée par des migrants originaires du Maghreb, et son esprit diffusé au retour, que la langue française s'y définit entre autres par la volonté politique de la faire accepter comme un avantage, un « plus » face à l'anglais, notamment aux plans social et économique.

Au Moyen-Orient, le Liban est exemplaire d'une Francophonie d'élection qui ne serait nullement exclusive d'une seconde langue étrangère, à savoir l'anglais. Pour ces « fous des langues » que sont les Libanais[60] l'avantage de l'anglais vaut bien, en effet, celui du français et bien sûr de l'arabe : « *Quand un Libanais prononce le dicton* « *je parle trois langues et ça fait trois personnes dans ma tête* », *il exprime moins un conflit qu'une structure spécifique de la société et de l'identité libanaise, caractérisée par une logique de coexistence linguistique.* » (p. 272-273).

NOTES

[56] Selon la typologie établie par Baggioni et Kasbarian (1996).

[57] Haut Conseil de la Francophonie (1996) *État de la Francophonie dans le monde*, 1995-1996, Paris, La documentation française.

[58] Baggioni et Kasbarian, *op.cit.*

[59] De Beaucé *op. cit.*

[60] Gueunier N. (1993). « Les francophones du Liban : « fous des langues » » *in* D. de Robillard Beniamino, M. (Eds), *Le Français dans l'espace francophone : description linguistique et sociolinguistique de la Francophonie*, tome 1, Paris Honoré Champion.

Une telle logique de coexistence serait certainement propice à la production identitaire de Francophonie en milieu québécois, dans un contexte toutefois où le français a statut de langue officielle.

● Les Francophonies « élitaires »

Nous regroupons sous ce titre deux types de situations de Francophonie définies par Baggioni et Kasbarian (*idem*) : les situations représentées par l'ensemble des pays de l'Afrique subsaharienne et celles désignées sous l'appellation de « communautés créolo-francophones » (Haïti, Seychelles, Maurice). Contrairement aux situations de Francophonies d'élection qui reconnaissent l'avantage du français sans pour autant lui accorder le statut de langue officielle, celles dites de Francophonies « élitaires » compensent, par le statut officiel qu'elles concèdent à cette langue, le peu de reconnaissance des populations concernées quant à son utilité réelle dans les échanges quotidiens plutôt dominés par l'utilisation des langues nationales. En Afrique, ces langues, qui sont multiples, restent confinées à des usages informels. Le créole joue un rôle comparable dans un pays comme Haïti. Dans les deux types de situations, le français est très clairement la langue des élites, à la fois symbole de pouvoir et signe de reconnaissance socio-symbolique.

Les élites, en Haïti, forment une communauté bilingue français-créole, distincte d'une seconde communauté formée des « masses rurales et urbaines monolingues » créolophones[61]. L'idéalisation du français par les membres de la seconde communauté est d'autant plus forte que cette langue symbolise une possible mobilité sociale. Or, selon Fleishmann[62], avec le temps se produit souvent, chez ceux qui émigrent des campagnes vers la capitale, une dépréciation relative de la culture urbaine dominante et de la valeur symbolique rattachée à la langue française. Pour le migrant type, le scénario se déroule généralement comme suit :

« *His rejection of his Creole culture is a symbolic act by which he anticipates his social rise within the new environment.[...] After some time, with considerable effort he has adapted to the ways of the town and speaks french fairly well. He realizes, however, that there is no social or material reward to this endeavor, that there is no practical use for this knowledge, that he still is a miserable migrant living in a run down room in Bel Air... » (p.115-116)*

Imaginons que ce même migrant décide ensuite de venir à Montréal. Pourra-t-il, dans ce contexte, à travers un travail et une formation technique ou professionnelle, trouver une utilité pratique à l'usage du français et, par là, se réapproprier sa valeur symbolique ? Ce sens réapproprié de la Francophonie - moins marqué des signes de l'élitisme et de la domination de classe - pourrait-il à son tour être transmis au cours de séjours en Haïti, par exemple dans le cadre de la réalisation de projets d'aide au développement ?

NOTES

[61] Valdman A. (1984) : The linguistic situation of Haïti. In C. R. Foster Valdman, Haïti - Today and tomorow : An Interdisciplinary Study Lanham, MD university Presss of America

[62] Fleischmann U. (1984) Language, Literacy, and underdevelopment. In C.R. Foster Valdman A. Haïti - Today and tomorow : An Interdisciplinary Study Lanham, MD university Presss of America

● Les Francophonies « périphériques »

Est regroupé sous ce titre l'ensemble des pays de la Francophonie politique se situant en marge de la Francophonie sociolinguistique (Vietnam, Laos, Cambodge, Roumanie). Dans ces pays, la langue française est par définition extérieure à toute sphère d'utilité pratique et n'a de sens qu'en fonction de liens historiques avec la France (de nature coloniale ou culturelle). Aussi peut-on se demander dans quelle mesure des migrants originaires du Vietnam ou de Roumanie, par exemple, peuvent diffuser dans leur pays respectif une Francophonie demeurée pour eux largement symbolique jusqu'au moment du départ ? Le contexte québécois permettrait-il à ces migrants de se réapproprier le sens de cette Francophonie ou de lui restituer son avantage historique ?

■ *Les pays de non-Francophonie (Nord et Sud)*

Dans cette catégorie se trouvent des pays de situation comparable à la précédente (le français étant considéré langue de culture), sinon qu'est absente la dimension symbolique associée à une histoire et à un lien avec la Francophonie politique. Sont inclus dans ce groupe les pays d'Amérique latine. Au sein de ces espaces non francophones, des affinités peuvent se développer ; des migrants qui quittent pour un pays appartenant à l'espace francophone les portent avec eux jusqu'à un certain point. On peut dès lors se demander dans quelle mesure, au retour, l'expérience de ces affinités et la production de Francophonie qui en aura découlé favorisera la diffusion de cette dernière.

Les pôles de la diaspora

Les diasporas des divers groupes issus des situations de Francophonie et de non-Francophonie précédemment décrites représentent aussi des contextes potentiels de diffusion. De toutes les diasporas, la libanaise est sans doute la plus multipolaire. Des communautés libanaises sont implantées partout, dans les deux Amériques, en Europe, en Afrique occidentale francophone et en Australie. Parmi les centres urbains où l'on retrouve une population libanaise notable citons, Montréal, New York, Paris et Dakar. Par ailleurs, outre le Québec et les États-Unis, les Haïtiens comptent également une diaspora en France. Enfin, se retrouvent aux États-Unis et en France quelques communautés originaires du Sud-Est asiatique.

Pour des groupes diasporisés, comme celui des Haïtiens, le contexte américain représente un intérêt évident du point de vue de la diffusion d'une Francophonie de médiation, dans la mesure où s'y pose avec acuité le problème des statuts respectifs du créole, de l'anglais et du français (Morin [63] ; Zéphir[64]).

La procédure d'enquête

L'objectif étant de dégager un ensemble de significations relatives au processus de production et de diffusion d'une Francophonie de médiation, la méthode d'investigation d'une éventuelle étude de terrain consisterait à recueillir chez les individus concernés toute information susceptible de

NOTES

[63] Morin F. (1993) « Entre visibilité et invisibilité : les aléas identitaires des Haïtiens de New-York et Montréal », *Revue Européenne des Migrations Internationales*

[64] Zephir F. (1996) Haitian Immigrants in Black America. Westport. C : Bergin & Garvey

rendre compte d'une telle démarche, d'en éclairer les mécanismes sous-jacents ou les effets supposés.

Deux types d'échantillons seraient à prévoir : l'un composé de migrants producteurs-diffuseurs, l'autre, de non migrants récepteurs. Dans le cas des migrants, les données à recueillir concerneraient essentiellement leurs perceptions, récits de parcours et justifications diverses autour du thème de la Francophonie (selon divers niveaux et types de savoirs et savoir-faire impliqués), ainsi que des modalités de sa production et de sa diffusion auprès des natifs du pays d'accueil ou des non migrants du pays d'origine et des autres pays de diffusion. Un tel échantillon pourrait être composé de migrants originaires de pays de la Francophonie du Nord (la France) et du Sud (Haïti et le Liban, notamment, car représentant chacun une situation de Francophonie particulière), ainsi que de pays latino-américains (le Salvador et le Chili, car comptant sur une population immigrée relativement importante).

Les données recueillies selon le même mode auprès des récepteurs de Francophonie, dans les pays de départ et de la diaspora, devraient servir en partie à valider les informations obtenues auprès des producteurs-diffuseurs (par exemple, à travers leur évaluation des projets de développement mis en œuvre par des migrants). Mais elles devraient également permettre d'établir l'étendue réelle du champ francophone à l'intérieur des frontières toutes relatives d'un territoire linguistique dont le Québec, dans le cas présent, représente le pôle central. Aussi, la prise en compte des réseaux transnationaux serait-elle déterminante.

nthèse des réponses
s postes diplomatiques

Le questionnaire envoyé aux postes diplomatiques sur le thème « Migrants, passeurs de Francophonie », comportait une question générique sur l'existence ou non de retours, de laquelle dépendaient des questions sur d'éventuelles données quantitatives ou qualitatives, ainsi que sur l'impact de ces retours sur la vie de la Francophonie.

La plupart des postes ont répondu, mais pour la moitié d'entre eux, la réponse est négative ou déclarée « sans objet ». C'est le cas, notamment, de quasiment tous les pays d'Amérique latine ; de plusieurs pays d'Afrique anglophone et d'Extrême-Orient ; de nombreux pays de l'ex-URSS (Russie comprise) ; de pays européens du Nord ainsi que de la Grèce ; enfin, de pays du Golfe qui toutefois- sans être concernés par les retours- signalent une forte proportion d'immigrés francophones en provenance du Liban, du Maghreb et de l'Afrique francophone. C'est le cas du Qatar avec un afflux important d'immigrés, notamment tunisiens. De même, en Arabie Saoudite, la présence d'une très forte communauté libanaise suscite une demande d'enseignement secondaire en français. En Israël, est évoquée l'immigration dans le pays de juifs français (environ 3 000 personnes par an), ainsi que la création d'une radio locale émettant partiellement en français et l'existence de plus de cinquante associations francophones dont une dizaine sont actives. De même, sur un autre continent, en Afrique du Sud, l'afflux d'émigrés, la plupart du temps clandestins, originaires de l'ex-Zaïre et du Cameroun, favorise la création d'associations francophones et d'activités, souvent informelles, liées au commerce ; la Zambie signale aussi l'arrivée massive de réfugiés de l'ex-Zaïre et de la région des grands lacs... Au Burundi, en revanche, la situation d'insécurité qui prévaut, ne favorise pas le retour d'émigrés et l'on assiste à une chute du nombre de classes de français.

Dans le cas des postes ayant répondu par l'affirmative quant au retour d'émigrés en provenance de pays francophones, une dizaine seulement fournissent des données quantitatives approximatives. La plupart ne sont pas en mesure de donner des informations chiffrées, même si le phénomène du retour paraît significatif. À l'exception du Luxembourg (qui, par ailleurs, ne signale pas de retours, mais caractérise l'immigration française comme le facteur le plus important de diffusion de la langue française dans le pays) et du Vietnam, aucun pays ne semble s'être doté d'instruments de mesure sur la question. Une dizaine de pays signalent des retours de migrants, mais sans indication aucune d'ordre quantitatif ou qualitatif : Australie, Azerbaïdjan, Belgique, Bulgarie, Ghana, Jordanie, Laos, Namibie, Niger, Ouganda, Philippines, Salvador.

Toutefois, même sans chiffres à l'appui, une quarantaine de pays donnent des indications qualitatives sur les catégories de migrants de retour et/ou sur ses conséquences sur la Francophonie. Ainsi, dans plusieurs pays, les retours vont concerner une proportion faible d'émigrés, mais il s'agit de catégories sociales- étudiants, universitaires, médecins, artistes, cadres- qui sont amenées à jouer un rôle dans leur pays et, donc, avoir une certaine influence sur le développement de la Francophonie : Biélorussie, Cameroun, Égypte, Norvège, Suède, Slovaquie, Trinité et Tobago. Dans certains cas, minoritaires, c'est d'une Francophonie plus populaire qu'il s'agit, particulièrement en Algérie. Dans d'autres, l'émigration et l'effet de retour aurait un impact en quelque sorte inversé sur la Francophonie. Ainsi, l'importance de la diaspora haïtienne en Amérique du Nord (environ un million de personnes aux États-Unis et au Québec), comparée à une faible présence en France (environ 150 000 personnes) engendre, avec des retours périodiques – les retours définitifs étant peu nombreux – « une influence nord-américaine, notamment économique, importante ».

L'impact des retours sur le développement de la Francophonie peut se décliner suivant plusieurs vitesses. Il est rarement massif en termes de langue, sauf dans le cas de l'Algérie, et singulièrement de la Kabylie. Il a un effet certain en termes de Francophonie proprement dite et de diffusion de la langue ou de la culture dans certains pays : Corée du sud, Japon, Maroc... Il est parfois actif dans le maintien et le développement de l'enseignement du français : Cambodge, Chili, Finlande, Liban, Nigéria, Portugal, Vietnam... ; la vitalité du secteur associatif francophone : Corée du sud, Madagascar, Nigéria, Seychelles, Slovaquie... ; les manifestations culturelles : Bangladesh, Corée du sud, Japon, Slovaquie... Il y a, dans quelques cas, un impact certain sur l'économie locale et les échanges économiques : Angola, Chine, Macédoine, Mauritanie, Népal, Togo, Vietnam... En revanche, les effets paraissent bien rares sur les médias à quelques exceptions près : Israël et Guinée-Équatoriale. Enfin, il n'est pas toujours évident de faire la part dans les réponses des postes entre une description de l'existant et une évolution réellement due au retour de migrants. C'est parfois le cas dans les exemples qui sont donnés dans le cadre de la vie associative francophone ou encore le poste relativise lui-même les effets de retour au profit d'autres causes : la hausse en Pologne du nombre de professeurs de français – plus 300 entre 1993 et 1996 – doit peut-être davantage à l'implantation d'entreprises françaises dans le pays qu'à des retours.

Algérie, des retours de retraités surtout. « La vitalité du français dans certaines régions (Kabylie notamment) est particulièrement à mettre au compte de ce phénomène de retour, notamment avec le flux important de mouvements de travailleurs immigrés à la retraite ».

Angola, retour de réfugiés- qui se regroupent par affinité de langues - de pays francophones voisins ; ce qui a eu pour effet, notamment, de développer, depuis 1994, un secteur informel, aujourd'hui en pleine expansion.

Bangladesh, une dizaine d'artistes, à l'origine de manifestations culturelles francophones.

Biélorussie, quelques étudiants, chercheurs et diplomates qui apportent un soutien actif dans la promotion de la langue et de la culture françaises.

Burkina Faso, quelques retours périodiques au moment de la rentrée scolaire ; quelques associations et de nombreux échanges culturels.

Cambodge, le consulat a immatriculé environ 400 français d'origine khmère ; les retours temporaires sont significatifs. La population franco-khmère appartient à une élite sociale qui a trouvé des emplois dans les services, le commerce et les entreprises, sans pour autant modifier le paysage économique local. Une association d'une centaine d'adhérents regroupe d'anciens élèves d'un lycée français et, par ailleurs, le nombre d'élèves de français est en hausse.

Cameroun, une migration scolaire et universitaire qui aide au maintien d'un vivier d'intellectuels.

Cap-Vert, 4 à 5 000 migrants de retour, sans effet particulier sur la vie francophone.

Chili, des retours d'exilés politiques lors de la normalisation du pays au début des années 90. Une association francophone regroupe environ cent membres et les effectifs du lycée français ont augmenté.

Chine, quelques centaines de retour par an, avec un impact économique fort. Ouvertures de restaurants français, de boutiques de luxe... sont dues, en général, à des ressortissants chinois propriétaires ou gérants d'entreprises en France.

Corée du sud, le retour d'étudiants, de France en particulier, soit occasionnellement pendant les congés, soit définitivement à la fin de leurs études, est « un élément fort pour les réseaux tissés autour de l'ambassade » et ces jeunes coréens, « excellents vecteurs de la culture française, font largement rayonner ce qu'ils ressentent comme un plaisir d'avoir séjourné en France ». Une association culturelle coréano-française d'anciens boursiers du gouvernement français a d'ailleurs été créée. De nombreux jeunes didacticiens coréens mènent, depuis ces dernières années, des travaux sur la place de la culture et de la langue française en Corée. Enfin, le poste évoque « une floraison de mots français liés à des marques de produits de luxe, de références gastronomiques, de vêtements de mode », d'enseignes en français...

Égypte, des retours d'étudiants peu nombreux (moins de trente par an), mais à un niveau de décision qui « favorise incontestablement la Francophonie dans les milieux d'affaires ».

Finlande, l'accroissement de la mobilité des cadres d'entreprises finlandaises implantées dans des pays francophones, provoque une demande de scolarisation partielle ou renforcée en français, en particulier à Helsinki. Pour exemple : ouverture de jardins d'enfants proposant une initiation au français ; développement de l'apprentissage précoce en français dans le primaire ; ouverture de filières bilingues dans les grandes villes.

Guinée, le retour au pays d'un nombre relativement important d'émigrés et de réfugiés de pays francophones voisins peut être considéré comme un facteur non négligeable de diffusion du français.

Guinée-Équatoriale, de nombreux émigrés au Cameroun et au Gabon – parmi lesquels les jeunes ne parlent que le français et une langue africaine – reviennent régulièrement rendre visite à leurs familles. Ceci a permis, par exemple, le développement d'échanges économiques avec l'implantation d'une banque et d'une société d'assurances camerounaises ; et dans un autre registre, la diffusion par la radio nationale de quelques programmes en français.

Hongrie, les retours, qui concernent essentiellement des retraités, ne permettent pas de discerner d'impact particulier sur la Francophonie.

Inde, une trentaine d'indiens par an sont refoulés de France pour situation irrégulière. L'impact sur la Francophonie est inexistant, excepté le cas signalé par le poste de l'ouverture d'un restaurant par un couple franco-indien en 1987... À Pondichéry, des retours temporaires sont estimés à environ quatre cent, à l'occasion de regroupements familiaux estivaux, sans conséquences en matière de Francophonie.

Italie, à l'inverse de l'exemple finlandais, l'ignorance du français fait obstacle à la mobilité des salariés entre la France et l'Italie.

Japon, le rôle des expatriés de retour est important et a des conséquences dans leur implication sur le marché du travail francophone, leur participation aux activités francophones existantes et, d'une façon générale, le rôle d'intermédiaires qu'ils souhaitent jouer auprès des contacts gardés en France. Deux cent élèves japonais francophones sont inscrits chaque année dans des établissements réservés aux enfants d'expatriés.

Liban, une centaine de familles de la communauté chiite, de retour d'Afrique de l'Ouest. De nouvelles écoles de français, notamment un lycée, ont été créées.

Lituanie, la diaspora lituanienne est surtout installée aux États-Unis et est donc anglophone. Le poste mentionne un seul exemple de « retour francophone » qui a permis à une comédienne française d'origine lituanienne d'ouvrir une librairie partiellement française dans la ville de Panvezys.

Macédoine, environ deux mille migrants seraient revenus de France de façon temporaire ou définitive, et sont à l'origine de créations d'entreprises commerçant avec des pays francophones

Madagascar, des retours non chiffrés ; une dizaine d'associations francophones comptant en moyenne vingt à cinquante adhérents.

Maroc, des migrations saisonnières, à caractère familial, qui concernent quelques centaines de milliers de personnes par an. « L'usage et la connaissance de la langue française constituent une réalité ancienne et massive au sein des élites marocaines. L'émigration, qui concerne majoritairement les autres catégories sociales, contribue à l'instauration d'une Francophonie diffuse et d'un climat général favorable à la réception de la langue française ». Le poste en veut pour preuve le succès remporté auprès des jeunes étudiants marocains par les enseignements de français dispensés au sein des instituts culturels. En revanche, la production culturelle en français est due davantage à une élite implantée au Maroc et entretenant des relations touristiques, commerciales...avec la France qu'à un effet de retour. Enfin, le poste- s'appuyant sur l'exemple de la région d'Oujda où les résultats en français au baccalauréat occupent la troisième position à l'échelle nationale- souligne l'importance des liens qui existent entre une région et une communauté émigrée comme élément d'incitation à l'apprentissage du français.

Mauritanie, sur les quelque quinze mille émigrés mauritaniens – principalement d'origine soninké – en France, cinq à six mille reviennent périodiquement ou définitivement et le désir d'un enseignement en arabe, en soninké et en français est certain. Des transferts d'argent estimés à plus de dix millions de francs en 1994, ont servi au développement des villages mais n'ont pas eu d'impact sur le commerce franco-mauritanien.

Népal, retour d'une centaine de migrants qui, d'une façon générale, ont développé des activités d'import-export, agricoles, et de tourisme.

Nigeria, des retours difficiles à quantifier mais un impact certain des relations commerciales trans-frontalières ; une hausse du nombre de classes de français et de nombreuses sollicitations d'aide en matériel et en documentation à l'égard du poste diplomatique, et la création d'une association francophone de cinquante membres.

Norvège et **Suède**, il s'agit d'étudiants boursiers, en nombre peu important, mais qui peuvent jouer un rôle dans la consolidation de la langue française, en particulier au sein des alliances françaises.

Pologne, sont signalés sans que cela soit imputable à des retours de pays francophones, la hausse du nombre de classes de français, une dizaine d'associations francophones et l'implantation d'organismes bancaires français.

Portugal, des retours qui ont été nombreux surtout dans le nord du pays et sont actuellement « plus périodiques que définitifs, sauf pour la génération des 18-25 ans qui reviennent aux racines nantis d'un diplôme français » ; des conséquences économiques : réinvestissement dans le patrimoine des salaires gagnés en France, publicités pour la grande distribution de type français. On constate également une hausse du nombre de classes de français.

République tchèque, peu de retours ; des personnalités souvent « de premier plan », mais sans réelle conséquence sur la vie francophone.

Roumanie, il s'agit de retours temporaires ou de reflux de Roumains en situation irrégulière en France. Quelques-uns d'entre eux tentent de créer des PME ; il s'agit d'un phénomène marginal qui concernerait une cinquantaine de familles, mais semble en croissance.

Sénégal, peu de retours définitifs de France (une centaine en cinq ans).

Seychelles, des retours non quantifiés ; la création en cours d'une association de boursiers du gouvernement français.

Slovaquie, des retours de coopérants- universitaires, médecins...- antérieurement en poste dans les pays francophones du Maghreb. Une association franco-slovaque (environ cent quarante adhérents) et des activités culturelles ont été créées et « ce public procure une partie de leur clientèle aux classes d'enseignement bilingue et francophone dans le secondaire et le supérieur ».

Syrie, des médecins, des ingénieurs... dont le retour n'a pas d'impact sur la Francophonie.

Togo, des retours temporaires ; le poste signale un trafic aérien considérable au moment des congés en France et des transferts de capitaux depuis la France en forte progression.

Trinité et Tobago, les retours sont très minimes, deux à trois boursiers par an, mais cela maintient la « présence de locuteurs francophones et francophiles à des postes de responsabilité, facilitant ainsi le contact avec certaines organisations ou entreprises diverses ».

Turquie, les retours concernent surtout les germanophones. Par ailleurs, le poste met l'accent sur « la faible intégration linguistique et culturelle des émigrés turcs en France ».

Vietnam, les retours d'une façon générale sont croissants. Le poste a pu mesurer, à partir de données approximatives sur les entrées de ressortissants vietnamiens en 1997 par l'aéroport de Ho Chi Minh-Ville, un pourcentage de résidents dans des pays francophones (France, Canada, Belgique, Suisse) allant de 23 à 35 % des entrées totales. Ce qui a des conséquences sur l'amélioration du niveau des professeurs de français et l'augmentation du nombre de classes de français, et sur les échanges économiques (création de co-entreprises).

Il faut toutefois se rappeler que la diaspora vietnamienne dans le monde est beaucoup plus importante dans les pays anglophones (1 400 000 aux États-Unis, 180 000 en Australie) que dans les pays francophones (430 000 pour la France et le Canada), avec les conséquences que cela implique sur le développement de « l'américanisation » du pays.

Yémen, retour d'une centaine d'émigrés en provenance de pays francophones. Deux associations regroupent quelque cent cinquante membres et il y a vingt-sept classes de français.

Yougoslavie, des retours, sans influence sur la Francophonie, à l'occasion des vacances.

Conclusion

...uelle Francophonie ?

Il n'est pas inutile de rappeler que les mots ont parfois plusieurs sens et que ces sens peuvent évoluer dans le temps. Le mot « Francophonie » est certes né en 1880 sous la plume d'Onésime Reclus, mais il n'a été vraiment utilisé qu'après 1960 : le mot comme le concept sont étrangers à l'ère coloniale.

À partir des années 60, la revitalisation de la notion de Franco-phonie s'est faite sous le triple choc des **progrès des transports et des transmissions**, qui ont rapproché les différents acteurs de l'aire franco-phone dispersés sur les cinq continents, de la **décolonisation** qui fait surgir une vingtaine d'États indépendants choisissant le français comme langue officielle et commençant à scolariser des millions d'élèves en français, de **l'affirmation identitaire québécoise** elle-même liée à un mouvement général des identités culturelles qui s'affirment et revendiquent leur place dans la vie sociale et internationale.

Depuis ces années 60 jusqu'à nos jours, **trois significations** n'ont cessé de se préciser à l'intérieur même de la notion de la Francophonie :

1) L'ensemble des personnes s'exprimant ou pouvant s'exprimer en français à des titres et selon des degrés différents. Il y a des Américains francophones, il y a des Russes francophones et il y a même des Chinois francophones.

Suivant les cas, le statut, le rôle, l'image de la langue varie : pour certains, le français sera langue maternelle ou paternelle, il sera langue officielle et de l'administration, il sera langue étrangère apprise, ou retenue, pour d'autres enfin il sera langue de culture, de communication ou langue diplomatique...

2) La communauté internationale des pays ayant « le franco-phone en partage » (selon la jolie et judicieuse expression qui s'est impo-sée à Maurice en 1993). Les Associations de journalistes, d'universitaires, de parlementaires francophones n'ont cessé de s'affirmer dans les années 60 puis dans les années 70, et elles ont vu apparaître, à côté d'elles, d'autres associations interfrancophones spécialisées, suivant le critère professionnel ou le domaine d'activité. À **ce tissu associatif** qui structure la communauté francophone internationale s'est ajouté le lien d'une **organisation intergouvernementale** : ce fut la création en 1970, à Niamey, de l'Agence de Coopération Culturelle et Technique (ACCT) devenue depuis le dernier Sommet d'Hanoï : l'Agence de la Francophonie. Pour la première fois, le Québec affirmait son identité dans une organisation internationale.

Le **premier sommet des chefs d'État et de Gouvernement** à l'initiative du Président François Mitterrand a eu lieu en **1986** ; il a été suivi du Sommet de Québec (septembre 1987), de Dakar (mai 1989), de Paris

Palais de Chaillot (novembre 1991), de Maurice (octobre 1993), de Cotonou (décembre 1995), d'Hanoï (novembre 1997). Les prochains sommets auront lieu à Moncton (Nouveau-Brunswick-Canada -septembre 1999) et à Beyrouth (en l'an 2001).

Le Sommet d'Hanoï a marqué une étape décisive dans l'affirmation politique de la communauté francophone sur la scène internationale. Déjà à Maurice, la prise de position en faveur de l'exception culturelle dans la bataille du GATT, avait marqué le rôle actif que pouvait jouer ce regroupement international rassemblant quarante-sept pays à Maurice, cinquante-deux à Hanoï (avec les observateurs). Le sommet d'Hanoï a surtout renforcé et clarifié les instances politiques de la Francophonie internationale. Désormais un **secrétaire général** est le porte-parole de cette communauté, son animateur, et l'arbitre ou le coordinateur entre les différents opérateurs qui œuvrent en faveur d'une coopération universitaire, technique, audiovisuelle... plus large que par le passé.

3) L'esprit de dialogue, d'échange et de métissage culturel qui illustre le mariage entre l'unité ou l'universalité et la diversité ou la pluralité. Ainsi, par exemple, le français n'est plus la propriété des seuls Français et l'on ne regarde plus avec condescendance, mais au contraire avec intérêt, voire jubilation, les mots ou les tournures de phrase créés en français par des Québécois, des Belges, des Africains, ou des Maghrébins. Ainsi, le français est utilisé pour exprimer des cultures, des imaginaires différents et prend souvent, de ce fait, des couleurs contrastées, des rythmes et des souffles variés. Enfin, il est désormais établi que le français entre en convivialité linguistique avec les langues de France (flamand, breton occitan, basque, alsacien, corse…), les langues de la France d'outre-mer et celles du monde francophone en général : langues africaines, tamarzight, créoles, arabes et variantes populaires de l'Arabophonie, langues canaques, bislamar, bhojpouri, letzebueger.... À l'école, dans la rue, sur les ondes et sur toutes les scènes du spectacle vivant, toutes ces langues se conjuguent dans une polyphonie de plus en plus vécue comme une évidente réalité et un atout de premier ordre.

On ne peut s'empêcher, à propos de ce troisième sens qui aujourd'hui est illustré parfois d'une manière très populaire et très vivante dans les banlieues de nos grandes villes, de penser à cette formulation fulgurante et prophétique du président Senghor, dans la revue Esprit de novembre 1962 : *« La Francophonie, c'est cet humanisme intégral qui se tisse autour de la terre : cette symbiose des énergies dormantes de tous les continents, de toutes les races qui se réveillent à leur chaleur complémentaire ».*

Une forte présence, une grande absente

Alors que la **Francophonie s'affirme de plus en plus**, dans les trois acceptions du terme que nous venons de rappeler, nous constatons, en particulier en France, une grande indifférence à son égard de la part des médias, qu'il s'agisse de la presse écrite ou audiovisuelle. Nous constatons aussi une réticence d'une partie de la classe politique qui ne laisse pas de surprendre.

Les enjeux, qui sont de taille, et la créativité multiforme de la Francophonie devraient cependant retenir d'avantage l'attention des commentateurs et des observateurs.

D'ailleurs, les deux sondages IPSOS que nous avions commandés en 1986 et en 1993 montraient l'attachement de la population française à la Francophonie. Depuis lors, des initiatives en faveur de la Francophonie n'ont cessé de se multiplier dans plusieurs sociétés du monde francophone et notamment dans la société française. Il y a un véritable **dynamisme social de la Francophonie** qui s'exprime en particulier de deux manières :

– de multiples initiatives sont prises en faveur de la coopération décentralisée de la part de différents partenaires francophones au niveau des villes, des villages, des professions, des entreprises, des syndicats, des associations ; et ce mouvement ne cesse de s'intensifier, même si on l'évoque peu dans la grande presse nationale et internationale. Beaucoup de jeunes Québécois, Africains et Français, Belges et Suisses aussi, Marocains, Tunisiens, Libanais également, se trouvent ainsi chaque année davantage concernés, impliqués par ce mouvement que les enseignants, les collectivités locales, les grandes organisations associatives ou intergouvernementales encouragent de plus en plus. D'ailleurs le prochain Sommet de la Francophonie à Moncton, en septembre 1999, mettra l'accent sur la jeunesse. Dès mars, le secrétaire général de la Francophonie M. Boutros Boutros-Ghali, aura organisé un grand rassemblement de la jeunesse francophone à Genève ;

– de multiples initiatives sont prises en faveur de la création et de **la promotion des œuvres culturelles** (poésie, musique, théâtre, danse). Le public des Francopholies de la Rochelle ou de Montréal est en constante augmentation, et les Francophonies Théâtrales de Limoges ou le FESPACO (Festival Panafricain de Cinéma de Ouagadougou), ainsi que le Marché des Arts du Spectacle Africain (MASA d'Abidjan), pour ne citer que quelques exemples, se sont imposés au fil des années comme des événements majeurs. La participation du public, là encore, témoigne de la vitalité de la Francophonie.

L'écho de cette vitalité ne trouve qu'une place très limitée dans les grands quotidiens de l'hexagone ; et, comme l'a également fait remarquer le ministre Charles Josselin, une large partie du monde politique hexagonal semble peu sensibilisée aux enjeux de la Francophonie, qui sont cependant majeurs. Heureusement, à l'automne 1998, les sénateurs français ont montré l'attachement de certains parlementaires français à la Francophonie. En effet, plusieurs sénateurs de droite (RPR, RI et centristes) et de gauche (PS et PCF) ont souhaité une référence à la Francophonie lors de la prochaine révision constitutionnelle préalable à la ratification du traité d'Amsterdam. Les sénateurs ont demandé que le gouvernement « dépose un amendement constitutionnel » inscrivant « la participation de la République au renforcement de la communauté francophone ». Ce qui est surtout remarquable, c'est la nature des arguments qui figurent dans la lettre adressée au Premier ministre Lionel Jospin, à la fin du mois de septembre : « *Notre proposition vise à affirmer, aux yeux de nos concitoyens et de nos partenaires francophones, mais aussi du reste du monde, que la France prend au sérieux la construction d'une communauté de coopération et de solidarité privilégiée, fondée sur une langue partagée par plus d'un quart des pays du monde et sur des valeurs communes telles que les Droits de l'homme, la liberté, la démocratie et le développement solidaire* ».

Enjeux francophones, enjeux mondiaux

Les enjeux de la Francophonie sont de trois ordres. Il y a l'enjeu de la **modernité**, il y a celui de la **pluralité**, il y a enfin celui de la **solidarité**.

Dans un monde qui connaît à la fois les foudroyants progrès de la science et de la technologie, mais qui connaît aussi les incertitudes concernant la croissance et l'emploi, il est bon de rappeler qu'au cœur de l'**économie moderne** gît l'intelligence. Le mariage de l'informatique et des sciences de l'information avec les sciences du langage permettra à la documentation et à l'enseignement à distance de se développer considérablement, à toutes les commandes automatiques sur injonction de la voix humaine de se diffuser dans l'industrie et dans la vie quotidienne, à toutes les technologies apportant savoir et culture à domicile par le texte, le son et l'image de combler les besoins croissants des populations qui connaissent à la fois les exigences de la formation continue et les possibilités offertes par la civilisation des loisirs.

La traduction assistée par ordinateur, la reconnaissance automatique de la parole entrent dans le domaine des **industries de la langue**, qui est un des fleurons de la **révolution nootique** fondée sur l'information et l'intelligence. La matière grise est désormais la véritable matière première et la source de la vraie valeur, qu'elle soit d'usage, symbolique ou marchande. L'importance de la culture dans les pays francophones, l'exceptionnel outil qu'offre une langue française précise, rigoureuse et nuancée, la hardiesse de nos ingénieurs dans les nouvelles technologies, tout concourt à mettre la Francophonie en état de remporter ce combat capital : celui de la modernité scientifique, technologique, économique. Ceci suppose bien entendu une modernisation de notre vie politique permettant au plus grand nombre de citoyens de s'épanouir et au plus grand nombre d'intelligences de s'investir dans une atmosphère de liberté.

Nous constatons que des Français, des Québécois, des Acadiens jouent un rôle essentiel dans ces domaines clés, y compris dans l'organisation de l'internet (nous songeons au Québécois Jean-Claude Guédon, et au Français Christian Huitema) ; faut-il rappeler que 40 000 français travaillent dans la Silicon Valley aux États-Unis ?

L'autre enjeu fondamental est celui de la **pluralité**. La Francophonie se positionne d'une manière, à cet égard, très originale et très prometteuse pour l'avenir ; non seulement pour son propre avenir, mais pour l'avenir de l'humanité. En effet, elle affronte deux tendances qui, à l'échelle mondiale, ne cessent de s'imposer et qui sont mortifères sur le plan culturel comme sur le plan politique : le désert de l'uniformisation ou la jungle de la ghettoïsation. Le choix ne serait plus qu'entre la pensée unique, la langue unique, le rêve unique ou l'enfermement dans une multiplicité de prisons identitaires cultivant exclusion et ostracisme. La Francophonie montre par ses créations comme par ses prises de position qu'elle souhaite **échapper au désert comme à la jungle, en préférant le jardin** ; un jardin où s'associe étroitement les notions d'unité, d'universalité, d'égalité et celles de diversité, de spécificité, d'originalité. La vraie création est celle qui a valeur universelle tout en exprimant la beauté par la nouveauté comme par l'authenticité.

La Francophonie, en somme, tâche d'associer la raison qui tend à l'abstraction et le sentiment, qui toujours recherche l'incarnation. Elle associe tradition et modernité, en particulier dans tous les spectacles de musique, de théâtre et de danse.

Le fanatisme et le mercantilisme laisseront-ils la place à cette **recherche d'humanisme** qui est au cœur du projet francophone ? Là est l'enjeu, mais là aussi est le véritable défi.

Des signes encourageants sont perceptibles puisque les différentes aires linguistiques et les grandes organisations internationales (ONU, CEI, Ligue Arabe, OUA, Union européenne, Commonwealth) ont répondu favorablement à l'invitation de M. Boutros Boutros-Ghali de se réunir à Paris à l'occasion de la Fête de la Francophonie, le 20 mars 1998. Il y a là un geste très prometteur qui nous laisse espérer que la Francophonie peut trouver un écho très large et des alliés très sûrs pour construire le monde de demain, en dehors du modèle impérial comme du mode tribal. Le fait que le premier secrétaire général de la Francophonie, M. Boutros Boutros-Ghali, s'intéresse de très près à la nouvelle université de la Paix, née au printemps 1998 à Verdun sous l'impulsion du professeur Jean-Denis Mouton, montre bien également quels sont les idéaux de la Francophonie.

Ces idéaux s'éclairent à la lumière du troisième grand enjeu que représente celui de la **solidarité**. La civilisation universelle qui est en train de se forger jour après jour, sur le modèle du chacun pour soi, du laisser faire et de la liberté anarchique ignorant les valeurs et consacrant les inégalités, aura-t-elle de l'âme et du cœur ?

Notre attachement à l'exception culturelle et à l'aide au développement ne sont qu'une seule et même chose : le sentiment de la solidarité. Cette solidarité, qui est au cœur de la coopération multilatérale francophone, n'est pas l'assistance : et si elle l'était encore, elle devrait être révisée totalement. Elle consiste à donner aux plus démunis, à ceux que l'histoire a défavorisés des **chances nouvelles** pour jouer dans la cour des grands et cette chance nouvelle s'appelle l'information et la formation. Il ne s'agit pas d'ignorer la loi du marché, il s'agit de la compléter. En ajoutant une dimension éthique, une dimension esthétique, une dimension sociale à la dimension commerciale. Cette solidarité francophone s'exprime de plus en plus selon des modalités très diverses : l'Agence Universitaire de la Francophonie (ex AUPELF-UREF) cherche à **réinsérer les universités du sud dans le mouvement de la recherche mondiale** en leur permettant d'accéder à toutes les bases de données scientifiques ; le Forum Francophone des Affaires cherche à **aider les nouveaux entrepreneurs à émerger** et à s'associer ; les différentes coopérations professionnelles, associatives et intergouvernementales de la Francophonie cherchent, dans le domaine culturel, à donner leur **chance à tous les créateurs** ; c'est ainsi que les dramaturges, les musiciens, les chanteurs, peuvent faire entendre leur voix grâce aux mécanismes de soutien que la Francophonie en général et que certains pays francophones en particulier ont mis au point ; que de pays et que de styles d'expressions seraient exclus de la scène du monde sans cela ! Il est à remarquer que les films africains qui sont aidés utilisent souvent les langues africaines, il est à remarquer que les chanteurs de raï ont connu un succès énorme d'abord en France, il est à remarquer que plus de 50 % des films projetés au Festival de Cannes en 1998 étaient des coproductions internationales avec participation financière française…

Grandes tendances

Certaines dimensions sont absentes de ce rapport, qui a ses limites. Nous ne pouvons pas, en effet, balayer tous les champs avec la même intensité à chacune de nos publications. Ainsi, on trouve peu de choses ici sur l'environnement, la jeunesse, les familles de pensées philosophiques ou religieuses, les questions militaires...

En revanche, nous devons insister sur le fait que notre Francophonie, celle que nous essayons d'éclairer dans chacun de nos rapports, ne s'attache pas seulement aux questions institutionnelles. Nous n'entendons pas seulement parler de l'**état de la coopération internationale intergouvernementale,** mais de la **vie culturelle francophone** (dans ce qu'elle a de plus symbiotique) et de la **dimension francophone qui s'attache à chaque secteur de la vie en société**.

Si l'on se rapporte aux trois définitions du mot Francophonie telles que nous les avons rappelées et si l'on se souvient que le Haut Conseil travaille non pas à partir d'impressions fugaces, ou de vieux clichés, mais à partir de plusieurs sources d'information et de milliers de données documentaires (en particulier les très nombreuses données figurant dans les 4 000 pages que représentent les réponses des 140 postes diplomatiques à notre questionnaire d'enquête), nous pouvons affirmer que **la Francophonie dans son ensemble progresse** dans le monde tant du point de vue des critères objectifs que du point de vue des critères subjectifs. Bref, **la réalité de la Francophonie progresse autant que l'idée ou que le sentiment que l'on en a**, ici ou là.

Il faut cependant nuancer. S'il y a des progressions, il y aussi des régressions, et les évolutions ne se font pas toutes au même rythme car les situations sont souvent différentes selon le critère retenu.

On distinguera trois grands types d'évolution : la progression à partir de situations déjà fortes, la progression à partir de situations de faiblesse pour la Francophonie et les cas de régression, y compris à partir de positions prétendues fortes.

La progression à partir de situations déjà fortes

Dans certains pays où la Francophonie jouit de position traditionnellement fortes, elle a **encore progressé**, selon les éléments dont nous disposons, au cours de ces dernières années. Il s'agit tout d'abord des pays africains francophones au Sud du Sahara (Burkina Faso, Cameroun, Centrafrique, Côte-d'Ivoire, Gabon, Madagascar, Mali, Niger, Sénégal, Seychelles, Togo).

Les raisons qui expliquent cette évolution sont nombreuses. Il y a d'abord le **développement de la presse écrite, de la radio et de la télévision**. Les nouvelles technologies permettent en particulier le développement des radios locales et rurales (satellite, câble et MMDS). Il y a les **progrès de la scolarisation** (20 000 scolarisés en 1960 au Niger, 452 000 en 1992) même si, hélas, une grande partie des classes d'âge n'entrent pas à l'école et même si le taux d'échec est encore élevé. Parfois la multiplication d'écoles privées pallie la carence du système public d'enseignement.

Il y a aussi des **phénomènes démographiques** qui sont de plusieurs ordres : accroissement démographique (doublement de la population au cours des vingt-trois dernières années), urbanisation (c'est au cours de ces dix dernières années que le basculement majoritaire au profit des villes s'est opéré), brassage ethnique et mariages mixtes (ce qui fait que souvent, et au Cameroun en particulier, les parents parlent français aux enfants), migrants et réfugiés politiques.

Plusieurs indices montrent cette vitalité de la Francophonie dans les pays que nous venons de citer : des organismes officiels ont été affectés à la Francophonie, des spectacles, des jeux, des rencontres sportives font référence à la Francophonie, la fréquentation du Centre Culturel Français (qui, en fait est, de plus en plus un centre culturel francophone) est en très nette augmentation. La littérature écrite francophone se développe voire s'éveille tout simplement (comme à Djibouti). Des programmes spéciaux pour des enseignements de français se mettent en place ici ou là. L'impact populaire d'une Francophonie plurielle et créative sur le public jeune est de plus en plus manifeste.

Autres indices : la presse écrite francophone quotidienne dépasse quelquefois les quinze mille exemplaires, comme c'est le cas du *Matin* à Dakar. Des jeunes candidats se présentent de plus en plus nombreux aux championnats d'orthographe de langue française.

Peut-on mesurer avec précision cette Francophonie en progression ? Cela paraît difficile, malgré la contribution que nous apportons dans un chapitre de notre rapport sur le **dénombrement des francophones**.

Ce que l'on peut affirmer, sans risque d'erreur, c'est qu'il y a dix ans le nombre des francophones en Afrique dépassait rarement les 10 % de la population totale, alors qu'aujourd'hui il se situe entre 20 et 25 % (en dehors du système scolaire et en additionnant, il est vrai, les francophones « réels » et les francophones « occasionnels »).

Si l'on ajoute les francophones occasionnels aux francophones réels, la Francophonie a fait des bonds en avant considérables dans des pays comme **le Bénin, la Côte-d'Ivoire, le Gabon et le Cameroun**. Au Cameroun les deux catégories additionnées représentent plus de 45 % de la population.

Dans cette première catégorie de pays où se marquent des progrès à partir de positions déjà fortes, l'on peut inclure l'Algérie (même si la volonté politique récemment confirmée est celle de l'arabisation généralisée), le Maroc, la Tunisie et la Mauritanie. Là aussi, les écoles privées utilisant le français comme langue d'enseignement se multiplient, et la demande s'exprime aussi bien chez les jeunes scolaires que chez les étudiants spécialisés et chez les adultes en formation continue.

Le succès remporté auprès des jeunes Marocains par l'enseignement de langue française dispensée dans les institutions culturelles françaises donne une mesure de l'ampleur de la demande populaire ; l'immigration contribue ici à renforcer la Francophonie.

En Mauritanie, la politique linguistique récente tend à redonner au français une plus grande diffusion ; et là encore, les parents qui le peuvent envoient les enfants dans les écoles privées qui font une large place à l'enseignement du français. Dans le même ordre d'idée, soulignons que les alliances franco-mauritaniennes accueillent de plus en plus de monde. À cette première catégorie, il faut aussi rattacher le Liban ; même si l'anglais y progresse très fortement, il faut rappeler que 75 % des jeunes Libanais apprennent le français et que les flux commerciaux, touristiques, culturels rapprochent toujours davantage la France et le Liban où la rencontre internationale des universités francophones, en 1998 à Beyrouth, a connu un immense succès. Par ailleurs, de nouveaux centres culturels se sont ouverts tout récemment à Nabatieh, Tyr et Tripoli.

En dehors du bloc africain et arabo-francophone, on peut citer un autre pays qui entrerait dans cette catégorie où la progression, ou bien tout simplement le maintien, se marquent à partir de positions fortes, il s'agit du Portugal même si les jeunes sont loin d'avoir la même maîtrise du français que leurs aînés.

Une deuxième catégorie se distingue, celle des pays où la Francophonie part de positions faibles mais où elle progresse nettement

À l'intérieur de cette catégorie nous distinguerons essentiellement **quatre groupes** : celui du Moyen-Orient, celui de l'Afrique anglophone, celui de l'Asie et celui qui rassemble quelques pays européens.

Au Moyen-Orient, la Francophonie progresse semble-t-il dans plusieurs pays. À Abou Dhabï, le nombre des inscrits au cours de l'Alliance française a connu une progression de 20 % en 1996 et de 50 % en 1997. Les abonnés à la bibliothèque ont augmenté de 30 % en deux ans et la vente de vidéos et de cassettes a augmenté considérablement. Par ailleurs, l'intérêt pour les manifestations culturelles françaises s'y manifeste clairement.

Le même intérêt se dénote en Arabie Saoudite auprès d'un public de plus en plus nombreux. En Égypte, si le taux de francophones reste faible par rapport à l'ensemble de la population, il ne faut pas oublier que 85 % des élèves du second cycle du second degré (soit près de deux millions) apprennent le français. Et on remarque aussi dans ce pays un afflux de population vers les écoles de langue française et en faveur des manifestations culturelles françaises ; par ailleurs, la Francophonie progresse nettement dans l'enseignement supérieur.

Au Qatar, les cours du Centre Culturel Français attirent de plus en plus de monde et les femmes semblent en particulier concernées.

En Syrie, près de 19 % des élèves apprennent le français sur les deux dernières années du primaire et 12,5 % au niveau du secondaire. TV5 et Arte connaissent un très grand succès dans le pays et les cours de français tendent à s'y multiplier. L'image de la France et de la Francophonie, ici, s'est considérablement renforcée au cours de ces dernières années.

Au Yémen, si le français part de très bas (0,6 % des effectifs sont touchés), l'intérêt pour l'étude du français est grandissant depuis quelques années.

Le deuxième groupe où la Francophonie progresse à partir de bases faibles est constitué par **une quinzaine de pays africains anglophones** mais aussi lusophones et hispanophones (Afrique du Sud, Angola, Botswana, Gambie, Ghana, Guinée-Équatoriale, Malawi, Mozambique, Namibie, Ouganda, Soudan, Zambie, Nigeria, Zimbabwe). Ici la Francophonie progresse d'abord sur le plan de l'image : une image de force, d'ouverture et de pluralité. C'est le Président Mandela qui soutient le Président Jacques Chirac, en disant que « *la liberté est nécessaire mais qu'elle a besoin aussi du complément de la solidarité* » dans les relations économiques internationales, et c'est le vice-président sud-africain Thabo Mbeki qui déclare : « *ne pas croire qu'on puisse être africain sans parler français* ».

La vitalité des alliances françaises dans tous ces pays est un indice de santé de la Francophonie. Il s'agit toujours d'alliances franco-africaines. La Semaine de la Francophonie y est fêtée par un public de plus en plus nombreux. L'intégration économique régionale favorise le français au Ghana et au Nigeria.

L'émigration et, surtout, les mouvements de réfugiés politiques ont favorisé la Francophonie en Afrique du Sud (à partir de l'ex-Zaïre). En Guinée-Équatoriale, le français est devenu langue officielle depuis février 1998. L'enseignement du français s'y est généralisé. Les cours de français en langue étrangère ont augmenté de 40 % en deux ans et, là encore, a joué non seulement l'intégration aux instances internationales de la Francophonie mais l'intégration à la zone franc et au regroupement régional UDEAC (Union des États de l'Afrique Centrale).

La Francophonie est également en progrès au Mozambique comme en Namibie. Dans ce dernier pays, on part de très bas, puisque l'enseignement du français ne touche que 0,015 % de l'effectif scolaire. Mais les progrès dans la participation du public aux manifestations culturelles françaises ont été spectaculaires (8 000 personnes en 1994, 40 000 en 1998).

En Ouganda, la fréquentation des alliances françaises, comme d'ailleurs la demande d'apprentissage du français, augmente ; l'intérêt pour la Francophonie est croissant et les locuteurs francophones représentent 200 000 personnes (en comptant les francophones occasionnels).

Au Soudan, le français a été introduit comme épreuve facultative pour l'entrée à l'université et la fréquentation du Centre Culturel Français comme de ses centres en province a connu une augmentation de 30 % de la fin de l'année 1997 au début de l'année 1998.

Au Zimbabwe, le projet de rendre le français obligatoire est à l'étude, et l'intérêt des milieux touristiques et de l'hôtellerie pour la Francophonie va en s'accroissant. Une mention spéciale doit être faite à propos du **Nigeria,** ce géant de l'Afrique. En 1997, le chef de l'État a pris la décision de rendre l'enseignement du français obligatoire et depuis lors on assiste, dans ce pays, à une véritable mobilisation générale pour mettre en œuvre cette décision. L'Afrique francophone a déjà manifesté son désir de s'impliquer dans cette grande entreprise. Tel est en tous les cas, le vœu de l'ancien Président du Bénin, Émile Derlin Zinsou, actuellement vice-président du Haut Conseil de la Francophonie.

Un troisième groupe où la Francophonie semble progresser à partir de bases traditionnelles faibles (et qui le restent encore très largement) est constitué **par certains pays asiatiques** (Cambodge, Corée, Inde, Iran, Japon, Pakistan, Philippines, Sri Lanka, Thaïlande).

Là encore plusieurs indices signalent une conjoncture favorable : fréquentation accrue lors des spectacles organisés par les centres culturels français (où les créations de l'ensemble du monde francophone se font connaître), augmentation des effectifs scolaires et surtout universitaires apprenant le français, notamment ceux des alliances françaises (1 000 apprenants à l'Alliance française de Bangkok, 22 000 étudiants spécialisés en français dans les universités coréennes).

L'intérêt pour la langue et les manifestations culturelles françaises semblent s'être également accru au Pakistan, dans la période récente, du moins dans certains milieux professionnels médiatiques et universitaires.

Au Japon, comme en Corée, la Francophonie s'annonce avec trois images fortes désormais : culture et art de vivre (notamment mode et gastronomie), technologies modernes, et ouverture aux autres. C'est ce dernier trait que soulignait le Président Jacques Chirac devant le Haut Conseil de la Francophonie le 30 avril 1997 en faisant allusion à l'INALCO et à l'École Française d'Extrême-Orient.

Les Asiatiques sont sensibles au fait que la Francophonie défend la pluralité, au cœur de la mondialisation ; cette mondialisation entraîne chez eux, en effet, des interrogations identitaires de plus en plus vives et la Francophonie représente une alternative dans un contexte de relations trop prégnantes avec les États-Unis. Enfin, pour eux, la langue française constitue la clef d'accès à la pénétration commerciale de grands ensembles : Afrique, Europe, Maghreb, Amérique du Nord.

Le quatrième groupe de pays où la Francophonie semble progresser à partir de bases traditionnelles relativement faibles est constitué par certains pays européens (Estonie, Finlande, Grande-Bretagne, Hongrie, Malte, Norvège).

Les apprenants de français sont en nombre croissant au centre culturel et linguistique de Tallinn. Les jardins d'enfants francophones en Finlande connaissent un réel succès et TV5 est repris par la quasi-totalité des réseaux câblés finlandais. C'est d'ailleurs la chaîne non finlandaise la plus regardée. En Grande-Bretagne, l'obligation d'apprendre une langue étrangère pendant cinq ans n'a pris son effet qu'en 1997-1998 ; cela se traduit par une croissance de la demande d'apprentissage du français indépendamment du déficit de plus en plus dramatique de professeurs. Il est vrai que les cours de la BBC en français langue étrangère sont de grande qualité (1 h deux fois par semaine). En Hongrie, l'audience de TV5 s'accroît, de même que l'impact des filières francophones spécialisées dans l'enseignement supérieur, ainsi que l'intérêt pour les manifestations culturelles françaises ou francophones.

En Norvège, le nombre d'apprenants de français est en progression légère mais constante depuis quelques années.

La Francophonie est en régression dans deux grandes régions du monde : l'Europe et l'Amérique latine

Dans le cas des pays où depuis plusieurs années la Francophonie régresse nous pouvons citer pour ce qui est de l'Europe les pays suivants : Grèce, Italie, Pays-Bas et pour ce qui est de l'Amérique latine : Argentine, Chili, Colombie, El Salvador. En fait, en Amérique latine la régression semble générale du fait de **la faible présence audiovisuelle francophone** et surtout de **l'effondrement dans tous les systèmes scolaires d'une deuxième langue étrangère.**

Le point noir cependant pour la Francophonie, et qui doit selon nous être souligné, c'est l'Europe. Si nos amis flamands de Belgique se refusent de plus en plus à parler français dans la rue, ils restent cependant ouverts à l'apprentissage du français. Si nos amis de la Suisse tendent à choisir de plus en plus l'anglais, ils continuent à apprendre le français. En revanche, la **désaffection néerlandaise, danoise, grecque et italienne** pour la Francophonie pourrait représenter un grave péril, non seulement pour la Francophonie qui trouve à Bruxelles, Luxembourg, Strasbourg et Genève des points d'appui très forts quant au statut international de la langue française, mais aussi un grave point noir pour l'Europe et le modèle européen : celui-ci, en effet, veut concilier unité et diversité, et associer liberté et solidarité. Deux ministres importants du nouveau gouvernement allemand de Monsieur Schröder sont des personnalités francophones connues et pour la première fois un ministère de la Culture a été constitué à l'échelle fédérale. Ce sont là, il est vrai, des signes prometteurs en faveur d'une Europe défendant son identité plurielle.

Que serait l'Europe, que deviendraient le rêve européen et l'identité européenne si les Européens ignoraient les langues européennes et s'il n'y avait plus de chansons et de films créés par tous les Européens et diffusés dans toute l'Europe ?

Hélas, la **deuxième langue étrangère,** malgré les différentes annonces qui ont jalonné les dix dernières années, reste un fait rare pour la majorité des écoliers européens. Là gît, sans doute, pour une vraie politique francophone et une vraie politique européenne, une urgence prioritaire. A cet égard, il faut saluer la remarquable avancée que constitue pour les francophones, la recommandation relative à la « diversité linguistique » adoptée à l'unanimité par le Conseil de l'Europe en septembre 1998. Ce texte incite les États européens à considérer que la norme est la connaissance par chaque élève en fin de scolarité de deux langues étrangères en plus de sa langue maternelle. Cette mesure préconisée par le Haut Conseil de la Francophonie en 1994, lors de la session « Europe et Francophonie » a été défendue au Conseil de l'Europe par Jacques Legendre, secrétaire général parlementaire de l'Assemblée Parlementaire de la Francophonie et sénateur du nord.

Il n'est pas inutile aussi de souligner que la Francophonie est en régression dans des pays francophones ou réputés comme tels : la Bulgarie, le Cap-Vert, le Laos.

Le tableau général de la Francophonie dans le monde ne serait pas complet si l'on oubliait de signaler une situation stationnaire aux États-Unis et en Russie, où les filières francophones spécialisées connaissaient un succès inattendu, et un **immense vide qui perdure en Chine** (le français n'y est enseigné qu'à un élève sur 100 000).

a langue française, langue singulière et plurielle

Partout où des francophiles extérieurs à la communauté francophone, ou mieux encore des francophonophiles, s'expriment sur les qualités de la langue française, il est question d'élégance, de clarté mais aussi de précision, de nuance et de rigueur. Beaucoup apprennent le français pour connaître le **droit français**. Cette précision et cette rigueur sont souvent citées comme des attributs du français diplomatique, mais s'il est vrai que la Cour de justice européenne du Luxembourg travaille majoritairement en français, il est vrai aussi que nombre de résolutions des Nations unies sont sans équivoque lorsqu'on les lit dans leur version française, ce qui a renforcé le statut du français en tant que langue de la diplomatie et du droit. Le français a ses qualités, comme d'autres langues ont d'autres qualités ; l'anglais par exemple est beaucoup plus riche en mots qui désignent les aspects concrets de la vie de l'homme et de son environnement. La qualité du français juridique et diplomatique n'est pas due au hasard mais à l'histoire. L'affirmation du français comme grande langue de la vie politique et de la vie culturelle au XVIe, au XVIIe et au XVIIIe siècle, est liée à la puissance de la France, à la force particulière de l'État monarchique français, à l'âge de la raison qu'illustre *Le Discours de la Méthode* de René Descartes ainsi que la « Logique » et la « Grammaire » de Port Royal. Cette tradition a été entretenue par les écoles, les universités, les académies, les lois et les règlements. La conséquence a été de maintenir une **langue homogène, compréhensible à travers les siècles pour de nombreuses générations et pour de nombreux peuples dispersés dans l'univers**. La volonté de **clarifier le sens des mots** fait partie de cette tradition qui est ancrée dans la population et qui s'exprime par la vogue exceptionnelle des jeux linguistiques, des concours orthographiques et des publications lexicographiques.

Cette unité, cette permanence, cette clarté ou cette transparence sans laquelle il n'y a pas de commerce social honnête, confèrent à la langue française non seulement une qualité particulière mais un rôle particulier. La recherche de stabilité et d'intelligibilité dans les échanges linguistiques, chère aux francophones, les distingue dans un monde où les mots flottent comme les monnaies et où **l'absence de discipline sémantique trouble ou bloque le débat démocratique, les échanges interculturels, voire les progrès de la science**. Mais la Francophonie est aujourd'hui confrontée à un autre défi : la créativité partagée et le provignage linguistique qui s'épanouissent. Les variations de la langue se multiplient et les particularités de français d'Afrique, de Belgique, du Québec, de Romandie, qui ne sont plus dédaignées, font l'objet d'études et se diffusent plus largement qu'auparavant. Ainsi sur les 116 000 définitions du *Dictionnaire Universel de la Francophonie* de chez Hachette, environ 10 000 proviennent de l'univers francophone en dehors de la France. L'Académie française très attachée aux bons usages s'est dotée, elle-même, d'une commission de la Francophonie. Ainsi donc, le fait majeur réside désormais dans **cette tension entre unité et diversité, permanence et changement.**

Le sentiment de la langue, vif chez nos amis romands, wallons, québécois, en particulier, donne lieu chez eux à une **véritable dynamique sociale**. Des fêtes y célèbrent la langue ou illustrent l'identité linguistique, des dictionnaires font connaître à toute la population son corpus linguistique, des citoyens participent à la vie de leur langue.

Cette langue française dans beaucoup de pays francophones est regardée de plus en plus positivement, elle fait même l'objet d'une appropriation ou d'une naturalisation lorsqu'elle n'est pas la langue maternelle. Le **plurilinguisme** luxembourgeois ou mauricien ne cause aucun préjudice, loin de là, à la langue française. À Maurice, l'anglais est la langue officielle, le français est de plus en plus la langue de l'enseignement et de la création littéraire. La population est créolophone à 90 %, et 60 % des élèves du primaire comme 40 % du secondaire apprennent les langues orientales à l'école.

Nous avons pu cibler trois points sensibles en ce qui concerne ce chapitre : **la faible modernisation du système de diffusion des termes nouveaux français pour l'industrie et le grand public, les réticences qui demeurent en France quant à l'enseignement des langues de France et les hésitations de la France au sujet de la féminisation des termes de professions,** qui tranchent par rapport au Québec, à la Belgique et à la Suisse où cette féminisation est entrée dans les mœurs.

ouveaux chemins de l'école

Nous ne consacrons pas, dans ce rapport, à l'important chapitre de l'enseignement du français la place que nous lui avions accordée dans les deux rapports précédents, parce que, pour l'essentiel, les caractéristiques fondamentales demeurent.

Cependant, les **tendances nouvelles** que nous avions signalées pour les six dernières années semblent se confirmer :

- **essor des filières et des classes bilingues** : cinquante-neuf lycées bilingues en Roumanie, nombreuses filières en Allemagne, au Val d'Aoste et en Andorre. (Cette évolution se remarque également en Mauritanie, en Turquie, en République tchèque, en Pologne). Au Vietnam, la stratégie des classes bilingues semble être une priorité pour ce qui concerne le français : sept mille élèves du primaire sont concernés, dix mille du secondaire, cinq mille du supérieur. Une mention spéciale doit être faite des filières bilingues helvétiques, dans les cantons francophones de Genève, Lausanne et Neufchâtel, comme dans les cantons bilingues (Valais, Berne et Fribourg).

- essor de **l'enseignement précoce** du français ;

- essor de l'enseignement dans le cadre de la **formation continue** des adultes ;

- essor des **écoles privées** de langues et notamment celles qui enseignent le français. Par exemple, on a pu récemment assister au développement récent d'une multitude d'initiatives privées de cours de français en Iran, Algérie, Mauritanie et Japon.

Une tendance semble également s'affirmer, qui s'annonce comme une grande perspective d'avenir : **celle des filières spécialisées de français.**

De plus en plus, on voit se développer des filières spécialisées au niveau de l'enseignement supérieur, voire au niveau de l'enseignement secondaire, du français commercial ou des affaires, du français de gestion, du français touristique. En Hongrie, en Roumanie, en Égypte, au Cambodge, des filières de mathématiques, de physique, de médecine, de chimie, du droit des affaires se sont développées avec force au cours des cinq dernières années. Dans l'Alberta, sept filières francophones universitaires ont été ouvertes. À New York, des filières francophones se développent dans les principales universités sous l'influence de deux facteurs : l'intérêt pour les auteurs francophones et les enjeux économiques que constituent les pays francophones en terme de marché.

En Turquie, à Galatasaray, comme à Marmara, les filières franco-phones d'ingénierie, de sciences sociales, de sciences administratives et politiques rencontrent un franc succès.

Souvent, on peut remarquer que l'enseignement se développe dans certains pays avec l'implantation d'entreprises françaises ou francophones, c'est le cas en Slovénie, en Birmanie, en Chine avec les missions laïques. Si les entreprises françaises insistaient davantage pour recruter de la main-d'œuvre francophone, cette évolution s'accentuerait. Il est étonnant de constater que le prestigieux hôtel Métropole à Hanoï, construit par une entreprise française, ne dispose que très peu de personnels parlant français.

Dans ce même Vietnam, cependant, sans doute pour des raisons pro-fessionnelles et culturelles, les grands lieux touristiques et en particulier les musées comportent des notices en français et disposent de guides franco-phones.

Ce qui convient d'être souligné, c'est une tendance qui ne cesse de s'accentuer depuis quelques années : **le français, langue des établisse-ments d'excellence**. Dans nombre de pays, les élites socioculturelles sou-haitent être formées dans des établissements relevant du système français d'enseignement (c'est le cas du lycée français de Vienne qui accueille 12 000 élèves autrichiens). Dans d'autres pays, les établissements qui dispo-sent d'un établissement d'enseignement renforcé en français sont très pri-sés, c'est le cas de **quatorze lycées pilotes marocains.**

Le français, **langue de l'élite** en particulier dans la population fémi-nine, c'est ce qu'on tend à trouver partout et pas seulement en Égypte où cela constitue un fait majeur. Au Venezuela, par exemple, les alliances fran-çaises sont des établissements d'excellence.

Nous souhaiterions marquer le bienfait que constitue l'apport des autres coopérations internationales à l'enseignement du français. La coopé-ration européenne en Afrique francophone en est un bon exemple, mais c'est le cas aussi de la Banque Mondiale qui utilise des crédits importants à Madagascar pour financer des manuels de français.

Les facteurs négatifs qui limitent et contrarient l'essor du français sont de trois ordres :
- **crise économique ou rigueur budgétaire** provoquant l'effondrement de la qualité de l'enseignement des langues ;
- **refus d'adopter une deuxième langue étrangère** ou suppression de celle-ci (c'est bien souvent le cas aux États-Unis d'Amérique, en Amérique latine, dans beaucoup de pays européens) ;
- **concurrence des autres langues**.

Ainsi, la Francophonie se heurte dans son expansion en Europe du Nord et de l'Est au **bloc anglais-allemand** ; les pays latino-américains du Mercosur adoptent de plus en plus la langue de l'autre partenaire (**l'espa-gnol ou le portugais**), en plus de l'anglais ; en Asie et en Océanie, le **japo-nais** tend à être de plus en plus adopté comme seconde langue après l'anglais.

Il faut souligner cependant une particularité de l'espace pédagogi-que francophone dans le monde. C'est son **sens de l'organisation**. Il faut rappeler en particulier qu'existe une Fédération internationale des profes-sionnels de français qui a tenu son congrès mondial à Tokyo en 1996, et qui tiendra son prochain congrès mondial à Paris en l'an 2000. Dans les dernières années, partout où des associations nationales de professeurs de français n'existaient pas, elles ont vu le jour. Elles ont souvent un triple rôle **d'assistance pédagogique, d'animation culturelle** et de **militantisme francophone** ; en effet, on peut dire que souvent, elles jouent un rôle efficace de groupe de pression en faveur de la diversification dans l'enseignement des langues étrangères.

ulture et Francophonie : une alliance naturelle, ne alliance d'avenir

La France vient une nouvelle fois, avec la décision du Premier ministre Lionel Jospin de cesser de participer dans les conditions présentes aux négociations de l'Accord Multilatéral sur les Investissements (AMI), de montrer son ferme attachement à l'exception culturelle.

Parmi les points majeurs que notre enquête a dégagés, il y a **le processus de cohésion croissante, de conscience communautaire grandissante,** de rapprochement entre acteurs et partenaires francophones, bref un processus accéléré de **francophonisation,** dont les manifestations sont nombreuses.

Les centres culturels français tendent à devenir de plus en plus ceux de la Francophonie et ils assurent ainsi la promotion de la Francophonie plurielle en création. Ceci est vrai autant pour toute l'Afrique francophone que pour les aires francophones d'Europe, d'Asie, d'Afrique ou d'Amérique. Les exemples illustrant ce phénomène, qui s'est intensifié ces dernières années, sont multiples. Le Festival du Film Français organisé à Tel Aviv par les services culturels de l'ambassade de France a pris, en 1997, le titre de « Festival des Films Francophones ». La connaissance de l'univers francophone, de ses mécanismes de coopération, de ses littératures entre de plus en plus dans les contenus d'enseignement. La Francophonie devient un objet d'étude et les départements d'études francophones se substituent quelques fois aux départements d'études françaises comme c'est le cas aux États-Unis, en Inde et en Australie. Au Luxembourg a été créé le Centre d'Études et de Recherches Francophones (le CERF). En Macédoine, une très récente publication a vu le jour, à la faculté des lettres de l'université de Skopje, elle s'appelle « Études francophones ». On notera la création d'un Centre d'Études Francophones totalement privé à Viana do Castelo, au Brésil.

Les alliances françaises diversifient les fonds de leur bibliothèque en introduisant de plus en plus des ouvrages de toute la Francophonie. À Vienne, l'Institut des Langues Romanes a ses *Cahiers francophones d'Europe centrale et orientale*. Lors de la visite du Président Jacques Chirac en Hongrie en février 97, a été organisée une fête de la Francophonie. Le Centre de Recherche de la Langue Française du Centrafrique (le CREDEF) a donné comme titre à sa revue, *Espaces francophones*. Un concours Chili-Francophonie associe plusieurs partenaires francophones et récompense les lauréats par des voyages dans plusieurs capitales francophones. L'Association Djiboutienne pour la Francophonie organise des cours de soutien, assure des distributions de livres, anime diverses revues. Les questions francophones prennent une place essentielle dans une dizaine de départements universitaires britanniques d'études françaises. Le Festival du Conte au Musée de la Civilisation du Québec accorde une large place aux artistes francophones du monde entier.

Signalons que cet **affichage désormais explicite de la Francophonie** sur le **plan culturel** trouve son écho dans la **vie politique,** puisque l'ACCT s'appelle désormais Agence de la Francophonie ; l'AUPELF : l'Agence Universitaire de la Francophonie ; l'AIPLF : l'Assemblée Parlementaire de la Francophonie et que les structures politiques nationales chargées spécialement de la Francophonie se multiplient (Sénégal, Burkina Faso, Centrafrique). Désormais donc, la mise en valeur, en chaque circonstance, de la dimension francophone est devenue un fait majeur qui s'impose même dans les salons du livre à Paris, à Montréal, à Bruxelles, à Genève, à Beyrouth.

Le titulaire de la chaire d'études francophones en Sorbonne, le professeur Jacques Chevrier, a été appelé à faire une série de conférences sur les littératures francophones dans plusieurs universités américaines en octobre 1998. En Alberta, depuis 1998, le rendez-vous du cinéma s'appelle le Rendez-vous du Cinéma Francophone et nous avons vu la plupart des centres culturels en Afrique exposer des œuvres ou présenter des spectacles ayant comme auteurs des créateurs issus de plusieurs pays africains. Ce qui est remarquable également, c'est la multiplication des **collaborations entre partenaires francophones** pour organiser des animations, monter des expositions, coproduire des spectacles.

Nous avons de multiples exemples de pays où cette évolution s'est illustrée : Turquie, Ukraine, Bolivie, Bulgarie, Hongrie, Cap-Vert, Vanuatu, Cambodge, Grèce, Kazaskhstan, Nicaragua, République tchèque, Sénégal, ex-Zaïre. La plupart du temps les partenaires que l'on retrouve le plus souvent associés sont la France, le Canada, la Belgique, la Suisse mais on trouve aussi la Roumanie, le Sénégal, le Maroc, l'Égypte…

Notons dans cet ordre d'idées que le Salon du livre de Paris en mars 1999 aura comme invité d'honneur l'édition québécoise.

À cet égard, nous devons signaler un phénomène important : la **généralisation de la référence francophone dans les manifestations culturelles qui se déroulent au niveau local,** en France, au Québec, en Belgique, en Suisse, en Afrique.

Cela tend à devenir une habitude ou un réflexe et des groupes musicaux intégrant « blacks-blancs-beurs » s'appellent souvent « groupes francophones ».

La vitalité de la vie culturelle en pays francophone semble exceptionnelle ; outre la créativité et la diversité des expressions littéraires et artistiques, ce qui semble notable, **c'est la place qu'occupe la vie culturelle dans la société** et **le statut conféré à la culture. Des pays francophones se singularisent par leur enseignement de philosophie,** distingué en tant que tel et obligatoire bien souvent. L'attachement des francophones **au droit d'auteur** est devenu pour eux un combat international difficile dans le processus général de mercantilisation, mais qui cependant trouve des alliés en Europe et même chez certains créateurs américains.

La **présence culturelle de la France et de plusieurs pays francophones** dans le monde semble **singulière**. Bien souvent, on nous signale que les seuls lieux de vie culturelle fréquentés par un large public sont les centres culturels français ou les alliances françaises, c'est le cas en particulier à Phnom Penh, au Cap-Vert, à Fidji, à Addis Abbeba, au Vanuatu, en République Dominicaine, en Arabie Saoudite.

Par ailleurs, les grandes manifestations culturelles françaises exercent une forte attraction internationale (Avignon, Cannes, le Marché International du Disque et de l'Édition Musicale (MIDEM), le Marché International des Programmes de Télévision (MIPTV), le Salon du Livre de Paris, le Salon du Tourisme...). Le bouillonnement culturel français ne cesse d'être créatif et la Belgique francophone, le Liban et la Suisse romande offrent aussi des exemples remarquables d'intense activité culturelle ; le théâtre de Vidi à Lausanne, les théâtres de Genève (Saint-Gervais et De Poche) ainsi que les festivals de théâtre et de cinéma, les salons du livre et les expositions artistiques, les concerts de musique, de jazz, de chanson connaissent une affluence exceptionnelle depuis plusieurs années. Le rayonnement culturel de la Francophonie persiste même lorsque l'enseignement de la langue française n'est plus dispensé, c'est le cas de l'Argentine.

Les lieux où les cultures francophones sont présentées sont souvent aussi des lieux de liberté pour les nations concernées.

L'orientation la plus marquée au cours de ces deux dernières années dans la vie francophone semble être celle de **l'interculturalité.**

Beaucoup d'exemples montrent l'intérêt que les francophones ont pour les autres littératures. Les traductions dans les autres langues (ou en français d'œuvres non francophones) ont bénéficié d'aides substantielles qui ont touché de nombreux pays (Serbie, Croatie, Macédoine, Chili, Argentine, Corée, Costa Rica, Portugal, Égypte, Japon, Syrie...).

Les festivals cinématographiques (films nordiques à Rouen, festival des trois continents à Nantes, Festival de Ouagadougou, festival de Carthage, de Namur) aident puissamment à la promotion de cinémas qui illustrent la créativité diversifiée d'un monde encore pluriel. Les exemples concrets d'interculturalité, d'échanges voire de **métissage** dans l'aire francophone, ou à l'initiative d'acteurs francophones dans le monde entier, sont nombreux. Citons-en quelques-uns :
- deux pièces ghanéennes en anglais ont été traduites en français, grâce à la coopération française, et ont été jouées à Accra par la troupe du théâtre national ; l'une de ces deux pièces a bénéficié du concours d'un metteur en scène congolais ;
- **un public de plus en plus nombreux fréquente le centre culturel francophone mozambicain chargé tout à la fois de promouvoir la culture française et la culture mozambicaine ;**
- au Nicaragua, dans le cadre de l'AFAA (Association Française d'Action Artistique) a été montée, en trois langues (français, espagnol, miskito), *Le naufrage*, pièce adaptée d'un récit de Gabriel Garcia Marquez avec des artistes français et nicaraguayens ;
- au Portugal, le partenariat francophone généralisé attire plus de monde que le seul cadre bilatéral francophone/portugais, d'où le succès des réalisations sur les littératures de jeunesse avec les Belges et sur le cinéma avec les Canadiens.

Insistons donc sur cet aspect de **pluralisme** dans la création, et **d'interaction** ou de réciprocité qui se substitue aux simples notions de rayonnement ou de diffusion. Ainsi, par exemple, les **Instituts Goethe** et les **Instituts français** en Allemagne ont conçu des projets culturels inter-réseaux. Ainsi encore, les **spectacles roumains** circulent en Francophonie et des **coproductions** (en particulier théâtrales) se font dans les deux langues, française et roumaine.

De la même façon, des dramaturges algériens, comme Slimane Benaïssa, prennent l'habitude d'une double adaptation de leur pièce en français et arabe dialectal. **Les créations bilingues, trilingues** en Francophonie ne sont pas les seuls exemples du service que la Francophonie rend à la pluralité culturelle mondiale. Ici ou là, en effet, la France, d'autres pays francophones, la Francophonie multilatérale aident à la création locale. Les exemples fourmillent, citons-en quelques-uns uns : la chorégraphie en Angola, la production de séries télévisuelles au Burkina Faso, la coproduction de films en Algérie (sans quoi il n'y aurait pas de films algériens).

On ne saurait trop saluer l'œuvre accomplie par des pionniers, comme Jean-Luc Foulquier à la Rochelle, Monique Blin à Limoges ou Gabriel Garran à la Villette, qui ont promu des voix nouvelles, des chanteurs nouveaux, des auteurs et des acteurs d'art dramatique, nouveaux venus des pays du Sud et qui seraient sans doute restés inconnus du public sans cela.

Comme le chapitre « Culture » du rapport nous le montre, une autre tendance forte est **l'aide au développement.**

Il s'agit essentiellement **de former** des auteurs, des acteurs, des gestionnaires, des professionnels. Ceci se fait grâce notamment à une coopération qui tire de plus en plus sa force de l'intervention des collectivités locales comme des réseaux professionnels locaux (universités, ministères de la Culture, théâtres, conservatoires, municipalités, associations spécialisées…).

Les rencontres, les stages, les échanges, les coproductions sont cités dans beaucoup de nos enquêtes (Maurice, Cambodge, Cap-Vert, Hongrie, Malte, Maroc).

Souvent l'initiative ne vient pas seulement des États mais de la coopération décentralisée ou des fondations privées. Ainsi la fondation Hachette a doté le Centre Letton d'Études et de Recherches Francophones de 10 000 ouvrages et de matériel informatique.

Une tendance nouvelle, qui s'affirme avec vigueur, semble être l'association **Europe-Francophonie :**
- La coopération européenne est forte dans l'ex-Zaïre.
- La coopération francophone-allemande est forte en Bolivie et au Pakistan.
- La coopération avec le Goethe Institut est forte en Uruguay et en Alberta, avec le British Council en Afrique du Sud.
- La coopération avec ces deux institutions se développe en Lettonie.
- Le Festival du film européen à Lagos a fait collaborer Autrichiens, Danois, Allemands, Italiens, Britanniques, Portugais et Néerlandais.
- La collaboration entre Français, Italiens et Allemands est forte en Égypte.
- La collaboration européenne s'illustre en République tchèque.
- Au Portugal, l'action extérieure culturelle française se conjugue avec le Centre Cervantes et le Goethe Institut.
- Il existe des semaines européennes au Pérou, une collaboration germano-francophone en Côte-d'Ivoire. En Indonésie, le Centre Culturel Français, le Goethe Institut, le British Council et l'Erasmus Huis collaborent étroitement : ils diffusent mutuellement leurs programmes, ils échangent

des salles et des services, ils organisent des manifestations communes (festivals de musique).

Tradition et modernité : très souvent l'image de la culture française, et même, on peut le dire, de la culture francophone, est une image associée à la civilisation, l'art de vivre, l'élégance.

Les **femmes** sont souvent majoritaires dans le public qui assiste aux manifestations culturelles francophones, c'est le cas au Moyen-Orient, mais aussi en Afrique (80 % au Boswana).

S'il y a un thème qui revient constamment dans les observations recueillies pour les postes diplomatiques, c'est bien celui de **l'art de la table**. La gastronomie française conserve tous ses titres de gloire. Il semble même que des soirées, des rencontres, des expositions portent sur ce sujet : ainsi au Brésil, en Corée, en Bolivie, en Islande, au Japon, aux Philippines, en Slovénie. D'autres exemples montrent qu'à la langue française sont associés plusieurs traits de raffinement, plaisir, luxe, mode, distinction. Cet engouement pour la qualité de vie à la française semble être non seulement entretenu par les échanges culturels mais par les flux touristiques, et ils donnent lieu parfois à un véritable « snobisme » francophile dans le langage.

Ces caractéristiques qui renforcent l'image traditionnelle de la culture française et de la Francophonie sont aujourd'hui complétées par des **images plus modernes** sans qu'il y ait antinomie entre les deux aspects majeurs désormais de la perception de la Francophonie. En effet, on nous signale de plus en plus souvent l'impact du **design, du sport,** ou de la **modernité technologique**. N'oublions pas que l'enseignement scientifique et technologique, en Afrique et au Maghreb se fait majoritairement en français. N'oublions pas non plus que la France, le Québec, la Belgique se distinguent par une intense production de cédéroms culturels et par **l'utilisation des nouvelles technologies au service de la culture**, qu'il s'agisse de l'infographie ou de la muséographie. Le français des affaires s'enseigne désormais aussi bien que le français langue de culture, et au Liban le français est langue d'enseignement professionnelle et technique pour 60 % des élèves, l'arabe pour 25 % et l'anglais pour 15 %.

Aux images traditionnelles s'ajoutent donc celles de la modernité, mais aussi celle de la jeunesse et de la popularité. Ainsi les concerts de raï et de musique techno à Paris ou à Marseille suscitent l'enthousiasme de plusieurs milliers de jeunes ; de la même manière, les publics de tous les centres culturels français en Afrique et en Asie sont majoritairement des **publics jeunes**. (Au Soudan, 80 % du public a moins de 25 ans).

La **Fête de la musique**, initiative française, est devenue aujourd'hui une fête qui s'est répandue dans le monde entier, ce qui contribue aussi à rendre populaires, modernes et enthousiasmantes, la France et la Francophonie plurielle.

Des rencontres comme le Forum des Arts, de l'Univers Scientifique et Technologique (FAUST), dont la 7e édition a eu lieu du 21 au 25 octobre 1998 à Toulouse, illustrent la volonté affirmée par de nombreux créateurs de la Francophonie (auteurs et chercheurs) à lier création et technologie, culture et modernité. Ce salon international des technologies liées à la création attire désormais plus de 60 000 visiteurs !

La **commercialisation des biens culturels** reste le talon d'Achille de la Francophonie

Si les francophones marquent des points, dans la créativité dans le dialogue, l'échange et le métissage, dans la formation des professionnels de la culture, en revanche la commercialisation de leurs biens culturels par des **moyens publicitaires de masse et par de puissants moyens de distribution est encore un point faible**. S'il faut saluer la réussite de la librairie québécoise et de la librairie du Centre Wallonie-Bruxelles à Paris, en revanche, il faut noter que France Loisirs est un rameau du groupe Bertelsmann et qu'il n'y a pas à ce jour un « Électre » francophone permettant de consulter à distance les catalogues de **toutes les éditions francophones**. Il n'y a pas non plus un **club du livre francophone**.

Le livre est beaucoup trop cher en Afrique et les œuvres culturelles en général devraient être détaxées lorsqu'elles circulent d'un pays africain à un autre, mais c'est aussi le cas aux États-Unis où les livres en français sont d'un coût excessif. Il est urgent de revoir notre politique d'exportation du livre en mettant sur le marché international des éditions de différentes catégories, et en particulier celles qui, parce que peu luxueuses, peuvent trouver des publics plus nombreux.

La presse francophone, quant à elle, et en particulier la presse française, est chère, arrive tardivement et les points de vente dans le monde sont rares. Telles sont du moins les doléances que nous enregistrons depuis des années.

Les librairies françaises de Montevideo et d'Ottawa ont disparu. En Indonésie, la société qui distribuait les journaux français dans les grands hôtels, les aéroports, certaines librairies spécialisées a rompu son contrat avec les distributeurs français pour des raisons liées aux délais de paiement et d'expédition. Plusieurs de nos postes diplomatiques précisent qu'on ne trouve aucun livre français dans les librairies. C'est le cas par exemple en Ukraine. Mais on ne trouve pas, non plus, de presse française en vente en Bolivie (entre autres exemples). Quant au Cameroun, le marché du livre y est exsangue, et au Togo la situation de l'édition est particulièrement mauvaise.

Néanmoins certaines bonnes nouvelles récentes contredisent une situation généralement négative : une librairie et un kiosque à journaux ont été créés avec l'aide de l'ambassade de France en Angola ; une nouvelle librairie « la Maison française » vient d'être créée en Égypte ; les biens culturels francophones sont de plus en plus facilement accessibles dans les grands magasins japonais ; au Liban, un syndicat des libraires francophones importateurs et trois sociétés de diffusion de cédéroms francophones ont vu le jour ; une librairie française a été ouverte à Kuala Lumpur.

Salif Keita a créé au Mali une entreprise culturelle nouvelle : le studio Wanda. Deux librairies viennent d'ouvrir en Mauritanie (mais le prix du livre et de la presse est beaucoup trop élevé) ; la librairie française de Lisbonne est de mieux en mieux approvisionnée ; il a été créé à Montréal, en 1997, un complexe cinématogaphique consacré au film français, situé en plein centre-ville ; plusieurs librairies roumaines spécialisées dans les livres francophones se sont créés ; une librairie française a vu le jour en Suède « l'ARC » ; en Suisse romande, outre le réseau très dense de librairies locales, on relève la présence de librairies françaises dans les grandes villes de la Suisse alémanique.

L'usage des technologies permettant **l'édition à distance** et l'utilisation de **fonds publics** grâce à la coopération bilatérale ou multilatérale devront intervenir massivement si l'on veut relever le **défi de la commer-cialisation de masse des biens culturels francophones** ; il faut noter à cet égard que le ministère français de la Culture et les éditeurs français ont lancé un « Programme Vietnam » pour diminuer de 70 % le prix des livres. Les **alliances d'entreprises** dans le domaine des industries culturelles, que le HCF a préconisées depuis plus de dix ans lors de ses sessions annuelles, sont hélas encore très rares à ce jour.

'espace francophone de la communication, n lieu où par excellence s'illustre le refus 'une domination culturelle ar le biais de la modernité technologique

Les techniques de communication de masse, qui ont connu dans les cinq dernières années avec les satellites, le câble, la numérisation, le multimédia, une foudroyante accélération, peuvent conduire à l'uniformisation de la pla-nète, à l'écrasement de toutes les identités et de toutes les souverainetés mais elles peuvent aussi offrir l'antidote : **une chance supplémentaire donnée au bilinguisme ou au plurilinguisme, et la participation de plus d'auteurs et d'acteurs indépendants aux échanges et à la diffu-sion des biens culturels**.

Certes les États-Unis d'Amérique maîtrisent 60 % du marché mondial de l'audiovisuel, certes moins de 2 % du marché américain sont ouverts à des produits radiophoniques, télévisuels ou cinématographiques extérieurs mais d'autres faits illustrent les tendances nouvelles :
- RFI est devenue une des toutes premières radios mondiales même si, hélas, elle n'est pas toujours audible et si l'extension en FM (qui nécessite l'accord des pays concernés) n'est pas généralisée ;
- grâce à internet, la presse française mais plus généralement aussi la presse francophone est accessible partout ;
- TV5 est devenue une télévision véritablement mondiale avec la couver-ture de l'Asie au printemps 1997 et celle des États-Unis au printemps 1998 ;
- la mobilisation accrue des responsables nationaux et multilatéraux, publics et privés de la Francophonie a permis d'offrir un bouquet satellitaire africain francophone particulièrement riche, même si, hélas, le coût d'accès reste encore largement dissuasif pour la population ;
- partout dans le monde, la Francophonie fait école avec son principe de **régulation** ; les Canadiens et les Français ont été les promoteurs de cette idée de régulation qui permet aux usagers de se responsabiliser, et aux enfants d'être protégés. Néanmoins si les instances de régulation du type CSA (Conseil Supérieur de l'Audiovisuel) se sont rapprochées au niveau de l'espace francophone, comme au niveau de l'espace européen, **il reste encore à organiser cette régulation au niveau véritablement mon-dial, en englobant internet** où sévissent encore impunément les protago-nistes du révisionnisme et de la pédophilie. Les nouvelles technologies permettront sans doute de démultiplier les possibilités d'éduquer, de culti-

ver, de soigner et c'est sur ce thème là que le dialogue avec toutes les autres aires linguistiques devrait se développer. Déjà, s'est constitué un réseau des instances africaines de régulation de la communication en juin 1998 à Libreville. Déjà, l'UNESCO a chargé le philosophe français, Michel Serres, de réfléchir à un plan d'éducation à distance pour la planète. Déjà, on observe que nos amis Mexicains ou Brésiliens ont reconquis entièrement leurs écrans et que les **quotas audiovisuels** européens se sont élargis aux oeuvres canadiennes et africaines. L'idée même de quotas, adoptés par les Québécois puis par les Français, **fait école** et offre une garantie pour la survie de la pluralité linguistique et culturelle de humanité.

Bref, avec d'autres, les francophones ont marqué quelques points dans l'utilisation des nouvelles technologies de communication au service du pluralisme et de la solidarité.

Les nouvelles technologies offrent souvent une nouvelle chance pour accéder aux bases de données francophones ou aux **centres de ressources** sur la France dont disposent de plus en plus les postes diplomatiques français dans le monde. Des cyber-cafés s'organisent, ici ou là, lors des fêtes de la Francophonie, par exemple à Québec, Paris, Phnom Penh.

L'Association Canadienne de la Technologie de l'Information (ACTI) a organisé un sommet sur l'infotechnologie et sur **l'économie du savoir**. Ce sommet a rassemblé des représentants du gouvernement, de l'industrie et de l'université. Il faut dire que huit millions de ménages canadiens sont câblés (80 % du total).

Les nouvelles technologies peuvent venir au service de la culture et de l'identité culturelle au lieu de les écraser. Elles peuvent non seulement contribuer à moderniser l'économie de certains pays, mais aussi à fortifier leur mémoire. En Louisiane, par exemple, ont été réalisés avec la collaboration française des cédéroms permettant de **redécouvrir** le sous-bassement d'une culture francophone toujours vivante. Désormais, tous les centres culturels français dans le monde se dotent, les uns après les autres, de sites internet qui sont parmi les meilleurs gages de l'entrée de la Francophonie dans le XXIe siècle.

Science et Francophonie, une situation encore plus contrastée qu'ailleurs

Ici les **ombres et les lumières s'opposent violemment,** plus encore que dans les autres domaines. **Aucune grande revue francophone** ne joue le rôle de revue de référence internationale à l'instar des revues *Nature, Science* et *Lancet* ; dans les congrès et colloques internationaux, y compris en France, l'anglais ou le sabir anglo-américain l'emporte très largement ; il y a des domaines, en particulier dans la diffusion internationale de la recherche primaire, où semble-t-il l'anglo-américain domine sans partage : les sciences physiques, chimiques et biologiques. Il faut cependant rappeler que l'essentiel de la production scientifique chinoise se fait en chinois, de la production scientifique japonaise en japonais, de la production scientifique russe en russe, et que les chercheurs hispanophones ou francophones, **grâce au courrier**

électronique, communiquent entre eux dans leur langue, et ceci de plus en plus, d'après les informations que nous possédons.

Un autre bienfait des nouvelles technologies, et d'internet en particulier, est de permettre à beaucoup de chercheurs dispersés dans le monde de prendre connaissance des banques de données francophones. Internet permet aux Japonais de se connecter sur les revues francophones.

Au Québec, des bases de données scientifiques sont disponibles en français ; en Suisse, d'importantes revues scientifiques comme *Horizon, Futura, Vision* sont publiées en français et en allemand ; le CNRS dispose grâce à l'Institut National de l'Information Scientifique et Technique (L'INIST de Nancy) d'importantes bases de données (Pascal et Francis) en langue française.

On n'insistera jamais assez sur l'importance de l'œuvre accomplie par l'AUPELF-URELF, aujourd'hui appelée Agence Universitaire de la Francophonie, grâce aux points SYFED-REFER qui permettent aux chercheurs africains francophones de constituer leurs banques de données et d'accéder aux banques de données du monde francophone comme du monde entier.

Parmi les points forts de la Francophonie scientifique, il faut signaler l'usage majoritaire du français dans les sciences au Maghreb et en Afrique subsaharienne, la très forte collaboration franco-libanaise et franco-canadienne dans les sciences, et surtout la très grande présence francophone dans trois grands secteurs scientifiques : **le droit, la médecine et les sciences humaines et sociales**.

Médecine

La médecine est véritablement un fleuron de la Francophonie à l'échelle mondiale ; quelques exemples symboliques sont à mentionner :
- La revue du *Praticien* de la faculté de médecine du Cambodge est en français.
- La faculté de médecine de Nis en Serbie et l'hôpital Tenon ont une importante collaboration dans le domaine de la néphrologie.
- L'Institut de médecine du Monténégro entretient une importante collaboration avec l'hôpital de Rennes.
- L'Association des médecins francophones en Iran rassemble trois cents membres.
- L'École Chinoise d'Angiographie doit pour une part très large son essor à l'école française du professeur Jacques Caen de l'Institut des Vaisseaux de Paris.
- Les filières médicales francophones de Shanghaï se sont récemment développées.
- Le réseau francophone de psychiatrie, grâce aux chercheurs libanais et français, occupe une place très importante dans le monde ; le professeur Taouil de Paris-Saint-Antoine déploie une activité internationale rayonnante.
- Rappelons que la revue franco-québecoise *Médecine-Sciences* poursuit son aventure lancée il y a quinze ans.

En France, l'Académie de Médecine et son nouveau président, le professeur Charles Pilet, développent une politique de relations scientifiques internationales. Les recherches menées témoignent de la place originale de la médecine française dans le monde, préoccupée qu'elle est par les questions d'éthique et de société ou de santé publique à l'échelle planétaire.

Sciences humaines et sociales

La Francophonie s'illustre brillamment dans le domaine des sciences humaines et sociales. En particulier en histoire, philosophie, sociologie, ethnologie, archéologie... Dans tous ces domaines, de grands noms, de chercheurs français en particulier, sont mondialement connus ; des colloques internationaux se tiennent en français exclusivement, ou en parallèle avec d'autres langues ; des revues francophones existent. L'originalité d'une institution comme le collège international de philosophie présidé, jusqu'en novembre 1998, par le professeur François Jullien tient à ses préoccupations interculturelles et épistémologiques ; il a réussi à créer des réseaux de collaboration en Russie, en Amérique latine, en Chine...

– Une revue francophone de sciences humaines sur l'Asie du Sud-Est *Asianie* est publiée par le Centre d'Anthropologie de Bangkok et est soutenue par l'ambassade de France.

– Toute une école ethnologique et anthropologique roumaine de langue française s'est affirmée au cours des dix dernières années.

– L'École d'Ethnographie Vietnamienne a connu son heure de gloire en novembre 1997 lorsque le Président Jacques Chirac a inauguré le Musée d'Ethnographie de Hanoï.

Nous nous permettrons d'insister sur un regret et un souhait, s'agissant du chapitre « Sciences et Francophonie ». Le regret ? C'est de n'avoir pu faire aboutir la préconisation du Haut Conseil de la Francophonie formulée lors de sa Session de mars 1992, de **lancer une grande revue scientifique de niveau international et plurilingue** en collaboration avec l'Union européenne. Et pourtant, Monsieur Jacques Delors, à l'époque président de la Commission européenne, avait approuvé un tel projet.

Le souhait que nous formulons ? Il est **d'unir tous les épistémologues de langue française** dans le monde et de les doter de moyens conséquents pour qu'ils mènent à bien leurs travaux qui très souvent singularisent la Francophonie dans le champ scientifique mondial ; nous voulons parler de toutes les recherches qui concernent l'histoire des sciences, la philosophie des sciences, la critique des sciences, l'interdisciplinarité... Ici des personnalités comme Michel Serres, Edgar Morin, Dominique Lecourt pourraient être mises à contribution. Dans cet ordre d'idées, il faut inclure également toutes les réflexions qui concernent science et éthique, science et société où il semble que des scientifiques et des responsables politiques du monde francophone se soient exprimés avec suffisamment de force pour que cela ait été entendu sur la scène internationale.

La Francophonie économique au croisement de la modernité et de la solidarité

Si l'on enregistre très peu de progrès au niveau de la préférence francophone dans les échanges, en dehors des échanges franco-africains, en revanche la préférence francophone est très marquée dans toutes les **politiques publiques d'aide au développement** (canadienne, belge, française ou helvétique).

Cette aide est fort précieuse et elle s'ajoute aux efforts que les mêmes États francophones développés déploient dans les instances internationales pour faire baisser le taux écrasant de l'endettement des pays africains.

On notera, par ailleurs, que **les pays africains francophones ont tous connu dans les cinq dernières années** (1994 à 1998) **des taux d'accroissement économique annuels** de plus de 5 % en moyenne, ce qui fait, enfin, entrer ces pays dans l'ère aussi du véritable décollage puisque dans le même temps le taux d'accroissement démographique commence à fléchir en dessous du seuil de 3 % par an.

La coopération francophone compte trois points forts au niveau international : **le droit, la santé et le sport, en plus des aides d'ajustement structurel** qui sont parfois très élevées de la part de la France. Pour ne citer qu'un exemple, l'Agence Française de Développement (AFD) a accordé au Tchad un don de 4 milliards de francs CFA (40 millions de francs français), en septembre 1998, ce qui porte le concours de l'aide de la France au Tchad au titre de l'équilibre de la balance publique à 704 millions de francs depuis 1991.

Il faut dire aussi que les pays francophones développés ont tous des taux d'aide publique au développement (par rapport à leur PIB) supérieurs à 0,3 % ou 0,4 % ; ce qui les place bien avant d'autres puissances comme le Japon, l'Allemagne et les États-Unis d'Amérique.

On notera une tendance lourde de ces cinq dernières années : la **conjugaison** de plus en plus fréquente de la **coopération française ou francophone avec la coopération européenne ou la coopération internationale** (Banque Mondiale, PNUD, OMS...).

Une autre tendance lourde, qui n'a cessé de s'accentuer au cours des dernières années, est la **diversification** des formes et des acteurs de la coopération. À la coopération publique des États (bilatérale ou multilatérale) s'est ajoutée la **coopération décentralisée** des collectivités locales (villes, régions, départements), celle des **réseaux professionnels** et celle des **ONG.**

Nous avons été frappés en étudiant les éléments de l'enquête que nous avons lancée par **l'importance du rôle des ONG françaises et francophones**. Souvent, elles sont cinq, six ou sept à la fois à agir concrètement dans plus d'une quarantaine de pays dans le monde (Angola, Arménie, Cambodge, Cameroun, Centrafrique, Côte-d'Ivoire, Équateur, Égypte, Éthiopie, Ghana, Honduras, Inde, Kazakhstan, Mali, Mauritanie, Nicaragua, Ouzbékistan, Philippines, Russie, Sénégal, Soudan, Sri Lanka, Syrie, Ukraine Venezuela, Vietnam, Yémen, ex-Zaïre).

Les actions sont multiples et notamment dans le domaine social et humanitaire (lutte contre la faim, aide aux enfants des rues, malades et handicapés...). Il ne s'agit pas seulement de fourniture de matériel ou de médicaments, ni même de constructions ou d'équipements, mais de **formation** d'éducateurs ou de médecins.

Une mention spéciale revient à la **lutte contre le Sida**. Ici, la coopération française mais aussi canadienne se situent aux avant-postes de la coopération internationale. Là, comme en médecine d'une manière générale, se distinguent les hôpitaux de l'assistance publique française, la Croix-Rouge française et son président, Marc Gentilini, ainsi que la Conférence Internationale des Doyens de Faculté de Médecine Francophone (CIDF—

MEF) ; son président, André Gouazé, a su, pendant des années, développer cette institution dans le sens d'un humanisme sans frontières.

Pour ce qui est de la **modernité** et des prouesses économiques des pays francophones, il est remarquable que le Canada et la France se situent aux deux premières places du **classement international du développement humain**, que la France participe à des aventures économiques de premier rang mondial (TGV, Airbus, Ariane...) et que quarante accords aient été signés entre entreprises françaises et entreprises québécoises dans le domaine des inforoutes et du multimédia ; cette coopération-là est une des plus prometteuses quant à l'invention de la société intelligente de demain.

La Francophonie est également portée par deux vecteurs souvent méconnus : le sport et le droit

Le sport dans le monde francophone est un vecteur important à travers la coopération bilatérale et multilatérale. Le chapitre consacré à l'espace « sport » décrit les domaines de coopération qui vont de la formation des cadres, de l'entraînement des athlètes de haut niveau, de la construction d'équipements sportifs à la fourniture de matériels et à la médecine du sport. L'aide publique au développement dans ce domaine est conséquente et participe de cette solidarité évoquée souvent dans d'autres chapitres. Les manifestations sportives internationales suscitent un grand intérêt et leur retransmission en français valorisant la langue. La Coupe du Monde de football 1998 a focalisé l'attention sur la France et son équipe. La superbe victoire des « bleus » et sa composition plurielle qui honorait plusieurs continents a entraîné une appropriation populaire de la réussite et une osmose avec l'équipe gagnante.

Le droit est également un levier particulièrement intéressant pour la Francophonie : le contexte international qui amène des pays, dont le régime politique a évolué, à reconstruire un système juridique global dans un environnement économique libéral, à disposer de banques de données juridiques performantes, à se doter de juristes compétents, va privilégier l'assistance technique des pays francophones développés. Le chapitre consacré à l'espace juridique francophone atteste du dynamisme de la Francophonie à travers les coopérations bilatérales et multilatérales. Il fait ressortir aussi combien le droit porté en terres francophones ou étrangères peut être un formidable vecteur linguistique et culturel.

Si l'on constate le succès de la coopération juridique francophone dans toutes ses composantes (droit constitutionnel, droit civil, droit pénal, droit administratif...), on doit noter une moindre influence dans le domaine du droit des affaires où les cabinets anglo-saxons sont dominants. Il faut, en revanche, valoriser le savoir-faire, la spécificité et la volonté politique des francophones dans les actions en faveur des Droits de l'Homme et de l'État de droit. Dans ce domaine, on peut se demander si les francophones, par cette politique volontariste, ne sont pas en train de modifier les concepts anciens qui régissaient les relations internationales ? La Francophonie juridique, porteuse d'une certaine éthique dans le domaine de l'État de droit et des Droits de l'Homme n'est-elle pas en train de favoriser, en effet l'émergence d'un nouvel ordre juridique international ? À cet égard, il est à noter que plusieurs grands pays francophones ont soutenu avec succès le projet de création d'un tribunal pénal international.

es deux atouts-maîtres dans la promotion e la Francophonie : la dynamique ternationale, la dynamique sociale

La dynamique internationale

Beaucoup de pays francophones ont, en dehors de leur appartenance à la Francophonie, d'autres appartenances et d'autres solidarités.

Pour la France, la Belgique, le Luxembourg, la participation à l'Union européenne est capitale. Haïti est très attaché à la solidarité caribéenne voire à la solidarité latino-américaine. La Louisiane relève de la Francophonie, de l'Anglophonie, voire de l'Hispanophonie. La Roumanie cherche à se rapprocher de l'Union européenne et participe activement à l'Union latine, voire à l'Union balkanique. Le Vanuatu est plongé dans l'espace mélanésien. Le Québec, qui est le fer de lance de la Francophonie en Amérique, et aussi dans le monde, compte trois universités anglophones. Le Cameroun, le Canada, les Îles anglo-normandes, Maurice font partie du Commonwealth et symbolisent **l'Anglo-Francophonie** également illustrée par la Gambie ou le Vanuatu. Le Val d'Aoste est un pont **italo-francophone**, comme Andorre est un pont **catalano-francophone.**

L'Arabo-Francophonie est un des aspects les plus fondamentaux de l'univers francophone. La capitale du raï, nous l'avons vu, est Paris. Les chansons mais aussi les théâtres, quand il ne s'agit pas de poésie comme chez Abdelwad Meddeb, marient étroitement langue française et langue arabe. Au Maroc, la presse écrite, les radios et la télévision sont des entrelacs arabo-francophones. Au Liban, les cœurs et les esprits sont imprégnés par cette Arabo-Francophonie. En Mauritanie, la conviction vient de s'afficher que les deux langues n'étaient pas opposables mais au contraire conjugables. À Djibouti, la scolarisation en arabe progresse en même temps que la Francophonie s'affirme sur le plan littéraire. Il est jusqu'à la Jordanie qui mérite d'être citée, où une revue littéraire en français et en arabe est apparue récemment et qui a pour titre *En attendant.*

En Afrique, les **langues africaines** sont introduites de plus en plus dans l'enseignement primaire au moment même où le **français devient une véritable langue africaine.**

La **Créolo-Francophonie** constitue aussi un monde mixte bien vivant, à Haïti, d'ailleurs, le français et le créole sont reconnus comme deux langues officielles dans la Constitution de 1997.

Quelquefois **plusieurs mondes se télescopent** : le monde africain, le monde francophone et le monde hispanophone en Guinée-Équatoriale ; le monde arabe, le monde africain et le monde francophone en Mauritannie et au Sénégal grâce à la chaîne de télévision marocaine bilingue 2M ; en Gambie, au Gabon, des festivals afro-américains ne récusent pas la Francophonie.

Aux Seychelles, la Constitution de 1993 reconnaît trois langues officielles : l'anglais, le créole et le français. À Maurice, c'est l'Anglophonie, c'est la Francophonie, c'est la Créolophonie, mais c'est aussi l'Asie et le monde indien qui se croisent ; la Belgique essaie d'associer dans une alliance fédérale le français, le flamand et l'allemand.

On en finirait pas d'énumérer des exemples précis et concrets de la diaprure francopolyphonique, citons quelques exemples :
- treize stations de radio sur Bamako sont bilingues français-bamana ; Médi 1 est populaire dans tout le Maghreb parce que c'est une radio arabo-francophone dans l'information comme dans les chansons ; Radio Djibouti est également populaire du fait de son plurilinguisme ;
- la francopolyphonie s'illustre aussi au Luxembourg ; en 1997, on a vu apparaître un nouvel hebdomadaire *Le Jeudi* intégralement en langue française. Il répond à l'initiative du journal en langue luxembourgeoise *Tageblatt* et il a un tirage non négligeable de 10 000 exemplaires.

La Francophonie tire sa force de sa participation à de multiples ensembles, elle se trouve à la jointure de plusieurs mondes, ou elle chevauche plusieurs mondes. Et c'est sa place, plus que sa masse, qui lui confère un **rôle international majeur**. Ce n'est pas un hasard, nous l'avons vu, si le secrétaire général, M. Boutros Boutros-Ghali, a réussi à inviter à Paris le 20 mars 1998 **toutes les organisations internationales**, régionales et communautaires, ce n'est pas un hasard non plus si Elie Wiesel (auteur juif américain de langue française) s'était vu confier par François Mitterrand l'animation de l'Académie Internationale des Cultures du Monde. Un exemple récent est révélateur : le 21 avril 1998, **la Ligue arabe et la Francophonie** ont signé un protocole de coopération portant sur les domaines technique, économique et culturel. Lors de la signature, M. Boutros Boutros-Ghali a souligné que la Francophonie comptait sept pays arabes parmi les membres, et que le but commun était « *de réaliser la paix et de stimuler la coopération internationale* ».

La dynamique sociale

Partout la promotion de la Francophonie s'appuie de plus en plus sur **des associations** qui tirent leur vitalité de leur insertion profonde dans la société des pays concernés. Ainsi se multiplient des cercles, des clubs qui structurent, qui tissent une véritable **société francophone transfrontalière, citons quelques exemples** :
- le CECTAF (Centre des Scientifiques et Techniciens Argentino-français) rassemble les ex-boursiers, organise des déjeuners, des conférences, des colloques ;
- en Australie, une quarantaine d'associations francophones sont très actives ;
- dans l'Alberta, au Canada, l'Association Parents for French a réussi à faire entendre sa voix ;

- les étudiants coréens ayant étudié en France s'organisent entre eux et entretiennent la flamme francophone ;
- en Côte-d'Ivoire, associations de professeurs, associations d'écrivains, associations éducatives et culturelles s'impliquent dans la célébration de la journée de la Francophonie ;
- au Japon, le président actuel de la Maison du Japon à Paris, Hisanori Iso-mura a suscité la création d'un Club Paris-Tokyo, diplomatique, économique et culturel (la culture, ne négligeant pas la gastronomie) ;
- au Kazakhstan, un « Cercle Francophone d'Almaty » vient de voir le jour ; on espère y admettre les anciens étudiants et stagiaires afin qu'ils puissent rencontrer le monde français des affaires ;
- au Koweït, les clubs francophones qui ne cessent de se développer ont pris la relève du Centre Culturel Français qui a fermé ses portes en 1998, et ils connaissent un réel succès ;
- au Liban, parmi de très nombreuses associations francophones, il faut mentionner les associations de scientifiques et d'ingénieurs de langue française ;
- en Louisiane, il existe des clubs de français pour enfants et pour adultes ;
- au Luxembourg, l'Association Chan Song s'occupe de la promotion de la langue française ;
- en Macédoine, l'Association des Professeurs de Français, un groupe de pression influent ici comme dans une centaine de pays du monde, est concurrencée dans son activisme francophone par des associations encore plus vivantes comme Macédoine-France ou bien l'Association pour la Langue et la Culture Française de la ville de Bitola ;
- au Malawi, il existe une organisation pour la promotion du français ;
- à Maurice, on relève plusieurs associations francophones militantes dans l'enseignement parmi les diplômés de l'enseignement supérieur, sans compter l'Association des Auteurs de Langue Française et l'Association Mauricienne de Lecture ;
- au Nicaragua, l'Association des Anciens Étudiants Français est active ;
- au Nigeria, s'active une myriade de petits clubs francophones, sans beaucoup de moyens il est vrai, mais aidés par les Africains francophones de la sous-région ;
- au Pérou, l'Association Technique et Scientifique Franco-Péruvienne, l'Union Médicale Franco-Péruvienne, l'Association des Parents d'Élèves du Lycée Franco-Péruvien militent en faveur de la Francophonie.
- la Pologne compte plusieurs dizaines d'associations francophones : amis de la culture et de la chanson française, association de médecins polonais formés en France, association des médaillés de l'ordre des palmes académiques, de professeurs de français... ;
- au Portugal, les associations francophones sont fort nombreuses : association de professeurs de français, Lisbonne Accueil, Français du Nord du Portugal, association des parents d'élèves du Lycée français, Cercle Voltaire, association d'anciens boursiers ;
- en République tchèque, les associations francophones se structurent en fonction de milieux spécifiques : ingénieurs, médecins, journalistes, anciens élèves, anciens boursiers, architectes... Ces groupes organisent des rencontres, des séminaires, des conférences, et constituent des amicales ;
- la Russie possède des associations de francophones bien vivantes dont celle du professeur Édouard Poniatine à Nijni Novgorod ;

– en Grèce, l'écrivain francophone et hellénophone Dimitri Analis tente de réunir tout ce que la Grèce compte de francophones notables ;

– en Turquie, l'écrivain turcophone, et partiellement francophone, Nédim Gursel, tente de faire la même chose, et deux associations sont particulièrement actives : celle des ingénieurs francophones et celle des anciens élèves de Galatasaray ;

– en Ukraine, existe une association d'étudiants francophones ;

– en ex-Zaïre, une multitude d'associations culturelles œuvrent pour la promotion de la langue française, sans grands moyens, il est vrai ;

– on notera la création en Slovaquie d'une association francophone Kosice qui organise des soirées thématiques, des randonnées touristiques, des ateliers de théâtres, des rencontres gastronomiques ;

– en Syrie, 3 000 anciens boursiers francophones tentent de s'organiser et le secrétaire général du Haut Conseil de la Francophonie a pu s'adresser à Alep, en mars 1998, à plusieurs centaines d'universitaires, d'écrivains, de médecins, d'éditeurs, de pharmaciens, de poètes francophones désireux d'établir des liens entre eux ;

– au Vietnam, on recense, en mars 1997, cinquante cercles francophones, sans compter la création de la Maison de la Francophonie à Hô Chi Minh-ville ;

– depuis deux ans, le ministère français des Affaires étrangères, le Conseil National des Œuvres Universitaires et Scolaires, le Centre International des Étudiants et Stagiaires tentent de soutenir la grande opération ASTER qui consiste à organiser, pays par pays, des banques de données sur les anciens étudiants et stagiaires venus en France. Il est à remarquer que la Fondation Kastler, née à l'initiative du professeur Guy Ourisson, tâche de retrouver trace de tous les scientifiques ayant séjourné en France afin de les pourvoir en revues scientifiques françaises et de leur offrir des facilités pour des séjours professionnels en France.

Une véritable **convivialité francophone** se développe ainsi dans la quasi-totalité des sociétés de tous les pays du monde (y compris dans les pays qui se situent en dehors de la communauté francophone) et souvent les motifs scientifiques, professionnels et culturels sont renforcés par la double motivation de l'art de vivre et de la distinction sociale. Il est désormais de bon ton de s'afficher francophone à Pretoria comme à Tokyo. Un telle mode, qui a gagné certains milieux new-yorkais, fera peut-être école... à Paris !

Le Forum Francophone des Affaires qui cherche à rapprocher les chefs d'entreprises et à susciter de nouvelles entreprises dans les pays francophones du Sud est inspiré par la volonté d'introduire, dans la mondialisation et dans l'économie de marché, les principes de pluralisme et de solidarité. Dans le même temps, et c'est sans doute un fait très prometteur pour l'avenir, nous avons observé, au cours de ces dix dernières années, la naissance d'un véritable **mouvement francophone dans l'espace syndical** des pays de la Francophonie. Le Comité Syndical Francophone pour l'Éducation et la Formation qui se vient de se doter d'un nouveau secrétaire général, Roger Ferrari, le comité francophone de la CISL (Confédération Internationale des Syndicats Libres), le séminaire francophone annuel de la centrale Force ouvrière, le comité francophone de la CFTC, convergent dans leurs initiatives, puisque le souci de s'organiser par affinité géolinguistique est compris par tous comme un moyen et un atout qui pourront permettre de peser sur la scène internationale, afin d'infléchir la mondialisation sauvage dans le sens d'une régulation sociale.

Il semble bien que la **Francophonie soit devenue un espace privilégié de débats sociaux et éthiques**, dans les milieux les plus divers : économiques (nous songeons à la revue *Humanisme et Entreprise*), syndicaux (il faut saluer l'engagement de Marc Blondel en faveur d'une solidarité syndicale francophone internationale), philosophiques (nous songeons au thème « Éthique et société », au cœur des débats menés par des milieux maçonniques francophones), religieux (une intense réflexion sur « Islam et Humanisme » jaillit du choc provoqué par la rencontre du monde musulman et de la France laïque, et nous songeons aussi au débat sur « Foi et cultures » qui tient tant à cœur au Cardinal Paul Poupard, responsable de la commission pontificale pour la culture).

L'observateur qui aura ainsi voyagé en profondeur à travers tout l'univers de la Francophonie (univers en expansion comme le montrent nos statistiques sur les francophones dans le monde) ne pourra pas rester insensible à ce **jardin d'humanité**, qui annonce peut-être cette **civilisation de l'universel** prophétisée par le poète-président Léopold Sédar Senghor.

Bibliographie

Publications du Haut Conseil de la Francophonie

Haut Conseil de la Francophonie, plaquette de présentation, 1997.

Haut Conseil de la Francophonie, rapport d'activité du secrétariat général, année 1997.

Actes des sessions du Haut Conseil de la Francophonie (multigraphiés)

Actes des première et deuxième sessions (6 et 7 mars 1985, 9 et 10 décembre 1985).

Francophonie et opinion publique (28, 29 et 30 mai 1986).

Vers un espace économique francophone (26, 27 et 28 janvier 1988).

La Pluralité des langues en Francophonie (7, 8 et 9 février 1989).

La Communauté francophone dans la coopération internationale (6, 7 et 8 mars 1990).

Monde francophone et Francophonie dans le monde ; créations et échanges (19, 20 et 21 mars 1991).

La Francophonie dans la communauté scientifique mondiale ; la responsabilité des politiques et des scientifiques (31 mars, 1er et 2 avril 1992).

Jeunesse et Francophonie. Éducation, culture et solidarité (10, 11 et 12 mars 1993).

La Francophonie et l'Europe (22, 23 et 24 mars 1994).

La Francophonie et les sociétés africaines (14, 15 et 16 février 1995).

La Francophonie face aux défis des nouvelles technologies (30 avril, 2 et 3 mai 1996).

Asie et Francophonie (23, 24 et 25 avril 1997).

Rayonnement international de la Francophonie : accueil, formation, ouverture (4, 5 et 6 juin 1998). Pour cette session les Dossiers et Documents préparatoires sont également disponibles.

État de la Francophonie dans le monde : rapports du Haut Conseil de la Francophonie

État de la Francophonie dans le monde, rapport 1985, Paris, La Documentation française, 1986, 373 p.

État de la Francophonie dans le monde, données nouvelles 1986-1987, Paris, La Documentation française, 1987, 209 p.

État de la Francophonie dans le monde, données nouvelles 1989, Paris, La Documentation française, 1989, 236 p.

État de la Francophonie dans le monde, rapport 1990, Paris, La Documentation française, 1990, 414 p.

État de la Francophonie dans le monde, données 1991 et six enquêtes inédites, Paris, La Documentation française, 1991, 421 p.

État de la Francophonie dans le monde, données 1993, quatre études thématiques et deux enquêtes régionales, Paris, La Documentation française, 1993, 543 p.

État de la Francophonie dans le monde, données 1994 et cinq enquêtes inédites, Paris, La Documentation française, 1994 , 565 p.

État de la Francophonie dans le monde, données 1995-1996 et cinq études inédites, Paris, La Documentation française, 1997, 630 p.

Les Cahiers de la Francophonie

N° 1, « *Témoignages : 10 ans pour demain* », HCF, mars 1994.

N° 2, « *Langues et identités* » HCF, septembre 1994.

N° 3, « *Italie et Francophonie* », HCF, novembre 1995.

N° 4, « *Afrique : quel marché de la culture ?* », HCF, octobre 1996, Alain Leterrier, 24, Moulin-du-Pont, 77320 Saint-Rémy-de-la-Vanne.

N° 5, « *Asie et Francophonie* », HCF, novembre 1997, Alain Leterrier, 24, Moulin-du-Pont, 77320 Saint-Rémy-de-la-Vanne.

N° 6, « *Tourisme et Francophonie* », HCF, 1998, Alain Leterrier, 24, Moulin-du-Pont, 77320 Saint-Rémy-de-la-Vanne (sous presse).

Textes et propos

Textes et propos sur la Francophonie, Stélio Farandjis, préface de Léopold Sédar Senghor, Paris, éditions Richelieu-Senghor, s.d. 154 p.

Francophonie et humanisme, débats et combats, Stélio Farandjis, Paris, éditions Tougui, 1989, 349 p.

Francophonie fraternelle et civilisation universelle, Stélio Farandjis, Paris, éditions de l'Espace Européen, 1991, 284 p.

Ouvrages en collaboration

L'Édition et la diffusion des travaux scientifiques en langue française sur l'Afrique, Jean Devisse et Xavier Michel, Paris, La Documentation française, 1985, 108 p.

La Francophonie de A à Z, Paris, ministère de la Francophonie, 1990, 64 p.

Francophonie : les enjeux, Serge Briand, Paris, CNDP, 1992 (Textes et documents pour la classe, n° 612).

La Francophonie, bibliographie sélective et analytique, réalisée avec le concours de la Délégation Générale à la Langue Française et du Haut Conseil de la Francophonie, Paris, CNDP, 1992, 128 p. (Références documentaires, n° 58).

La Francophonie, fresque et mosaïque, réalisé par le HCF et le Centre National de Documentation Pédagogique, coordonné par Yvan Amar et Josiane Gonthier, Paris, CNDP, 1996, 208 p. (Actes et rapports pour l'éducation).

Publications sur la Francophonie

Actes de la Conférence des ministres francophones chargés des Inforoutes, Montréal, 19, 20 et 21 mai 1997, Paris, secrétariat des instances de la Francophonie, Agence de la Francophonie, 1997, 226 p.

Actes de la Conférence Ministérielle de la Francophonie, neuvième session de la Conférence Ministérielle de la Francophonie, dixième session de la Conférence Ministérielle de la Francophonie siégeant comme 16ᵉ Conférence générale de l'Agence de la Francophonie (session extraordinaire), Hanoï (Vietnam), 11, 12 et 16 novembre 1997, Secrétariat des instances, Paris, Agence de la Francophonie, 1997, 295 p.

Actes de la Journée mondiale de la Francophonie, Paris, le 20 mars 1998, La Francophonie, 1998, 111 p.

Actes de la septième Conférence des chefs d'État et de gouvernement des pays ayant le français en partage, Hanoï (Vietnam), 14, 15 et 16 novembre 1997, Paris, secrétariat des instances de la Francophonie, Agence de la Francophonie (ACCT), 1998, 401 p.

L'Année francophone internationale, année 1998, Québec, AFI, 1998, 415 p.

L'AUPELF, une idée en marche : une jeune histoire, un grand dessein, 3ᵉ édition, Montréal, AUPELF-UREF, 1998, 250 p.

L'Avenir de la Francophonie au Vietnam, rapport d'information fait au nom de la Commission des Affaires culturelles du Sénat à la suite d'une mission d'information effectuée en République socialiste du Vietnam, Paris, Sénat, 1997, 56 p. (Les Rapports du Sénat, n° 1, 1997-1998).

Dictionnaire universel francophone, Paris, Agence pour l'Enseignement Supérieur et la Recherche (AUPELF-UREF), Hachette EDICEF, 1997, 1 554 p.

État du développement et de l'utilisation des inforoutes dans l'espace francophone, Paris, Agence de la Francophonie (ACCT)/Edmundston, Canada, Centre International pour le Développement de l'Inforoute en Français (CIDIF), 1997, VIII-166 p.

La France et le Vietnam dans l'espace francophone. Textes tirés du colloque organisé par l'Association d'Amitié franco-vietnamienne les 16 janvier et 26 avril 1997, Paris, Montréal, L'Harmattan, 1997, 204 p.

La Francophonie, François-Pierre Le Scouarnec, Montréal, les éditions du Boréal, 1997, 126 p. (Collection Boréal Express).

La Francophonie au Liban, actes du sixième colloque international francophone du Canton de Payrac (Lot), organisé à Gourdon, Cales, Souillac et Martel (Lot) en 1996 sous la direction de Edmond Jouve, Simone Dreyfus et Walid Arbid, Paris, ADELF, Agence de la Francophonie, AULUF (Association des Universitaires Libanais Diplômés des Universités Françaises), et Haut Conseil de la Francophonie, 1997, 628 p. (Collection Mondes francophones).

La Francophonie de la culture à la politique, Yvette Roudy, Paris, Assemblée Nationale, 1997, 42 p.(Commission des Affaires étrangères. Rapport d'information n° 390).

Francophonie et Bibliothèques universitaires, Actes du Congrès des responsables des bibliothèques universitaires francophones, Fort-de-France, novembre 1994, Paris, AUPELF-UREF, 1996, 106 p. (Collection Universités francophones).

Francophonie, francophonisme : groupes d'aspiration et formes d'engagement, Christophe Traisnel, préface de Hugues Portelli, éd. Université Panthéon-Assas, Paris, LGDJ Montchrestien, 1998, 220 p. (Collection : Travaux et recherches Panthéon-Assas Paris II).

Francophonies et Identitaire, actes du colloque Francophonies et Identitaire, rédigés et édités par Jacques Caron, Odense (Danemark), ODENSE University Press, 1997, 90 p.

Géopolitique de la Francophonie, Jacques Barrat, préface de Pierre Messmer, Paris, Presses Universitaires de France, 1997, 184 p. (Politique aujourd'hui).

Hanoï – Hô Chi Minh-Ville. Le nouvel âge de la Francophonie, Économies francophones, la revue du *Forum Francophone des Affaires* n° 1, octobre 1997, 58 p.

Les Migrants passeurs de francophonie : le cas québécois. Pistes pour une recherche. Rapport final, Nicolas van Schendel, réalisé pour le compte du ministère des Relations avec les Citoyens et de l'Immigration (Canada), 1998, 107 p.

Les Migrants passeurs de la Francophonie. Rapport final de l'étude bibliographique, Marie-Laetitia Helluy, sous la direction du professeur Yves Charbit, CERPAA, Paris V, Paris, ministère de l'Emploi et de la Solidarité, Direction de la Population et des Migrations/Haut Conseil de la Francophonie, 1998, 180 p.

Programme de coopération multilatérale francophone 1998-1999, Agence de la Francophonie (ACCT), Document déposé à la VIIe conférence des chefs d'État et de Gouvernement des pays ayant le français en partage, Hanoï (novembre 1997), et modifié conformément aux décisions de la XIe Conférence Ministérielle de la Francophonie, Paris, février 1998, 189 p.

Propos sur le Québec et la Francophonie, Axel Maugey, Montréal, Humanitas, 1996, 156 p.

Qu'est-ce que la Francophonie ?, Michel Tétu, Paris, Hachette-EDICEF, 1997, 318 p.

Quelle Francophonie pour le XXIe siècle ?, collectif, textes des lauréats du concours international de la Francophonie, 1997, 290 p.

Regards sur la Francophonie, sous la direction de Marc Gontard et Maryse Bray, Rennes, Presses Universitaires de Rennes, 1997, 322 p.

Le Richelieu, recueil biographique de la Francophonie 1996-1997 avec le parrainage du Cercle Richelieu-Senghor, préface de François Cloutier, Président du Cercle Richelieu-Senghor, 4e édition, Paris, édition SIDER.

Y a-t-il un dialogue interculturel dans les pays francophones ? actes du colloque international de l'AEFECO (Association des Études Francophones d'Europe Centre-Oriental, Pecs, Vienne, 1995, 2 vol. 167 + 431 p. (Cahiers francophones d'Europe Centre Orientale, 5-6).

Les Questions linguistiques

L'apport des centres de français langue étrangère à la didactique du français, actes du colloque organisé à l'Université Stendhal-Grenoble 3, 26-28 septembre 1996, numéro dirigé par Jean-Pierre Cuq et Gisèle Kahn, *Documents pour l'histoire du français langue étrangère ou seconde*, décembre 1997, n° 20.

Apprendre le français en Corée, Mme Sung-Hee-Park, Paris, Sénat, 1997, 141 p. Annexes. (Les Documents de travail du Sénat, n° G A 18).

Apprentissage et usage des langues dans le cadre européen, Comité de l'éducation, Conseil de la coopération culturelle, Conseil de l'Europe, Strasbourg, le Français dans le monde, Recherche et applications, numéro spécial, juillet 1998, 256 p. Bibliographie.

L'Aventure des mots français venus d'ailleurs, Henriette Walter, Paris, Robert Laffont, 1998, 345 p.

Canada et bilinguisme, sous la direction de Marta Dvorak, Rennes, Presses Universitaires de Rennes, 1997, 234 p.

Circulaires relatives à l'emploi de la langue française par les agents publics, Paris, ministère de la Culture et de la Communication, Délégation Générale à la Langue Française, mars 1998, 108 p.

La Colonisation douce. Feu la langue française ? Carnets 1968-1998, Dominique Noguez, nouvelle édition très augmentée, Paris, Arléa, 1998, 311 p.

Comment tu tchatches : dictionnaire du français contemporain des cités, Jean-Pierre Goudaillier, préf. Claude Hagège, Paris, Maisonneuve et Larose, 1998, 192 p.

Les Constitutions africaines publiées en langue française, tome 1, textes rassemblés et présentés par Jean du Bois de Gaudusson, Gérard Conac et Christine Desouches, Paris, La Documentation française / Bruxelles, établissements Émile Bruylant, 1997, 452 p. (Collection Retour aux textes).

Le Corpus lexicographique : méthodes de constitution et de gestion. Communications prononcées en 1996 à l'Université de Yaoundé I, coédition AUPELF-UREF/Louvain-la-Neuve, Duculot, 424 p.

Dictionnaire français-cap-verdien, créole de Santiago, Diccionario Frances-Cabo-Verdiano, crioulo-santiaguense, disionari frances-berdiamu, Badiu, Nicolas Quint-Abrial, Paris, L'Harmattan, 1997, 75 p. ill.

Dictionnaire roumain-français/français-roumain de mercatique internationale, Maria Dipse, Bucarest, éditions Junior, 1997.

Dictionnaire Suisse romand, particularités lexicales du français contemporain, une contribution au Trésor des vocabulaires francophones conçu et rédigé par André Thibault sous la direction de Pierre Knecht avec la collaboration de Gisèle Boeri et Simone Quenet, Genève, éditions Zoé, 854 p. Bibliographie.

L'Évaluation des compétences linguistiques en français, le test d'Abidjan, sous la direction de Robert Chaudenson, s.l., CIRELFA, Agence de la Francophonie, 1997, 2 vol. 206 + 79 p. (Langues et développement, Collection dirigée par Robert Chaudenson).

L'Évolution de la situation de l'affichage à Montréal, 1995 et 1996, Québec, Conseil de la langue Française, 1997, 47 p. (Documentation, n° 35.).

La Fonction publique internationale, lexique commenté sous la direction de Jeanne Penaud, Paris, La Documentation française, 1997, 336 p. Bilingue français-anglais. (Institut International des Sciences Administratives).

La Formation initiale et continue des professeurs de français en Europe Centrale et Orientale, Sèvres, Fédération Internationale des Professeurs de Français en Europe Centrale et Orientale, 1997, 159 p.

Le Français au XXIe siècle, tracer l'avenir, cultiver la différence, actes du congrès mondial des professeurs de français, Tokyo, Japon 25-31 août 1996, Bruxelles, Fédération Internationale des Professeurs de Français, 1997, 484 p. (Dialogues et cultures, 41).

Le Français dans l'espace francophone, description linguistique et sociolinguistique, tome 2, publié sous la direction de Didier de Robillard, et Michel Beniamino, Paris, Honoré Champion, 1996, 964 p. Bibliographie. Index.

Le Français en Belgique, une langue, une communauté sous la direction de Daniel Blampain, André Goosse, Jean-Marie Klinckenberg, Marc Wilmet, Louvain-la-Neuve, Duculot, ministère de la Communauté française de Belgique, 1997, 529 p.

Le Grand dictionnaire terminologique, Office de la langue française, Québec, 1997. Accessible sur internet et sur cédérom.

Le Guide du français familier, Claude Duneton, Paris, Seuil, 1998, 604 p.

Histoire de la diffusion et de l'enseignement du français dans le monde, coordonné par Willem Frijhoff et André Reboullet, *Le Français dans le monde*, recherches et applications, numéro spécial, janvier, 1998, 192 p.

L'Intercompréhension : le cas des langues romanes, le Français dans le monde, recherches et applications, numéro spécial, janvier 1997, 159 p.

Du langage aux langues, Ranka Bijeljac et Roland Breton, Paris, Gallimard, 1997, 128 p. (Découvertes. Sciences).

The Language riddle, David Annousamy, University of Pondichery, 1995, 250 p.

La Langue française : atout ou obstacle ? ; réalisme économique, communication et francophonie au XXIe siècle, Charles Durand, Toulouse, Presses Universitaires du Mirail, 1997, 447 p. (Interlangues).

La Langue française à travers les âges, Nina Catach, Paris, ministère de la Culture et de la Communication, Délégation Générale à la Langue Française, s.d., 8 p.

La Langue française, mémoire de DEA de droit privé général présenté par Grégory Meyer sous la direction de M. le professeur Georges Vermelle, Université de Tours, Faculté de droit et des sciences sociales, mai 1996.

Langue française, terre d'accueil, André Brincourt, Monaco, éditions du Rocher, 1997.

De la langue française : essai sur une clarté obscure, Henri Meschonnic, Paris, Hachette Littératures, 1997, 356 p. Index.

Langues et cultures régionales, Bernard Poignant, Paris, La Documentation française, 1998, 90 p. (Collection des rapports officiels. Rapports au Premier ministre).

Législation et réglementation relatives à la langue française, tome 1, Paris, ministère de la Culture et de la Communication, Délégation Générale à la Langue Française, mars 1998, 114 p.

Législation et réglementation relatives à la langue française, tome 2, textes anciens, Paris, ministère de la Culture et de la Communication, délégation à la langue française, mars 1998, 190 p.

Lexique anglais/français/japonais des sports olympiques, jeux d'hiver, Paris, Institut National du Sport et de l'Éducation Physique, 1997, 404 p.

La Lusophonie dans le monde, Yves Léonard, Paris, La Documentation française, 1998, 81 p. (Problèmes politiques et sociaux. Dossiers d'actualité mondiale). Bibliographie.

La Mesure des mots, cinq études d'implantation terminologique, réunies et mises en forme par Loïc Depecker avec la collaboration de Gina Mamavi, Rouen, Presses de l'Université, 1997, 528 p. Index.

Normes linguistiques et écriture africaine chez Ousmane Sembène, Arthère Nzabatsinda, Toronto, GREF, Collège Universitaire Glendon/Université d'York, 1996, 216 p.

La Place du français sur les autoroutes de l'information, la Roumanie et la Francophonie, actes de la XVIe biennale de la langue française, Bucarest, 1995, réunis par Jeanne Ogée, Paris, 1996.

Politique linguistique et création culturelle, actes du séminaire tenu à Québec, le 10 juillet 1996 dans le cadre de la rencontre Québec-Catalogne, Québec, Conseil de la Langue Française, 1997, 59 p. (Documentation, n° 34.).

Les Préfaces du Dictionnaire de l'Académie française 1694-1992, textes, introductions et notes sous la direction de Bernard Quemada, Paris, Champion, 1997, 564 p. Index. Bibliographie (Lexica, 1).

Rapport au Parlement sur l'application de la loi du 4 août 1994 relative à l'emploi de la langue française, ministère de la Culture et de la Communication, Délégation Générale à la Langue Française, 1997, 197 p.

Rapport au Parlement sur l'application des dispositions des conventions ou traités internationaux relatives au statut de la langue française dans les institutions internationales, ministère de la Culture et de la Communication, Délégation Générale à la Langue Française, 1997, 151 p.

Rapport au Parlement sur l'application de la loi du 4 août 1994 relative à l'emploi de la langue française, ministère de la Culture et de la Communication, délégation à la langue française, 1998, 156 p.

Rapport au Parlement sur l'application des dispositions des conventions ou traités internationaux relatives au statut de la langue française dans les institutions internationales, ministère de la Culture et de la Communication, Délégation Générale à la Langue Française, 1998, 158 p.

L'« Universalité » du français et sa présence dans la Péninsule Ibérique, actes du colloque de la SIHFLES, tenu à Tarragone (Université Rovira i Virgili) du 28 au 30 septembre 1995, édités par Juan Garcia-Bascunana, Brigitte Lépinette et Carme Roig, Saint-Cloud, Société Internationale pour l'Histoire du Français Langue Étrangère ou seconde, 1996, 503 p. (Documents pour l'histoire du français langue étrangère ou seconde, n° 18).

Culture et société

Actes du Premier Séminaire international sur les Droits de l'homme et la paix (Formation de formateurs), Liban 1994, Beyrouth, Union Internationale pour la Paix et les Droits de L'homme, 1995, 294 p.

L'Afrique notre avenir, Paris, M. Lafon, 1998, 308 p.

Afriques en scènes, hors série. Cinquante pièces pour connaître le théâtre africain de langue française, octobre 1997, Paris, Afrique en Créations.

Les Amériques Noires. Les civilisations africaines dans le nouveau monde, Roger Bastide, Paris, L'Harmattan, 1996, 240 p. (Collections Recherches et Documents Amériques latines).

L'Amour en panne, François Cloutier, Glapigny, éditions du Choucas, 1998, 157 p.

L'Amour l'homme, poèmes bilingues en coréen et en français, Seung-Seok Seo, Séoul, 1998, 156 p.

Apprendre dans la société de l'information. Plan d'action pour une initiative européenne dans l'éducation (1996-1998), Luxembourg, Office des publications officielles des communautés européennes, 1997, VIII-20 p.

Apprentissage et développement en Afrique Noire. Le levier de l'alternance, Paul Bachelard et Amédée Odunlani, Paris, L'Harmattan, 1997, 201 p.

Art et culture : venir se former en France, coordination éditoriale Sophie Claudel, Paris, Le Monde éditions, 1998, 303 p. (Guides du Monde de l'Éducation).

Les Autoroutes de l'information : enjeux et défis, actes du colloque tenu dans le cadre des huitièmes entretiens, Centre Jacques Cartier, Rhône-Alpes, 5 au 8 décembre 1995, sous la direction de Jacques Frémont et Jean-Paul Ducasse, université de Montréal, 1996, 289 p. (Les Chemins de la Recherche, 39.)

La Banque Mondiale et l'Afrique de l'Ouest : l'exemple du Sénégal, Tom Amadou Seck, Paris, Publisud, 1997, 200-XVI p. (Le Développement dans les faits).

Les Blancs vus par les Africains, textes recueillis et présentés par Jacques Chevrier, Lausanne, P.-M. Favre, 1998, 213 p.

Les chefs d'État écrivains en pays francophone, actes du septième colloque international francophone, du Canton de Payrac et du pays de Quercy organisé à Sarlat, Lamothe-Fénelon, Cavennac et Figeac par l'ADELF, préface de Boutros Boutros-Ghali, Paris, Association des Écrivains de langue française, 1998, 627 p., (Collection Mondes francophones, séries Colloques de l'ADELF, n° VII).

Le Chemin Saint-Jacques, Antonine Maillet, Paris, Grasset, 1997, 350 p.

La Diaspora libanaise en France : processus migratoire et économie ethnique, Amir Abdulkarim, Paris, 1996, 261 p. ill. cartes. (Comprendre le Moyen-Orient).

582

Dictionnaire des lettres françaises, vol. 4 : le XXe siècle, édition réalisée sous la dir. de Martine Bercot et André Guyaux, Paris, LGF, 1998, 1170 p. (Coll. La Pochothèque. Encyclopédie d'aujourd'hui).

Dictionnaire pratique du droit humanitaire, Françoise Bouchet-Saulnier, collab. Fabien Dubuet, Paris, La Découverte, 1998, 460 p. Bibliographie.

Droit, déontologie et éthique des médias, André Linard, en collaboration avec Bertrand Scirpa, Paris, ministères des Affaires étrangères-Coopération et Francophonie, Commission européenne, Agence de la Francophonie, 1998, 164 p. (Formation pratique à la presse en Afrique).

Du Mékong au Quai d'Orsay : mémoires, Margie Sudre, Paris, Flammarion, 1998, 300 p.

Espaces littéraires d'Afrique et d'Amérique, Robert Jouanny, Paris, L'Harmattan, 1996, 305 p. (Tracées francophones, 1).

Espaces littéraires de France et d'Europe, Robert Jouanny, Paris, L'Harmattan, 1996, 320 p. (Tracées francophones, 2).

Ethnologies francophones de l'Amérique et d'ailleurs, sous la direction de Anne-Marie Desdouits et Laurier Turgeon, Québec, Les Presses de l'Université Laval, 1997, 354 p.

Étudiants d'Afrique Noire en France : une jeunesse sacrifiée ?, Emmanuel Amougou, préface de Christian de Montlibert, Paris, L'Harmattan, 1997, 142 p. (études africaines).

Les Français de l'étranger, Alain Vivien, Mireille Raunet, Paris, Presses Universitaires de France, 1997, 128 p. (Que sais-je ? n° 3207).

Gagner du champ sur la nuit, Philippe Cantraine, Paris, éditions Caractères, 1998, 75 p.

Géodynamique des migrations internationales dans le monde, Gildas Simon, Paris, Presses Universitaires de France, 1995, 429 p. (Politique aujourd'hui).

Gestion administrative. 3. Communiquer. L'écrit, l'oral et les médias, B. Cazajous, R. Poques, Paris, Foucher, 1997, 192 p. (Gérer l'entreprise en Afrique).

Gestion comptable. 1. Enregistrer. Initiation comptable, J. Ballivet, A. Rossignol, Paris, Foucher, 1997, 191 p. (Gérer l'entreprise en Afrique).

Gestion comptable. 2. Synthétiser. Bilan et résultat, E. Veteau, V. Raffy, Y. Diallo, Paris, Foucher, 1997, 191 p. (Gérer l'entreprise en Afrique).

Gestion économique. 1. Modéliser. Économie générale. Y. Gauffriau, Paris, Foucher, 1997, 192 p. (Gérer l'entreprise en Afrique).

Gestion économique. 2. Piloter. Économie d'entreprise, C. Mouilleseaux, Paris, Foucher, 1997, 192 p. (Gérer l'entreprise en Afrique).

Le Grand manège au passage du Verseau. L'éternel retour au miroir de Nietzsche revisité, Marcel Beaux, Paris, Publisud, 1998, 166 p.

Histoire de l'émigration Kabyle en France au XXe siècle : réalités culturelles et politiques et réappropriations identitaires, Karina Direche-Slimani, Paris, L'Harmattan, 1997, 214 p., cartes. Bibliographie.

Les Identités meurtrières, Amin Maalouf, Paris, Grasset, 1998, 210 p.

Les Iles du Cap-Vert aujourd'hui : perdues dans l'immensité, Nicolas Quint-Abrial, Paris, L'Harmattan, 1997, 163 p.

Illettrisme : de l'enjeu social à l'enjeu citoyen, coordonné par Christiane El Hayek, ministère de l'Emploi et de la Solidarité, Groupe permanent de lutte contre l'illettrisme, Paris, La Documentation française, 1998, 298 p. (Collection En toutes lettres).

Le Jour dernier, Mohamed Kacimi el-Hassani, Paris, Stock, 1996, 104 p. (Littérature française).

583

Journaux et radios en Afrique au XIXe et XXe siècles, André-Jean Tudesq, en collaboration avec Serge Nédélec, Paris, ministère des Affaires étrangères-Coopération et Francophonie, Commission européenne, Agence de la Francophonie, 1998, 198 p. (Formation pratique à la presse en Afrique).

Légendes et histoire du peuple du Burkina Faso, Salfo-Albert Balima, Paris, éditions J.A. Conseil, 1996.

La Littérature belge de langue française : au-delà du réel... Itinéraires et contacts de cultures, vol. 20, Université Paris-Nord, Paris, L'Harmattan, 1995, 187 p.

Littérature du Québec, Catherine Pont-Humbert, Paris, Nathan Université, 1998, 127 p. (Lettres 128). Index. Bibliographie.

Littérature et cinéma du Québec, atti del Convegno di Bologna 18-21 maggio 1995 a cura del Centro di Studi quebecchesi dell'Università di Bologna, Roma, Bulzoni Editore, 1997, 164p.

Littérature francophone. 1. Le roman, coordination, présentation et introductions par Charles Bonn et Xavier Garnier, Paris, Hatier/AUPELF-UREF, 1997, 351 p. Bibliographie. Index.

Littératures francophones II. Les Amériques : Haïti, Antilles-Guyane, Québec, Jack Corzani, Léon-François Hoffmann, Marie-Lyne Piccione, Paris, Belin, 1998, 318 p. Bibliographie. Index. (Belin Sup. Lettres).

Littératures francophones III. Afrique Noire, Océan Indien, Michel Hausser, Martine Mathieu, Paris, Belin, 1998, 270 p. Bibliographie. Index. (Belin Sup. Lettres).

Littératures francophones d'Afrique centrale, anthologie, sous la direction de Jean-Louis Joubert, Paris, Agence de Coopération Culturelle et Technique, 1995, 255 p.

Littératures francophones d'Afrique de l'Ouest, anthologie, sous la direction de Jean-Louis Joubert, Paris, Nathan, Agence de la Coopération Culturelle et Technique, 1994, 255 p.

Littératures francophones d'Europe, anthologie, sous la direction de Jean-Louis Joubert, avec la collaboration de Doris Jakubec, Marc Quaghebeur, Emmanuelle Thiberge-Joubert, Paris, Agence de la Francophonie, Nathan, 1997, 255 p.

Littératures francophones du Monde arabe, anthologie, sous la direction de Jean-Louis Joubert, Paris, Nathan, Agence de Coopération Culturelle et Technique, Al Madariss, 1994, 239p.

La Louisiane Michel Tauriac, photographies Pierre Esparbet, Paris, éditions du Jaguar, 1997, 240 p. ill. (Aujourd'hui).

Le Lys et le Flamboyant, Henri Lopes, Paris, Seuil, 1997, 431 p.

La Maestra, Vénus Khoury-Ghata, Arles, Actes Sud, 1996, 170 p.

Messages stellaires et terrestres, Cù Huy Cân, Trois-Rivières, Québec/Luxembourg, éditions Phi, 1996, 73 p.

Le Métier à Métisser, essai, René Depestre, Paris, Stock, 1998, 265 p.

Le Métier de journaliste en 30 questions-réponses, Gérard Ponthieu, en collaboration avec Pierre Barrot, Paris, ministère des Affaires étrangères-Coopération et Francophonie, Commission Européenne, Agence de la Francophonie, 1998, 160 p. (Formation pratique à la presse en Afrique).

Mission d'étude des législations de la nationalité et de l'immigration, Patrick Weil, Paris, La Documentation française, 1997, 175 p. (Collection des rapports officiels. Rapports au Premier ministre).

Multimédia, réseaux et formation, coordonné par Pierre Ouidart, le Français dans le monde, *Recherches et applications*, numéro spécial, juillet 1997, 192 p.

La Nouvelle presse congolaise : du goulag à l'agora, Jean-Claude Gakosso, Paris, L'Harmattan, 1997, 123 p., ill. Bibliographie. (Études africaines).

La Nuit de l'erreur, Tahar Ben Jelloun, Paris, éditions du Seuil, 1997, 313 p.

Les Œuvres de Félix Leclerc, choisies et corrigées par Félix Leclerc, éd. Henri Rivard, édition Internationale, 1997, 4 vol., 462 + 435 + 459 + 500 p.

L'Ordre des phénomènes suivi de Les Feux de la planète, J.-B. Tati-Loutard, Paris, Présence Africaine poésie, 1996, 110 p.

Orientales. Littératures francophones III, le Français aujourd'hui, n° 119, 1997.

Le Parfum des belles de nuit, Xavier Orville, Saint-Maur, éditions SEPIA, 1996, 128 p.

Le Passeport pour l'emploi expatrié, réalisé par le *Magazine des Français expatriés*, Paris, Hexagone Publications, 1998, 208 p.

Un Pays pauvre, voyage au Mali, Nadia Khouri-Dagher, Paris, L'Harmattan, 1996, 126 p.

Une Passion roumaine : Histoire de l'Institut Français de Hautes Études en Roumanie (1924-1948), André Godin, Paris, L'Harmattan, 1998, 239 p.

Poèmes et récits d'Afrique Noire, du Maghreb, de l'Océan Indien et des Antilles, anthologie rassemblée et préfacée par Édouard J. Maunick, Paris, Le Cherche-Midi éditeurs, 1997, 185 p.

La Polyandre, Bolya, Paris, le Serpent à Plumes, 1998, 235 p. (Le Serpent Noir).

La Population du monde, enjeux et problèmes, édité par Jean-Claude Chasteland et Jean-Claude Chesnais, préface de T. de Montbrial, postface de G. Balandier, Paris, Presses Universitaires de France, Institut National d'Études démographiques, 1997, 630 p. (Travaux et documents, cahier n° 139.).

Pour un modèle européen d'enseignement supérieur, rapport remis par Jacques Attali au ministre de l'Éducation nationale, de la Recherche et de la Technologie, Paris, 1998.

Présence Senghor, 90 écrits en hommage aux 90 ans du poète-président, Paris, éditions UNESCO, 1997, 287 p.

Des Québécois à Hong Kong, Axel Maugey, Brossard (Québec), Humanitas, 1997, 170 p.

Le Racisme expliqué à ma fille, Tahar Ben Jelloun, Paris, éditions du Seuil, 1998, 62 p.

La Reconstruction du Liban : Environnement et développement durable, actes du colloque organisé le samedi 10 juin 1995 au Palais du Luxembourg (Sénat), sous la direction de Walid Arbid et Talal Younes, Beyrouth, éditions Dar-al-Maha, 1996.

Recueil francophone des traités et textes internationaux en droit de l'environnement, sous la direction de Michel Prieur et de Stéphane Doumbé-Billé, Bruxelles, Bruylant/AUPELF-UREF, 1998, 719 p. (Universités francophones)

La Représentation diplomatique de la France au Liban et du Liban en France et à l'UNESCO, Walid Arbid, préface de Jacques Thobie, Beyrouth, Al-Maha/Paris, L'Esprit des péninsules, 1997, 185 p.

Socio-économie de la musique en France : diagnostic d'un système vulnérable, Mario d'Angelo, préface de Stélio Farandjis, Paris, La Documentation française, 1997, 190 p. (Les Études de la Documentation française).

Tchad 1960-1990, trente années d'indépendance, Thierry Lemoine, Paris, Lettres du Monde, 1997, 398 p.

La Terre, l'eau et le droit en Afrique, à Madagascar et à l'Île Maurice, sous la direction de Gérard Conac et de Françoise Conac, avec le concours de Mireille Tavernier, préface de Sérigne Diop, Université de Paris I (Panthéon-Sorbonne), Centre d'Études Juridiques et Politiques du Monde Africain, Bruxelles, Bruylant/AUPELF-UREF, 1998, 759 p. (Universités francophones).

585

Traditions and mutations in french studies : the australian scene, edited by Philippe Lane et John West-sooby, Mount Nebo (Australia), Boombana Publications, 1997, 220 p.

Le Voyage en Suisse : anthologie des voyageurs français et européens de la Renaissance au XXe siècle, présentation et éd. Claude Reichler, Roland Ruffieux, Paris; Robert Laffont, 1998, 1 745 p. (Collection Bouquins).

Revues

Afriqu'Éducation (mensuel) 3, rue Carves, 92120 Montrouge.

Afriques en scènes, une publication de Afrique en Créations, 51, rue Sainte-Anne, 75002 Paris.

L'Alouette (mensuel), Bulletin de l'Association Suisse des journalistes de langue française, 20, avenue du Temple, CH-1012 Lausanne (Suisse).

Les Amitiés acadiennes (revue trimestrielle), 2, rue Ferdinand-Fabre, 75015 Paris.

Arabies (mensuel), 92, rue Jouffroy, 75017 Paris.

L'Asie magazine (mensuel), Espace L'Harmattan, 21 bis, rue des Écoles, 75005 Paris.

L'Autre Afrique (revue hebdomadaire), 6, rue de Berri, 75008 Paris.

Bulletin de l'Institut International de Droit d'Expression et d'Inspiration Françaises (IDEF), 27, rue Oudinot, 75007 Paris.

Bulletin du Conseil de la Langue Française (trimestriel), Conseil de la Langue Française, 800, place d'Youville, 13e étage, Québec (Québec), GIR 3P4 Canada.

Cahiers francophones d'Europe Centre-orientale, revue annuelle de plurilinguisme, Pecs (Hongrie) et Vienne, Autriche.

Carnet de bord, bulletin de l'Association Française d'Action Artistique (AFAA), trimestriel, ministère des Affaires étrangères, 244, boulevard Saint-Germain, 75327 Paris Cedex 07.

Chorus. Les Cahiers de la chanson, quatre numéros par an, BP 28, 28270 Brezolles.

Dialogues (trimestriel), revue de la Mission Laïque Française, 9, rue Humblot, 75015 Paris.

Dialogues et cultures (semestriel), Fédération Internationale des Professeurs de Français (FIPF), 1, avenue Léon-Journault, 92310 Sèvres.

Échanges Internationaux, 277, rue Saint-Jacques, 75005 Paris.

L'Écluse, Banque Internationale d'Information sur les États Francophones (BIEF), 25, rue Eddy, pièce 13G4, Hull, Canada K1A OM5.

Économies francophones, la *Revue du Forum Francophone des Affaires* (FFA), 105, boulevard Murat, 75016 Paris.

Le Français aujourd'hui (trimestriel), Association Française des Enseignants de Français, 19, rue des Martyrs, 75009 Paris.

Le Français dans le monde (8 numéros par ans), 58, rue Jean-Bleuzen, 92178 Vanves Cedex.

Français 2000, bulletin trimestriel de la Société belge des professeurs de français de la Communauté française. Éditeur responsable : Michel Lequeux, 28, avenue Victor-Emmanuel III, 1180 Bruxelles, Belgique.

Le Français à l'Université (trimestriel), Agence Universitaire de la Francophonie (AUPELF-UREF), Bureau Europe, 4, place de la Sorbonne, 75005 Paris.

France-Louisiane Franco-américanie (trimestriel), revue de l'Association France-Louisiane Franco-Américanie, 17, avenue Reille, 75014 Paris.

France-Québec Magazine, édité par l'Association France-Québec, 24, rue Modigliani, 75015 Paris.

Francité (Bimestriel), revue de la Maison de la Francité, 18, rue Joseph II, 1000 Bruxelles, Belgique.

Francofonia, studi i ricerche sulle letterature di lingua francese (semestriel), dipartimiento di lingue et letterature straniere moderne. Via Cartolerie, 5 40124 Bologna, Italie.

Francophonies d'Amérique, revue annuelle, Presse de l'Université d'Ottawa, 60, rue Université, CP 450, succ. A, Ottawa (Ontario), Canada, K1N 6N5.

Francophonie Diffusion, 33, rue du Faubourg-Saint-Antoine, 75011 Paris.

Frankofoni. Revue d'études et recherches francophones. Publié avec le concours des services culturels de l'ambassade de France à Ankara, Hacettape Universitesi Edebiyat Fakültesi Fransiz Dili ve Edebiyati Bölümu, O6532 Beytepe-Ankara, Turquie.

La Gazette de la presse de la langue française (bimestriel), Union Internationale des Journalistes et de la Presse de Langue Française (UIJPLF), 3, cité Bergère, 75009 Paris.

INFOS-FICU. Bulletin du Fonds International de Coopération Universitaire, Agence Universitaire de la Francophonie (AUPELF-UREF), direction générale, BP 400, Succ. Côte-des-Neiges, Montréal, (Québec), Canada H3S 2S7.

Le Journal de l'Agence de la Francophonie. mensuel, 13, quai André-Citroën, 75015 Paris (remplace la *Lettre de la Francophonie*).

Langues. Cahiers d'études et de recherches francophones, publiés par l'Agence Universitaire de la Francophonie (AUPELF-UREF), John Libbey Eurotext, 127, avenue de la République, 92120 Montrouge.

Lettre d'information du ministère de la Culture et de la Communication (bimensuel), 3, rue de Valois, 75001 Paris.

La Lettre de la Rue Monsieur, ministère des Affaires étrangères-Coopération et Francophonie, 20, rue Monsieur, 75007 Paris.

La Lettre des Jeux de la Francophonie, publiée par le secrétariat exécutif du Comité International des jeux de la Francophonie (CIJF), 78, rue Olivier-de-Serres, 75015 Paris.

La Lettre du sport africain de haut niveau, ACCSA (Association pour la Promotion de la Culture, de la Communication et du Sport Africains), 1, rue Lucien-Sampaix, 75010 Paris.

Lettre(s). Bulletin édité par l'ASSELAF (Association pour la Sauvegarde et l'Expansion de la Langue Française), 320, rue Saint-Honoré, 75001 Paris.

Lettres et cultures de langue française, Revue de l'Association des Écrivains de Langue Française (ADELF), 14, rue Broussais, 75014 Paris.

Liaison Énergie-Francophonie (trimestriel), Institut de l'Énergie des Pays ayant en Commun l'Usage du Français (IEPF), 56, rue Saint-Pierre, Québec (Québec), Canada, G1K 4A1.

Liaison FFA. Bulletin d'information du secrétariat international du Forum Francophone des Affaires, 380, rue Saint-Antoine-Ouest, bureau 5200, Montréal (Québec), Canada H2Y 3X7.

Liaisons (trimestrielle). Revue des Associations ayant le Français en Partage, publiée par l'Association Francophone d'Amitié et de Liaison (AFAL) et l'Association pour la Diffusion Internationale Francophone des Livres Ouvrages et Revues (ADIFLOR), 5, rue de la Boule-Rouge, 75009 Paris.

Madagascar magazine, (trimestriel). Éditions MADA, 5, allée de la Moulinière, 95800 Cergy-Saint-Christophe.

Le Magazine des français expatriés, (trimestriel), 5, rue de Bourgogne, 75007 Paris.

Médecine/Sciences, revue internationale de biologie et de médecine (mensuel). Éditions John Libbey Eurotext, 127, avenue de la République, 92120 Montrouge.

Notre Librairie (trimestriel), Club des Lecteurs d'Expression Française, 5, rue Rousselet, 75007 Paris.

Les Nouvelles d'Addis, bimestriel francophone d'information sur l'Éthiopie, édité par Moulin du Pont, 8, rue de Berri, 75008 Paris.

Parlements et Francophonie, Assemblée Parlementaire de la Francophonie (APF, anciennement AIPLF), 235, boulevard Saint-Germain, 75007 Paris.

Planète jeunes (mensuel), Association Planètes Jeunes, Bayard Presse, 3, rue Bayard 75008 Paris.

Présence francophone, faculté des lettres et sciences humaines, Université de Sherbrooke, Sherbrooke (Québec), Canada, J1K 2R1.

La Revue d'Esthétique, éditée par Jean-Michel Place, 3, rue Lhomond, 75005 Paris, n° 33, juillet 1998 : « Beauté des langues ».

Revue d'Étude francophone, publiée par le Centre de Recherches sur la Francophonie de l'Université Nationale de Séoul, (un numéro par an), 56-1 Shimrim-dong, Kwanak-ku, Séoul, 151-742, Corée.

Revue des Échanges, Association Francophone Internationale des Directeurs d'Établissements Scolaires (AFIDES), 500, boulevard Crémazie-Est, Montréal (Québec), Canada, H2P 1E7.

Signe dans la Francophonie, 58, rue du Latium, 34070 Montpellier.

Terminologies nouvelles, RINT (Réseau International de Néologie et de Terminologie), revue semestrielle coéditée par l'Agence de la Francophonie et la Communauté française de Belgique, Office de la Langue Française, 200, chemin Sainte-Foy, Québec (Québec), Canada GIR 554.

Textyles, revue des lettres belges de langue française (annuelle), avenue J.-B. Charles, 53, B-1030 Bruxelles, Belgique.

Universités. Le magazine de l'actualité universitaire de langue française, Agence Universitaire de la Francophonie (AUPELF-UREF), BP 400, succ. Côte-des-Neiges, Montréal (Québec), Canada H3S 2S7.

UREF actualité (bimestriel), le bulletin de l'université des réseaux d'expression française, bureau Europe, 4, place de la Sorbonne, 75005 Paris.

Visa permanent (trimestriel) publié par Zone franche, 17, rue du Faubourg-Saint-Martin, 75010 Paris.

L'Agence Universitaire de la Francophonie (AUPELF-UREF) publie également

Agriculture (bimestriel).

Santé (bimestriel).

Sécheresse (4 numéros par an).

Éditions John Libbey, 127, avenue de la République, 92120, Montrouge.

Composition du Haut Conseil de la Francophonie

Jacques Chirac
président de la République

Léopold Sédar Senghor
ancien président du Sénégal, membre de l'Académie française

Émile Derlin Zinsou
ancien président du Bénin, conseiller spécial du Chef de l'État béninois

Stélio Farandjis
secrétaire général du HCF

Membres

Francis Bébey
Écrivain, compositeur (Cameroun)

Tahar Ben Jelloun
Écrivain, Prix Goncourt (Maroc)

Boutros Boutros-Ghali
Secrétaire général de la Francophonie (Égypte)

Jean-Marie Borzeix
Chargé d'une mission auprès du ministre de la Culture, journaliste, ancien directeur de France Culture à Radio France (France)

Youssef Chahine
Cinéaste (Égypte)

Souleymane Cissé
Cinéaste (Mali)

Cû Huy Cân
Poète, vice-président du Conseil National des Arts et des Lettres, ancien ministre (Vietnam)

Alain Decaux
Académicien, historien, écrivain, ancien ministre délégué à la Francophonie (France)

Philippe Decraene
Universitaire et journaliste, professeur émérite des universités, membre de l'Académie des Sciences d'outre-mer et de l'Académie Malgache (France)

Fatoumata Siré Diakité
Présidente de l'Association pour le Progrès et la Défense des droits des Femmes Maliennes (Mali)

Roger Gaillard
Écrivain, professeur, ancien recteur de l'Université d'État (Haïti)

Bronislaw Geremek
Historien, ministre des Affaires étrangères (Pologne)

André Gouaze
Président de la conférence internationale des doyens de médecine d'expression française (France)

Azzedine Guellouz
Professeur à l'université de Paris I (Tunisie)

Charles Josselin
Ministre français délégué à la Coopération et à la Francophonie

589

Roger-Jean Lallemand
Avocat, président de la Commission de la Justice du Sénat, président du Conseil du Livre et de « Musées et archives de la littérature », vice-président du Théâtre royal de la Monnaie (Belgique)

Alain Landry
Chargé de mission au Sénat (Canada, Ontario)

Werewere Liking
Écrivain, metteur en scène, fondatrice-directrice artistique du Groupe et Mouvement panafricain Ki-Yi Mbock (Cameroun)

Henri Lopès
Directeur général adjoint pour l'Afrique à l'UNESCO, écrivain, grand prix de la Francophonie (Congo)

Amin Maalouf
Écrivain, Prix Goncourt (Liban)

Antonine Maillet
Écrivain, prix Goncourt (Canada, Québec)

Félix Malu Wa Kalenga
Ancien commissaire général à l'énergie atomique, professeur ordinaire à l'Université de Kinshasa (République Démocratique du Congo)

Édouard Maunick
Poète, écrivain, ancien ambassadeur de Maurice en Afrique du Sud, (Maurice)

Jacques-Yvan Morin
Professeur de droit public à l'université de Montréal, ancien vice-premier ministre du Québec (Canada, Québec)

Luc M'Voula
Conseiller du Président de la République, président du Comité de Gestion de la Société des Télécommunications Internationales Gabonaises (Gabon)

Salif Alassane N'Diaye
Ancien ministre, conseiller spécial pour les affaires culturelles et scientifiques et représentant personnel du Président de la République au CPF, ambassadeur de la RCI au Sénégal (Côte-d'Ivoire)

Maurice Nivat
Universitaire, informaticien (France)

Michel Plourde
Ancien président du Conseil de la langue française, ancien doyen et vice-recteur adjoint de l'université de Montréal (Canada, Québec)

Jean-Louis Roy
Ancien secrétaire général de l'Agence de la Francophonie (ACCT), journaliste (Canada, Québec)

Jacques Ruffié
Professeur au Collège de France, membre de l'Académie des Sciences et de l'Académie de Médecine (France)

Philippe de Saint-Robert
Écrivain, ancien commissaire général à la langue française (France)

Antoinette Spaak
Députée européen, présidente de l'Intergroupe francophone au Parlement de Strasbourg (Belgique)

Jean-Marie Vodoz
Ancien rédacteur en chef du journal 24 Heures, président d'honneur de l'Union internationale et de l'Association Suisse des Journalistes de Langue Française (Suisse)

Basile Yared
Avocat au barreau de Beyrouth, conseiller du président du Conseil des ministres (Liban)

Correspondants privilégiés

Charles Hélou
Ancien Président du Liban (Liban)

Françoise Héritier
Professeur au Collège de France, directrice d'études à l'École des Hautes Études en Sciences Sociales, directrice du Laboratoire d'Anthropologie Sociale (France)

Euzhan Palcy
Cinéaste (Martinique - France)

Ilya Prigogine
Universitaire, professeur de chimie, prix Nobel de chimie (Belgique)

Secrétariat général

Pierre Cassan
Secrétaire général adjoint
01 42 75 76 47/78 08

Janette Brutelle-Duba
Chargée de mission, « Institutions/Associations »
01 42 75 76 33

Josiane Gonthier
Chargée de mission « Communication-Droits des femmes »
01 42 75 76 53/78 08

Florence Morgiensztern
Chargée de mission « Culture/Société »
« Rapport du HCF »
01 42 75 77 78/76 45

Monique Pontault
Chargée de mission « Éducation/jeunesse/langue/Cahiers de la francophonie »
01 42 75 76 22/78 08

Alexandre Wolff
Chargé de mission « Économie/Nouvelles technologies /Sciences/Santé/Social »
01 42 75 76 61/78 08

Nelly Damonneville
Documentaliste
01 42 75 76 49

Françoise Carle
Informatisation de la documentation
01 42 75 73 69

Yveline Bargoin-Lapouge
Assistante de Pierre Cassan, Josianne Gonthier, Monique Pontault, Alexandre Wolff
01 42 75 78 08

Blandine Longuemaux
Assistante du secrétaire général et de Florence Morgiensztern
01 42 75 76 45

Sébastien Marivain
Patrick Mériaux
Assistants documentaires
01 42 75 76 60

Index

Les renvois aux développements sont en caractères gras.

Parmi les nombreuses personnalités citées dans ce Rapport, nous n'indexons que les membres du Haut Conseil de la Francophonie et les principaux opérateurs de la Francophonie multilatérale.

P

Q

R

V

Y

Z

Table des matières

Imprimerie Bialec S.A., 54000 Nancy - 1er trimestre 1999 - D.L. n° 49033